Entscheidungen des
Bundesarbeitsgerichts

Herausgegeben
von den Mitgliedern des Gerichtshofes

Berlin 1956

Walter de Gruyter & Co.
vormals G. J. Göschen'sche Verlagshandlung / J. Guttentag, Verlagsbuchhandlung / Georg Reimer / Karl J. Trübner / Veit & Comp.

Entscheidungen des
Bundesarbeitsgerichts

2. Band

Berlin 1956

Walter de Gruyter & Co.

vorm. G. J. Göschen'sche Verlagshandlung / J. Guttentag, Verlagsbuchhandlung / Georg Reimer / Karl J. Trübner / Veit & Comp.

ZITIERWEISE

Für die Zitierung dieser Sammlung wird die Abkürzung BAG empfohlen, z. B. BAG 1,70 (= Band 1 Seite 70).

Archiv-Nr. 28 19 56

Satz und Druck: Berliner Buchdruckerei Union GmbH, Berlin SW 29

Inhalt

Nr. Seite

Abkürzungsverzeichnis ... IX

1 Nachträgliche Verlängerung der Revisionsbegründungsfrist. Fristlose Entlassung wegen Verdachts. Urteil vom 12. Mai 1955 (2 AZR 77/53) ... 1

2 Befristung und Kündigungsschutz. Urteil vom 12. Mai 1955 (2 AZR 23/54) .. 6

3 Gesonderte Streitwertfestsetzung für die Kosten. Beschluß vom 24. Mai 1955 (2 AZR 174/54) ... 13

4 Wiedereinsetzung bei Armenrecht. Beschluß vom 17. Mai 1955 (2 AZR 130/55) 17

5 Ruhegehaltsansprüche für Betriebe in der Sowjetzone. Kürzung von Pensionsansprüchen. Urteil vom 5. Mai 1955 (2 AZR 55/53) ... 18

6 Anrechnung der Sozialrente auf betriebliches Witwengeld. Urteil vom 10. Mai 1955 (2 AZR 7/54) ... 23

7 Nachprüfung der Zulassung der Revision. Urteil vom 26. Mai 1955 (2 AZR 66/53) ... 26

8 Mutterschutz bei Besatzungsangestellten. Urteil vom 8. Juni 1955 (2 AZR 14/54) ... 32

9 Verpflichtung zur Ruhegehaltszahlung nach sowjetzonaler Enteignung. Urteil vom 16. Juni 1955 (2 AZR 97/54) ... 36

10 Nachprüfbarkeit der Revisionszulassung. Eigener und eigengeführter Hausstand nach dem Hausarbeitstagsgesetz Nordrhein-Westfalen v. 27. 7. 1948. Urteil vom 24. Juni 1955 (1 AZR 97/55) ... 40

11 Zur Wiedereinsetzung bei versäumter Berufungsbegründungsfrist. Urteil vom 6. Juli 1955 (1 AZR 71/54) ... 45

12 Kündigungsschutz der Jugendvertreter. Urteil vom 6. Juli 1955 (1 AZR 510/54) ... 50

13 Schriftformzwang des Arbeitsvertrags. Urteil vom 7. Juli 1955 (2 AZR 27/53) 58

14 Streitwert für die Rechtsmittelfähigkeit. Beschluß vom 16. Juli 1955 (2 AZR 218/55) ... 66

15 Entschuldbarer Rechtsirrtum des Prozeßbevollmächtigten ist ein Wiedereinsetzungsgrund. Beschluß vom 3. August 1955 (2 AZR 65/54) ... 67

16 Haftung des stillen Gesellschafters für Gehaltsansprüche. Urteil vom 16. März 1955 (2 AZR 28/54) ... 71

17 Legitimer und rechtswidriger Streik. Urteil vom 4. Mai 1955 (1 AZR 493/54) 75

18 Zuständigkeit der Arbeitsgerichte für Rechtsstreitigkeiten der Angestellten der Sozialversicherung. Aberkennung und Verlust der Rechte aus dem Regelungsgesetz. Urteil vom 16. Mai 1955 (2 AZR 22/53) ... 81

19 Anhörung des Betriebsrats vor Kündigung. Urteil vom 27. Juni 1955 (1 AZR 429/54) ... 87

20 Tendenzbetriebe. Beschluß vom 13. Juli 1955 (1 ABR 20/54) ... 91

21 Beteiligungsfähigkeit und Antragsberechtigung im Beschlußverfahren. Beschluß vom 13. Juli 1955 (1 ABR 31/54) ... 97

Nr. Seite

22 Witwenpension der 2. Ehefrau. Urteil vom 4. August 1955 (2 AZR 212/54) 101

23 Dauerbeschäftigung als Voraussetzung für Pensionsansprüche. Urteil vom 4. August 1955 (2 AZR 588/54) 109

24 Beschwer bei gemischten Ansprüchen. Beschluß vom 23. August 1955 (2 AZR 166/55) 114

25 Einrichtungen zur Entgegennahme von Rechtsmittelschriften (Nachtbriefkasten). Urteil vom 10. September 1955 (2 AZR 223/55) 116

26 Dienstleistungen höherer Art. Urteil vom 25. August 1955 (2 AZR 57/53) .. 119

27 Beendigung des Arbeitsverhältnisses eines Schwerbeschädigten. Urteil vom 25. August 1955 (2 AZR 29/54) 121

28 Der Urlaub Jugendlicher nach dem Niedersächsischen Arbeitsschutzgesetz für Jugendliche. Urteil vom 24. September 1955 (2 AZR 269/55) 124

29 Haftung des Betriebsübernehmers für rückständige Lohnschulden. Urteil vom 26. Mai 1955 (2 AZR 38/54) 127

30 Zuständigkeit der Arbeitsgerichte für Ansprüche aus dem Regelungsgesetz. Urteil vom 15. September 1955 (2 AZR 170/55) 131

31 Kein Kündigungsschutz für Besatzungsangestellte. Urteil vom 29. September 1955 (2 AZR 43/54) 134

32 Fristlose Entlassung eines Betriebsratsvorsitzenden (gewerblichen Arbeiters). Urteil vom 13. Oktober 1955 (2 AZR 106/54) 138

33 Verhältnis von Urteilsverfahren zu Beschlußverfahren. Rechtsschutzbedürfnis (Gesamthafenbetrieb). Urteil vom 6. Oktober 1955 (2 AZR 3/54) 142

34 Umgruppierung. Restriktion des Zurückverweisungsverbotes. Beschluß vom 12. Oktober 1955 (1 ABR 1/54) 147

35 Fristen bei Geltendmachung des personellen Mitbestimmungsrechts. Beschluß vom 12. Oktober 1955 (1 ABR 29/54). 159

36 Mitbestimmung des Betriebsrats „bei der Regelung von Akkordsätzen". Beschluß vom 12. Oktober 1955 (1 ABR 13/54). 165

37 Grobe Verletzung gesetzlicher Pflichten durch Betriebsratsmitglieder — unbestimmter Rechtsbegriff. Beschluß vom 2. November 1955 (1 ABR 30/54) 175

38 Wahl des stellvertretenden Betriebsratsvorsitzenden. Beschluß vom 2. November 1955 (1 ABR 6/55). 182

39 Pauschaler Aufwendungsersatz für Betriebsratsmitglieder. Urteil vom 9. November 1955 (1 AZR 329/54). 187

40 Verzögerung der Abfassung des vollständigen Urteils über drei Monate nach der Verkündung. Klagefrist bei der außerordentlichen Kündigung. Urteil vom 15. September 1955 (2 AZR 475/54). 194

41 Kündigung eines schwerbeschädigten Besatzungsangestellten. Urteil vom 20. Oktober 1955 (2 AZR 15/54). 198

42 Aberkennung der Rechte aus dem RegelungsGes. Urteil vom 27. Oktober 1955 (2 AZR 47/54). 200

43 Fristlose Entlassung durch nur ein Vorstandsmitglied einer juristischen Person. Wichtiger Grund (Vollständigkeit der Zumutbarkeitserwägungen). Urteil vom 3. November 1955 (2 AZR 86/54). 207

44 Voraussetzungen für die fristlose Kündigung aus wichtigem Grund. — Grenzen der Nachprüfbarkeit durch das Revisionsgericht. Urteil vom 3. November 1955 (2 AZR 39/54). 214

45 Haftung für Verschulden bei Abschluß des Arbeitsvertrages. Urteil vom 10. November 1955 (2 AZR 282/54) 217

Nr. Seite

46 Beschäftigungspflicht. Urteil vom 10. November 1955 (2 AZR 591/54). .. 221

47 Berücksichtigung nach Erlaß des angefochtenen Urteils ergangener Gesetze in der Revisionsinstanz. — Bemessung der Dienstzeit i. S. des § 2 Ziff. 1 der 3. DVO. zum Regelungsgesetz i. d. F. vom 10. Juni 1955. — Anrechnung von Kriegs- und Wehrdienst. Urteil vom 26. November 1955 (2 AZR 209/55). 226

48 Ausnahmsweise Zulässigkeit der Revision gegen „Zwischenurteil". Urteil vom 9. Dezember 1955 (2 AZR 439/54). 228

49 Mögliche Divergenz. Beschluß vom 16. Dezember 1955 (2 AZR 471/55). .. 231

50 Mutterschutz bei Besatzungsangestellten. Anfechtung wegen Drohung. Urteil vom 8. Dezember 1955 (2 AZR 13/54) 233

51 Aufwertung eines Ruhegeldanspruchs. Urteil vom 30. November 1955 (1 AZR 230/54). 239

52 Kündbarkeit von Probearbeitsverhältnissen; Nachschieben von Kündigungsgründen. Urteil vom 15. Dezember 1955 (2 AZR 228/54). 245

53 Fristlose Entlassung eines Omnibusfahrers wegen geminderter Fahrtüchtigkeit. Urteil vom 12. Januar 1956 (2 AZR 117/54). 252

54 Verlust der Karenzentschädigung bei Zuwiderhandlung gegen ein Wettbewerbsverbot. Urteil vom 19. Januar 1956 (2 AZR 123/54). 258

55 Verpflichtung zu Weihnachtszuwendungen. Urteil vom 24. Januar 1956 (3 AZR 14/53). 264

56 Fristlose Entlassung eines Betriebsratsmitglieds wegen kommunistischer Betätigung. Urteil vom 13. Januar 1956 (1 AZR 167/55). 266

57 Zulässigkeit einer Pauschalvergütung für gesetzliche Arbeitszeit und Mehrarbeit. Urteil vom 26. Januar 1956 (2 AZR 98/54). 277

58 Entlassung eines geschiedenen kath. Arbeitnehmers in einem kath. Krankenhaus wegen Wiederverheiratung. Urteil vom 31. Januar 1956 (3 AZR 67/54. 279

59 Bedeutung des § 551 Nr. 7 ZPO. für das arbeitsgerichtliche Revisionsverfahren. Beschluß vom 14. Februar 1956 (2 AZR 12/56). 284

60 Verstoß gegen Treu und Glauben und Verletzung der Fürsorgepflicht bei Berufung auf eine vom Arbeitnehmer nicht abgelegte, tariflich bestimmte Prüfung. Urteil vom 16. Februar 1956 (3 AZR 250/54). 285

61 Rechtsstellung der Rote Kreuz-Schwester. Anwendung der Satzung auf in der Schwesternschaft tätige Nichtmitgliedsschwestern. Urteil vom 18. Februar 1956 (2 AZR 294/54). 289

62 Feststellung der Statthaftigkeit der Revision durch besonderen Beschluß. Beschluß vom 29. Februar 1956 (2 AZR 504/55) 296

63 Allgemeinverbindlicherklärung einer Effektivklausel. Rückwirkung der Allgemeinverbindlicherklärung. Urteil vom 1. März 1956 (2 AZR 183/54). .. 297

64 Weihnachtsgratifikation im öffentlichen Dienst. Urteil vom 6. März 1956 (3 AZR 175/55). 302

65 Anwendung der TO. A auf Assistenten an den Hochschulen. Urteil vom 16. Februar 1956 (3 AZR 77/54) 307

66 Einstufung der Angestellten mit abgeschlossener Hochschulbildung und gleichwertiger Kräfte. Urteil vom 31. Januar 1956 (3 AZR 185/54) 310

67 Tarifliche Ausschlußfristen. Urteil vom 13. April 1956 (1 AZR 353/55) ... 315

68 Urlaub des Schwerbeschädigten. Urteil vom 10. Februar 1956 (1 AZR 76/54) 317

Nr. Seite

69 Rückzahlung überzahlter Urlaubsvergütung. Urteil vom 9. Februar 1956 (1 AZR 329/55) 322

70 Beschränkung der Revisionszulassung auf Anschlußberufung. Beschluß vom 28. März 1956 (2 AZR 550/55) 326

71 Nachprüfung der Nichtzulassung der Revision. Beschluß vom 29. März 1956 (3 AZR 79/56) 330

72 Revisionszulassung wegen grundsätzlicher Bedeutung der Rechtssache nur eines freiwilligen Streitgenossen. Beschluß vom 28. März 1956 (2 AZR 32/56) 331

73 Fristlose Entlassung eines Filialleiters. Urteil vom 17. April 1956 (2 AZR 340/55) 333

74 Unvereinbarkeit des Urlaubsgesetzes der Hansestadt Hamburg mit dem Grundgesetz. Beschluß vom 26. Oktober 1955 (1 AZR 23/53, 1 AZR 295/55, 1 AZR 376/55) 342

75 Kündigungsschutz für Schwangere. Kenntnis des Arbeitgebers von Schwangerschaft. Urteil vom 13. April 1956 (1 AZR 390/55) 355

76 Unwirksame Revisionszulassung. Urteil vom 13. April 1955 (1 AZR 192/55) 358

Sachregister 364

Gesetzesregister 370

Zusammenstellung der Entscheidungen nach der Zeitfolge 372

Abkürzungsverzeichnis

a.A.	=	andere Ansicht
a.a.O.	=	am angegebenen Ort
AB.	=	Ausführungsbestimmungen
Abs.	=	Absatz
ADO.	=	Allgemeine Dienstordnung
AG.	=	Aktiengesellschaft
AHK.	=	Alliierte Hohe Kommission in Deutschland
AktGes.	=	Aktiengesetz
Allg. Teil	=	Allgemeiner Teil
a.M.	=	andere Meinung
Amtsbl. KR.	=	Amtsblatt des Kontrollrats
Anm.	=	Anmerkung
AOG.	=	Gesetz zur Ordnung der nationalen Arbeit
AOK.	=	Allgemeine Ortskrankenkasse
AP.	=	Arbeitsrechtliche Praxis
ArbGG.	=	Arbeitsgerichtsgesetz
AR.-Blattei	=	Arbeitsrecht-Blattei
ArbRS.		
ArbRSlg.	=	Arbeitsrecht-Sammlung
Arb. u. R.	=	Arbeit und Recht
ARS.	=	Arbeitsrecht-Sammlung
Art.	=	Artikel
ATO.	=	Allgemeine Tarifordnung
Aufl.	=	Auflage
AZO.	=	Arbeitszeitordnung
BadGVBl.	=	Badisches Gesetz- u. Verordnungsblatt
BAG.	=	Entscheidungen des Bundesarbeitsgerichts
BB.	=	Der Betriebsberater
BBG.	=	Bundesbeamtengesetz
Bd.	=	Band
BDO.	=	Bundesdisziplinarordnung
BEG.	=	Bundesentschädigungsgesetz
Bem.	=	Bemerkung
Berl. Verf.	=	Berliner Verfassung
BetrRG.	=	Betriebsrätegesetz
BetrVG.	=	Betriebsverfassungsgesetz
BGB.	=	Bürgerliches Gesetzbuch
BGBl. I.	=	Bundesgesetzblatt Teil I
BGH.	=	Bundesgerichtshof
BGHZ.	=	Entscheidungen des Bundesgerichtshofes in Zivilsachen
BMdF.	=	1. Bundesminister der Finanzen. 2. Ministerialblatt des Bundesministers der Finanzen
BRG.	=	Betriebsrätegesetz
B.T.-Drucksache	=	Bundestags-Drucksache
BVerfG.		
BVerfGE.	=	Entscheidungen des Bundesverfassungsgerichts
BVerwGG.	=	Bundesverwaltungsgerichtsgesetz
BVGE.	=	Entscheidungen des Bundesverfassungsgerichts

BWGöD.	= Gesetz zur Regelung der Wiedergutmachung nationalsozialistischen Unrechts für Angehörige des öffentlichen Dienstes
bzw.	= beziehungsweise
cl. r. s. st.	= clausula rebus sic stantibus
DAG.	= Deutsche Angestellten-Gewerkschaft
DBG.	= Deutsches Beamtengesetz
DGB.	= Deutscher Gewerkschaftsbund
d. h.	= das heißt
d. i.	= das ist
DJZ.	= Deutsche Juristen-Zeitung
DM.	= Deutsche Mark
DOW.	= Dienstordnung für die Wasser- u. Schiffahrtsverwaltung
D-Pfg.	= Deutscher Pfennig
DVBl.	= Deutsches Verwaltungsblatt
DVO.	= Durchführungsverordnung
EG./BGB.	= Einführungsgesetz des Bürgerlichen Gesetzbuches
Erl.	= Erläuterung
e.V.	= eingetragener Verein
EVG.	= Europäische Verteidigungsgemeinschaft
FamRZ.	= Ehe und Familie im privaten u. öffentl. Recht = Familienrechtszeitschrift
FGG.	= Gesetz über die Angelegenheiten der freiwilligen Gerichtsbarkeit
GDO.	= Gemeinsame Dienstordnungen des Reichs- u. Preußischen Ministers des Innern für die Gemeinden
GenGes.	= Genossenschaftsgesetz
Ges.Slg.	= Gesetzsammlung
GewO.	= Gewerbeordnung
GG.	= Grundgesetz
GHB.	= Gesamthafenbetrieb
GKG.	= Gerichtskostengesetz
GmbH.	= Gesellschaft mit beschränkter Haftung
GVBl.	= Gesetz- u. Verordnungsblatt
Halbs.	= Halbsatz
HGB.	= Handelsgesetzbuch
h. M.	= herrschende Meinung
HRR.	= Höchstrichterliche Rechtsprechung
HSO.	= Habour Service Organisation
HUV.	= Hamburger Urlaubsgesetz
IAO.	= Internationale Arbeitsorganisation
i. d. F.	= in der Fassung
IG.	= Industriegewerkschaft
i. S.	= in Sachen
i. V. m.	= in Verbindung mit
Jahrb.d.öff.Rechts N.F.	= Jahrbuch des öffentlichen Rechts. Neue Folge
JZ.	= Juristenzeitung
JW.	= Juristische Wochenschrift
KPD.	= Kommunistische Partei Deutschlands
KR.	= Kontrollrat
KRG.	= Kontrollrats-Gesetz
KSchG.	= Kündigungsschutzgesetz
LAG.	= Entscheidung des Landesarbeitsgerichts
LG.	= Entscheidung des Landgerichts . . .

LM.	=	Nachschlagewerk des Bundesgerichtshofes, hrsg. von Fritz Lindenmaier und Philipp Möhring
MdR.	=	Monatsschrift für deutsches Recht
MinBl. Fin.	=	Ministerialblatt des Bundesministers der Finanzen
MTV.	=	Manteltarifvertrag
MuSchG.	=	Mutterschutzgesetz
NiedersGVBl.	=	Niedersächsisches Gesetz- u. Verordnungsblatt
NJW.	=	Neue juristische Wochenschrift
NRW.	=	Nordrhein-Westfalen
OAG.	=	Oberstes Arbeitsgericht
OGHZ.	=	Entscheidungen des Obersten Gerichtshofes für die britische Zone in Zivilsachen
OLG.	=	Entscheidung des Oberlandgerichts . . .
OVG.	=	Entscheidungen des Oberverwaltungsgerichts . . .
PersVG.	=	Personalvertretungsgesetz
Pr.Ges.S.	=	Preußische Gesetzsammlung
RABl. II.	=	Reichsarbeitsblatt Teil II
RAG.		
RAGE.	=	Entscheidungen des Reichsarbeitsgerichts
RAGARS.	=	Entscheidungen des Reichsarbeitsgerichts. In: Arbeitsrecht-Sammlung
RdA.	=	Recht der Arbeit
RegGes.	=	Regelungsges. Regelungsgesetz zu Art. 131 GG
RG.	=	Reichsgericht
RGBl. I.	=	Reichsgesetzblatt Teil I
RGR.-Komm.	=	Reichsgerichtsräte-Kommentar
RGSt.	=	Entscheidungen des Reichsgerichts in Strafsachen
RGZ.	=	Entscheidungen des Reichsgerichts in Zivilsachen
RM.	=	Reichsmark
RVO.	=	Reichsversicherungsordnung
S.	=	Seite
SAE.	=	Sammlung arbeitsrechtlicher Entscheidungen
Schl.HA.	=	Amtsblatt für Schleswig-Holstein
SchwBeschG.	=	Schwerbeschädigtengesetz
SED.	=	Sozialistische Einheitspartei Deutschlands
SeuffA.	=	Seuffert's Archiv für Entscheidungen der obersten Gerichte in den deutschen Staaten
SGG.	=	Sozialgerichtsgesetz
SJZ.	=	Süddeutsche Juristen-Zeitung
sog.	=	sogenannte
SRP.	=	Sozialistische Reichspartei
stellv.	=	stellvertretend
Sten.Ber. . . . W.P.	=	Stenographischer Bericht . . . Wahlperiode
stenogr. Prot.	=	stenographisches Protokoll
StGB.	=	Strafgesetzbuch
StPO.	=	Strafprozeßordnung
StVG.	=	Straßenverkehrsgesetz
StVZO.	=	Straßenverkehrs-Zulassungs-Ordnung
TO.	=	Tarifordnung
TO. A	=	Tarifordnung A
TO. B	=	Tarifordnung B
TV.	=	Tarifvertrag
TVG.	=	Tarifvertragsgesetz
u. a.	=	unter anderem

UG.	=	Umstellungsgesetz
usw.	=	und so weiter
u. U.	=	unter Umständen
Verf. d. Dt. Reiches	=	Verfassung des Deutschen Reiches
vgl.	=	vergleiche
VO.	=	Verordnung
VOBl.	=	Verordnungsblatt
Vorbem.	=	Vorbemerkung
WA.	=	Westdeutsche Arbeitsrechtsprechung
WeimRV.	=	Weimarer Reichsverfassung
WiGBl.	=	Gesetzblatt des Vereinigten Wirtschaftsgebiets
z. B.	=	zum Beispiel
Ziff.	=	Ziffer
ZPO.	=	Zivilprozeßordnung
z. T.	=	zum Teil
z. Wv.	=	zur Wiederverwendung
ZZP.	=	Zeitschrift für Zivilprozeß

Berichtigungen

Band 1: S. 62 letzte Zeile lies: „1 AZR 105/54 oben Seite 51 bis 57"
statt: „2 AZR 105/54 oben Seite ..."

S. 81 Zeile 32 lies: „§ 13 KSchG"
statt: „§ 13 BetrVG"

Band 2: S. 76 Zeile 23 lies: „Beklagten"
statt: „Kläger"

1. Für die Zeit, in der das Bundesarbeitsgericht nicht mit Richtern besetzt war, kann auch eine nachträgliche Verlängerung der Revisionsbegründungsfrist gültig sein.

2. Arbeitgeber der Sparkassenangestellten ist im Gebiete des ehemaligen Landes Preußen der Gewährsverband.

3. Der Verdacht einer strafbaren Handlung kann einen wichtigen Grund für eine fristlose Entlassung bilden.

4. Einem Arbeitgeber kann deshalb, weil er mit der fristlosen Kündigung eines einer strafbaren Handlung verdächtigen, mangels Beweises freigesprochenen Arbeitnehmers bis kurz nach der Hauptverhandlung vor dem Strafgericht wartet, sein Recht zur fristlosen Entlassung nicht gekürzt werden. Erst die Hauptverhandlung gibt im Strafverfahren ein klares und umfassendes Bild von dem auf dem Angeklagten ruhenden Verdacht.

ArbGG. § 74 Abs. 1 Satz 2; ZPO. § 554 Abs. 2 Satz 2; Preußische Verordnung vom 20. 7. 32 (Pr. Ges. S. 241) § 9 Abs. 1 und 3; BGB. § 626; TOA. § 16 Abs. 4 Satz 1 und 2.

II. Senat. Urteil vom 12. Mai 1955 i. S. L. M. (Bekl.) w. B. (Kl.) 2 AZR 77/53.

I. Arbeitsgericht Münster. — II. Landesarbeitsgericht Hamm/W.

Der Kläger war seit 1923 beim Beklagten, einem Landkreis, und zwar zuletzt in der Zinsrechnungsabteilung der Kreissparkasse beschäftigt und wurde nach der Vergütungsgruppe VII TO. A besoldet.

Am 27. Dezember 1949 brannte eine Baracke ab, in der der Kläger einen Teil seines Hausrates untergebracht hatte; am 5. Oktober 1949 hatte er den Hausrat gegen Feuer versichert.

Der Verdacht der Beteiligung an der Brandstiftung richtete sich gegen den Kläger und seine Ehefrau. Der Kläger wurde vom 3. Januar bis 7. Januar 1950 in Untersuchungshaft genommen; am 9. Mai 1950 wurde das Ermittlungsverfahren gegen ihn eingestellt.

Vom 1. Dezember 1951 bis zum 10. Juni 1952 und vom 23. Februar 1953 bis zum 25. März 1953 wurde der Kläger erneut in Untersuchungshaft gehalten. Der Beklagte beurlaubte vom 10. Juni 1952 ab den Kläger, zahlte ihm aber die Dienstbezüge weiter.

Durch das rechtskräftige Urteil der Großen Strafkammer des Landgerichts Münster vom 27. März 1953 wurde der Angeklagte von der Anklage der Anstiftung zur Brandstiftung, des Versicherungsbetrugs und des Betrugs zum Nachteil der Versicherung „trotz sehr starken Verdachts" mangels Beweises freigesprochen.

Am 1. April 1953 kündigte der Beklagte dem Kläger fristlos, weil wegen des von der Strafkammer festgestellten dringenden Verdachts dem Beklagten und den Bediensteten der Sparkasse die Fortsetzung des Arbeitsverhältnisses mit dem Kläger nicht zugemutet werden könne. Der hiergegen von dem Kläger erhobenen Klage auf die Feststellung, daß das Dienstverhältnis durch die fristlose Kündigung nicht aufgelöst sei, haben das Arbeitsgericht und das Landesarbeitsgericht stattgegeben.

Seine am 28. Dezember 1953 eingelegte Revision hat der Beklagte am 11. Februar 1954 begründet. Auf seinen am 20. Januar 1954 gestellten Antrag auf Verlängerung der Revisionsbegründungsfrist hat der Vorsitzende des Senats am 6. Mai 1954 die Revisionsbegründungsfrist bis zum 12. Februar 1954 nachträglich verlängert.

Die Sache wurde an das Landesarbeitsgericht zurückverwiesen aus folgenden

Gründen:

I. Die Revisionsbegründung muß entgegen den Ausführungen des Klägers als rechtzeitig angesehen werden. Der Beklagte hat die Revision am 28. Dezember 1953 rechtzeitig eingelegt. Seine Bitte, die Revisionsbegründungsfrist um zwei Wochen (also bis 12. Februar 1954) zu verlängern, hat der Prozeßbevollmächtigte des Beklagten ausdrücklich begründet, und zwar damit, daß er Rückfrage beim Beklagten selbst halten müsse und deren Ergebnisse nicht innerhalb der gesetzlichen Revisionsbegründungsfrist auswerten könne. Der Beklagte hat dann seine Revision am 11. Februar 1954, also nach dem am 28. Januar erfolgten Ablauf der nicht verlängerten Revisionsbegründungsfrist von einem Monat (§ 74 Abs. 1 Satz 1 ArbGG.), begründet.

Daß über den Antrag des Beklagten, die Revisionsbegründungsfrist zu verlängern, nicht rechtzeitig entschieden worden ist, liegt lediglich daran, daß das Bundesarbeitsgericht, obgleich es als Institution schon seit dem 1. Oktober 1953 bestand, im Januar 1954 noch nicht mit Richtern besetzt war. Aus diesem vom Gesetzgeber nicht vorauszusehenden und daher auch nicht geregelten Zustande kann aber dem Beklagten, der den Antrag auf Verlängerung über eine Woche vor dem Ablauf der Begründungsfrist gestellt hat, ein Nachteil nicht entstehen. Er würde sonst von vornherein einer Möglichkeit beraubt, die von der Prozeßordnung doch vorgesehen ist. Die von dem Beklagten vorgetragenen Gründe selbst waren geeignet, die von ihm erbetene Verlängerung der Revisionsbegründungsfrist um zwei Wochen zu gewähren, zumal der Antrag auf Verlängerung nach dem Gesetz einer Glaubhaftmachung letztlich nicht bedarf. Eine Verständigung des Prozeßbevollmächtigten mit dem Beklagten war für die Revisionsbegründung bei der Besonderheit des Falles durchaus zweckmäßig; dieser Schriftwechsel mußte schon deshalb eine gewisse Zeit in Anspruch nehmen, weil das Neujahrsfest in die Revisionsbegründungsfrist fiel und der Beklagte auch wegen seiner Organisation als öffentlich-rechtliche Körperschaft und als Gewährsverband der Kreissparkasse nur nach reiflicher Überlegung durch die zuständigen Stellen entscheiden konnte. Auf jeden Fall muß unter diesen Umständen der sonst geltende Grundsatz, daß die Rechtsmittelbegründungsfrist nur während des Laufes dieser Frist, nicht mehr jedoch nach ihrem Ablauf gültig bewilligt werden kann, zurücktreten und die nachträgliche Fristverlängerung mit der Verfügung des Senatsvorsitzenden vom 6. Mai 1954 als zulässig erachtet werden (so schon das Urteil des Senats vom 21. Oktober 1954 in 2 AZR 25/53). Da es sich nicht um die Bewilligung der Wiedereinsetzung in den vorigen Stand gegen die Versäumung der Revisionsbegründungsfrist, sondern dem Wesen der Sache nach darum handelt, ob von vornherein die Möglichkeit der Verlängerung bestand oder nicht, scheidet der vom Kläger angeführte Gesichtspunkt, der Prozeßbevollmächtigte des Beklagten habe mit der Nichtverlängerung rechnen müssen (BGHZ. 12, 166), bei der Prüfung der Gültigkeit der Fristverlängerung aus.

II. Die vom Beklagten erst in der Revision erhobene Beanstandung der Passivlegitimation des Beklagten ist nicht begründet. Selbst wenn die Kreissparkasse zu einer Anstalt mit eigener Rechtspersönlichkeit entsprechend der Pflicht umgestaltet worden ist, wie sie in der dritten Verordnung des Reichspräsidenten zur Sicherung von Wirtschaft und Finanzen und zur Bekämpfung politischer Ausschreitungen vom 6. Oktober 1931 (RGBl. I S. 537), Fünfter Teil, Artikel 1, § 2 Abs. 1 Satz 1 auferlegt wurde, so ist jedenfalls im Gebiet des ehemaligen Landes Preußen nach § 9 Abs. 1 der Verordnung über die Sparkassen sowie die kommunalen Giroverbände und kommunalen Kreditinstitute vom 20. Juli 1932 (Pr.Ges.S. S. 241) der Gewährverband, also der beklagte Landkreis, Arbeitgeber der Angestellten der Sparkasse geblieben, auch wenn die Sparkasse eine eigene Rechtspersönlichkeit erlangt haben sollte. Daß nach § 9 Abs. 3 der letzteren Verordnung die Gehälter der Sparkassenangestellten zu den Geschäftsunkosten der Sparkasse gehören, hat lediglich interne Bedeutung und berührt das Verhältnis zwischen dem Sparkassenangestellten und dem Gewährsverband nicht.

III. Der Kläger war zur Zeit der Kündigung bereits länger als 25 Jahre im öffentlichen Dienst beschäftigt. Nach § 16 Abs. 4 Satz 1 und 2 TO. A konnte er daher nur aus einem wichtigen Grunde entlassen werden. Mit Recht stellt daher das Landesarbeitsgericht die Entscheidung auf die Frage ab, ob der Beklagte einen wichtigen Grund zur Entlassung des Klägers gehabt hat.

1. Die Frage, ob ein wichtiger Grund zur Kündigung gegeben ist oder nicht, liegt zu einem beachtlichen Teil auf dem Gebiete der tatrichterlichen Würdigung und ist insoweit der Nachprüfung durch die Revision nach § 561 ZPO. entzogen. Vom Revisionsgericht ist lediglich nachzuprüfen, ob der Tatsachenrichter den Begriff des wichtigen Grundes verkannt hat. Es kann sich in Revisionsverfahren also nur darum handeln, ob ein bestimmter Sachverhalt ohne die Besonderheiten des Einzelfalles geeignet ist, einen solchen wichtigen Grund zu bilden oder nicht (RAG. ARS. 21, 146), und ob die Würdigung, zu der der Tatsachenrichter gelangt ist, unvollständig oder in sich widerspruchsvoll ist (RAG. ARS. 40, 58).

2. Der Ausgangspunkt des Landesarbeitsgerichts, daß ein schwerwiegender Verdacht einer strafbaren Handlung die fristlose Entlassung rechtfertigen kann, auch wenn die strafbare Handlung sich nicht nachweisen läßt, unterliegt bei der Nachprüfung im Revisionsverfahren keinem rechtlichen Bedenken und entspricht der Rechtsprechung des Reichsarbeitsgerichts (ARS. 21, 146; 36, 260). Daß insbesondere auch der starke Verdacht, der Kläger habe eine Anstiftung zur Brandstiftung, einen Versicherungsbetrug und einen Betrug begangen, dem Beklagten die Weiterbeschäftigung des Klägers als Angestellten in seinem Sparkassenbetrieb unzumutbar machen kann, liegt auf der Hand. Wenn das Landesarbeitsgericht gleichwohl bei der besonderen Lage des Falles eine solche Unzumutbarkeit verneint, so ist dies zu einem wesentlichen Teil eine tatsachenrichterliche Würdigung, die an sich eine Verkennung des Begriffs des wichtigen Grundes nicht ersehen läßt.

3. Die Revisionsrügen richten sich daher auch nur gegen die Vollständigkeit und Widerspruchslosigkeit der Würdigung durch den Tatrichter.

Das Landesarbeitsgericht verneint die Unzumutbarkeit der Weiterbeschäftigung des Klägers aus den folgenden Erwägungen: Der Beklagte stütze „offensichtlich“ die fristlose Entlassung nicht mehr auf das Verhalten des Klägers in den Jahren 1949 und 1950, sondern lediglich darauf, daß die Strafkammer in ihrem Urteil ihn des Verbrechens der Brandstiftung und des Versicherungsbetrugs für sehr stark verdächtig erklärt habe. Der dringende Verdacht dieser starfbaren Handlungen habe aber Jahre hindurch bestanden. Gleichwohl habe der Beklagte an dem Dienstverhältnis festgehalten und das Strafverfahren abgewartet. Die Beurlaubung des Klägers zeige, daß der Beklagte trotz des damaligen Tatverdachts zur Weiterbeschäftigung des Klägers noch bereit war; dieser Tatverdacht sei aber durch das Strafurteil im Ergebnis nicht verstärkt worden. Daher müßten die Gründe für die fristlose Entlassung nunmehr einer strengen Prüfung unterzogen werden. Ob die Gründe des Strafurteils wirklich einen starken Verdacht ergäben, bezweifelt das Landesarbeitsgericht. Die Gründe des Strafurteils und die Meinungsbildung der Öffentlichkeit hätten es dem Beklagten zwar schwer gemacht, den Kläger weiter zu beschäftigen; für einen öffentlichen Dienstherrn, wie den Beklagten, sei eine Fortsetzung des Dienstverhältnisses auch eher unzumutbar. Andererseits stünden die angeblichen strafbaren Handlungen des Klägers in keiner Beziehung zu seinem Dienst; er habe eine untergeordnete Tätigkeit und keine Berührung mit dem Publikum; seine Arbeitsleistungen seien gut. Das Landesarbeitsgericht berücksichtigt ferner das Alter, die Dauer seiner Tätigkeit für den Beklagten und den Familienstand des Klägers sowie die Möglichkeit seiner anderweiten und auch auswärtigen Unterbringung in der Verwaltung des Beklagten.

4. u. 5. . . .

6. Berechtigt ist aber die Rüge der Revision, das Landesarbeitsgericht habe darin einen die fristlose Entlassung erschwerenden Umstand gesehen, daß der Beklagte mit seiner fristlosen Entlassung bis zu dem Urteil der Strafkammer gewartet hat, und es habe daher verkannt, daß der Verdacht der strafbaren Handlung, auf den die fristlose Entlassung gestützt ist, nach dem Erlaß des Urteils der Großen Strafkammer ein ganz anderes Gewicht gehabt haben kann als zuvor. Das Ermittlungsverfahren und auch die etwaige Voruntersuchung waren geheim. Die Ermittlungen dieser Verfahren kamen in ihren Einzelheiten nicht an die Öffentlichkeit; der Beklagte, in dessen Geschäftsbereich oder sonstigen Aufgabenbereich die dem Kläger vorgeworfenen strafbaren Handlungen nicht liegen, konnte daher zunächst im einzelnen kein klares Bild darüber gewinnen, welche Umstände für den Kläger und welche gegen ihn sprachen, und wie schwer der Verdacht war, der auf dem Kläger lastete. Das Ermittlungsverfahren und die Inhaftierung des Klägers belasteten zwar den Kläger, aber alle Einzelheiten blieben wenigstens für den Beklagten unklar. Ein klares und übersichtliches Bild von dem auf dem Kläger ruhenden Verdacht konnte erst die

Hauptverhandlung bringen. Aus ihr schöpft nicht nur die Öffentlichkeit das Bild von der zur Aburteilung stehenden Tat, sondern insbesondere auch erst das Strafgericht sein Urteil. Wenn der Beklagte nun vorsichtigerweise das Ergebnis der Hauptverhandlung abgewartet hat, um eine sichere Grundlage für seine eigene Entschließung über die Weiterbeschäftigung des Klägers zu erhalten, so kann ihm diese auch im wohlverstandenen Interesse des Klägers gebotene Vorsicht nicht zum Nachteil gereichen und etwa zu dem Schluß führen, daß der Beklagte schon aus der Tatsache des Ermittlungsverfahrens, der etwaigen Voruntersuchung, der Inhaftierung und der Anklageerhebung genügend Verdachtsmomente gehabt habe, um den Kläger fristlos zu entlassen, und daß diese Verdachtsmomente durch die Hauptverhandlung nicht verstärkt worden sein können.

Da das angefochtene Urteil bei der Bejahung der Zumutbarkeit der Weiterbeschäftigung des Klägers gerade der hiernach fehlsamen Erwägung entscheidende Bedeutung beimißt, der gegen den Kläger bestehende Verdacht sei durch die Hauptverhandlung und das freisprechende Urteil nicht verstärkt worden, tragen seine tatsächlichen Erwägungen das angefochtene Urteil nicht. Sie sind nicht umfassend genug. Dies rechtfertigt die Aufhebung der Entscheidung und die Zurückverweisung, damit die Tatsacheninstanz erneut unter Beachtung der obigen Ausführungen die Zumutbarkeit der Weiterbeschäftigung prüft.

2

1. Einem Arbeitnehmer, dessen Arbeitsvertrag infolge einer gültigen Befristung endet, steht ein Kündigungsschutz nicht zu.

2. Die Befristung eines Arbeitsvertrages ist auch dann unwirksam, wenn sie dem Arbeitnehmer die tarifliche Unkündbarkeit nimmt und ein verständiger Arbeitgeber einen Arbeitsvertrag auf unbestimmte Zeit abgeschlossen hätte.

3. In Ermangelung besonderer Bestimmungen über die Wiedergutmachung im öffentlichen Dienst kann im Streitfalle darüber, ob einem verfolgten Behördenangestellten die Zeit, während deren er im Zuge der Verfolgung aus dem öffentlichen Dienst entfernt war, auf seine Dienstzeit anzurechnen ist, nur im Wiedergutmachungsverfahren und nicht einschlußweise durch die Gerichte für Arbeitssachen entschieden werden.

BGB. § 620; KSchG. § 1, § 3; TO. A § 16 Abs. 4 Satz 1 u. 2;
BWGöD. § 24; BEG. § 80 ff.

II. Senat. Urteil vom 12. Mai 1955 i. S. B. D. (Bekl.)
w. K. (Kl.) 2 AZR 23/54.

I. Arbeitsgericht Wiesbaden. — II. Landesarbeitsgericht FrankfurtMain.

Der Kläger wurde am 16. Januar 1950 von dem Statistischen Amt für das Vereinigte Wirtschaftsgebiet für die aus der landwirtschaftlichen Betriebszählung sich ergebenden Aufgaben befristet bis zum 31. März 1952 als Referent nach Gruppe III TO. A eingestellt. Das Statistische Amt für das Vereinigte Wirtschaftsgebiet ist durch die Verordnung vom 8. September 1950 (BGBl. S. 678) mit Wirkung vom 1. April 1950 auf den beklagten Bund unter der Bezeichnung „Statistisches Bundesamt" übergegangen. Das Arbeitsverhältnis mit dem Kläger verlängerte das Statistische Bundesamt am 31. März 1952 bis zum 31. März 1953 und teilte unter dem 4. März 1953 dem Kläger mit, daß er mit seiner Weiterbeschäftigung über den 31. März 1953 hinaus nicht rechnen könne.

Der Kläger errechnet, daß er im öffentlichen Dienst 25 Jahre beschäftigt gewesen sei, hält sich deshalb nach § 16 Abs. 4 TO. A für unkündbar, die Kündigung jedenfalls für sozial ungerechtfertigt. Mit der am 1. April 1953 zur Niederschrift der Geschäftsstelle erklärten Klage hat er inhaltlich beantragt festzustellen, daß sein Arbeitsverhältnis bei der beklagten Verwaltung nicht zum 31. März 1953 beendet ist.

Das Arbeitsgericht und das Landesarbeitsgericht haben diesem Antrag entsprochen. Das Landesarbeitsgericht hält die Frage, ob der Kläger unkündbar ist, für unerheblich, da der Kläger befristet angestellt sei; auch die wiederholte Befristung des Vertrages hält es im vorliegenden Falle für zulässig. Dagegen folgert es aus den Grundsätzen der Fürsorgepflicht und der Gleichbehandlung, daß der Arbeitgeber, der unter mehreren befristet angestellten Arbeitnehmern einen oder einige zum Ausscheiden (Nichtverlängerung) auswählt, die gleichen sozialen Gesichtspunkte zu beachten habe, die er bei der Entlassung von unbefristet angestellten Arbeitnehmern nach § 1 Abs. 3 KSchG. zu beachten hat. Es mißbilligt die Auswahl des Klägers gegenüber vier anderen Referenten, die der beklagte Bund über den 31. März 1953 hinaus weiterbeschäftigt hat, und erkennt berechtigte betriebliche Bedürfnisse zur Entlassung gerade des Klägers nicht an.

Die Revision des beklagten Bundes führte zur Zurückverweisung aus folgenden

Gründen:

I. Wenn der vom Landesarbeitsgericht vertretenen rechtlichen Ansicht, daß im Falle des Ablaufs eines befristeten Arbeitsvertrags der Arbeitgeber bei der Auswahl der zu entlassenden Arbeitnehmer die gleichen Maßstäbe anzuwenden habe wie im Falle der Kündigung, beizutreten wäre, würde nur noch zu prüfen sein, ob die Revisionsrügen gegen die Mißbilligung der Auswahl des Klägers zum Ausscheiden begründet sind. Im Falle ihrer Unbegründetheit brauchte auf die vom Landesarbeitsgericht zu Gunsten des Revisionsklägers entschiedene Rechtsfrage nicht mehr eingegangen zu werden, ob die Befristung des Arbeitsvertrags des Klägers überhaupt gültig ist. Indes kann der anfangs bezeichneten Rechtsansicht des Landesarbeitsgerichts nicht beigetreten werden.

Wenn ein befristeter Arbeitsvertrag abläuft, so endet damit das zwischen dem Arbeitgeber und dem Arbeitnehmer bestehende rechtliche Band. Das Bestehen eines solchen rechtlichen Bandes ist aber die Voraussetzung sowohl für die Anwendung des Gleichbehandlungsgrundsatzes als auch für das Bestehen einer Fürsorgepflicht (siehe die Entscheidung des Großen Senats des Bundesarbeitsgerichts vom 28. Januar 1955, Abschnitt III 2). Mit dem Ablauf des befristeten Arbeitsvertrages ist demnach für den Gleichbehandlungsgrundsatz und die Fürsorgepflicht des Arbeitgebers kein Raum mehr. Damit entfallen aber die rechtlichen Gesichtspunkte, auf die das Landesarbeitsgericht seine Rechtsansicht stützt, daß der Arbeitgeber unter mehreren befristet angestellten Arbeitnehmern den zu Entlassenden unter Berücksichtigung der sozialen Gedanken des § 1 Abs. 3 KSchG. auswählen muß. Daß aber schon vor dem Ablauf des befristeten Arbeitsvertrages der Arbeitgeber auf Grund seiner Pflicht zur Fürsorge und zur Gleichbehandlung gehalten sei, die Weiterbeschäftigung des Arbeitnehmers nach dem Ablauf des befristeten Arbeitsvertrags zu ermöglichen, widerspricht dem Wesen der Befristung, mit deren Eintritt der Arbeitsvertrag von selbst endet. Bei der Kündigung dagegen ist es erst die in der Kündigung liegende Entscheidung des Arbeitgebers, die den Vertrag zur Beendigung bringt; bei dieser Entscheidung trifft den Arbeitgeber die Pflicht der Unterlassung der ihm im Kündigungsschutzgesetz untersagten sozialwidrigen Kündigung.

Der Standpunkt des Landesarbeitsgerichts wird auch durch kein praktisches Bedürfnis gerechtfertigt. Dem Grundsatz der Sozialstaatlichkeit (Art. 20 Abs. 1 und Art. 28 Abs. 1 Satz 1 GG.) und dem Bedürfnis des Bestandschutzes des Arbeitsplatzes des einzelnen Arbeitnehmers, wie er im Kündigungsschutzgesetz zum Ausdruck kommt, wird Genüge getan, wenn entsprechend der bisherigen Rechtsprechung des Bundesarbeitsgerichts (BAG. 1, 128—135) der Befristung eines Arbeitsvertrags dann die rechtliche Anerkennung versagt wird, sofern ein verständiger Arbeitgeber, der sich in gleicher Weise der Verantwortung für die Belange seines Betriebes oder seiner Behörde wie für die seiner Angestellten bewußt ist, bei der Prüfung aller Umstände den Arbeitsvertrag nicht befristet hätte. Ist der Arbeitsvertrag aber rechtswirksam befristet abgeschlossen, würde auf einem Umweg diese Befristung wieder in Frage gestellt, könnte eine zeitliche Ausdehnung des Vertrages verlangt werden. Die Belange des Arbeitnehmers sind bereits dadurch gewahrt, daß geprüft wird, ob überhaupt die Befristung anzuerkennen ist. Das Landesarbeitsgericht wird zu seiner Rechtsansicht auch lediglich dadurch gedrängt, daß es nur in dem Falle die Vereinbarung eines Fristablaufs für unzulässig hält, in dem der Arbeitgeber — subjektiv — die Absicht hatte, die Kündigungsschutzbeschränkungen auszuschalten, oder sonst gegen seine Fürsorgepflicht verstieß; es sieht, daß dann ein ausreichender Schutz dem Arbeitnehmer nicht gewährt wird. Nach der bezeichneten Rechtsprechung des Bundesarbeitsgerichts genügt es aber zur Ungültigkeit der Befristung eines Arbeitsvertrages schon, daß — objektiv — der Kündigungsschutz ausgeschaltet wird und ein verständiger Arbeitgeber die Befristung nicht vereinbart hätte.

Zudem würde der Standpunkt des Landesarbeitsgerichts auch zu unübersehbaren praktischen Folgerungen führen. Bei einer analogen Anwendung der Grundsätze des Kündigungsschutzgesetzes könnte es nicht ausbleiben, daß die Geltendmachung des Anspruchs des befristet beschäftigten Arbeitnehmers auf Weiterbeschäftigung an eine Frist gemäß § 3 KSchG. gebunden wäre; sonst würde er besser dastehen als der auf unbestimmte Zeit beschäftigte Arbeitnehmer, dem gekündigt ist und der seine Kündigungsschutzklage innerhalb der dort bezeichneten Frist erheben muß. Die Berechnung mindestens des Beginns dieser Frist würde aber völlig unklar bleiben. Zudem beschränkt das Landesarbeitsgericht die Auswahlmöglichkeit nach § 1 Abs. 3 KSchG. auf die Zeitvertragsarbeitnehmer, deren Arbeitsverträge gleichzeitig durch Fristablauf enden. Für eine solche Beschränkung ist aber ein überzeugender Grund nicht recht zu finden. Der Grundsatz des Bestandschutzes, wie er in § 1 Abs. 3 KSchG. zum Ausdruck kommt, würde den Vergleich mit der sozialen Lage aller im Betriebe Beschäftigten erfordern, also auch derjenigen, deren Arbeitsverträge überhaupt nicht befristet, sondern lediglich kündbar sind oder zu einer anderen Zeit durch Fristablauf enden. Schließlich würde auch nicht recht einzusehen sein, warum nicht auch die andern in § 1 Abs. 2 KSchG. angeführten Umstände, die die Sozialwidrigkeit einer Kündigung bedingen, dem Arbeitnehmer, dessen Arbeitsvertrag durch Fristablauf endet, zugute kommen sollten.

II. Wie schon in anderem Zusammenhang bemerkt wurde, hat der Senat in seinem Urteil vom 21. Oktober 1954 (BAG. 1, 128) ausgeführt, daß die Befristung von Arbeitsverträgen, durch die dem Arbeitnehmer des öffentlichen Dienstes der Schutz des Kündigungsschutzgesetzes genommen wird, unbeachtlich ist, wenn ein verständiger Behördenleiter, der sich in gleicher Weise der Verantwortung für die öffentlichen Belange seiner Behörde wie für die seiner Angestellten bewußt ist, bei der Prüfung aller Umstände einen sachlichen Grund zu der einmaligen oder gar mehrfachen Befristung des Arbeitsvertrages nicht hat. Der Arbeitsvertrag gilt dann als für unbestimmte Zeit geschlossen.

Hier liegt der Fall noch insofern besonders, als der Kläger in erster Linie nicht den Kündigungsschutz nach dem Kündigungsschutzgesetz, sondern den in § 16 TO. A bestimmten Ausschluß einer ordnungsmäßigen Kündigung in Anspruch nimmt. Für diesen Fall muß aber das Gleiche gelten.

Die Frage, ob im vorliegenden Falle ein verständiger Behördenleiter den Kläger in der geschehenen Weise befristet angestellt haben würde, hat das Landesarbeitsgericht, das die Entscheidung auf die subjektive Absicht des Arbeitgebers, die Kündigungsschutzbestimmungen auszuschalten, und die Verletzung der Fürsorgepflicht abstellt, bisher nicht geprüft. Sie liegt im wesentlichen auf tatsächlichem Gebiet.

Zu einer abschließenden Würdigung reichen die tatsächlichen Feststellungen des Landesarbeitsgerichts aber nicht aus. Zwar ist auf den ersten Blick schon die Befristung des Arbeitsvertrages auf mehr als zwei Jahre, wie sie der ursprüngliche Vertrag vorsieht, eine Besonderheit. Wenn Arbeit für einen so langen Zeitraum vorliegt, wird in der Regel die ordnungsmäßige Kündigung genügen, um den Belangen der Verwaltung gerecht zu werden. Es war aber auch offenbar von vornherein — im Januar 1950 — gar nicht mit einiger Bestimmtheit vorauszusehen, bis zu welchem Zeitpunkt die landwirtschaftliche Betriebszählung, für die der Kläger eingestellt war, mit dem vorhandenen Personalbestand aufgearbeitet sein würde; denn am Ende dieses Zeitraums, nämlich am 31. März 1952, wurde der Vertrag um ein weiteres Jahr verlängert. Während dieses Zeitraums wurde auch der Kläger nach den Feststellungen des Landesarbeitsgerichts teilweise nicht mit den Aufgaben der landwirtschaftlichen Betriebszählung beschäftigt. Schließlich waren ja auch beim endgültigen Ablauf des befristeten Vertrages, nämlich am 1. April 1953, dem Statistischen Bundesamt neue Verwaltungsaufgaben angefallen, zu deren Bewältigung andere, gleichfalls befristet beschäftigte Angestellte „in Planstellen" übernommen worden sind (vgl. BAG. 1, 128). Auf der anderen Seite ist es immerhin denkbar, daß beim Statistischen Bundesamt der Arbeitsanfall besonders hohen Schwankungen unterliegt. Die endgültige Prüfung, ob ein verständiger Behördenleiter bei Berücksichtigung der gesamten Umstände den Arbeitsvertrag befristet hätte, muß daher der Tatsacheninstanz vorbehalten bleiben.

III. Ergibt die weitere Erörterung durch das Landesarbeitsgericht die Gültigkeit der Befristung des Arbeitsvertrages, so ist die Klage ohne weiteres abzuweisen. Andernfalls wird das Landesarbeitsgericht auf die rechtlichen Gesichtspunkte, die der Wirksamkeit der Kündigung entgegenstehen, unter Berücksichtigung der Behauptungen und Ausführungen der Parteien einzugehen haben.

Der Wirksamkeit der Kündigung steht jedenfalls nicht, wie der Kläger in der Revisionsinstanz meint, die Bestimmung des § 66 Abs. 1 BetrVG. entgegen. Denn dieses Gesetz erstreckt sich nach § 88 Abs. 1 BetrVG. nicht auf den öffentlichen Dienst. Zudem steht nach der Rechtsprechung des Bundesarbeitsgerichts (BAG. 1, 69) die Unterlassung der in § 66 Abs. 1 BetrVG. vorgeschriebenen Anhörung des Betriebsrats an sich der Wirksamkeit der Kündigung nicht entgegen.

IV. Dagegen wird zu prüfen sein, ob der Kläger, wie er in der Revisionsinstanz vorträgt, Schwerbeschädigter ist und ob ihm daher nach § 14 SchwBeschG. überhaupt nur mit Zustimmung der Hauptfürsorgestelle gekündigt werden durfte.

V. Im Rahmen der Erörterung der Wirksamkeit der Kündigung wird das Landesarbeitsgericht weiterhin die von seinem bisherigen Standpunkt aus unerhebliche Frage zu prüfen haben, ob dem Kläger nach § 16 Abs. 4 Satz 1 TO. A überhaupt ordentlich und nicht nur aus einem wichtigen Grunde gekündigt werden durfte.

Ob der Kläger eine Dienstzeit im Sinne von § 7 ATO. von 25 Jahren hat, ist bisher nicht geklärt.

1. Wie die vom Landesarbeitsgericht angenommene Dienstzeit von 24 Jahren, 2 Monaten und 12 Tagen sich errechnet, sagt es im

einzelnen nicht; dies wird es nachholen und sich dabei mit den Behauptungen und Ausführungen der Parteien auseinandersetzen müssen.

Es ist insbesondere nicht klargestellt, ob der Errechnung dieser Dienstzeit nicht die Ausnahme des § 7 Abs. 3 ATO. entgegensteht; hierfür besteht insbesondere wegen des freiwilligen Ausscheidens des Klägers am 7. April 1948 aus dem Dienste des Statistischen Amtes der britischen Besatzungszone besonderer Anlaß. Daß die Zeit vom 1. Januar 1934 bis 9. August 1939 anrechnungsfähig ist, weil der Kläger am 31. Dezember 1933 auf Grund einer Durchführungsverordnung zum Gesetz zur Wiederherstellung des Berufsbeamtentums entlassen worden war, ist nicht selbstverständlich. Die TO. A ist nicht durch besondere Wiedergutmachungsbestimmungen ergänzt. Als Rechtsgrund für die Anrechnung kommen nur § 5, § 6, § 9 Abs. 2, § 21 Abs. 2 des Gesetzes zur Regelung der Wiedergutmachung nationalsozialistischen Unrechts für Angehörige des öffentlichen Dienstes vom 11. Mai 1951 (BGBl. I S. 291) in der jetzt geltenden Fassung — BWGöD. — in Frage. Über diesen Rechtsgrund können aber nicht etwa einschlußweise die Gerichte für Arbeitssachen entscheiden, sondern es kann dieserhalb nur in dem in § 24 ff. BWGöD. und nach § 80 ff. des Bundesergänzungsgesetzes zur Entschädigung für Opfer der nationalsozialistischen Verfolgung vom 18. September 1953 (BGBl. I S. 387) — BEG. — bestimmten Verfahren entschieden werden; denn das Verfahren vor den Entschädigungsorganen ist ein ausschließliches (Blessin-Wilden, Bundesentschädigungsgesetze, § 80 Erl. 1).

VI. Schließlich wird das Landesarbeitsgericht auf die Kündigungsschutzklage, falls es auf sie noch ankommt, eingehen müssen.

1. Ob sie innerhalb der in § 3 KSchG. bestimmten Frist von 3 Wochen seit dem Zugang der Kündigung erhoben ist, ist bisher nicht aufgeklärt.

a) Als Kündigung kommt nur die Mitteilung vom 4. März 1953 in Frage. Sie ist allerdings zunächst nicht als Kündigung, d. h. als Willenserklärung des Inhalts gemeint, daß das Arbeitsverhältnis zum 31. März 1953 zur Beendigung gebracht werde, sondern nur als einfache Benachrichtigung, daß der beklagte Bund von einer Verlängerung des Vertrages über den 31. März 1953 hinaus absehe. Immerhin wird diese Erklärung in eine Kündigung umgedeutet werden können; denn so hat der Kläger diese Erklärung aufgefaßt. Die Umdeutung liegt auch im Interesse des beklagten Bundes, der vermutlich eine Kündigungserklärung abgegeben hätte, wenn die Ungültigkeit der Befristung von ihm erkannt worden wäre.

b) Wann die Mitteilung vom 4. März 1953 dem Kläger zugegangen ist, ergibt der Tatbestand nicht. Die Klage ist am 1. April 1953 zur Niederschrift der Geschäftsstelle erklärt, an diesem Tage, nicht erst am Tage der Zustellung, gilt sie nach § 46 Abs. 1 ArbGG. i. V. m. § 496 Abs. 3 ZPO. als erhoben. Nur wenn die Mitteilung vom 4. März dem Kläger nicht vor dem 11. März zugegangen ist, ist die Frist des § 3 KSchG. gewahrt. Die Feststellung des Tages des Zuganges ist aber nicht Sache der Revision, sondern Sache der Tatsacheninstanz.

2. Wenn das Landesarbeitsgericht nach den von ihm zu treffenden Feststellungen die Rechtzeitigkeit der Kündigungsschutzklage bejaht, wird es zu deren sachlicher Begründetheit Stellung nehmen müssen. Dabei wird es bei der Frage, ob der beklagte Bund bei der Auswahl des Klägers soziale Gesichtspunkte nicht oder nicht ausreichend berücksichtigt hat (§ 1 Abs. 3 Satz 1 KSchG.), die sozialen Verhältnisse und Leistungen nicht nur, wie es bisher geschehen ist, derjenigen Angestellten, deren Arbeitsverträge äußerlich gleichzeitig mit dem des Klägers am 31. März 1953 abliefen, sondern aller beim Statistischen Bundesamt in einer mit dem Kläger vergleichbaren Stellung beschäftigten Arbeitnehmer berücksichtigen müssen, sofern der Kläger entsprechende Behauptungen aufstellt.

3

1. Die Streitwertfestsetzung im Urteil bindet für die Kostenberechnung nicht die nächste Instanz. Diese kann den Wert des Streitgegenstandes anderweit auch dann festsetzen, wenn die Voraussetzungen des § 17 GKG. nicht vorliegen.

2. Rückstände wiederkehrender Leistungen können neben dem fünffachen Jahresbetrag (§ 10 Abs. 3 S. 2 GKG.) nur bis zur Klageerhebung berücksichtigt werden (im Anschluß an BGHZ. 2 S. 75).

ArbGG. § 12 Abs. 5, § 69 Abs. 2; GKG. § 10 Abs. 3, §§ 17, 18.

II. Senat. Beschluß vom 24. Mai 1955 i. S. N. (Kl.) w. Sch. B. AG (Bekl.) 2 AZR 174/54.

I. Arbeitsgericht Berlin. — II. Landesarbeitsgericht Berlin.

Mit einer am 17. April 1953 beim Landgericht Berlin eingegangenen Klage nebst Armenrechtsantrag begehrte der Kläger die Feststellung, die Beklagte sei verpflichtet, ihm ab 14. August 1952 eine Pension zu zahlen. Die Beklagte rügte nach Übersendung der Klageschrift zur

Stellungnahme im Armenrechtsverfahren u. a. die Zuständigkeit des Landgerichts Berlin, das daraufhin den Rechtsstreit an das Arbeitsgericht Berlin abgab. In der mündlichen Verhandlung vom 24. November 1953 wurde vor dem Arbeitsgericht streitig verhandelt, ohne daß die Klage zuvor formell zugestellt war.

Der Kläger begehrte in Abweichung von dem angekündigten Klageantrag, die Beklagte zur Zahlung von 100,— DM monatlich ab 14. August 1952 zu verurteilen. Das Arbeitsgericht hat die Klage abgewiesen und den Streitwert gemäß §§ 3, 9 ZPO., 12, 61 ArbGG. auf 6000,— DM festgesetzt. Die Berufung des Klägers hatte keinen Erfolg; die eingelegte Revision nahm er zurück. Durch Beschluß des erkennenden Senats vom 23. April 1955 wurde daraufhin der Kläger entsprechend dem Antrag der Beklagten des Rechtsmittels der Revision unter Auferlegung der Kosten des Revisionsverfahrens für verlustig erklärt. Die Beklagte bittet weiter um Festsetzung des Streitwertes, der sich nach ihrer Meinung wie folgt errechnet:

a)	Rückstände für die Zeit vom 14. August 1952 bis 9. März 1954 (Tag des Erlasses des Berufungsurteils) monatlich 100,— DM . . . . =	1900,— DM
b)	fünffacher Jahresbetrag gemäß § 10 Abs. 3 GKG. =	6000,— DM
		7900,— DM

Das Arbeitsgericht hat zwar gemäß § 61 Abs. 2 ArbGG. den Streitwert in seinem Urteil bereits auf 6000,— DM festgesetzt und das Landesarbeitsgericht keine abweichende Entscheidung getroffen. Diese Wertfestsetzung bindet auch das Revisionsgericht bei der Prüfung der Statthaftigkeit der Revision, wie der Senat in seinem Beschluß vom 2. Juni 1954 (2 AZR. 136/54 — BAG. 1 S. 8) im Anschluß an die Rechtsprechung des RAG. (vgl. RAG. in ARS. Bd. 2 S. 167, Bd. 5 S. 350) schon entschieden hat. Die gleiche Bindungswirkung kann aber nicht für den Bereich des Kostenrechts Platz greifen: vielmehr ist das Bundesarbeitsgericht gehalten, den Streitwert für das Revisionsverfahren insoweit selbständig und ohne Rücksicht auf die Wertfestsetzung im Urteil des Arbeitsgerichts oder Landesarbeitsgerichts zu bestimmen.

Nach § 12 Abs. 5 Satz 1 ArbGG. gelten allerdings die Vorschriften des Gerichtskostengesetzes (GKG.) „entsprechend" und § 17 GKG. bestimmt, daß die Wertfestsetzung für die Zulässigkeit des Rechtsmittels unbeschadet der Vorschrift der §§ 10, 13 GKG. auch für die Gebührenberechnung zugrunde zu legen ist. Deshalb hat die bisher wohl überwiegende Meinung (vgl. zuletzt LAG. Ravensburg AP 51 Nr. 269; Dietz-Nikisch, ArbGG. § 61 Anm. 21; Dersch-Volkmar, 6. Aufl., § 12 Anm. 4 e; Baumbach-Lauterbach, Kostengesetz 11. Aufl., § 17 GKG Anm. 1; § 18 Anm. 1 B) und auch das RAG. (Urteil vom 19. Juni 1942 — ARS. 45 S. 17, Beschluß vom 18. Juni 1943 — DR 43 S. 1191) eine besondere Streitwertfestsetzung für die Kosten nur bei Klagen auf wiederkehrende Leistungen aus dem Arbeitsverhältnis (§ 10 Abs. 3 Satz 2 GKG.) für möglich erachtet oder soweit nach teilweiser Erledigung des Rechtsstreits eine Wertfestsetzung im Urteil unterblieben war, weil es hierfür allein auf den Wert des zu diesem Zeitpunkt noch zur Entscheidung gestellten Streitgegenstandes ankommt. Von diesen Ausnahmen abgesehen, soll die Streitwertfestsetzung im Urteil des Arbeitsgerichts bzw. Landesarbeitsgerichts auch für die Kostenberechnung in allen Rechtszügen maßgebend sein.

Der Senat kann sich dieser Meinung nicht anschließen. Die Bestimmungen des GKG sind nach § 12 Abs. 5 Satz 1 ArbGG. nur „entsprechend" anzuwenden, d. h. unter Berücksichtigung der Besonderheiten des arbeitsgerichtlichen Verfahrens. Im ordentlichen Zivilprozeß setzt jede Instanz selbst den Streitwert bzw. Beschwerdewert ohne Bindung an Beschlüsse früherer Rechtszüge neu fest, wenn hierfür wegen der Feststellung der Zuständigkeit des Prozeßgerichts oder der Zulässigkeit eines Rechtsmittels ein Bedürfnis besteht. Es hat seinen Sinn, wenn unter diesen Voraussetzungen § 17 GKG für die gleiche Instanz die Übereinstimmung der Streitwertbestimmung für prozessuale Fragen und für die Kostenberechnung herstellen will, soweit die Berechnungsgrundlage nach der ZPO. und dem GKG. die gleichen sind. Im arbeitsgerichtlichen Verfahren bindet dagegen die Streitwertfestsetzung im Urteil, die der alsbaldigen Klarstellung der Rechtsmittelfähigkeit dient, auch die übergeordnete Instanz (§§ 64 Abs. 1, 72 Abs. 1 Satz 4 ArbGG.), so daß das Landesarbeitsgericht — von dem Ausnahmefall des § 69 Abs. 2 ArbGG. abgesehen — oder das Bundesarbeitsgericht die Wertfestsetzung nicht ändern kann, selbst wenn sie nach Ansicht des höheren Gerichts unrichtig ist. Unter Berücksichtigung dieser Unterschiede kann im arbeitsgerichtlichen Verfahren in entsprechender Anwendung des § 17 GKG. die Streitwertfestsetzung im Urteil immer nur maßgebend für die Kostenfestsetzung des gleichen Rechtszuges sein. Soweit eine Streitwertbestimmung im Urteil der Instanz nicht erfolgt — wie es im Revisionsverfahren beim BAG. stets der Fall ist —, kann das Gericht unabhängig von früheren Wertbestimmungen nach § 18 GKG. den Streitwert für die Kosten selbständig festsetzen, und zwar auch dann, wenn die besonderen Voraussetzungen des § 17 GKG. nicht vorliegen. Andernfalls würden die Gerichts- und Anwaltskosten gerade beim Bundesarbeitsgericht vielfach nach einem Streitwert berechnet werden müssen, der die Entwicklung des Prozesses seit Erlasses des erst- oder zweitinstanzlichen Urteils außer acht läßt und mit dem tatsächlichen Sachverhalt nicht mehr übereinstimmt. Dazu besteht aber — wie schon dargelegt — kein zwingender gesetzlicher Grund, der auch nicht aus den Vorschriften des ArbGG. selbst abgeleitet werden kann (gleicher Meinung Stein-Jonas, 18. Aufl., § 3 Anm. V 4 und LAG. Bremen AP. 50 Nr. 75 mit zustimmender Anmerkung von Volkmar).

Bei dem geltend gemachten Klageanspruch handelt es sich um wiederkehrende Leistungen aus dem Arbeitsverhältnis im Sinne des § 10 Abs. 3 Satz 2 GKG., für die der Streitwert im Kostenrecht im Gegensatz zu § 9 ZPO. lediglich auf den fünffachen Jahresbetrag festzusetzen ist. Darüber hinaus können nur die Rückstände bis zur Klageerhebung hinzugerechnet werden, aber nicht die bis zum Erlaß des Berufungsurteils aufgelaufenen Beträge. Für das Verfahren der ordentlichen Zivilgerichte ist diese Meinung herrschend (z. B. BGH. in BGHZ. Bd. 2 S. 75 im Anschluß an die ständige Rechtsprechung des RG.; Stein-Jonas, 18. Aufl., § 9 Anm. I 2). Der Senat schließt sich dieser Auffassung an. Im Prozeß vor den Gerichten für Arbeitssachen kann nicht etwa deshalb etwas anderes gelten, weil bei der Streitwertfestsetzung im Urteil dieser Zeitpunkt für die Wertberechnung maßgebend ist (§§ 61 Abs. 2, 69 Abs. 2 ArbGG.). Soweit diese zum Zwecke der Feststellung der Rechtsmittelfähigkeit vorgenommene Streitwertfestsetzung nach den vorstehenden Ausführungen für die Kostenberechnung nicht maßgebend ist und ein besonderer Streitwertbeschluß nach § 18 GKG. ergehen kann, besteht kein Anlaß, im arbeitsgerichtlichen Verfahren den Streitwert für die Kosten anders zu berechnen als im Zivilprozeß der ordentlichen Gerichte. Sind doch die Vorschriften der ZPO. (vgl. §§ 46 Abs. 2, 64 Abs. 2, 72 Abs. 3 ArbGG.) und des GKG. (§ 12 Abs. 5 ArbGG.) entsprechend anzuwenden (so auch Stein-Jonas a.a.O., § 9 Anm. I 2 i. V. mit Anm. IV; a. M. Baumbach-Lauterbach a.a.O., § 12 ArbGG. Anm. 2; Tschischgale, das Kostenrecht in Arbeitssachen 1954, S. 13).

Die Anwendung der vorstehenden Grundsätze auf den hier zu entscheidenden Fall führt zu folgendem Ergebnis: Der fünffache Jahresbetrag des begehrten Ruhegeldes beträgt 6000,— DM. Dieser Summe sind noch die Rückstände bis zur Klageerhebung hinzuzurechnen. Da die Klage nicht zugestellt wurde, ist sie im Zeitpunkt der ersten rügelosen Verhandlung der Beklagten zur Hauptsache (vgl. § 295 ZPO.) als erhoben anzusehen, d. h. am 24. November 1953. Es sind daher die Rückstände für 16 Monate zu je 100,— DM = 1600,— DM zu berücksichtigen, so daß der Streitwert für die Kostenberechnung insgesamt auf 7600,— DM. festzusetzen ist.

4

Die das Armenrecht für die Rechtmittelinstanz nachsuchende Partei hat auch dann noch Anspruch auf Wiedereinsetzung in den vorigen Stand, wenn das Armenrechtsgesuch erst am letzten Tage der Rechtsmittelfrist bei Gericht eingeht (im Anschluß an die neue Rechtsprechung des BGH. — NJW. 55 S. 345).

ZPO. § 233.

II. Senat. Beschluß vom 17. Mai 1955 i. S. v. P. u. Töchter (Bekl.) w. K. (Kläger) 2 AZR 130/55.

I. Arbeitsgericht Wiesbaden. — II. Landesarbeitsgericht Frankfurt Main.

Gründe:

Der Kläger nimmt die Beklagten als Gesamtschuldner für die Zahlung einer Pension in Anspruch. Seiner Klage hat das Arbeitsgericht unter Abweisung der eingeklagten Rückstände hinsichtlich der laufenden Beträge stattgegeben. Durch Urteil vom 26. Januar 1955 hat das Landesarbeitsgericht die Berufung der Beklagten zurückgewiesen. Dieses Urteil wurde dem Prozeßbevollmächtigten der Beklagten zu 2) am 24. Februar 1955 zugestellt. In dem am 24. März 1955 eingegangenen Armenrechtsgesuch bat die Beklagte zu 2) um Bewilligung des Armenrechts zur Durchführung der beabsichtigten Revision. Dem Antrag gab der erkennende Senat durch Beschluß vom 22. April 1955, zugestellt am 28. April 1955, statt. Daraufhin legte der Prozeßbevollmächtigte der Beklagten zu 2) mit Schriftsatz vom 28. April 1955, eingegangen bei Gericht am 30. April 1955, Revision ein, begründete diese zugleich und beantragte schließlich in einem am 9. Mai 1955 eingegangenen Schriftsatz Wiedereinsetzung in den vorigen Stand wegen Versäumung der Revisionsfrist.

Dem Wiedereinsetzungsantrag ist stattzugeben. Nach herrschender Meinung wird die Armut einer Partei an sich als unabwendbarer Zufall i. S. des § 233 ZPO. anerkannt. Eine erhebliche Unsicherheit in der Rechtsprechung bestand aber hinsichtlich des Zeitraums, der zwischen

Einbringung des Armenrechtsgesuchs und Ablauf der Rechtsmittelfrist liegen mußte (3–7 Tage).

Der Senat schließt sich der neuen Rechtsprechung des Bundesgerichtshofes an. Danach genügt es, wenn das Armenrechtsgesuch am letzten Tag der Rechtsmittelfrist bei Gericht eingeht (vgl. Beschluß des BGH. vom 9. 12. 1954 — IV ZB. 94/54 — NJW. 55 S. 345). In der Tat trägt die bisherige Handhabung weder den Belangen der armen Partei noch den tatsächlichen Verhältnissen genügend Rechnung. Angesichts der Belastung der Gerichte und der unter Umständen langen Dauer eines Armenrechtsverfahrens ist es eine Fiktion anzunehmen, über ein Armenrechtsgesuch könne binnen weniger Tage entschieden und dann auch noch rechtzeitig die Revision durch den zu bestellenden Anwalt eingelegt werden. Der Senat tritt auch den weiteren Gründen der Entscheidung des Bundesgerichtshofes bei. Dem Wiedereinsetzungsgesuch ist daher stattzugeben, ohne daß es noch auf eine Prüfung der Gründe ankäme, die für die späte Einreichung des Armenrechtsgesuchs vorgetragen werden.

5

I. Die Pensionsbestimmungen des Berliner Magistrats und der Berliner Alliierten Kommandantur sind auf Arbeitsverträge zwischen einem Berliner Unternehmen und den Angestellten eines in der russischen Zone gelegenen Betriebes dieses Unternehmens nicht anwendbar.

II. Dies gilt auch für Arbeitsverträge leitender Angestellter und für deren Ruhegehaltsbeziehungen, wenn nicht besondere Umstände die Rechtslage ändern.

III. Mit der Vereinbarung des Gerichtsstandes in Berlin wird nicht ohne weiteres auch das in Berlin geltende materielle Recht anwendbar gemacht.

IV. Gerät ein Unternehmen in wirtschaftliche Schwierigkeiten, dann müssen sich die Ruhegehaltsberechtigten auf Grund ihrer Treupflicht vorübergehend mit einer Kürzung ihrer Ansprüche abfinden, soweit dies zur Aufrechterhaltung des Unternehmens notwendig ist. Dabei ist der Grundsatz der Gleichbehandlung zu beachten.

Rechtsmaterie: Interzonales Arbeitsrecht und Ruhegehalt.

II. Senat. Urteil vom 5. Mai 1955 i. S. P. B. u. H. AG (Bekl.) w. K (Kl.) 2 AZR 55/53.

I. Arbeitsgericht Berlin. — II. Landesarbeitsgericht Berlin.

Der Kläger war bei der Beklagten von 1924 bis 1945 als Betriebsdirektor und Werksdirektor auf verschiedenen Bergwerken tätig, zuletzt als Leiter eines Kaliwerkes in St. Mit Schreiben vom 25. Oktober 1945 kündigte die Beklagte das Dienstverhältnis zum 31. Dezember 1945 unter Hinweis auf den Verlust eines großen Teils ihrer Betriebe sowie auf ihre schwierige Finanzlage. Der Kläger berief sich demgegenüber darauf, daß die Kündigung nach § 4 seines Dienstvertrages erst zum 31. Dezember 1946 wirke. Er drang damit durch.

Nunmehr verlangt er Nachbezahlung des Ruhegehalts für die Jahre 1947 und 1948.

Das Arbeitsgericht hat seine Klage abgewiesen mit der Begründung, daß der Kläger nach den auch für die Beklagte und ihn geltenden Bestimmungen des Magistrats von Groß-Berlin vom 10. März 1947 über die Auszahlung von Versorgungsbezügen (VOBl. für Groß-Berlin 1947 S. 69) sowie auf Grund der dazu ergangenen Ausführungsanweisungen vom 9. April 1948 (VOBl. 1948 S. 219) für die Jahre 1947/48 keinen Anspruch auf Ruhegehalt habe. Das Landesarbeitsgericht hingegen hat die Beklagte nach dem Antrag des Klägers verurteilt. Es ist der Auffassung, daß die erwähnten Anordnungen des Berliner Magistrats die Beklagte ebensowenig an der Zahlung des eingeklagten Ruhegehalts hindern wie die damit zusammenhängenden Anordnungen der Alliierten Kommandantur in Berlin.

Die Revision der Beklagten führte zur Aufhebung und Zurückverweisung aus folgenden

Gründen:

I. Das Landesarbeitsgericht hat dem Kläger, wie verlangt, rückständiges Ruhegehalt für 1947 und 1948 zugesprochen. Es hat dazu ausgeführt, daß die Anordnungen der Alliierten Kommandantur in Berlin und des Berliner Magistrats, im folgenden kurz Berliner Pensionsbestimmungen genannt, nach ihrem Sinn und Inhalt den Ruhegehaltsanspruch weder vernichtet haben, noch seine Erfüllung hindern. Auf die Vorfrage, ob diese Bestimmungen überhaupt auf die Ansprüche des Klägers anwendbar sind, ist das Landesarbeitsgericht nicht eingegangen. Es hat sie stillschweigend bejaht. Dies beruht auf Rechtsirrtum.

Es handelt sich dabei um eine Frage des Interzonenrechts. Nach herrschender Ansicht, der sich der Senat anschließt, sind Fragen des interzonalen Privatrechts nach den Grundsätzen des internationalen Privatrechts zu entscheiden, wenn nicht im Einzelfall aus besonderen Gründen eine Abweichung geboten ist (so LAG. Stuttgart in RdA. 1950 S. 116, Arbeitsgericht Göttingen RdA. 1950 S. 117, LAG. Berlin in AP. 1952 Nr. 97, sämtlich mit insoweit zustimmenden Anmerkungen von Beitzke). Nach internationalem Privatrecht kommt bei Arbeitsverhältnissen als Anknüpfungspunkt in erster Linie der Sitz des Betriebes in Frage. Ansprüche aus einem Arbeitsverhältnis sind nach dem Recht des Ortes zu beurteilen, an dem das Arbeitsverhältnis seinen Schwerpunkt hat. Dieser liegt dort, wo die aus dem Arbeitsverhältnis entspringenden Verpflichtungen zu erfüllen sind. Das ist regelmäßig am Sitz des Betriebes der Fall, und zwar auch dann, wenn der Betrieb zu einem Unternehmen gehört, welches seinen Sitz an einem anderen Ort hat. Denn am Sitz des Betriebes und nicht an dem des Unternehmens wirkt sich das Arbeitsverhältnis in jeder Beziehung aus (vgl. Palandt BGB. 11. Aufl. Vorbemerk. 6 d vor Art. 12 EG./BGB., Beitzke a.a.O. und in RdA. 1951 S. 134).

Der Kläger ist nun aber im Zeitpunkt seiner Entlassung als Leiter eines Kaliwerkes der Beklagten in St. tätig gewesen. Das in der sowjetrussisch besetzten Zone Deutschlands liegende St. war also der Sitz seines Betriebes, obgleich die Beklagte als sein Arbeitgeber mit ihrem Unternehmen ihren Sitz in Berlin hatte. In St. und nicht in Berlin lag daher im Zweifel der Schwerpunkt des Arbeitsverhältnisses zwischen den Parteien.

Es fragt sich aber, ob besondere Umstände des Falles nicht doch Berlin zum Schwerpunkt des Arbeitsverhältnisses oder wenigstens der Ruhegehaltsbeziehungen zwischen den Parteien machen. Solche Umstände könnten vor allem darin erblickt werden, daß der Kläger leitender Angestellter war, und daß er als solcher entsprechend dem Vorbehalt in § 3 seines Dienstvertrages vom 17. April 1935 im Laufe der Zeit unstreitig in verschiedenen Betrieben der Beklagten an verschiedenen Orten beschäftigt worden ist. Dies könnte dafür sprechen, daß er mehr noch als dem jeweiligen Betrieb dem Gesamtunternehmen zugehörig und verbunden war. Bei näherem Zusehen ergibt sich jedoch, daß kein ausreichender Grund vorliegt, um den Schwerpunkt des Arbeitsverhältnisses in Berlin zu sehen. Auch bei einem leitenden Angestellten, selbst wenn er Betriebsleiter ist, erschöpft sich seine Tätigkeit in der Regel am Ort seines Betriebes. Die Beklagte hat jedenfalls nicht behauptet, daß der Kläger in seiner Eigenschaft als Werksleiter zu irgendeiner Zeit zugleich an der Leitung des Gesamtunternehmens mitgewirkt habe oder auch nur irgendwie am Sitz des Unternehmens in Berlin tätig geworden sei, wenn man davon absieht, daß er Berlin gelegentlich zum Zwecke dienstlicher Besprechungen hinsichtlich seines Betriebes aufgesucht hat. Einen allgemeinen Grundsatz, daß die Rechtsverhältnisse von Betriebsleitern ihren Schwerpunkt am Sitz des übergeordneten Unternehmens haben, vermag der Senat nicht anzuerkennen. Ein solcher scheint auch, entgegen der Auffassung von Beitzke (vgl. dessen Besprechung in AP. 1952 Nr. 97) in der Rechtsprechung bisher nicht entwickelt worden zu sein. Die Entscheidungen, die Beitzke zur Begründung seiner Auffassung heranzieht, vgl. Nachweisungen RdA. 1951 S. 134, LAG. Stuttgart in RdA. 1950 S. 117 und LAG. Hamburg in MDR. 1947 S. 97, stellen einen derartigen Grundsatz nicht heraus und geben auch keine genügende Grundlage dafür ab. Der Fall des Klägers ist nach dem vom Landesarbeitsgericht festgestellten Sachverhalt jedenfalls nicht so gelagert, daß sein Arbeitsverhältnis zu Berlin wesentliche Beziehungen hatte. Eine solche Beziehung wird dann auch nicht dadurch geschaffen, daß die Beklagte den Kläger kraft ihres im Dienstvertrag noch besonders festgelegten Direktionsrechts von einem Betrieb zum anderen versetzen konnte und dies im Laufe der Jahre wiederholt getan hat. Mit einer solchen Versetzung änderte sich zwar jeweils der Ort des Arbeitsverhältnisses und damit zugleich unter Umständen auch das anwendbare Recht, soweit es lokaler Art war. Aber die Versetzungsmöglichkeit verlagert den Schwerpunkt des Arbeitsverhältnisses nicht nach Berlin.

Diese Folge tritt ferner auch nicht dadurch ein, daß im Abschnitt D der Richtlinien für die Gewährung von Ruhegehalt, die Bestandteil des Dienstvertrages geworden sind, als Gerichtsstand für alle aus den Richtlinien sich ergebenden Streitigkeiten ausdrücklich Berlin vereinbart worden ist. Denn die Vereinbarung eines Gerichtsstandes bedeutet nicht ohne weiteres, daß damit zugleich auch das am Gerichtsort geltende materielle Recht anwendbar gemacht werden sollte. Der gegenteiligen Ansicht des Landesarbeitsgericht Berlin (AP. 1952 Nr. 97) kann nicht zugestimmt werden. Beitzke weist in seiner Anmerkung zu dieser Berliner Entscheidung mit Recht darauf hin, daß eine solche Folgerung schon deshalb nicht gezogen werden könne, weil die Parteien zur Zeit des Vertragsschlusses an eine Spaltung des Rechts in Deutschland noch gar nicht gedacht haben. Dies trifft auch für den vorliegenden Fall zu.

Bleibt es nach alledem dabei, daß der Schwerpunkt des Arbeitsverhältnisses des Klägers am Sitz des von ihm zuletzt — wenn auch nur noch kurze Zeit — geleiteten Betriebes in St. und nicht in Berlin zu suchen ist, so muß dasselbe auch für die mit dem Arbeitsverhältnis zusammenhängenden Ruhegehaltsbeziehungen gelten, zumal der Kläger nach seinem Ausscheiden aus dem Dienst der Beklagten zunächst in St. geblieben ist. Dort hatte die Beklagte ihre Ruhegehaltsverpflichtungen zu erfüllen, soweit nicht etwa der Kläger seinen Wohnsitz verlegte und sie ihm auf Grund ihrer Fürsorgepflicht das Ruhegehalt nachzusenden hatte. Ein allgemeiner Rechtssatz, der besagt, daß alle Ruhegehaltsbeziehungen als am Sitz des Unternehmens zusammengefaßt zu gelten haben und deshalb nach dortigem Recht zu behandeln sind, ist, soweit ersichtlich, in Rechtsprechung und Rechtslehre niemals aufgestellt worden. Ein solcher Rechtssatz kann auch nicht als allgemein gültig anerkannt werden. Dabei ist es auch nicht von ausschlaggebender Bedeutung, ob die Pensionslast intern wie in der Regel beim Betrieb oder ausnahmsweise beim Unternehmen verrechnet wird.

Aus den vorstehenden Ausführungen ergibt sich, daß der Klageanspruch nicht nach den Berliner Pensionsbestimmungen zu beurteilen ist. Auch die von der Alliierten Kommandantur in Berlin als Besatzungsmacht erlassenen Bestimmungen sind unanwendbar, weil sich ihre Geltung ebenfalls auf die Stadt Berlin beschränkten. Denn auch Anordnungen einer Besatzungsmacht können über deren Machtbereich hinaus keine Geltung beanspruchen. Da das Arbeitsverhältnis des Klägers einschließlich der Pensionsansprüche außerhalb Berlins abzuwickeln war, wird es von den Berliner Pensionsbestimmungen nicht ergriffen. Es braucht daher nicht darauf eingegangen zu werden, ob das Landesarbeitsgericht diese Bestimmungen richtig ausgelegt hat, und ob und inwieweit es sie mit Rücksicht auf die noch geltenden Vorschriften des Gesetzes Nr. 7 der Alliierten Kommandantur Berlin (i. d. F. des Gesetzes Nr. 17 vom 27. August 1951, GVBl. für Groß-Berlin 1951 S. 639) überhaupt einer ihren Zweck erforschenden Auslegung unterziehen durfte.

II. Zu fragen ist vielmehr, ob der Klageanspruch nach allgemeinem deutschen bürgerlichen Recht begründet ist. Soweit in der sowjetisch besetzten Zone, also auch am Betriebssitz St., alle Ruhegehaltsansprüche ganz beseitigt und durch Sozialrenten ersetzt worden sind, kommt es für den vorliegenden Fall hierauf nicht an. Denn die Beklagte hat sich auf diesen völligen Wegfall nicht berufen, sondern durch Vorschüsse und laufende Zahlungen zum Ausdruck gebracht, daß sie die Ruhegehaltsberechtigung des Klägers an sich anerkennt. Es braucht daher nicht erörtert zu werden, ob der völlige Wegfall der Ruhegehälter in der sowjetrussischen Besatzungszone überhaupt mit der rechtsstaatlichen Ordnung in der Bundesrepublik vereinbar wäre oder gegen die guten Sitten oder den Zweck eines deutschen Gesetzes verstoßen würde (§ 30 EGBGB.). Nicht in Betracht kommt auch ein Ausschluß des Klageanspruchs nach § 77 des Gesetzes zu Artikel 131 GG., weil die Beklagte, obwohl sich ihr gesamtes Kapital in öffentlicher Hand befindet, kein öffentlicher Betrieb ist.

Zu prüfen ist aber, ob nicht der Kläger mit Rücksicht auf die ungünstigen wirtschaftlichen Verhältnisse, in denen sich die Beklagte nach dem Zusammenbruch im Jahre 1945 angeblich befunden hat, für die Jahre 1947 und 1948 eine vorübergehende Kürzung oder gar einen vorübergehenden Wegfall seines Ruhegehalts hinnehmen muß. Ein solches Opfer wäre ihm nach der Rechtslehre und nach ständiger Rechtsprechung, der sich auch der erkennende Senat anschließt, auf Grund seiner im gewissen Umfang auch nach Beendigung des Arbeitsverhältnisses noch fortbestehenden Treuepflicht dann zuzumuten, wenn es zur Aufrechterhaltung des Unternehmens der Beklagten notwendig ist (vgl. Nikisch, Arbeitsrecht 2. Aufl. S. 483; RGR.-Komm. 10. Aufl. Vorbem. III 5 vor § 611 BGB.; RAG. in ARS. 36, 188; BGH. in AP. 1955 Nr. 1 zu § 242 BGB.). Dabei ist der Grundsatz der Gleichbehandlung gleichartiger Arbeitnehmer zu beachten.

In eine derartige Prüfung ist das Landesarbeitsgericht von seinem Standpunkt aus, daß die Berliner Pensionsbestimmungen maßgebend seien, nicht eingetreten. Um sie zu ermöglichen, müssen zunächst die maßgebenden tatsächlichen Verhältnisse geklärt und mit den Parteien erörtert werden. Zu diesem Zweck muß die Sache unter Aufhebung des angefochtenen Urteils an das Landesarbeitsgericht zurückverwiesen werden.

6

1. Auch Ruhegeldansprüche der Arbeitnehmer unterliegen der Verjährungsbestimmung des § 196 Nr. 8 BGB.

2. Die bei wirtschaftlicher Notlage des Betriebes zulässige Kürzung betrieblicher Ruhegelder kann auch in der Weise erfolgen, daß im Gegensatz zur bisherigen Regelung eine Anrechnung der Sozialrenten erfolgt, und zwar nicht nur der Witwenrenten, sondern auch der aus eigener Beschäftigung erworbenen Altersrenten, soweit diese nicht etwa auf einer freiwilligen Fortführung der Versicherung nach Aufgabe der eigenen Betätigung beruhen.

BGB. § 196 Nr. 8, § 611, § 242.
II. Senat. Urteil vom 10. Mai 1955 i. S. Sch. (Kl.) w. B. (Bekl.)
2 AZR 7/54.

I. Arbeitsgericht Berlin. — II. Landesarbeitsgericht Berlin.

Der am 11. Dezember 1948 verstorbene Ehemann der Klägerin hatte im Dienst der Beklagten gestanden. Die Klägerin bezieht von der Beklagten ein betriebliches Witwengeld. Auf dieses rechnet die Beklagte in gewissem Umfang die von der Klägerin aus der Sozialversicherung bezogenen Renten an. Die Parteien streiten darüber, ob die Beklagte zu einer solchen Anrechnung berechtigt ist.

Die Klägerin bezieht doppelte Sozialrenten, nämlich einmal als Witwe ihres Ehemannes und zum anderen eigene Sozialrente, die sich wieder zusammensetzt aus Teilen, die auf die frühere eigene Arbeit der Klägerin zurückgehen, wie aus Teilen, die auf freiwilliger Weiterzahlung der Klägerin beruhen. Die Klägerin läßt dahingestellt, ob die Sozialrente, die sie als Witwe bezieht, von der Beklagten angerechnet werden dürfe. Sie wehrt sich aber gegen die Anrechnung ihrer eigenen Sozialrente. Sie fordert mit der Klage Zahlung der Beträge, die die Beklagte mit Rücksicht auf die eigene Sozialrente der Klägerin vom betrieblichen Witwengeld seit 1. Juni 1950 bis 31. Juli 1953 gekürzt hat. Das Arbeitsgericht hat der Klage stattgegeben, das Landesarbeitsgericht hat die Berufung der Beklagten im wesentlichen zurückgewiesen und hat die Klageforderung nur um die aus dem Jahre 1950 stammenden Beträge gekürzt, weil es insoweit die von der Beklagten erhobene Einrede der Verjährung hat durchgreifen lassen.

Die Revision der Klägerin blieb erfolglos, die der Beklagten führte zur Zurückverweisung an das Berufungsgericht aus folgenden

Gründen:

Mit Recht hat das Landesarbeitsgericht die Ansprüche der Klägerin, soweit sie aus dem Jahre 1950 stammen, gemäß § 196 Ziff. 8 BGB. als verjährt angesehen. Die von der Klägerin geltend gemachten Ansprüche unterliegen nicht der vierjährigen Verjährungsfrist des § 197 BGB. Unter die in § 197 BGB. aufgeführten Ansprüche auf Rückstände von Besoldungen, Wartegeldern und Ruhegehältern fallen nur Ansprüche aus öffentlichem Beamtenverhältnis, während, wie die gesetzliche Gegenüberstellung und die ausdrückliche Hervorhebung in § 196 Ziff. 8 ergibt, alle Ansprüche aus privatrechtlichem Dienstverhältnis nach § 196 Ziff. 8 BGB. in 2 Jahren verjähren (vgl. auch RAG. 21, 54).

Damit wäre nicht vereinbar, wenn für die Ruhegeldansprüche allein andere Verjährungsvorschriften gelten würden.

Auf die Revision der Beklagten war das angefochtene Urteil aufzuheben.

(Es folgen Ausführungen darüber, daß die Voraussetzungen für eine zeitweilige Kürzung der Ruhegehälter vorliegen.)

. . . Es bestehen auch keine rechtlichen Bedenken dagegen, daß an Stelle einer schematischen Kürzung aller Ruhegehälter um bestimmte Prozentsätze die Anrechnung anderweitiger Sozialrenten vorgesehen ist. Denn gerade bei betrieblichen Wohlfahrtseinrichtungen entspricht es der Billigkeit sowie dem Gemeinschafts- und Gleichheitsgedanken, daß nicht so sehr an alle gleich hohe Beträge ausgezahlt werden, als daß vielmehr durch die zusätzlichen Betriebsleistungen sonst bestehende Ungleichheiten ausgeglichen werden, so daß also notwendige Einsparungen bei denjenigen erfolgen können, die bereits durch anderweitige Bezüge aus öffentlichen Mitteln ein höheres Einkommen als andere haben, die über solche Bezüge nicht verfügen, was bei den Leistungen aus der Sozialversicherung in weitem Umfange der Fall ist.

Es entspricht dies auch den im Beamtenrecht üblichen Grundsätzen. Auch hier ist Vorsorge getroffen, daß das Einkommen des Beamten oder seiner Witwe beim Zusammentreffen mehrerer Versorgungsbezüge nicht über gewisse Grenzen hinausgeht; insbesondere erhält die Witwe eines Beamten, die selbst Beamtin war, neben ihrer eigenen Witwenpension nicht das volle Witwengeld einer Beamtenwitwe (vgl. § 160 des Bundesbeamtengesetzes und die gleichen Bestimmungen in den Ländergesetzen). Wenn aber der Gesetzgeber derartiges für seine Beamtinnen und Witwen anordnet, dann muß auch die Klägerin als versorgungsberechtigte Witwe es von der Beklagten hinnehmen, daß ihre auf früherer eigener Arbeit beruhenden Bezüge aus der Sozialversicherung angerechnet werden, jedenfalls solange, als die wirtschaftliche Lage der Beklagten so bedrängt ist, daß sie die vollen, nach den Richtlinien von 1946 berechneten Ruhegeldsätze nicht zahlen kann.

Anders liegt es mit den Teilen der Rente, die auf freiwilliger Weiterzahlung der Klägerin beruhen. Diese dürfen ihr von der Beklagten nicht auf das Witwengeld angerechnet werden. Das würde über den Rahmen dessen hinausgehen, was aus dem Gedanken einer Gefahren- und Treuegemeinschaft aller Zahlungsempfänger des Betriebes von der Klägerin an Aufopferung verlangt werden könnte. Hier ist die Opfergrenze erreicht. Ähnlich wie in § 616 BGB. und in § 843 BGB. sich der Anspruchsberechtigte nur das auf seine Lohn-

bzw. Schadensersatzansprüche anrechnen lassen muß, was er aus gesetzlicher Versicherung bezieht, nicht dagegen Leistungen aus privater Versicherung, so ist auch hier zwischen der gesetzlichen Sozialrente einerseits und der auf freiwilliger Weiterversicherung beruhenden Rente andererseits zu unterscheiden. Genau wie die verwitwete Beamtin, die zwar neben ihrer selbstverdienten Pension das Witwengeld nicht voll bezieht, sich aber ihre auf freiwilliger Versicherung beruhenden Bezüge wie überhaupt ihre privaten Einnahmen nicht anrechnen lassen muß, genau so wenig braucht die Klägerin sich diejenigen Rententeile auf das betriebliche Witwengeld anrechnen zu lassen, die auf freiwilliger Weiterzahlung beruhen.

Da sich aus dem Vortrag der Parteien nicht feststellen ließ, inwieweit die von der Beklagten auf das Witwengeld der Klägerin angerechnete Eigenrente der Klägerin aus früherer Arbeitstätigkeit der Klägerin und inwieweit sie auf freiwilliger Weiterzahlung beruht, mußte das Urteil aufgehoben werden.

7

1. Eine offensichtlich entgegen dem Gesetz erfolgte Zulassung der Revision ist unbeachtlich; die auf Grund einer solchen fehlerhaften Zulassung eingelegte Revision ist unstatthaft und daher als unzulässig zu verwerfen.

2. Zweifel des Landesarbeitsgerichts an der Richtigkeit seiner Beurteilung der Rechtslage allein begründen die Zulassung der Revision noch nicht.

3. Zweifel des Landesarbeitsgerichts an der Geltung oder Auslegung einer Rechtsnorm begründen an sich noch nicht die grundsätzliche Bedeutung; erforderlich ist hierzu vielmehr, daß die vom Landesarbeitsgericht entschiedene Rechtsfrage über den entschiedenen Einzelfall hinaus das Interesse der Gesamtheit an der Einheit und Fortentwicklung des Rechts berührt.

4. Die grundsätzliche Bedeutung kann auch auf wirtschaftlichem Gebiete liegen, insbesondere u. U. dann, wenn das Landesarbeitsgericht einen Modellprozeß entschieden hat.

ArbGG § 69 Abs. 3, § 72 Abs. 1 S. 1.

II. Senat. Urteil vom 26. Mai 1955 i. S. H. (Kl.) w. L. N. (Bekl.)
2 AZR 66/53.

I. Arbeitsgericht Wilhelmshaven. — II. Landesarbeitsgericht Hannover.

Der Kläger, der früher bei der deutschen Kriegsmarine beschäftigt war und bei Kriegsende schon eine Dienstzeit von mehr als 25 Jahren aufzuweisen hatte, wurde nach dem Kriege von der Habour Service Organisation (HSO) beschäftigt, die den Hafen in Wilhelmshaven ganz oder teilweise verwaltete. Am 1. November 1949 ging die Verwaltung des Hafens auf das beklagte Land über. Dem Kläger wurde am 28. November 1949 fristlos gekündigt. Mit Schreiben vom 28. Dezember 1949 erhielt er von der „Habour Service Organisation — Hafenamt-Abwicklung —" eine Kündigungsfrist von sechs Monaten zum Vierteljahresschluß zugebilligt. Er hat daher sein Gehalt bis zum 30. Juni 1950 bezogen.

Der Kläger trägt vor, die HSO sei eine Dienststelle des beklagten Landes gewesen, und verlangt daher von dem beklagten Lande sein Gehalt für die Monate Juli und August 1950 in der unstreitigen Höhe von 884,— DM, da er nach § 16 Abs. 4 S. 1 TO. A unkündbar sei.

Das Arbeitsgericht hat ihm den geforderten Betrag zugesprochen, das Landesarbeitsgericht dagegen die Klage abgewiesen, weil der Kläger in keinem Arbeitsverhältnis zu dem beklagten Lande gestanden habe, und die Revision zugelassen, „weil die Rechtslage mit Rücksicht auf das Besatzungsrecht undurchsichtig ist".

Die Revision der Kläger wurde als unzulässig verworfen aus den folgenden

Gründen:

1. Wie der Senat bereits in seiner Entscheidung vom 11. November 1954 (BAG. 1, 172) unter Hinweis auf die übereinstimmende sonstige höchstrichterliche Rechtsprechung ausgeführt hat, ist eine offensichtlich entgegen dem Gesetz erfolgte Zulassung der Revision unbeachtlich; die auf Grund einer solchen fehlerhaften Zulassung eingelegte Revision ist unstatthaft und daher als unzulässig zu verwerfen. An dieser Rechtsprechung wird festgehalten.

2. Die Zulassung der Revision hat das Arbeitsgerichtsgesetz in § 69 Abs. 3 Satz 1 und 2 nicht in das ungebundene Ermessen des Landesarbeitsgerichts gestellt. Vielmehr hat es dem Landesarbeitsgericht enge Grenzen gesetzt, die es nicht überschreiten darf, ohne das Gesetz zu verletzen. Danach ist die Zulassung der Revision durch das Landesarbeitsgericht an die Voraussetzung geknüpft, daß der vom Landesarbeitsgericht entschiedenen Rechtssache eine grundsätzliche Bedeutung zukommt. Ist diese Frage zu bejahen, so liegt es regelmäßig im Ermessen des Landesarbeitsgerichts, ob es die Revision zuläßt oder nicht

(§ 69 Abs. 3 Satz 1 ArbGG.). Bei einer Divergenz mit der Rechtsprechung des Bundesarbeitsgerichts und unter Umständen anderer Landesarbeitsgerichte muß es dies tun (ebenda Satz 2).

3. Die grundsätzliche Bedeutung einer Rechtssache liegt vor allem auf rechtlichem Gebiete; die Geltung oder Auslegung einer Rechtsnorm muß Gegenstand des Streites und der Entscheidung durch das Berufungsgericht sein.

a) Dabei muß es sich zunächst um eine zweifelhafte Rechtsfrage handeln. Nicht jede Rechtsfrage, auch nicht eine solche von grundsätzlicher Bedeutung, braucht schon eine zweifelhafte zu sein. Eine Rechtsfrage, die durch die höchstrichterliche Rechtsprechung, insbesondere die des Bundesarbeitsgerichts, bereits genügend geklärt ist und die das Berufungsgericht im gleichen Sinne beantwortet, bedarf in der Regel keiner nochmaligen Klärung, nur weil die Partei, der die bisherige Beantwortung der Rechtsfrage ungünstig ist, eine andere Rechtsauffassung vertritt; die eine ausgetragene Rechtsfrage bestätigende Entscheidung eines Landesarbeitsgerichts kann im allgemeinen keine grundsätzliche Bedeutung haben.

b) Auf diese zweifelhafte Rechtsfrage muß es dem Berufungsgericht bei der Entscheidung aber auch ankommen. Läßt das Berufungsgericht die Revision wegen einer Rechtsfrage zu, auf die es für die Entscheidung gar nicht ankommen kann, so ist diese Zulassung ohne Wirkung (BGH. bei Lindemaier-Möhring, Nachschlagewerk, Nr. 9 und 11 zu ZPO. § 546). Das gleiche muß auch gelten, wenn es dem Landesarbeitsgericht auf die in ihrer Geltung oder ihrer Auslegung zweifelhafte Rechtsnorm letztlich gar nicht ankommt, weil es schon auf andere, eindeutig erstrangige Gründe die getroffene Entscheidung aufbaut oder nach dem festgestellten Sachverhalt bei jeder der möglichen Rechtsauffassungen zu dem gleichen Ergebnis gelangt.

c) Die zweifelhafte Geltung oder Auslegung der Rechtsnorm muß eine grundsätzliche Bedeutung haben. Dies ist nur dann der Fall, wenn die entschiedene Rechtsfrage nicht nur den entschiedenen Einzelfall, sondern darüber hinaus das Interesse der Gesamtheit an der Einheit und der Fortentwicklung des Rechts berührt (BGH. bei Lindemaier-Möhring, Nachschlagewerk, Nr. 15 zu ZPO. § 546). Nicht jede einzelne Rechtsfrage hat aber grundsätzliche Bedeutung in diesem Sinne. Zweifel an der Geltung oder Auslegung einer Rechtsnorm kommen in den meisten, jedenfalls in sehr vielen Rechtsstreitigkeiten vor. Wollte man solche Zweifel schon für die Bejahung einer grundsätzlichen Bedeutung genügen lassen, so würde man im Ergebnis in den meisten, jedenfalls sehr vielen Streitigkeiten die grundsätzliche Bedeutung der Rechtssache bejahen müssen; dies kann aber nicht der Sinn und Zweck des § 69 Abs. 3 ArbGG. sein.

Dies ist ganz besonders für die Grundsätzlichkeit von Rechtsfragen im Verfahren vor den Gerichten für Arbeitssachen zu beachten. Rechtsnormen, also objektives Recht, enthalten auch der normative Teil eines Tarifvertrages (BAG. 1, 262) und nach der herrschenden Ansicht (z. B. Dietz, BetrVG., § 52 Erl. 22; Fitting-Kraegeloh, BetrVG., § 52 Erl. 7; Galperin, BetrVG., § 52 Erl. 19) die Betriebsvereinbarung. Die Frage der Geltung oder der Auslegung gerade dieser Rechtsnormen wird aber weitgehend nur für den einzelnen Fall, den das Landesarbeitsgericht gerade entscheidet, und nicht darüber hinaus auch für die Einheit und die Fortbildung des Rechts Bedeutung haben, wenn eine solche Bedeutung auch bei wichtigen Bestimmungen von Tarifverträgen gegeben sein kann, die für den Bezirk mehrerer Landesarbeitsgerichte gelten. Eine grundsätzliche Bedeutung etwa von Tarifverträgen kann insbesondere nicht etwa von vornherein daraus gefolgert werden, daß im arbeitsgerichtlichen Verfahren — im Gegensatz zu den Verfahren in der ordentlichen Gerichtsbarkeit nach § 549 Abs. 1 ZPO., dem verwaltungsgerichtlichen Verfahren nach § 56 BVerwGG. und dem sozialgerichtlichen Verfahren nach § 162 Abs. 2 SGG. — die Revision nicht auf die Verletzung von Bundesrecht oder von sonstigem über den Bezirk des Berufungsgerichts hinaus geltenden Recht beschränkt ist, sondern nach § 73 Abs. 1 ArbGG. die Verletzung einer jeden Rechtsnorm genügt. Denn die Frage, ob eine Rechtsnorm verletzt ist, ist verschieden von der Frage, ob einer Rechtssache grundsätzliche Bedeutung zukommt und daher die Revision zuzulassen ist. § 73 Abs. 1 ArbGG. zeigt nur die Möglichkeit an, daß etwa tarifvertragliche Normen ebenfalls Fragen von grundsätzlicher Bedeutung aufwerfen können, nicht aber besagt die Bestimmung, daß die Auslegung einer solchen Norm stets grundsätzliche Bedeutung habe.

4. Auf das Gebiet der tatsächlichen Würdigung erstreckt sich die Grundsätzlichkeit einer Rechtssache ganz regelmäßig nicht. Denn gerade die tatsächlichen Feststellungen des Berufungsgerichts sind ja der Nachprüfung durch das Revisionsgericht grundsätzlich entzogen (§ 561 Abs. 2 ZPO.). Das Revisionsgericht entscheidet Rechtsfragen, keine Tatfragen. Die Frage der richtigen tatsächlichen Würdigung, z. B. der richtigen Auslegung eines Vertrages, der Abwägung aller Umstände bei der Prüfung der Zumutbarkeit der Weiterbeschäftigung im Falle einer frist-

losen Entlassung, entbehren daher regelmäßig der grundsätzlichen Bedeutung.

5. Andererseits muß die grundsätzliche Bedeutung nicht unbedingt auf rechtlichem Gebiete liegen; sie kann auch auf nur dem wirtschaftlichen Gebiete liegen. Indes muß auch dann die wirtschaftliche Bedeutung über den einzelnen Fall als solchen hinausgehen (BGHZ. 2, 397). So kann der Auslegung einer typischen Vertragsklausel (BGHZ. 1, 85; 8, 55) in einem Modellprozeß dann über den einzelnen Fall hinausgehende grundsätzliche Bedeutung zukommen, wenn die einheitliche Auslegung erforderlich ist, damit nicht verschiedene Landesarbeitsgerichte bei der Auslegung der typischen Vertragsklausel voneinander abweichen.

6. Verkennt das Landesarbeitsgericht offensichtlich den zuvor erörterten Begriff der grundsätzlichen Bedeutung der Rechtssache und läßt es offensichtlich entgegen dem Gesetz die Revision zu, so kann das Bundesarbeitsgericht dieser Zulassung die Wirksamkeit nicht zuerkennen. Das Revisionsgericht hat die Aufgabe, zweifelhafte Rechtsfragen grundsätzlicher Art zu klären, um das Recht fortzubilden und die Einheitlichkeit der Rechtsprechung zu sichern. Diese seine Aufgabe ist erstrangig und dem Revisionsgericht im öffentlichen Interesse aufgegeben. Die Erfüllung dieser erstrangigen und im öffentlichen Interesse liegenden Aufgabe würde aber gefährdet werden, wenn das Bundesarbeitsgericht durch die zu große Belastung mit der Entscheidung von Einzelfragen, die offensichtlich der grundsätzlichen Bedeutung ermangeln und deshalb nach dem Gesetz dem Bundesarbeitsgericht ferngehalten werden sollen, seiner eigentlichen Aufgabe entzogen würde.

Deshalb steht auch nicht die Bestimmung des § 72 Abs. 1 Satz 1 ArbGG. der Unwirksamkeit der Zulassung entgegen (so Baur JZ. 1954 S. 146 für den etwa gleichlautenden § 546 Abs. 1, erster Teil, ZPO.). Diese Bestimmung besagt zwar, daß gegen die Endurteile der Landesarbeitsgerichte die Revision an das Bundesarbeitsgericht stattfindet, „wenn das Landesarbeitsgericht die Revision im Urteil zugelassen hat". Sie steht aber unter dem bezeichneten übergeordneten allgemeinen Rechtsgedanken, daß das Bundesarbeitsgericht die Aufgabe hat, das Recht fortzubilden und die Einheitlichkeit der Rechtsprechung zu sichern. Sie kann daher nicht in einer Auslegung, die an dem Wortlaut haftet, zu dem Ergebnis führen, daß das Bundesarbeitsgericht gezwungen wird, entgegen dem Sinn des Gesetzes Rechtssachen ohne grundsätzliche Bedeutung zu entscheiden.

Die für den Revisionskläger entstehende Mißlichkeit, daß die Zulässigkeit der Revision, wenn sie auch immer noch erkennbar ist, doch nicht von vornherein mit letzter Sicherheit feststeht, vielmehr erst von der Beurteilung durch das Revisionsgericht abhängt und damit bis dahin in der Schwebe bleibt, ist allerdings nicht zu umgehen. Eine gleiche Schwierigkeit kommt aber auch sonst bei der Revision vor, insbesondere für das Arbeitsgerichtsgesetz 1953 bei der Divergenzrevision (§ 72 Abs. 1 Satz 2 und 3 ArbGG.).

7. Fehlt es der Rechtssache an einer grundsätzlichen Bedeutung, so entscheidet das Berufungsgericht, falls nicht etwa wegen des Streitwertes die Revision zulässig ist, die Rechtssache endgültig, auch wenn es die Rechtslage für zweifelhaft hält. Dieser seiner Aufgabe zur endgültigen und selbstverantwortlichen Entscheidung auch einer zweifelhaften Rechtssache kann das Berufungsgericht nicht dadurch aus dem Wege gehen, daß es ohne gesetzliche Grundlage die Revision zuläßt. Es bedeutet daher einen Mißbrauch des dem Berufungsgericht vom Gesetz anvertrauten genau umgrenzten Ermessens, wenn das Berufungsgericht in einer Rechtssache, bei deren Entscheidung Zweifel auftreten, die aber keine Fragen grundsätzlicher Bedeutung betreffen, gleichwohl eine solche grundsätzliche Bedeutung bejaht, lediglich um der unterlegenen Partei zur Behebung der vorhandenen Zweifel eine weitere Instanz zu eröffnen. Es widerspricht dem Sinn des Richtertums, ohne rechtliche Grundlage lediglich deswegen eine höhere Instanz eröffnen zu wollen, um als niedere Instanz nicht selbst die letzte Verantwortung für die Entscheidung tragen zu müssen, die aber doch nach der Prozeßordnung von der betreffenden Instanz allein getragen werden muß.

8. Von der so gewonnenen Sicht aus kann kein Zweifel bestehen, daß im vorliegenden Falle die Zulassung der Revision durch das Landesarbeitsgericht unzulässig ist. Der vom Landesarbeitsgericht für die Zulassung angegebene Grund, daß die Rechtslage mit Rücksicht auf das Besatzungsrecht undurchsichtig sei, läßt eine grundsätzliche Bedeutung der Rechtssache in keiner Weise erkennen, wie auch die Revision zugibt. Denn eine grundsätzliche Bedeutung liegt nicht schon dann vor, wenn die Rechtslage im einzelnen undurchsichtig ist. Dies besagt nur, daß der Rechtsfall in irgendwelcher Hinsicht schwierig sein mag. Daß das Gericht an der Richtigkeit seiner Beurteilung der Rechtslage Zweifel hat, genügt nach dem oben Dargelegten für die Bejahung der grundsätzlichen Bedeutung der Rechtssache nicht. Sollte die Undurchsichtigkeit der Rechtslage gar auf einem Mangel einer tatsächlichen Aufklärung beruhen, so hätte das Berufungsgericht diese tatsächliche

Aufklärung vervollständigen müssen, aber nicht den Rechtsstreit durch Urteil entscheiden dürfen. Die grundsätzliche Bedeutung kann auch nicht etwa auf wirtschaftlichem Gebiet liegen; hierauf weisen keine Umstände hin, insbesondere ist nicht zu erkennen, daß es sich bei dem Rechtsstreit um einen Modellprozeß handele. Auch daß das Berufungsgericht, wie die Revision meint, sich lediglich im Ausdruck vergriffen habe, aber in Wirklichkeit die Klärung grundsätzlicher Rechtsfragen des Besatzungsrechts habe herbeiführen wollen, ist nicht ersichtlich. Die Begründung, die das Berufungsgericht der Zulassung der Revision gibt, ist in sich klar. Grundsätzliche Rechtsfragen des Besatzungsrechts hat das Landesarbeitsgericht auch gar nicht erörtert.

8

Einer werdenden Mutter, der von der Besatzungsmacht gekündigt wurde, ist während der Schutzfrist des § 9 des Mutterschutzgesetzes der Lohn von dem lohnzahlungspflichtigen Land fortzuzahlen.

Mutterschutzgesetz § 9.

II. Senat. Urteil vom 8. Juni 1955 i. S. Pf. (Kl.) w. L. N.-W. (Bekl.)
2 AZR 14/54.

I. Arbeitsgericht Paderborn. — II. Landesarbeitsgericht Hamm/W.

Die Klägerin hat bei der britischen Besatzungsmacht gearbeitet, zuletzt vom 4. März bis 15. Juni 1952 als Serviererin. Nachdem sie am 1. Juni 1952 dieser Dienststelle ein ärztliches Zeugnis vorgelegt hatte, aus dem sich ergab, daß sie im 4. bis 5. Monat schwanger war, wurde ihr am 2. Juni zum 15. Juni 1952 gekündigt.

Sie verlangt von dem beklagten Land Weiterzahlung ihres Lohnes für die Zeit vom 16. Juni bis 31. Juli 1952. Arbeitsgericht und Landesarbeitsgericht haben die Klage abgewiesen, weil das deutsche Mutterschutzgesetz (MuSchG.) auf Arbeitsverträge zwischen Besatzungsdienststellen und deutschen Arbeitnehmern nicht anwendbar sei.

Die Revision der Klägerin führte zur Verurteilung des beklagten Landes aus folgenden

Gründen:

1. Mit Recht hat das Landesarbeitsgericht zunächst die Zulässigkeit des Rechtsweges vor den deutschen Gerichten, die sachliche Zuständigkeit des Arbeitsgerichts und auch die Passivlegitimation des

beklagten Landes bejaht. Diese ergibt sich daraus, daß die Länder der Bundesrepublik in ständiger Übung auf Verlangen der Besatzungsmächte die Löhne und Gehälter der bei diesen beschäftigten deutschen Arbeitnehmer als Besatzungskosten unmittelbar bezahlen. Daher ist jetzt in Rechtsprechung und Rechtslehre allgemein anerkannt, daß sich die Lohn- und Gehaltsansprüche dieser Arbeitnehmer gegen das betreffende Land richten. Auch die Beklagte bestreitet nicht, zur Sache verpflichtet zu sein.

2. Hiernach hängt die Entscheidung des Rechtsstreits in der Tat zunächst davon ab, ob § 9 MuSchG. auf das Arbeitsverhältnis der Klägerin anwendbar ist. Die Gründe, aus denen das angefochtene Urteil dies verneint, sind nicht frei von Rechtsirrtum. Auch im Ergebnis kann ihnen nicht zugestimmt werden.

a) Die genannte Vorschrift erklärt die Kündigung gegenüber einer Frau während der Schwangerschaft und bis zum Ablauf von 4 Monaten nach der Niederkunft grundsätzlich für unzulässig. Der Zweck dieses Kündigungsschutzes ist darin zu sehen, daß der werdenden Mutter ihre bisherige Arbeitsstellung und ihr bisheriger Arbeitsverdienst während ihrer Schwangerschaft ungeschmälert erhalten bleiben sollen. Sowohl in ihrem eigenen Interesse wie auch in dem des erwarteten Kindes soll sie von wirtschaftlichen Nöten verschont bleiben, denen sie in ihrem Zustand weniger gewachsen wäre als eine nicht schwangere Arbeitnehmerin (vgl. BAG. I, 141; Nikisch Arbeitsrecht 2. Aufl. S. 659; Bulla, MuSchG. und Frauenarbeitsrecht 1954 Anm. 1 zu § 9 MuSchG.). Darüber hinaus soll sie auch nicht unnötig beunruhigt und psychologisch belastet werden, weil dies auf die Entwicklung des Kindes eine ungünstige Wirkung haben, wenn nicht gar die Mutter auf den Gedanken einer Abtreibung bringen könnte.

Das Mutterschutzgesetz, das diese Vorschrift enthält, ist zwar erst im Februar 1952, also kurz vor der Einstellung der Klägerin in Kraft getreten. Es schuf aber insoweit kein völlig neues Recht, sondern löste das vorher geltende Mutterschutzgesetz vom 17. Mai 1942 (RGBl. I S. 123) ab, das in seinem § 6 ein ähnliches Kündigungsverbot enthielt. Dem Mutterschutzgesetz von 1942 war das Gesetz über die Beschäftigung vor und nach der Niederkunft vom 16. 7. 1927 (RGBl. I S. 184) vorangegangen, das in seinem § 4 ebenfalls einen Kündigungsschutz vorsah. Dieses Gesetz beruhte auf dem Washingtoner Übereinkommen Nr. 3 der im Jahre 1919 im Zusammenhang mit dem Völkerbund gegründeten Internationalen Arbeitsorganisation (IAO.) betreffend die

Beschäftigung der Frauen vor und nach der Niederkunft vom 29. Oktober 1919. In Art. 4 dieses Abkommens wurde ein gewisser Kündigungsschutz für werdende Mütter vorgesehen, während Art. 9 des Abkommens die Mitglieder der IAO. verpflichtete, die vereinbarten Regelungen in ihren Ländern bis zum 1. Juli 1922 durchzuführen. Diese Verpflichtung galt zwar zunächst noch nicht für das Deutsche Reich, das damals noch nicht Mitglied des Völkerbundes und der IAO. war. Das Deutsche Reich ist aber später durch Gesetz vom 16. Juli 1927 (RGBl. II S. 497) dem Washingtoner Übereinkommen beigetreten und hat zugleich das bereits erwähnte Gesetz von demselben Tage erlassen. Die IAO. hat neuerdings in ihrer Empfehlung Nr. 95 vom 4. Juli 1952 noch eine erweiterte Sicherung des Arbeitsplatzes schwangerer Frauen angeregt (Übereinkommen und Empfehlungen der Internationalen Arbeitskonferenz, Genf 1954 S. 898).

Hiernach kann festgestellt werden, daß der Mutterschutz in Gestalt eines Kündigungsschutzes schon seit der Zeit nach dem ersten Weltkrieg ein fester Bestandteil des internationalen Arbeitsrechts war.

b) Nun ist freilich zuzugeben, daß es an einer Rechtsvorschrift fehlt, die ausdrücklich sagt, daß § 9 MuSchG. auch auf die Arbeitsverhältnisse deutscher Arbeitnehmer bei den Besatzungsmächten anwendbar ist. Die Besatzungsmächte sind autonom und an das deutsche Recht nicht gebunden. Sie können selbst das Recht setzen, das im Verhältnis zwischen ihnen und ihren deutschen Arbeitnehmern gelten soll. Dabei können sie auch deutsches Arbeitsrecht für anwendbar erklären. Das haben sie im Laufe der Besatzungszeit im zunehmenden Maße getan. Sie haben aber andererseits ohne Rücksicht auf deutsche Kündigungsschutzvorschriften für sich in Anspruch genommen, einen deutschen Arbeitnehmer nicht mehr zu beschäftigen, wenn sie seiner Dienste nicht mehr bedürfen. Dem angefochtenen Urteil ist darin zuzustimmen, daß einer Besatzungsmacht die Weiterbeschäftigung einer deutschen Arbeitnehmerin auch dann nicht aufgenötigt werden kann, wenn es sich um eine trotz ihrer Schwangerschaft arbeitsfähige Frau handelt. Die Klägerin verlangt aber auch gar nicht ihre Weiterbeschäftigung, sondern ihren Lohn für einen Teil der Zeit ihrer Schwangerschaft. Und sie verlangt ihn nicht von der Besatzungsmacht, bei der sie beschäftigt war, sondern von dem deutschen Land, dem ihre Entlohnung obliegt. Es kann nicht angenommen werden, daß das beklagte Land als Glied der sozialstaatlichen Bundesrepublik (vgl. Art. 20 Abs. 1 GG.), welches überdies in Art. 4 seiner eigenen Verfassung die im Grundgesetz festgelegten Grundrechte zum Bestandteil seiner Verfassung gemacht und außerdem in Art. 5 Abs. 1

Satz 3 dieser Verfassung ebenso wie Art. 6 Abs. 4 GG. der Mutter einen Anspruch auf besondere Fürsorge zuerkannt hat, sich bei der ihm obliegenden Entlohnung ihrer im Dienste der Besatzungsmacht stehenden Staatsangehörigen einer so allgemein anerkannten positiven Regelung wie in § 9 MuSchG. entziehen darf und will. Es spricht auch nichts dafür, daß eine derartige Anerkennung des § 9 MuSchG. den Auffassungen der Besatzungsmächte zuwider liefe. Vielmehr zeigt die Entwicklung, daß die Besatzungsmächte selbst in zunehmendem Maße auf deutsches Arbeitsrecht zurückgegriffen haben. Ein Beispiel dafür sind die im angefochtenen Urteil zitierten Vorschriften der Industrial Relation Directive Nr. 11, auch wenn diese Direktive nur als interne Dienstvorschrift der Besatzungsmacht und nicht als allgemein verbindliche Rechtsnorm angesehen werden kann. Zu erwähnen ist ferner in diesem Zusammenhang das Urteil des Gerichtshofs der Alliierten Hohen Kommission vom 17. April 1953 (RdA. 1953 S. 347), in welchem für den Fall einer deutschen Angestellten bei einer beim amerikanischen Hohen Kommissar beglaubigten amerikanischen Firma gesagt wird, daß das Mutterschutzgesetz weder gegen den deutschen ordre public noch gegen den der Besatzungsmacht verstoße, und daß der Kündigungsschutz der Mutter unverzichtbar sei. Einen vorläufigen Abschluß hat diese Entwicklung gefunden in dem mit Zustimmung der Alliierten Hohen Kommission abgeschlossenen Tarifvertrag für die bei den Dienststellen, Unternehmen und sonstigen Einrichtungen der Alliierten Behörde und der Alliierten Streitkräfte im Gebiet der Bundesrepublik Deutschland beschäftigten Arbeitnehmer vom 28. Januar 1955 (Min.Bl.Fin. 1955 S. 38). In dem Begleitschreiben des Bundesministers der Finanzen vom 31. Januar 1955 zu diesem Tarifvertrag heißt es, daß vom Tage des Inkrafttretens des Tarifvertrages ab für die bei den Alliierten Dienststellen in den drei Besatzungszonen beschäftigten Arbeitnehmer das deutsche Arbeitsrecht anzuwenden ist. Wenn auch dieser neue Tarifvertrag auf den vorliegenden Streitfall noch nicht anwendbar ist, so kann in ihm doch eine Bestätigung der vorstehend dargelegten Entwicklung gefunden werden.

Diese Auffassung stimmt schließlich auch im Ergebnis mit der überwiegenden Ansicht in Rechtsprechung und Rechtslehre überein (vgl. LAG. Hannover in AP. 1952, 47; LAG. Düsseldorf in AP. 1952, 148; LAG. Hamburg in AP. 1953, 183; Beitzke in den Anmerkungen zu diesen Entscheidungen; a. A. LAG. Düsseldorf vom 23. September 1952 (2 Sa. 164/52) und Dietz in Arbeitsrecht-Blattei unter Besatzungsmacht B III d).

9

1. Das Regelungsgesetz zu Art. 131 GG. gilt nur für Bedienstete des öffentlichen Dienstes; auf Rechtsverhältnisse des privaten Dienstes ist es auch nicht entsprechend anwendbar.

2. Die Enteignung des im sowjetzonalen Gebiet liegenden Vermögens des Arbeitgebers kann zu einer verhältnismäßigen Kürzung der Ruhegehaltsbezüge aller seiner Pensionäre führen, berechtigt aber den Arbeitgeber nicht, einer nach dem Stichtag des Regelungsgesetzes aus der sowjetisch besetzten Zone in das Bundesgebiet zugezogenen Witwe seines früheren Arbeitnehmers das zugesagte Witwengeld gänzlich zu versagen.

BGB. § 611, § 415; Regelungsges. zu Art. 131 GG. § 4.

II. Senat. Urteil v. 16. Juni 1955 i. S. H. v. C. (Bekl.) w. K. (Kl.) 2 AZR 97/54.

I. Arbeitsgericht Coburg. — II. Landesarbeitsgericht Bayern in Nürnberg.

Der Ehemann der Klägerin hatte von 1910 an in den Diensten des Beklagten gestanden, und zwar als Hofdiener auf Schloß C. (jetzt Bundesrepublik), und von 1935 ab als Schloßverwalter auf Schloß F. (jetzt Sowjetzone).

Der Beklagte, der an seine in der Bundesrepublik lebenden Pensionäre das volle, ihnen zugesagte Ruhegeld zahlt, weigert die Ruhegehaltszahlung an die im September 1951 in das Bundesgebiet wegen eigener Pflegebedürftigkeit zugezogenen Klägerin. Die Vorinstanzen haben der auf Feststellung seiner Verpflichtung zur Ruhegehaltszahlung gerichteten Klage stattgegeben.

Die Revision des Beklagten hatte keinen Erfolg aus folgenden

Gründen:

Der von der Klägerin geltend gemachte Anspruch auf Zahlung eines Witwenruhegeldes hat seine Wurzel in der allgemeinen Fürsorgepflicht des Beklagten für seine Arbeitnehmer und beruht auf der besonderen Ruhegehaltszusage, wie sie in dem Dekret vom 19. Juli 1919 enthalten ist.

Wenn der Beklagte seinen anderen, in der Bundesrepublik lebenden Ruhegehaltsberechtigten das ihnen zugesagte Ruhegeld voll zahlt (für 26 Pensionäre etwa 5500,— DM monatlich), aber der Klägerin nichts zahlen will, so verträgt sich das nicht mit seiner allen seinen Pensionären gegenüber bestehenden Fürsorgepflicht.

Es ist zwar von jeher in der arbeitsrechtlichen Rechtsprechung anerkannt und erst jüngst vom erkennenden Senat durch Urteil vom 5. Mai 1955 in 2 AZR 55/53 diese alte Rechtsprechung bestätigend ausgesprochen worden, daß dann, wenn ein Unternehmen in wirtschaftliche Schwierigkeiten gerät, sich die Ruhegehaltsberechtigten auf Grund ihrer Treupflicht vorübergehend mit einer Kürzung ihrer Ansprüche abfinden müssen, soweit das zur Aufrechterhaltung des Unternehmens notwendig ist. Es ist dann aber der Grundsatz der Gleichbehandlung zu beachten. Die wirtschaftliche Notlage darf also nicht dazu führen, daß ein Teil der Pensionäre sein volles Ruhegehalt und ein anderer überhaupt nichts erhält.

Es ist nun zwar zulässig, daß statt einer schematischen Kürzung der Bezüge aller Ruhegehaltsberechtigten die Kürzung in der Weise erfolgt, daß eine Gruppenbildung nach Maßgabe größerer oder geringerer Bedürftigkeit vorgenommen wird und dadurch eine Gleichbehandlung aller Gruppenangehörigen, aber ungleiche Behandlung der einzelnen Gruppen erfolgt (vgl. Urteil des erkennenden Senats vom 10. Mai 1955 in 2 AZR 7/54).

Eine solche zulässige Gruppenbildung liegt jedoch nicht vor, wenn der Beklagte die Klägerin, die wegen eigener Pflegebedürftigkeit im September 1951 den Zuzug in die Bundesrepublik erhalten hat, anders als andere in der Bundesrepublik wohnende Pensionäre behandeln will, zumal das enge patriarchalische Verhältnis zwischen dem Beklagten und dem Ehemann der Klägerin als seinem Hofdiener, wie es in den Dekreten zum Ausdruck kommt, in besonderem Maße die Erfüllung von Fürsorgepflichten erfordert.

Alles, was der Beklagte zur Rechtfertigung einer Schlechterstellung der Klägerin anführt, vermag eine von der Behandlung anderer Pensionäre abweichende Behandlung der Klägerin nicht zu rechtfertigen.

Auf das Regelungsgesetz zu Art. 131 GG. vom 11. Mai 1951 in der Fassung vom 1. September 1953 (BGBl. I, 1287) vermag sich der Beklagte nicht zu berufen. In § 4 des Regelungsgesetzes hat zwar der Bundesgesetzgeber für die verdrängten Bediensteten des öffentlichen Dienstes eine Gruppenbildung danach vorgenommen, ob sie am Stichtag, der nach der früheren Fassung des Gesetzes der 23. Mai 1949 war und nach der jetzt geltenden Fassung der 31. März 1951 ist, ihren Wohnsitz im Bundesgebiet genommen hatten oder nicht. Diese Regelung gibt aber dem privaten Arbeitgeber kein Recht, unter seinen Pensionsberechtigten die gleiche Gliederung vorzunehmen und die Pensionäre, die bis zum Stichtage im Bundesgebiet gewohnt haben, voll zu berücksichtigen und die später zugezogenen überhaupt nicht. Das Regelungsgesetz gilt für die verdrängten Bediensteten des öffentlichen Dienstes; der Ehemann der Klägerin stand jedoch in einem rein privaten Dienstverhältnis zum Beklagten, so daß eine unmittelbare Anwendung des Regelungsgesetzes ausgeschlossen ist. Aber auch eine entsprechende Anwendung des Gesetzes ist nicht angängig. Das Regelungsgesetz ist geschaffen, um die dem Bund und den Ländern in Art. 131 GG. zur Pflicht gemachte Fürsorge für die verdrängten Beamten, Angestellten und Arbeiter des öffentlichen Dienstes an die wirtschaftlichen Möglichkeiten des Bundes und der Länder anzupassen. Es ist für die Rechtsverhältnisse des öffentlichen Dienstes zugeschnitten und verträgt daher keine Anwendung auf die Vertragsverhältnisse des privaten Dienstes, bei denen es andere, jeweils auf die Besonderheiten des einzelnen Falles zugeschnittene Möglichkeiten der Anpassung an veränderte Verhältnisse gibt (vgl. § 242 BGB. u. a.). Selbst wenn man diesen oder jenen Rechtsgedanken aus dem Regelungsgesetz auf Vertragsverhältnisse des privaten Dienstes anwenden wollte, was vielleicht im Wege ergänzender Vertragsauslegung denkbar wäre, so könnte man doch keinesfalls die Festsetzung des Stichtages aus § 4 des Regelungsgesetzes auf Vertragsverhältnisse des privaten Dienstes übernehmen. Ein solcher Stichtag kann nur durch feste Vertragsvereinbarung oder den Gesetzgeber erfolgen, kann aber nicht, wenn der Gesetzgeber ihn für fest bestimmte Rechtsverhältnisse des öffentlichen Dienstes vorgesehen hat, in Vertragsverhältnisse des privaten Dienstes hineingedeutet werden, zumal es sich bei dem Stichtag aus § 4 des Regelungsgesetzes um einen mehr oder minder zufällig gefundenen, auch bereits einmal gesetzlich verlegten Zeitpunkt handelt. Überdies ist im § 4 Abs. 3 des Regelungsgesetzes auch für die nach dem Stichtag in das Bundesgebiet verzogenen Personen, die — wie die Klägerin — wegen eigener Hilfsbedürftigkeit von Verwandten im Bundesgebiet aufgenommen worden sind, die Gewährung von Versorgungsbezügen vorgesehen, so daß selbst bei einer entsprechenden Anwendung des § 4 auf Rechtsverhältnisse des privaten Dienstes die Klägerin von der Pensionszahlung nicht gänzlich auszuschalten wäre.

Auch die Tatsache, daß der Ehemann der Klägerin zuletzt als Schloßverwalter auf Schloß F. tätig war, berechtigt den Beklagten nicht, die Klägerin aus dem Kreise seiner Pensionsberechtigten auszuschließen. Es kann dahingestellt bleiben, ob der Gedanke der sogenannten Gebietsbezogenheit dazu führen kann, daß bei Lieferungsverträgen des Handels- oder allgemeinen bürgerlichen Rechts der Kaufpreis für eine

Ware oder Leistung, die dem jetzt im sowjetzonalen Gebiet liegenden Teil des Unternehmens zugeflossen ist, von dem im Bundesgebiet liegenden Restteil dieses Unternehmens verlangt werden kann und ob bei juristischen Personen, die durch die Enteignung im sowjetzonalen Gebiet tatsächlich von ihrem im Bundesgebiet gelegenen anderen Teil abgeschnitten sind, eine nicht nur tatsächliche, sondern auch rechtliche Spaltung eingetreten ist, die dazu führt, daß die Rechte und Verbindlichkeiten unter die aufgespaltenen beiden Teile der ehemals einheitlichen juristischen Person zu verteilen sind. Es kann auch dahingestellt bleiben, ob auf dem Gebiete des Arbeitsrechts überhaupt der Gedanke der Gebietsbezogenheit Beachtung zu finden hat. Jedenfalls vertragen die ganz persönlichen Beziehungen, wie sie zwischen dem Beklagten und seinem Hofdiener bestanden, keine Verdinglichung. Wo auch immer der Ehemann der Klägerin als Hofdiener des Beklagten tätig war, immer stand er zu ihm in einem ganz engen persönlichen patriarchalischen Verhältnis. Daß der Ehemann der Klägerin, nachdem er 25 Jahre lang Hofdiener auf Schloß C. gewesen war, noch weitere 10 Jahre Schloßverwalter auf Schloß F. war, ändert hieran nichts. Denn auch da war er, wie bisher, unter gleichen Bezügen ein Mitglied der Hofdienerschaft des Beklagten. Überdies würde es mit der Fürsorgepflicht des Beklagten nicht vereinbar sein, die Witwe des Hofdieners, der ihm 25 Jahre lang auf seinem Schloß C. gedient hat, von der Pensionszahlung auszuschließen, weil dieser auf Geheiß des Beklagten die anschließenden 10 Jahre Schloßverwalter des Schlosses F. war.

Weiter war zu bedenken, daß der Beklagte an zwei Witwen das volle Witwengeld zahlt, obwohl deren Männer im Gothaer Bereich tätig waren. Es wäre also mit dem Grundsatz der Gleichbehandlung nicht vereinbar, wenn der Beklagte an die Klägerin deshalb kein Witwengeld zahlte, weil der Ehemann außer seinen im Coburger Bereich verbrachten 25 Dienstjahren noch weitere 10 Jahre im Gothaer Bereich tätig war, während der Beklagte an zwei Witwen, deren Ehemänner nur im Gothaer Bereich gearbeitet haben, das volle Witwengeld zahlt.

Die Verpflichtung des Beklagten zur Zahlung eines Witwengeldes an die Klägerin ist auch nicht etwa von dem sowjetzonalen Staat mit einer den Beklagten befreienden Wirkung übernommen worden. Abgesehen davon, daß der sowjetzonale Staat gar nicht die Ruhegehaltsverpflichtung des Beklagten übernommen, sondern sie hat wegfallen und an ihre Stelle eine Rente aus der Sozialversicherung hat treten lassen, fehlt es an einer für eine befreiende Schuldübernahme erforderlichen Genehmigung der Klägerin.

Die Klägerin hat auch ihre Ansprüche gegen den Beklagten nicht verwirkt. Um leben zu können, mußte sie die sowjetzonale Rente aus der Sozialversicherung entgegennehmen. Daß sie auf ihre Ansprüche gegen den Beklagten nicht verzichten wollte, hat sie durch ihre Anfrage beim Beklagten im Jahre 1946 zu erkennen gegeben. Aus zwingenden Gründen hat sie die Sowjetzone verlassen; ohne eigene Hilfsbedürftigkeit wäre ihr der Zuzug zu ihren Verwandten nicht gewährt worden.

Dem Antrage der Klägerin, festzustellen, daß der Beklagte verpflichtet ist, an sie ein Witwengeld wie an die übrigen Pensionsberechtigten des Beklagten zu zahlen, ist daher mit Recht von den Vorinstanzen entsprochen worden.

Mit der Frage, ob die Schrumpfung, die durch die Enteignungen der sowjetischen Zone im Vermögensbestande des Beklagten eingetreten ist, zu einer allgemeinen, alle Pensionäre des Beklagten ergreifenden Kürzung der Ruhegelder führt, brauchte sich der erkennende Senat nicht zu beschäftigen, da nicht über die Höhe der Pensionsansprüche der Klägerin, sondern nur über die Frage zu entscheiden war, ob die Klägerin überhaupt zum Kreise der Pensionsberechtigten des Beklagten gehört oder nicht.

10

1. Das Bundesarbeitsgericht hat nicht nachzuprüfen, ob die wegen der grundsätzlichen Bedeutung der Rechtssache erfolgte Zulassung der Revision durch das Landesarbeitsgericht zu Recht erfolgt ist.

2. Aus einer der Rechtsmittelzulassung wegen grundsätzlicher Bedeutung beigefügten — durch das Gesetz nicht vorgeschriebenen — Begründung kann die Unwirksamkeit der Zulassung nur hergeleitet werden, wenn die gegebene Begründung so offensichtlich perplex ist, daß man erkennen kann, das Gericht habe in Wahrheit eine grundsätzliche Bedeutung selbst nicht angenommen.

3. Der Erste Senat hält an seiner Grundsatzentscheidung vom 14. Juli 1954 fest, nach der unverheiratete arbeitende Frauen nach dem Hausarbeitstagsgesetz von Nordrhein-Westfalen auch dann Anspruch auf einen bezahlten Hausarbeitstag haben können, wenn sie in einem möblierten Zimmer wohnen.

4. Voraussetzung der Gewährung des Hausarbeitstags ist eine Doppelbelastung der arbeitenden Frau durch einen eigenen und eigengeführten Hausstand:

a) Die arbeitende Frau muß eine eigene Wohnung zum Mittelpunkt der Beziehungen ihres Lebens machen, und zwar in der Weise, daß sie die Wohnung nicht nur als Schlafstelle benutzt, sondern sie auch wirklich bewohnt, in ihr wirtschaftet und ihren Haushalt führt.

b) Die arbeitende Frau muß als Inhaberin der eigenen Wohnung ohne ausreichende Hilfe die anfallenden, mit einem Haushalt üblicherweise verbundenen Arbeiten im wesentlichen selbst verrichten.

ArbGG. § 69; GG. Art. 3; Hausarbeitstagsgesetz des Landes Nordrhein-Westfalen vom 27. 7. 1948.

I. Senat. Urteil vom 24. Juni 1955 i. S. B. (Bekl.) w. Sch. (Kl.) 1 AZR 97/55.

I. Arbeitsgericht. — II. Landesarbeitsgericht Hamm/Westf.

Der Fall ist der gleiche wie in BAG 1, 51.

Das Landesarbeitsgericht prüfte nunmehr entsprechend der Auflage des Bundesarbeitsgerichts, ob die Klägerin einen eigenen Hausstand führt. Das Landesarbeitsgericht bejahte dies und wies durch Urteil vom 11. November 1954 die Berufung der Beklagten gegen das Urteil des Arbeitsgerichts Bielefeld vom 28. Oktober 1953 zurück.

Die zugelassene Revision der Beklagten wurde zurückgewiesen.

Aus den Gründen:

Die Revision ist zulässig, weil sie kraft Zulassung statthaft, im übrigen auch form- und fristgerecht eingelegt und begründet worden ist. Zwar glaubt die Klägerin, die Revision sei deswegen nicht zulässig, weil ihre Zulassung durch das Landesarbeitsgericht mangels grundsätzlicher Bedeutung der Rechtssache gesetzwidrig sei. Das ist jedoch irrig. Das Landesarbeitsgericht hat die Revision „mit Rücksicht auf die grundsätzliche Bedeutung, die der vorstehend — vom Landesarbeitsgericht — durchgeführten Beweiswürdigung im Zusammenhang mit dem Urteil des Bundesarbeitsgerichts vom 14. Juli 1954 zukommt" zugelassen. Damit wollte das Landesarbeitsgericht trotz des vielleicht nicht ganz glücklichen Wortlauts offensichtlich die Revision gemäß § 69 Abs. 3 Satz 1 ArbGG., d. h. wegen der grundsätzlichen Bedeutung der Rechtssache zulassen. Das ist entscheidend. Denn es ist nicht Sache des Bundesarbeitsgerichts nachzuprüfen, ob die erfolgte Zulassung der Revision durch das Landesarbeitsgericht auch objektiv zu Recht erfolgt ist. Das Revisionsgericht ist vielmehr grundsätzlich an die Zulassung gebunden. Es hat nicht das Recht nachzuprüfen, ob das Landesarbeitsgericht die

Rechtssache mit Recht als grundsätzlich bedeutsam befunden hat. Wollte man bei einer wegen grundsätzlicher Bedeutung ausgesprochenen Rechtsmittelzulassung dem Revisionsgericht ein Nachprüfungsrecht darüber einräumen, ob die Vorinstanz das Wesen des Begriffs „grundsätzliche Bedeutung" richtig erfaßt oder verkannt hat, so würde das auf eine dem Rechtsmittelgericht verschlossene sachliche Nachprüfung der Entscheidung über die Grundsätzlichkeit hinauslaufen. Das aber würde die Klarheit und Rechtssicherheit, die das Gesetz über die Rechtsmittelfähigkeit im Zeitpunkt der Urteilsverkündung schaffen und für die Zukunft belassen wollte, gefährden. Wäre die gegenteilige Ansicht richtig, d. h. wäre das Revisionsgericht befugt, die Ansicht des Berufungsgerichts über die Bedeutung der Grundsätzlichkeit nachzuprüfen, so müßte auch gefordert werden, daß das Berufungsgericht seinerseits durch eine Begründung der Zulassung die Nachprüfung ermöglicht. Das Arbeitsgerichtsgesetz verlangt jedoch eine Begründung der Rechtsmittelzulassung nicht. Nur dann wird man aus der einer Rechtsmittelzulassung etwa beigefügten Begründung ausnahmsweise die Unzulässigkeit der Zulassung herleiten können, wenn die für die Zulassung gegebene Begründung offensichtlich nicht auf die grundsätzliche Bedeutung der Rechtssache, sondern auf andere, vom Gesetz nicht vorgesehene Gründe gestützt war, also so offenbar perplex ist, daß man erkennen kann, das Gericht habe in Wahrheit selbst eine grundsätzliche Bedeutung der Rechtssache gar nicht angenommen (vgl. RAG. ArbRSlg. 5, 350; 6, 111; ferner: Volkmar in Anm. zu RAG. ArbRSlg. 17, 8; Dietz-Nikisch, ArbGG. § 69 Anm. 20; Dersch-Volkmar, ArbGG. 6. Aufl. § 69 Anm. 17—20; Baur in DJZ. 1954, S. 146).

Die Klägerin kann sich gegen die Ansicht des Senats nicht auf das Urteil des Zweiten Senats vom 26. Mai 1955 (2 AZR. 66/53) berufen. In dem dort entschiedenen Fall hatte das Berufungsgericht die Revision nicht wegen grundsätzlicher Bedeutung der Rechtssache, sondern zugelassen, „weil die Rechtslage mit Rücksicht auf das Besatzungsrecht undurchsichtig" sei. Diese Revisionszulassung wurde, weil sie offensichtlich aus nicht vom Gesetz vorgesehenen Gründen erfolgt ist, als unzulässig angesehen. Dies ist allein der tragende Gesichtspunkt der Entscheidung des Zweiten Senats vom 26. Mai 1955. Einer Anrufung des Großen Senats durch den Ersten Senat bedurfte es daher nicht (vgl. Dietz-Nikisch, ArbGG., § 45 Anm. 6).

Die Revision ist jedoch unbegründet. Auszugehen ist von der Begriffsbestimmung, die das Urteil des Bundesarbeitsgerichts vom 14. Juli

1954 (BAG. 1, 58) dem „eigenen Hausstand" gegeben hat. Ein solcher liegt vor:

1. wenn die berufstätige Frau eine eigene Wohnung zum Mittelpunkt der Beziehungen ihres Lebens macht und zwar in der Weise, daß sie die Wohnung nicht nur als Schlafstätte benutzt, sondern sie auch wirklich bewohnt, in ihr wirtschaftet und ihren Haushalt führt;
2. wenn die berufstätige Frau als Inhaberin der eigenen Wohnung ohne ausreichende Hilfe die anfallenden, mit einem Haushalt üblicherweise verbundenen Arbeiten im wesentlichen selbst verrichtet.

Die Revision irrt, wenn sie glaubt, es seien zwei gleichwertige Voraussetzungen nebeneinander zu prüfen, nämlich ob ein eigener Hausstand und ob eine hausarbeitstagswürdige Doppelbelastung gegeben sei. Es handelt sich vielmehr nur um den Begriff des eigenen Hausstandes. Hat die arbeitende Frau einen solchen eigenen und eigengeführten Hausstand, so liegt die Doppelbelastung vor, um derentwillen der Senat die Verfassungsmäßigkeit der Hausarbeitstagsgesetze anerkannt hat.

Die Revision verkennt weiter, daß die Begriffsbestimmung „eigener Hausstand", wie sie die Grundsatzentscheidung des Bundesarbeitsgerichts vom 14. Juli 1954 gegeben hat, im konkreten Fall durch die Tatsacheninstanzen festgestellt werden muß, die dabei nach der Natur der Sache einen weiten Spielraum haben müssen.

Prüft man unter diesen Gesichtspunkten das angefochtene Urteil, dann kann dem Landesarbeitsgericht der Vorwurf, es habe den Begriff des eigenen Hausstandes verkannt, nicht gemacht werden. Das Berufungsgericht hat auf Grund einer sorgfältig durchgeführten Beweisaufnahme die Feststellung getroffen, daß die Klägerin im Monat Juni 1953 ein Zimmer bewohnte, das den Grundbedürfnissen des Wohnens genügte, daß sie ihren Wohnraum nicht nur als Schlafstätte benutzt, sondern in ihm auch gewirtschaftet hat. Damit ist dem ersten Teil der Voraussetzungen des Begriffs des eigenen Hausstands genügt. Die Feststellungen des Landesarbeitsgerichts sind für das Bundesarbeitsgericht bindend. Eine Rüge, daß das Gesetz in Bezug auf das Verfahren, das zur Feststellung dieser Tatsachen geführt hat, verletzt worden sei, ist von der Beklagten nicht erhoben worden.

Daß die Klägerin nur einen Raum bewohnt hat und ihr nur ein elektrischer Kocher zur Verfügung stand, daß sie ferner die Bettwäsche gestellt bekam, spricht nicht gegen den Begriff des eigenen Hausstandes.

Die Erfordernisse des Urteils des Bundesarbeitsgerichts vom 14. Juli 1954 sind in dieser Hinsicht so weit gefaßt, daß den jeweiligen konkreten Umständen Rechnung getragen werden kann. Es sind die persönlichen, örtlichen und zeitgemäßen Verhältnisse gebührend zu berücksichtigen. Daß das Berufungsgericht das nicht getan hätte, kann nicht festgestellt werden. Die Tatsache, daß bei möbliertem Wohnen einer alleinstehenden Frau der Haushalt in kürzerer Zeit aufgelöst werden kann als in anderen Fällen, daß das Moment der Dauerhaftigkeit also relativ gering ist, führt keineswegs zu einer Verneinung des Vorliegens eines eigenen Hausstandes. Bei der Klägerin handelt es sich um einen Flüchtling, bei dem das Berufungsgericht von vornherein mit Recht nicht einen so strengen Maßstab angelegt hat, wie man ihn in anderen Fällen anzulegen versucht sein mag. Es ist daher auch nicht zutreffend, wenn die Revision meint, soziale Erwägungen dürften bei der Anwendung rechtstechnischer Begriffe keine Rolle spielen, weil sie zur Begriffsverwirrung und Rechtsunsicherheit führten. Es ist vielmehr richtig, unter Berücksichtigung der sozialen Situation einer Arbeiterin, z. B. ob sie Flüchtling oder ausgebombt ist, hinsichtlich der erforderlichen Geräteausstattung der Wohnung keinen zu strengen Maßstab anzulegen.

Aus dem angefochtenen Urteil ergibt sich aber auch, daß die weitere Voraussetzung gegeben ist, daß es sich um einen selbst geführten Haushalt handelt. Die Revision meint, nach der Entstehungsgeschichte des Hausarbeitstagsgesetzes habe das sogenannte „möblierte Fräulein" überhaupt keinen Anspruch auf den Hausarbeitstag. Das ist jedoch unrichtig. Weder aus dem Wortlaut des Gesetzes, der sehr weit geht, noch aus seiner Zweckbestimmung kann eine solche Beschränkung entnommen werden. Auch die Ansicht der Revision, die Zubilligung eines bezahlten Hausarbeitstages an die alleinstehende Arbeitnehmerin erfordere die Feststellung einer Mehrbelastung im Vergleich zu der im Familienverband lebenden ledigen arbeitenden Frau ist nicht zutreffend. Das Grundsatzurteil des Bundesarbeitsgerichts vom 14. Juli 1954 hat dazu ausgeführt, daß es nur darauf ankommt, ob die berufstätige Frau, gleichgültig ob sie allein steht oder im Familienverband lebt, als Inhaberin der eigenen Wohnung die dort anfallende Arbeit ohne ausreichende Hilfe in der Regel selbst verrichten muß. Nach den ausdrücklichen, ins einzelne gehenden Feststellungen des Landesarbeitsgerichts ist das aber hier der Fall. Das muß genügen. Eine weitere Einschränkung ist angesichts des weiten Gesetzeswortlauts nicht möglich. Doppelbelastung durch Arbeitnehmertätigkeit und Eigenführung des eigenen Haushalts ist die erforderliche, aber auch genügende, aus der Zweckbestimmung des Hausarbeitstagsgesetzes sich ergebende Einengung des Begriffs des „eigenen Hausstandes". Die durch Erlaß des Innenministers von Nordrhein-Westfalen vom 19. Mai 1949 gegebenen Richtlinien über die Gewährung des Hausarbeitstags, die die Revision anführt, können eine weitere Einengung des Begriffs des eigenen Hausstands über die vom Bundesarbeitsgericht gegebene Definition hinaus nicht rechtfertigen. Ganz abgesehen davon, daß nicht einzusehen ist, inwiefern die Richtlinien für den Hausarbeitstagsanspruch der Klägerin ungünstig sein sollen, so ist dieser Erlaß in keiner Weise geeignet, das Gesetz in einer für die Gerichte verbindlichen Weise auszulegen. Auch in diesem Zusammenhang muß für die Frage, ob eine Doppelbelastung der Klägerin (Beruf einerseits, eigengeführter Hausstand anderseits) vorliegt, darauf hingewiesen werden, daß die Feststellungen der entsprechenden Tatsachen und die Beweiswürdigung Sache der Tatsacheninstanzen ist. Es kann nicht Aufgabe des Bundesarbeitsgerichts sein, in diese Beweiswürdigung korrigierend einzugreifen, solange sie nicht die vom Bundesarbeitsgericht aufgestellten Grundsätze über den eigenen Hausstand offensichtlich verkannt hat.

11

1. Die Wiedereinsetzung in den vorigen Stand bei Versäumung der Rechtsmittelfristen kann nur dann gewährt werden, wenn die Partei durch Naturereignisse oder andere unabwendbare Zufälle an der Einhaltung der Frist verhindert worden ist. Ein unabwendbarer Zufall ist ein Ereignis, das nach den Umständen des Falles durch die äußerste, verständigerweise aufzuwendende Sorgfalt weder abgewehrt noch in seinen schädlichen Folgen verhindert werden konnte.

2. Die Partei muß dabei ein Verschulden ihres Rechtsanwalts als ihres Vertreters gegen sich gelten lassen.

3. Dagegen braucht sie für Angestellte des Rechtsanwalts, also auch für ein Verschulden des Bürovorstehers nicht einzustehen. Das Letztere gilt jedoch dann nicht, wenn der Rechtsanwalt nicht hinreichend glaubhaft macht, daß von seiner Seite selbst alles geschehen ist, um die Fristversäumnis zu vermeiden.

4. Hat ein Rechtsanwalt bei der Organisation und Überwachung seines Büros und bei der Belehrung seiner Angestellten die zu fordernde äußerste Sorgfalt nicht erbracht, so kann sich die von ihm vertretene Partei angesichts eines Versehens des Bürovorstehers oder eines sonstigen Angestellten nicht auf einen unabwendbaren Zufall berufen.

5. Daß die im Fristenkalender eines Rechtsanwalts notierten Sachen durch ein zuverlässiges Lehrmädchen herausgesucht und vorgelegt werden, ist an sich nicht zu beanstanden. Wohl aber ist es alsdann erforderlich, daß dies unter Kontrolle einer älteren Kraft geschieht.

6. Die Rechtsmittelfristen als solche und ihr Ablauftag müssen im Fristenkalender oder auf besonderen Blättern für Rechtsmittelfristen dem Büro kenntlich gemacht und die Sachen, in denen Notfristen oder Rechtsmittelfristen laufen, aus den gewöhnlichen Wiedervorlagesachen herausgehoben werden.

ZPO. § 232, § 233; ArbGG. § 77.

I. Senat. Urteil vom 6. Juli 1955 i. S. K. (Kl.) w. M. (Bekl.)
1 AZR 71/54.

I. Arbeitsgericht Düsseldorf. — II. Landesarbeitsgericht Düsseldorf.

Der Kläger war seit dem 15. April 1948 bei der Beklagten als technischer Leiter tätig, erhielt dort ein Gehalt von zuletzt 1350,— DM brutto und war an dem Bilanzgewinn mit einer Tantieme von 5 % beteiligt. Er behauptet, außerdem Anspruch auf Weihnachtsgratifikation in Höhe von 1000,— DM zu haben. Ihm wurde von der Beklagten vorgeworfen, daß er in unzulässiger Weise Vorschüsse in Höhe von 8000,— bis 10 000,— DM zunächst zur Verrechnung auf Gehalt und später auf Reisekosten entnommen und außerdem sich über den Mitinhaber der Beklagten abfällig geäußert habe. Aus diesem Grunde hat die Beklagte den Kläger mit Schreiben vom 6. Februar 1953 mit sofortiger Wirkung beurlaubt und ihm mit einem weiteren Schreiben vom 25. Februar 1953 fristlos gekündigt.

Der Kläger hält die fristlose Kündigung für rechtsunwirksam und macht Ansprüche auf Gehalt, Weihnachtsgratifikation und Tantieme geltend. Er hat beantragt, festzustellen, daß die fristlose Entlassung rechtsunwirksam ist, die Beklagte zur Zahlung von 2440,— DM zu verurteilen, und weiter, ihm Rechnung über den Bilanzgewinn für die Jahre 1951 und 1952 zu legen und die sich daraus noch ergebenden Beträge auszuzahlen. Die Beklagte hat um Abweisung der Klage gebeten und Widerklage mit dem Antrage erhoben, den Kläger zur Rückzahlung der Vorschüsse in Höhe von 9630,— DM nebst Zinsen zu verurteilen.

Nachdem die Beklagte sich durch Teilvergleich verpflichtet hatte, dem Kläger über den Bilanzgewinn Rechnung zu legen, ist die Klage durch Urteil des Arbeitsgerichts Düsseldorf abgewiesen und der Widerklage stattgegeben worden. Der Streitwert wurde auf 12 000,— DM festgesetzt.

Gegen dieses am 25. Juni 1953 dem Kläger zugestellte Urteil legte der Rechtsanwalt Dr. T. (ihm ist im weiteren Verlauf des Prozesses der Streit verkündet worden) für den Kläger Berufung mit Schriftsatz vom 30. Juni (eingegangen am 1. Juli) 1953 ein. Mit Schreiben vom 17. (eingegangen am 18.) Juli reichte er weiter ein Gesuch um Wiedereinsetzung in den vorigen Stand wegen Versäumung der Berufungsbegründungsfrist ein und begründete gleichzeitig die Berufung. Die Frist zur Begründung der Berufung sei durch ein doppeltes Versehen seines Lehrmädchens H. und seines Bürovorstehers M. unterblieben. Die erstere sei am 13. Juli 1953, auf den die Vorlage zur Begründung der Berufung (übrigens erneut) verfügt sei, vormittags erkrankt und habe infolgedessen übersehen, die laut Fristenkalender vorzulegende Akte mit herauszusuchen. Der Bürovorsteher habe nach der Krankheitsbeurlaubung der H. am gleichen Vormittage die ca. 50 vorzulegenden Aktenstücke übernommen. Dabei sei ihm das Versehen unterlaufen, daß er im Fristenkalender zu der Akte einen Erledigungsvermerk gesetzt habe, der bedeute, daß die Frist zur Begründung der Berufung durch eine entsprechende Bearbeitung gewahrt worden sei. Wie es zu diesem Versehen habe kommen können, sei ihm unverständlich.

Durch Urteil des Landesarbeitsgerichts Düsseldorf vom 23. Dezember 1953 ist der Antrag des Klägers auf Wiedereinsetzung in den vorigen Stand kostenpflichtig zurückgewiesen und durch weiteren Beschluß vom 20. Januar 1954 die Berufung wegen Versäumung der Begründungsfrist als unzulässig verworfen worden. Gegen das Urteil wendet sich die Revision mit dem Antrage, die Entscheidung aufzuheben, dem Antrag auf Wiedereinsetzung stattzugeben und die Sache zur anderweitigen Verhandlung und Entscheidung an das Landesarbeitsgericht Düsseldorf zurückzuverweisen. Die Revision rügt, daß die angefochtene Entscheidung sich über die ständige höchstrichterliche Rechtsprechung hinweggesetzt habe, wonach ein Versehen von Angestellten im Büro des Anwalts für diesen selbst und die Partei als ein unabwendbarer Zufall angesehen werden müsse. Ein eigenes Versagen des Anwalts durch mangelnde Belehrung oder Überwachung des Personals liege nicht vor.

Die Beklagte bittet um Zurückweisung der Revision, weil Rechtsanwalt Dr. T. nicht hinreichend glaubhaft gemacht habe, daß von seiner Seite alles geschehen sei, um ein solches Versehen abzuwenden. Sie hält mit Rücksicht auf den unanfechtbaren, die Berufung verwerfenden Beschluß des Landesarbeitsgerichts ein Rechtsschutzinteresse nicht mehr für gegeben und die Revision auch weiter mit Rücksicht auf § 77 ArbGG. für unstatthaft. Die Revision hatte keinen Erfolg.

Aus den Gründen:

Das Landesarbeitsgericht konnte nach § 238 Abs. 2 ZPO. von der dort gegebenen Befugnis Gebrauch machen und das Verfahren auf die Verhandlung und Entscheidung über den Antrag auf Wiedereinsetzung in den vorigen Stand beschränken. Es mußte dann durch Urteil über den Antrag entscheiden. Dieses Urteil ist ein Endurteil und daher wie ein solches anfechtbar (Baumbach ZPO. 23. Aufl. Bem. 2 A und C zu § 238). Da der festgesetzte Streitwert 6000,— DM übersteigt, ist die Revision nach § 72 ArbGG. statthaft.

Die Auffassung der Beklagen, daß für die Revision ein Rechtsschutzbedürfnis fehle, weil durch den die Berufung verwerfenden Beschluß vom 20. Januar 1954 das Verfahren rechtskräftig beendet sei (dort ist eine Revisionsbeschwerde nicht zugelassen, auch keine Revisionsbeschwerde eingelegt), ist unzutreffend. Wenn nämlich dem Antrage auf Wiedereinsetzung in den vorigen Stand auf die Revision im Urteilsverfahren stattgegeben wird, so hat das die Folge, daß die Versäumung der Berufungsbegründungsfrist als nicht geschehen zu betrachten ist mit allen daraus sich ergebenden weiteren Folgerungen. Würde also das angefochtene Urteil aufgehoben und dem Wiedereinsetzungsantrage stattgegeben, so wäre der Beschluß vom 20. Januar 1954 hinfällig (RGZ. 127, 287).

Wenn die Revisionsbeklagte vorträgt, daß im arbeitsgerichtlichen Verfahren eine gegenüber dem ordentlichen Verfahren abweichende Regelung getroffen sei, so ist das nicht zutreffend. Zwar sind nach § 77 ArbGG. Beschlüsse der Landesarbeitsgerichte, die die Berufung als unzulässig verwerfen, mit der sofortigen Beschwerde nur dann anfechtbar, wenn diese im Beschluß des Landesarbeitsgerichts zugelassen ist. Danach kann es in der Tat eintreten, daß die Revisionsbeschwerde nicht mehr gegeben ist, wenn über den Wiedereinsetzungsantrag in dem Verwerfungsbeschluß entschieden ist, während bei einer Entscheidung auf Grund abgesonderter mündlicher Verhandlung durch Urteil eine Revision zulässig bleibt, wenn eine der sonst unerläßlichen Voraussetzungen der Revision, insbesondere etwa die Erreichung des Streitwertes vorliegt. Dieses Ergebnis, daß je nach dem Verfahrensweg eine Entscheidung des Revisionsgerichts ermöglicht wird oder ausgeschlossen bleibt, muß aber hingenommen werden. Angesichts des klaren und eindeutigen

Gesetzeswortlauts im § 77 ArbGG. kann der dort verwirklichte Rechtsgedanke einer Entlastung des Revisionsgerichts von Streitigkeiten prozeßrechtlicher Art schon aus Gründen der Rechtssicherheit nicht auf Urteile angewendet werden, die allgemein hinsichtlich der Anfechtbarkeit anderen Grundsätzen unterliegen als Beschlüsse. Die Revision ist daher statthaft und zulässig.

In der Sache mußte die Revision jedoch zurückgewiesen werden. Nach § 233 Abs. 1 ZPO. kann die Wiedereinsetzung in den vorigen Stand nur gewährt werden, wenn die Partei, die eine Notfrist oder die Frist zur Begründung der Berufung versäumt hat, durch Naturereignisse oder andere unabwendbare Zufälle an der Einhaltung der Frist verhindert worden ist. Ein unabwendbarer Zufall ist ein Ereignis, das nach den Umständen des Falles selbst durch die äußerste, verständigerweise aufzuwendende Sorgfalt weder abgewehrt noch in seinen schädlichen Folgen verhindert werden konnte. Aus § 232 Abs. 2 ZPO ergibt sich, daß die Partei nur für einen Mangel in der Sorgfalt ihres Prozeßvertreters, im vorliegenden Falle also ihres Rechtsanwalts, einzustehen hat, dagegen nicht für Angestellte des Anwalts, also auch nicht für dessen Bürovorsteher. Der Anwalt darf sich von mechanischer Büroarbeit entlasten, um sich in erster Linie der Rechtspflege selbst zu widmen. Das gilt auch für die Berechnung und Überwachung der Fristen Soweit daher die angefochtene Entscheidung das Versehen des Bürovorstehers M. der klägerischen Partei zurechnet und deswegen eine Wiedereinsetzung in den vorigen Stand abgelehnt hat, steht sie im Gegensatz zu der einhelligen in Literatur und Rechtsprechung vertretenen Ansicht (vgl. Baumbach a.a.O. Bem. 2 zu § 232).

Das setzt allerdings voraus, daß der Rechtsanwalt selbst bei der Einrichtung und Überwachung seines Büros und bei der Belehrung des Personals die äußerste Sorgfalt erbracht hat. Fehlt es daran in auch nur einem wesentlichen Punkte und ist dadurch die Möglichkeit eines Versehens eröffnet, so handelt es sich, von der Person des Anwalts aus betrachtet, nicht mehr um ein unabwendbares Versehen und daher für die Partei auch nicht mehr um einen unabwendbaren Zufall. Dabei ist es Aufgabe des sich auf ein unabwendbares Versehen berufenden Anwalts, die Unabwendbarkeit nach allen Richtungen hin schlüssig vorzutragen und glaubhaft zu machen. Diese Glaubhaftmachung ist dem Rechtsanwalt T. nicht gelungen.

Daß die im Fristenkalender notierten Sachen durch ein zuverlässiges Lehrmädchen herausgesucht und vorgelegt werden, ist nicht zu beanstanden. Es ist dann aber erforderlich, daß dies unter der Kontrolle einer älteren Kraft geschieht (BGH. in Lindemaier-Möhring 41 zu § 233 ZPO.). Der Rechtsanwalt T. hat nicht glaubhaft gemacht, daß er diese Kontrolle des Lehrmädchens Fräulein H. durch den Bürovorsteher oder einen älteren Angestellten in seinem Büro angeordnet hatte. Es bedarf keiner näheren Begründung, daß eine solche Anordnung geeignet gewesen wäre, das Versehen des Lehrmädchens H. aufzudecken und zu verhindern. Diese fehlende Kontrolle schon bei dem Heraussuchen und Abhaken der vorzulegenden Akten wird nicht dadurch ersetzt, daß eine andere Kontrolle dahin stattfindet, daß der Bürovosteher nach Erledigung, d. h. nach entsprechender Bearbeitung durch den Anwalt selbst, an dem betreffenden Vorgang im Fristenkalender ein Zeichen der Erledigung der Sache setzt.

Notwendig ist weiter, daß alle auf Fristen liegende Sachen in dem Kalender danach unterschieden sind, ob es sich um einfache Wiedervorlagen oder um Not- oder Rechtsmittelfristen oder andere genau einzuhaltende Fristen handelt. Rechtsanwalt T. hat nicht glaubhaft gemacht, daß Notfristen oder Rechtsmittelfristen besonders gekennzeichnet und von den gewöhnlichen Wiedervorlagefristen im Büro hervorgehoben seien. Es muß weiter verlangt werden, daß sich bei Not- und Rechtsmittelfristen auch ein Hinweis darauf findet, wann diese Frist genau abläuft, d. h. wenn ihre Vorlage zur Bearbeitung, wie hier, zum 13. Juli 1953 verfügt ist, ein Vermerk, daß die Frist selbst am 15. Juli 1953 abläuft. Auch hier ist nicht glaubhaft gemacht, daß der Ablauf der Rechtsmittelfristen als solcher, im vorliegenden Falle also der 15. Juli 1953, im Fristenkalender oder anderweit in dem Büro besonders kenntlich gemacht ist. Das ist aber als ein weiteres Mittel zur Abwendung von Versäumnissen erforderlich. Aus alledem ergibt sich, daß Rechtsanwalt T. einen unabwendbaren Zufall, der auch durch die äußerste, verständigerweise von ihm aufzuwendende Sorgfalt und Vorsorge nicht hätte abgewehrt werden können, der daher eine Wiedereinsetzung gerechtfertigt hätte, nicht hinreichend glaubhaft gemacht hat. Daher war im Ergebnis der Entscheidung des angefochtenen Urteils zuzustimmen und die Revision als unbegründet zurückzuweisen.

12

1. Den Jugendvertretern steht der besondere Kündigungsschutz des § 13 KSchG. nicht zu. Auch eine analoge Anwendung des § 13 KSchG. auf den Jugendvertreter ist ausgeschlossen.

2. Eine Kündigung des Jugendvertreters, die das im § 53 Abs. 2 BetrVG. ausgesprochene Verbot einer Benachteiligung um der betriebsverfassungsrechtlichen Tätigkeit willen verletzt (Maßregelung), ist nach § 134 BGB. wegen Verstoßes gegen ein gesetzliches Verbot nichtig.

3. Entgegen der früheren zu Art. IX des Kontrollratsgesetzes Nr. 22 entwickelten Auffassung ist es heute nicht mehr möglich, aus dem Störungs- und Behinderungsverbot des § 53 Abs. 1 BetrVG. einen besonderen Kündigungsschutz der Mitglieder des Betriebsrats, der Jugendvertreter und der anderen in § 20 BetrVG. genannten Vertreter abzuleiten.

4. Der Kündigungsschutz des Jugendvertreters richtet sich nach dem Kündigungsschutzgesetz oder nach dem etwa aus allgemeinen Rechtsgrundsätzen zu entwickelnden Kündigungsschutz der Arbeitnehmer, die nicht unter den Geltungsbereich des Kündigungsschutzgesetzes fallen.

5. Unter sozialen Gesichtspunkten im Sinne des § 1 Abs. 3 Satz 1 KSchG. sind nicht nur solche zu verstehen, die die persönlichen Verhältnisse des Arbeitnehmers betreffen, sondern in einem weiteren Sinne auch alle Umstände, die im allgemeinen sozialen Interesse der Arbeitnehmer und der Belegschaften von Bedeutung sind. Daher muß die Tatsache, daß der gekündigte Arbeitnehmer ein Jugendvertreter ist, bei der Auswahl der zu Kündigenden nach sozialen Gesichtspunkten nach Maßgabe des § 1 Abs. 3 KSchG. mit berücksichtigt werden.

6. Es ist durch betriebliche Bedürfnisse gerechtfertigt (§ 1 Abs. 3 Satz 2 KSchG.), wenn der Arbeitgeber unter den Arbeitnehmern zunächst denjenigen zur Kündigung auswählt, der für den Produktionsprozeß am ehesten entbehrlich ist und bei erheblichen Leistungsunterschieden zunächst den Leistungsschwächeren entläßt.

BetrVG § 53 Abs. 1, 2; KSchG. § 1 Abs. 3, § 13 Abs. 1.

I. Senat. Urteil vom 6. Juli 1955 i. S. G. (Kl.) w. T. (Bekl.)
1 AZR 510/54.

I. Arbeitsgericht Elmshorn. — II. Landesarbeitsgericht Kiel.

Der Kläger wurde nach seiner bei der Beklagten zurückgelegten Lehrzeit als Schlossergeselle in deren Papierschlosserei weiter beschäftigt.

Der Betrieb der Beklagten mit insgesamt 1200 Arbeitnehmern gliedert sich in die Papierproduktion und einen Lintersbetrieb. Bei beiden sind laufend Schlosserreparaturarbeiten nötig. Die Papierschlosserei betreut die Papierproduktion und führt dort anfallende Reparaturen durch, während die sogenannte Hauptschlosserei dem Lintersbetrieb dient und die allgemeine Aufgabe hat, den Gesamtbetrieb zu betreuen. Vor allem in der Hauptschlosserei müssen die Schlosserreparaturarbeiten rasch und umgehend durchgeführt werden, weil durch Schäden an Rohrleitungen und anderen Gegenständen eine Gefährdung der Arbeitnehmer eintreten kann. Sowohl in der Papier- wie in der Hauptschlosserei werden werktags Überstunden von allen dort Beschäftigten geleistet und es wird an zwei Sonntagen im Monat gearbeitet, so daß insbesondere in der Hauptschlosserei jeder Schlosser etwa 60 Stunden in der Woche beschäftigt wird. Im Betrieb der Beklagten ist es üblich, nach Ablauf der Lehrzeit die Gesellen noch etwa sechs Monate weiter zu beschäftigen, um ihnen den Übergang in eine andere Stellung zu erleichtern, sie dann jedoch zu entlassen und aus dem Nachwuchs nur diejenigen Kräfte zu behalten, die besonders qualifiziert erscheinen.

Als im Juli 1952 eine größere Zahl von Arbeitnehmern entlassen werden sollte, wurde auch die Entlassung des Klägers von der Beklagten erwogen. Weil der Kläger zu dieser Zeit jedoch Jugendvertreter war und nach § 10 des schleswig-holsteinischen Betriebsrätegesetzes nur aus wichtigem Grunde entlassen werden konnte, wurde damals von seiner Entlassung abgesehen. Nach dem Inkrafttreten des Betriebsverfassungsgesetzes für die Bundesrepublik wurde der Kläger erneut zum Jugendvertreter gewählt. Am 15. Dezember 1953 wurde dem — damals 21 Jahre alten — Kläger mit einer Reihe anderer Arbeitnehmer fristgerecht zum 31. Dezember 1953 gekündigt. Der Betriebsrat versagte seine Zustimmung mit der Begründung, daß dem Kläger als Jugendvertreter der gleiche Kündigungsschutz zugebilligt werden müsse wie den Betriebsratsmitgliedern.

Am 4. Januar 1954 hat der Kläger vor dem Arbeitsgericht Elmshorn Klage mit dem Antrag erhoben, festzustellen, daß sein Arbeitsverhältnis durch die Kündigung nicht aufgelöst sei. Zur Begründung läßt der Kläger vortragen, daß seine Entlassung das Störungs- und Behinderungsverbot des § 53 Abs. 1 BetrVG verletze und daher unwirksam sei. Zwar könne nicht behauptet werden, daß die Kündigung mit dem Willen, ihn wegen seines Amtes als Jugendvertreter zu benachteiligen oder in der Absicht einer Störung seines Amtes als Jugendvertreter oder einer Störung der Jugendvertretung überhaupt ausgesprochen sei. Die Beklagte habe jedoch vorsätzlich und rechtswidrig ihn durch die Kündigung an seiner weiteren Tätigkeit als Jugendvertreter gehindert und dadurch störend in die Tätigkeit der Jugendvertretung eingegriffen. Sie habe nicht dargetan, daß die Weiterbeschäftigung des Klägers auf einem anderen Arbeitsplatz oder auf dem biherigen Arbeitsplatz unter Umsetzung und Entlassung anderer Schlosser nicht möglich gewesen sei, insbesondere habe sie die Jung-Gesellen K. und G. an Stelle des Klägers im Betrieb behalten. Von diesen sei G. weniger als sechs Monate im Betrieb der Beklagten als Geselle tätig und K. noch nicht einmal 20 Jahre alt. Auf beide finde daher noch nicht einmal das Kündigungsschutzgesetz Anwendung. Auch seien beide nicht Jugendvertreter, so daß sie vor dem Kläger hätten gekündigt werden müssen.

Das Arbeitsgericht hat der Klage stattgegeben, das Landesarbeitsgericht sie dagegen abgewiesen. Das Berufungsgericht hat festgestellt, daß ein Abbau der Überstunden im Betriebe nicht durchführbar und es wegen der entscheidenden Leistungsunterschiede der genannten Arbeitnehmer der Beklagten nicht zuzumuten gewesen sei, den hochqualifizierten Schlossern K. und G. an Stelle des Klägers zu kündigen.

Die Revision des Klägers hatte keinen Erfolg aus folgenden

Gründen:

Ohne Rechtsirrtum geht der Vorderrichter davon aus, daß den in § 20 BetrVG. genannten Personen, somit auch den Jugendvertretern, der besondere Kündigungsschutz des § 13 KSchG. nicht zusteht. Es handelt sich nach dem klaren und eindeutigen Wortlaut des § 13 KSchG. um einen nur den Betriebsratsmitgliedern zukommenden Schutz ihres Amtes. Weil der Arbeitnehmer Mitglied des Betriebsrats ist, wird die Kündigungsmöglichkeit für den Arbeitgeber auf besondere Ausnahmefälle beschränkt. Eine analoge Anwendung des § 13 KSchG. auf andere Vertretungen der Betriebsverfassung muß ausscheiden. Die Tatsache, daß das Betriebsverfassungsgesetz später erlassen ist und die in ihm vorgesehenen weiteren Vertretungen der Arbeitnehmerschaft erst nach Erlaß des Kündigungsschutzgesetzes geschaffen worden sind, rechtfertigt kein anderes Ergebnis. Hätte der Gesetzgeber des Betriebsverfassungsgesetzes einen besonderen Kündigungsschutz der Jugendvertreter gewollt, so hätte er dies im Betriebsverfassungsgesetz selbst oder durch eine Ergänzung des Kündigungsschutzgesetzes zum Ausdruck gebracht. Das ist nicht geschehen. Gerade daraus, daß das Betriebsverfassungsgesetz einen besonderen Kündigungsschutz der Jugendvertreter und der übrigen Vertretungen des § 20 nicht kennt, ist zu schließen, daß das Betriebsverfassungsgesetz den Schutz der Vertreter des § 20 durch das einige Zeit vorher erlassene Kündigungsschutzgesetz als hinreichend gewährleistet erachtete. Das Betriebsverfassungsgesetz konnte mit Recht davon ausgehen, daß auch die Jugendvertreter, sofern sie unter den Geltungsbereich des Kündigungsschutzgesetzes fallen, von dem weitgehenden Schutz dieses Gesetzes gegen sozial ungerechtfertigte Kündigungen umfaßt werden. Es kommt hinzu, daß eine Ausdehnung des den Betriebsratsmitgliedern gewährten besonderen Amtsschutzes auf die Jugendvertretung schon um deswillen nicht gerechtfertigt erscheint, weil diese Vertretung im Rahmen der Betriebsverfassung nur eine beratende Funktion im Betriebsrat hat (§ 35). Sie ist kein beschließendes Organ der Betriebsvertretung, kein Vertretungsorgan wie der Betriebsrat (Dietz, Betriebsverfassungsgesetz, 2. Aufl. 1955, Bem. 29 zu § 20). Zutreffend hat daher das Landesarbeitsgericht ausgeführt, daß der dem Betriebsrat im § 13 KSchG. gewährte Amtsschutz den Jugendvertretern nur dann gewährt werden kann, wenn er durch ausdrückliche gesetzliche Bestimmung (wie z. B. früher in Schleswig-Holstein) auch den Jugendvertretern zugebilligt wird.

Ob für die Arbeitnehmer im Aufsichtsrat, die nicht dem Betriebsrat angehören, etwa ein besonderer Kündigungsschutz gilt, war hier nicht zu entscheiden.

Auch nach § 53 BetrVG. besteht aber ein Kündigungsschutz des Klägers als Jugendvertreter im vorliegenden Falle nicht. Ein dieser Bestimmung entsprechender Schutz von Arbeitnehmern in der Ausübung eines Ehrenamtes wurde vor allem zuerst im § 139 der Reichsversicherungsordnung festgelegt, nach dem die „Beschränkung" der Arbeitnehmer in der Ausübung ihrer dort vorgesehenen Tätigkeit und eine „Benachteiligung" um ihrer Tätigkeit willen verboten wurde. Ein gleicher Betätigungsschutz galt nach § 13 der Ausführungsbestimmungen zum Hilfsdienstgesetz vom 30. Januar 1917 (RGBl. I S. 87), § 14 der Verordnung vom 23. Dezember 1918 (RGBl. I S. 1461) und nach § 95 des früheren Betriebsrätegesetzes von 1920. Es handelte sich hier nicht um einen Schutz des Amtes als solchen, sondern einen Schutz d e r B e t ä t i g u n g der betriebsverfassungsrechtlichen Rechte und Pflichten. Der Schutz enthielt einmal ein Verbot der Benachteiligung um dieser Betätigung willen und zum anderen das Verbot einer Beschränkung in der Ausübung dieser Betätigung. Beide Tatbestände waren scharf auseinander zu halten. Das Betriebsverfassungsgesetz knüpft an diese Entwicklung — die zunächst durch das Kontrollratsgesetz Nr. 22 Art. IX fortgesetzt wurde — wieder an, indem es im § 53 A b s. 2 BetrVG. die Benachteiligung der Mitglieder des Betriebsrats und der im § 20 bezeichneten Vertreter um ihrer Tätigkeit willen und im § 53 Abs. 1 die Beeinträchtigung des Betriebsrats und der in § 20 genannten Vertreter in der Ausübung ihrer Tätigkeit verbietet. Es wird nur jetzt statt von „Beschränkung" von „Störung" und „Behinderung" gesprochen.

Daß eine Benachteiligung des Arbeitnehmers um seiner betriebsverfassungsmäßigen Tätigkeit willen auch durch Kündigung des Arbeitgebers erfolgen kann, war bereits nach früherem Recht allgemein anerkannt (Flatow-Kahn-Freund, BVG. zu § 95). Daran ist festzuhalten. Erfolgt eine Kündigung gegenüber einem der im § 53 BetrVG. genannten Arbeitnehmer um seiner Tätigkeit in der Betriebsverfassung willen und wird dieser Tatbestand nachgewiesen, so handelt es sich um eine Benachteiligung dieses Arbeitnehmers (Maßregelung), die gemäß § 134 BGB. wegen Verstoßes gegen ein gesetzliches Verbot zur Nichtigkeit der Kündigung führt. Für die Jugendvertreter besteht daher somit nach § 53 Abs. 2 BetrVG. ein Kündigungsschutz dahin, daß eine Kündigung dann unwirksam ist, wenn sie um der Tätigkeit als Jugendvertreter willen erfolgt, wenn also auf Seiten des Arbeitgebers ein willensmäßig ursächlicher Zusammenhang zwischen der Kündigung und der betriebsverfassungsrechtlichen Tätigkeit der Jugendvertreter besteht. Gegen dieses Verbot verstößt die hier in Rede stehende Kündigung nach dem eigenen Sachvortrag des Klägers jedoch nicht.

Dagegen ist es entgegen der früheren zu Art. IX des Kontrollratsgesetzes Nr. 22 entwickelten, auch vom Landesarbeitsgericht vertretenen Auffassung nicht mehr möglich, aus dem Störungs- und Behinderungsverbot des § 53 Abs. 1 BetrVG. einen besonderen weiteren Kündigungsschutz der Jugendvertreter abzuleiten. Zu beachten ist zunächst, daß § 53 Abs. 1 vom Betriebsrat als solchen und nicht von den einzelnen Betriebsratsmitgliedern handelt. Es liegt nahe, den § 53 Abs. 1 daher auch auf die Jugendvertretung als solche (§ 20 Abs. 2 Satz 1) zu beziehen. Selbst wenn man aber den § 53 Abs. 1 auch auf die Mitglieder des Betriebsrats und die einzelnen Jugendvertreter bezieht, so kann von einer Störung oder Hinderung in der Ausübung der Tätigkeit als Betriebsrat oder als Jugendvertreter nur dann gesprochen werden, wenn das Betriebsratsamt oder die dem Betriebsrat insoweit gleichgestellten Ämter bestehen. Dieses Amt geht aber durch Kündigung des Arbeitsverhältnisses verloren, weil das Arbeitsverhältnis die notwendige Grundlage auch aller betriebsverfassungsrechtlichen Rechte der Arbeitnehmer ist. Als eine Beschränkung, Störung oder Behinderung in der Ausübung solcher Rechte kann es daher nicht angesehen werden, wenn durch eine ordnungsmäßige Beendigung des Arbeitsverhältnisses die Grundlage der Rechtsstellung im Betrieb überhaupt entfällt. Das wird deutlich, wenn es sich um ein Arbeitsverhältnis auf Zeit handelt. Hier erlischt das Amt mit dem Ablauf der Zeit. Die Vereinbarung eines solchen Arbeitsverhältnisses auf Zeit kann daher nicht als Störung angesehen werden. Nicht anders aber verhält es sich, wenn die ordnungsmäßige Beendigung des Arbeitsverhältnisses nicht durch Zeitablauf, sondern durch eine Kündigung erfolgt, denn die rechtswirksame Kündigung gestaltet das Arbeitsverhältnis auf unbestimmte Zeit um in ein solches auf bestimmte Zeit, das mit dem Ablauf der Kündigungsfrist endet. Es macht eben das Vorrecht des Betriebsrats aus, daß sein Amt allgemein — und nicht nur seine Tätigkeit — nach § 13 KSchG. durch Sicherung der Fortdauer des Arbeitsverhältnisses geschützt wird, während für andere Arbeitnehmer, auch für die Jugendvertreter, ein besonderer Kündigungsschutz des Amtes durch Sicherung der Fortdauer des Arbeitsverhältnisses nicht gegeben ist, ihre betriebsverfassungsrechtlichen Rechte vielmehr von der arbeitsvertraglichen Grundlage abhängig sind (so schon RAG. in ARS. 8, 385 mit zustimmender Anm. von Flatow). Angesichts des völlig ausreichenden und weitgehenden Kündigungsschutzes der Betriebsratsmitglieder nach § 13 KSchG. und nach § 53 Abs. 2 BetrVG. würde es zu Verwirrung und Unklarheiten führen, auch die Kündigung von Betriebsratsmitgliedern noch unter dem Gesichtspunkt der Störung oder Behinderung nach § 53 Abs. 1 einer Prüfung zu unterziehen. Die gleiche Rechtslage muß aber für die im § 20 bezeichneten Jugendvertreter gelten. Sie sind im Rahmen des § 53 BetrVG. völlig den Betriebsratsmitgliedern gleichgestellt. So wenig sich für Betriebsratsmitglieder aus dem Störungs- und Behinderungsverbot des § 53 Abs. 1 BetrVG. ein Kündigungsschutz ergibt, so wenig kann daraus ein besonderer Kündigungsschutz der Jugendvertreter hergeleitet werden.

Danach richtet sich der Kündigungsschutz des Klägers als Jugendvertreter im vorliegenden Falle ausschließlich nach dem Kündigungsschutzgesetz oder den etwaigen aus allgemeinen Rechtsgrundsätzen (§§ 138, 242 BGB.) zu entwickelnden Kündigungsschutzbestimmungen für Arbeitnehmer, die nicht unter den Geltungsbereich des Kündigungsschutzgesetzes fallen. Ob und wieweit nach solchen allgemeinen Bestimmungen ein Kündigungsschutz sich ergibt, braucht hier nicht geprüft zu werden, denn der Kläger fällt streitlos unter das Kündigungsschutzgesetz. Nach § 1 Abs. 2 KSchG. ist eine Kündigung dann nicht sozial ungerechtfertigt, wenn sie durch dringende betriebliche

Erfordernisse bedingt ist. Der Kläger hat nicht bestritten, daß eine Betriebseinschränkung notwendig war, jedoch vorgetragen, daß zum mindesten ein Teil der Entlassungen, darunter auch seine Kündigung, hätten vermieden werden können, wenn die im Betrieb geleisteten Überstunden abgebaut worden wären. Es kann dahingestellt bleiben, inwieweit es sich hier um eine nachprüfbare unternehmerische Entscheidung handelt, denn das Landesarbeitsgericht hat ohne Rechtsverletzung festgestellt, daß ein Abbau der Überstunden sich im Betriebe der Beklagten nicht durchführen ließ.

Nach § 1 Abs. 3 KSchG. hat der Arbeitgeber jedoch auch bei Kündigungen, die durch dringende betriebliche Erfordernisse bedingt sind, die Auswahl des Arbeitnehmers nach sozialen Gesichtspunkten ausreichend zu berücksichtigen. Dabei ist auch dem Umstand Beachtung zu schenken, daß der Kläger Jugendvertreter war. Denn unter sozialen Gesichtspunkten im Sinne des § 1 Abs. 3 Satz 1 KSchG. sind nicht nur solche zu verstehen, die die persönlichen Verhältnisse des Klägers betreffen, sondern in einem weiteren Sinne alle Umstände, die im allgemeinen sozialen Interesse der Arbeitnehmer und der Belegschaften von Bedeutung sind. Daher muß, wie das Landesarbeitsgericht nicht verkannt hat, die Tatsache, daß der Gekündigte Jugendvertreter ist, bei der Auswahl der zu kündigenden Arbeitnehmer nach sozialen Gesichtspunkten mit berücksichtigt werden. Dagegen konnte der Auffassung des Revisionsklägers nicht beigetreten werden, daß notwendig diejenigen Arbeitnehmer, die nicht unter den Geltungsbereich des Kündigungsschutzgesetzes fallen, bei der Auswahl nach sozialen Gesichtspunkten immer zurücktreten müssen. Eine solche Unterscheidung ist dem Gesetz fremd.

Ob die Beklagte gegen den Grundsatz der Auswahl nach sozialen Gesichtspunkten verstoßen hat, muß aber dahingestellt bleiben, denn die nach § 1 Abs. 3 Satz 1 a. a. O. vorgeschriebene Auswahl gilt dann nicht, wenn betriebstechnische, wirtschaftliche oder sonstige berechtigte betriebliche Bedürfnisse die Weiterbeschäftigung eines oder mehrerer bestimmter Arbeitnehmer bedingen und damit der Auswahl nach sozialen Gesichtspunkten entgegenstehen. (Daß dies zutrifft, wird näher ausgeführt.)

13

1. Betrifft die Revision mehrere Ansprüche, so genügt es nicht, daß sie nur hinsichtlich des einen begründet wird; vielmehr muß die Revisionsbegründung auch angeben, auf welche Gründe die Anfechtung hinsichtlich der übrigen Ansprüche gestützt wird.

2. Das Bundesarbeitsgericht muß die tatsächlichen Feststellungen, aus denen sich Gewohnheitsrecht ergibt, selbst treffen.

3. § 32 Abs. 2 Satz 1 AOG. ermächtigt die Treuhänder der Arbeit, in den Tarifordnungen auch Abschlußnormen, insbesondere die Schriftform mit konstitutiver Wirkung festzulegen.

4. Arbeitsverträge von Filmschaffenden, die entgegen § 2 Abs. 1 Satz 1 der Tarifordnung für die Filmschaffenden vom 19. August 1943 (Reichsarbeitsblatt 1943 Teil IV S. 628) mündlich und nicht schriftlich abgeschlossen sind, sind nichtig.

ZPO. §§ 554, 549; AOG. § 32 Abs. 2; Tarifordnung für die Filmschaffenden vom 19. August 1943 (Reichsarbeitsblatt 1943 Teil IV S. 628) § 2 Abs. 1.

II. Senat. Urteil vom 7. Juli 1955 i. S. D. F. (Bekl.) w. W. (Kl.)
2 AZR 27/53.

I. Arbeitsgericht Berlin. — II. Landesarbeitsgericht Berlin.

Dem Kläger machte der Produktionsleiter Speer der Beklagten am 7. August 1952 fernmündlich das Angebot, als Standfotograf vom 11. August 1952 ab bei der Beklagten tätig zu sein. Hierzu erklärte sich der Kläger am 9. August 1952 fernmündlich bereit, die Beklagte lehnte jedoch ab, da sie inzwischen eine Standfotografin engagiert habe.

Die Tarifordnung für die Filmschaffenden vom 19. August 1943 (Reichsarbeitsblatt 1943 Teil IV Seite 628) bestimmt in § 2 Abs. 1:

„Verträge zwischen Filmherstellern und Filmschaffenden bedürfen der Schriftform. Für Abänderungen, Ergänzungen und Aufhebungen genügt Schriftwechsel.“

Der Kläger hält den Arbeitsvertrag für zustandegekommen und hat im ersten Rechtszug 1100,— DM, im zweiten Rechtszug insgesamt 2810,— DM als Gesamtarbeitsverdienst für die Zeit vom 11. August bis 3. Oktober 1952 sowie 27,91 DM als Ersatz für Telefonauslagen verlangt. Das Arbeitsgericht und das Landesarbeitsgericht haben antragsgemäß — bis auf einen Teil des verlangten Arbeitsverdienstes von 47,99 DM — verurteilt.

Das Landesarbeitsgericht hält für bewiesen, daß Speer dem Kläger für die Annahme des Angebots eine Frist bis zum 9. August 1952 gesetzt hatte, und gibt der bezeichneten Tarifbestimmung nicht die Bedeutung eines gesetzlichen Formzwangs, sondern nur eines Beweissicherungsmittels. Den Anspruch auf Ersatz der Telefonauslagen hält das Landesarbeitsgericht aus einem Auftrag für begründet.

Die Revision der Beklagten wurde, soweit sie die Telefonauslagen betrifft, als unzulässig verworfen, im übrigen führte sie zur Zurückverweisung aus den folgenden

Gründen.

I. Die in § 554 ZPO. dem Revisionskläger aufgegebene Pflicht, die Revision zu begründen, erstreckt sich auf alle Teile des Urteils, hinsichtlich deren eine Aufhebung beantragt ist. Richtet sich die Revision wie hier gegen mehrere dem Kläger durch das angefochtene Urteil zugesprochene Ansprüche, so genügt es nicht, daß die Revision nur hinsichtlich des einen Anspruchs begründet wird; vielmehr muß die Revisionsbegründung auch angeben, auf welche Gründe die Anfechtung hinsichtlich der übrigen Ansprüche gestützt wird (RGZ. 66, 178; 113, 166).

Den Ersatz der Telefonspesen hatte das Landesarbeitsgericht dem Kläger ohne Rücksicht auf das gültige Zustandekommen eines Arbeitsvertrages lediglich unter dem Gesichtspunkt eines Auftrags zugesprochen. Mit der Revisionsbegründung rügt die Beklagte jedoch nur die Ansicht des Landesarbeitsgerichts, daß der mündlich abgeschlossene Arbeitsvertrag gültig sei. Zu dem von dem Landesarbeitsgericht angenommenen Auftrag nimmt die Revisionsbegründung überhaupt keine Stellung. Die allgemeine Redewendung „Die rechtlichen Erwägungen des Landesarbeitsgerichts sind nicht in vollem Umfange haltbar. Es wird daher Verletzung des materiellen Rechts gerügt" genügen zur Revisionsbegründung aber nicht (RGZ. 123, 39).

Wegen des Fehlens einer Begründung ist die Revision daher bezüglich des dem Kläger zugesprochenen Spesenersatzes in Höhe von 27,91 DM nach § 554a Abs. 1 ZPO. als unzulässig zu verwerfen.

II. Die Revision hinsichtlich des dem Kläger zugesprochenen Arbeitsverdienstes ist lediglich auf die Verletzung von materiellem Recht, nämlich des § 2 Abs. 1 Satz 1 der Tarifordnung für die Filmschaffenden vom 19. August 1943 gestützt. Auf die Frage, welche Rechtsfolge eine Verletzung des in § 2 Abs. 1 Satz 1 der Tarifordnung bezeichneten Formzwangs hat, kommt es unter Umständen an. Denn ist ein mündlicher Vertrag nichtig, so steht dem Kläger der verlangte Arbeitsverdienst nicht zu, sofern überhaupt ein Arbeitsvertrag — wie die Beklagte meint — und nicht ein Vertrag zwischen selbständigen Unternehmern — wie der Kläger meint — vorliegt.

1. Die Rechtsgültigkeit der Tarifordnung für die Filmschaffenden vom 19. August 1943 steht außer Streit. Sie hat den Rang einer Rechtsverordnung und ist auf Grund der in § 32 Abs. 2 AOG. enthaltenen Ermächtigung erlassen. Ihr rechtliches Fortbestehen wird dadurch, daß das AOG. und damit die Ermächtigungsgrundlage durch das Kontrollratsgesetz Nr. 40 mit der Wirkung vom 1. Januar 1947 aufgehoben ist, nicht berührt.

Das durch Tarifordnungen nicht nur Inhaltsnormen, sondern auch Abschlußnormen festgesetzt werden konnten, folgt aus der Ermächtigung in § 32 Abs. 2 Satz 2 AOG., Mindestbedingungen „zur Regelung von Arbeitsverhältnissen" zu erlassen; diese Ermächtigung ist so allgemein, daß sie nicht nur den Inhalt, sondern auch den Abschluß von Arbeitsverträgen erfaßt (RGZ. 169, 385—388). Dem entsprach auch die Praxis der Treuhänder der Arbeit, die dabei auch offenbar im Einverständnis mit dem Reichsarbeitsminister gehandelt haben.

Daß der Geltungsbereich der Tarifordnung das — mögliche — Arbeitsverhältnis der Parteien erfaßt, hat das Landesarbeitsgericht nicht ausdrücklich geprüft, kann aber rechtlichen Zweifeln nicht begegnen. § 1 Buchstabe b der Tarifordnung benennt die Betriebe der Filmherstellung als den sachlichen Gestaltungsbereich der TO.; ein solcher Betrieb ist unstreitig der der Beklagten. Die vorgesehene Tätigkeit des Klägers, nämlich die eines Standfotografen, wird von dem in § 1 Buchstabe c umrissenen persönlichen Geltungsbereich erfaßt; selbst wenn ein Standfotograf nicht als „Operateur" anzusehen ist, gehört er jedenfalls zu den „Personen in ähnlichen Beschäftigungsverhältnissen", wie sie in dem in der bezeichneten Tarifbestimmung enthaltenen Beschäftigungskatalog aufgeführt sind. Die Parteien ziehen auch die Geltung der Tarifordnung nicht in Zweifel, sofern überhaupt der Kläger als Arbeitnehmer anzusehen ist.

Da die Tarifordnung nicht ein bürgerlich-rechtlicher Vertrag, also ein Rechtsgeschäft, sondern eine Rechtsverordnung ist, bestimmt sich die Folge der Verletzung des § 2 Abs. 1 der Tarifordnung nicht nach § 125 Satz 2 oder § 154 Abs. 2 BGB., sondern allein nach § 125 Satz 1 BGB. Diese Bestimmung spricht zwar nur vom Gesetz. Gesetz im Sinne des BGB. ist aber nach Art. 2 EG. BGB. jede Rechtsnorm. Eine Rechtsnorm ist auch eine Rechtsverordnung. Der Mangel der gesetzlichen Form hat aber grundsätzlich — und nicht nur wie der Mangel der rechtsgeschäftlichen Form im Zweifel (§ 125 S. 2 BGB.) — die Nichtigkeit zur Folge (RGZ. 169, 385—388).

2. Indes sind auch die gesetzlichen Formvorschriften auslegungsfähig (RGZ. 73, 74). Dies muß insbesondere für die Tarifordnung gelten. Verlangt eine Tarifordnung für einen Arbeitsvertrag die Schriftform, so kann dies eine doppelte Bedeutung haben. Die Nichtbeachtung der Schriftform kann die Nichtigkeit des Arbeitsvertrages zur Folge haben sollen (konstitutive Wirkung); dann handelt es sich um eine echte Abschlußnorm. Die Tarifbestimmung kann aber auch nur deklaratorische Bedeutung haben sollen, nämlich dann, wenn die Tarifordnung von der Innehaltung der Formvorschrift die Gültigkeit des Arbeitsvertrags nicht abhängig machen, sondern den Parteien des Arbeitsvertrags lediglich einen Anspruch auf eine schriftliche Festlegung des Vereinbarten für Beweiszwecke geben will (Hueck-Nipperdey-Dietz AOG. 4. Aufl. § 32 Anm. 112; für die Tarifverträge: Hueck-Nipperdey TVG. 2. Aufl. § 1 Anm. 46); es liegt dann auch keine Abschlußnorm, sondern eine Inhaltsnorm vor. Ob die Tarifordnung die eine oder andere Bedeutung hat, ist Sache der Auslegung.

Der Wortlaut des § 2 Abs. 1 Satz 1 TO.:

„Verträge zwischen Filmherstellungsfirmen und Filmschaffenden bedürfen der Schriftform";

entspricht dem Wortlaut, den unsere Rechtsordnung auch sonst wählt, um eine Form mit konstitutiver Wirkung vorzuschreiben und so an den Mangel der Form die in § 125 S. 1 BGB. bestimmte Nichtigkeit zu knüpfen, so z. B. das BGB. in dem § 311 (Vermögensübertragung), § 312 Abs. 2 Satz 2 (Übertragung des Nachlasses), § 313 Abs. 1 Satz 1 (Grundstücksübereignungsvertrag), § 566 Satz 1 (längerer Mietvertrag), § 792 Abs. 1 Satz 2 (Übertragung der Anweisung), § 2033 Satz 2 (Verfügung über Erbteil), die ZPO. in § 1027 (Schiedsvertrag), das HGB. in § 74 (Wettbewerbsverbot), jetzt auch das TVG. in § 1 Abs. 2. Der Wortlaut der Tarifbestimmung entspricht also dem, der auch sonst eine konstitutive Wirkung des Formzwangs ausdrücken soll. Auch sonst macht dieser Wortlaut einen besonderen Hinweis auf die allgemein in § 125 BGB. angeordnete Nichtigkeitsfolge der Verletzung des Formzwangs entbehrlich. Aus dem Fehlen eines solchen Hinweises sind also keine Schlüsse zu ziehen.

Der sonstige Inhalt der Tarifordnung gibt keinen Anhalt dafür, daß die bezeichnete Tarifbestimmung von dieser sonst üblichen Bedeutung hat abweichen und lediglich die Parteien zur schriftlichen Niederlegung des etwa an sich formlos gültig zustandegekommenen Arbeitsvertrags hat verpflichten wollen. Insbesondere gibt die TO. nirgends die ausnahmsweise geringeren Folgen des Mangels der vorgeschriebenen Form an, wie es das BGB. z. B. in § 313 S. 2 und § 566 S. 2 tut.

Der Satz 2 des § 1 Abs. 1, der sich mit der Abänderung, Ergänzung und Aufhebung des Vertrags befaßt und insoweit Schriftwechsel genügen läßt, spricht eher für die Nichtigkeitsfolge als gegen sie. Auch der § 18, der für die Einzelarbeitsverträge ein bestimmtes Muster zur Verwendung empfiehlt, läßt nicht den Schluß zu, daß der mündlich abgeschlossene Vertrag zunächst gültig und erst auf Verlangen nur für Beweiszwecke nach dem empfohlenen Muster schriftlich niederzulegen sei.

3. Die tatsächliche und rechtliche Situation, die zu der streitigen Vorschrift geführt hat, insbesondere frühere tarifliche Regelungen und die Vorgeschichte können an sich für die Auslegung einer tariflichen Bestimmung verwertet werden (RAG. ARS. 36, 254). Die in § 18 der Tarifordnung vom 19. August 1943 aufgeführte Tarifordnung vom 12. Dezember 1934 (Reichsarbeitsbl. 1935 Teil VI S. 50) enthält die hier streitige Formvorschrift nicht, sondern befaßt sich nur mit der Arbeitszeit. Sonst fehlen tarifliche Regelungen. Die unstreitigen „Allgemeine Anstellungsbedingungen" der Reichsfilmkammer besagten: „Mündliche Vereinbarungen haben keine Gültigkeit" und wurden in Vordrucken für Angebotsschreiben erwähnt und den Angebotsschreiben beigeheftet. Auch dies läßt erkennen, daß mindestens die Reichsfilmkammer auf die Schriftlichkeit als konstitutives Formerfordernis entscheidenden Wert gelegt hat und die Praxis hiernach mindestens in großem Umfang verfahren ist. Unter diesen Umständen braucht auf die frühere zwischen den Parteien streitige Rechtsprechung des Filmschiedsgerichts nicht eingegangen zu werden. Diese Vorgeschichte läßt zur Genüge erkennen, daß die Frage des konstitutiven Formzwangs für die Anstellungsverträge der Filmschaffenden im Jahre 1943, als der Treuhänder der Arbeit die hier möglicherweise anwendbare Tarifordnung erließ, durchaus nicht neu, der konstitutive Formzwang im Gegenteil mindestens zum Teil gebräuchlich war. Daraus, daß die Tarifordnung nicht den „Allgemeine Anstellungsbedingungen" der Reichsfilmkammer, sondern den von der Gesetzessprache sonst für den konstitutiven Formzwang üblichen Wortlaut gewählt hat, kann nicht geschlossen werden, die Tarifordnung habe dem von ihr aufgestellten Formzwang keine konstitutive Wirkung beilegen wollen.

4. Neben Wortlaut und Vorgeschichte spricht aber auch der Sinn und Zweck der Formvorschrift für eine konstitutive Wirkung. Zu dem Sinn und Zweck der Formvorschrift führt das Landesarbeitsgericht aus: Die Arbeitsbedingungen auf dem Gebiete der Filmproduktion müßten

infolge der immer wechselnden Situationen, die sich aus den Drehbüchern und anderen Umständen ergäben, diesen jeweils angepaßt werden. Es seien daher regelmäßig viele Absprachen über den Abschluß eines Arbeitsvertrages notwendig. Es sei ferner nicht zuletzt die „ganze Mentalität der Filmschaffenden", die das Landesarbeitsgericht aber nicht näher erörtert, zu berücksichtigen. Der Formzwang solle daher nur nach Möglichkeit zukünftige Streitigkeiten ausschalten; er solle der gegenseitigen Beweissicherung und nicht der Erschwerung des Vertragsabschlusses dienen.

Diese Ausführungen treffen, was auch die Parteien nicht in Zweifel ziehen, im Wesen richtig den mit dem Formzwang im vorliegenden Fall verfolgten Sinn und Zweck, vermögen jedoch die vom Landesarbeitsgericht daraus gezogenen rechtlichen Folgen nicht zu begründen. Das Gesetz kann mit der Einführung des Formzwanges verschiedene Zwecke verfolgen. Es kann die Endgültigkeit des wirklichen Geschäftsabschlusses von den bloßen noch unverbindlichen Vorverhandlungen abheben wollen; es kann weiter bezwecken, den Beweis für den Abschluß und den Inhalt des Rechtsgeschäftes zu sichern; schließlich kann es aber auch, was allerdings hier wohl kaum in Frage steht, den Vertragsschließenden oder wenigstens einem von ihnen den Ernst des Geschäftes vor Augen führen und von unbedachter Übereilung abhalten wollen (Staudinger-Komm. zum BGB. 9. Aufl. § 125 Anm. 2; Enneccerus-Nipperdey, Allgem. Teil des Bürgerlichen Rechts, 14. Aufl., 2. Halbb. § 154 II S. 648; Palandt BGB. § 125 Anm. 1). Jeder dieser Gründe reicht für sich allein schon aus, um den konstitutiven Formzwang zu rechtfertigen.

Es genügt also, was das Landesarbeitsgericht bei der Auslegung der Tarifordnung verkennt, für die Rechtfertigung des Formzwanges mit konstitutiver Wirkung durchaus, daß die Tarifordnung beabsichtigt, die Endgültigkeit des Vertragsabschlusses im Gegensatz zu den noch unverbindlichen Vorverhandlungen klarzustellen und den Beweis für den Abschluß und näheren Inhalt des Arbeitsvertrags zu sichern, um künftigen Streitigkeiten vorzubeugen. Zur Annahme eines konstitutiven Formzwanges ist nicht, wie das Landesarbeitsgericht glaubt, erforderlich, das die Tarifordnung auch den Abschluß etwa zur Verhinderung einer Leichtfertigkeit einer der Parteien hat erschweren wollen.

Deklaratorische Wirkung wird die Schriftformvorschrift daher nur dann haben, wenn aus der Tarifordnung als Sinn und Zweck der Formvorschrift hervorgeht, daß sie den Parteien lediglich einen Anspruch auf schriftliche Festlegung der gegenseitigen Ansprüche gewähren will;

diese Absicht der Tarifordnung ist aber nicht schon dann gegeben, wenn die Tarifordnung mit der Formvorschrift nur den Beweis sichern will; denn dieser Grund rechtfertigt durchaus einen Formzwang mit konstitutiver Wirkung. Vielmehr liegt eine deklaratorische Wirkung nur in den Fällen vor, in denen die Tarifordnung erkennen läßt, daß der formlos abgeschlossene Arbeitsvertrag gültig ist, und nur durch eine Inhaltsnorm bestimmt, daß der Arbeitsvertrag hinterher schriftlich abgefaßt werden soll, also etwa bestimmt, daß jeder Beschäftigte einen schriftlichen Arbeitsvertrag ausgehändigt oder die Anstellung schriftlich bestätigt erhalten soll, oder sich auf eine Sollvorschrift beschränkt (s. die Beispiele bei Hueck-Nipperdey-Dietz AOG. 4. Aufl. § 32 Anm. 112 Abs. 2).

Wenn § 2 der Tarifordnung für die Artistik vom 5. April 1938 ausdrücklich den Formzwang als konstitutiven klarstellt, indem dort gesagt ist, daß „ein Anstellungsvertrag nur dann wirksam abgeschlossen" ist, wenn er einen näher bestimmten Inhalt und eine näher bestimmte Form hat, so kann aus dieser Verschiedenheit des Wortlauts nicht, wie es das Landesarbeitsgericht tut, der Schluß gezogen werden, daß es sich im vorliegenden Fall um einen nur deklaratorischen Formzwang handle. Schon daß beide Tarifordnungen von verschiedenen Sondertreuhändern erlassen sind, läßt sichere Schlüsse aus dem verschiedenen Wortlaut nicht zu. Jedenfalls liegen die Verhältnisse bei den Artisten ganz anders als bei den Filmschaffenden. Dort kann bei der besonderen Eigenart des Berufs der Artisten eine ausdrückliche Klarstellung geboten gewesen sein, die hier entbehrt werden konnte.

III. Ob der Formzwang der Tarifordnung durch ein entgegenstehendes Gewohnheitsrecht inzwischen aufgehoben worden ist, was der Kläger hilfsweise behauptet und das Landesarbeitsgericht dahingestellt sein läßt, hatte das Revisionsgericht selbständig zu prüfen, da es sich um die von Amts wegen zu treffende Feststellung einer Rechtsnorm handelt (iura novit curia; Stein-Jonas 18. Aufl. § 549 Erl. III B 1 und VIII 1; Rosenberg Lehrbuch des Zivilprozeßrechts 6. Aufl. § 112 IV S. 518 und § 142 II 4 S. 672; Schwinge, Grundlagen des Revisionsrechts, S. 70); zur Feststellung der Tatsachen, aus denen auf das bezeichnete Gewohnheitsrecht zu schließen ist, kann daher die Sache nicht an die Tatsacheninstanz zurückverwiesen werden. Zur Herbeiführung einer Entscheidung des Großen Senats nach § 45 Abs. 2 Satz 1 ArbGG. gibt das Urteil des Ersten Senats in BAG. 1, 258—269 f keinen Anlaß, da es sich dort um tarifvertragliche Normen und nicht um Gewohnheitsrecht handelt.

Der räumliche Geltungsbereich der Tarifordnung für Filmschaffende ist nach ihrem § 1 Buchst. a das Gebiet des deutschen Reichs. Ob die Tarifordnung damit nach Art. 125 in Verbindung mit Art. 74 Nr. 12 GG. Bundesrecht geworden ist und daher nach Art. 31 GG. überhaupt nur durch Bundesgewohnheitsrecht abgeändert werden kann, kann dahingestellt bleiben. Jedenfalls liegen nicht einmal genügend Anhaltspunkte auch nur für ein örtliches Gewohnheitsrecht vor (wird näher ausgeführt).

IV. Ist hiernach der zwischen den Parteien etwa abgeschlossene Arbeitsvertrag nichtig, weil er der durch die Tarifordnung bestimmten Form ermangelt, so bleibt noch der von dem Kläger erhobene Einwand der Arglist (der unzulässigen Rechtsausübung) zu prüfen. Die Partei, die sich auf die Nichtigkeit eines der gesetzlichen Form entbehrenden Vertrags beruft, handelt dadurch allein noch nicht arglistig; denn sonst würde regelmäßig ein Vorgang, obgleich ihm das Gesetz die Rechtsverbindlichkeit abspricht, über den Einwand der Arglist etwa die gleichen Rechtswirkungen äußern, die ihm bei Beachtung der Form zukommen würden; dadurch würde dem Formzwang praktisch jede Wirkung genommen werden. Eine Arglist oder eine unzulässige Rechtsausübung liegt vielmehr nur dann vor, wenn die Geltendmachung der Nichtigkeit mit Rücksicht auf ein früheres Verhalten des die Nichtigkeit geltend machenden Teils gegen die guten Sitten oder gegen Treu und Glauben verstößt. Was der Kläger hierzu vorträgt, genügt nicht (wird näher ausgeführt).

V. Streitig ist zwischen den Parteien, ob der Kläger, wie er behauptet, als Standfotograf selbständiger Gewerbetreibender war oder ob er wie ein Arbeitnehmer in den Betriebsablauf der Beklagten eingegliedert werden sollte, wie diese vorträgt. Nur im zweiten Falle kann auf das in Aussicht genommene Arbeitsverhältnis der Parteien die Tarifordnung überhaupt Anwendung finden; Verträge zwischen selbständigen Unternehmern werden dagegen von der Tarifordnung nicht erfaßt (es wird näher erörtert, daß die Frage bisher offen geblieben ist).

Die Entscheidung des Rechtsstreits hängt demnach nur noch von der oben bezeichneten Frage ab. Sie liegt ganz überwiegend auf tatsächlichem Gebiet und bedarf daher der Klärung durch das Landesarbeitsgericht.

14

Die Vorschrift des § 12 Abs. 6 ArbGG. über die Berechnung des Streitwerts gilt auch für die Rechtsmittelfähigkeit.

ArbGG. § 12, Abs. 6.

II. Senat. Beschluß vom 16. Juli 1955 i. S. H. (Kl.) w. A. O. (Bekl.)
2 AZR 218/55.

I. Arbeitsgericht Hannover. — II. Landesarbeitsgericht Hannover.

Aus den Gründen:

Die Klage auf Feststellung, daß die dem Kläger von der Beklagten erklärte fristlose Kündigung seines Arbeitsvertrags rechtsunwirksam sei und das Arbeitsverhältnis fortbestehe, hat das Arbeitsgericht abgewiesen und ohne nähere Begründung den Wert des Streitgegenstandes auf 2640,— DM festgesetzt; dies ist der dreifache Betrag des etwa 879,— DM betragenden Monatsgehalts des Klägers. Das Landesarbeitsgericht hat wegen der Versäumung der Berufungsbegründungsfrist die Berufung als unzulässig verworfen, den Streitwert nicht geändert und auch die Revision nicht zugelassen.

Zu Unrecht stützt der Kläger die Statthaftigkeit seiner Revision darauf, daß das Arbeitsgericht den Streitwert willkürlich festgesetzt habe; er führt dazu aus, daß der für die Rechtsmittelfähigkeit geltende Streitwert nicht nach § 12 Abs. 6 ArbGG. auf den Betrag des für die Dauer eines Vierteljahres zu leistenden Arbeitsentgeltes, sondern richtigerweise nach § 9 ZPO. auf einen die Revisionssumme übersteigenden Betrag hätte festgesetzt werden müssen. Auf die Frage, ob auch eine offensichtlich willkürliche oder offensichtlich gesetzwidrige Streitwertfestsetzung das Revisionsgericht bindet (die Entscheidung BAG. 1, 8 betrifft ihrem Worlaut nach nur eine nicht zutreffende Streitwertfestsetzung), bedarf hier keiner Entscheidung. Denn es ist rechtlich nicht zu beanstanden, daß das Arbeitsgericht nach § 12 Abs. 6 ArbGG. den Streitwert nur auf den Betrag von drei Monatsgehältern festgesetzt hat. Allerdings bezweckt, wie der Revision zuzugeben ist, die Vorschrift des § 12 Abs. 6 ArbGG. in erster Linie, das Verfahren vor den Gerichten für Arbeitssachen möglichst billig zu gestalten (Dietz Arbeitsgerichtsgesetz § 12 Erl. 3). Sie steht auch unter der dem § 12 gegebenen Überschrift „Gebühren und Auslagen" und befindet sich nach dem systematischen Aufbau des Gesetzes an einer Stelle, die zunächst nur die Kosten betrifft. Ihre Bedeutung für die Kosten ist daher erstrangig. Indes rechtfertigt dieser Gesichtspunkt allein es nicht, ihre Anwendbarkeit auf die Kosten zu beschränken, dagegen auf die Rechtsmittelfähigkeit zu verneinen. Der Streitwert, der für prozessuale Fragen gilt, stimmt nach § 17 GKG., jedenfalls für die gleiche Instanz (Beschluß des II. Senats vom 24. Mai 1955 — 2 AZR. 174/55 —), grundsätzlich mit dem Streitwert überein, wie er der Kostenberechnung zugrunde zu legen ist; der Streitwert für die Kosten und der Streitwert für die Rechtsmittelfähigkeit weichen für die gleiche Instanz nur ganz ausnahmsweise voneinander ab. Für eine Ausnahme von dieser Regel gibt weder der allgemein gehaltene Wortlaut der Bestimmung noch der besondere Zweck der Rechtsmittelfähigkeit einen Anlaß. Die Berufungsfähigkeit ist durch den auf drei Monatsverdienste festgesetzten Streitwert genügend gewährleistet. Für die Revisionsfähigkeit genügt es aber, daß das Arbeitsgerichtsgesetz in § 69 Abs. 3 Satz 1 und 2 für Rechtssachen von grundsätzlicher Bedeutung die Zulassung der Revision durch das Landesarbeitsgericht und, falls diese etwa trotz abweichender Entscheidungen unterblieben ist, in § 72 Abs. 1 Satz 2 und 3 die Divergenzrevision ermöglicht. Im übrigen gelten die Bestimmungen der §§ 3 bis 9 ZPO. für die Streitwertfestsetzung vor den Gerichten für Arbeitssachen nicht unmittelbar, sondern nur sinngemäß (Beschluß des II. Senats vom 3. Januar 1955 — 2 AZR 529/54 —). Hiernach gilt die Vorschrift des § 12 Abs. 6 ArbGG. über die Berechnung des Streitwerts nicht nur für die Kosten, sondern auch für die Rechtsmittelfähigkeit (Dersch-Volkmar 6. Auflage § 12 Erl. 16 Abs. 3; die von der Revision für ihren Standpunkt angezogene Ansicht von Stein-Jonas 1951 in § 9 Anm. IV bezieht sich auf das Arbeitsgerichtsgesetz 1926 in Fassung der Bekanntmachung vom 10. April 1934 und nicht auf die erst durch das Arbeitsgerichtsgesetz 1953 neu geschaffene Bestimmung des § 12 Abs. 6 ArbGG.).

15

Die Nichteinhaltung der Revisionsfrist für die Einlegung der Revision beim Bundesarbeitsgericht im Falle des § 118 Abs. 2 ArbGG. rechtfertigt die Wiedereinsetzung in den vorigen Stand, wenn der Prozeßbevollmächtigte einer Partei kurz nach dem Inkrafttreten des Arbeitsgerichtsgesetzes vom 3. September 1953 glaubte, die Revision beim Bundesgerichtshof anstatt beim Bundesarbeitsgericht einlegen zu müssen.

ArbGG. § 118 Abs. 1 u. 2; ZPO. § 233.

II. Senat. Beschluß vom 3. August 1955 i. S. B. (Bekl.) w. Sch. (Kl.)
2 AZR 65/54.

I. Arbeitsgericht Berlin. — II. Landesarbeitsgericht Berlin.

Aus den Gründen:

Die Klägerin fordert mit der seinerzeit beim Landgericht in Berlin erhobenen Klage von dem Beklagten Witwengeld auf Grund eines Anstellungsverhältnisses ihres verstorbenen Ehemannes.

Der Beklagte hat die Zuständigkeit der ordentlichen Gerichte gerügt.

Das Landgericht und das Kammergericht haben der Klage stattgegeben.

Gegen das am 29. Oktober 1953 verkündete und am 4. Januar 1954 im Parteibetriebe zugestellte Urteil des Kammergerichts hat der Beklagte Revision beim Bundesgerichtshof eingelegt. Am 20. Februar 1954 legte er auch beim Bundesarbeitsgericht Revision ein und beantragte hier wegen der Versäumung der Revisionsfrist Wiedereinsetzung in den vorigen Stand.

Der Bundesgerichtshof hat durch Urteil vom 23. Februar 1955 — VI ZR 28/54 — die Revision des Beklagten als unzulässig verworfen.

Das in Berlin am 21. Oktober 1953 in Kraft getretene Arbeitsgerichtsgesetz vom 3. September 1953 (Art. III des Übernahmegesetzes vom 16. Oktober 1953 — GVBl. S. 1231) bestimmt in § 118 Abs. 1 und 2, daß für die Verfahren in Arbeitssachen, die bei Inkrafttreten dieses Gesetzes bei den ordentlichen Gerichten anhängig sind, das ordentliche Gericht desjenigen Rechtszuges zuständig bleibt, bei dem die Sachen bei Inkrafttreten dieses Gesetzes anhängig sind. Für die Verhandlung und Entscheidung über Rechtsmittel gegen die in diesem Falle ergehenden Urteile sind jedoch die Rechtsmittelgerichte für Arbeitssachen zuständig.

Der Bundesgerichtshof geht in seinem Urteil von der Erwägung aus, ob die Rechtsstreitigkeit vor dem Inkrafttreten des Arbeitsgerichtsgesetzes nach den damals geltenden Vorschriften des Kontrollratsgesetzes Nr. 21 zur Zuständigkeit der Arbeitsgerichte gehörte. Dem ordentlichen Gericht sei dann, wie der Bundesgerichtshof richtig sagt, eine Entscheidung in der Sache nicht möglich gewesen. Er wäre zur Entscheidung über die bei ihm eingelegte Revision nur zuständig, wenn das Berufungsgericht zu Unrecht seine sachliche Zuständigkeit bejaht haben sollte. Diese Frage verneint jedoch das Urteil für den vorliegenden Rechtsstreit zutreffend auf Grund der Bestimmungen des Kontrollratsgesetzes Nr. 21; danach sind die ordentlichen Gerichte zuständig gewesen, sofern jemand aus dem Arbeitsverhältnis eines anderen zu dessen Arbeitgeber eigene Rechte geltend machte. Weil für diese Fälle, wie der Bundesgerichtshof ebenfalls überzeugend dartut, erst durch das neue Arbeitsgerichtsgesetz die Zuständigkeit der Arbeitsgerichte eintrat, muß gemäß § 118 Abs. 2 ArbGG. über eine Revision das Bundesarbeitsgericht entscheiden. Die Revision ist beim Bundesgerichtshof unzulässigerweise eingelegt worden. Ihre Einlegung bestimmt sich nach denjenigen Vorschriften, die für das Verfahren vor dem Bundesarbeitsgericht gelten und die in § 72 Abs. 3 ArbGG. entsprechend § 553 ZPO. die Einreichung der Revisionsschrift beim Bundesarbeitsgericht vorschreiben.

Die beim Bundesarbeitsgericht am 20. Februar 1954 eingegangene Revision ist erst nach Ablauf der Revisionsfrist von einem Monat (§§ 74 Abs. 1 ArbGG., 552 ZPO.) eingelegt worden. Die Zustellung des Urteils gehört noch zu der Instanz, in der das Urteil erlassen worden ist. Da nach § 118 Abs. 1 Satz 2 ArbGG. für das Verfahren der bei den ordentlichen Gerichten verbleibenden Sachen die Bestimmungen über das Verfahren in bürgerlichen Rechtsstreitigkeiten angewandt werden sollen, muß nach § 317 ZPO. die Zustellung der Urteile der ordentlichen Gerichte im Parteibetriebe und nicht nach § 50 Abs. 1 ArbGG. von Amts wegen erfolgen.

§ 81 BVerwGG. konnte keine Anwendung finden. Danach hat ein oberes Bundesgericht, wenn es in einem anhängigen Rechtsstreit den beschrittenen Rechtsweg nicht für zulässig hält, die Sache mit bindender Wirkung durch Urteil an das zuständige Gericht des ersten Rechtszuges zu verweisen. Der Bundesgerichtshof hat in seiner Entscheidung auf diese Vorschrift keinen Bezug genommen, es war dies aber auch nicht erforderlich. Die Bestimmung setzt nämlich voraus, daß die zunächst angerufenen Gerichte von Anfang an zur Entscheidung nicht zuständig waren. Daher kann auch eine entsprechende Anwendung für den ganz anders gelagerten Fall, daß erst im Laufe des Rechtsstreits infolge neuer Prozeßgesetze die Zuständigkeit der Gerichte wechselt, nicht in Frage kommen. § 81 BVerwGG. spricht auch nur von einer Verweisung der Sache an das Gericht des ersten Rechtszuges.

Jedoch ist der Antrag des Beklagten auf Gewährung der Wiedereinsetzung in den vorigen Stand gegen die Versäumung der Revisionsfrist begründet.

Der Irrtum des Prozeßbevollmächtigten des Beklagten, er könne die Revision beim Bundesgerichtshof anstatt beim Bundesarbeitsgericht einlegen, beruht auf keinem Verschulden. Die Bestimmung des § 118

Abs. 2 ArbGG., daß für die Verhandlung und Entscheidung über Rechtsmittel die Rechtsmittelgerichte für Arbeitssachen zuständig sind, ist allerdings nicht mißverständlich. Das Gesetz enthält unmittelbar aber keine Vorschriften über die Art und Weise des Übergangs der in Betracht kommenden Rechtsstreitigkeiten von den ordentlichen Gerichten auf die jetzt zuständigen Arbeitsgerichte. Zwar ist aus § 118 Abs. 2 ArbGG. deswegen, weil die Rechtsmittelzuständigkeit bei den Gerichten für Arbeitssachen liegt, zu schließen, daß das Rechtsmittel ebenfalls dort anzubringen ist; mit ihm wird das Rechtsmittelverfahren eingeleitet (Dersch-Volkmar, ArbGG., 6. Aufl., § 118 Anm. 2). Gegenüber dieser auch vom Bundesgerichtshof vertretenen Auffassung erscheint es an sich jedoch nicht von vornherein undenkbar anzunehmen, die Rechtsmittelgerichte für Arbeitssachen seien nur in einem engeren Sinne für die Verhandlung und sodann für die Entscheidung, nicht aber für die Einlegung des Rechtsmittels selbst zuständig. Diese Ansicht wird übrigens ausdrücklich im Schrifttum vertreten, und zwar in dem kurz nach dem Inkrafttreten des Arbeitsgerichtsgesetzes veröffentlichten, von Rohlfing-Rewolle verfaßten Kommentar zu diesem Gesetz (§ 118 Anm. 1). Es ließe sich ferner die Meinung hören, zur Wahrung der Rechtsmittelfrist genüge die Einlegung des Rechtsmittels zu dem bisher zuständigen Gericht, dieses habe sodann die Sache an das Rechtsmittelgericht für Arbeitssachen abzugeben. Auch diese Meinung wird im Schrifttum vertreten, und zwar in dem Kommentar zum Arbeitsgerichtsgesetz von Dietz-Nikisch (§ 118 Anm. 3) und bei Neumann, RdA. 1954 S. 98/99. Bei dieser Sachlage ist nun maßgebend, daß die Rechtslage klärende Entscheidungen der Gerichte, die erst jetzt, mit dem Beschluß des Bundesgerichtshofes und dem Beschluß hier, vorliegen, noch nicht ergangen waren, als der Beklagte Revision erst beim Bundesgerichtshof und verspätet beim Bundesarbeitsgericht einlegte. Das Arbeitsgerichtsgesetz war beim Erlaß des angefochtenen Urteils und seiner Zustellung gerade erst in Kraft getreten, daher konnte auch eine hinreichende Klärung etwa in der wissenschaftlichen Auseinandersetzung noch nicht erfolgt sein. Das Rechtsmittel von vornherein bei beiden in Betracht kommenden Gerichten vorsorglich einzulegen, ist einer Partei wegen der damit verbundenen Kosten nicht zuzumuten. Die Nichteinhaltung der Revisionsfrist beim Bundesarbeitsgericht muß daher als unabwendbarer Zufall im Sinne des § 233 Abs. 1 ZPO. angesehen werden.

Die Antragsfrist des § 234 ZPO. ist gewahrt. Der Bundesgerichtshof hat frühestens durch seinen Beschluß vom 17. Februar 1954, mit dem er in dem bei ihm anhängig gewordenen Verfahren den Antrag auf Einstellung der Zwangsvollstreckung ablehnte, zu erkennen gegeben, daß es sich für die Entscheidung über die bei ihm eingelegte Revision nicht zuständig hielt.

16

Gehaltsansprüche können gegen einen stillen Gesellschafter, auch wenn dieser in weitem Umfange zur Geschäftsführung befugt ist, nur bei Vorliegen besonderer Umstände erhoben werden.

HGB. § 335 Abs. 2.

II. Senat. Urteil vom 16. März 1955 i. S. W. (Bekl. zu 3) w. Th. (Kl.) 2 AZR 28/54.

I. Arbeitsgericht Berlin. — II. Landesarbeitsgericht Berlin.

Der Kläger war bis Juli 1951 als Geschäftsführer der damals im sowjetischen Sektor Berlin ansässigen Firma Gebr. T. tätig. Nach dem Tode seines Vaters, des letzten Inhabers, wollte sein Sohn (der Beklagte zu 2) die Firma in Westberlin mit Unterstützung des Beklagten zu 3) und jetzigen Revisionsklägers, der mit seinem Vater befreundet gewesen war und sich bereit erklärte, als stiller Gesellschafter ein Kapital von 30 000.— DM zur Verfügung zu stellen, weiterführen. Beide forderten den Kläger auf, der neuen Firma seine Erfahrungen und Kenntnisse zur Verfügung zu stellen und beantragten beim Arbeitsamt Westberlin eine Arbeitserlaubnis für den Kläger mit der Begründung, daß die Mitwirkung des bewährten und mit den Verhältnissen vertrauten Klägers für die Aufnahme des Geschäftsbetriebes erforderlich sei. Die Genehmigung wurde daraufhin erteilt. Der Kläger war seit dem 1. September 1951 für die Firma tätig, obwohl die Verhandlung über die näheren Bedingungen seiner Einstellung, insbesondere seines Gehaltes, noch nicht zum Abschluß gekommen waren. Nach seiner Behauptung hat ihm später der Inhaber der Firma, der Beklagte zu 2), ein Gehalt von monatlich DM 550.— zugesagt. Das Geschäft wurde zunächst in den Räumen des Revisionsklägers geführt. Da nach den Bestimmungen des Gesellschaftsvertrages sämtliche Geschäfte der Genehmigung des Beklagten zu 3) bedurften und dieser auch zur selbständigen Vertretung berechtigt war, kam es bald zu Streitigkeiten zwischen den beiden Gesellschaftern. Am 16. Januar 1952 kündigte der Beklagte zu 2) fristlos den Vertrag und zog mit seinen Mitarbeitern, insbesondere dem Kläger, aus dem Haus des Beklagten zu 3) aus. In den zwischen den beiden Gesellschaftern geführten Rechtsstreitigkeiten wurde durch Vergleich vom 12. Juni 1953 die Gesellschaft aufgelöst und eine Verteilung der Schulden der Firma vorgenommen.

Der Kläger hatte bereits Ende 1952 wegen seines Gehalts eine Klage, zunächst nur gegen die Firma erhoben; später auch gegen deren Inhaber, den Beklagten zu 2) sowie gegen den stillen Gesellschafter, den Beklagten zu 3) und verlangt mit dieser die Zahlung von 8800.— DM für die Zeit vom 1. September 1951 bis zum 31. Dezember 1952 abzüglich der erhaltenen Beträge von 2046.— DM. Das Arbeitsgericht hat nach dem Klageantrag verurteilt. Gegen dieses Urteil hat nur der Beklagte zu 3) Berufung eingelegt, die von dem Landesarbeitsgericht zurückgewiesen ist. Die Revision der Beklagten zu 3) führte zur Zurückverweisung an die Vorinstanz.

Aus den Gründen:

Das Landesarbeitsgericht hat daraus, daß dem Beklagten zu 3) durch den Gesellschaftsvertrag nicht bloß weitgehende Aufsichtsrechte eingeräumt, sondern alle Geschäfte von seiner Genehmigung abhängig waren, ihm auch unbeschränkte und unwiderrufliche Vertretungsmacht zustand und er auch tatsächlich die abzuschließenden Geschäfte allein bestimmt, für die Firma gezeichnet, über das Bankkonto der Firma allein verfügt und außerdem allein die zur Geschäftsführung erforderlichen Geldmittel gestellt hatte, gefolgert, der Beklagte zu 3) sei der wahre und alleinige Inhaber des Geschäftes und nicht nur stiller Teilhaber gewesen und müsse deshalb wie ein Gesellschafter einer offenen Handelsgesellschaft für alle Schulden, die bis zur Auflösung der Gesellschaft durch den Prozeßvergleich entstanden seien, aufkommen. Diese Ausführungen sind indessen nicht frei von Rechtsirrtum. Sie verkennen, daß nach der Rechtsprechung und der überwiegenden Meinung der Rechtslehre auch bei einer atypischen stillen Gesellschaft, bei der dem stillen Gesellschafter weitgehende Geschäftsführungsrechte eingeräumt sind, der Grundsatz des § 335 Abs. 2 HGB. nicht gänzlich ausgeschaltet ist, die stille Gesellschaft nicht etwa gegen den Willen der Vertragspartner sich automatisch in eine offene Handelsgesellschaft verwandelt, so daß der stille Gesellschafter nunmehr für alle Schulden der Gesellschaft haftet, sondern daß es sich nur darum handelt, ob im einzelnen Falle der mit der Gesellschaft in Geschäftsverkehr tretende Dritte aus dem Verhalten der Gesellschafter gutgläubig annehmen konnte, daß der andere Gesellschafter auch mithaftender Gesellschafter sei (vgl. RG. 31, 39; 89, 163; JW. 98, 163; Schlegelberger, HGB., 2. Aufl., § 335 Anm. 51, § 123a Anm. 19, Weipert § 123 Anm. 18).

Diese Grundsätze des sogenannten Rechtsscheines, die dem Schutz des redlichen Handelsverkehrs dienen, die Erfüllung der einzelnen schuldrechtlichen Verträge gegenüber dem Vertragsgenossen sichern sollen, sind auch nicht ohne weiteres beim Arbeitsverhältnis anwendbar, da dieses nach den heutigen Rechtsanschauungen überwiegend personenrechtlicher Art ist und von dem Grundsatz der gegenseitigen Treuepflicht beherrscht wird. Die Frage ist also, ob auch der stille Gesellschafter gegenüber den Angestellten der Firma eine solche Treuepflicht hat und ihm deshalb eine Mitverpflichtung zur Zahlung der Gehälter obliegt. Dagegen wird es weniger darauf ankommen, ob die Angestellten bei Abschluß des Arbeitsvertrages oder während seines Bestehens über die Rechtsverhältnisse der Firma genau Bescheid wissen, ob sie den stillen Gesellschafter für einen, dem Firmeninhaber gleichberechtigten Gesellschafter gehalten haben und halten durften. Entscheidend muß vielmehr sein, ob er zu ihnen in personenrechtliche Beziehung arbeitsvertraglicher Art getreten ist. Ob das schon der Fall ist, wenn der stille Gesellschafter der maßgebende Leiter der Gesellschaft ist, Weisungsrechte gegenüber den Angestellten ausübt, der eigentliche Geschäftsinhaber nur eine vorgeschobene Person ist und im wesentlichen nur die Stellung eines Angestellten hat, die Angestellten also wirtschaftlich gesehen für den stillen Gesellschafter arbeiten, braucht hier nicht entschieden zu werden. Denn es liegen hier besondere Verhältnisse vor, die jedenfalls eine Mitverpflichtung des Beklagten zu 3) für das Gehalt des Klägers während einer bestimmten Zeit rechtfertigen.

Nach dem unstreitigen Sachverhalt haben nämlich beide Gesellschafter den Kläger veranlaßt, seine bisherige Stellung in der alten Firma aufzugeben und in die neue Firma einzutreten, um dieser seine Kenntnisse und Erfahrungen zur Verfügung zu stellen. Der Beklagte zu 3) hat, wie er in seinem Schreiben an das Arbeitsamt zwecks Genehmigung der Übersiedlung des Klägers selbst angibt, im Hinblick auf die große Jugend des Beklagten zu 2), die Hingabe der Gelder sogar davon abhängig gemacht, daß der Kläger das Geschäft unter seiner Aufsicht leitet. Nach den Feststellungen des Berufungsgerichts hat der Kläger von diesem Schreiben Kenntnis gehabt, ihm war also daraus, wenn nicht schon aus den mündlichen Verhandlungen bei seiner Anstellung bekannt, daß er nicht nur Angestellter der Firma, sondern auch Vertrauensmann des Beklagten zu 3) sein sollte, da nur er die Gewähr dafür bot, daß nicht infolge mangelhafter Kenntnisse der Brancheverhältnisse fehlerhaft Geschäftsabschlüsse getätigt und die von der Beklagten gegebenen Gelder dadurch gefährdet wurden. Unter diesen

Umständen erscheint es allerdings mit der dem Revisionskläger gegenüber seinem Vertrauensmann, dem Kläger obliegenden Treuepflicht wie überhaupt mit den Grundsätzen von Treu und Glauben nicht vereinbar, wenn der Beklagte zu 3) sich ihm gegenüber auf den Ausschluß der Haftung nach § 335 Abs. 2 HGB. beruft, ihn wegen seines Gehaltes an den Beklagten zu 2) verweist, dem nach seinen eigenen Angaben in dem oben genannten Schreiben keinerlei Geldmittel zur Verfügung standen. Diese Verpflichtung des Beklagten zu 3), für das Gehalt des Klägers aufzukommen, konnte allerdings nur solange bestehen, als das Vertrauensverhältnis zwischen ihm und dem Kläger bestand, d. h. der Kläger mit dem Beklagten zu 3) zusammen arbeitete. Sie erlosch spätestens in dem Zeitpunkt, als der Beklagte zu 2) sich von dem Beklagten zu 3) trennte, und der Kläger sich auf seine Seite stellte, nunmehr noch mit dem Beklagten zu 2) arbeitete, nicht mehr als Vertrauensmann für den Beklagten zu 3) tätig war. Wann dieses Vertrauensverhältnis zwischen dem Kläger und dem Beklagten zu 3) sein Ende gefunden hat, geht aus den bisherigen Feststellungen des Berufungsgerichts aber nicht zweifelsfrei hervor. Es ist möglich, daß der Kläger auch schon vor der Verlegung des Geschäftes am 16. Januar 1952 in dem Streit zwischen den Gesellschaftern sich auf die Seite des Beklagten zu 2) gestellt hat. Auch die Höhe des dem Kläger zustehenden Gehaltes liegt nicht fest. Nach dem bisherigen Vorbringen scheint bis zur Trennung der beiden Gesellschafter eine feste Vereinbarung über das Gehalt nicht getroffen, das Gehalt vielmehr erst später von dem Beklagten zu 2) auf 550,— DM festgesetzt worden zu sein. Diese nachträglich, offenbar ohne Einverständnis des Beklagten zu 3) getroffene Vereinbarung kann diesen aber nicht binden. Es kommt für die Verpflichtung des Beklagten zu 3) also darauf an, welches Gehalt den Leistungen des Klägers entspricht und angemessen war. Bestimmte Unterlagen darüber fehlen aber noch, zumal auch noch der Umfang der Leistungen des Klägers während der in Frage kommenden Zeit nicht feststeht.

Da die Feststellung in beider Hinsicht nur von dem Tatrichter getroffen werden kann, war das Urteil aufzuheben und der Rechtsstreit zur Verhandlung und Entscheidung hinsichtlich dieser beiden Fragen an das Berufungsgericht zurückzuverweisen.

17

1. Zu den sonstigen Rechten im Sinne des § 823 Abs. 1 BGB. gehört auch der eingerichtete und ausgeübte Gewerbebetrieb.

2. Wird das Recht am eingerichteten und ausgeübten Gewerbebetrieb durch einen Streik verletzt, dann kommt es nicht darauf an, ob der Eingriff von einem dem Betrieb Fernstehenden oder durch die Arbeitnehmerschaft des Betriebes selbst, sei es auch auf Veranlassung ihrer Gewerkschaft, erfolgt.

3. Der Streik um Arbeitsbedingungen, die dem geltenden Tarifvertragsrecht entsprechen, ist auf Grund der freiheitlichen und sozialen Grundordnung der Deutschen Bundesrepublik grundsätzlich legitim und erlaubt.

4. Ein Streik, der Ziele verfolgt, die von der Rechtsordnung unmittelbar oder mittelbar mißbilligt werden, ist jedoch rechtswidrig. Das ist insbesondere dann der Fall, wenn um Ziele gestreikt wird, die dem geltenden Tarifvertragsrecht widersprechen.

BGB. § 823 Abs. 1; TVG. § 3 Abs. 3, § 4; BetrVG. § 49 Abs. 2

I. Senat. Urteil vom 4. Mai 1955 i. S. D. S. u. A. (Bekl.) w. A. d. G. V. (Kl.) 1 AZR 493/54

I. Arbeitsgericht Düsseldorf. — II. Landesarbeitsgericht Düsseldorf.

Der Beklagte zu 1) ist eine Gewerkschaft, in der vornehmlich die Facharbeiter der Chemiegraphie organisiert sind. Die Beklagten zu 2) und 3) sind die beiden Vorsitzenden dieser Gewerkschaft.

Im September/Oktober 1953 forderten die Beklagten zu 2) und 3) die Firma W. G. in Essen, ein Druck- und Verlagsunternehmen mit ungefähr 1500 Arbeitnehmern, auf, mit dem Beklagten zu 1) einen Firmentarifvertrag zur Regelung der Arbeitsverhältnisse der bei der Firma W. G. beschäftigten ungefähr 70 Mitglieder des Beklagten zu 1) abzuschließen. Die Firma W. G. lehnte dies nach Rücksprache mit der Klägerin, deren Mitglied sie ist, ab. Darauf entschlossen sich die Arbeitnehmer der Firma W. G., die Mitglieder des Beklagten zu 1) waren, in einer Abstimmung zur Erkämpfung eines Firmentarifs in einen Streik zu treten. Die Beklagten forderten sodann zur Arbeitsniederlegung auf. Die Facharbeiter der Abteilungen Chemiegraphie, Tiefdruck und Bildherstellung, die alle Mitglieder des Beklagten zu 1) waren, kamen dieser Aufforderung am 7. Oktober 1953 nach.

In einem Flugblatt wurden folgende Streikforderungen aufgestellt:

„1. Ein Tarif für unser Gewerbe,

2. Verkürzung der Arbeitszeit (45-Std.-Woche),
3. Mindestlohn für das 1. Jahr nach der Lehre, danach freie Lohnvereinbarung,
4. Tarifliche Verpflichtung zur Überstundenleistung nach der Arbeitszeitordnung,
5. Zahlung eines Weihnachtsgeldes,
6. Änderung der Urlaubsregelung,
7. Vierjährige Lehrzeit mit angemessener Bezahlung im 4. Lehrjahr,
8. Krankengeld-Zuschuß nach Berechnung von Effektivlohn."

Am 10. Oktober 1953 nahmen die Streikenden die Arbeit wieder auf, nachdem zwischen dem Beklagten zu 1) und der Betriebsleitung der Firma W. G. ein Abkommen abgeschlossen worden war. Ein Firmentarif kam nicht zustande.

Die Arbeitsverhältnisse der Firma W. G. und ihrer Arbeitnehmer unterlagen dem für allgemein verbindlich erklärten Manteltaifvertrag für das graphische Gewerbe vom 28. Mai 1949 sowie dem dazugehörigen, aber nicht für allgemein verbindlich erklärten Lohntarif.

Die Firma W. G. trat ihre angeblichen, gegen die Beklagten gerichteten Schadensersatzansprüche an die Klägerin ab. Diese Schadensersatzansprüche macht die Klägerin geltend. Das Arbeitsgericht hat die Klage abgewiesen, das Landesarbeitsgericht ihr aber aus § 826 BGB. stattgegeben. Die Revision der Kläger blieb erfolglos.

Aus den Gründen:

Gemäß § 823 Abs. 1 BGB. sind die Beklagten als Gesamtschuldner (§§ 830, 840 BGB.) verpflichtet, der Klägerin den Schaden zu ersetzen, der der Firma W. G. daraus entstanden ist, daß sie ein sonstiges Recht dieser Firma widerrechtlich und schuldhaft verletzt haben.

Der Firma W. G. ist durch den Streik eines Teils ihrer Belegschaftsmitglieder, zu dem die Beklagten aufgerufen hatten, ein Schaden entstanden. Dies steht durch die bindenden Feststellungen des Berufungsgerichts und der vom Revisionsgericht nicht weiter nachzuprüfenden Beweiswürdigung im angefochtenen Urteil fest (§§ 286, 287, 561 ZPO.).

Zu den sonstigen Rechten im Sinne des § 823 Abs. 1 BGB. gehört auch der eingerichtete und ausgeübte Gewerbebetrieb. Durch den Streik wurde dieses Recht der Firma W. G. durch die Beklagten verletzt. Dabei kommt es nicht darauf an, ob der Eingriff von einem dem Betrieb Fernstehenden oder durch die Arbeitnehmerschaft des Betriebes selbst oder durch sie auf Veranlassung ihrer Gewerkschaft erfolgt. Denn es entspricht dem Wesen des absoluten Rechts, zu dem die sonstigen

Rechte des § 823 Abs. 1 BGB. gehören, daß es einen allseitigen Schutz gegen jedermann verleiht (vgl. Nipperdey in RdA. 1953 S. 211). Daß der eingerichtete und ausgeübte Gewerbebetrieb der Firma W. G. durch den von den Beklagten veranlaßten Streik in seinem Bestand getroffen wurde, weil die Streikenden, wenn auch an Zahl gering, durch ihre Stellung als Schlüsselkräfte im wesentlichen den Betrieb lahmlegten, steht durch die Feststellungen des angefochtenen Urteils fest.

Der Streik, zu dem die Beklagten aufgerufen hatten, war aber auch rechtswidrig. Zwar ist der von einer Gewerkschaft veranlaßte Streik zur Verbesserung oder Erhaltung der Arbeitsbedingungen grundsätzlich nicht als unerlaubte Handlung im Sinne des § 823 Abs. 1 BGB. anzusehen (Hueck-Nipperdey, TVG. 2. Aufl. § 2 Anm. 38; BVerfG. Urteil v. 18. 11. 1954 in AP. Nr. 1 zu Art. 9 GG.; BAG. 1, 291). Es ist Aufgabe einer Gewerkschaft, zugunsten der Arbeitnehmer für die bei ihr organisierte Arbeitnehmerschaft gegenüber den Arbeitgebern oder ihren Verbänden Arbeitsbedingungen auszuhandeln und sie notfalls im Wege des Streiks zu erkämpfen. Das Mittel der Verwirklichung dieser gewerkschaftlichen Aufgaben und Ziele ist in der gegebenen Rechtsordnung der Tarifvertrag, zu dessen Abschluß die Arbeitgeber notfalls durch Arbeitskampf, insbesondere Streik, veranlaßt werden sollen. Der Streik um Arbeitsbedingungen, die dem geltenden Tarifvertragsrecht entsprechen, ist auf Grund der freiheitlichen und sozialen Grundordnung der Deutschen Bundesrepublik grundsätzlich legitim und erlaubt. Zwar hat der Gesetzgeber dies nirgends ausdrücklich festgestellt. Es entspricht aber der allgemeinen Rechtsüberzeugung, die sich zuletzt noch in der Bestimmung des § 49 Abs. 2 Satz 3 BetrVG. Ausdruck verschafft hat. Diese Bestimmung ist nur verständlich, wenn man die grundsätzliche Anerkennung legitimer Arbeitskämpfe tariffähiger Parteien durch den Staat voraussetzt. Ein Streik jedoch, der Ziele verfolgt, die von der Rechtsordnung unmittelbar oder mittelbar mißbilligt werden, der daher der freiheitlichen und sozialen Grundordnung der Bundesrepublik nicht mehr entsprechend erscheint, ist rechtswidrig. Das ist auch dann der Fall, wenn um Ziele gestreikt wird, die dem geltenden Tarifvertragsrecht widersprechen.

Allerdings ist ein Streik nicht deswegen rechtswidrig, weil der Arbeitgeberverband, dem der oder die bestreikten Betriebe angehören, sich Dritten (einer Gewerkschaft) gegenüber in einem Tarifvertrag verpflichtet hat, mit anderen Gewerkschaften keine tariflichen Abmachungen zu treffen. Weiter ist ein Streik auch nicht deshalb rechtswidrig, weil der bestreikte Arbeitgeber, der einem Arbeitgeberverband angehört, diesem gegenüber satzungsmäßig verpflichtet ist, keinen Firmentarif abzuschließen. Verpflichtungen, die ein Arbeitgeberverband tariflich einem Tarifpartner der Arbeitnehmerseite gegenüber eingegangen ist oder Verpflichtungen, die einem einzelnen Arbeitgeber satzungsgemäß gegenüber seinem Arbeitgeberverband obliegen, berühren nicht die Rechtmäßigkeit oder Rechtswidrigkeit eines Streiks, zu dem eine Gewerkschaft aufruft, die in keinem Vertragsverhältnis zu dem Arbeitgeberverband oder zu dem Arbeitgeber steht. Wenn es einer Gewerkschaft erlaubt ist, ihre gewerkschaftlichen Aufgaben und Ziele durch einen Tarifvertrag zu verwirklichen, zu dessen Abschluß der Arbeitgeber notfalls durch Streik veranlaßt werden soll, dann kann der Arbeitgeber einem solchen Streik die Legitimität nicht dadurch nehmen, daß er sich anderweitig Dritten gegenüber verpflichtet oder verpflichtet hat, einen solchen Tarifvertrag nicht abzuschließen.

Ob der Streik deswegen rechtswidrig ist, weil er die Allgemeinverbindlichkeit des Manteltarifs berührt, kann in diesem Rechtsstreit unentschieden bleiben.

Die Beklagten haben vor allem deswegen zum Streik aufgerufen, um nach allen Richtungen hin freie Lohnvereinbarung (nach Ablauf des ersten Gesellenjahres) zu erkämpfen. Hierzu haben die Beklagten selbst ausgeführt, daß die freie Lohnvereinbarung den besonderen Bedürfnissen der von dem Beklagten zu 1) vertretenen Arbeitnehmer am besten gerecht werde. Es handele sich bei diesen Arbeitnehmern um hochqualifizierte Facharbeiter, die nur auf Grund ihrer besonderen Leistungen und ihrer Wichtigkeit für den Betrieb entlohnt werden könnten. Eine schematische Lohnregelung durch einen Tarif — auch als Mindestregelung — sei daher für diese Arbeiter nicht erstrebenswert. Zwar haben die Beklagten neuerdings die Forderung in diesem Sinne fallen lassen, weil der freien Lohnvereinbarung über Mindestbedingungen hinaus keine Schranke durch den Tarifvertrag gesetzt wird. Zur Zeit des Streiks war aber von einer solchen Auslegung der Forderung nach Lohnfreiheit nicht die Rede, der Mindestlohn sollte nach dem ersten Gesellenjahr schlechthin beseitigt werden. Daraus ergibt sich, daß der Streik, der sich nicht nur gegen den für allgemein verbindlich erklärten Manteltarif, sondern auch gegen den nicht allgemein verbindlichen Lohntarif richtete, in dem wesentlichsten Punkt, nämlich der Lohngestaltung, tarifrechtswidrig war, weil zum Wesen des Tarifvertrages über Löhne die Vereinbarung von Mindestlöhnen, gehört (vgl. § 4 TVG.). Wenn also die genannte Streikforderung freier Lohnvereinbarung nach dem Willen der Beklagten tariflich verankert werden sollte, so würde das bedeuten, daß die erstrebte firmentarifliche Regelung sich zwar auch auf die Löhne bezog, gleichzeitig aber unter Verkennung des gerade hier wesentlichen Merkmals des Tarifschutzes für die Arbeitnehmer auf die Festsetzung von Mindestlöhnen verzichtet und stattdessen der Grundsatz der völlig freien arbeitsvertraglichen Lohnvereinbarung aufgestellt werden sollte. Den Beklagten lag nicht an einer garantierten Regelung des Lohnes, sondern an dessen garantierter Regellosigkeit. Das steht im Widerspruch zu dem Wesen des deutschen Tarifvertrages und namentlich zu der zwingenden Bestimmung des § 4 TVG. Denn die tarifliche Festlegung, daß nur einzelvertraglich Löhne ausgehandelt werden, nur freie Löhne gelten dürften, mißachtet den jedem Tarifvertrag immanenten wesentlichen Schutzzweck, nämlich die Festlegung von Mindestlöhnen, die zu Ungunsten der Arbeitnehmer nicht abbedungen werden können. Dem widerspricht auch nicht die Vorschrift des § 4 Abs. 3 TVG. Bei ihr handelt es sich um eine klare und eindeutige Ausnahmevorschrift. Sie gestattet nicht, daß das Wesen des Tarifvertrages selbst angetastet wird, indem die Festsetzung von Mindestlöhnen in der Hauptsache und generell ausgeschlossen wird.

Die Aufnahme einer Tarifklausel über freie Lohnvereinbarungen in den von den Beklagten mit Streikdruck angestrebten Firmentarif würde weiter bedeuten, daß die Mitglieder des Beklagten zu 1) selbst, soweit in diesem Firmentarif keine Mindestlöhne bestünden, ihres tariflichen Schutzes aus dem allgemein verbindlichen Manteltarifvertrag sowie aus dem zwar nicht für allgemein verbindlich erklärten, aber auch für die aus der IG. Druck und Papier ausgetretenen Arbeitnehmer weiter verbindlichen (§ 3 Abs. 3 TVG.) Lohntarife beraubt würden. Wenn bei der augenblicklichen sozialen und wirtschaftlichen Situation in den Betrieben des graphischen Gewerbes auch keine Gefahr bestehen mag, daß die Arbeitnehmer der Beklagten zu 1), die bei der Firma W. G. in Streik getreten waren, bei Abschluß eines solchen Firmentarifvertrages Gefahr gelaufen wären, geringere Löhne zu erhalten, als sie der Manteltarif bzw. Lohntarif vorsah, so trifft dies doch nicht den Kern des Rechtsproblems. Hier kommt es lediglich darauf an, daß mit dem Streik die kampfweise Aufnahme der tarifwidrigen Klausel — nur freie Lohnvereinbarung durch Arbeitsvertrag — in einen Tarif erzielt werden sollte.

Der Streik wurde mithin in einem wesentlichen Punkt zur Erzwingung tarifwidriger Ziele geführt. Es ging den Beklagten und den Streikenden darum, trotz der klaren und eindeutigen Bestimmung des § 3 Abs. 3 TV., wonach die Tarifgebundenheit auch bei Austritt aus einer der Tarifvertragsparteien bestehen bleibt, bis der Tarifvertrag endet, sich von dieser vom Gesetz gewollten und bestimmten Gebundenheit zu befreien. Ein Streik um ein solches in Wahrheit gesetzwidriges Ziel ist unerlaubt und rechtswidrig.

Die Beklagten können sich auch nicht darauf berufen, daß ein Streik, der im Hinblick auf eines der Streikziele unerlaubt ist, der Rechtswidrigkeit deshalb wieder entkleidet werde, weil andere Streikziele zu einem echten Tarifvertrag führen könnten und darum diese erlaubten Ziele den ganzen Streik doch wieder legitim erscheinen ließen. Dem steht entgegen, daß der Arbeitgeber die Streikforderungen nur als Ganzes werten und danach gegenüber der Streikdrohung sich schlüssig werden muß, ob er die Bedingungen annehmen soll oder nicht. Die ultimative Natur der Streikdrohung und des Streiks selbst stellten es der Firma W. G. nicht frei, das eine oder andere der Streikziele anzunehmen oder abzulehnen. Die Gegenauffassung würde dazu führen, daß jedes — auch noch so verbotene — Ziel in den Streik einbezogen werden könnte, wenn daneben auch nur e i n erlaubtes Ziel verfolgt würde. Ob eine Einschränkung dann zu gelten hat, wenn das unerlaubte Streikziel nur einen unwichtigen Nebenpunkt betrifft, kann dahingestellt bleiben. Hier handelt es sich um eine Hauptforderung des ganzen Streiks.

Nach allem haben die Beklagten durch Aufruf zum Streik und durch seine Durchführung bei der Firma W. G. in deren Recht am Gewerbebetrieb rechtswidrig eingegriffen, weil der Streik wegen des verfolgten, den Grundsätzen des geltenden Tarifrechts widersprechenden Zieles, als sozial inadaequat anzusehen ist.

Die Beklagten haben auch, wie die Feststellungen des Arbeitsgerichts ergeben, bewußt und gewollt, d. h. vorsätzlich, das Recht am Gewerbebetrieb der Firma Girardet verletzt. Denn es war ihnen bewußt, daß der Gewerbebetrieb der Firma W. G. durch den Streik zwar nur weniger, aber besonders qualifizierter Schlüsselkräfte unmittelbar so gestört wurde, daß er damit weithin zum Erliegen gebracht wurde. Dabei ist es nicht erforderlich, daß sich der Vorsatz der Beklagten auch auf eine Vermögensschädigung der Firma W. G. bezog. Es genügt, wenn er sich auf die Verletzung des Rechts am Gewerbebetrieb erstreckte. Es ist schließlich nicht ersichtlich, daß die Beklagten sich etwa über das Unrechtmäßige ihres Vorgehens geirrt hätten. Selbst wenn dies aber doch der Fall wäre, so muß ihnen zum mindesten der Vorwurf fahrlässiger Rechtsverletzung gemacht werden. Die Beklagten, eine Gewerkschaft und ihre Vorstandsmitglieder, mußten bei gehöriger Anspannung ihrer Sorgfaltspflicht den Vorstoß gegen die Grundsätze des deutschen

Tarifvertragsrechts mit ihrer kampfweise aufgestellten Forderung nach freier Lohnvereinbarung erkennen und mußten sich bei ruhiger und vernünftiger Überlegung sagen, daß ein solcher Streik um tarifwidrige Ziele auch rechtswidrig ist.

Da der Schadensersatzanspruch nach § 823 Abs. 1 BGB. gerechtfertigt ist, bedurfte es keiner weiteren Ausführungen darüber, ob, wie das Landesarbeitsgericht angenommen hat, der Schadensersatzanspruch auch gemäß § 826 BGB. gegeben sein würde.

18

1. Für Streitigkeiten aus dem Dienstverhältnis der dienst-ordnungsmäßigen Angestellten in der Sozialversicherung sind allein die Arbeitsgerichte zuständig.

2. Der Bescheid, der gegenüber einem Arbeitnehmer nach § 2 Ziff. 4 Satz 1 der 3. DVO. Regelungsgesetz die Rechte aus dem Regelungsgesetz aberkennt, kann nicht rechtsbeständig werden, wenn der Arbeitnehmer vor Beendigung des von ihm nach § 2 Ziff. 4 Satz 2 der 3. DVO. Regelungsgesetz angestrengten Arbeitsgerichtsverfahrens stirbt.

3. Ein Verlust der Rechte eines Arbeitnehmers aus dem Regelungsgesetz kann grundsätzlich nur in dem nach § 2 Ziff. 4 der 3. DVO. Regelungsgesetz, § 9 Regelungsgesetz vorgesehenen Verfahren eintreten. Ein Verzicht auf die Rechte muß eindeutig feststehen.

ArbGG. § 74 Abs. 1 Satz 2; ZPO. § 554; SGG. § 51 Abs. 1; BBG. § 172; GG. Art. 33 Abs. 4; ArbGG. § 2 Abs. 1 Nr. 2; Regelungsgesetz § 52, § 9; 3. DVO. Regelungsgesetz § 2 Ziff. 4.

II. Senat. Urteil vom 16. Mai 1955
i. S. K. B. (Bekl.) w. K. (Kl.) 2 AZR 22/53

I. Arbeitsgericht Berlin. — II. Landesarbeitsgericht Berlin.

Der verstorbene Ehemann der Klägerin war seit 1907 dienstordnungsmäßiger Angestellter der A. O. K Ch. und wurde im Jahre 1933 auf seinen Antrag nach § 5 Abs. 2 des Gesetzes zur Wiederherstellung des Berufsbeamtentums vom 7. April 1933 (RGBl. I S. 175) in den Ruhestand versetzt. Seitdem erhielt er bis einschließlich Mai 1945 Ruhegehalt. Nach dem Zusammenbruch wurde er von der neu errichteten Versicherungsanstalt Berlin ab 3. Juli 1945 als Leiter der Verwaltungsstelle Tiergarten beschäftigt. Bei der Spaltung der Stadtverwaltung im Februar 1949 entschied er sich, obwohl er in West-Berlin wohnte und auch die Verwaltungsstelle Tiergarten in West-Berlin liegt, in den Dienst der Versicherungsanstalt von Ost-Berlin zu treten; er wurde dort als Leiter der Verwaltungsstelle Berlin-Mitte tätig. Am 31. Oktober 1950 wurde er in Ost-Berlin entlassen. Nach dem Inkrafttreten des Gesetzes zur Regelung der Rechtsverhältnisse der unter Artikel 131 des Grundgesetzes fallenden Personen (Regelungsgesetz) forderte er von der Beklagten die Zahlung des Ruhegeldes. Er erhielt auch zunächst ein monatliches Überbrückungsgeld. Durch Bescheid des Vorstandes der Beklagten vom 16. Dezember 1952 wurden ihm aber wegen seines Verhaltens bei der Spaltung der Verwaltung in Berlin nach § 9 des Regelungsgesetzes die Rechte aus diesem Gesetz aberkannt.

Mit der Klage begehrt die Klägerin die Feststellung, daß die mit Bescheid der Beklagten vom 16. Dezember 1952 ausgesprochene Aberkennung der Rechte aus dem Regelungsgesetz unwirksam sei.

Das Arbeitsgericht hat die Klage abgewiesen; das Landesarbeitsgericht hat ihr stattgegeben. Die Revision der Beklagten hatte keinen Erfolg.

Aus den Gründen:

I.

II.

Das Reichsgericht (RGZ. 114, 22 und 112; 117, 415) und ihm folgend das Reichsarbeitsgericht (ARS. 6, 66 und 287; 15, 282 und 298; 16, 410; 19, 55) sind in ständiger Rechtsprechung davon ausgegangen, daß das Dienstverhältnis der dienstordnungsmäßigen Angestellten privatrechtlichen Charakter trage und deshalb für die Austragung von vermögensrechtlichen Streitigkeiten die ordentlichen Gerichte bzw. seit ihrer Errichtung die Arbeitsgerichte zuständig seien.

Demgegenüber wird neuerlich darauf hingewiesen, daß die Sozialversicherung sich seit ihren genossenschaftlichen Anfängen immer mehr zu einer Aufgabe des Staates entwickelt habe und ihre Verwaltung heute echte hoheitliche Aufgaben erfülle. Die Maßnahmen und Entscheidungen der Sozialversicherungsträger stellten jetzt Verwaltungsakte dar, die durch die unabhängigen und von der Verwaltung losgelösten Sozialgerichte überprüft würden. Das müsse für die Bediensteten, die hoheitliche Aufgaben in der Sozialversicherung erledigten, zu einer anderen Beurteilung ihres Dienstverhältnisses führen, zumal sie nach der Reichsversicherungsordnung und insbesondere auf Grund der seit dem Erlaß des Reichsarbeitsministers vom 27. September 1940 allgemein eingeführte Musterdienstordnung (RABl. II S. 348) eine Stellung innehätten, die dem Beamtenstatus weitgehend angeglichen sei. Daraus wird gefolgert, die Dienstverhältnisse der dienstordnungsmäßigen Angestellten seien im wesentlichen öffentlich-rechtlicher Art. Da nach § 51 Abs. 1 SGG. die Gerichte der Sozialgerichtsbarkeit zu entscheiden haben über öffentlich-rechtliche Streitigkeiten u. a. in Angelegenheiten der Sozialversicherung, gehörten die Streitigkeiten dieser Angestellten zur Zuständigkeit der Sozialgerichte oder doch, als öffentlich-rechtliche Streitigkeiten, zur Zuständigkeit der Verwaltungsgerichte (vgl. Weber, Der Sozialversicherungs-Beamte und -Angestellte, 1955, Nr. 5, Sonderdruck, und die dort angegebene Rechtsprechung und Literatur).

Nach der zur Zeit bestehenden gesetzlichen Regelung muß jedoch gegenüber dieser Meinung daran festgehalten werden, daß dem Dienstverhältnis des dienstordnungsmäßigen Angestellten der Sozialversicherung ein privatrechtlicher Charakter zukommt und deshalb für die Rechtsstreitigkeiten aus diesen Dienstverhältnissen die Zuständigkeit der Arbeitsgerichte gegeben ist.

Die Anstellung der dienstordnungsmäßigen Angestellten erfolgt durch Abschluß eines schriftlichen Dienstvertrages (§§ 354 Abs. 1, 692 RVO.; § 2 der Musterdienstordnung). Dieser Vertrag ist die wesentliche Grundlage ihres Dienstverhältnisses. Die Vertragschließenden stehen sich, entsprechend dem Wesen eines Vertrages, auf der Ebene der Gleichordnung gegenüber. Die eine Seite handelt nicht von der Stellung eines der hoheitlichen Gewalt Unterworfenen aus, und der Dienstherr will seinerseits keine hoheitlichen Befugnisse ausüben, da er eben nur als Vertragspartner des sich privatrechtlich bewegenden Dienstnehmers auftritt. Der Dienstvertrag selbst ist also ebenfalls und damit auch das Dienstverhältnis privatrechtlicher Natur. Daran ändert sich nichts dadurch, daß auf das Dienstverhältnis die dem öffentlichen Recht angehörenden Bestimmungen der Reichsversicherungsordnung und der Dienstordnung anzuwenden sind. Maßgebend für seine Bewertung ist der Charakter des Rechtsaktes, der es begründet und infolgedessen seine es tragende Grundlage abgibt. Die Verwirklichung eines öffentlich-rechtlichen Bedienstetenverhältnisses durch privatrechtlichen Dienstvertrag ist unserem Rechte auch fremd. Die frühere Rechtsprechung des Reichsgerichts (RGZ. 125, 421), daß die dauernde Übertragung obrigkeitlicher Befugnisse nur im Rahmen eines öffentlichen Beamtenverhältnisses eingeräumt werden und nicht Gegenstand eines privatrechtlichen Dienstvertrages sein könne, so daß allein schon die Übertragung hoheitlicher Befugnisse ein Beamtenverhältnis schaffe, ist seit dem Deutschen Beamtengesetz von 1937 überholt; § 27 dieses Gesetzes macht die Begründung eines Beamtenverhältnisses allein von der Aushändigung einer Ernennungsurkunde, in der die Worte „unter Berufung in das Beamtenverhältnis" enthalten sind, abhängig. Dem entspricht auch die neuere Regelung des § 6 Abs. 1 des Bundesbeamtengesetzes, die gleiches besagt. Nach diesen gesetzlichen Bestimmungen über die Begründung eines Beamtenverhältnisses sind die dienstordnungsmäßigen Angestellten zweifellos keine Beamten, da sie keine Ernennungsurkunde erhalten (vgl. RGR.-Kommentar zum BGB., 10. Aufl., Vorbemerkung V zu § 611).

Eine andere Rechtslage kann schließlich nicht aus Artikel 33 Abs. 4 und 5 GG. entnommen werden. Selbst wenn man dem Bundesgerichtshof darin folgt, daß Artikel 33 Abs. 5 GG., wonach das Recht des öffentlichen Dienstes unter Berücksichtigung der hergebrachten Grundsätze des Berufsbeamtentums zu regeln ist, unmittelbar geltendes Recht und nicht nur eine Anweisung an den Gesetzgeber für künftige Gesetze sei (BGHZ. 9, 322), so kann dies nicht in gleicher Weise für die Vorschrift des Art. 33 Abs. 4 GG. angenommen werden. Der hier ausgesprochene Grundsatz, daß die Ausübung hoheitsrechtlicher Befugnisse als ständige Aufgabe in der Regel solchen Angehörigen des öffentlichen Dienstes zu übertragen ist, die in einem öffentlich-rechtlichen Dienst- und Treueverhältnis stehen, kann zwar, da der öffentliche Dienst schlechthin angesprochen wird, nicht besagen, in einem mehr oder weniger kleinen Teilbereich der öffentlichen Verwaltung könnten privatrechtliche Bedienstete hoheitliche Befugnisse als ständige Aufgabe ausüben. Die Bestimmung stellt nach ihrer Fassung aber nur eine Anweisung an die Gesetzgeber des Bundes und der Länder dar, entsprechende Gesetze zu erlassen. Unter den Angehörigen des öffentlichen Dienstes, die in einem öffentlich-rechtlichen Dienst- und Treueverhältnis stehen, sind, wie sich aus der Entstehungsgeschichte und der Fassung der beiden Absätze 4 und 5 des Artikel 33 GG. ergibt, nur die Berufsbeamten und nicht auch die im öffentlichen Dienst tätigen Angestellten und Arbeiter zu verstehen (vgl. Jess in Bonner Kommentar, Art. 33 Anm. 5; ferner Mangoldt, Das Bonner Grundgesetz, Art. 33 Anm. 6). Hätte der Gesetzgeber des Grundgesetzes der Bestimmung des Art. 33 Abs. 4 GG. unmittelbare Wirksamkeit geben wollen, dann hätte er sicherlich berücksichtigt, daß seit dem Deutschen Beamtengesetz von 1937 ein Beamtenverhältnis nur durch die Aushändigung einer bestimmt formulierten Ernennungsurkunde begründet werden kann. Dafür, daß er von dieser gesetzlich geregelten Begründung eines Beamtenverhältnisses abweichen wollte, liegt kein Anhaltspunkt vor. Es muß deshalb davon ausgegangen werden, daß die dienstordnungsmäßigen Angestellten keineswegs in einer unmittelbaren Anwendung des in Rede stehenden Verfassungssatzes als Beamte angesehen werden können.

Somit kann auch dahingestellt bleiben, ob überhaupt alle den Dienstordnungen unterworfenen Angestellten in der Sozialversicherung überwiegend eine Tätigkeit hoheitsrechtlicher Art ausüben. Ob gewisse Tätigkeiten einfacherer Art, wie z. B. büro-technische Obliegenheiten, ebenfalls unter den Begriff der Ausübung hoheitsrechtlicher Befugnisse fallen, ist zum mindesten sehr zweifelhaft. Aber auch für solche einer Dienstordnung unterstehenden Angestellten, bei denen sich eindeutig eine hoheitsrechtliche Tätigkeit bejahen läßt, besteht, so lange noch kein Gesetz entsprechend der Anweisung des Art. 33 Abs. 4 GG. erlassen ist, keine Möglichkeit, ihren Dienstverhältnissen einen öffentlich-rechtlichen Charakter zuzuerkennen (vgl. BVerfG. 1, 97).

Da die Dienstverhältnisse der dienstordnungsmäßigen Angestellten in der Sozialversicherung wegen ihrer Begründung durch einen Dienstvertrag als privatrechtliche und nicht als öffentlich-rechtliche Dienstverhältnisse angesehen werden müssen, sind die einschlägigen Streitigkeiten nicht solche öffentlich-rechtlicher Art. Deshalb sind nicht die Sozialgerichte oder die Verwaltungsgerichte zuständig (§ 51 Abs. 1 SGG.; § 172 BBG.), sondern allein die Arbeitsgerichte (§ 2 Abs. 1 Nr. 2 ArbGG.). Für diese Auffassung spricht auch, daß gegenüber der mit § 224 Abs. 3 Nr. 1 SGG. ausgesprochenen Aufhebung der Vorschriften der §§ 358, 705 RVO. über ein Verfahren vor den Versicherungsbehörden das Sozialgerichtsgesetz wegen einer Überleitung der bei den Arbeitsgerichten anhängigen Rechtsstreitigkeiten aus den Dienstverhältnissen der dienstordnungsmäßigen Angestellten auf die Sozialgerichte oder die Verwaltungsgerichte nichts verlauten läßt. Entsprechend ist in den §§ 1, 2 Nr. 3 und 4 der 3. Durchführungsverordnung des Regelungsgesetzes auch für die einer Dienstordnung unterfallenden Angestellten bestimmt, daß an Stelle der für Beamte gegebenen Klage im Verwaltungsrechtswege bzw. an Stelle eines Disziplinarverfahrens die Zuständigkeit der Arbeitsgerichte besteht (Weber, Der Sozialversicherungs-Beamte und -Angestellte, 1955, Nr. 5, Sonderdruck, S. 5).

III.

Mit der Klage wird die Feststellung begehrt, daß die mit dem Bescheid der Beklagten vom 16. Dezember 1952 ausgesprochene Aberkennung der Rechte aus dem Regelungsgesetz rechtsunwirksam ist.

Die rechtliche Grundlage für die Aberkennung der Rechte aus dem Regelungsgesetz bildet die in § 52 dieses Gesetzes vorgesehene entsprechende Anwendung seines § 9 auf Angestellte und Arbeiter. Gegen einen Beamten kann wegen eines vor oder nach dem 8. Mai 1945 begangenen Dienstvergehens oder einer als Dienstvergehen geltenden Handlung, wegen deren die Entfernung aus dem Dienst oder der Verlust des Ruhegehalts gerechtfertigt wäre, das förmliche Disziplinarverfahren mit dem Ziele der Aberkennung der Rechte aus dem Regelungsgesetz gemäß den Vorschriften der Bundesdisziplinarordnung eingeleitet und durchgeführt werden. Nach § 2 Ziff. 4 der 3. Durchführungsverordnung des Regelungsgesetzes vom 7. April 1952 (BGBl. I S. 230) können dem Angestellten und Arbeiter, wenn bei ihnen die Voraussetzungen vorliegen, unter denen nach § 9 des Regelungsgesetzes gegen einen Beamten das förmliche Disziplinarverfahren eingeleitet werden kann, die Rechte aus dem Regelungsgesetz durch Erklärung der obersten Dienstbehörde entzogen werden. Gegen diese Entziehung ist dann die Klage vor dem Arbeitsgericht zulässig.

Hinsichtlich der Angestellten und Arbeiter ist mithin nach dieser Regelung ein dem förmlichen Disziplinarverfahren entsprechendes Verfahren geschaffen worden, das mit der rechtskräftigen Entscheidung der Arbeitsgerichte endet. Da nach dem Grundgedanken des Regelungsgesetzes die für die Beamten geltenden Vorschriften entsprechende Anwendung finden sollen auf das Verfahren gegen Angestellte und Arbeiter, das im Hinblick auf eine Aberkennung der ihnen aus dem Regelungsgesetz zustehenden Rechte geführt wird, sind nach der Auffassung des Senats auf das letztere Verfahren entsprechend auch die Bestimmungen der Bundesdisziplinarordnung für das beamtenrechtliche Disziplinarverfahren anzuwenden. Nach § 52 Abs. 1 Nr. 2 der Bundesdisziplinarordnung muß nun die Einleitungsbehörde das förmliche Disziplinarverfahren einstellen, wenn der beschuldigte Beamte stirbt. In gleicher Weise hat beim Tode des beschuldigten Beamten nach § 63 Abs. 3 der Bundesdisziplinarordnung die Bundesdisziplinarkammer das Verfahren einzustellen. Die Einstellung des förmlichen Disziplinarverfahrens im Falle des Todes des Beamten hat den Sinn, daß eine disziplinarische Verurteilung dann nicht mehr erfolgen soll, wenn der Beamte sich nicht mehr verteidigen kann. Der gleiche Rechtsgedanke muß soweit zur Anwendung kommen, wenn es sich um das entsprechende Verfahren gegen einen Angestellten oder Arbeiter handelt. Demnach ist zu folgern, daß der Aberkennungsbescheid des Vorstandes der Beklagten nicht mehr rechtswirksam werden kann und mithin eine Aberkennung der Rechte aus dem Regelungsgesetz einfach unmöglich wurde, nachdem der Ehemann der Klägerin verstorben ist.

Der Bescheid der Beklagten vom 16. Dezember 1952, der eine Entziehung der Rechte des Ehemannes der Klägerin aus dem Regelungsgesetz ausspricht, kann nach seinem eindeutigen Wortlaut lediglich als die in § 2 Nr. 4 der 3. Durchführungsverordnung des Regelungsgesetzes vorgesehene disziplinarähnliche Erklärung aufgefaßt werden. Ein Verlust der einem Angestellten nach dem Regelungsgesetz zustehenden Rechte kann auch grundsätzlich nur allein durch eine Aberkennung dieser Rechte auf dem Wege über § 2 Ziff. 4 der 3. Durchführungsverordnung in Verbindung mit § 9 des Regelungsgesetzes erfolgen. Das Regelungsgesetz will die Rechtsverhältnisse derjenigen Personen regeln, die beim Zusammenbruch im Jahre 1945 im öffentlichen Dienst standen und deren Rechtsverhältnisse sodann unklar blieben. Es schafft demgegenüber dieserhalb Klarheit und hat insofern einen sozialen Charakter, der sich gerade zugunsten derjenigen Bediensteten auswirkt, die aus ihm Rechte herleiten können (BVerfG. 3, 133/134). Diesem sozialen Charakter des Gesetzes entspricht es, daß, unbeschadet der privatrechtlichen Natur der Rechte, die die Angestellten und Arbeiter nach ihm haben (BAG. 1, 207 ff.) sonstige Gründe, die zum Verlust der mit ihm gewährten Rechte führen könnten, also etwa auch eine Verwirkung, entfallen. Gerade die Klarheit, die das Gesetz zugunsten der Berechtigten schaffen will, könnte sonst sehr leicht beeinträchtigt werden. Möglich erscheint allerdings ein Verzicht des Berechtigten. Ein solcher Verzicht auf die Rechte aus dem Regelungsgesetz müßte jedoch bei seinem eben aufgezeigten Sinn völlig eindeutig feststehen. Davon kann aber gegenüber dem eigenen Verhalten der Beklagten, das sie durch ihren Aberkennungsbescheid gezeigt hat, nicht die Rede sein; bei einem unzweideutigen Verzicht des Ehemannes der Klägerin auf seine Rechte wäre er überflüssig gewesen.

19

1. Die vorherige Anhörung des Betriebsrats vor der Kündigung ist keine Voraussetzung der zivilrechtlichen Wirksamkeit der Kündigung. Die Kündigung ohne die vorherige Anhörung des Betriebsrats ist nicht nichtig.

2. Der Erste Senat hält an der Grundsatzentscheidung vom 15. September 1954 fest, nach der der Arbeitgeber, der rechtswidrig, vorsätzlich und schuldhaft die Anhörung des Betriebsrats vor der Kündigung unterlassen hat, sich im Kündigungsschutzprozeß nicht darauf berufen kann, daß die Kündigung nach § 1 Abs. 2 und 3 KSchG. notwendig gewesen sei.

3. Der Senat hat mit diesen Grundsätzen weder einen weiteren Tatbestand der sozial ungerechtfertigten Kündigung geschaffen, noch eine Lücke des Gesetzes ausgefüllt, noch die Grenzen der richterlichen Bindung an Gesetz und Recht überschritten. Er hat vielmehr die elementaren, in der ganzen Welt und in Deutschland nach § 242 BGB. geltenden Rechtsprinzipien der exceptio doli, des Verbots des Rechtsmißbrauches, der Unzulässigkeit der Rechtsausübung, der Verwirkung auf die hier in Rede stehenden Fälle angewendet und die Voraussetzungen ihrer Anwendbarkeit geklärt.

4. Der Arbeitgeber wird in der Regel das Anhörungsrecht des Betriebsrats kennen. Deshalb spricht der erste Anschein dafür, daß die Unterlassung der Anhörung des Betriebsrats durch den Arbeitgeber rechtswidrig, vorsätzlich und schuldhaft erfolgt ist. Das wird dann nicht gelten, wenn der Arbeitgeber seinerseits Tatsachen vorträgt und im Streitfalle beweist, die zu einer anderen Beurteilung der Unterlassung der Anhörung Anlaß geben könnten.

BetrVG. § 66 Abs. 1; KSchG. § 1; BGB. § 242.

I. Senat. Urteil vom 27. Juni 1955 i. S. L. I. (Bekl.) w. K. (Kl.)
1 AZR 429/54.

I. Arbeitsgericht Wetzlar. — II. Landesarbeitsgericht Frankfurt/M.

Der Kläger wurde seit dem 19. September 1949 als Betriebselektriker bei der Beklagten beschäftigt, zuletzt gegen einen Stundenlohn von 1,39 DM.

Am 9. Januar 1954 kündigte die Beklagte das Arbeitsverhältnis ohne Angabe von Gründen und ohne vorher den Betriebsrat anzuhören.

Der Feststellungsklage, daß das Arbeitsverhältnis durch die Kündigung nicht aufgelöst sei, haben Arbeitsgericht und Landesarbeitsgericht stattgegeben. Das Landesarbeitsgericht hält die Kündigung für unwirksam, weil die Beklagte ihren Betriebsrat vor der Kündigung nicht angehört habe.

Die Revision der Beklagten führte zur Zurückverweisung an das Landesarbeitsgericht.

Aus den Gründen:

In seiner Grundsatzentscheidung vom 15. September 1954 (BAG. 1, 69 ff.) hat der erkennende Senat ausgeführt, daß § 66 Abs. 1 BetrVG. ein Gebot enthält, den Betriebsrat vor Ausspruch der Kündigung anzuhören, jedoch kein Verbot im Sinne des § 134 BGB. Weiter ist in diesem Urteil klargestellt worden, daß und warum die Anhörung des Betriebsrats vor der Kündigung keine Rechtsbedingung der Wirksamkeit der Kündigung ist. Die erschöpfende Kodifikation des allgemeinen Kündigungsschutzes im Kündigungsschutzgesetz und die Erfordernisse der Rechtssicherheit verbieten es nach der Auffassung des Senats, die zivilrechtliche Nichtigkeit oder Unwirksamkeit der ohne Anhörung des Betriebsrats erfolgten Kündigung anzunehmen. Die Kündigung ohne Anhörung des Betriebsrats ist somit, soweit ihre Gültigkeit nach dem bürgerlichen Recht zu beurteilen ist, wirksam. Da das angefochtene Urteil diese Rechtslage verkannt hat, war es schon aus diesem Grunde aufzuheben.

Andererseits hat der Senat in der genannten Entscheidung eingehend dargelegt, daß die Nichtanhörung des Betriebsrats vor Ausspruch der Kündigung in einem Kündigungsschutzverfahren nach dem Kündigungsschutzgesetz von entscheidender Bedeutung sein kann. Ergibt sich, daß der Arbeitgeber rechtswidrig, vorsätzlich und schuldhaft den Betriebsrat vor der Kündigung nicht angehört hat, dann hat er sich damit über das Gebot der vertrauensvollen Zusammenarbeit mit dem Betriebsrat zum Wohle des Betriebes und seiner Arbeitnehmer (§ 49 BetrVG.) durch bewußtes Beiseiteschieben des Betriebsrats hinweggesetzt. Er hat damit zugleich seine arbeitsvertragliche Fürsorgepflicht gegenüber dem Arbeitnehmer schwer verletzt. Der Arbeitgeber, der die bestehende gesetzliche Verpflichtung sabotiert, indem er die von ihm behauptete Notwendigkeit der Kündigung bewußt nicht mit dem Betriebsrat erörtert, verletzt seine Verpflichtung gegenüber seinem Arbeitnehmer so schwer, daß es diesem nach Treu und Glauben nicht zugemutet werden kann, das nachträgliche Vorbringen der Kündigungsgründe gegen sich gelten zu lassen. Das hat nach der Rechtsprechung des Senats zur Folge, daß der Arbeitgeber sich im Kündigungsschutzprozeß nicht mehr darauf berufen kann, daß die Kündigung gemäß § 1 Abs. 2 und 3 KSchG. gerechtfertigt ist.

Der Senat hat mit diesen Grundsätzen weder einen weiteren Tatbestand der sozial ungerechtfertigten Kündigung geschaffen, noch eine Lücke des Gesetzes ausgefüllt, noch die Grenzen der richterlichen Bindung an Gesetz und Recht überschritten. Er hat vielmehr die elementaren Rechtsprinzipien der exceptio doli, des Verbots des Rechtsmißbrauchs, der Unzulässigkeit der Rechtsausübung, der Verwirkung (die nicht mit der auf Zeitablauf beruhenden zu verwechseln ist) auf die hier in Rede stehenden Tatbestände angewendet. Unzutreffend ist der Einwand, der Senat habe mit dieser Rechtsauffassung seine eigene Grundthese aufgegeben, daß im Kündigungsschutzgesetz eine Kodifikation des allgemeinen Kündigungsschutzes enthalten sei. Denn die genannten aus § 242 BGB. folgenden Rechtsprinzipien sind ein Bestandteil der allgemeinen Rechtsordnung und daher auch dem Kündigungsschutzgesetz, wie jedem Gesetz, immanent. Nicht haltbar ist auch der Einwand, man könne dem Arbeitgeber das Recht, sich auf die Notwendigkeit der Kündigung nach § 1 Abs. 2 und Abs. 3 KSchG. zu berufen, nicht wegen der schuldhaften Nichtanhörung des Betriebsrats verweigern, wenn er wirklich berechtigte Gründe zur Kündigung habe. Diese Auffassung verkennt das Wesen der exceptio doli und der aus ihr hervorgegangenen Rechtsbehelfe von Grund aus. Denn diese aus § 242 BGB. entwickelten Rechtsprinzipien setzen gerade voraus, daß ein Recht a n s i c h besteht, aber im Hinblick auf Treu und Glauben nicht geltend gemacht werden kann. Mit Recht geht dabei die herrschende Lehre dahin, daß eine solche Rechtsausübung sich nur noch s c h e i n b a r als Gebrauch des Rechts darstellt. In Wirklichkeit liegt eine Rechtsüberschreitung, ein Handeln ohne Recht, ein Rechtsmißbrauch vor (vgl. Enneccerus-Nipperdey, Allgem. Teil, 14. Aufl. 1955 § 239 III; Siebert bei Soergel, BGB. 8. Aufl. 1952 § 242 C).

Der Senat hält auch daran fest, daß der Arbeitgeber durch diese Rechtslage keineswegs unbillig belastet wird.

Es ist keineswegs ausgeschlossen, daß sich der Arbeitgeber bei einer neuen, nach Anhörung des Betriebsrats ausgesprochenen Kündigung auf Gründe berufen kann, auf die er die vorhergehende, ohne Anhörung des Betriebsrats ausgesprochene Kündigung zwar stützen wollte, aber nicht stützen konnte, weil er durch die rechtswidrige, vorsätzliche und schuldhafte Nichtanhörung des Betriebsrats die Berufung auf diese Gründe verwirkt hatte. Die Rechtskraft eines Urteils, das die erste Kündigung für unwirksam erklärt, steht dem nicht entgegen. Das rechtskräftige Urteil stellt nur fest, daß die konkrete, im Streit befindliche Kündigung gemäß den Entscheidungsgründen unwirksam ist. Nur hierüber entscheidet das Urteil. Seine Entscheidungsgründe besagen, daß es bei dieser Kündigung dem Arbeitgeber verwehrt ist, sich auf die Gründe des § 1 Abs. 2 und Abs. 3 KSchG. zu berufen, weil er durch bewußtes Beiseiteschieben des Betriebsrats entgegen dem Gebot des § 66 Abs. 1 BetrVG. wider Treu und Glauben gehandelt hat. Kommt es über eine neue, nach Anhörung des Betriebsrats ausgesprochene Kündigung zu einem Rechtsstreit, so hat dieser Prozeß einen anderen Streitgegenstand, als der vorhergehende, auch wenn es um dieselben Gründe geht, die der Arbeitgeber für die frühere Kündigung ins Feld geführt hat. Es liegt dann in Wahrheit ein neuer zur Beurteilung gestellter Sachverhalt vor, weil nunmehr die Anhörung des Betriebsrats erfolgt ist. Das Gericht kann und muß nunmehr die vom Arbeitgeber gemäß § 1 Abs. 2 und Abs. 3 KSchG. angegebenen Gründe auf ihre Stichhaltigkeit nachprüfen (so mit Recht Hueck, Klage und Urteil im Kündigungsschutzstreit in Festschrift Nipperdey, 1955 S. 113 f.).

Ob und mit welcher Rechtswirkung die Nichtanhörung des Betriebsrats auch für Kündigungen von Bedeutung ist, die nicht unter den Geltungsbereich des Kündigungsschutzgesetzes fallen, hatte der Senat hier nicht zu erörtern. Denn nach dem Tatbestand des Berufungsurteils geht der vorliegende Rechtsstreit um die Frage der Unwirksamkeit einer Kündigung, die nach dem Kündigungsschutzgesetz zu beurteilen ist.

Der Senat hat in der genannten Grundsatzentscheidung die Voraussetzungen des näheren entwickelt, bei deren Vorliegen es dem Arbeitgeber nach Treu und Glauben versagt ist, sich darauf zu berufen, daß die Kündigung nach § 1 Abs. 2 und Abs. 3 KSchG. notwendig gewesen sei. Das Berufungsgericht wird somit festzustellen haben, warum die Beklagte ihren Betriebsrat nicht angehört hat. Dabei ist davon auszugehen, daß der Arbeitgeber in aller Regel das Anhörungsrecht des Betriebsrats nach § 66 Abs. 1 BetrVG. kennt. Deshalb spricht durchaus der erste Anschein dafür, daß die Unterlassung der Anhörung des Betriebsrats durch den Arbeitgeber rechtswidrig, vorsätzlich und schuldhaft erfolgt ist. Das wird dann nicht gelten, wenn der Arbeitgeber seinerseits Tatsachen vorträgt und im Streitfall beweist, die zu einer anderen Beurteilung der Unterlassung der Anhörung Anlaß geben könnten (vgl. zutreffend Hueck in Anmerkung Ziffer 4 zu AP Nr. 1 zu § 66 BetrVG.). Es wird Sache des Berufungsgerichts sein, im Wege des § 139 ZPO. darauf hinzuwirken, daß die Beklagte ihrerseits darlegt und gegebenenfalls unter Beweis stellt, warum die Anhörung des Betriebsrats unterblieben ist. Das Berufungsgericht wird dann zu prüfen haben, ob die Unterlassung rechtswidrig, vorsätzlich und schuldhaft geschehen ist.

20

1. Unter „Betrieb" im Sinne von § 81 BetrVG. ist das Unternehmen zu verstehen.

2. Ob ein Unternehmen einer der in § 81 Abs. I BetrVG. bezeichneten Tendenzen dient, ist nach seinem Gesamtcharakter zu beurteilen. Dabei ist eine enge Auslegung nicht angebracht.

3. Auch die bloße Mitwirkung beim Druck einer Tageszeitung kann Tendenzcharakter haben.

4. Verlegertätigkeit ist grundsätzlich tendenzgebunden.

BetrVG. § 67, § 81 Abs. I

I. Senat. Beschluß vom 13. Juli 1955 i. S. BR. Pf. (Antrst.) w. Pf. (Antragsg.) 1 ABR 20/54

I. Arbeitsgericht Heidelberg. — II. Landesarbeitsgericht Baden.

Die Antragsgegnerin betreibt eine Verlagsanstalt und eine Druckerei. Sie wirkt bei der Redaktion und dem Druck des „H. Tageblattes" mit; ferner druckt sie auch eine Reihe von Zeitschriften, die teils in ihrem Verlag, teils in fremden Verlagen erscheinen. Ferner druckt und verlegt die Antragsgegnerin gelegentlich auch Bücher und Broschüren geisteswissenschaftlichen Inhalts.

Die Antragsgegnerin beschäftigt ständig etwa 120 Arbeitnehmer, davon rund 100 in der Druckerei und 20 im Verlagsgeschäft. Auf Herausgabe und Druck sämtlicher Zeitungen, Zeitschriften und Bücher entfallen rund 67 % des Gesamtumsatzes der Antragsgegnerin; der Rest des Umsatzes wird durch Formular- und Akzidenzdruck aufgebracht.

Der Betriebsrat hat beim Arbeitsgericht den Antrag gestellt festzustellen, daß gemäß § 67 Abs. 1 BetrVG. bei der Antragsgegnerin ein Wirtschaftsausschuß zu bilden sei.

Das Arbeitsgericht hat dem Antrag stattgegeben. Auf die Beschwerde der Antragsgegnerin hat das Landesarbeitsgericht den Beschluß des Arbeitsgerichts aufgehoben und festgestellt, daß die Antragsgegnerin nicht verpflichtet ist, in ihrem Betrieb einen Wirtschaftsausschuß zu bilden. Die Rechtsbeschwerde des Betriebsrats rügt Verletzung der §§ 67 und 81 BetrVG. Ein Erfolg blieb ihr versagt.

Aus den Gründen:

Auf Betriebe, die politischen, gewerkschaftlichen, konfessionellen, karitativen, erzieherischen, wissenschaftlichen, künstlerischen und ähnlichen Bestimmungen dienen, finden nach § 81 Abs. 1 Satz 1 BetrVG. die §§ 67 bis 77 desselben Gesetzes keine Anwendung. Die Rechtsauffassung des angefochtenen Beschlusses, daß die Antragsgegnerin nach dem festgestellten Sachverhalt solchen Bestimmungen diene, so daß bei ihr kein Wirtschaftsausschuß zu bilden sei, unterliegt der Nachprüfung im Rechtsbeschwerdeverfahren. Sie ist jedoch im Ergebnis rechtlich nicht zu beanstanden.

a) Dabei ist davon auszugehen, daß es nicht darauf ankommt, ob der „Betrieb", sondern ob das „Unternehmen" der Antragsgegnerin im Sinne dieser Vorschrift tendenzgebunden ist. Unter einem „Betrieb" versteht man allgemein eine organisatorische Einheit von Arbeitsmitteln zur Erreichung eines bestimmten arbeitstechnischen Zweckes (vgl. BAG. 1, 175 [178]; ähnlich z. B. RAG. in ARS. 30, 323 und Nikisch Arbeitsrecht 1955 S. 126). Ein solcher „Betrieb" kann daher seinem Wesen nach gar nicht einem der in § 81 Abs. 1 BetrVG. erwähnten geistigen und ideellen Zwecke dienen, weil dies über seinen Wirkungsbereich hinausginge. Solche Zwecke kann vielmehr nur das Unternehmen verfolgen, zu dem der Betrieb gehört, und das die Aufgabe hat, die in dem Betrieb gewonnenen Arbeitsergebnisse in entsprechende höhere Werte zu verwandeln und von ihnen den entsprechenden Gebrauch zu machen. Wenn auch im allgemeinen anzunehmen ist, daß das BetrVG. die Begriffe „Betrieb" und „Unternehmen" nur in dem vorstehend erläuterten Sinne verwendet, so trifft dies doch ausnahmsweise bei § 81 Abs. 1 nicht zu. Diese Vorschrift muß infolgedessen dahin ausgelegt werden, daß ein Betrieb dann nicht von dem Mitbestimmungsrecht der Arbeitnehmer gemäß §§ 67 bis 77 BetrVG. erfaßt wird, wenn das Unternehmen, dem der Betrieb angehört, tendenzgebunden ist. Dies scheint das Landesarbeitsgericht nicht klar erkannt zu haben. Denn es verwendet im angefochtenen Beschluß die Ausdrücke „Betrieb" und „Unternehmen" wiederholt, ohne die gebotene Unterscheidung zu machen.

b) Der Sinn des § 81 Abs. 1 BetrVG. ist darin zu sehen, daß Unternehmen mit einer politischen, gewerkschaftlichen, konfessionellen, karitativen, erzieherischen, wissenschaftlichen oder ähnlichen Tendenz, d. h. also mit einer ideellen Zwecksetzung, der sonst vorgeschriebenen gesetzlichen Mitbestimmung durch die Arbeitnehmerschaft entrückt bleiben sollen. Die Verfogung solcher Zwecke, also praktisch die Pflege und Verbreitung derartiger kultureller Werte, soll dem Unternehmer allein und in eigener Verantwortung überlassen bleiben, wenn er seinem Unternehmen diese Aufgabe gesetzt hat. Dies erfordern bereits mehr oder weniger die im Grundgesetz festgelegten Grundrechte der freien Entfaltung der Persönlichkeit (Art. 2 Abs. 1), der Gewissens- und Bekenntnisfreiheit (Art. 4 Abs. 1), der freien Meinungsäußerung (Art. 5 Abs. 1 S. 1), der Freiheit der Presse und der Berichterstattung durch Rundfunk und Film (Art. 5 Abs. 1 S. 2) und der Freiheit von Kunst, Wissenschaft, Forschung und Lehre (Art. 5 Abs. 3). Unter den zuwiderlaufenden Interessen, die diese verfassungsmäßigen Freiheiten unter

Umständen einschränken können, wie z. B. Schutz der Jugend und der persönlichen Ehre in Art. 5 Abs. 2 GG., ist ein irgendwie geartetes Mitbestimmungsrecht der Arbeitnehmerschaft im Grundgesetz nicht genannt. Demnach will das Grundgesetz entsprechend seiner grundsätzlichen Einstellung die geistige Freiheit des Unternehmers in einem Unternehmen mit ideellem Zweck im größtmöglichen Umfang schützen. Aus diesem Grund hat das BetrVG. dem Mitbestimmungsrecht der Arbeitnehmer gemäß §§ 67 bis 77 BetrVG. hier eine Schranke gesetzt. Der Gesetzgeber hat dabei, wie sich aus den Vorarbeiten zu diesem Gesetz ergibt, u. a. erwogen, daß z. B. die Pressefreiheit in Frage gestellt wäre, wenn die Arbeitnehmerschaft eines Presseunternehmens die Möglichkeit hätte, auf den Inhalt einer politischen Zeitung Einfluß zu nehmen und ihre abweichende politische Einstellung etwa auf dem Wege über den Wirtschaftsausschuß zur Geltung zu bringen. Schon der Versuch einer solchen Einflußnahme oder die bloße Notwendigkeit für den Unternehmer, seine ideellen Bestrebungen vor dem Wirtschaftsausschuß darlegen zu müssen, könnte seine Freiheit beeinträchtigen. Dies will der Gesetzgeber vermeiden.

Daraus, daß der Gesetzgeber der Unabhängigkeit eines auf ideelle Ziele gerichteten Unternehmens in jedem Fall den Vorrang eingeräumt hat vor den Mitbestimmungsrechten der Arbeitnehmer, muß gefolgert werden, daß der Kreis der geschützten Unternehmen nicht zu eng gezogen werden darf. Die vom Antragsteller in Anspruch genommene Regel, daß Ausnahmevorschriften grundsätzlich eng auszulegen sind, kann hier nicht zum Zuge kommen. Ob ein Unternehmen eine in § 81 Abs. 1 BetrVG. genannte Tendenz hat, muß nach seinem Gesamtcharakter beurteilt werden. Der Gesamtcharakter wird zwar wesentlich durch die einzelnen Produktionsvorgänge im Betrieb mitbestimmt. Doch dürfen diese nicht nur für sich allein betrachtet und quantitativ bewertet, sondern sie müssen im Rahmen des gesamten Unternehmens gesehen werden.

c) Die Antragsgegnerin betreibt, wie auch aus ihrer Firmenbezeichnung hervorgeht, ein Verlagsgeschäft und eine Druckerei. Sie hat also einen gemischten Betrieb. Daß die beiden Betriebsteile im Sinne von § 3 BetrVG. selbständig sind, ist nicht ersichtlich und von den Beteiligten auch nicht behauptet worden.

Was zunächst die Mitwirkung der Antragsgegnerin bei der Herstellung des H. Tageblattes anlangt, so verkennt der angefochtene Beschluß nicht, daß diese Mitwirkung nicht mehr wie früher auch die Herausgabe der politischen Tageszeitung umfaßt, sondern sich jetzt auf die Mitarbeit bei ihrem Druck beschränkt. Die Antragsgegnerin setzt, umbricht und matert gewisse Teile des H. Tageblattes, nämlich den lokalen Teil, den Landteil, das Heidelberger Feuilleton und den lokalen Sportteil. Außerdem setzt sie den Anzeigenteil. Dies alles geschieht im Lohndruck und macht nach Feststellung des Landesarbeitsgerichts 22 % des Gesamtumsatzes der Antragsgegnerin aus. Der angefochtene Beschluß bejaht den Tendenzcharakter dieser Tätigkeiten im wesentlichen deshalb, weil die Antragsgegnerin auf Grund vielseitiger tatsächlicher und persönlicher Verflechtung auch jetzt noch einen maßgebenden Einfluß auf den Inhalt der Zeitung ausübe. Daran ist nach dem festgestellten Sachverhalt richtig, daß die Antragsgegnerin auch noch, nachdem sie die Herausgabe des H. Tageblattes an die zu diesem Zweck geründete H. Tageblatt GmbH. abgegeben hat, mit dieser Zeitung nicht nur traditionell und ideell, sondern auch finanziell und personell verbunden geblieben ist. Diese Verbindung besteht darin, daß sie mit 9000,— DM, das ist zu 45 % am Stammkapital der H. Tageblatt GmbH. beteiligt ist, und daß der Geschäftsführer der Antragsgegnerin zugleich Geschäftsführer der H. Tageblatt GmbH. ist. Unter diesen besonderen Umständen kann es mit Rechtsgründen nicht beanstandet werden, wenn der angefochtene Beschluß in der Mitwirkung der Antragsgegnerin bei der Herstellung des H. Tageblattes eine Tätigkeit mit politischer Zweckbestimmung sieht. Einer Erörterung der Frage, unter welchen Voraussetzungen der bloße Lohndruck einer Zeitung bereits ausreicht, um die Druckerei zu einem Tendenzunternehmen zu machen (vgl. hierzu Fitting-Kraegeloh in BetrVG. 3. Aufl. Anm. 5 zu § 81, die dies nur dann gelten lassen wollen, wenn diese Aufgabe im Betrieb überwiegt), bedarf es hier nicht. Hier genügt die Erkenntnis, daß nach Lage des Falles auch die Mitarbeit beim Druck des früheren von der Antragsgegnerin herausgegebenen H. Tageblattes ein Faktor ist, der bei der Bestimmung des Charakters der Antragsgegnerin als Tendenzunternehmen erheblich ins Gewicht fällt. Daran ändert auch der Umstand nichts, daß die im Betrieb der Antragsgegnerin druckfertig gemachten Teile des H. Tageblattes nicht partei- oder im engeren Sinne staatspolitischer, sondern mehr lokalpolitischer und kulturpolitischer Natur sind.

Dasselbe wie für die Mitwirkung beim Druck des H. Tageblattes muß erst recht für den Druck derjenigen Erzeugnisse gelten, die die Antragsgegnerin in ihrem eigenen Verlag herausgibt, soweit diese Erzeugnisse politischen, wissenschaftlichen, künstlerischen und ähnlichen Inhalt haben.

d) Auch die Verlegertätigkeit der Antragsgegnerin, die sich auf die Herausgabe von Zeitschriften erstreckt, ist grundsätzlich tendenzgebunden (so auch Galperin BetrVG. 2. Aufl. Anm. 9 zu § 81). Dies gilt zunächst für die Zeitschrift „S. Siedler und Kleingärtner", der der angefochtene Beschluß offenbar eine kulturpolitische, vielleicht auch wissenschaftliche Tendenz zuerkennen will, ohne daß der Antragsteller eine solche überzeugend abzustreiten vermag. Wenn die Beschwerdebegründung von der Verlagstätigkeit, d. h. hier von der verlegten Zeitschrift neben einem bestimmten „Relief" — darunter kann nur die Ausprägung des tendenzbedingenden Zweckes verstanden werden — auch noch ein gewisses „Niveau" verlangt, so hat das im Gesetz keine Stütze, es sei denn, daß mit „Niveau" diejenige kulturelle Ebene gemeint ist, die bereits zum Wesen der im § 81 BetrVG. aufgezählten Zweckbestimmungen gehört und die deshalb nicht besonders nachgewiesen zu werden braucht. Bei der weiteren von der Antragsgegnerin verlegten Zeitschrift „Der Reiter aus K." zögert das Landesarbeitsgericht, sie in gleicher Weise zu behandeln wie die Siedler- und Kleingärtnerzeitschrift, weil sie mehr oder weniger eine Verbandszeitschrift von geringerer Bedeutung sei. Der Senat sieht sich mangels einer ausreichenden tatsächlichen Grundlage nicht imstande, von dieser Beurteilung abzuweichen. Die anderen von der Antragsgegnerin zwar nicht verlegten, sondern nur gedruckten Zeitschriften, mit zum Teil erheblichen Auflagen, nämlich . . . lassen unschwer im weiteren Sinne politische oder wissenschaftliche Tendenz erkennen. Wenn auch die Antragsgegnerin hier an der Verbreitung dieser Tendenz nicht unmittelbar, sondern nur mittelbar, nämlich eben durch den Druck dieser Zeitschriften beteiligt ist, so ist doch auch diese Tätigkeit nicht dazu angetan, den Tendenzcharakter des antragsgegnerischen Unternehmens in Frage zu stellen, sondern im Gegenteil eher geeignet, ihn zu unterstreichen. Denn auch diese Produktionsvorgänge passen in den Rahmen des Gesamtbildes, wie er bereits durch den Zeitschriftenverlag und durch die Mitwirkung beim Druck des H. Tageblattes abgesteckt ist. Tendenzgebunden ist auch die Verlegertätigkeit der Antragsgegnerin bei den von ihr gedruckten Büchern meist schöngeistigen Inhalts, selbst wenn bei einigen davon die Schutzfrist für die Verfassserrechte bereits abgelaufen ist. Schon die bloße Auswahl der von ihr verlegten oder auch nur neu verlegten Bücher, gibt der Verlegertätigkeit der Antragsgegnerin ein mehr ideelles Gepräge. Im übrigen mag es auf diese Bücher nicht erheblich ankommen, weil ihre Zahl verhältnismäßig gering ist und ihre Herausgabe nur einen verschwindenden Teil des Gesamtumsatzes der Antragsgegnerin ausmacht.

e) Durch diese Einzelheiten ist der Tendenzcharakter des Unternehmens der Antragsgegnerin hinlänglich dargetan. Die Vorgänge, die zu diesem Charakter unmittelbar oder mittelbar beitragen, dürften sogar, am Umsatz gemessen, die tendenzfreie Tätigkeit überwiegen, was für die Zuerkennung des Schutzes aus § 81 BetrVG. gar nicht erforderlich ist. Daß die Antragsgegnerin mit ihrer gesamten Tätigkeit außer ideellen Zielen auch wirtschaftliche Erfolge erstrebt, stellt ihren Charakter als den eines Tendenzunternehmens nicht in Frage. Zusammenfassend kann dem angefochtenen Beschluß darin zugestimmt werden, wenn er zu dem Ergebnis gekommen ist, daß die Antragsgegnerin ein in jahrzehntelanger Entwicklung gewachsenes einheitliches Unternehmen sei, dessen Charakter durch ihre Zweckbestimmung als der eines Tendenzunternehmens festgelegt ist.

21

1. Der einzelne Arbeitnehmer eines Betriebes ist nur dann am Beschlußverfahren beteiligt, wenn es sich um seine Stellung als Mitglied der Belegschaft, d. h. innerhalb der Betriebsverfassung handelt. Entsprechendes gilt für das einzelne Betriebsratsmitglied.

2. Die Fähigkeit, innerhalb eines Beschlußverfahrens als Beteiligter aufzutreten, ist Grundvoraussetzung für die Antragsberechtigung.

3. Antragsberechtigt ist immer nur, wer durch die begehrte Entscheidung unmittelbar betroffen wird.

4. Das einzelne Betriebsratsmitglied ist nur dann antragsberechtigt, wenn es in dieser seiner Funktion durch die Entscheidung betroffen wird.

5. Anträge, die von Personen gestellt werden, denen die Beteiligungsfähigkeit und Antragsberechtigung fehlen, sind unzulässig.

6. Die Möglichkeit, die Arbeitsgerichte zur summarischen Entscheidung über die Anwendbarkeit des § 81 BetrVG. auf einen Betrieb anzurufen, besteht jedenfalls nach dem Arbeitsgerichtsgesetz von 1953 nicht mehr.

ArbGG. § 2 Abs. 1 Ziff. 4, § 81, § 83 Abs. 1, § 121; BetrVG. § 81, § 82.

I. Senat. Beschluß vom 13. Juli 1955 i. S. K. u. G. (Antragst.) w. dpa. (Antragsg.) 1 ABR 31/54

I. Arbeitsgericht Hamburg. — II. Landesarbeitsgericht Hamburg.

Der Antragsteller zu 1) ist der Vorsitzende, der Antragsteller zu 2) ist ein Mitglied des Betriebsrats bei der Antragsgegnerin. Beide verfolgen den Antrag, festzustellen, daß die Antragsgegnerin kein Tendenzbetrieb im Sinne des § 81 BetrVG. ist, und daß die §§ 67—77 BetrVG. auf die Antragsgegnerin Anwendung finden.

Das Arbeitsgericht hat den Antrag der Deutschen Angestellten-Gewerkschaft als unzulässig, die Anträge als unbegründet abgewiesen.

Das Landesarbeitsgericht hat die Beschwerden zurückgewiesen.

Die Rechtsbeschwerden blieben erfolglos aus folgenden

Gründen:

Die Anträge sind unzulässig, weil es den Antragstellern an der Antragsberechtigung fehlt; die Antragsteller können nicht Beteiligte dieses Beschlußverfahrens sein.

Im Gegensatz zum Urteilsverfahren kennt das Beschlußverfahren gem. §§ 80 ff. ArbGG. keine Parteien im eigentlichen Sinne, sondern nur Beteiligte. Diese sind ähnlich wie die Parteien im Urteilsverfahren Träger eines prozeßrechtsähnlichen Verhältnisses (vgl. Herschel in BB. 53, 862). Die Fähigkeit, Beteiligter im Beschlußverfahren zu sein, entspricht etwa der Parteifähigkeit im Urteilsverfahren. Wer im Einzelfall Beteiligter ist, folgt jeweils aus dem Sachverhalt, der der Entscheidung des Gerichts unterliegt. Gemäß § 83 Abs. 1 ArbGG. sind in der Regel Beteiligte der Arbeitgeber, die Arbeitnehmer und die Stellen, die nach dem BetrVG. als Beteiligte besonders genannt sind. Hieraus kann nicht etwa gefolgert werden, daß der einzelne Arbeitnehmer immer Beteiligter eines Beschlußverfahrens ist, wenn dieses den Betrieb betrifft, dem er angehört. Der einzelne Arbeitnehmer ist vielmehr nur dann beteiligt, wenn es sich um seine Stellung als Mitglied der Belegschaft, d. h. innerhalb der Betriebsverfassung handelt. Nicht jeder Arbeitnehmer ist also Beteiligter in jedem Beschlußverfahren, das eine Angelegenheit des Betriebes betrifft, dem er angehört. Ähnlich ist es mit der Beteiligung eines einzelnen Betriebsratsmitgliedes. Dieses ist nur dann am Beschlußverfahren beteiligt, wenn es um seine Stellung, z. B. innerhalb der Geschäftsführung des Betriebsrats geht. Die Eigenschaft, Beteiligter an einem Beschlußverfahren zu sein, muß also auf Grund der konkreten Verhältnisse in Verbindung mit dem materiellen Recht jeweils besonders festgestellt werden (vgl. hierzu Dietz-Nikisch, ArbGG. 6. Aufl. § 83 Anm. 3 ff.; Dersch-Volkmar, ArbGG. § 81 Anm. 2, § 83 Anm. 2; Kauffmann, ArbuR. 54, 2).

Nur wer Beteiligter an einem Beschlußverfahren sein kann, ist auch berechtigt, darin Anträge zu stellen. Die Fähigkeit, innerhalb eines Beschlußverfahrens als Beteiligter aufzutreten, ist Grundvoraussetzung für die Antragsberechtigung. Wer den Antrag im konkreten Fall stellen kann, ergibt sich nur aus dem materiellen Recht, insbesondere dem BetrVG. Antragsberechtigt ist immer nur, wer durch die begehrte Entscheidung unmittelbar betroffen wird, z. B. der Betriebsrat, wenn seine Stellung Gegenstand der Entscheidung ist oder durch die Entscheidung berührt wird. Das einzelne Betriebsratsmitglied ist nur dann antragsberechtigt, wenn es in dieser seiner Funktion durch die Entscheidung betroffen wird (Dietz-Nikisch a.a.O. § 81 Anm. 3 ff.).

Hier handelt es sich nach dem Feststellungsbegehren der Antragsteller um die Frage, ob der Betrieb der Antragsgegnerin ein Tendenzbetrieb im Sinne von § 81 Abs. 1 Satz 1 BetrVG. ist oder nicht. Mit dem Antrag wird negativ die Feststellung erstrebt, daß die Vorschrift des § 81 Abs. 1 Satz 1 BetrVG. auf die Antragsgegnerin nicht anzuwenden sei; positiv wird die Feststellung gewünscht, daß die §§ 67—77 BetrVG. auf die Antragsgegnerin angewendet werden müssen.

In diesem Rahmen bestimmt z. B. § 67 Abs. 1 BetrVG., daß zur Förderung einer vertrauensvollen Zusammenarbeit zwischen Betriebsrat und Unternehmer in allen Unternehmen mit in der Regel mehr als 100 Arbeitnehmern Wirtschaftsausschüsse zu bilden sind. Eine solche Pflicht entfällt nach § 81 Abs. 1 BetrVG., wenn es sich um einen sogenannten Tendenzbetrieb handelt. Herrscht hierüber Streit, so kann er wie bereits dargelegt, nur ausgetragen werden zwischen denen, die Beteiligte sind. Beteiligt ist bei diesem Streit, abgesehen von dem Arbeitgeber, aber nur der Betriebsrat, nicht jedoch ein einzelner Arbeitnehmer und auch nicht ein einzelnes Betriebsratsmitglied. Denn § 67 BetrVG. betrifft nur die Zusammenarbeit des Arbeitgebers oder Unternehmers auf der einen Seite mit dem repräsentativen Organ der Arbeitnehmerschaft, dem Betriebrat, auf der anderen Seite, nicht aber die Zusammenarbeit des Arbeitgebers mit den einzelnen Arbeitnehmern oder einzelnen Betriebsratsmitgliedern. Eine Entscheidung über einen Antrag lediglich eines einzelnen Betriebsratsmitgliedes, der die Frage der Pflicht zur Errichtung eines Wirtschaftsausschusses im Unternehmen zum Gegenstand hat, könnte auch für den Betriebsrat nichts Verbindliches feststellen. Denn der Betriebsrat könnte sich jederzeit darauf berufen, daß er als solcher an dem Verfahren nicht beteiligt war. Es ist daher auch nicht angängig, die beiden Antragssteller sozusagen als Repräsentanten des Betriebsrats aufzufassen und durch Änderung des Rubrums an ihrer Stelle wieder den früher einmal beteiligten, dann aber ausgeschiedenen Betriebsrat in das Verfahren einzuführen. Etwas derartiges wäre im Rechtsbeschwerdeverfahren schon deshalb unzulässig, weil die angefochtene Entscheidung nicht gegen den Betriebsrat der

Antragsgegnerin ergangen, dieser also auch gar nicht beschwert ist und auch keine Beschwerde erhoben hat. Die im Protokoll des Landesarbeitsgerichts vom 16. November 1954 vorgenommene angebliche „Berichtigung des Aktivrubrums" kann nicht anders verstanden werden, als daß der Betriebsrat der Antragsgegnerin als Beteiligter aus dem Beschlußverfahren ausscheiden und an seiner Stelle der jetzige Antragssteller zu 1) in das Verfahren eintreten sollte. In Wahrheit liegt also eine Änderung des Rubrums wegen Beteiligtenwechsels und keine bloße Berichtigung vor. Aus dem angefochtenen Beschluß ergibt sich, daß dieser Wechsel der Beteiligten deswegen vorgenommen worden ist, weil unklar war, welcher Funktionär, der der DAG. oder der des DGB., den Betriebsrat im Beschlußverfahren zu vertreten hatte. Diese Frage hätte aber das Landesarbeitsgericht entscheiden müssen, anstatt den Betriebsrat aus dem Beschlußverfahren ausscheiden und stattdessen den nicht antragsberechtigten Antragssteller zu 1) in das Verfahren eintreten zu lassen.

Nach alledem können die Rechtsbeschwerden keinen Erfolg haben. Das Landesarbeitsgericht hat die Beschwerden der Antragssteller gegen den abweisenden Beschluß des Arbeitsgerichts, wenn auch unrichtigerweise aus materiell-rechtlichen Erwägungen, so doch im Ergebnis mit Recht zurückgewiesen. Deshalb waren die Rechtsbeschwerden der Antragssteller mit der Maßgabe zurückzuweisen, daß die gestellten Anträge als unzulässig abgewiesen werden.

Durch diese nur verfahrensmäßige Abweisung wird eine materielle Entscheidung über das Begehren der Feststellung, daß die Antragsgegnerin kein Tendenzbetrieb im Sinne von § 81 BetrVG. sei, und daß die §§ 67—77 BetrVG. auf die Antragsgegnerin Anwendung finden, nicht getroffen. Es mag aber darauf hingewiesen werden, daß dieses Begehren auch seinem Inhalte nach unzulässig ist. Ob es zulässig war, solange § 82 BetrVG. noch in seiner früheren Fassung galt, kann dahingestellt bleiben. Denn durch § 121 ArbGG. von 1953 ist § 82 BetrVG. entsprechend dem § 2 Abs. 1 Ziff. 4 ArbGG. neu gefaßt worden. Der neue Katalog der Zuständigkeiten des Arbeitsgerichts enthält nicht mehr wie der frühere (§ 82 Abs. 1 l alte Fassung BetrVG.) die Möglichkeit, die Arbeitsgerichte summarisch zur Entscheidung über „die Anwendbarkeit des § 81 auf einen Betrieb" anzurufen. Sondern die Arbeitsgerichte können jetzt nur noch zur Entscheidung darüber angerufen werden, ob sich konkrete Einzelfolgen aus der Eigenschaft eines Betriebes als Tendenzbetrieb ergeben, z. B. ob ein Wirtschaftsausschuß zu errichten ist (§ 82 Abs. 1b) oder ob Vertreter der Arbeitnehmer in den Aufsichtsrat zu wählen sind (§ 82 Ab. 1 o). Mit dieser Änderung hat der Gesetzgeber für das arbeitsgerichtliche Beschlußverfahren den verfahrensrechtlichen Grundsatz anerkannt, daß nur konkrete Rechtsverhältnisse, aber nicht mehr oder weniger abstrakte Rechtsfragen einer der Rechtskraft fähigen gerichtlichen Feststellung zugänglich sind. Deshalb hätte den hier gestellten Anträgen in der vorliegenden Form auch dann nicht stattgegeben werden können, wenn sie von einem antragsberechtigten Beteiligten gestellt worden wären.

22

1. Ein leitender Angestellter einer Genossenschaft, der mit ihr einen Anstellungs- oder Pensionsvertrag abschließt, ist dabei Dritter im Sinne von § 127 Abs. 2 Satz 1 GenGes.; dies gilt auf jeden Fall dann, wenn der Angestellte nicht Mitglied des Vorstandes der Genossenschaft ist. Er bleibt hinsichtlich des früher abgeschlossenen Anstellungs- oder Pensionsvertrages auch Dritter, wenn er später Mitglied des Vorstandes der Genossenschaft werden sollte.

2. Verspricht ein Arbeitgeber einem Arbeitnehmer Versorgung seiner Witwe, so bezieht sich dieses Versprechen im Zweifel nicht nur auf die zur Zeit seiner Abgabe lebende, sondern auch auf die spätere Ehefrau des Arbeitnehmers, die er nach dem Tode der ersten Ehefrau geheiratet hat.

3. An die Bestimmtheit einer Erklärung, auf Ruhegehalt für sich und seine Ehefrau verzichten zu wollen, sind strenge Anforderungen zu stellen.

4. Zum Begriff des unredlichen Verhaltens.

GenGes. § 127 Abs. 2; BGB. § 328.

II. Senat. Urteil vom 4. August 1955 i. S. M. H. (Bekl.) w. W. (Kl.) 2 AZR 212/54.

I. Arbeitsgericht Hersfeld. — II. Landesarbeitsgericht Frankfurt/M.

Die Klägerin ist die Witwe des Molkereidirektors W. aus dessen zweiter Ehe. Dieser war seit 1899 bei der Beklagten angestellt. Nach fünfundzwanzigjähriger Dienstzeit gewährte ihm der Vorstand der Beklagten Anstellung auf Lebenszeit und versprach ihm Ruhegehalt sowie Hinterbliebenenversorgung nach staatlichen Grundsätzen.

Im Jahre 1925 wurde W. Mitglied des Vorstandes der Beklagten. Als die erste Ehefrau W.s gestorben war, heiratete er im Jahre 1943 die um mehr als dreißig Jahre jüngere Klägerin. Im Jahre 1945 trat er in den Ruhestand und erhielt von der Beklagten Ruhegehalt abzüglich seiner Angestelltenversicherungsrente. Nach der Währungsreform fanden über die Ruhegehaltsberechtigung neue Verhandlungen statt. Die Beklagte bot W. mit Genehmigung der Generalversammlung durch Beschluß vom 23. Oktober 1948 ein Ruhegehalt von monatlich 200.— DM an und zahlte ihm diesen Betrag mit Wirkung vom 1. Juni 1948.

Auf Grund des Ruhegehaltsversprechens hat W. im Jahre 1952 beim Amtsgericht in H. auf Pensionserhöhung entsprechend den damaligen staatlichen Pensionszuschlägen geklagt. Die Beklagte hat ihren Klageabweisungsantrag u. a. damit begründet, daß das Pensionsversprechen von 1924 deshalb rechtsunwirksam sei, weil die erforderliche Zustimmung der Generalversammlung gefehlt habe. Nachdem der Rechtsstreit zuständigkeitshalber an das Landgericht in F. verwiesen worden war, hat W. seine Klage dahin erweitert, daß er auch Feststellung der Gültigkeit des Pensionsversprechens von 1924 beantragt hat.

Am 17. Februar 1953 starb W. und wurde von seiner Tochter Ilse Sch. als Alleinerbin beerbt. Der von dieser aufgenommene Rechtsstreit wurde zuständigkeitshalber an das Arbeitsgericht H. verwiesen. Die Klägerin hat sich dann wegen des sogenannten Gnadenquartals und wegen ihrer Witwenpension an dem Rechtsstreit beteiligt.

Das Arbeitsgericht hat die Klage in vollem Umfang abgewiesen.

Auf die nur von der Klägerin eingelegte Berufung hat das Landesarbeitsgericht die Beklagte antragsgemäß verurteilt, an die Klägerin 900,30 DM nebst 4 % Zinsen seit dem 1. Juni 1953 (Gnadenquartal), 552,— DM nebst 4 % Zinsen seit dem 1. September 1953 (Witwenpension für die Zeit vom 1. Juni bis 31. August 1953, d. h. bis zum Inkrafttreten des Bundesbeamtengesetzes) und ferner ab 1. September 1953 als Witwenpension monatlich 113,— DM zu zahlen.

Die Revision der Beklagten hatte keinen Erfolg.

Aus den Gründen:

I. Im Tatbestand des angefochtenen Urteils ist festgestellt, daß im Jahre 1924, als der Vorstand der Beklagten dem Ehemann der Klägerin Ruhegehalt und Witwenversorgung versprach, wie auch noch später die Satzung der Beklagten vom 22. September 1906 galt; nach ihr bedurften alle Verträge, in denen sich die Beklagte zu wiederkehrenden Leistungen verpflichtete, der Bestätigung durch die Generalversammlung. Ferner ist dort festgestellt, daß eine solche Bestätigung damals nicht eingeholt worden ist. An diese tatsächlichen Feststellungen, auf die sich der Beklagte beruft, deren Richtigkeit die Klägerin aber in der Revisionsverhandlung in Zweifel gezogen hat, ist der Senat nach § 561 Abs. 2 ZPO.

gebunden. Bei der Prüfung der Rechtswirksamkeit jenes Versprechens muß also von ihnen ausgegangen werden.

Das Landesarbeitsgericht sieht das Versprechen trotz fehlender Bestätigung durch die Generalversammlung als wirksam an. Es ist der Auffassung, daß eine Bestätigung nach § 127 Abs. 2 GenGes. nicht erforderlich war, weil der Ehemann der Klägerin damals im Verhältnis zur Beklagten „Dritter" im Sinne dieser Vorschrift gewesen sei. Diese Auffassung ist richtig. Sie entspricht auch der vom Landesarbeitsgericht belegten einhelligen Meinung in Rechtslehre und Rechtsprechung. Von den angeführten Entscheidungen ist besonders die des RAG. in JW. 35, 1357 hervorzuheben, weil sie einen ganz ähnlichen Fall wie hier betrifft. „Dritter" im Sinne von § 127 Abs. 2 GenGes. ist jeder außer der Genossenschaft und ihrem sie organschaftlich vertretenden Vorstand, also auch ein leitender Angestellter der Genossenschaft, wenn er wie hier ein Pensionsversprechen von ihr entgegennimmt, selbst wenn es sich dabei in gewissem Sinne um eine innere Angelegenheit der Genossenschaft handelt. Mitglied des Vorstandes der Beklagten war der Ehemann der Klägerin im Jahre 1924 noch nicht. Es braucht daher hier nicht auf die Frage eingegangen zu werden, ob der Schutz des § 127 Abs. 2 GenGes. u. U. auch einem Vorstandsmitglied zugute kommen kann, das mit seiner Genossenschaft einen Anstellungs- oder Pensionsvertrag abschließt.

Gegen die in diesem Punkte hiernach zutreffende Begründung des angefochtenen Urteils hat die Beklagte keine erheblichen Einwendungen vorbringen können. Ihr Hinweis auf RGZ. 144, 277 (280) ist verfehlt, weil in dem dort entschiedenen Fall der betr. Angestellte einer Genossenschaft nicht wie hier für sich selbst mit dieser, sondern als ihr Vertreter mit einem Dritten kontrahiert hat.

II. Dem angefochtenen Urteil ist ferner darin zuzustimmen, daß die Klägerin als Witwe des Molkereidirektors W. aus dem diesem wirksam gegebenen Versprechen eigene Ansprüche herleiten kann. Es handelt sich bei diesem von W. angenommenen Versprechen insoweit um einen Vertrag zugunsten eines Dritten im Sinne von §§ 328, 331 BGB., nämlich zugunsten der Witwe. Dabei kann es sowohl nach dem Wortlaut wie nach dem in erster Linie auf Versorgung der Witwe gerichteten Zweck dieses Versprechens keinem Zweifel unterliegen, daß die Witwe selbst einen Anspruch erwerben sollte; sonst hätte das Versprechen keinen Sinn, da im Falle des Todes des Ehemannes ein anderer Forderungsberechtigter nicht in Frage käme, wenn man von etwaigen weiteren Erben absieht. Diesen weiteren Erben den Anspruch auf Zahlung an die

Witwe zuzubilligen, erscheint nicht angebracht. Über die hier erfolgte Auslegung herrscht auch kein Streit.

Streitig ist nur, ob sich das Versprechen lediglich auf die zur Zeit seiner Abgabe noch lebende erste Ehefrau W.s beziehen sollte, wie die Beklagte meint, oder auch auf eine etwaige spätere Ehefrau, also hier auf die Klägerin. In dieser Beziehung sagt das angefochtene Urteil, das Versprechen: „Nach Ihrem Tode wird Ihrer Witwe dieselbe Pension zugesichert, wie sie solche als Staatsbeamtenwitwe beziehen würde" könne nur dahin ausgelegt werden, daß die Klägerin berechtigt ist, denn sie sei „die Witwe" W.s. Diese Auslegung ist zutreffend. Sie beruht auf der Überlegung, daß ein Mann in unserem Kulturkreis jeweils nur eine Ehefrau haben und folglich bei seinem Tode nur eine Witwe hinterlassen kann. Die Beklagte greift diese Auslegung in an sich zulässiger Weise an, indem sie geltend macht, es gebe einen allgemeinen Erfahrungssatz des Inhalts, daß ein Arbeitgeber, der seinem Arbeitnehmer Versorgung seiner Witwe verspricht, damit nur die zur Zeit des Versprechens lebende Ehefrau, aber nicht etwaige künftige Ehefrauen bedenken wolle. Einen solchen Erfahrungssatz gibt es jedoch nicht. Im Gegenteil ist der Erfahrung nach anzunehmen, daß der Arbeitgeber im Zweifel jede Witwe bedenken will, also auch die aus einer etwaigen späteren Ehe hinterbliebene. Denn nur dadurch gibt er dem Arbeitnehmer die gewünschte Sicherheit und Beruhigung für die Zukunft und vermeidet er eine zum mindesten bedenklich erscheinende Einflußnahme auf dessen höchstpersönlichen Entschluß, wenn er nach dem Tode seiner ersten Ehefrau vor die Frage gestellt ist, ob er eine neue Ehe eingehen soll. Die vom Landesarbeitsgericht vorgenommene Auslegung entspricht auch der gesetzlichen Regelung für Beamtenwitwen, auf die das Versprechen der Beklagten ausdrücklich Bezug nimmt. Denn auch die Gesetze, in denen die Hinterbliebenenversorgung der Beamten geregelt ist, machen keinen Unterschied zwischen der ersten und der späteren Ehefrau eines Beamten. Auch aus diesem Grunde kann die Beklagte ihrem Versprechen jetzt keine andere Deutung geben. Der Umstand, daß die Klägerin dreißig Jahre jünger war als W., ist nicht für den Grund des Witwengeldanspruches, sondern kann wie im Beamtenrecht nur für seine Höhe von Bedeutung sein. Anders läge der Fall nur, wenn die Klägerin W. lediglich in Erwartung seines baldigen Ablebens geheiratet hätte, um dadurch in den Genuß des Witwengeldes zu gelangen. Die Beklagte hat in den Vorinstanzen jedoch nichts derartiges vorgetragen. Dahingehende Erwägungen dürften auch hier nicht in Betracht kommen, denn die Klägerin hat mit W. noch fast zehn Jahre zusammengelebt (vgl. hierzu S. 13

Abs. 2 des Preuß. Ges. vom 20. Mai 1882 betreffend die Fürsorge für die Witwen und Waisen der unmittelbaren Staatsbeamten, Ges.Slg. S. 298; § 101 Abs. 1 DBG.; § 123 Abs. 1 Ziff. 1 BBG.).

Denkbar und nicht einmal unwahrscheinlich wäre es freilich, daß sowohl W. als auch die Beklagte im Jahre 1924 gar nicht an die Möglichkeit gedacht haben, die um etwa 10 Jahre jüngere erste Ehefrau W.s werde vor diesem sterben und er könnte sich danach zum zweitenmal verheiraten. Für diesen Fall wäre der Beklagten zuzugeben, daß beide Teile mit dem Ausdruck „Witwe" nur die erste Ehefrau gemeint haben. Doch würde sich dadurch am Ergebnis nichts ändern. Denn dann müßte nach den vorstehenden Ausführungen die Vereinbarung notfalls ergänzend dahin ausgelegt werden, daß die Beklagte, wenn die Beteiligten an diesen Fall gedacht hätten, ihr Versprechen vermutlich und verständigerweise, nicht zuletzt auch wegen der Bezugnahme auf die Regelung für Beamte, ausdrücklich auch auf jede weitere Ehefrau W.s erstreckt haben würde. Von einem Wegfall der Geschäftsgrundlage könnte unter diesen Umständen nicht gesprochen werden.

Nun macht die Beklagte in ihrer Revisionsbegründung darüber hinaus geltend, daß sie mit ihrem Versprechen bewußt gerade n u r die erste Ehefrau W.s habe bedenken wollen, weil diese sich durch ihre eigene Arbeitsleistung besondere Verdienste um die Molkerei erworben hatte, und daß W. bei Entgegennahme des Versprechens derselben Auffassung gewesen sei. Dasselbe hatte sie bereits im Berufungsverfahren vor dem Landesarbeitsgericht behauptet. Träfen diese Behauptungen in vollem Umfange, d. h. sowohl für die Beklagte wie für W. zu, dann hätte allerdings zwischen diesen beiden damals eine Willensübereinstimmung bestanden, die zwar in dem Pensionsversprechen der Beklagten keinen bestimmten Ausdruck gefunden hat, die aber gleichwohl dazu zwingen könnte, dieses Versprechen demgemäß auszulegen. Das Landesarbeitsgericht ist hierauf nicht eingegangen. Es räumt der Beklagten lediglich ein, daß diese i h e r s e i t s solche Vorstellungen gehabt haben könne, und meint dazu, in diesem Falle habe sie ihren Willen nicht erkennbar zum Ausdruck gebracht, weshalb er unbeachtet bleiben müsse; eine etwa zulässige Anfechtung des Pensionsversprechens wegen Irrtums über seinen Inhalt sei von der Beklagten nicht unverzüglich erklärt worden (§§ 119, 121 BGB.). Diese Begründung trifft jedoch nicht auf den von der Beklagten behaupteten Fall zu, daß auch W. mit der Beschränkung der Witwenpension auf seine damals noch lebende erste Ehefrau einverstanden gewesen ist. Das Urteil braucht aber wegen dieses Mangels nicht aufgehoben zu werden, weil es nicht auf ihm beruht (§ 563

ZPO.). Die Beklagte hat nämlich das von ihr behauptete Einverständnis des W. niemals substantiiert, was wegen seiner Ungewöhnlichkeit besonders notwendig gewesen wäre. Sie hat insbesondere nicht dargelegt und unter Beweis gestellt, daß W. damals die Möglichkeit seiner Wiederverheiratung überhaupt in Betracht zog und für diesen Fall auf ein Witwengeld für seine zweite Ehefrau habe verzichten wollen. Sie verweist in diesem Zusammenhang lediglich darauf, daß W. viel später, im Jahre 1943, den Versuch unternommen, ihn dann aber aufgegeben habe, die Zustimmung der Generalversammlung zu einer Witwenversorgung auch für seine zweite Ehefrau zu erlangen. Dies genügt nicht, um die von der Beklagten bereits für das Jahr 1924 behauptete Willensrichtung W.s erkennen zu lassen, auf eine Versorgung seiner etwaigen zweiten Ehefrau zu verzichten. Es läßt durchaus die Möglichkeit offen, daß W. erst im Jahre 1943 gewisse Zweifel an der Witwengeldberechtigung seiner zweiten Ehefrau oder auch nur daran bekommen hatte, ob die Beklagte diese Berechtigung anerkennen würde, und daß er insoweit Klarheit schaffen wollte, dies aber zunächst nicht weiter verfolgte, nachdem er möglicherweise erkennen mußte, daß eine Zustimmung der Generalversammlung damals nicht zu erreichen war. Das gleiche gilt übrigens auch von der von der Beklagten behaupteten Tatsache, W. habe sich im Jahre 1948 mit einer Abfindung oder mit einem späteren Beginn der Witwengeldberechtigung der Klägerin begnügen wollen.

III. Kann hiernach die Klägerin an sich Ansprüche aus dem Versprechen der Beklagten aus dem Jahre 1924 herleiten, so fragt sich nunmehr, ob diese Ansprüche später beseitigt worden sind. Das angefochtene Urteil führt in dieser Beziehung aus, weder der Abschluß des Anstellungsvertrages von 1936, der keine wirksame Novation enthalte, noch die bereits erörterten Vorgänge im Zusammenhang mit der Generalversammlung vom 20. Oktober 1943, noch die vorbehaltlose Annahme der Pensionszahlung von monatlich 200.— DM nach den Generalversammlungsbeschlüssen vom 25. September und 23. Oktober 1948 hätten die Ansprüche der Klägerin hinfällig gemacht. Diesen Ausführungen ist, jedenfalls im Ergebnis, zuzustimmen. Sie sind auch von der Beklagten nur im letzten Punkt angegriffen worden. Die Angriffe können aber die Feststellung des Landesarbeitsgerichts nicht erschüttern, daß der Ehemann der Klägerin auch im Jahre 1948, als er im Anschluß an die Währungsreform mit der Beklagten über seine Altersversorgung verhandelte, und später, als er das ihm mit Zustimmung der Generalversammlung angebotene Ruhegehalt von monatlich 200,— DM jahrelang widerspruchslos annahm, nicht auf seine weitergehenden Ansprüche und auf die der

Klägerin verzichtet habe. Es ist mit Rechtsgründen nicht zu beanstanden, wenn das Landesarbeitsgericht ausführt, im Hinblick auf die Tragweite eines solchen Verzichts müßten an die Bestimmtheit der Verzichtserklärung strenge Anforderungen gestellt werden, und eine bloße, wenn auch jahrelange stillschweigende Annahme der geringen Pension genüge deshalb nicht, um einen Verzichtswillen erkennen zu lassen. Dem kann hinzugefügt werden, daß auch die Beklagte das Verhalten Westphals nicht als Verzicht deuten durfte. Sie mußte sich vielmehr sagen, daß W., der das Angebot trotz ausdrücklicher Aufforderung nicht angenommen hatte, die Pensionszahlungen ohne Verzichtswillen entgegennahm, um überhaupt in den Genuß einer Pension zu kommen und davon leben zu können. Wollte man aber trotzdem in dem Verhalten W.s einen Verzicht erblicken, dann könnte sich dieser höchstens auf den Zeitraum erstrecken, für den die jeweils geleistete Zahlung galt, aber nicht auf die Zukunft. Dies ist von Bedeutung für denjenigen Teil der Klageforderung, der in dem sogenannten Gnadenquartal, also in den der Klägerin als Witwe zustehenden drei Monatsgehältern für das auf den Tod W.s folgende Vierteljahr besteht. Noch weniger kann bei der eigentlichen Witwenpension von einem Verzicht die Rede sein. Denn diese hatte die Beklagte in ihrem Angebot von monatlich 200,— DM Ruhegehalt überhaupt nicht erwähnt, sondern war dabei anscheinend nur stillschweigend davon ausgegangen, daß sie ganz wegfallen sollte. Da die Beklagte also mit ihrem Angebot einen Verzicht auf die Witwenpension von W. nicht erkennbar gefordert hatte, könnte sie selbst bei — in Wirklichkeit nicht vorhandener — stillschweigender Annahme dieses Angebots einen solchen Verzicht nicht unterstellen.

IV. Es bleibt der Einwand der unzulässigen Rechtsausübung, d. h. die Frage, ob die Klägerin unter Berücksichtigung aller Umstände gegen Treu und Glauben verstößt, wenn sie von der Beklagten das Gnadenquartal und eine Witwenpension verlangt. Dabei handelt es sich rechtssystematisch nicht um eine von der Beklagten erhobene und in ihren tatsächlichen Voraussetzungen zu beweisende Einrede, sondern der Sachverhalt muß von Amts wegen in dieser Richtung geprüft werden. Die Rechtsordnung selbst verbietet einen Verstoß gegen Treu und Glauben.

Mißbräuchlich und damit unzulässig wäre das Begehren der Klägerin in erster Linie dann, wenn sie sich in irgendeiner Weise den Vorwurf des unredlichen Verhaltens gefallen lassen müßte. Die Klägerin würde arglistig handeln, wenn sie sich in Kenntnis aller maßgebenden Umstände auf ein ihrem Ehemann gegebenes Versprechen beriefe, mit dem der Vorstand der Beklagten vorsätzlich gegen die Interessen der Beklagten verstoßen hat. Davon kann aber nicht die Rede sein. Mit Recht sagt das angefochtene Urteil, daß der Vorstand im Jahre 1924, wenn auch ohne Zustimmung der Generalversammlung, so doch objektiv nicht zum Nachteil der Beklagten gehandelt hat, als er dem langjährig bewährten Ehemann der Klägerin, der der Beklagten zuliebe die Absicht aufgegeben hatte, sich selbständig zu machen, und dem vor Antritt seiner Stellung in Aussicht gestellt worden war, daß er die kurz vor der Liquidation stehende Molkerei auch pachtweise übernehmen könne, nunmehr Alters- und Hinterbliebenenversorgung zusicherte und sich damit zugleich seine Dienste für die Zukunft wahrte.

Die Beklagte hat auch diese rechtliche Würdigung des Sachverhalts in der Revisionsinstanz nicht angegriffen. Sie meint aber, das jetzige Vorgehen der Klägerin verstoße ebenso wie das ihres Ehemannes zu Beginn des Prozesses schon deshalb gegen Treu und Glauben, weil W. als leitender Angestellter der Beklagten zweifellos die Genehmigungsbedürftigkeit des Pensionsversprechens gekannt habe. Diese Auffassung lehnt das Landesarbeitsgericht mit Recht als zu weitgehend ab. Zuzugeben ist der Beklagten nur, daß es nicht geradezu ein arglistiges Verhalten der Klägerin sein muß, das den Einwand der unzulässigen Rechtsausübung begründet, sondern daß dazu auch ein solches Verhalten genügen kann, das vom Standpunkt des redlichen Verkehrs aus sittlich zu mißbilligen ist. Die hier zu stellenden Anforderungen würden aber überspannt, wenn man der Klägerin einen Vorwurf bereits daraus machen wollte, daß sie auf ihrer von ihrem Ehemann wohlverdienten Witwenpension beharrt, obwohl der Ehemann vermutlich das Fehlen der Genehmigung der Generalversammlung zu dem Pensionsversprechen gekannt hat. Wollte man anderer Ansicht sein, so wäre im unmittelbaren Ergebnis die Klägerin des Schutzes des § 127 Abs. 2 Satz 1 GenGes. beraubt. Dies geht nicht an.

Ebensowenig kann eine unzulässige Rechtsausübung mit der von der Beklagten in der Revision neu vorgebrachten Begründung bejaht werden, daß W. es nach seinem Eintritt in den Vorstand der Beklagten pflichtwidrig unterlassen habe, die erforderliche Genehmigung der Generalversammlung zu dem Ruhegehaltsversprechen wenigstens nachträglich selbst herbeizuführen, obwohl er dazu auf Grund seiner Schlüsselstellung im Betriebe der Beklagten besonders berufen und in der Lage gewesen sei. Freilich hätte W. dies, und zwar schon in seinem eigenen Interesse, tun können. Er hat ja auch nach der eigenen Behauptung der Beklagten im Jahre 1943 einen Versuch dazu unternommen. Aber er war der Beklagten gegenüber, auch nachdem er Vorstandsmitglied geworden war, nicht dazu verpflichtet, weil er selbst der Empfänger des Versprechens war. Aus diesem Grund hätte es rechtlich nicht ihm, sondern den übrigen Mitgliedern des Vorstandes und dem Aufsichtsrat der Beklagten obgelegen, dafür zu sorgen, daß das Pensionsversprechen die satzungsmäßig erforderliche Zustimmung der Generalversammlung erhielt. Nach Lage der Sache kann es nicht ernstlich mißbilligt werden, daß der Kläger sich in dieser seiner eigenen Angelegenheit einer Initiative enthalten hat. Noch weniger kann von der Klägerin verlangt werden, daß sie aus diesem Grunde von der Verfolgung ihrer Ansprüche absieht.

Im übrigen kann es auch gerade vom Standpunkt der Beklagten aus nicht als eine unzulässige Rechtsverfolgung erscheinen, wenn die Klägerin ihre Ansprüche auf das von der Generalversammlung nicht genehmigte Versprechen stützt. Denn die Beklagte selbst hat sich ja durch das Fehlen der Genehmigung in den Jahren 1945 bis 1948 nicht hindern lassen, dem Ehemann der Klägerin fortlaufend Ruhegehalt zu zahlen. Deshalb kann sie auch von der Klägerin keine Hemmungen erwarten, das Gnadenquartal und die Witwenpension für sich in Anspruch zu nehmen.

23

1. Die Ruhelohnordnung einer Stadtgemeinde besteht aus revisiblem Recht.

2. Gewährt eine Ruhelohnordnung Ruhegeld dauernd und voll beschäftigten Arbeitnehmern, wenn nach 10jähriger ununterbrochener Dauer des Dienstverhältnisses Arbeitsunfähigkeit eintritt, so muß das Arbeitsverhältnis des Arbeitnehmers ein Dauerverhältnis, d. h. von vornherein und bis zuletzt unbefristet sein. Damit der Ruhegeldanspruch oder auch nur eine Anwartschaft darauf zur Entstehung kommt, muß der Arbeitnehmer ferner noch in dem Zeitpunkt in einem unbefristeten Arbeitsverhältnis stehen, in dem er die 10jährige Dienstzeit vollendet.

3. Ein Arbeitsvertrag, der von einer Stadtverwaltung im März 1945 mit einem bereits 68 Jahre alten Arbeitnehmer „bis auf weiteres" abgeschlossen wurde, kann bei den damals vorliegenden Umständen nur für eine kurze Zeit gedacht gewesen sein. Eine andere Auslegung widerspricht der Erfahrung.

ArbGG. § 73; Ruhelohnordnung der Stadt Hannover; BGB. § 157; ZPO. § 561 Abs. II.

II. Senat. Urteil vom 4. August 1955 i. S. H. H. (Bekl.) w. B. (Kl.)
2 AZR 588/54

I. Arbeitsgericht Hannover. — II. Landesarbeitsgericht Hannover.

Der Kläger wurde am 15. Dezember 1934 aushilfsweise vorübergehend bis zum 31. Januar 1935 bei der Beklagten eingestellt. Dieses Arbeitsverhältnis wurde dreimal kurzfristig verlängert, zuletzt bis zum 31. August 1935. Dann schloß sich gemäß schriftlichem Vertrag vom 5. Oktober 1935 eine unbefristete Beschäftigung des Klägers an. Im Februar 1942 teilte die Beklagte dem Kläger mit, sein Dienstverhältnis ende, da er am 18. Februar 1942 sein 65. Lebensjahr vollenden werde, am 28. Februar 1942; unter Bezugnahme auf die ATO. und die TO. A schloß sie mit ihm einen „Privatdienstvertrag" für die Zeit vom 1. März 1942 bis zum 28. Februar 1943. Dieser Vertrag wurde zunächst um zwei Jahre bis zum 28. Februar 1945 und dann mit Schreiben der Beklagten vom 22. März 1945 „bis auf weiteres" verlängert. Am 9. Mai 1945 wurde der Kläger auf Anordnung der Besatzungsmacht entlassen.

Der Kläger, der von der Beklagten die Zahlung von Ruhegeld erstrebt, beruft sich auf den „Gemeindebeschluß vom 15. März 1904 betr. die Bewilligung von Ruhegehalt und Hinterbliebenenversorgung für die ohne Pensionsberechtigung im Dienst der Stadt H. dauernd beschäftigten Personen" i. d. F. vom 21. Dezember 1943 insbesondere auf folgende Bestimmungen:

„§ 1

Den ohne Pensionsberechtigung im Dienste der Stadt dauernd und voll beschäftigten Personen wird Ruhegeld und Hinterbliebenenversorgung gewährt. Für die nach dem 31. März 1938 in den Dienst der Stadtverwaltung eingetretenen nicht beamteten Gefolgschaftsmitglieder gilt die noch zu erlassende Dienstordnung.

§ 2

Das Ruhegeld wird gewährt, wenn nach zehnjähriger ununterbrochener Dauer des Dienstverhältnisses dauernde, nicht vorsätzlich herbeigeführte Arbeitsunfähigkeit eintritt oder das Gefolgschaftsmitglied das 65. Lebensjahr vollendet hat. Die Dienstzeit vor Vollendung des 18. Lebensjahres wird nicht berücksichtigt."

Er hat auf Zahlung von 300,– DM nebst 4 % Zinsen als Teilbetrag des Unterschiedes zwischen dem ihm danach angeblich zustehenden Ruhegeld und seiner Invalidenrente geklagt.

Das Arbeitsgericht hat die Klage abgewiesen. Das Landesarbeitsgericht hingegen hat ihr stattgegeben.

Die Revision der Beklagten führte zur Wiederherstellung des Urteils des Arbeitsgerichts.

Aus den Gründen:

Da der Kläger weder von der Beklagten ein persönliches Ruhegehaltsversprechen erhalten hat noch zu einem Kreis von Personen gehört, die ohnehin gegenüber der Beklagten pensionsberechtigt sind, kann er seinen Klageanspruch nur auf den — im folgenden kurz Ruhelohnordnung genannten — Gemeindebeschluß vom 15. März 1904 i. d. F. vom 21. Dezember 1943 stützen. Hiervon geht in Übereinstimmung mit beiden Parteien auch das angefochtene Urteil aus.

Es verkennt auch nicht, daß aus dieser Ruhelohnordnung nur solche Personen Ansprüche herleiten können, die bei der Beklagten nicht nur voll, sondern auch „dauernd" zehn Jahre lang ununterbrochen in einem Arbeitsverhältnis beschäftigt waren. Diese Voraussetzung der Dauerbeschäftigung ergibt sich eindeutig aus der Überschrift und aus § 1 Satz 1 der Ruhelohnordnung. Das Landesarbeitsgericht meint aber, sie sei beim Kläger bereits dadurch erfüllt, daß er tatsächlich vom 15. Dezember 1934 bis zum 9. Mai 1945 bei der Beklagten gearbeitet habe, und zwar zuletzt auf Grund eines „bis auf weiteres", d. h. auf unbestimmte Zeit verlängerten Arbeitsvertrages. Diese Auffassung kann der nach § 73 ArbGG. zulässigen rechtlichen Nachprüfung jedoch nicht standhalten. Die Ruhelohnordnung einer Stadtgemeinde selbst besteht aus objektiven Rechtsnormen (Dersch-Volkmar, ArbGG., 6. Aufl. § 73 Anm. 16; Dietz-Nikisch, ArbGG. § 73 Anm. 4).

Es genügt nämlich nicht für eine Dauerbeschäftigung im Sinne der Ruhelohnordnung, daß der betreffende Arbeitnehmer rein tatsächlich jahrelang bei der Beklagten voll beschäftigt war. Vielmehr muß hinzukommen, daß dieses Arbeitsverhältnis auch nach seiner Rechtsnatur ein Dauerverhältnis, d. h. von vornherein und bis zuletzt unbefristet war. Allein diese Auslegung der Ruhelohnordnung entspricht dem vermutlichen Willen der Beklagten, über den Kreis ihrer ohnehin ruhegehaltsberechtigten Beamten und Angestellten hinaus nur solche Arbeitnehmer durch eine Altersversorgung zu begünstigen, zu denen sie ein so festes Verhältnis und eine so enge Bindung hatte, daß eine derartige Fürsorge aus sozialen Gründen angebracht erscheint. Aus diesen Gründen erklärt es sich auch, daß die Ruhelohnordnung nicht nur Dauerbeschäftigung, sondern Vollbeschäftigung als Voraussetzung für einen Ruhegehaltsanspruch verlangt. Die vom Landesarbeitsgericht vertretene gegenteilige Auffassung, daß eine rein tatsächlich langwährende Beschäftigung genüge, ist auch mit dem Text der Ruhelohnordnung insofern nicht vereinbar, als diese a u ß e r der in § 2 geforderten zehnjährigen Dauer des Dienstverhältnisses in ihrem § 1 Satz 1 noch eine Dauerbeschäftigung verlangt; dieses weitere Verlangen wäre überflüssig, wenn es bereits durch die zehnjährige Vertragsdauer erfüllt wäre. Da der Kläger nur vom 1. September 1935 bis zum 28. Februar 1942, also weniger als zehn Jahre, ununterbrochen einen unbefristeten Arbeitsvertrag hatte, entfällt ein Ruhegehaltsanspruch schon aus diesem Grunde. An diesem Ergebnis würde sich auch dann nichts ändern, wenn die Beklagte aus Gründen ihrer Fürsorgepflicht oder einer etwaigen Verpflichtung zur Gleichbehandlung des Klägers mit anderen Angestellten gehalten wäre, dem Kläger die vorangegangene Zeit vom 15. Dezember 1934 bis zum 31. August 1935, während der er nur kurzfristige Arbeitsverträge hatte, nachträglich als einen Teil seiner Dauerbeschäftigung anzurechnen.

Ferner müßte, damit ein Ruhegeldanspruch oder auch nur eine Anwartschaft darauf zur Entstehung gelangen könnte, der Kläger dann noch in einem dauernden, d. h. unbefristeten Arbeitsverhältnis gestanden haben, als er eine zehnjährige Dienstzeit vollendete. Anzunehmen, daß das enge Verhältnis des Arbeitnehmers zu dem Dienstherrn bei Erfüllung dieser ausdrücklich vorgesehenen Zeitspanne nicht mehr zu bestehen brauchte, wäre nicht sinnvoll. Geht man vom 1. September 1935 aus, so ist es zu einer solchen Vollendung überhaupt nicht gekommen, weil der Kläger am 1. September 1945 schon entlassen war. Geht man zu Gunsten des Klägers bereits vom 15. Dezember 1934, dem Tage seiner ersten Anstellung aus, dann fällt die Vollendung der zehn Jahre auf den 15. Dezember 1944, also auf einen Zeitpunkt, in dem der Kläger keinen Dauervertrag, sondern einen bis zum 28. Februar 1945 befristeten Vertrag hatte. In beiden Fällen wäre also ein Ruhegehaltsanspruch auch aus diesem Grunde nicht gegeben.

Selbst wenn man aber mit dem Landesarbeitsgericht in Betracht zieht, daß das Arbeitsverhältnis des Klägers, nachdem er nach Erreichung seines 65. Lebensjahres vom 1. März 1942 bis zum 28. Februar 1945 nur noch befristete Arbeitsverträge hatte, durch das Schreiben der Beklagten vom 22. März 1945 wieder „bis auf weiteres", d. h. auf unbestimmte Zeit verlängert worden ist, so ändert sich auch dadurch am Ergebnis nichts. Denn diese Verlängerung beseitigt die Unterbrechung des dauernden Arbeitsverhältnisses nicht, die vorher durch die beiden befristeten Verträge für die Zeit vom 1. März 1942 bis zum 28. Februar 1945 eingetreten war, und die die nach § 2 der Ruhelohnordnung erforderliche „ununterbrochene" zehnjährige Dauer des Dienstverhältnisses ausschließt. Diese Unterbrechung kann auch nicht etwa dadurch überbrückt werden, daß man die beiden befristeten Verträge als unzulässige Kettenverträge im Sinne von BAG. 1, 128 beurteilen und sie als Fortsetzung des vorher unbefristeten Arbeitsverhältnisses ansehen wollte. Denn dazu fehlt es an jeder tatsächlichen Grundlage. Als der Kläger im Februar 1942 sein 65. Lebensjahr vollendete, wäre er normalerweise wegen Erreichung dieser Altersgrenze entlassen worden. Wenn die Beklagte ihn stattdessen durch einen sogenannten Privatdienstvertrag weiterbeschäftigt hat, dann ist dies offenbar nur mit Rücksicht auf die Kriegsverhältnisse und den dadurch bedingten Mangel an geeigneten Arbeitskräften geschehen. Dabei hat sie mit dem Kläger nur einen befristeten Vertrag geschlossen, weil sie sich nicht auf unabsehbare Zeit binden wollte. Dies war im Hinblick auf die damalige Unvorhersehbarkeit der Kriegsdauer sowie auf das vorgerückte Alter des Klägers in keiner Weise zu mißbilligen. Die beiden befristeten Verträge können daher nicht in ein unbefristetes Arbeitsverhältnis umgedeutet werden.

Übrigens kann dem angefochtenen Urteil auch nicht darin beigetreten werden, daß die von der Beklagten dem Kläger am 22. März 1945 gewährte Verlängerung des Arbeitsverhältnisses „bis auf weiteres" eine solche auf längere Dauer, d. h. eine Dauerbeschäftigung im Sinne von § 1 der Ruhelohnordnung sein sollte. Diese Auslegung übersieht, daß der Kläger damals bereits 68 Jahre alt war, und daß das bevorstehende Kriegsende sich deutlich abzeichnete. Unter diesen Umständen hatte die Beklagte noch viel weniger Anlaß als im Jahre 1942, sich erneut auf unabsehbare Zeit zu binden. Die Verlängerung des vorher nur befristeten Arbeitsvertrages „bis auf weiteres" kann daher nicht für eine besonders lange Zeit, sondern muß notwendigerweise nur für kurze Zeit gedacht gewesen sein, was auch zu ihrem Wortlaut nicht in Widerspruch steht. Eine andere Auslegung steht eindeutig im Gegensatz zu den damaligen Verhältnissen und widerspricht damit jeder Erfahrung.

Aus diesen Gründen sind die Voraussetzungen für einen Pensionsanspruch des Klägers nach der Ruhelohnordnung nicht erfüllt. Das angefochtene Urteil muß deshalb aufgehoben und die Berufung des Klägers gegen das klageabweisende Urteil des Arbeitsgerichts muß zurückgewiesen werden, ohne daß noch zu untersuchen wäre, ob der Klageanspruch auch daran scheitert, daß der Kläger die zehnjährige Wartezeit gemäß § 2 Satz 1 der Ruhelohnordnung erst nach Vollendung seines 65. Lebensjahres hinter sich gebracht hat.

24

1. Die Zulassung der Revision durch das Landesarbeitsgericht muß in dem Urteil selbst erfolgen. Eine Zulassung in der Rechtsmittelbelehrung ist auf jeden Fall dann ohne Bedeutung, wenn die Rechtsmittelbelehrung sich erst nach den Unterschriften der Richter, mit denen das Urteil endet, befindet.

2. In Rechtsstreitigkeiten, in denen sowohl über Zahlungsansprüche wie auch über sonstige Ansprüche gestritten wird, kommt § 72 Abs. 1 Satz 5 ArbGG. ebenfalls zur Anwendung. Es ist hier von dem von den Vorinstanzen festgesetzten Streitwert auszugehen; die nicht auf Zahlung gerichteten, noch im Streit befindlichen Ansprüche sind vorweg mit dem vollen Wert zu berücksichtigen, und die in der Streitwertfestsetzung enthaltenen Zahlungsansprüche sind daraufhin zu prüfen, inwieweit sie noch Beschwerdegegenstand sind. Die Summe der so gewonnenen einzelnen Posten ist dann die Beschwer.

ArbGG. § 72 Abs. 1 Satz 1, 4 und 5.

II. Senat. Beschluß vom 23. August 1955 i. S. Schw. (Bekl.) w. L. N. (Kl.) 2 AZR 166/55.

I. Arbeitsgericht Oldenburg. — II. Landesarbeitsgericht Hannover.

Aus den Gründen:

Die Zulässigkeit der Revision kann nur auf die in § 72 Abs. 1 ArbGG. genannten Gründe gestützt werden. Von diesen ist keiner gegeben.

a) Das Landesarbeitsgericht hat die Revision in seinem Urteil nicht zugelassen (§ 72 Abs. 1 Satz 1). Dies ist weder in der Urteilsformel noch auch in den Entscheidungsgründen geschehen (vgl. BAG. 1, 33 [34]). Daß das Urteil den Parteien mit einer — sachlich unrichtigen — Rechtsmittelbelehrung zugestellt worden ist, die die Zulässigkeit der Revision bejaht, beruhte anscheinend auf der irrigen Annahme, die Revision sei wegen der noch zu erörternden Höhe des Streitwerts nach § 72 Abs. 1 Satz 4 zulässig, vermag aber die fehlende Zulassung keinesfalls zu ersetzen. Die Zulassung muß Bestandteil des Urteils selbst sein. Die Rechtsmittelbelehrung ist das auf jeden Fall dann nicht, wenn sie sich erst nach den Unterschriften der Richter, mit denen das Urteil endet, findet (vgl. BAG. 1, 33 [34]; Dersch-Volkmar, ArbGG., 6. Aufl., § 72 Anm. 25).

b) . . .

c) Was die Frage der Zulässigkeit der Revision wegen der Höhe des Streitwerts anlangt (§ 72 Abs. 1 Satz 4 ArbGG.), so hat das Arbeitsgericht den Streitwert zwar auf 6595,03 DM, also auf mehr als die Revisionssumme von 6000,— DM (§ 546 Abs. 1 ZPO.) festgesetzt. Nach § 72 Abs. 1 Satz 5 ArbGG. macht dies aber die Revision dann nicht zulässig, wenn in Rechtsstreitigkeiten über Zahlungsansprüche der Beschwerdegegenstand die Revisionssumme nicht erreicht. Dies gilt nicht nur für solche Prozesse, in denen lediglich über Zahlungsansprüche gestritten wird, sondern muß sinngemäß auch für gemischte Prozesse gelten, in denen also wie hier sowohl Zahlungsansprüche als auch ein oder mehrere andere Ansprüche im Streit sind (so auch Dersch-Volkmar ArbGG., 6. Aufl., § 72 Anm. 60; a. A., jedoch im entscheidenden Punkt ohne Begründung, Dietz-Nikisch, ArbGG., § 72 Anm. 56). Denn nur dadurch wird dem für die Einführung des Beschwerdewertes bei Zahlungsansprüchen maßgebenden gesetzgeberischen Prinzip ausreichend Rechnung getragen, die Zulässigkeit der Revision wirksam einzuschränken; anderenfalls käme in diesen Fällen jener Grundsatz überhaupt nicht zur Geltung. Die Anwendung des § 72 Abs. 1 Satz 5 ArbGG. besteht in solchen gemischten Prozessen darin, daß man bei der Berechnung der Beschwer von dem durch Urteil festgesetzten Streitwert ausgeht, die nicht auf Zahlung gerichteten Ansprüche, sofern sie noch im Streit sind, in jedem Fall vorweg mit dem vollen Wert berücksichtigt, mit dem das Urteil sie bei der Festsetzung berücksichtigt hat, also der Privilegierung dieser Ansprüche in § 72 Abs. 1 Satz 4 ArbGG. Rechnung trägt, und dann die in der Festsetzung enthaltenen Zahlungsansprüche darauf prüft, inwieweit sie noch Beschwerdegegenstand sind. Die Summe der so gewonnenen einzelnen Posten ist der dann maßgebende Revisionswert.

Bei einer solchen Berechnung der Beschwer ist hier die Zulassung der Revision nicht gegeben. Der Streitwert ist vom Arbeitsgericht auf 6595,03 DM festgesetzt worden. Den auf Feststellung der Unwirksamkeit der Kündigung, also den nicht auf eine Zahlung gerichteten Widerklageanspruch, hat es dabei überhaupt nicht berücksichtigt, sondern nur den auf Zahlung von 1328,04 DM gerichteten Klageanspruch und die auf Zahlung von insgesamt 5266,99 DM gerichteten Widerklageansprüche zusammengezählt. Von diesen sind die Beträge von 2700,—DM und 912,—DM abzuziehen, um die der Beklagte seine Widerklage im Laufe des Berufungsverfahrens ermäßigt hat. Denn diese Beträge gehören seitdem nicht mehr zum Beschwerdegegenstand. Der Beschwerdegegenstand würde sich hiernach nur noch auf 2983,03 DM belaufen, also die Revisionssumme von 6000,—DM nicht erreichen.

An diesem Ergebnis ändert sich aber auch dann nichts, wenn man den vom Arbeitsgericht zu Unrecht, jedoch an sich für die Prüfung der Zulässigkeit der Revision verbindlich (vgl. BAG. 1, 8) außer Betracht gelassenen Feststellungsanspruch hinzunehmen wollte. Er ist nach § 12 Abs. 6 ArbGG. höchstens mit dem Betrag des für die Dauer eines Vierteljahres zu leistenden Arbeitsentgelts, also im vorliegenden Falle höchstens mit etwa 1800,— DM zu bewerten, wenn man das Monatsgehalt des Klägers entsprechend seiner Angabe mit etwa 600,— DM annimmt. An Stelle von drei Monatsgehältern sechs Monatsgehälter einzusetzen, wie dies der Kläger unter Hinweis auf seine angeblich sechsmonatige Kündigungsfrist wünscht, ist nicht angängig; dies wäre mit der zwingenden Vorschrift des § 12 Abs. 6 ArbGG. nicht vereinbar. Jene Vorschrift gilt nicht nur für die Festsetzung des Streitwerts zum Zwecke der Kostenberechnung, sondern auch für die für die Zulässigkeit von Rechtsmitteln maßgebende Wertfestsetzung (so auch Dersch-Volkmar, ArbGG., § 12, Anm. 16; a. A. Landesarbeitsgericht Kiel in AP. 54 Nr. 105).

Hiernach beträgt die Beschwer höchstens etwa 4800,— DM, reicht also an die Revisionssumme nicht heran.

25

1. Die Einreichung einer Berufungsschrift bei dem Landesarbeitsgericht ist dann erfolgt, wenn sie in der Hand der nach der Organisation des Gerichtes zur Empfangnahme dieser Schriftstücke bestimmten Stellen gekommen ist.

2. Die ein Rechtmittel einlegende Partei kann darauf vertrauen, daß beim Rechtsmittelgericht Einrichtungen, etwa die Anbringung eines Nachtbriefkastens, getroffen sind, die die volle Ausschöpfung der Rechtsmittelfristen ermöglichen.

ZPO. § 518 Abs. 1; ZPO. § 233 Abs. 1.

II. Senat. Urteil vom 10. September 1955 i. S. N. (Kl.) w. K. (Bekl.)
2 AZR 223/55.

I. Arbeitsgericht Oldenburg. — II. Landesarbeitsgericht Oldenburg.

Der Kläger hat beantragt, eine von ihm in dem Konkursverfahren über das Vermögen des Viehkaufmanns J. W. in E. i. O. angemeldete und von dem beklagten Konkursverwalter bestrittene Lohnforderung von 1000,— DM als bevorrechtigte Konkursforderung festzustellen.

Das Arbeitsgericht hat durch das dem Kläger am 26. November 1954 zugestellte Urteil die Klage abgewiesen.

Der Prozeßbevollmächtigte des Klägers hat am 10. Dezember 1954 durch ein um 17.10 Uhr in O. aufgegebenes Telegramm Berufung eingelegt. Das Telegramm trug neben der Anschrift des Landesarbeitsgerichts Hannover den Vermerk: „Zustellen oder Nachtbriefkasten Landesarbeitsgericht". Es wurde am gleichen Tage gegen 18.30 Uhr in den Räumen des Landesarbeitsgerichts einer Putzfrau übergeben. Die zur Entgegennahme von Schriftstücken bestimmten Beamten und Angestellten des Landesarbeitsgerichts waren, da der Dienst bereits um 16.30 Uhr endete, nicht mehr anwesend. Ein Nachtbriefkasten war nicht vorhanden. Der Geschäftsstellenleiter erhielt das Telegramm erst am nächsten Tage, versah es jedoch mit dem Eingangsstempel vom 10. Dezember 1954.

Dem Kläger wurde in der Verhandlung vom 16. Februar 1955 mitgeteilt, daß das Telegramm erst am 11. Dezember 1954 in die Hände des zuständigen Beamten gelangt sei. Er stellte darauf am 25. Februar 1955 den Antrag, wegen Versäumung der Frist zur Einlegung der Berufung die Wiedereinsetzung in den vorigen Stand zu gewähren. Das Landesarbeitsgericht hat diesen Antrag zurückgewiesen und die Berufung des Klägers als unzulässig verworfen.

Auf die Revision des Klägers wurde ihm die Wiedereinsetzung in den vorigen Stand erteilt und die Sache an die Vorinstanz zurückverwiesen.

Aus den Gründen:

Dem angefochtenen Urteil ist darin beizutreten, daß die Berufung des Klägers nicht fristgerecht eingelegt worden ist. Zur Entgegennahme des Telegramms war die Putzfrau des Landesarbeitsgerichts nicht befugt. Die Stellen des Berufungsgerichtes, bei dem nach § 64 Abs. 2 ArbGG., § 518 Abs. 1 ZPO. die Berufungsschrift einzureichen ist, sind nach dessen tatsächlichen Feststellungen allein die auf seiner Geschäftsstelle tätigen Beamten und Angestellten des gehobenen Dienstes. Nur ihnen hätte das Telegramm ordnungsmäßig übergeben werden können; die Organisation des Landesarbeitsgerichtes war nicht derart, daß im Sinne des Gesetzes eine Einreichung der Berufungsschrift bei ihm erfolgen konnte, wenn jene Bediensteten nicht anwesend waren (vgl. Johannsen, NJW. 52, 527). Daß der Geschäftsstellenleiter das Telegramm am 11. Dezember 1954 mit dem Eingangsstempel des vorherigen Tages versah, ändert mithin nichts daran, daß es erst an dem Tage zugegangen ist, an dem es in seine Hände kam. An diesem Tage war aber die mit der Zustellung des arbeitsgerichtlichen Urteils beginnende Zweiwochenfrist zur Einlegung der Berufung abgelaufen.

Es ist daher zu prüfen, ob dem nach § 234 ZPO. fristgerecht gestellten Antrage des Klägers auf Wiedereinsetzung in den vorigen Stand stattzugeben ist.

Der Senat ist der Auffassung, daß eine Partei die Möglichkeit haben muß, auf jeden Fall ein Rechtsmittel bis zum Ablauf des letzten Tages der Rechtsmittelfrist einzulegen. Bei dem Formzwang, dem die Beurteilung der Frage unterliegt, ob eine Rechtsmittelfrist gewahrt ist, muß man andererseits auch der in Betracht kommenden Partei zugestehen, die gesetzliche Frist völlig ausschöpfen zu können (ebenso BGHZ. 2, 31 [33/34]). Die öffentliche Verwaltung, der die jeweilige Gerichtsbarkeit untersteht, ist daher gehalten, Einrichtungen zu treffen, die es den Parteien ermöglichen, auch noch nach Dienstschluß der Geschäftsstellen die Fristen auszunutzen (vgl. die eindeutigen Ausführungen in BGHZ. 2, 31 [33/34]; Stein-Jonas, ZPO. 18. Aufl., § 233 Anm. II, 5; Johannsen, NJW. 52, 527; ferner Jonas, JW. 29, 3157; nicht zuletzt auch Dietz-Nikisch, ArbGG., § 66 Anm. 22). Es kann dabei nicht darauf ankommen, ob es sich um eine, wie im vorliegenden Falle, kürzere Rechtsmittelfrist von zwei Wochen odere um eine längere Frist handelt. Ohne Bedeutung ist es auch, ob ein früherer oder späterer Dienstschluß der Geschäftsstellen angeordnet ist. Die restlose Ausnutzung der Rechtsmittelfristen erfordert Einrichtungen, die den Zugang von Rechtsmittelschriften an das Rechtsmittelgericht bis zum Ablauf des letzten Tages der Fristen gewährleisten. Ein örtlich verschiedener Dienstschluß der Gerichte kann nicht zu einer verschiedenen Handhabung der einheitlich festgesetzten Rechtsmittelfristen führen. Es sind daher wie gerichtsbekannt ist — bei vielen Rechtsmittelgerichten automatisch schließende Nachtbriefkästen angebracht, die eine einwandfreie Feststellung des Eingangs von Schriftstücken ermöglichen. Auf die Anbringung eines solchen Nachtbriefkastens oder einer anderen entsprechenden Einrichtung oder Vorkehrung kann die das Rechtsmittel einlegende Partei von vonherein vertrauen. Im vorliegenden Fall hat der Prozeßbevollmächtigte des Klägers mit dem Vorhandensein eines Nachtbriefkastens gerechnet, wie sich daraus ergibt, daß er hinter der Anschrift des Landesarbeitsgerichts vermerkte: „Zustellen oder Nachtbriefkasten Landesarbeitsgericht". Er wollte damit sicherstellen, daß der Postbote das Telegramm, falls seine Zustellung an die zum Empfang befugten Beamten oder Angestellten nicht mehr möglich sein sollte, in den Nachtbriefkasten einwerfe. Das Fehlen eines Nachtbriefkastens oder einer entsprechenden Einrichtung stellt somit für den Kläger einen unabwendbaren Zufall im Sinne des § 233 Abs. 1 ZPO. dar.

Dem Kläger ist somit die beantragte Wiedereinsetzung in den vorigen Stand wegen Versäumung der Berufungsfrist zu erteilen. Da das angefochtene Urteil die Berufung zu Unrecht als unzulässig verwarf, ist es aufzuheben und der Rechtsstreit zur sachlichen Entscheidung in die Vorinstanz zurückzuverweisen.

26

Maschinenschreiben nach Diktat und die Aufnahme und Übertragung von Stenogrammen sind keine Dienstleistungen höherer Art.

BGB. § 622.

II. Senat. Urteil vom 25. August 1955 i. S. Rh. (Kl.) w. D. (Bekl.)
2 AZR 57/53.

I. Arbeitsgericht Pirmasens. — II. Landesarbeitsgericht Mainz.

Schon aus dem Wortlaut des § 622 BGB. und den dort angeführten Beispielen, mögen sie auch zum Teil als überholt anzusehen sein, ist zu entnehmen, daß nicht ein Unterschied gegenüber den Diensten eines Arbeiters gemacht werden sollte, weil bei diesem durchweg Monatsgehälter nicht in Frage kommen. Vielmehr sollte aus dem Kreis der Angestellten (vgl. Staudinger BGB. II 3. Teil, 10. Aufl. § 622 Anm. 3) eine beschränkte Gruppe wegen der besonderen Art und des Wertes ihrer Leistungen herausgenommen werden, weil diese Angestellten etwa auf Grund der durch besondere Ausbildung oder langjährige Erfahrungen gewonnenen Kenntnisse in der Lage sind, besonders schwierige Arbeiten zu leisten oder selbständige Entscheidungen entsprechend den wechselnden Verhältnissen zu treffen, im Gegensatz zu denjenigen Angestellten, die nur auf jedesmalige Anweisung oder nach bestimmten Vorschriften oder Formularen tätig werden. Die in § 622 BGB. genannten Arbeitnehmer müssen nach der Art ihrer Aufgaben und damit wegen ihrer Stellung, beispielsweise bei Anweisungsbefugnissen an andere Angestellte und wegen ihres über den Durchschnitt hinausgehenden Gehaltes, aus den übrigen Angestellten herausgehoben sein. Mit Recht weist das angefochtene Urteil ferner darauf hin, daß es für die Anwendung des § 622 BGB. unerheblich ist, ob infolge der Entwicklung der geschäftlichen Tätigkeit alle in Büro und Verwaltung tätigen Arbeitnehmer, mögen sie auch ganz einfache und mechanische Arbeit verrichten, jetzt als Angestellte und nicht mehr, wie zu einem Teil früher, als gewerbliche Gehilfen angesehen werden. Eine Gleichstellung aller Angestellten ohne Rücksicht auf ihre Fähigkeiten und Leistungen kann daraus nicht entnommen werden. Eine dahingehende Verkehrsanschauung, die an sich für die Bewertung der Tätigkeit von Bedeutung sein kann, besteht nicht; vor allem würde sie auch nur zu einer Minderbewertung wirklich höherer Leistungen führen. Das Gesetz verlangt nun einmal eindeutig, daß die hier in Rede stehenden Arbeitnehmer sich wegen ihrer Stellung im Arbeitsleben gegenüber den anderen Arbeitnehmern beachtlich herausheben. Daraus, daß in größeren Betrieben und namentlich in Betriebsvereinbarungen und Tarifverträgen alle Angestellte ohne Rücksicht auf ihre Tätigkeit hinsichtlich gewisser allgemeiner Arbeitsbedingungen, insbesondere der Kündigung, gleichbehandelt und keine Sonderbestimmungen für einzelne Gruppen gemacht werden, läßt sich für die hier zu entscheidende Frage nichts entnehmen. Denn diese Gleichstellung erfolgt entweder aus Gründen der einheitlichen Ordnung in den Betrieben oder aus dem Wesen einer allgemeinen Regelung der Arbeitsbedingungen für ganze Industriezweige, die eine allzu große Spezialisierung ausschließt. Im übrigen gehen gerade die neueren Tarifverträge immer mehr dazu über, die Kündigungsfristen nach der Dauer der Betriebszugehörigkeit und nicht nach der Art der Tätigkeit zu bemessen. Allgemeine Billigkeitserwägungen, die im Interesse einer einheitlichen Geltung von Kündigungsfristen eine Gleichstellung der Stenotypistinnen in nichtkaufmännischen Betrieben mit den Stenotypistinnen in kaufmännischen Betrieben anstreben, die ihrerseits Handlungsgehilfen sind, können, wie das Urteil entgegen Dersch AP. 50 Anm. zu Nr. 296, mit Recht ausführt, schließlich eine ausdehnende Auslegung des § 622 BGB. ebenso wenig rechtfertigen wie die Anwendung einzelner Bestimmungen des Kündigungsschutzgesetzes auf die von dem Gesetz ausdrücklich ausgenommenen Arbeitnehmer (vgl. BAG. 1, 274). Das würde gerade die mit dem Gesetz in Widerspruch stehende Nivellierung herbeiführen.

Von diesen Grundsätzen aus gesehen können Maschinenschreiben nach Diktat und die Aufnahme und Übersetzung von Stenogrammen selbst dann nicht als Dienste höherer Art angesehen werden, wenn wegen des Textes oder dabei verwendeter Fachausdrücke eine besondere Aufmerksamkeit und Gewissenhaftigkeit bei der Aufnahme und Übertragung erforderlich ist. Die verschiedenen besonderen Fachausdrücke werden binnen kurzem bekannt und vertraut. Sorgfältiges und fehlerfreies Arbeiten ist bei jeder Tätigkeit notwendig. Es ist ein Unterscheidungsmerkmal für gute oder schlechte Arbeit, aber nicht für die Beschäftigungsart. Stenotypistinnen fallen daher nicht unter § 622 BGB., es sei denn, daß sie wie Privatsekretärinnen für die Innehaltung von Terminen und Fristen zu sorgen, die zu bearbeitenden Sachen mit den dazu erforderlichen Unterlagen bereitzulegen und sonst dem Sachbearbeiter bei der Heranschaffung des Stoffes Hilfe zu leisten haben. Ebenso leistet eine Stenotypistin im Anwaltsbüro nur dann höhere Dienste im Sinne des § 622 BGB., wenn ihr etwa als einzige Gehilfin Aufgaben des Bürovorstehers, insbesondere die selbständige Fristenkontrolle, übertragen sind. Da nach den Feststellungen der Vorinstanzen dies nicht der Fall war, die Tätigkeit der Klägerin sich vielmehr auf die einer Stenotypistin beschränkte, kann sie sich also auf die Bestimmungen des § 622 BGB. nicht berufen.

27

1. Das Arbeitsverhältnis eines Schwerbeschädigten erlischt nicht ohne weiteres, wenn er seine früheren Dienste nicht mehr leisten kann. Der Arbeitgeber ist vielmehr verpflichtet, ihn, wenn irgend möglich, mit anderen für ihn geeigneten Arbeiten zu beschäftigen.

2. Der Arbeitgeber hat zunächst abzuwarten, bis feststeht, inwieweit und zu welchen Arbeiten der Schwerbeschädigte noch leistungsfähig ist. Meint er, nicht warten zu können, muß er bei der Hauptfürsorgestelle die Genehmigung zur Kündigung beantragen.

3. Ein stillschweigendes Einverständnis des Schwerbeschädigten mit der Lösung des Arbeitsverhältnisses oder an einen Verzicht und Verwirkung sind strenge Anforderungen zu stellen.

SchwerBeschGes. § 14

II. Senat. Urteil vom 25. August 1955 i. S. D. B. (Bekl.) w. St. (Kl.)
2 AZR 29/54.

I. Arbeitsgericht Darmstadt. — II. Landesarbeitsgericht Frankfurt/M.

Der Kläger war von 1933 bis zu seiner Einberufung zum Wehrdienst im Jahre 1939 bei der Beklagten, zunächst als Lehrling, später als kaufmännischer Angestellter, tätig. Im April 1943 erhielt er eine schwere Kopfverletzung, durch die auch sein Augenlicht stark beeinträchtigt wurde. Er mußte sich in den folgenden Jahren verschiedenen Operationen unterziehen, die aber seine völlige Erblindung nicht verhindern konnten.

Bereits nach seiner Entlassung aus dem Heeresdienst im Jahre 1943 hat er sich wieder bei der Beklagten gemeldet, obwohl er damals noch nicht arbeitsfähig war, ebenso auch später, insbesondere im Jahre 1949. Die Beklagte lehnte aber seine Beschäftigung ab und zwar auch dann, als die Hauptfürsorgestelle sich darum bemühte, so daß diese im April 1953 die Zwangseinweisung des Klägers vornahm. Auf die von der Beklagten erhobene Beschwerde wurde indessen dieses Verfahren ausgesetzt, damit der Kläger über den Fortbestand seines Arbeitsverhältnisses eine Entscheidung des Arbeitsgerichts herbeiführe.

Seiner dahingehenden Klage wurde in allen Instanzen stattgegeben.

Aus den Gründen:

Die Revision greift die Feststellung nicht an, daß mangels Zustimmung der Hauptfürsorgestelle eine wirksame Kündigung nicht vorliege, meint aber, daß es einer Kündigung nicht bedurft hätte. Das Arbeitsverhältnis des Klägers habe vielmehr ohne weiteres dadurch sein Ende gefunden, daß er infolge Erblindung seine vertraglichen Dienste nicht mehr leisten könne und die Beklagte gemäß §§ 275, 323 ff. BGB. von ihrer Verpflichtung frei geworden sei.

Die Beklagte übersieht aber, daß nach ständiger Rechtsprechung (vgl. RAG. ARS. 37, 241; 40, 351; 43, 168; RGR. Kom. § 611 Vorbem. 2) die im wesentlichen auf den Austausch von Einzelleistungen abgestellten Grundsätze des BGB. über die Unmöglichkeit auf Arbeitsverhältnisse nicht anwendbar sind, da das Arbeitsverhältnis selbst wesenhaft durch die auf Treue und Fürsorge gegründete personenrechtliche Bindung zwischen Arbeitnehmer und Arbeitgeber bestimmt ist (BAG. AP. § 616 BGB. Nr. 2). Hier bestehen noch andere Pflichten, die, wie die Verpflichtung auf Fortzahlung des Lohnes gemäß § 616 BGB., § 133 c GewO., § 63 HGB. gerade erst bei unverschuldeter Unmöglichkeit der Arbeitsleistung in Wirkung treten; ebenso ist die vorzeitige Lösung des Dienstverhältnisses durch die Kündigungsvorschriften grundsätzlich abschließend geregelt (vgl. RGZ. 119, 267; RAG. ARS. 25, 119). Alles dies gilt insbesondere und in verstärktem Maße bei Schwerbeschädigten. Denn Ziel des Schwerbeschädigtenschutzes (vgl. § 20 Abs. 3 d. Ges.) ist gerade, dem Schwerbeschädigten seinen Arbeitsplatz zu erhalten oder ihn wieder in den Arbeitsprozeß einzugliedern, damit er sich nicht als überflüssiger Rentenbezieher zu fühlen braucht und die psychischen Einflüsse seiner Beschädigung gemindert werden. Aus dem Sinn und Zweck des Schwerbeschädigtenschutzes sowie aus der aus dem Arbeitsverhältnis fließenden Treupflicht (vgl. RAG. ARS. 42, 132) ergibt sich die Pflicht des Arbeitgebers, den Beschäftigten, wenn er seine frühere Arbeit nicht wieder aufnehmen kann, in seinem Betriebe, wenn irgend möglich, mit anderen Arbeiten zu beschäftigen und zwar selbst dann, wenn die Schwerbeschädigung nicht auf einen Unfall in dem Betrieb zurückzuführen ist (vgl. Becker, SchwBeschG. § 14 Anm. 10; Monjau, SchwBeschG. § 14 Anm. 4a; Sellmann, SchwBeschG. § 14 Anm. 32; Zigan, SchwBeschG. § 14 Anm. 30ff.; wohl auch Wilrodt-Gotzen, SchwBeschG. § 14 Anm. 30; vgl. auch § 12 Abs. I, IV SchwBeschG.). Es geht deshalb nicht an, wegen des Umstandes, der die Schwerbeschädigteneigenschaft begründet, ein von selbst eintretendes Erlöschen des Arbeitsverhältnisses anzunehmen. Aus den angeführten Gründen muß der Arbeitgeber auch, bevor er eine Weiterbeschäftigung überhaupt ablehnt, schon wegen der psychischen Wirkung auf die Wiedergesundung grundsätzlich warten, bis Klarheit darüber besteht, welche Arbeiten der Schwerbeschädigte leisten kann, und zwar über die aus der Lohnfortzahlungspflicht bei Krankheit sich ergebenden Fristen hinaus. Glaubt er aus betrieblichen Gründen nicht warten zu können, so muß er bei der Hauptfürsorgestelle die Genehmigung zur Kündigung beantragen, die dann darüber zu entscheiden hat, ob eine Lösung des Arbeitsverhältnisses mit den Zwecken des Schwerbeschädigtenschutzes vereinbar ist. So lange er dies nicht tut, kann der Schwerbeschädigte darauf vertrauen, daß er in seinem alten Betrieb wieder Arbeit findet, sobald er arbeitsfähig ist. Sein bloßes Schweigen und Abwarten bis zu diesem Zeitpunkt kann nur unter ganz besonderen Umständen als ein Einverständnis mit der Auflösung des Arbeitsverhältnisses oder als ein Verzicht auf die ihm als Schwerbeschädigten zustehenden Rechte angenommen werden. Aus seinen Erklärungen oder seinem sonstigen Verhalten muß sich eindeutig ergeben, daß er auf eine Wiederbeschäftigung in seinem alten Betrieb kein Gewicht legt.

Aus diesen Gründen sind die Feststellungen des Berufungsgerichts, daß der Kläger mit der Lösung des Arbeitsverhältnisses nicht einverstanden gewesen und auch in seinem längeren Warten mit der Klageerhebung kein Verzicht auf seine Rechte zu erblicken sei, rechtlich nicht zu beanstanden. Denn der Kläger hat sofort nach seiner Entlassung aus dem Wehrdienst im Jahre 1943 und auch später noch im Jahre 1949 sich bei der Beklagten gemeldet und ersichtlich wegen seiner Beschäftigung Rücksprache genommen, obwohl seine Behandlung damals noch nicht abgeschlossen war und der Umfang der Beeinträchtigung seiner Sehfähigkeit noch nicht feststand, dies vielmehr erst im Jahre 1950 der Fall war. Auch hatte er bis zum Jahre 1951 keine Wohnung in D., war also im Hinblick auf seine Erblindung gar nicht in der Lage, seine Tätigkeit in dem Betrieb der Beklagten wieder aufzunehmen. Es ist daher verständlich, daß er nicht auf seine Wiedereinstellung energisch gedrungen, auch zunächst keine Klage erhoben hat, da er eine Arbeitsleistung gar nicht anbieten konnte. Überdies hat er der Beklagten durch seine — wenn auch beschränkte — Kundenwerbung in seinem damaligen Aufenthaltsbezirk hinreichend zu erkennen gegeben, daß er sich nicht mit der Sicherung seines Lebensunterhalts durch die Kriegsrente begnügen, sondern wieder tätig werden wollte. Aus allem diesem mußte die Beklagte entnehmen, daß der Kläger eine Weiterbeschäftigung bei ihr wünschte, zumal sie bei der Hauptfürsorgestelle eine Kündigung nicht beantragt hat.

Aus den gleichen Gründen konnte auch aus dem Verhalten des Klägers eine Verwirkung nicht gefolgert werden. Denn hatte die Beklagte nach den gesetzlichen Bestimmungen über das Ruhen des Arbeitsverhältnisses während der Wehrdienstzeit und dem Sinn und Zweck des Schwerbeschädigtengesetzes die Pflicht, den Kläger soweit als möglich in ihrem Betrieb zu beschäftigen und mit dem endgültigen Bescheid zu warten, bis Klarheit über seine Beschäftigungsmöglichkeit bestand, und hatte der Kläger seinen Wunsch, sich wieder zu betätigen, der Beklagten erkennbar zum Ausdruck gebracht, so verstieß er nicht gegen Treu und Glauben, wenn er zunächst mit der Klageerhebung wartete, bis er im Betrieb der Beklagten wieder tätig sein konnte. Es kann auch nichts daraus hergeleitet werden, daß er, als die Beklagte sich weiter ablehnend verhielt, zunächst seine Wiedereinstellung durch die gerade für Schwerbeschädigte bestimmte Dienststelle zu erreichen suchte und die Klage erst erhob, als in diesem Verfahren eine gerichtliche Klarstellung verlangt wurde. Es lag für ihn nahe, sich auf jeden Fall an diese Stelle zu wenden, so daß dieser sein Schritt nicht dahin aufgefaßt werden kann, er habe selbst sein Arbeitsverhältnis als erloschen angesehen.

28

Der Jugendliche hat nach Erfüllung der erstmaligen Wartezeit von drei Monaten ohne Rücksicht auf die weitere Dauer des Arbeitsverhältnisses einen vollen Urlaubsanspruch in Höhe von mindestens 24 Arbeitstagen.

Das Verbot der Urlaubsabgeltung nach § 23 Abs. 6 des Niedersächsischen Arbeitsschutzgesetzes für Jugendliche besteht seinem Sinne nach nur für die Dauer des Arbeitsverhältnisses.

Niedersächsisches Arbeitsschutzgesetz für Jugendliche § 23 Abs. 1, Abs. 2 Satz 1, Abs. 3 Satz 1, Abs. 6; Niedersächsisches Urlaubsgesetz § 3 Abs. 2 Satz 1.

II. Senat. Urteil vom 24. September 1955 i. S. G. (Bekl.) w. St. (Kl.) 2 AZR 269/55.

I. Arbeitsgericht Lüneburg. — II. Landesarbeitsgericht Hannover.

Die am 10. Oktober 1936 geborene Klägerin war bei dem Beklagten vom 15. April 1954 bis zum 31. Juli 1954 als landwirtschaftliche Gehilfin tätig. Sie hat 6 Tage Urlaub erhalten, ist aber der Ansicht, daß ihr nach dem Niedersächsischen Arbeitsschutzgesetz für Jugendliche vom 9. Dezember 1948 i. d. F. des Änderungsgesetzes vom 16. Mai 1949 ein voller Jahresurlaub von 24 Tagen zustehe. Sie forderte für weitere 18 Tage eine Urlaubsabgeltung.

Das Arbeitsgericht hat die Klage abgewiesen, das Landesarbeitsgericht hat ihr stattgegeben.

Die Revision des Beklagten hatte keinen Erfolg aus folgenden

Gründen:

Die Berechtigung der Klageforderung ist davon abhängig, ob der Klägerin nach dem Niedersächsischen Arbeitsschutzgesetz für Jugendliche vom 9. Dezember 1948 in der Fassung des Änderungsgesetzes vom 16. Mai 1949 (GVBl. 48 S. 179; 49, S. 116) und des Bundesgesetzes zur Änderung des Niedersächsischen Arbeitsschutzgesetzes für Jugendliche vom 21. Juni 1951 (BGBl. I S. 399) ein voller Urlaub von 24 Arbeitstagen oder, unter Berücksichtigung der Bestimmungen des Niedersächsischen Urlaubsgesetzes vom 10. Dezember 1948 (GVBl. S. 179), nur ein teilweiser Urlaub, bemessen nach der Dauer ihrer Tätigkeit im Kalenderjahr 1954, zusteht.

Sowohl das Niedersächsische Arbeitsschutzgesetz für Jugendliche als auch das Niedersächsische Urlaubsgesetz, die in einem derart engen zeitlichen Zusammenhang verkündet worden sind, daß man hier nicht sagen kann, das spätere Gesetz habe als späteres Gesetz etwa entgegenstehende Vorschriften des früheren Gesetzes aufgehoben, setzen jedes für sich die Dauer des Urlaubs Jugendlicher auf 24 Tage fest. Das Arbeitsschutzgesetz für Jugendliche regelt dann aber allein und ohne Bezugnahme auf das Urlaubsgesetz die näheren Fragen der Entstehung des Urlaubsanspruchs und der Gewährung des Urlaubs. Seine Bestimmungen müssen daher als die sondergesetzliche Regelung des Urlaubs Jugendlicher angesehen werden und schließen deshalb die Anwendung der Bestimmungen des Urlaubsgesetzes aus, soweit dies nicht zur Ausfüllung einer echten Gesetzeslücke aus allgemeinen urlaubsrechtlichen Erwägungen geboten sein mag. Dementsprechend bestimmt die Durchführungsverordnung zum Urlaubsgesetz vom 10. Dezember 1948 (NiedersGVBl. S. 179) zu § 2 Abs. 1 dieses Gesetzes auch, daß der Urlaub für jugendliche Arbeitnehmer sich nach § 23 des Arbeitsschutzgesetzes für Jugendliche richtet.

Nach § 23 Abs. 1 des Arbeitsschutzgesetzes für Jugendliche entsteht der Anspruch auf Urlaub für Jugendliche erstmalig nach dreimonatiger ununterbrochener Zugehörigkeit zum Betriebe. Ein solcher Anspruch besteht aber nicht, soweit der Jugendliche für das Kalenderjahr bereits in einem anderen Betrieb Urlaub erhalten hat. Die Zwölftelung des Urlaubs für den Fall, daß der Arbeitnehmer innerhalb eines Kalenderjahres weniger als zwölf Monate in einem Betrieb tätig ist, wie sie § 3 Abs. 2 Satz 1 des Urlaubsgesetzes vorsieht, ist in dem Arbeitsschutzgesetz für Jugendliche nicht aufgeführt. Das Berufungsgericht ist der Ansicht, daß eine Zwölftelung des Urlaubs Jugendlicher entsprechend der vorgenannten Bestimmung des Urlaubsgesetzes nicht zulässig sei. Bereits für die Regelung des § 21 des Jugendschutzgesetzes vom 30. April 1938 (RGBl. I S. 437), dem Vorbild des § 23 des Niedersächsischen Arbeitsschutzgesetzes für Jugendliche, habe die Rechtsprechung den vollen Urlaubsanspruch bei vorzeitigem Ausscheiden anerkannt. Eine solche Auslegung stehe im Einklang mit dem Gesetzeszweck; der einem Jugendlichen zustehende Urlaub diene seiner nachhaltigen Erholung, die nicht eintreten könne, wenn der Urlaub von längerer Dauer nicht möglichst zusammenhängend gewährt werde.

Der Auffassung des Berufungsgerichts ist zuzustimmen. Zwar deutet die Bestimmung des § 23 Abs. 1 Satz 3 des Niedersächsischen Arbeitsschutzgesetzes für Jugendliche, wonach der Urlaubsanspruch nicht bestehen soll, „soweit" der Jugendliche für das Kalenderjahr bereits in einem anderen Betrieb Urlaub erhalten hat, darauf hin, daß der Gesetzgeber vielleicht doch an eine Teilung des Urlaubs gedacht haben könnte. Gegen eine solche Annahme sprechen aber schon die beachtlichen Erwägungen des Berufungsgerichts. Insbesondere ist ferner zu berücksichtigen die Bestimmung des § 23 Abs. 3 des Arbeitsschutzgesetzes für Jugendliche, wonach der Urlaub zusammenhängend gewährt werden soll. Nicht zuletzt muß gesehen werden, daß die Zwölftelung des Urlaubs gemäß § 3 Abs. 2 des Urlaubsgesetzes nach dem Aufbau dieser Vorschrift sich nur auf den Urlaub des erwachsenen Arbeitnehmers bezieht. Dem Senat erscheint danach eine solche Auslegung des § 23 des Arbeitsschutzgesetzes für Jugendliche gerechtfertigt, die entsprechend dem Gesetzeszweck dem Jugendlichen einen zusammenhängenden Urlaub zu verschaffen vermag. Es ist daher davon auszugehen, daß der Jugendliche nach der hier gegebenen Erfüllung der erstmaligen Wartezeit von drei Monaten ohne Rücksicht auf die weitere Dauer des Arbeitsverhältnisses einen vollen Urlaubsanspruch in Höhe von mindestens 24 Arbeitstagen hat (a. A. Maus, Urlaubsgesetz und Hausarbeitstagsgesetz für Niedersachsen, S. 80 ff.; Dersch, Die Urlaubsgesetze, Anm. 385). Im vorliegenden Falle hat danach das Berufungsgericht zu Recht angenommen, daß die Klägerin, nachdem sie mehr als drei Monate bei dem Beklagten tätig war, einen Urlaub von 24 Tagen fordern konnte.

Gegen die Zuerkennung des Abgeltungsanspruchs bestehen keine rechtlichen Bedenken. Das Verbot der Urlaubsabgeltung nach § 23 Abs. 6 des Arbeitsschutzgesetzes für Jugendliche besteht seinem Sinne nach nur für die Dauer des Arbeitsverhältnisses (Maus, a. a. O. S. 95). Nach seiner Beendigung kann der Urlaub vom Arbeitgeber tatsächlich nicht mehr gewährt werden. Ihn aber deswegen von jeder Verpflichtung freizustellen, ist mit dem zwingenden Urlaubsgebot jedenfalls dann nicht vereinbar, wenn der Arbeitnehmer, wenn auch ohne Verschulden des Arbeitgebers, seinen Urlaub bislang nicht nehmen konnte (Maus, a. a. O., S. 96). Es muß dann wenigstens die Zahlung der Urlaubsvergütung erfolgen, um den jugendlichen Arbeitnehmer in die Lage zu versetzen, sich vor Antritt der neuen Stelle eine Erholungszeit zu verschaffen oder von seinem neuen Arbeitgeber unbezahlte Freizeit zu erbitten (vgl. Dersch, a.a. O., Anm. 686 ff., insbesondere Anm. 693).

29

1. Aus dem Gesichtspunkt der Betriebsübernahme heraus haftet der neue Arbeitgeber nicht für rückständige Lohnschulden des früheren Arbeitgebers.

2. Wird aus der Firma eines Einzelkaufmanns nur der auf die Betriebsart sich beziehende Zusatz, nicht aber der Vor- und Familienname des Einzelkaufmanns in die Firma der den Betrieb übernehmenden GmbH. aufgenommen, so haftet diese nicht aus § 25 HGB.

BGB. §§ 415, 613; HGB. § 25.

II. Senat. Urteil vom 26. Mai 1955 i. S. I. (Kl.) w. St. (Bekl.)
2 AZR 38/54.

I. Arbeitsgericht Heilbronn. — II. Landesarbeitsgericht Stuttgart.

Dem Kläger steht aus den Monaten Oktober und November 1951 noch eine rückständige Lohnforderung gegen die Firma „I.-Werk O. Ing. W. Sch." zu, bei der er als Maurer tätig war. Er verlangt die Bezahlung dieser rückständigen Lohnforderung von der Beklagten, die als „I.-W. O. GmbH." durch die Städtische Girokasse in St. zur Rettung ihres der alten Firma gewährten Kredits gegründet worden ist.

Der Kläger behauptet, ihm und den anderen Arbeitern sei von dem Direktor der Städtischen Girokasse und nachmaligem Geschäftsführer der GmbH. G. sowie dem Lohnbuchhalter L. wiederholt versprochen worden, daß ihnen der rückständige Lohn bezahlt werde, sobald das Vertragswerk über die Gründung der GmbH. abgeschlossen und das vorhandene Material verarbeitet sei.

Arbeitsgericht und Landesarbeitsgericht haben der Klage stattgegeben. Das Landesarbeitsgericht hat zwar abweichend vom Arbeitsgericht angenommen, daß die Wirkung einer Betriebsübernahme ausschließlich für die Zukunft bestimmt sei. Die Verurteilung der Beklagten hat es aber aus § 25 HGB. für gerechtfertigt erachtet.

Die vom Landesarbeitsgericht zugelassene Revision führte zur Aufhebung und Zurückverweisung.

Aus den Gründen:

1. Daß die Betriebsübernahme als solche keine Haftung der Beklagten für rückständige Lohnschulden auslöst, hat das Landesarbeitsgericht mit zutreffenden Gründen dargelegt.

Zwar ist in Abweichung von der gesetzlichen Regel des § 613 Satz 2 BGB. heute grundsätzlich davon auszugehen, daß der Arbeitnehmer bei einem Wechsel des Betriebsinhabers seine Dienste ohne weiteres dem neuen Betriebsinhaber zu leisten bereit ist und daß der neue Betriebsinhaber in die bestehenden Arbeitsverhältnisse der Belegschaft eintreten will. Denn unter den heutigen Wirtschafts- und Arbeitsverhältnissen ist anzunehmen, daß der Arbeitnehmer in der Regel in einem bestimmten Betrieb auf einem bestimmten Arbeitsplatz und unter bestimmten Arbeitsbedingungen tätig werden will, ohne daß es ihm dabei auf die Person des Betriebsinhabers ankommt; auf der anderen Seite ist bei einer Betriebsübernahme dem neuen Arbeitgeber in der Regel an der Weiterbeschäftigung der vorhandenen Arbeitnehmer gelegen (vgl. Hueck bei Hueck-Nipperdey I 292).

Daraus ergibt sich aber noch keine Haftung des neuen Arbeitgebers für rückständige Lohnansprüche. Das würde voraussetzen, daß die Dienste des Arbeitnehmers einem Unternehmen geleistet werden, das als solches Rechtssubjekt wäre, in dem der Inhaber also nicht Eigentümer ist oder eine entsprechende Stellung innehat, sondern im wesentlichen nur die Rolle eines Funktionärs spielte. Das kann aber bei der heute bestehenden Wirtschaftsverfassung nicht angenommen werden. Sie kennt keine für sich bestehenden Unternehmenssubstrate, die als Vermögensmasse Träger von Rechten und Pflichten wären. Auch soweit eine juristische Person, also etwa eine Gesellschaft mit beschränkter Haftung oder eine Aktiengesellschaft oder auch eine Stiftung, Trägerin des Unternehmens ist, fällt sie nicht mit dem Unternehmen selbst zusammen.

Die Frage, ob die arbeitsrechtlich bedeutsame Betriebsübernahme sich in mehrere rechtsgeschäftliche Akte aufgliedert, nämlich Abtretung der Forderungen und Übernahme der Verbindlichkeiten durch den neuen Betriebsinhaber sowie das Einverständnis des Arbeitnehmers hiermit, oder ob ein einheitlicher Rechtsakt der Betriebsübernahme vorliegt, also ein Gesamteintritt des neuen Betriebsinhabers in alle Rechte und Pflichten des Arbeitsvertrages, konnte dahingestellt bleiben. Denn auch dann, wenn man, bei einer vergleichbaren Heranziehung des § 571 BGB., in der Betriebsübernahme einen einheitlichen Akt des Vertragseintritts sieht (vgl. Nikisch, Arbeitsrecht, 2. Aufl. S. 543) und die Betriebsübernahme nicht in Abtretung der Forderungen und Übernahme der Verbindlichkeiten zerlegt, so wirkt nach den Ausführungen eben die Betriebsübernahme selbst immer nur für die in Zukunft nach der Übernahme fällig werdenden Leistungen, ähnlich wie nach § 571 BGB. der neue Erwerber nur in die sich während der Dauer seines Eigentums aus dem Mietverhältnis ergebenden Rechte und Pflichten eintritt, aber nicht rückständige Verpflichtungen übernimmt (vgl. hierzu auch Staudinger-Nipperdey, 10. Aufl. § 613 A 22 und Hueck in BB. 51, 365).

Eine Haftung des Betriebsübernehmers für rückständige Lohnschulden des alten Betriebsinhabers kann also nur bestehen, wenn die Voraussetzungen der §§ 414, 415 BGB. oder § 25 HGB. vorliegen.

2. Aus § 25 HGB. (Geschäfts- und Firmenfortführung) haftet die Beklagte nicht. Sie hat zwar den Betrieb des Ingenieurs W. Sch. fortgeführt, sie hat aber nicht, was für die Anwendung des § 25 HGB. außerdem erforderlich ist, die bisherige Firma, unter der dieser den Betrieb geführt hatte, übernommen. Zwar hat die Beklagte das Wort „I.-Werk O.", das der Ingenieur W. Sch. in seiner Firma führte, ebenfalls weiter gebraucht. Dieses Wort stellt einen nach § 18 Abs. 2 Satz 2 HGB. zulässigen Zusatz dar; wesentlicher Kern der Firma aber war, da es sich um die Firma eines Einzelkaufmannes handelte, gemäß § 18 HGB.

der Familienname und mindestens ein augeschriebener Vorname des Inhabers, also „W. Sch.". Von diesem Firmenkern hat die Beklagte in ihre Firma nichts übernommen. Wenn in §§ 18 bis 24 HGB. bestimmt ist, wie die Firma zu lauten hat, so muß nach dem Zusammenhang dieser Vorschriften mit der dann folgenden Bestimmung des § 25 HGB. über die Firmenfortführung angenommen werden, daß letztere Regelung keine neue Aussage über den rechtlich wesentlichen Inhalt der Firma macht. Man kann also nicht, wie es das Landesarbeitsgericht will, mit Erwägungen über den angeblichen Sinn und Zweck des § 25 HGB. daran vorbeikommen, daß das, was „Firma" im Sinne des § 25 HGB. bedeutet, nun einmal in § 18 HGB. genau angegeben ist.

Das Bundesarbeitsgericht befindet sich mit seiner Auslegung des § 25 HGB. in Übereinstimmung mit der einhelligen Rechtsprechung des Reichsgerichts und des Reichsarbeitsgerichts. Beide haben zwar gewisse Abweichungen der neuen Firmenbezeichnung von der alten für unschädlich erachtet; so wurde sogar anerkannt, daß eine Firmenfortführung vorliegt, wenn der Vorname des bisherigen Inhabers, der in der alten Firma enthalten war, nicht in die neue aufgenommen wurde (vgl. RAG. in JW. 33, 1852 und HRR. 33 Nr. 1665; RGZ. 113, 308). Wenn aber nur die schlagwortartige Bezeichnung des Handelsgeschäfts unter Beifügung eines die gesellschaftliche Art kennzeichnenden Zusatzes ohne den Firmenkern der alten Firma geführt wird, ist die Anwendung des § 25 HGB. verneint worden (vgl. RGZ. 145, 274).

3. Ob die Voraussetzungen einer Schuldübernahme oder eines Schuldbeitritts nach § 415 BGB. vorliegen, hat das Landesarbeitsgericht infolge seiner Auffassung zu § 25 HGB. nicht hinreichend geprüft. Seine tatsächlichen Feststellungen hierzu sind nicht eindeutig.... wird ausgeführt). Wenn das Landesarbeitsgericht diese Feststellungen mit dem Satz abschließt, daß sich auf Grund dieser Aussagen keine Schuldmitübernahme der Beklagten begründen lasse, so handelt es sich dabei nicht mehr um Beweiswürdigung und tatsächliche Feststellung, sondern um die rechtliche Würdigung tatsächlicher Feststellungen, die nicht bedenkenfrei ist. Zwar sind diese Zusagen vor der Gründung der Beklagten gemacht worden. Gemäß § 11 Abs. 2 GmbH.-Gesetz haften also die Gründer selbst. Ein Übergang dieser Verbindlichkeiten auf die beklagte GmbH. ist jedoch, sobald sie gegründet ist, durchaus möglich und vollzieht sich sogar in der Regel (vgl. Scholz, Kommentar zum GmbH.-Gesetz § 11 A 9; RGZ. 116, 72 — in einem Fall aus dem Aktienrecht —). Ob die Beklagte die Zusagen ihrer Gründer als eigene Verbindlichkeit übernommen hat, wird vom Landesarbeitsgericht noch zu prüfen sein.

Dabei wird zu berücksichtigen sein, daß die Beklagte zumindest im wirtschaftlichen Ergebnis die Dienste der Arbeitnehmer seit ihrer Gründung in Anspruch genommen hat. Hierin kann in Verbindung mit den Zusagen des Direktors und Gründers G. eine Schuldübernahme oder ein Schuldbeitritt der Beklagten liegen, insbesondere bei einer Treu und Glauben berücksichtigenden Betrachtung (vgl. auch Baumbach, GmbH.-Gesetz § 11 A 3 F und RGZ. 116, 74).

30

Die Arbeitsgerichte sind auch zuständig für Versorgungsansprüche von Arbeitnehmern, die diese gemäß § 59 a RegGes. nicht gegen ihren früheren Dienstherrn, sondern gegen das Land, in dem sie ihren Wohnsitz haben, erheben. An der Entscheidung BAG. 1, 205 wird festgehalten.

ArbGG. § 2 Ziff. 2, Abs. 4; RegGes. zu Art. 131 GG. § 59 a.

II. Senat. Urteil vom 15. September 1955 i. S. Sch. (Kl.) w. B. (Bekl.)
2 AZR 170/55

I. Arbeitsgericht Berlin. — II. Landesarbeitsgericht Berlin.

Gründe:

Das Landesarbeitsgericht hält die Entscheidung des Senats vom 16. Dezember 1954 (BAG. 1, 205), das die Arbeitsgerichte für die Versorgungsansprüche der Arbeitnehmer aus dem Regelungs-Gesetz zuständig seien, auf den vorliegenden Rechtsstreit nicht für anwendbar, weil der Kläger die Beklagte nicht aus einem früheren Arbeitsverhältnis in Anspruch nehme, sondern seine Ansprüche gegen die Beklagte nur aus den Bestimmungen der §§ 52, 58 Abs. I Satz 2, 59 a des Regelungs-Gesetzes herleite. Diese Bestimmungen enthielten nur eine Anweisung für die Auszahlung und über die Prozeßlast, d. h. nur eine Aufgabenübertragung im öffentlichen Sektor, gäben aber keinen hinreichenden Anhalt dafür, daß arbeitsrechtliche Beziehungen zwischen dem, der den Anspruch geltend macht, und der gemäß §§ 58 ff. auf Grund seines Wohnsitzes in Anspruch genommenen Behörde beständen. Eine Zuständigkeit der Arbeitsgerichte aus § 2 Abs. 1 Ziff. 2 ArbGG. lasse sich also nicht begründen, und es könnten deshalb, weil nach der Entscheidung des Oberverwaltungsgerichts Berlin für die Ansprüche des Klägers die Verwaltungsgerichte nicht zuständig seien, nur die ordentlichen Gerichte in Frage kommen.

Im Grunde genommen hat sich also das Landesarbeitsgericht der vom Bayerischen Gerichtshof für Kompetenzkonflikte in seinem Urteil vom 14. Januar 1954 (Neue Deutsche Beamtenzeitung 1955 S. 136) und der vom Hessischen Verwaltungsgerichtshof in seiner Entscheidung vom 10. Dezember 1954 (in Abschrift Bl. 154 der vorinstanzl. Akten) vertretenen Meinung angeschlossen, daß mit dem Zusammenbruch alle öffentlich-rechtlichen und privatrechtlichen Beziehungen zwischen Beamten und Arbeitnehmern auf der einen und ihren früheren Dienstherren auf der anderen Seite, insbesondere auch die Verpflichtungen der letzteren, erloschen seien und durch das zur Ausführung des Artikel 131 GG. ergangene Regelungs-Gesetz dem Bund soziale Versorgungspflichten auferlegt würden, die nicht zur Erfüllung früherer Ansprüche aus dem Dienstvertrag dienten, sondern eine rein öffentlichrechtliche Natur hätten. Die Zuständigkeit der ordentlichen Gerichte für diese Ansprüche folgert das angefochtene Urteil nur daraus, daß diese über alle Ansprüche zu entscheiden haben, soweit nicht andere Gerichte zuständig seien.

Der Senat hat sich mit der von dem Bayerischen Gerichtshof für Kompetenzkonflikte und dem Hessischen Verwaltungsgerichtshof vertretenen Meinung bereits in seinem Urteil BAG. 1, 205 auseinandergesetzt. Er hat darauf hingewiesen, daß zur Erfüllung staatlicher Aufgaben auch unmittelbar durch Gesetz privatrechtliche Ansprüche gegenüber einer öffentlichen Behörde begründet werden könnten und es als Ziel des Regelungs-Gesetzes bezeichnet, den früheren öffentlich Bediensteten soweit wie möglich eine ihrer alten Stellung entsprechende neue Stellung, bzw. so lange dies nicht möglich ist, Übergangsgeld oder Versorgungsansprüche entsprechend ihren früheren Versorgungsansprüchen zu verschaffen. Es werde nicht ein für alle Beamten und Arbeitnehmer gleichartiger Anspruch gewährt, sondern die Ansprüche seien im Hinblick auf das frühere Dienstverhältnis verschieden. Demgemäß sei für die Rechte aus dem Regelungs-Gesetz das Wesen und der Charakter des früheren Dienstverhältnisses maßgebend und daraus ergebe sich die Zuständigkeit der Gerichte, d. h. der Verwaltungsgerichte gemäß dem neueren Beamtenrecht für die öffentlich-rechtlichen Ansprüche der Beamten, und der Arbeitsgerichte für die Ansprüche der auf privaten Dienstvertrag angestellten Arbeitnehmer.

An dieser Rechtsauffassung muß der Senat auch bei nochmaliger Prüfung festhalten; die Rechtslehre (vgl. Reinhardt in Anm. AP. Regelungs-Gesetz § 52 Nr. 2) und die Rechtsprechung der übrigen Verwaltungsgerichte sind der gleichen Meinung. Auch das Bundesverwaltungsgericht geht in seiner Entscheidung vom 10. Juni 1955 (Zeitschrift für Beamtenrecht 1955 S. 242) davon aus, daß das Regelungs-Gesetz an die frühere Rechtsstellung der unter das Gesetz fallenden Personen anknüpft, ihnen ihre Rechtsstellung soweit wie möglich zu erhalten oder wiederherzustellen sucht und zu diesem Zweck den Beamten beamtenrechtliche, den Angestellten und Arbeitern arbeitsrechtliche Ansprüche gewährt, bei letzteren also die Ansprüche aus dem Regelungs-Gesetz arbeitsrechtlicher Natur sind. Sonderbestimmungen über die Zuständigkeit sind, wie das Bundesverwaltungsgericht hervorhebt, nicht erfolgt.

Auch im vorliegenden Falle ist die Rechtslage nicht anders. Nach den Klagebehauptungen, von denen nach ständiger Rechtsprechung (BAG. 1, 102; RAG. ARS. 6, 431; 10, 20, 205) bei der Prüfung der Zulässigkeit des Rechtsweges oder der Zuständigkeit auszugehen ist, hat der Kläger vor dem Zusammenbruch in einem Dienstverhältnis zu dem Reich gestanden; seine oberste Dienstbehörde war das Reichsverkehrsministerium, seine letzte Dienststelle war der Bevollmächtigte für den Nahverkehr in Breslau oder vielleicht auch die ihm entsprechende Dienststelle in Düsseldorf. Voraussetzung für seine Ansprüche ist nach § 52 Regelungs-Gesetz und § 2 Ziff. 1 der 3. DVO. i. d. F. vom 10. Juni 1955 (BGBl. I, 283), daß er am 31. März 1938 mindestens 10 Jahre im öffentlichen Dienst stand oder vertraglich nur aus wichtigem Grunde kündbar war und ferner auch auf Grund seines Arbeitsvertrages Versorgungsansprüche hatte. Seine Ansprüche haben also ihre Grundlage in dem früheren Arbeitsverhältnis, sie ergeben sich eben im Hinblick auf dieses frühere Verhältnis und gestalten so ihren Charakter. Damit ist die Zuständigkeit der Gerichte für Arbeitssachen gemäß § 2 Ziff. 2 ArbGG. begründet. Eine andere Auffassung würde dem inneren Zusammenhang zwischen dem früheren Arbeitsverhältnis und dem jetzigen Anspruch nicht gerecht. Ein Anspruch auf Wiedereinstellung, für den der Rechtsweg nicht zulässig ist (BAG 1, 205/209), ist nicht geltend gemacht. Nach § 2 Abs. 4 ArbGG. ist die Zuständigkeit der Gerichte für Arbeitssachen auch dann gegeben, wenn der Rechtsstreit zwischen Rechtsnachfolgern der ursprünglichen Parteien des Arbeitsvertrages geführt wird, und den Rechtsnachfolgern stehen gleich Personen, die kraft Gesetzes an die Stelle der sachlich Berechtigten und Verpflichteten getreten sind. Das letztere aber ist hier der Fall. Das Regelungs-Gesetz legt zwar die Verpflichtung zur Unterbringung und Versorgung im allgemeinen dem früheren Dienstherrn oder der Körperschaft, die die Aufgaben des früheren Dienstherrn übernommen hat, auf (vgl. §§ 63, 82 RegGes.). Soweit jedoch ein solcher Dienstherr nicht vorhanden ist, wie insbesondere im Falle des § 1 Abs. 1 b Regelungs-Gesetz, obliegt nach der ausdrücklichen Vorschrift des § 57 des Gesetzes entsprechend dem Grundsatz des Art. 120 GG. die Pflicht zur Erfüllung der Ansprüche dem Bund, an dessen Stelle wiederum gemäß § 58 Abs. 2 Satz 2 Regelungs-Gesetz die Länder die Zahlung zu leisten haben, die deshalb auch gemäß § 59 a Regelungs-Gesetz zu verklagen sind. Sie sind also im Sinne des § 2 Abs. 4 ArbGG. in einem arbeitsrechtlichen Verhältnis kraft Gesetzes an die Stelle des früheren Arbeitgebers getreten (so auch das Bundesverwaltungsgericht). Es handelt sich somit bei den Bestimmungen der §§ 58, 59 a Regelungs-Gesetz entgegen der Meinung des angefochtenen Urteils nicht nur um eine reine Auftragsübertragung im öffentlich-rechtlichen Sinne, sondern auch um eine Bestimmung über die Rechtsnachfolge, insbesondere im prozessualen Sinne.

Das Arbeitsgerichtsgesetz hat entgegen der Meinung des angefochtenen Urteils die Grenzen für die Zuständigkeit zwischen den ordentlichen Gerichten und den Arbeitsgerichten nicht danach gezogen, wer Partei in dem Rechtsstreit ist, ob also etwa ein Arbeitnehmer seinen Arbeitgeber verklagt. Entscheidend ist vielmehr der sachliche Charakter des Anspruchs, nämlich ob der Anspruch aus einem Arbeitsverhältnis herrührt. Das war, wie die Gründe des Urteils BAG. 1, 205 ergeben, die Grundlage, von der aus die Frage, ob für die Versorgungsansprüche der Arbeitnehmer die Verwaltungsgerichte oder die Arbeitsgerichte zuständig sind, entschieden worden ist. Das muß auch für den vorliegenden Fall gelten, wo es sich um die Frage der Zuständigkeit der Arbeitsgerichte oder der ordentlichen Gerichte handelt.

Aus diesen Gründen ist die Zuständigkeit der Arbeitsgerichte auch für den vorliegenden Rechtsstreit gegeben. Das angefochtene Urteil war daher aufzuheben und der Rechtsstreit zu der bisher noch nicht erfolgten sachlichen Nachprüfung der Ansprüche an das Landesarbeitsgericht zurückzuverweisen.

31

Auf ein Arbeitsverhältnis eines deutschen Arbeitnehmers bei der Besatzungsmacht sind die Bestimmungen des Kündigungsschutzgesetzes nicht anzuwenden.

KSchG. § 1, § 7.

II. Senat. Urteil vom 29. September 1955 i. S. Stadt Hamburg (Bekl.) w. N. (Kl.) 2 AZR 43/54.

I. Arbeitsgericht Hamburg. — II. Landesarbeitsgericht Hamburg.

Der Kläger, der bei einer Dienststelle der britischen Besatzungsmacht tätig war, wurde aus Sicherheitsgründen am 13. März 1953 unter Einhaltung der ihm zustehenden Kündigungsfrist gekündigt.

Er hat mit der Behauptung, der angegebene Kündigungsgrund sei nicht zutreffend, beantragt, die Rechtsunwirksamkeit der Kündigung festzustellen, hilfsweise, das Arbeitsverhältnis gegen Zahlung einer Entschädigung aufzulösen.

Die Beklagte (Freie und Hansestadt Hamburg) meint, daß das Kündigungsschutzgesetz auf das Arbeitsverhältnis des Klägers nicht angewendet werden könne.

Die britische Besatzungsbehörde hat auf Ersuchen des Arbeitsgerichts mitgeteilt, daß der Kläger aus Sicherheitsgründen gekündigt und sein Arbeitsverhältnis mit Ablauf der gesetzlichen Kündigungsfrist endgültig beendet worden ist.

Das Arbeitsgericht hat die Klage abgewiesen. Das Landesarbeitsgericht hat festgestellt, daß das Arbeitsverhältnis durch die Kündigung nicht beendet worden ist. Es hat aber das Arbeitsverhältnis zum Ablauf der Kündigungsfrist aufgelöst und die Beklagte verurteilt, an den Kläger eine Abfindung von 500,— DM zu zahlen.

Die Revision der Beklagten führte zur Wiederherstellung des klagabweisenden Urteils des Arbeitsgerichts.

Aus den Gründen:

I.

Gegen die Gerichtsbarkeit der deutschen Gerichte in Hinsicht auf Art. 2 (b) des Gesetzes Nr. 13 der AHK. bestehen nach der allgemeinen Ermächtigung des Hohen Kommissars des Vereinigten Königreichs für Deutschland vom 26. September 1950 (Amtsblatt der AHK. S. 619), die deutsche Gerichtsbarkeit in diesen Angelegenheiten auszuüben, keine Bedenken.

Auch die sachliche Zuständigkeit der Arbeitsgerichte und die Passivlegitimation der Beklagten sind zu bejahen. Eine gesetzliche Regelung der Arbeitsverhältnisse deutscher Arbeitnehmer bei den Besatzungsmächten ist bisher nicht getroffen worden. Die Bestimmungen des Vertrages über die Rechte und Pflichten ausländischer Streitkräfte und ihrer Mitglieder in der Bundesrepublik Deutschland in Art. 44 (BGBl. 1955 II S. 367) sind ebenso wie die Regelung des Tarifvertrages vom 28. Januar 1955 (MinBl. des Bundesministers der Finanzen S. 38) mangels einer ausdrücklichen Bestimmung ihrer Rückwirkung auf den vorliegenden Rechtsstreit nicht anwendbar (vgl. hinsichtlich des Tarifvertrages, Beitzke in RdA. 1955 S. 84). Nach der bisherigen tatsächlichen Übung in der britischen Besatzungszone erfolgte die Einstellung deutscher Arbeitskräfte durch die Besatzungsdienststellen. Diese hatten auch hinsichtlich der Arbeitsverhältnisse die allgemeine Weisungsbefugnis und sprachen die Kündigung bzw. Entlassung der Arbeitnehmer aus. Auf Anweisung der Besatzungsmacht zahlten die Behörden der Länder die Löhne der deutschen Arbeitnehmer. Nach der Arbeitsdirektive Nr. 11 in der Fassung vom 17. Juni 1949 sollten die deutschen Arbeitsbehörden die Beschäftigungsvergütungen entsprechend den Tarifordnungen oder Vereinbarungen über die Löhne und Gehälter der im Dienste deutscher Stellen stehenden Arbeitnehmer festsetzen. Sie sollten ferner darüber entscheiden, welche Entschädigung den Arbeitnehmern bei Beendigung des Dienstverhältnisses zu zahlen sei. Normalerweise sei den Arbeitnehmern durch die Besatzungsdienststellen unter Einhaltung einer entsprechenden Frist zu kündigen. Bei einer Entlassung ohne ordnungsgemäße Kündigung hätten die Arbeitsämter eine etwaige Zahlung zu regeln. Die deutschen Länder haben dieser Anweisung Folge geleistet. Die Arbeitnehmer richteten ihre Ansprüche gegen die Länder und erhoben auch gegen sie Klagen, auf die sich die Länder regelmäßig einließen. An sich sind die Besatzungslasten nach Art. 120 Abs. 1 GG. vom Bund zu tragen. Dies ist auch ausdrücklich hinsichtlich der Aufwendungen im Zusammenhang mit Lohn- und Gehaltszahlungen an Arbeitskräfte, die im Dienste der Besatzungsmächte stehen, in § 6 Abs. 1 Nr. 1 des Ersten Überleitungsgesetzes vom 28. November 1950 (BGBl. I S. 773) bestimmt. Nach einem Verwaltungsabkommen zwischen der Bundesregierung und den Länderregierungen vom 16. März 1950 (MinBl. des Bundesministers der Finanzen S. 202) sollten die Länder in ihrem Gebiet die Verwaltungsaufgaben auf dem Gebiete der Besatzungslasten durchführen. Da dies in der Tat hinsichtlich der Zahlungsverpflichtung gegenüber den Arbeitnehmern bei der Besatzungsmacht in der britischen Zone geschehen ist, kann an sich an einer rechtlichen Verpflichtung der Länder insoweit auch nicht gezweifelt werden. Unter Berücksichtigung der allgemeinen, ständigen und widerspruchslosen Übung der Länder, sich auf die Ansprüche der deutschen Arbeitnehmer bei der Besatzungsmacht einzulassen, sie bei Anerkennung zu begleichen und auch allenfalls hierüber sich der Gerichtsbarkeit der deutschen Arbeitsgerichte zu unterwerfen, ist die Entstehung eines Gewohnheitsrechtes anzunehmen, das dem einzelnen Arbeitnehmer aus seinem Arbeitsverhältnis einen Anspruch gegen das jeweilige Land gewährt (ebenso Dietz in AR.-Blattei, Besatzungsmacht, I B I, 5). Aus dieser Rechtslage ergibt sich die Passivlegitimation der Beklagten und die Zuständigkeit der Arbeitsgerichte (ebenso Urteil des BAG. vom 8. Juni 1955, AP. Nr. 2 § 9 MuSchG.). Hierfür spricht auch die neuere Regelung des Tarifvertrages vom 28. Januar 1955, auf den nach dem Schreiben des Bundesministers der Finanzen vom 31. Januar 1955 (MinBl. des Bundesministers der Finanzen S. 38) das deutsche Arbeitsrecht anzuwenden ist, und des Vertrages über die Rechte und Pflichten ausländischer Streitkräfte und ihrer Mitglieder in der Bundesrepublik Deutschland, der in Art. 44 Abs. 3 und 8 die Anwendung deutschen Arbeitsrechts und die Ausübung der deutschen Arbeitsgerichtsbarkeit bestimmt.

II.

Der Kläger verlangt mit der Klage gemäß § 1 KSchG. eine Entscheidung über die Rechtswirksamkeit seiner von der Besatzungsmacht ausgesprochenen Kündigung. Diese Kündigung stellt indessen ihrem Inhalte nach eine Anordnung der Besatzungsmacht im Sinne des Art. 3 Abs. 2 des Gesetzes Nr. 13 der AHK. dar. Steht deren Rechtsgültigkeit in Frage, so müssen die deutschen Gerichte nach Art. 3 Abs. 2 des Gesetzes Nr. 13 der AHK. das Verfahren aussetzen und die Frage an die Besatzungsbehörde überweisen. Deren Bescheid ist für die Gerichte bindend. Im vorliegenden Falle ist nun ein Bescheid der zuständigen britischen Besatzungsbehörde dahin ergangen, daß der Kläger aus Sicherheitsgründen entlassen und damit sein Arbeitsverhältnis mit Ablauf der gesetzlichen Kündigungsfrist endgültig beendet worden ist. Infolgedessen kann auch nicht gemäß § 1 KSchG. festgestellt werden, daß das Arbeitsverhältnis durch die Kündigung nicht aufgelöst ist. Die Besatzungsmacht kann nicht gezwungen werden, einen Arbeitnehmer weiter zu beschäftigen. Die deutschen Gerichte können überhaupt nicht prüfen, ob die von der Besatzungsmacht ausgesprochene Kündigung im Sinne des Kündigungsschutzgesetzes sozial gerechtfertigt ist. Denn die Besatzungsmacht ist zur Rechtfertigung ihrer Kündigung nicht verpflichtet, und das nur zur Zahlung verpflichtete Land ist dazu nicht in der Lage. Das Kündigungsschutzgesetz kann daher auf die Arbeitsverhältnisse der deutschen Arbeitnehmer bei der Besatzungsmacht keine Anwendung finden (ebenso Hueck, Kündigungsschutzgesetz, 3. Auflage,

Einleitung Ziff. 7; Herschel-Steinmann, Kündigungsschutzgesetz, 2. Auflage, § 1 Anm. 26 a; Dietz, a. a. O., III Ziff. 1 b; Beitzke, RdA. 1955 S. 87; LAG. Düsseldorf, AP. 53 Nr. 107 und LAG. Kiel, AP. 53 Nr. 182).

Eine sinngemäße Anwendung des § 7 KSchG. dahin, die Beklagte ausschließlich zur Zahlung einer Abfindung an den Arbeitnehmer zu verurteilen (vgl. Beitzke, Anm. zu AP. 53 Nr. 107), ist rechtlich nicht möglich. Denn die Zuerkennung einer Abfindung nach § 7 KSchG. setzt voraus, daß das Gericht zunächst feststellt, die Kündigung sei sozial nicht gerechtfertigt und das Arbeitsverhältnis daher durch die Kündigung nicht aufgelöst. Das Gericht könnte auch nicht prüfen, ob dem Arbeitnehmer die Fortsetzung des Arbeitsverhältnisses zuzumuten, oder ob eine den Betriebszwecken dienliche weitere Zusammenarbeit nicht zu erwarten ist, da es in dieser Hinsicht von der Besatzungsmacht keine Aufklärung verlangen kann. Zudem steht dem Gericht nicht die Befugnis zu, ein bei einer Besatzungsmacht bestehendes Arbeitsverhältnis aufzulösen. Es muß daher aus allen diesen Erwägungen eine Anwendung des § 7 KSchG. scheitern. In der Entscheidung des Bundesarbeitsgerichts vom 8. Juni 1955 (AP. Nr. 2 zu § 9 MuSchG.) war die Rechtslage insofern anders, als nach dem Zweck dieser Bestimmung der werdenden Mutter neben der Erhaltung des Arbeitsplatzes vor allem ihr Lohnanspruch gesichert werden soll, um sie vor wirtschaftlichen Nöten zu bewahren. Diese Pflicht konnte von dem zur Zahlung des Lohnes verpflichteten Land erfüllt werden.

32

1. Die fristlose Entlassung eines unter § 124 a GewO. fallenden gewerblichen Arbeiters ist auch, wenn einer der in § 123 Abs. 1 GewO. aufgezählten Fälle vorliegt, nur wirksam, wenn dem Arbeitgeber die Weiterbeschäftigung nicht zugemutet werden kann.

2. Die Betriebsratseigenschaft erhöht für die fristlose Entlassung nicht das Gewicht einer Pflichtverletzung eines Arbeitnehmers.

GewO. § 123, § 124 a; KSchG. § 13.

II. Senat. Urteil vom 13. Oktober 1955 i. S. V. (Bekl.) w. M. (Kl.) 2 AZR 106/54.

I. Arbeitsgericht Essen. — II. Landesarbeitsgericht Düsseldorf.

Die Klägerin war seit dem 7. Februar 1949 in der Groß-Wäscherei der Beklagten als Sortiererin beschäftigt und im August 1953 die Vorsitzende des Betriebsrats. Am 20. August 1953 blieb sie gemeinsam mit sechs anderen Arbeiterinnen im Anschluß an eine Verspätung des gemeinsamen Eisenbahnzuges der Arbeit grundlos fern. Die Beklagte entließ nur die Klägerin fristlos, verwarnte die anderen sechs Arbeiterinnen und beschäftigte sie weiter.

Die Klägerin sieht in ihrem Verhalten keine beharrliche Arbeitsverweigerung und wendet sich gegen die unterschiedliche Behandlung. Sie verlangt daher die Feststellung, daß die fristlose Entlassung unwirksam sei.

Während das Arbeitsgericht die Klage abgewiesen hat, hat das Landesarbeitsgericht ihr stattgegeben.

Die Revision der Beklagten blieb erfolglos.

Gründe:

1. Zu prüfen hatte das Landesarbeitsgericht lediglich, ob ein Grund vorliegt, der die Beklagte nach dem Gesetz zur Kündigung des Arbeitsverhältnisses ohne Einhaltung einer Kündigungsfrist berechtigt (§ 13 Abs. 1 KSchG.). Das Landesarbeitsgericht sieht in „§ 123 GewO." einen solchen möglichen Grund für die Kündigung ohne Einhaltung einer Kündigungsfrist. Es läßt dahingestellt, ob das Verhalten der Klägerin eine „beharrliche Arbeitsverweigerung" bildet. Ohne nähere Begründung meint es, eine fristlose Entlassung erfordere die Unzumutbarkeit der Weiterbeschäftigung, und verneint diese Unzumutbarkeit.

Zu eng ist allerdings der bezeichnete rechtliche Ausgangspunkt des Landesarbeitsgerichts. Denn Betriebsratsmitglieder, die wie die Klägerin gewerbliche Arbeiter sind, können nicht nur aus den engeren in § 123 Abs. 1 GewO. aufgezählten Gründen, sondern darüber hinaus aus jedem wichtigen Grunde nach § 124 a GewO. fristlos entlassen werden (BAG. 1, 185—188).

2. Diese zu enge rechtliche Betrachtungsweise des Landesarbeitsgerichts ist aber unschädlich. Im Ergebnis ist dem Landesarbeitsgericht entgegen den Ausführungen der Revision darin beizutreten, daß die fristlose Entlassung der Klägerin auch bei Bejahung einer beharrlichen Arbeitsverweigerung im Sinne von § 123 Abs. 1 Nr. 3 GewO. nur begründet ist, wenn ihre Weiterbeschäftigung der Beklagten nicht zuzumuten ist.

Es kann dahingestellt bleiben, ob in Abweichung von der herrschenden Lehre (Nipperdey in Staudingers Kommentar zum BGB. § 626 Erl. 62; Nikisch, Arbeitsrecht 2. Aufl. 1. Band S. 588), wie das Landesarbeitsgericht anzunehmen scheint, die Zumutbarkeit der Weiterbeschäftigung in jedem Falle besonders geprüft werden muß, wenn ein gewerblicher Arbeiter aus den in § 123 Abs. 1 GewO. genannten Tatbeständen fristlos entlassen wird. Denn jedenfalls ist für die in § 124a GewO. bezeichneten Arbeitnehmer eine fristlose Entlassung nur begründet, wenn ihre Weiterbeschäftigung dem Arbeitgeber unzumutbar ist, und zwar auch dann, wenn einer der in § 123 Abs. 1 GewO. bezeichneten Tatbestände vorliegt.

Wenn § 124a GewO. die Möglichkeit der fristlosen Entlassung der mit der dort bezeichneten längeren Kündigungsfrist beschäftigten gewerblichen Arbeiter dahin erweitert, daß nicht nur die in § 123 GewO. bezeichneten Tatbestände, sondern darüber hinaus jeder wichtige Grund die fristlose Entlassung rechtfertigen, so wollte das Gesetz damit diese gewerblichen Arbeiter allen anderen Arbeitnehmern, denen aus jedem wichtigen Grunde gekündigt werden kann, voll gleichstellen und somit ihre fristlose Entlassung von dem Erfordernis der Unzumutbarkeit der Weiterbeschäftigung abhängig machen. Sie würden aber schlechter stehen, wenn die Unzumutbarkeit keine Rolle spielen würde, sofern einer der in § 123 Abs. 1 GewO. bezeichneten Fälle vorliegt. Dieser Nachteil mag vielleicht für die gewerblichen Arbeiter mit kürzerer Kündigungsfrist noch erträglich sein; denn ihnen kommt dafür die Beschränkung der Kündigungsmöglichkeit auf die in § 123 Abs. 1 GewO. bezeichneten Fälle zugute. Es ist aber nicht einzusehen, daß der gleiche Nachteil auch diejenigen gewerblichen Arbeiter trifft, die von dem Vorteil der Beschränkung der Kündigungsmöglichkeit auf die in § 123 Abs. 1 GewO. bezeichneten Fälle ausgeschlossen sind. Ein so unbilliges Ergebnis sollte offenbar auch durch die ausdrückliche Anführung des § 123 in § 124a GewO. nicht hergestellt werden (so im Ergebnis Hueck, KSchG. § 13 Erl. 16 am Ende; Hueck-Nipperdey-Dietz, AOG. 4. Aufl. § 14 Erl. 34).

3. Ist hiernach die fristlose Entlassung der Klägerin nur gerechtfertigt, wenn der Beklagten nicht zuzumuten ist, sie weiter zu beschäftigen, so bleibt nur zu prüfen, ob die zu der Frage der Zumutbarkeit vom Landesarbeitsgericht angestellten Erwägungen rechtlich haltbar sind.

Das Landesarbeitsgericht mißt dem Umstande, daß die Klägerin Mitglied und Vorsitzende des Betriebsrats gewesen ist, keine Bedeutung bei. In ihrer Eigenschaft als Betriebsratsvorsitzende habe der Klägerin eine besondere Pflicht nicht obgelegen, auf ihre Mitarbeiterinnen in dem Sinne einzuwirken, daß sie am 20. August 1953 zur Arbeit gingen. Das eigene Fernbleiben von der Arbeit wiege aber bei einem Betriebsratsmitglied weder leichter noch schwerer als bei einem sonstigen Arbeitnehmer, da es aus seiner Stellung weder Vorteile ziehen noch Nachteile erleiden dürfe. Das Betriebsverfassungsgesetz lasse nicht erkennen, daß die wichtigen Gründe für die Entlassung eines Betriebsratsmitglieds nach einem anderen Maßstabe zu messen seien als die Gründe für die Kündigung eines sonstigen Arbeitnehmers. Im übrigen stellt das Landesarbeitsgericht tatsächlich fest, daß die Klägerin keine besondere Rolle, insbesondere keine Anführerrolle bei dem gemeinsamen Fernbleiben von der Arbeit gespielt habe, und erwägt, daß die Beklagte die anderen sechs Arbeitnehmerinnen weiter beschäftigt und damit gezeigt habe, daß sie die Weiterbeschäftigung für zumutbar ansehe. Die Klägerin habe auch von Februar 1949 bis August 1953 ordnungsmäßig und ordentlich gearbeitet.

Zu Unrecht bekämpft die Revision diese Ausführungen als rechtlich nicht haltbar. Wenn das Landesarbeitsgericht bei den besonderen Umständen des vorliegenden Falles der Beklagten trotz des eintägigen und gemeinschaftlichen Fernbleibens von der Arbeit zumutet, die Klägerin weiter zu beschäftigen, so liegt dies grundsätzlich auf dem dem Revisionsgericht verschlossenen Gebiet der tatsächlichen Würdigung. Dies gilt insbesondere auch von dem vom Landesarbeitsgericht gezogenen, von der Revision bekämpften Schluß, daß die Weiterbeschäftigung der sechs anderen gleichfalls der Arbeit ferngebliebenen Arbeitnehmerinnen auch die Weiterbeschäftigung der Klägerin zumutbar mache; dies hat mit der Rechtsfrage, ob der Arbeitgeber das ihm aus dem gleichen Verhalten mehrerer Arbeitnehmer erwachsene Recht zur fristlosen Entlassung gegenüber dem einen Arbeitnehmer ausüben, gegenüber dem andern aber durch Verzicht aufgeben darf, nichts zu tun. Rechtlich ist der vom Landesarbeitsgericht gezogene Schluß nicht zu beanstanden.

Aber auch die Rüge der Revision, das Landesarbeitsgericht habe zu Unrecht dem Umstand, daß die Klägerin die Vorsitzende des Betriebsrats gewesen ist, keine Bedeutung beigemessen, diese ihre Stellung habe vielmehr das Gewicht der von ihr begangenen Pflichtverletzung erhöht, ist unbegründet.

Ein Verstoß gegen die besonderen dem Arbeitnehmer als Betriebsratsmitglied obliegenden Amtspflichten für sich allein gibt dem Arbeitgeber kein Recht zur fristlosen Kündigung (BAG 1, 185—**189**). Dies folgt daraus, daß die Entfernung eines ungeeigneten Betriebsratsmitglieds aus seinem Amt nicht die alleinige Sache des Arbeitgebers ist; er hat in diesem Falle lediglich ein Antragsrecht nach § 23 BetrVG.; das Betriebsratsmitglied aus dem Betriebsrat auszuschließen, ist dem

Arbeitsgericht vorbehalten. Das Betriebsratsmitglied steht also hinsichtlich der Frage, ob sein Verhalten einen Grund zur fristlosen Entlassung bildet, was die Frage der Pflichtverletzung aus dem Vertrage und die Schwere dieser Verletzung betrifft, jedem anderen Arbeitnehmer gleich (BAG. 1, 185—189/190). Dann aber kann auch der Umstand, daß ein Betriebsratsmitglied durch sein Verhalten außer gegen die Pflichten aus seinem Arbeitsvertrag auch noch gegen etwaige besonderen ihm als Mitglied des Betriebsrats obliegenden Amtspflichten verstoßen hat, in der Regel nicht dazu geeignet sein, die Verletzung der Pflichten aus dem Arbeitsvertrag besonders zu erschweren.

Danach kommt es aber auch für die Frage der fristlosen Entlassung auf die weiteren Ausführungen der Revision nicht an, daß der Klägerin aus ihrer Stellung als Vorsitzende des Betriebsrats die besondere Pflicht oblag, die anderen Arbeitnehmerinnen zur Erfüllung des Arbeitsvertrages anzuhalten.

4. Scheitert hiermit die fristlose Entlassung an der Zumutbarkeit der Weiterbeschäftigung der Klägerin, so kommt es nicht mehr darauf an, ob die Klägerin durch ihr Verhalten den Tatbestand des § 123 Abs. 1 Nr. 3 GewO. erfüllt hat.

33

1. Daß ein Rechtsverhältnis als Vorfrage für ein künftiges Beschlußverfahren von Bedeutung ist, rechtfertigt nicht das Rechtsschutzinteresse für eine Klage auf Feststellung dieses Rechtsverhältnisses im Urteilsverfahren.

2. Für die abstrakte Feststellung, daß ein bestimmter Vertrag ein Arbeitsvertrag sei, fehlt regelmäßig das Rechtsschutzbedürfnis.

ZPO. § 256.

II. Senat. Urteil vom 6. Oktober 1955 i. S. G., O. u. L. (Kl.) w. G. (Bekl.) 2 AZR 3/54.

I. Arbeitsgericht Hamburg. — II. Landesarbeitsgericht Hamburg.

Für den Hamburger Hafen haben die zuständigen Arbeitgeberverbände und Gewerkschaften durch die Vereinbarung vom 9. Februar 1951 den „Gesamthafenbetrieb" (im folgenden „GHB." genannt) als „besonderen Arbeitgeber" im Sinne des § 1 des Gesetzes über die Schaffung eines besonderen Arbeitgebers für Hafenarbeiter (Gesamthafenbetrieb) vom 3. August 1950 (BGBl. S. 252) gebildet. Nach der

Vereinbarung soll der GHB. unter anderem „stetige Arbeitsverhältnisse für die unständig beschäftigten Hafenarbeiter schaffen", für diesen Zweck für die Hafeneinzelbetriebe Vorschriften erlassen (§ 2 Nr. 1), die Gesamthafenarbeiter sozial betreuen (§ 2 Nr. 2) und in diesem Rahmen „den Gesamthafenarbeitern gegenüber die Funktion eines Arbeitgebers wahrnehmen, soweit diese von den Hafeneinzelbetrieben nicht auszuüben sind" (§ 2 Nr. 3); der GHB. wird von einem von Arbeitgebern und Arbeitnehmern paritätisch besetzten „Verwaltungsausschuß" geleitet (§ 3); die laufenden Verwaltungsaufgaben nimmt die Beklagte im Rahmen der Anordnungen und Weisungen des Verwaltungsausschusses wahr (§ 4); nach § 4 Nr. 3 der von dem GHB. erlassenen Hafenverwaltungsordnung vom 13. August 1951 schließt die Beklagte „im Auftrage des Verwaltungsausschusses" des GHB. mit dem Aufzunehmenden einen „Einstellungsvertrag" ab. So wird es auch tatsächlich gehandhabt. Der der Verwaltungsordnung als Anlage beigefügte Vordruck eines Einstellungsvertrages sieht in Ziffer 3 — im Gegensatz zu der bezeichneten Bestimmung der Vereinbarung vom 9. Februar 1951 — vor, daß die Beklagte „dem Eingestellten gegenüber die Funktion eines Arbeitgebers wahrnimmt, soweit diese von den Hafeneinzelbetrieben nicht auszuüben ist". Neuerdings verwendet die Beklagte Vordrucke, die entgegen dem Wortlaut der Anlage zur Verwaltungsordnung und im Einklang mit der Vereinbarung vom 9. Februar 1951 die bezeichnete Arbeitgeberfunktion dem GHB. zuweist.

Die Kläger sind von der Beklagten als Gesamthafenarbeiter gemäß der ursprünglichen Fassung des Vordrucks des Einstellungsvertrages eingestellt und „Mitglieder des Betriebsrats der Gesamthafenarbeiter des Gesamthafenbetriebes Hamburg". Sie begehren die Feststellung, „daß die Beklagte der Arbeitgeber der Gesamthafenarbeiter" sei; ihr Feststellungsinteresse haben sie in den Vorinstanzen damit begründet, daß geklärt werden solle, ob die Beklagte zur Bildung eines Aufsichtsrates unter Beteiligung der Arbeitnehmer nach § 77 BetrVG. verpflichtet sei.

Das Arbeitsgericht und das Landesarbeitsgericht haben der Klage nicht stattgegeben; ein Rechtsschutzbedürfnis haben sie bejaht, jedoch in der Beklagten nicht die Arbeitgeberin der Gesamthafenarbeiter gesehen.

Mit der Revision halten die Kläger ihren früheren Feststellungsantrag hilfsweise mit dem Inhalt, daß die Beklagte der besondere Arbeitgeber sei, aufrecht. Sie blieb erfolglos aus folgenden

Gründen:

Die erhobene Feststellungsklage ist nach § 256 ZPO. nur zulässig, wenn die Kläger eine rechtliches Interesse daran haben, daß das Rechtsverhältnis, dessen Feststellung sie begehren, durch richterliche Entscheidung alsbald festgestellt werde. Das Arbeitsgericht sieht das Rechtsschutzbedürfnis darin, daß die Beklagte einen Aufsichtsrat gemäß §§ 77, 76 BetrVG. bilden müsse, sofern sie als Arbeitgeberin der Gesamthafenarbeiter anzusehen sei, da deren Zahl 500 übersteigt. Das Landesarbeitsgericht macht sich diese Begründung zu eigen und läßt darüber hinaus das Feststellungsinteresse noch „über Betriebsverfassungsfragen hinausgreifen", ohne jedoch dies näher zu erörtern. Diese Begründungen halten einer Nachprüfung nicht stand.

I. Die begehrte Feststellung, daß die Beklagte Arbeitgeberin der Gesamthafenarbeiter sei, betrifft ein Rechtsverhältnis; denn dieser Antrag kann nichts anderes besagen wollen, als daß zwischen den einzelnen Gesamthafenarbeitern und der Beklagten Arbeitsverhältnisse bestehen.

1. Die Kläger verlangen nun nicht allein die Feststellung, daß sie selbst in einem Arbeitsverhältnis zu der Beklagten stehen, sondern darüber hinaus, daß auch zwischen den anderen mehr als 500 Hafenarbeitern und der Beklagten ein Arbeitsverhältnis bestehe.

Die Rechtsverhältnisse Dritter können allerdings an sich auch Gegenstand einer Feststellungsklage sein; denn es ist nicht erforderlich, daß das Rechtsverhältnis gerade zwischen den Parteien besteht (Stein-Jonas ZPO. § 256 Erl. II 3). Jedoch muß dann die Entscheidung auch auf die gegenseitigen Rechte und Pflichten der Prozeßparteien im Verhältnis zueinander von erheblichem Einfluß sein; die Entscheidung einer beliebigen Rechtsfrage kann mit der Feststellungsklage nach § 256 ZPO. nicht verlangt werden; dafür fehlt das Feststellungsinteresse (RAG. 3, 323—325, 326).

2. Die Frage, ob die Gesamthafenarbeiter zu der Beklagten in einem Arbeitsverhältnis stehen, kann allerdings für die Frage von Bedeutung sein, ob bei der Beklagten nach § 77 BetrVG. ein Aufsichtsrat zu bilden ist. Die hier zur Entscheidung gestellte Frage ist also eine Vorfrage für etwaige Verfahren, in denen über die Notwendigkeit der Bildung eines solchen Aufsichtsrats und die Entsendung von Arbeitnehmervertretern in ihn gestritten wird. Insoweit sind folgende zwei Verfahren denkbar.

Die Gesamthafenarbeiter wählen nach § 77 Abs. 1, § 76 Abs. 1 BetrVG. das Mitglied des Aufsichtsrats der Beklagten, der nach § 77 Abs. 1 BetrVG. bei der Beklagten zu bilden ist, falls die Rechtsauffassung der Kläger zutrifft, und nach § 77 Abs. 1 BetrVG. in Verbindung mit § 86 Abs. 1 AktGes. mangels anderweitiger Festsetzung der Satzung aus drei Mitgliedern, darunter einem Arbeitnehmervertreter besteht. Dieses Aufsichtsratsmitglied stellt nach § 77 Abs. 1 Satz 2 BetrVG. in Verbindung mit § 89 AktGes. beim Amtsgericht den Antrag auf Bestellung der übrigen Mitglieder des Aufsichtsrats (so Baumbach-Hueck, GmbH-Gesetz, 6. Auflage, 1953 Schlußanhang Seite 283).

Besteht der Streit nicht über die Bildung des Aufsichtsrats bei der Beklagten an sich, sondern über die Notwendigkeit, Vertreter der Arbeitnehmer in den Aufsichtsrat zu wählen, so ist ein Beschlußverfahren nach § 2 Abs. 1 Nr. 4 Buchst. o ArbGG., § 82 Abs. 1 Buchst. o BetrVG. zu beantragen.

3. Daß für diese beiden Verfahren die hier zur Entscheidung gestellte Frage, ob die Gesamthafenarbeiter Arbeitnehmer der Beklagten sind, von entscheidender Bedeutung ist, kann indes das Rechtsschutzbedürfnis im Sinne des § 256 ZPO. nicht rechtfertigen.

a) Genau so, wie die Möglichkeit der Leistungsklage grundsätzlich dem Rechtsschutzbedürfnis für eine Feststellungsklage entgegensteht, kann ein Rechtsschutzbedürfnis für die Feststellungsklage über eine Vorfrage nicht anerkannt werden, wenn das eigentliche Endziel, das der Kläger erstrebt, durch andere von der Rechtsordnung zur Verfügung gestellte Verfahren bereits jetzt erreicht werden kann; denn dies würde zu einer Verdoppelung der Verfahren führen, die unserer Rechtsordnung fremd ist. Die Kläger erstreben hier die Bildung eines Aufsichtsrats bei der Beklagten und die Entsendung eines Arbeitnehmervertreters in diesen Aufsichtsrat und können dieses Ziel durch die oben bezeichneten Verfahren nach § 77 Abs. 1, § 76 Abs. 1 BetrVG. und § 89 AktGes. erreichen. Die von den Klägern erhobene Feststellungsklage bedeutet daher nicht die Ersparung eines künftigen Verfahrens, sondern lediglich die Verdoppelung der gerichtlichen Tätigkeit, da die künftigen Verfahren voraussichtlich doch nicht erspart werden.

b) Im übrigen ist die erhobene Feststellungsklage auch gar kein geeignetes Mittel, um das von den Klägern gewünschte Ziel, nämlich die Bildung eines Aufsichtsrats mit einer Beteiligung der Arbeitnehmer, zu erreichen. Denn die Rechtskraft des vorliegenden Rechtsstreits beschränkt sich auf die Parteien dieses Rechtsstreits und erstreckt sich nicht auf das Verhältnis aller Gesamthafenarbeiter zu der Beklagten.

Fehlt es aber an der Rechtskraftwirkung des mit der Feststellungsklage begehrten Urteils für die künftigen Verfahren, so ist auch ein Rechtsschutzinteresse an der Feststellungsklage nicht gegeben (RAG. 3, 265 bis 268). Das bloße tatsächliche Vorhandensein des begehrten Feststellungsurteils ohne rechtliche Bindung für die künftigen Verfahren kann diese Verfahren aber auch nicht irgendwie fördern. Denn im vorliegenden Rechtsstreit sind die entscheidenden Gerichte an die Verhandlungsmaxime (Beibringungsgrundsatz) gebunden; in den Verfahren der freiwilligen Gerichtsbarkeit nach § 89 AktGes. und in dem arbeitsgerichtlichen Beschlußverfahren nach § 2 Abs. 1 Nr. 4 ArbGG. dagegen gilt nach § 12 FGG. und § 83 BetrVG. die Inquisitionsmaxime (Ermittlungsgrundsatz).

4. Daß die Klage schon im April 1953, also zu einem Zeitpunkt, zu dem der erst durch § 121 ArbGG. in seiner jetzigen Fassung geschaffene § 82 BetrVG. noch nicht das Beschlußverfahren in dem jetzigen Umfange vorsah und der § 2 Abs. 1 Nr. 4 ArbGG. 1953 noch nicht galt, erhoben ist, ändert nichts an der Rechtslage. Denn entscheidend für das Rechtsschutzbedürfnis ist nicht der Zeitpunkt der Klageerhebung, sondern der der Urteilsfällung (Stein-Jonas ZPO. § 256 Erl. IV, 7). Schon im Laufe des Berufungsverfahrens war jedenfalls durch die durch das ArbGG. 1953 geschaffene Gesetzesänderung die Möglichkeit des Beschlußverfahrens eröffnet und damit das etwa bis dahin vorhanden gewesene Rechtsschutzbedürfnis fortgefallen.

II. In der Revisionsinstanz sind die Kläger allerdings von ihrem früheren Vortrag abgerückt, daß ihr Feststellungsinteresse in der etwaigen Verpflichtung der Beklagten zur Bildung eines Aufsichtsrats nach § 77 BetrVG. begründet sei. Zur Begründung ihres Feststellungsinteresses führen sie nunmehr aus, sie wüßten nicht, wo ihre „betriebliche Heimat" sei; sie wünschten eine klare Entscheidung ihrer „betrieblichen Zugehörigkeit". Die Verhältnisse, unter denen sie arbeiten, seien so unklar, daß sie nicht wüßten, an welche Stellen sie sich wenden sollten, wenn sie Forderungen oder sonstige Anliegen hätten. Das bisher Ansprüche, die sie gestellt hätten, unerfüllt geblieben seien, behaupten sie auf Befragen des Gerichts nicht. Ihren bisherigen Antrag wollen sie auch in dem Sinne verstanden wissen, daß nur festgestellt werde, daß ihr eigener Arbeitgeber die Beklagte sei.

Es kann dahingestellt bleiben, ob in dieser neuen Begründung ihres Feststellungsinteresses und in der von den Klägern notfalls gewünschten Beschränkung ihres Antrags auf ihre eigenen Rechtsbeziehungen zu der Beklagten eine in der Revisionsinstanz grundsätzlich unzulässige Klageänderung zu erblicken ist. Jedenfalls lassen auch die neuen Ausführungen der Kläger ein Rechtsschutzbedürfnis nicht erkennen.

Den „Einstellungsvertrag" mit ihnen hat unstreitig die Beklagte im eigenen Namen, wenn auch im Auftrage des GHB. geschlossen. Die Beklagte bestreitet nicht, daß sie für den Einstellungsvertrag die Vertragspartnerin der Kläger ist. Die Aufgaben, die die Beklagte in dem Einstellungsvertrag übernommen hat, sind in dem Einstellungsvertrag genau festgelegt; zu seiner Ergänzung kann die Verwaltungsordnung und die Vereinbarung vom 9. Februar 1951 herangezogen werden. Danach steht aber fest, daß den Klägern gegenüber die Beklagte für die Zahlung des Lohnes, die Zuteilung von Hafenarbeit und für den Urlaubsanspruch haftet; der zur Anwendung kommende Tarifvertrag und die Kündigungsfrist sind bezeichnet; ganz allgemein ist in den mit den Klägern abgeschlossenen Einstellungsverträgen festgelegt, daß die Beklagte die „Funktion eines Arbeitgebers" wahrnehme, soweit diese von den Hafeneinzelbetrieben nicht auszuüben ist.

Ob unter diesen Umständen das zwischen den Parteien bestehende Vertragsverhältnis rechtlich als Arbeitsvertrag, wie die Kläger meinen, oder entsprechend der Ansicht der Beklagten als Vertrag anderer Art zu bewerten ist, hat lediglich eine theoretische Bedeutung und ermangelt jedes greifbaren praktischen Sinnes. Rechtlich begründete Ansprüche, die den Klägern im Falle des Bestehens gerade eines Arbeitsvertrages mit der Beklagten, nicht dagegen im Falle einer anderen Bewertung ihres Vertragsverhältnisses zustehen und nicht erfüllt sind, können sie selbst nicht angeben. Dafür, daß in absehbarer Zukunft ein solcher Fall eintreten werde, obgleich er bisher nicht eingetreten ist, haben sie keinen Anhaltspunkt vorgebracht.

34

1. Unter Umgruppierung ist jede Änderung in der tariflichen Stellung der Arbeitnehmer zu verstehen. D. h. nicht nur tarifliche Änderungen, die auf einer Veränderung der Tätigkeit, Beförderung, Versetzung usw. beruhen, sondern auch Eingruppierung in eine andere Tariflohngruppe sind als Umgruppierung anzusehen.

2. Das Verbot der Zurückverweisung des § 96 ArbGG. kann jedenfalls dann keine Anwendung finden, wenn der Antragsteller unter richtiger Beurteilung der Rechtslage alles Erforderliche in einer der Tat-

sacheninstanzen vorgetragen und unter Beweis gestellt hat, das Beschwerdegericht aber unter unrichtiger rechtlicher Beurteilung entsprechende Feststellungen zu allen oder einzelnen dieser rechtserheblichen Tatsachen nicht getroffen hat. Die Restriktion der Bestimmung des § 96 ArbGG. ist gerechtfertigt, da vom Gesetzgeber, wenn er für einen solchen Fall die Rechtsfolgen des Verbots angesichts der Einführung einer zweiten Tatsacheninstanz durch das neue Arbeitsgerichtsgesetz erwogen hätte, das allgemeine Verbot nicht ausgesprochen worden wäre.

BetrVG. § 63 Abs. 1; ArbGG. § 96.

I. Senat. Beschluß vom 12. Oktober 1955 i. S. Betriebsrat der Fa. St. (Antragst.) w. Fa. St. (Antragsg.) 1 ABR 1/54.

I. Arbeitsgericht Herford. — II. Landesarbeitsgericht Hamm.

Aus den Gründen:

Die Antragsgegnerin, die Firma St., stellt Möbel in Serienfabrikation her. Im Frühjahr 1953 fanden zwischen ihr und dem Antragsteller, dem Betriebsrat, Besprechungen über eine Herabsetzung von Löhnen statt, die nach Meinung der Firma aus Gründen einer Erhaltung der Konkurrenzfähigkeit notwendig geworden sei. Gegen Ende März 1953 legte die Firma ihrem Betriebsrat eine Liste von Arbeitern vor, deren Verträge sie in der Weise zu ändern beabsichtigte, daß die Arbeitnehmer statt wie bisher nach der Tarifgruppe der Facharbeiter nach der Gruppe der angelernten Arbeiter bezahlt werden sollten. Unter dem 28. März 1953 übersandte die Firma den betroffenen Arbeitern je ein Schreiben, in dem ihnen das gegenwärtige Arbeitsverhältnis aufgekündigt und ihnen gleichzeitig ein neuer Arbeitsvertrag als angelernter Arbeiter zu dem für diese im Tarifvertrag vorgesehenen Lohn angeboten wurde. An der Tätigkeit der betroffenen Arbeitnehmer im Betrieb änderte sich nichts. Der Betriebsrat erhob gegen diese Maßnahme innerhalb einer Woche schriftlich Bedenken.

Der antragstellende Betriebsrat sieht in dieser Maßnahme eine Umgruppierung und hat, nachdem eine Verständigung gescheitert ist, den Antrag gestellt, festzustellen, daß ein Grund zur Verweigerung der Zustimmung zur Umgruppierung der im einzelnen betroffenen Arbeitnehmer vorliegt und daß der Antragsgegnerin untersagt wird, die Umgruppierung aufrechtzuerhalten. Der Betriebsrat begründet seinen Antrag damit, daß die Durchführung der Maßnahme in den genannten Fällen dazu führe, daß die Arbeitnehmer untertariflich bezahlt würden.

da sie sämtlich Facharbeiter seien. Die Antragsgegnerin hat um Zurückweisung des Antrages gebeten, weil es sich überhaupt nicht um eine Umgruppierung im Sinne des Betriebsverfassungsgesetzes handele. Denn an den tatsächlichen Arbeitsverhältnissen der Betroffenen und an ihrer Stellung im Betrieb ändere sich nichts. Ein Einspruchsrecht des Betriebsrats bestehe daher nicht. Der Einspruch sei darüber hinaus auch unbegründet, weil sämtliche betroffenen Arbeitnehmer bisher nur aus sozialem Entgegenkommen in einer ihnen nicht zukommenden höheren Lohngruppe übertariflich bezahlt worden seien. Durch die Änderungskündigung sei nur eine Zurückführung der übertariflichen Löhne auf die tarifliche Lohnhöhe erfolgt. Das Arbeitsgericht hat dahin erkannt, daß die durch Schreiben vom 28. März 1953 vorgenommene Umgruppierung von 14 Arbeitnehmern der Antragsgegnerin von Facharbeitern zu angelernten Arbeitern rückgängig gemacht und der Antragsgegnerin untersagt wird, die personellen Maßnahmen aufrechtzuerhalten. Auf die Beschwerde der Antragsgegnerin wurde der Beschluß aufgehoben und der Antrag abgewiesen, weil es sich nicht um eine Umgruppierung im Sinne des § 63 i. V. m. § 61 Abs. 3 BetrVG. handele. Mit der Rechtsbeschwerde erstreben die Antragsteller die Aufhebung der angefochtenen Entscheidung und die Feststellung, daß ihr Einspruch gegen die Umgruppierung der im einzelnen benannten Arbeitnehmer begründet ist.

Die Rechtsbeschwerde mußte zur Aufhebung der angefochtenen entscheidung (I) und zur Zurückverweisung an das Landesarbeitsgericht (II) führen.

I.

Dem Betriebsrat steht nach den Bestimmungen des 3. Abschnitts des Betriebsverfassungsgesetzes (§ 60 ff.) eine Mitwirkung und Mitbestimmung in personellen Angelegenheiten zu. Personelle Angelegenheiten sind nach § 60 Abs. 2 Einstellungen, Umgruppierungen, Versetzungen und Entlassungen. Diese Bezeichnungen sind z. T. nicht dem Vertragsrecht, sondern der Betriebsanschauung und der Tarifpraxis entnommen. Was darunter im einzelnen zu verstehen ist, kann daher weniger vom Einzelarbeitsverhältnis, muß vielmehr aus der Ebene des Betriebes und der Betriebsverfassung und der Tarifverträge unter Beachtung der dort wirkenden kollektiven Interessen bestimmt werden. Für die Umgruppierung ist es daher gleichgültig, ob die Maßnahme im Wege einer Abänderungskündigung und eines Abänderungsvertrages oder zulässigerweise des arbeitgeberischen Dispositionsrechts oder Direktionsrechts durchgeführt wird. Die Bezeichnung „Umgruppierung" entstammt namentlich der in Tarifverträgen üblich gewordenen Einteilung der Arbeitsleistung nach bestimmten Tätigkeitsmerkmalen in verschiedene Lohn- oder Gehaltsgruppen. Sie bedeutet gerade auch die Herausnahme eines Arbeitnehmers aus der bisherigen und seine Einreihung in eine andere Lohngruppe, sei es durch Vertrag oder Änderungskündigung oder zulässige einseitige Disposition.

Das Mitbestimmungsrecht des Betriebsrats in personellen Angelegenheiten, u. a. also bei der Umgruppierung, besteht in dem Recht des Betriebsrats, die Zustimmung zu der Umgruppierung u. a. dann zu verweigern, wenn die Umgruppierung einen Verstoß gegen ein Gesetz, eine Verordnung oder gegen eine Bestimmung in einem Tarifvertrag usw. darstellen würde. Wird dieses Recht als begründet festgestellt, so hat das eine negative rechtliche Wirkung auf die im Wege der Vereinbarung oder einseitigen Rechtshandlung dem Arbeitnehmer gegenüber getroffene Maßnahme des Arbeitgebers. Dieses Einspruchsrecht ist nicht unbegrenzt, sondern auf ganz bestimmte Gründe beschränkt. Die Begriffe der Einstellung, Umgruppierung und Versetzung, für die der § 61 Abs. 3, sei es unmittelbar, sei es entsprechend, gilt, müssen daher aus der Zweckbestimmung der Einspruchsgründe bestimmt werden. Die vom Gesetz vorgesehene Geltendmachung der Einspruchsgründe darf nicht durch eine begriffliche Beschränkung von vornherein eingeengt werden, sie muß sich in ihrem vollen, vom Gesetzgeber gewollten Umfang entwickeln können. Wenn daher die in § 61 Abs. 2 Buchstabe a genannten Einspruchsgründe von einem Verstoß gegen Gesetz, Verordnung, Tarifvertrag, Betriebsvereinbarung, gerichtliche oder behördliche Anordnung sprechen, so ergibt sich nichts dafür, daß dieser Verstoß bei der Umgruppierung nur die eine Seite des Arbeitsverhältnisses, nämlich nur die Arbeitsleistung im Betriebe, und nur im Zusammenhang mit ihrer Änderung das Entgelt betreffen könne. Vielmehr kann von dem Verstoß ebensogut die andere Seite, nämlich die Entgeltsleistung und deren Schichtung im Betriebe (und zwar auch ausschließlich), erfaßt sein. So wird der Betriebsrat gegen die Einstellung eines Arbeitnehmers Einspruch erheben können, wenn etwa dessen Entgelt wucherisch herabgedrückt ist. Eine Beschränkung der Einspruchsgründe des § 61 Abs. 3 Buchstabe a auf die Schichtung der Tätigkeit im Betrieb würde dem Wortlaut und Zweck des § 61 Abs. 3a widersprechen. Daher kann dem § 61 a. a. O. auch nicht entnommen werden, daß unter Verstoß gegen einen Tarifvertrag nur der verhältnismäßig seltene Verstoß gegen tarifliche Abschlußverbote und Abschlußgebote bei der Einstellung eines Arbeitnehmers fallen könnte. Als Umgruppierung ist somit nicht nur die tarifliche Änderung anzusehen, die auf einer Veränderung der Tätigkeit, also einer Versetzung, Beförderung usw., beruht, sondern jede Änderung in der tariflichen Stellung des Arbeitnehmers. Es kann dahingestellt bleiben, ob der Begriff der Umgruppierung dann ausscheiden würde, wenn ein offenbares Versehen in der tariflichen Entlohnung eines Arbeitnehmers berichtigt oder die irrtümliche Annahme einer Lohngruppe beseitigt wird. Denn im vorliegenden Fall handelt es sich darum, daß die Antragsgegnerin durchaus bewußt und gewollt nach der bisherigen Lohngruppe bezahlt hat, und daß nach der — von der Antragsgegnerin allerdings bestrittenen — Behauptung des Antragstellers die Arbeitnehmer neuerdings aus der zutreffenden Lohngruppe in eine nicht passende, zu niedrige Gruppe eingereiht sind.

Handelt es sich hiernach im Gegensatz zur Auffassung des Beschwerderichters um eine Umgruppierung, so kann eine Beschränkung dieses Begriffes auch nicht aus § 54 Abs. 1 b etwa mit der Erwägung hergeleitet werden, der Betriebsrat habe nur allgemein darüber zu wachen (aber nicht in concreto mitzubestimmen), daß die zugunsten der Arbeitnehmer geltenden Gesetze, Tarifverträge usw. und daher auch die tariflichen Ein- und Umgruppierungen durchgeführt werden. Diese unter den Abschnitt „Allgemeines" im Gesetz aufgenommene Bestimmung schließt nicht aus, daß sie an anderer Stelle gesetzlich weiter konkretisiert und verstärkt wird. Im übrigen hat § 54 Abs. 1 b vornehmlich die generelle Durchführung der Gesetze usw. im Auge, während es sich im § 61 Abs. 3 um bestimmte Einzelmaßnahmen im Hinblick auf bestimmte einzelne Arbeitnehmer handelt.

Es ist auch unrichtig, den Begriff der Umgruppierung im Sinne des § 60 Abs. 2 deswegen enger zu fassen, weil es sich bei der richtigen Eingruppierung überwiegend um eine Rechtsfrage handele und aus diesem Grunde für eine Mitbestimmung kein Raum sei. Es ist schon nicht zutreffend, daß nur eine Rechtsentscheidung absolut und objektiv richtig ist, denn selbst eine gerichtliche Entscheidung kann nur aussprechen, was nach der Überzeugung des Gerichts zutrifft. Sie enthält das subjektive Element der Überzeugung, das, wie die gegenteiligen Entscheidungen in den Instanzenzügen zeigen, verschiedene Auffassungen zuläßt, denn eine Überzeugung beruht nicht allein auf logischen Gründen, sondern auf einer Bewertung des Gewichtes und der Überzeugungskraft dieser Gründe. Die Meinung, bei einem Normenvollzug könne nur eine Entscheidung richtig sein, beachtet auch nicht, daß eine Entscheidung nur einen konkreten Fall betrifft, der erst unter die Tarifnorm subsumiert werden muß, daß aber die Subsumtion kein abstrakt-mathematischer Denkvorgang, sondern durchaus mit Wertungen verbunden ist, wodurch trotz feststehender Regel Spielraum für verschiedene ungleiche Entscheidungen der subsumierten Einzelfälle bleibt. Das gilt ganz besonders bei den sogenannten unbestimmten Rechtsbegriffen, die in der Umschreibung der Tätigkeitsmerkmale einer Lohngruppe vielfach enthalten sind. Welche Entscheidung hier richtig ist, steht im konkreten Fall für die streitenden Parteien verbindlich erst durch rechtskräftige gerichtliche Entscheidung selbst fest. Vgl. auch Beschluß des Ersten Senats 1 ABR 13/54. Es kommt hinzu, daß die Eingruppierung keineswegs immer nur eine reine Rechtsfrage sein müßte und nicht auch eine Ermessensfrage sein könnte. In seinen Urteilen vom 23. September 1954 — 2 AZR 31/53 und 2 AZR 72/53 — hat der Zweite Senat im Zusammenhang mit § 3 Abs. 2 TO. A hierzu ausgeführt, daß in einem gewissen Umfang die Gruppenmerkmale eines Lohntarifs nach dem Ermessen einer der tarifunterworfenen Parteien bestimmt werden können, soweit nämlich solche Tätigkeitsmerkmale selbst Ermessensvorstellungen enthalten. Das gilt z. B. bei „hochwertigen Leistungen", bei „langjähriger Tätigkeit" oder bei Arbeitnehmern, „die sich durch ihre Leistungen aus der Gruppe herausheben" usw. Hier greift nicht eine reine Rechtsbeurteilung, sondern eine Ermessensbeurteilung ein. Innerhalb des gegebenen Ermessensspielraums ist unter Beachtung seiner Begrenzung nach billigem Ermessen (§ 315 BGB) zu entscheiden. Der Zweite Senat hat den Kreis der „justiziablen" Sätze gegenüber der Ermessens-Entscheidung im Hinblick auf die Gruppenmerkmale in der TO. A weit gezogen. Das hindert nicht, daß gerade bei Gruppeneinteilungen Ermessensbegriffe walten können und vielfach vorhanden sind. Würde man nun der Meinung folgen, daß ein Mitbestimmungsrecht immer dann ausscheide, wenn eine Rechtsfrage zur Entscheidung steht, so würde in jedem einzelnen Falle zu prüfen sein, ob bei der jeweils in Rede stehenden Umgruppierung ein Ermessensspielraum waltet oder nicht. Denn wo dieser Spielraum vorhanden ist, kann nicht davon die Rede sein, daß für die Mitbestimmung des Betriebsrats deshalb kein Raum sei, weil die Rechtslage nur eine Entscheidung gestatte. Es würde also darauf hinauskommen, daß zunächst jeweils eine Prüfung des Sachgehalts der Lohngruppenmerkmale daraufhin erfolgen müßte, ob sie Ermessensvorstellungen enthalten oder nicht, bevor man zu der Gewährung oder Versagung eines Einspruchsrechts des Betriebsrats käme. Daraus wird ersichtlich, daß die einschränkende Auffassung nicht zutreffend ist.

Es ist weiter unrichtig, zu meinen, daß ein Mitbestimmungsrecht des Betriebsrats immer dann nicht bestehe, wenn der Arbeitnehmer sein Recht selbst gerichtlich durchzusetzen in der Lage sei. Denn nach § 63 gelten nach Ablauf von zwei Wochen nach Rechtskraft der den Einspruch bestätigenden Entscheidung die Umgruppierungsmaßnahmen des Arbeitgebers als rückgängig gemacht. Die Rechtslage wird also materiell durch eine gesetzliche Fiktion umgestaltet. An diese Fiktion ist der Richter im Prozeß des einzelnen Arbeitnehmers gebunden. Ist also der Arbeitnehmer mit seiner Klage abgewiesen, stellt aber der Beschluß den Einspruch des Betriebsrats als begründet fest, so entsteht nach Rechtskraft des Beschlusses eine neue Rechtslage, auf Grund derer der mit seiner Klage abgewiesene Arbeitnehmer für die Zukunft eine neue Klage erheben kann. Unterliegt der Betriebsrat mit seinem Antrage, so wird der Prozeß des Einzelarbeitnehmers durch irgendwelche Rechtskraftwirkungen nicht berührt.

Unzutreffend ist auch, daß neben der Einzelklage des unrichtig eingestuften Arbeitnehmers ein Rechtsschutzinteresse fehle, denn der Einspruch des Betriebsrats soll, wenn er begründet ist, d. h. wenn die Maßnahme gegen ein gesetzliches, tarifliches und ähnliches Verbot verstößt, dem einzelnen Arbeitnehmer die Auseinandersetzung über die richtige Eingruppierung ersparen. Eine Begründung der Klage mit Verletzung des Tarifvertrages wird dem Arbeitnehmer aber dadurch erspart, daß zwei Wochen nach der Rechtskraft des — dem Einspruch stattgebenden — Beschlusses die Maßnahme als rückgängig gemacht gilt (§ 63). Der Arbeitnehmer kann also auf Grund der Rechtskraft dieses Beschlusses ohne weiteres Klage auf Erstattung einer eventuellen Lohndifferenz erheben.

Da der Beschwerderichter somit zu Unrecht angenommen hat, daß eine Umgruppierung im Sinne des § 60 Abs. 2 nicht vorliege, mußte der hierauf beruhende angefochtene Beschluß aufgehoben werden. Die Entscheidung hängt, wie das Arbeitsgericht zutreffend erkannt hat, davon ab, ob die Umgruppierung — wie der Antragsteller behauptet und die Antragsgegnerin bestreitet — tarifwidrig ist, d. h. ob die Einreihung in die neue Tarifgruppe den Gruppenmerkmalen der betroffenen Arbeitnehmer nicht entspricht, also zu niedrig ist. Dazu sind weitere Feststellungen durch Beweiserhebung notwendig, von denen das Landesarbeitsgericht von seinem Rechtsstandpunkt aus absehen konnte. Eine eigene ersetzende Sachentscheidung konnte das Rechtsbeschwerdegericht nicht treffen, weil es an den nötigen Feststellungen fehlt. Denn unrichtig ist in diesem Zusammenhang die Auffassung der

Antragsgegnerin, daß eine sachliche Abweisung des Antrages schon deswegen erfolgen müsse, weil der Antragsteller nicht vorgetragen habe, in welche Fachgruppe (Maschinenarbeiter, Maler, Beizer, Furnierer usw.) die einzelnen Arbeitnehmer einzureihen seien. Dieser Auffassung kann deswegen nicht gefolgt werden, weil der Antragsteller gemäß dem ursprünglichen Auflagebeschluß des Beschwerdegerichts die Tätigkeitsmerkmale, Vorbildung und derzeitige Tätigkeit der betroffenen Arbeiter, so ausreichend angegeben hat, daß die Eingliederung ohne weiteres daraus entnommen werden könne. Die Beschlußsache mußte daher an das Beschwerdegericht zurückverwiesen werden, damit dieses Feststellungen über die Begründetheit der Einsprüche, die der Betriebsrat erhoben hat, trifft.

II.

Einer Zurückverweisung steht allerdings der Wortlaut des § 96 ArbGG. entgegen, in dem es heißt, daß sie aus der Rechtsbeschwerdeinstanz nicht zulässig ist. Die Bestimmung bedarf jedoch einer Restriktion, weil das neue Arbeitsgerichtsgesetz eine zweite Tatsacheninstanz im Beschlußverfahren eingeführt hat.

Das uneingeschränkte Verbot der Zurückverweisung aus der Rechtsbeschwerdeinstanz ist aus dem alten Arbeitsgerichtsgesetz von 1926 in das neue übernommen. Es soll, wie die amtliche Begründung zum alten Arbeitsgerichtsgesetz (S. 47) ergibt, der Beschleunigung des Verfahrens dienen. Besondere Gründe für die Übernahme in das neue Arbeitsgerichtsgesetz ergeben sich weder aus den Begründungen zu dessen beiden Entwürfen, noch aus den Ausschuß- und Sitzungsberichten des Bundestages. Es ist daher auch nach dem neuen Arbeitsgerichtsgesetz davon auszugehen, daß die entsprechende Bestimmung ein Ausdruck des Beschleunigungsgrundsatzes sein soll. Das vollständige Verbot der Zurückverweisung für ein nur die Rechtsfrage nachprüfendes Rechtsmittelgericht hat nicht seinesgleichen auf anderen Rechtsgebieten. Weder im Urteilsverfahren des Arbeitsgerichtsgesetzes und im Zivilprozeß, noch im Verwaltungsstreitverfahren und auf dem Gebiet der freiwilligen Gerichtsbarkeit besteht ein Verbot der Zurückverweisung, wie es hier umrissen ist. Auch in den romanischen Rechtsgebieten, die vom Kassationsprinzip ausgehen, für die daher die Anfechtung des Berufungsurteils nicht etwa ein dritter Rechtszug ist, der sich gegen einen Prozeßgegner richtet, für die vielmehr die Kassierung einen Angriff auf das Urteil selbst und seine rechtliche Haltbarkeit bedeutet, erfolgt Zurückverweisung. Eine ausschließlich kassierende Wirkung ist ihnen nur in ganz besonderen Ausnahmefällen bekannt. (Morel, Procedure civile, 2. Aufl. S. 521.) Die Zurückverweisung ist daher als eines der aus dem Wesen reiner Rechtsnachprüfung sich ergebenden natürlichen Mittel anzusehen, eine Sachentscheidung im unmittelbaren Anschluß an die aufhebende Entscheidung herbeizuführen. Die hiernach alleinstehende und unsystematische Vorschrift, daß eine Zurückverweisung aus der Rechtsbeschwerdeinstanz unzulässig ist, führte bereits unter dem alten Arbeitsgerichtsgesetz zu gegensätzlichen Meinungen in Literatur und Rechtsprechung (Flatow-Joachim, ArbGG. 1926 Bem. 4 Abs. 2 zu § 89). Zwar wurde fast ausnahmslos die Auffassung vertreten, daß das Rechtsbeschwerdegericht bei mangelnder Sachaufklärung seinerseits diese nicht nachholen und nicht in der Sache entscheiden konnte, weil dann die Beschränkung der Rechtsbeschwerde auf reine Rechtsnachprüfung (§ 86 Abs. 1 ArbGG. 1926) durchbrochen worden wäre. Ein Streit bestand aber über die Form, wie das erste Verfahren abzuschließen war, nämlich ob es bei der Aufhebung des arbeitsgerichtlichen Beschlusses in der Beschlußformel des Rechtsbeschwerdegerichts, also mit reiner Kassierung, sein Bewenden hatte oder ob darin gesagt werden mußte, daß der Antrag — allerdings nur angebrachtermaßen — abgewiesen werde. Diese letzte, auch vom Reichsarbeitsgericht in ständiger Rechtsprechung geteilte Auffassung suchte dem Gedanken gerecht zu werden, daß dem Verbot der Zurückverweisung im allgemeinen das Gebot einer — wenn auch nur formal — ersetzenden Entscheidung entspricht. Praktisch konnte beides nur darauf hinauskommen, daß das bisherige Verfahren gegenstandslos wurde und es dem Antragsteller offenblieb, einen neuen Antrag bei dem Arbeitsgericht zu stellen, so daß nur das Gewicht der Gründe aus der Rechtsbeschwerdeentscheidung für das Arbeitsgericht in dem neuen Verfahren von Bedeutung blieb, ohne daß es an die Rechtsauffassung des Rechtsbeschwerdegerichts rechtlich gebunden war. Der Beschleunigungsgrundsatz hatte sich also dahin ausgewirkt, daß die aktenmäßige Erledigung des bis in die Rechtsbeschwerde gediehenen Prozesses unter Umständen auf Kosten der sachgerechten Entscheidung in den Vordergrund treten sollte. Die damit verbundene Systemlosigkeit im Verhältnis zu anderen Verfahrensordnungen und Härten gegenüber dem Antragsteller blieben aber auf ein erträgliches Maß beschränkt, weil der Antragsteller bei demselben Tatsachengericht, von dem er in die Rechtsbeschwerde gekommen war, durch seinen neuen Antrag denselben Antragsgegenstand wieder anhängig machen konnte. Eine etwa stattgefundene Beweisaufnahme brauchte im zweiten Verfahren nicht in jedem Falle wiederholt zu werden, sondern konnte bei Einverständnis der Beteiligten im Wege des Urkundenbeweises verwertet werden. Ein praktischer Nachteil wurde daher kaum fühlbar. Nur die mangelnde Bindung des Arbeitsgerichts an die Rechtsbeurteilung durch das Rechtsbeschwerdegericht konnte dem Antragsteller im neuen Verfahren nachteilig werden, ein Nachteil, der aber geringer war als er erscheinen mochte. Als Sinn des uneingeschränkten Zurückverweisungsverbots konnte immerhin betrachtet werden, daß die Prozeßakte nicht durch eine Hin- und Herverweisung unübersichtlich wurde, sondern durch das neu beantragte Verfahren ihre ursprüngliche Übersichtlichkeit wiedergewann, was für nicht rechts- und schriftgewandte Prozeßparteien ein Vorteil sein mochte.

Die rechtliche und praktische Bedeutung und Tragweite des Zurückverweisungsverbots ist aber eine völlig andere geworden, seitdem der Rechtsbeschwerde zwei Tatsacheninstanzen vorausgehen. Zur Entscheidung der Rechtsbeschwerde steht nämlich nunmehr in erster Linie und in jedem Falle nur der landesarbeitsgerichtliche Beschwerdebeschluß. Dagegen fällt der arbeitsgerichtliche Beschluß keineswegs in jedem Falle dem Rechtsbeschwerdegericht zur Entscheidung an. Er steht dann nicht zur Entscheidung des Rechtsbeschwerdegerichts, wenn der Beschwerdebeschluß wegen eines Mangels im Verfahren und das Verfahren in der Beschwerdeinstanz selbst aufgehoben wird (BAG. 1, 341 = AP. Nr. 2 zu § 96 ArbGG.). Der arbeitsgerichtliche Beschluß steht aber auch dann nicht zur Entscheidung des Rechtsbeschwerdegerichts, wenn dieses wegen mangelnder Feststellungen eine ersetzende Sachentscheidung gar nicht treffen kann, weil die Möglichkeit besteht, daß der arbeitsgerichtliche Beschluß sich im sachlichen Ergebnis als zutreffend erweist. So liegt es im vorliegenden Fall. Das Arbeitsgericht hatte sachlich über den Einspruch des Betriebsrats entschieden und ihn für begründet erachtet, während das Landesarbeitsgericht eine sachliche Entscheidung über die Begründetheit des Einspruchs selbst zu Unrecht abgelehnt hat, weil es unter Verkennung des Begriffs der Umgruppierung den Einspruch für rechtlich unerheblich hält. Wenn man die nach dem alten Arbeitsgerichtsgesetz aus dem Zurückverweisungsverbot entwickelten Grundsätze auch in das neue Arbeitsgerichtsgesetz übernehmen wollte, so müßte mit der Aufhebung des Beschwerdebeschlusses das gesamte bisherige Verfahren beider Tatsacheninstanzen einschließlich des arbeitsgerichtlichen Beschlusses gegenstandslos werden. Der Antragsteller müßte sein Anliegen durch einen neuen Antrag beim Arbeitsgericht erneut verfolgen können. Denn eine Entscheidung in der Sache überhaupt würde man dem Antragsteller nicht abschneiden können. Eine solche Auffassung würde Rechtsverweigerung bedeuten. Das wird gerade an dem vorliegenden Sachverhalt deutlich, wo die Rechtsauffassung des Antragstellers, für die er in der Rechtsbeschwerdeinstanz gestritten hat, mit der Entscheidung, daß der Beschwerdebeschluß aufzuheben sei, durchgedrungen ist. Es wäre undenkbar, den in dieser Weise in der Rechtsbeschwerde obsiegenden Antragsteller wegen des Zurückverweisungsverbots und einer dadurch etwa ausgeschlossenen Nachprüfung der sachlichen Begründetheit des Einspruchs rechtskräftig in der Sache selbst abzuweisen. Daher könnte nur — entsprechend der unter dem alten Arbeitsgerichtsgesetz bestehenden Auffassung — in Betracht kommen, daß das bisherige Verfahren einschließlich des arbeitsgerichtlichen Beschlusses gegenstandslos würde und dem Antragsteller die Möglichkeit eines neuen Antrages beim Arbeitsgericht offenbliebe. Dabei würde sich erneut entsprechend der Rechtsprechung zum alten Arbeitsgerichtsgesetz die Frage ergeben, ob ein formeller Abschluß des Verfahrens durch eine Bescheidung des Antrages selbst herbeizuführen ist (so Dietz-Nikisch, Bem. 5 zu § 96) oder nicht (so Dersch-Volkmar, ArbGG. 6. Aufl. Bem. 9 zu § 96). Würde man eine solche formelle Bescheidung des Antrages für notwendig halten, so müßte auch der arbeitsgerichtliche Beschluß nachträglich als nunmehr unzulässig aufgehoben werden. Eine Aufhebung des arbeitsgerichtlichen Beschlusses als unbegründet käme nicht in Frage, weil in der Sache nicht entschieden wird. Der Aufhebung als unzulässig steht jedoch entgegen, daß sich eine Unzulässigkeit des arbeitsgerichtlichen Beschlusses aus keinem denkbaren Unzulässigkeitsgrunde ergibt. Würde es andererseits bei der Aufhebung des Beschwerdebeschlusses sein Bewenden haben, so würde der arbeitsgerichtliche Beschluß in der Welt bleiben, denn es wäre bedenklich, anzunehmen, daß eine gerichtliche Entscheidung ohne jede ersetzende Entscheidung oder auch nur Aufhebung einfach hinfällig wird. Während weiter nach früherem Recht der Antragsteller seinen Antrag wenigstens in der Instanz erneuern konnte, aus der er in die Rechtsbeschwerde gekommen war, besteht eine solche Möglichkeit grundsätzlich nicht. Der Antragsteller würde daher um zwei Rechtszüge zurückversetzt. Damit würde er wesentliche Rechtspositionen in einer Weise verlieren, die allem Interesse an einer beschleunigten und sachgerechten Erledigung widerstreitet. Der Beschleunigungsgrundsatz kann nach Inanspruchnahme von zwei Tatsacheninstanzen sich nicht mehr in dem Zweck einer Erledigung des Verfahrens um jeden Preis erschöpfen, sondern kann nur in einer schnellen u n d sachgemäßen Erledigung einen überhaupt noch sinnvollen Ausdruck finden. Der Beschleunigungsgrundsatz, der sich auf eine schnelle rein aktenmäßige Erledigung beschränken wollte, würde, wenn bereits zwei Tatsacheninstanzen beschritten sind, in das Gegenteil gewendet, denn er soll schließlich einem Beteiligten, insbesondere dem Antragsteller zugute kommen. Diese veränderte Lage hat der Gesetzgeber bei der Übernahme des Zurückverweisungsverbots offensichtlich nicht bedacht, was sich, wie schon erwähnt, auch daraus ergibt, daß in den Materialien des neuen Arbeitsgerichtsgesetzes sich nichts darüber findet. Daher muß entsprechend dem vom Gesetz gewollten und richtig verstandenen Beschleunigungsgrundsatz bei der Anwendung des Zurückverweisungsverbots des § 96 der Einführung einer zweiten Tatsacheninstanz entscheidend Rechnung getragen werden und die solchen Falles zulässige Restriktion (vgl. Enneccerus Nipperdey, Lehrbuch BGB. Allgem. Teil § 59) des Zurückverweisungsverbots Platz greifen. Es darf der Sachentscheidung im gleichen Verfahren jedenfalls dann nicht entgegenstehen, wenn der Antragsteller unter richtiger Beurteilung der Rechtslage alles Erforderliche in einer der Tatsacheninstanzen vorgetragen und unter Beweis gestellt hat, das Beschwerdegericht aber unter unrichtiger rechtlicher Beurteilung entsprechende Feststellungen zu allen oder einzelnen dieser rechtserheblichen Tatsachen nicht getroffen hat. Ob darüber hinaus das Zurückverweisungsverbot schlechthin, insbesondere auch dann zurückzutreten hat, wenn der Antragsteller nach der Rechtsbeurteilung des Rechtsbeschwerdegerichts noch nicht alles Erforderliche vorgetragen hat, oder ob solchenfalls den Antragsteller wegen des Zurückverweisungsverbots das besondere Risiko eines alle Rechtsmöglichkeiten umfassenden Sachvortrages trifft, wie die Antragsgegnerin meint, kann hier dahingestellt bleiben, weil der Antragsteller auf Grund des ursprünglichen Auflagebeschlusses des Beschwerdegerichts unter richtiger Beurteilung der Rechtslage alles Erforderliche vorgetragen und unter Beweis gestellt hatte.

Wenn hiernach das Verbot der Zurückverweisung im vorliegenden Falle zu weichen hat, so schließt das ein Gebot der Zurückverweisung unter den vorliegenden Umständen ein. Zwar hat der erkennende Senat in seinem Beschluß vom 2. März 1955 (BAG. 1, 341 = AP. Nr. 2 zu § 96 ArbGG. mit Anmerkung von Pohle) eine ausdrückliche Zurückverweisung nicht ausgesprochen, weil in dem dort zu entscheidenden Falle auch das Verfahren vor der Beschwerdeinstanz wegen eines wesentlichen Verfahrensmangels aufzuheben war. Dort gestaltete sich die Rechtslage daher so, daß durch die Aufhebung der Entscheidung die frühere Instanz noch nicht abgeschlossen, sondern noch eröffnet geblieben war. Die aufzuhebende und aufgehobene Beschwerdeentscheidung hatte die Beendigungswirkung in Wahrheit nicht gehabt. Da aber gleichzeitig auch das Verfahren wegen eines wesentlichen Verfahrensmangels aufgehoben werden mußte, befand sich der Rechtsstreit in der Lage, wie sie bestand, als nur die Beschwerde erhoben war und das Verfahren vor der Beschwerdeinstanz noch nicht begonnen hatte. Das Verfahren und damit die Anhörung der Parteien mußte vor der Beschwerdeinstanz wiederholt und so das Verfahren dort „fortgesetzt" werden. Im vorliegenden Falle hat die Beschwerdeentscheidung — weil sie aufgehoben werden mußte — zwar die frühere Instanz noch nicht abgeschlossen, so daß es einer Wiedereröffnung dieser Instanz nicht bedarf. Weil aber im vorliegenden Falle das Verfahren in der Beschwerdeinstanz ordnungsgemäß durchgeführt ist, bedarf es einer ausdrücklichen Zurückverweisung, damit es zu einer Sachentscheidung vor dem Beschwerdegericht kommen kann. Diese Zurückverweisung bedeutet die Anordnung der Fortsetzung des Verfahrens in der unteren Instanz. Auf Grund dieser Anordnung erst kann der Beschwerderichter die Anhörung der Parteien fortsetzen und die nötigen Beweise unter Zugrundelegung der Rechtsauffassung des Rechtsbeschwerdegerichts beschließen und durchführen (RGZ. 158, 196). Diese Anordnung ist es auch, die ihn andererseits bindet.

35

1. Hat der Betriebsrat gegen eine Einstellung, Umgruppierung oder Versetzung Bedenken, so hat er diese unter Angabe von Gründen innerhalb einer Woche dem Arbeitgeber schriftlich mitzuteilen. Die Wochenfrist läuft vom Zugang der Mitteilung des Arbeitgebers an den Betriebsrat über die geplante Maßnahme.

2. Der Betriebsrat kann innerhalb einer Frist von zwei Monaten das Arbeitsgericht anrufen zur Feststellung, daß ein Grund zur Verweigerung der Zustimmung gemäß § 61 Abs. 3 BetrVG. vorliegt. Die Zweimonatsfrist läuft vom Tage der Durchführung der Maßnahme des Arbeitgebers an, vorausgesetzt, daß eine Mitteilung über die geplante Maßnahme unter Angabe des Zeitpunktes der Durchführung dem Betriebsrat zugegangen war.

BetrVG. § 61 Abs. 2 Satz 1 und 3.

I. Senat. Beschluß vom 12. Oktober 1955 i. S. Betriebsrat d. S.-Sch. (Antragst.) w. S.-Sch. (Antragsg.) 1 ABR 29/54.

I. Arbeitsgericht Oberhausen. — II. Landesarbeitsgericht Düsseldorf.

Aus den Gründen:

Am 28. Oktober 1948 wurde zwischen dem Betriebsrat der S.-Sch. AG. in M. und der Betriebsleitung dieser Werke eine Betriebsvereinbarung abgeschlossen, nach der die Arbeitsplätze der gewerblichen Arbeitnehmer im M. Werk nach acht Lohngruppen eingestuft werden sollten. Der Tarifvertrag für die Eisen-, Metall- und Elektroindustrie Nordrhein-Westfalen vom 1. September 1948 (sog. Schwelmer Abkommen) selbst sah nur fünf Lohngruppen vor, die auf Fähigkeiten des Arbeitnehmers als Facharbeiter, angelernter Arbeiter usw. abstellten. Das Schwelmer Abkommen ließ jedoch eine andere Gruppeneinteilung durch Betriebsvereinbarung zu. Um eine Übereinstimmung mit der Lohngruppeneinteilung anderer Werke der S.-Sch. AG. zu erzielen machte man von diesem Vorbehalt des Tarifvertrages Gebrauch. Im einzelnen sollte die Zuordnung der Arbeiter zu den acht Lohngruppen nach den Katalogen der Werke Berlin, Nürnberg und Wien in Verbindung mit einer analytischen Punktbewertung durchgeführt werden, bis ein eigener Betriebskatalog erstellt worden sei. Zu der Eingruppierung wurde der Betriebsrat laufend hinzugezogen. In der weitaus überwiegenden Zahl der insgesamt etwa 1600 Fälle wurde eine Übereinstimmung erzielt. Nur bei 75 Fällen beharrte die Betriebsleitung auf einer von dem Betriebsrat abweichenden Bewertung und hielt die Eingruppierung in eine jeweils niedrigere Lohngruppe, als sie der Betriebsrat forderte, für zutreffend. Um durch diese Differenzen die Durchführung der Eingruppierung nicht aufzuhalten, wurde in diesen etwa 75 Fällen vorläufig bis zur entgültigen Eingruppierung zu der von der Betriebsleitung für richtig erachteten (niedrigeren) Lohngruppe eine Ausgleichszulage von 7 Pfennigen je Stunde gezahlt mit der Maßgabe, daß diese Zulage wegfalle, wenn die endgültige Eingruppierung verbindlich erfolge. Durch ein Schreiben vom 19. März 1949 wurde diese Regelung auf den 30. Juni 1949 begrenzt. Von diesem Zeitpunkt ab sollte als die Stammlohngruppe für die Lohnzahlung kommender Lohnwochen jeweils die Lohngruppe festgesetzt werden, in der im vergangenen Monat die meisten Lohnstunden angefallen waren. Sofern sich hierbei ein niedrigerer Verdienst als der bisherige ergeben würde, sollte die Umstufung erst nach einer Ankündigungsfrist, die der Kündigungsfrist entsprach, durchgeführt werden. Hierzu kam es jedoch einstweilen nicht, vielmehr wurde der bisherige Zustand stillschweigend weiter fortgesetzt, weil eine Einigung mit dem Betriebsrat zwar erhofft wurde, aber noch nicht erzielt werden konnte. In einzelnen Fällen kam es zwischenzeitlich zu Übereinkommen über die endgültige Lohngruppe.

Mit Schreiben vom 20. Dezember 1952 kündigte die Werksleitung den noch nicht endgültig eingruppierten Arbeitern den Ausgleichszuschlag von 7 Pfennigen auf den 1. Januar 1953 und teilte dem Betriebsrat mit, daß der Zuschlag von 7 Pfennigen pro Stunde ab 1. Januar 1953 nicht mehr gezahlt werde. Mit Schreiben vom 2. Januar 1953 erhob der Betriebsrat hiergegen schriftlich Bedenken. In seinem Schreiben wies er u. a. darauf hin, daß er schon am 9. Oktober 1951 die Einberufung der Schlichtungskommission auf Grund der Betriebsvereinbarung vom 29. Oktober 1947 verlangt habe. Die Werksleitung hatte damals die Einberufung der Kommission abgelehnt. Durch Schreiben vom 16. Januar 1953 bat der Betriebsrat die Arbeitsgemeinschaft der (gesamten) Betriebsräte der S.-Sch.-Werke, daß sie sich mit der Unternehmensleitung zur Einberufung einer Schlichtungskommission entsprechend der für das gesamte Unternehmen der S.-Sch. AG. geltenden Betriebsvereinbarung vom 29. Oktober 1947 in Verbindung setzen möge. Auf einer Besprechung der Werksleitung M. vom 13. März 1953 lehnte ein Vertreter der Unternehmensleitung die Einberufung eines Schiedsgerichts ab. Trotzdem, so trägt der Betriebsrat vor, habe er (der Betriebsrat) sich an die Arbeitsgemeinschaft der S.-Betriebsräte gewandt, damit von dort aus die Anrufung des Schiedsgerichts veranlaßt würde. Dieser letzte Versuch sei am 30. März 1953 gescheitert. An diesem Tage hat die Arbeitsgemeinschaft der S.-Betriebsräte dem antragstellenden Betriebsrat M. die Ergebnislosigkeit der Verhandlung in dieser Richtung mitgeteilt und dem Betriebsrat anheimgestellt, den Rechtsweg zu beschreiten.

Der Betriebsrat hält die Eingruppierung der Arbeitnehmer in die von der Betriebsleitung vorgesehenen (niedrigeren) Lohngruppen nicht für zutreffend. Er ist der Auffassung, daß ihm nach § 60 ff. BetrVG. ein Mitbestimmungsrecht zustehe, und daß ein solches Recht sich auch auf Grund der Betriebsvereinbarung vom 29. Oktober 1947 ergebe. Denn diese Betriebsvereinbarung, die niemals aufgehoben sei, gelte nach § 90 BetrVG. weiter. Der Betriebsrat hat daher beantragt, festzustellen, daß sein Einspruch gegen die Maßnahme der Betriebsleitung in den noch streitigen Fällen begründet sei. Die Antragsgegnerin bittet um Zurückweisung dieses Antrages und macht in erster Linie geltend, daß der Betriebsrat die aus § 63 in Verbindung mit § 61 Abs. 2 Satz 1 und 3

BetrVG. sich ergebenden Fristen versäumt habe. Die Umgruppierung sei nämlich — wenn überhaupt — durch die Kündigung der Ausgleichszulage am 20. Dezember 1952 erfolgt, die Bedenken des Betriebsrats seien aber erst am 2. Januar 1953 und die Klage erst am 23. Mai 1953 erhoben. Arbeitsgericht und Landesarbeitsgericht haben den Antrag als unzulässig zurückgewiesen, weil die nach § 61 Abs. 2 Satz 1 und Satz 3 vorgesehenen Fristen versäumt seien. Beide Fristen begännen mit der Aufkündigung der Ausgleichszulage. An diesem Ergebnis könne weder durch den Hinweis auf die angeblich noch geltende Betriebsvereinbarung vom 29. Oktober 1947, noch durch den Hinweis auf § 49 Abs. 3 des BetrVG. etwas geändert werden, wonach die Anrufung von Schiedsstellen und Behörden erst zulässig sei, wenn eine Einigung im Betriebe nicht erzielt wurde.

Die hiergegen erhobene, zugelassene Rechtsbeschwerde des Antragstellers ist unbegründet.

Zutreffend haben beide Vorderrichter entschieden, daß der Antragsteller sowohl die Frist des § 61 Abs. 2 Satz 1 BetrVG., wonach der Betriebsrat seine Bedenken unter Angabe von Gründen innerhalb einer Woche dem Arbeitgeber schriftlich mitzuteilen hat, als auch die Frist des § 61 Abs. 2 Satz 3, wonach der Betriebsrat innerhalb Frist von zwei Monaten das Arbeitsgericht anzurufen hat, versäumt hat. Ob es sich daher in der Sache selbst überhaupt um eine Umgruppierungsmaßnahme handelt, und ob der Einspruch des Betriebsrats sachlich begründet war, konnte dahingestellt bleiben.

Abzulehnen ist die Auffassung der Rechtsbeschwerde, daß die Maßnahme der Umgruppierung bereits im Jahre 1948, also zu einer Zeit getroffen sei, als noch keine gesetzliche Frist bestand, und daß der zwischenzeitlich durch die Ausgleichszulage von 7 Pfennigen pro Stunde geschaffene Schwebezustand und dessen nunmehriger Wegfall mit der Umgruppierung nichts mehr zu tun habe. Die Vereinbarung und Erhaltung eines Schwebezustandes ist keine Umgruppierung, diese sollte gerade vorbehalten und aufgeschoben bleiben. Es ist unrichtig, die damalige vorläufige Einordnung in die nach Auffassung des Betriebsrats um eine Stufe zu niedrige Lohngruppe und die gleichzeitig einsetzende Ausgleichszulage zu trennen. Beide gehören als das Ergebnis eines Übereinkommens zwischen Betriebsleitung und Betriebsrat zusammen und bedeuten eine Suspendierung der Umgruppierung. Zutreffend haben daher die beiden Vorderrichter die Maßnahme der Umgruppierung darin gesehen, daß die Ausgleichszulage endgültig wegfiel.

Es kann dahingestellt bleiben, ob die Betriebsvereinbarung vom 29. Oktober 1947 noch als gültig anzusehen ist (§ 90 BetrVG.), und ob das in dieser Betriebsvereinbarung für die Ausübung des Mitbestimmungsrechts vorgeschriebene Verfahren (insbesondere der Ziffer 17) zugrunde gelegt werden muß. Denn selbst, wenn man diese Frage bejaht, so entfallen die Fristen nach § 61 Abs. 2 Satz 1 und Satz 3 nicht etwa deshalb, weil sie in jener Betriebsvereinbarung nicht enthalten sind. Die gesetzliche Frist ist im Verhältnis zu der damaligen Betriebsvereinbarung eine zwingend ergänzende Vorschrift.

Unrichtig ist die Auffassung der Rechtsbeschwerde, daß die Frist des § 61 Abs. 2 Satz 1 BetrVG. erst von der Vollziehung der Maßnahme und nicht schon von deren Mitteilung an beginne. Durch die Einführung der Frist soll erreicht werden, daß bei Meinungsverschiedenheit des Betriebsrats und der Betriebsleitung über eine Maßnahme der personellen Mitbestimmung möglichst bald endgültige Klarheit geschaffen wird. Daher ist es notwendig, den Beginn der Verständigungsmöglichkeit, damit aber auch den Beginn der Verständigungsnotwendigkeit möglichst früh zu legen. Durch die nach § 61 Abs. 1 vorgeschriebene Mitteilung des Arbeitgebers von der geplanten Maßnahme hat der Betriebsrat die notwendige Unterlage. Es liegt in seinem eigenen Interesse, wenn die Bedenken schon im frühesten Stadium erhoben werden und eine Verständigung eingeleitet wird. Die Stellung des Betriebsrats wird erschwert, wenn er seine Bedenken erst nach Durchführung der Maßnahme geltend machen sollte und der Arbeitgeber vorher geäußerte Bedenken als verfrüht unbeachtet lassen kann. Es bedeutet einen erheblichen Unterschied, ob eine Maßnahme von vornherein nicht vollzogen oder nach Vollzug wieder rückgängig gemacht werden soll. Im Gegensatz zu der Rechtsbeschwerde ist daher mit den beiden Vorderrichtern als Beginn für die im § 61 Abs. 2 Satz 1 genannte Frist von einer Woche die Ankündigung der Betriebsleitung vom 20. Dezember 1952 anzusehen, nach der die Zulage von 7 Pfennigen pro Stunde mit dem 1. Januar 1953 wegfallen sollte. Die am 2. Januar 1953 dagegen erhobenen schriftlichen Bedenken des Betriebsrats sind verspätet.

Unrichtig ist die Auffassung der Rechtsbeschwerde, daß es einer erneuten ausdrücklichen Erhebung von Bedenken mit Rücksicht auf die vorangegangenen langwierigen Verhandlungen und die darin zum Ausdruck gekommene ablehnende Haltung des Betriebsrats nicht mehr bedurft hätte. Aus der Regelung des § 61 Abs. 2 Satz 1 ergibt sich, daß Schweigen innerhalb der Frist als Zustimmung gilt. Diese Regel könnte nur unter ganz besonderen Umständen, etwa in Fällen eines offenbaren Rechtsmißbrauchs oder einer Arglist des Arbeitgebers in ihr Gegenteil gewendet werden. Voraussetzung würde zum mindesten sein, daß der Betriebsrat die Endgültigkeit seiner ablehnenden Auffassung, sein letztes Wort dazu so klar zum Ausdruck gebracht hätte, daß keinerlei Zweifel darüber mehr bestehen könnten und daß dieses für die Betriebsleitung offenkundig feststand. Wenn auch mit einer gewissen Wahrscheinlichkeit darauf gerechnet werden konnte, daß der Betriebsrat seine Zustimmung nicht geben werde, so kann von einer Offenkundigkeit dieser Haltung des Betriebsrats am 20. Dezember 1952 schon deswegen nicht die Rede sein, weil seit Vereinbarung des Schwebezustandes mehrere Jahre verstrichen waren. Daher kann auch nicht von einer Arglist oder einem Rechtsmißbrauch der Antragsgegnerin gesprochen werden, wenn sie die mit dem Ablauf der Frist verbundene Fiktion einer Zustimmung des Betriebsrats für sich in Anspruch nimmt.

Auch die Frist von zwei Monaten des § 61 Abs. 2 Satz 3 ist versäumt. Unrichtig ist die Auffassung des Antragstellers, daß diese Frist erst mit dem endgültigen Scheitern aller Verständigungsmöglichkeiten beginne. Das würde dazu führen, daß der Betriebsrat oder die Betriebsleitung oder beide durch die Art der Verhandlungsführung es in der Hand hätten, zu bestimmen, von wann ab die Frist läuft. Auch würde jedesmal in schwieriger Einzeluntersuchung festgestellt werden müssen, in welchem Augenblick der verschiedenen Verhandlungsabschnitte die innerbetrieblichen Einigungsmöglichkeiten endgültig erschöpft gewesen sind. Die mit einer gesetzlichen Frist erstrebte Rechtsklarheit und Rechtssicherheit würde völlig in Frage gestellt. Aus § 49 Abs. 4 BetrVG., nach dem die Anrufung von Schiedsstellen und Behörden erst zulässig ist, nachdem eine Einigung im Betrieb nicht erzielt wurde, ergibt sich Gegenteiliges nicht. Dieser allgemeinen Bestimmung geht die Sonderbestimmung des § 61 Abs. 2 Satz 3 vor. Beide stehen auch nicht in Widerspruch, denn die Frist von zwei Monaten ist gerade deswegen so ausreichend bemessen, um Verständigungsmöglichkeiten nicht abzuschneiden. Die Bestimmung der Frist soll eine Verständigung nur in absehbaren zeitlichen Grenzen halten.

Die Frist des § 61 Abs. 2 Satz 3 ist vielmehr an die Vollziehung der Maßnahme anzuknüpfen. Denn würde man den Fristbeginn mit den beiden Vorderrichtern bereits auf die Mitteilung der geplanten Maßnahme verlegen, so würden beide Fristen, nämlich die des § 61 Abs. 2 Satz 1 von einer Woche und des § 61 Abs. 2 Satz 3 von zwei Monaten, zugleich beginnen. Die zweite würde u. U. um die erste verkürzt. Zu einer solchen Verkürzung der Frist von zwei Monaten besteht kein Anlaß. Wohl aber kann und muß der Betriebsrat seine Maßnahmen und Entschlüsse zur Anrufung des Arbeitsgerichts von dem Augenblick an ins Auge fassen, in dem die Maßnahme vollzogn ist.

Sofern dem Betriebsrat, wie im vorliegenden Falle, nicht nur die Maßnahme, sondern auch der Zeitpunkt ihrer Durchführung mitgeteilt ist, kann es auch nicht mehr auf die Kenntnis des Betriebsrats von der vollzogenen Maßnahme ankommen. Denn der Betriebsrat kann und muß damit rechnen, daß die mitgeteilte Maßnahme, sofern es nicht vorher schon zu einer Verständigung gekommen ist, so durchgeführt wird, wie sie mitgeteilt wurde. Ob etwas anderes zu gelten hat und es insbesondere dann auf die Kenntnis des Betriebsrats von der Durchführung der Maßnahme ankommt, wenn die nach § 61 Abs. 1 vorgesehene Mitteilung der geplanten Maßnahme nicht, wie im vorliegenden Falle, unter Angabe des Zeitpunktes (ab 1. Januar 1953) mitgeteilt ist, braucht hier nicht entschieden zu werden. Da die Klage erst am 23. Mai 1953 erhoben wurde, ist sie verspätet.

Die Rechtsbeschwerde war daher als unbegründet zurückzuweisen.

36

1. Ist in einem Tarifvertrag bestimmt, daß bestehende Akkordsätze bei fehlerhafter Berechnung oder bei Änderung der Berechnungsgrundlage, z. B. infolge technischer, organisatorischer oder Materialänderungen in Verbindung mit dem Betriebsrat von der Betriebsleitung geändert werden können, so bedarf eine derartige Akkordänderung der Zustimmung des Betriebsrats.

2. In dem früheren Lande Baden konnten auch schon vor dem Inkrafttreten des Tarifvertragsgesetzes des Vereinigten Wirtschaftsgebietes in Baden am 29. Mai 1953 in Tarifverträgen Bestimmungen mit betriebsverfassungsrechtlicher Wirkung getroffen werden. Jedenfalls gilt diese Wirkung spätestens seit dem Inkrafttreten des Bundesbetriebsverfassungsgesetzes am 14. November 1952.

3. Rechtsirrig ist die Ansicht, daß eine Mitbestimmung des Betriebsrats nicht in Frage kommen könne, weil nur eine Entscheidung aus der Anwendung bindender tariflicher Regeln, hier der Akkordsatzbestimmung, richtig sein könne.

BetrVG. § 56; TVG. § 1; §§ 1, 2 d. Gesetzes über Erstreckung des Tarifvertragsgesetzes v. 23. 4. 1953.

I. Senat. Beschluß vom 12. Oktober 1955 i. S. U. (Antragsg.) w. Betriebsrat der Sp. U. (Antragsst.) 1 ABR 13/54.

I. Arbeitsgericht Freiburg/Brsg. — II. Landesarbeitsgericht Baden in Freiburg.

Aus den Gründen:

Die Antragsgegnerin betreibt eine Spinnweberei. Sie beschäftigt in ihrem Werk W. u. a. auch Spinnerinnen, Flyerinnen und Streckerinnen. Ab 1. April 1953 kürzte die Antragsgegnerin für diese die Akkordsätze um etwa 10%, weil die bisherige Berechnung fehlerhaft gewesen sei. Das Einverständnis des Betriebsrats zu der Kürzung lag nicht vor.

Auf die Arbeitsverhältnisse der Antragsgegnerin und ihrer Arbeitnehmer im Werk W. fand damals der zwischen dem Verband der Badischen Textilindustrie e. V. in der französisch besetzten Zone und der Gewerkschaft Textilbekleidung für die Westzonen Deutschlands abgeschlossene Manteltarifvertrag für die Badische Textilindustrie vom 24. Januar 1951 Anwendung. § 13 Ziff. 11 des MTV. bestimmt:

„Bestehende Akkordsätze können bei fehlerhafter Berechnung oder bei Änderung der Berechnungsgrundlage, z. B. infolge technischer, organisatorischer oder Materialänderungen in Verbindung mit dem Betriebsrat nach vorheriger Ankündigung unter Einhaltung einer 7tägigen Frist von der Betriebsleitung geändert werden."

Antragssteller und Antragsgegnerin streiten darüber, ob dem Betriebsrat bei der Änderung von Akkordsätzen gemäß der genannten Tarifvorschrift sowie nach § 56 Abs. 1 g BetrVG. ein Mitbestimmungsrecht zustehe. Der Antragssteller hat beantragt,

festzustellen, daß ihm hinsichtlich der ab 1. 4. 1953 bei der Antragsgegnerin durchgeführten Kürzung der Akkordsätze ein Mitbestimmungsrecht zustehe.

Durch Beschluß des Arbeitsgerichts wurde festgestellt, daß

„dem Antagssteller hinsichtlich der im Betrieb der Antragsgegnerin am 1. April 1953 durchgeführten Kürzung der Akkordsätze für Spinnerinnen, Flyerinnen und Streckerinnen um etwa 10% ein Mitbestimmungsrecht nach § 56 Abs. 1 g des BetrVG. zusteht".

Die hiergegen von der Antragsgegnerin eingelegte Beschwerde wurde durch Beschluß des Landesarbeitsgerichts unter Zulassung der Rechtsbeschwerde mit der Maßgabe zurückgewiesen, daß die Worte „nach § 56 Abs. 1 g des BetrVG." aus der Beschlußformel des arbeitsgerichtlichen Beschlusses gestrichen wurden.

Die hiergegen eingelegte Rechtsbeschwerde wurde zurückgewiesen.

Gemäß § 56 Abs. 1 BetrVG hat der Betriebsrat, soweit eine gesetzliche oder tarifliche Regelung nicht besteht, in folgenden Angelegenheiten mitzubestimmen: g) Regelung von Akkord- und Stücklohnsätzen. Streitigkeiten über das Mitbestimmungsrecht des Betriebsrats in diesen Angelegenheiten sind durch die Arbeitsgerichte im Beschlußverfahren zu entscheiden (§ 2 Abs. 1 Ziff. 4 i ArbGG.; § 82 Abs. 1 i BetrVG.). Auch dann, wenn sich ein Mitbestimmungsrecht des Betriebsrats nicht unmittelbar aus dem BetrVG, sondern aus einem Tarifvertrag ergibt und Streit hierüber besteht, ist über diesen im Beschlußverfahren vor den Arbeitsgerichten zu entscheiden. Denn § 56 Abs. 1 BetrVG. setzt voraus, daß die dort aufgezählten Angelegenheiten, in denen der Betriebsrat ein Mitbestimmungsrecht hat, auch anderweit durch Tarifvertrag geregelt werden können. Damit ist aber ein Streit über die entsprechende tarifliche Regelung mittelbar ein Streit über das Mitbestimmungsrecht des Betriebsrats und damit über seine Zuständigkeit.

Im gegebenen Fall besteht eine tarifliche Regelung von Akkordsätzen im § 13 MTV. § 13 Ziff. 11 MTV. dessen tatsächliche Voraussetzungen nach den den Senat bindenden Feststellungen des angefochtenen Beschlusses vorliegen, regelt die Änderung bestehender Akkordsätze in bestimmten dort aufgeführten Fällen. Auch eine solche spezielle Regelung fällt unter den Begriff der Regelung von Akkordsätzen im Sinne des § 56 Abs. 1 g BetrVG., wobei hier dahingestellt bleiben kann, ob unter den Begriff „Regelung" im Sinne dieser Vorschrift alles und nur alles das fällt, was nicht konkreter Einzelfall ist. Denn das Mitbestimmungsrecht des Betriebsrats kann in den Angelegenheiten des § 56 Abs. 1 BetrVG. (soziale Angelegenheiten) durch Tarifvertrag weitgehend ausgestaltet und selbst auf konkrete Einzelmaßnahmen erstreckt werden, weil im Bereich der sozialen Angelegenheiten eine umfassende Zuständigkeit des Betriebsrats besteht (Dietz, BetrVG. 2. Aufl. Einf. S. 33 u. 34). Ob dem Antragssteller bei der Kürzung der Akkordsätze ab 1. April 1953 ein Mitbestimmungsrecht zustand, bestimmt sich also nach der t a r i f l i c h e n R e g e l u n g, weil diese nach dem eindeutigen und klaren Gesetzeswortlaut der Regelung des § 56 BetrVG. vorgeht. Dabei braucht hier nicht entschieden zu werden, ob eine tarifliche Regelung, die das Mitbestimmungsrecht des Betriebsrats nach § 56 BetrVG. abschwächt oder beseitigt, gleichfalls die gesetzliche Regelung des BetrVG. verdrängen würde; denn ein solcher Fall liegt hier, wie die weiteren Ausführungen zeigen, nicht vor.

Gegen die Auffassung, § 13 Ziff. 11 MTV. enthalte eine tarifliche Regelung im Sinne des § 56 Abs. 1, Einleitungsworte, BetrVG., kann nicht eingewandt werden, diese Bestimmung des MTV. sei nicht betriebsverfassungsrechtlicher, normativer, sondern schuldrechtlicher (obligatorischer), nur die Tarifvertragsparteien verpflichtender Natur. Das Beschwerdegericht hat es übersehen, diese für die Entscheidung wichtige Rechtsfrage zu prüfen. Zwar ist es richtig, daß im Geltungsbereich des MTV. — ehemaliges Land Baden — weder zur Zeit seines Abschlusses (Januar 1951) noch auch in dem Zeitpunkt, in dem die Akkordherabsetzung durch die Antragsstellerin vorgenommen wurde (1. April 1953). das ursprünglich nur für das Vereinigte Wirtschaftsgebiet geltende Tarifvertragsgesetz vom 9. April 1949 (WiGBl. 1949 S. 55) Gültigkeit hatte. In diesem ist in § 1 Abs. 1 ausdrücklich bestimmt, daß der Tarifvertrag auch betriebsverfassungsrechtliche Fragen mit normativer, betriebsverfassungsrechtlicher Wirkung ordnen kann. Dieses Gesetz ist aber erst am 29. Mai 1953 in Baden in Kraft getreten (§§ 1, 2 des Gesetzes über die Erstreckung des Tarifvertragsgesetzes vom 23. 4. 1953 BGBl. I S. 156). Im Zeitpunkt der Kürzung der Akkordsätze (1. April 1953) galt in Baden nur die Badische Landesverordnung über die Registrierung von Tarifverträgen vom 20. Januar 1949 (Bad. GVBl. 1949 S. 72), die im Gegensatz zum TVG. über die Rechtssetzungsbefugnis der Tarifvertragsparteien und über den möglichen Inhalt von Tarifverträgen nichts enthält. Es bestand damals für das Land Baden ebensowenig eine bestimmte positive gesetzliche Regelung dieser Fragen, wie im übrigen Gebiet der Bundesrepublik vor dem Inkrafttreten des TVG. bzw. des TVG. für Rheinland-Pfalz vom 24. Februar 1949 (GVBl. 1949 Nr. 14 S. 82). Auf dem Gebiete des Tarifrechts gab es nach dem Zusammenbruch des Deutschen Reiches im Jahre 1945 zunächst überhaupt keine besondere positiv-rechtliche Regelung. Insbesondere galt nicht mehr die Tarifvertragsverordnung von 1920 in der Fassung der Bekanntmachung vom 1. März 1928 (RGBl. I S. 47). Sie war durch § 65 Ziff. 6 AOG. (Gesetz zur Ordnung der nationalen Arbeit vom 20. Januar 1934, RGBl. I S. 45) aufgehoben. Die Beseitigung des AOG. durch das KRG. Nr. 40 (Amtsbl. des KR. v. 30. November 1949 Nr. 12 S. 229) hat die Tarifvertragsverordnung nicht wieder in Kraft treten lassen. Wenn die Tarifvertragsverordnung bis zum Inkrafttreten der entsprechenden Tarifvertragsgesetze im Gebiet der Bundesrepublik Gültigkeit gehabt hätte, dann allerdings wäre der Einwand der Antragsgegnerin, § 13 Ziff. 11 MTV. könne keine normative betriebsverfassungsrechtliche Wirkung haben, beachtlich. Denn die Tarifverträge konnten unter der

Herrschaft der Tarifvertragsverordnung keine betriebsverfassungsrechtliche Normen setzen.

In Wahrheit bestand aber das Recht der Tarifvertragsparteien, auch in der Übergangszeit bis zum Inkrafttreten der neuen Tarifvertragsgesetze, durch Tarifverträge Recht, und zwar auch Betriebsverfassungsrecht zu setzen. Dieses Recht beruhte auf dem Tarifverträge zulassenden Recht der Alliierten Besatzungsmächte. Ihre Gesetze, Verordnungen und Anordnungen erkannten Tarifverträge mit normativen Bestimmungen als festen Bestandteil unserer Arbeitsrechtsordnung an, ohne daß erkennbar die Befugnis der Tarifvertragsparteien, in Tarifverträgen auch Betriebsverfassungsrecht zu setzen, ausgeschlossen' wäre (vgl. v. a. KR.-Direktive Nr. 14 v. 12. 10. 1945/13. 9. 1946 in Nipperdey, Arbeitsrecht, 1. Aufl. 1949 Nr. 180; KR.-Direktive Nr. 41 v. 17. 10. 1946 a. a. O. Nr. 181; KR.-Direktive Nr. 26 v. 26. 1. 1946 a. a. O. Nr. 350; KRG. Nr. 21 v. 30. 3. 1946 a. a. O. Nr. 650). Dieses Besatzungsrecht enthält zwar keine besonderen positiven Bestimmungen darüber, ob und was Inhalt eines Tarifvertrages sein kann und welches seine Rechtswirkung ist. Doch war es in der Tarifpraxis gerade damals üblich, in Tarifverträgen auch betriebsverfassungsrechtliche Fragen für die Betriebe zu regeln. Es kann davon ausgegangen werden, daß den Besatzungsmächten die vielfach schwierigen und komplizierten Unterscheidungen zwischen normativen und schuldrechtlichen Bestimmungen des Tarifvertrages fremd waren, daß sie vielmehr den Sozialpartnern eine in den Rechtswirkungen klare und umfassende Zuständigkeit geben wollten. Gaben die Tarifverträge den Betriebsvertretungen bestimmte Befugnisse, so sollten diese das Recht haben, diese auch unmittelbar dem Arbeitgeber gegenüber auszuüben und durchzusetzen. Daraus folgt, daß die von den Tarifvertragsparteien des MTV. gesetzten betriebsverfassungsrechtlichen Regeln normative Wirkung zwischen Arbeitgeber und Betriebsrat haben. Es kommt hinzu, daß der MTV. zu einer Zeit geschlossen worden ist, in der noch das Badische Landesgesetz vom 24 September 1948 über die Bildung von Betriebsräten (Betriebsrätegesetz Bad. GVBl. v. 15. Dezember 1948 S. 209) galt. In diesem Gesetz war in § 21 ausdrücklich eine volle Mitbestimmung des Betriebsrats bei der Regelung sozialer Angelegenheiten, insbesondere auch bei der Regelung der tariflichen und betrieblichen Lohn- und Arbeitsbedingungen vorgesehen. Die Parteien des MTV. wollten offenbar diese vom Gesetz festgelegte Mitbestimmung der Betriebsräte auch tariflich festlegen und, wie die Ausführungsbestimmungen zum MTV. belegen, ausgestalten. So heißt es in den Ausf.-Best. zu § 13 MTV., daß „eine einseitige Festsetzung von Akkordsätzen, nämlich durch den Arbeitgeber nicht gegeben ist", sondern „daß der Betriebsrat bei der Einführung von Akkordarbeiten und bei der Festsetzung von Akkordsätzen mitbestimmend beteiligt ist".

Schließlich spricht eine weitere Überlegung dafür, dem § 13 Ziff. 11 MTV. betriebsverfassungsrechtliche Wirkung beizulegen. § 56 Abs. 1 BetrVG. will offensichtlich nicht nur Tarifverträgen, die nach seinem Inkrafttreten abgeschlossen worden sind, Vorrang vor der gesetzlichen Regelung lassen, soweit sie die in § 56 Abs. 1 BetrVG. genannten Angelegenheiten regeln. Er will auch die entsprechenden tariflichen Regelungen, die z. Zt. seines Inkrafttretens bestanden, vorgehen lassen, schreibt ihnen aber für das ganze Bundesgebiet betriebsverfassungsrechtliche Wirkung zu. Das hat seinen guten Sinn. Es ist nicht einzusehen, warum z. B. im Betrieb der Antragsgegnerin bis zum Inkrafttreten des BetrVG. (14. 11. 1952) der MTV. in Verbindung mit dem Betriebsrätegesetz des Landes Baden betriebsverfassungsrechtliche Wirkung äußern konnte, jedoch nach Inkrafttreten des BetrVG. dieser betriebsverfassungsrechtlichen Wirkung beraubt sein sollte. Das BetrVG. wollte die betriebsverfassungsrechtliche Kontinuität der tarifrechtlich geregelten, nach dem BetrVG. mitbestimmungspflichtigen sozialen Angelegenheiten grundsätzlich nicht unterbrechen. Jedenfalls muß daher die betriebsverfassungsrechtliche Wirkung des § 13 Ziff. 11 MTV. spätestens seit dem Inkrafttreten des BundesBetrVG. am 14. November 1952 angenommen werden.

Regelt somit § 13 Ziff. 11 MTV. mit betriebsverfassungsrechtlicher Wirkung die Mitwirkung des Betriebsrats bei Änderung bestehender Akkordsätze, so handelt es sich in dieser Bestimmung um ein volles Mitbestimmungsrecht. Eine Akkordänderung unter den in dieser Tarifvorschrift genanten Voraussetzungen durch die Betriebsleitung ist nur wirksam, wenn das Einverständnis des Betriebsrats vorliegt. Entgegen den Ausführungen der Rechtsbeschwerde besteht kein Grund anzunehmen, daß die Tarifvertragsparteien bei Abschluß des MTV. im Jahre 1951 hinter der gesetzlichen Regelung des Mitbestimmungsrechts nach dem damals noch in Kraft befindlichen Badischen Betriebsrätegesetz vom 24. September 1948 zurückbleiben wollten, etwa in der Hoffnung der Arbeitgeberseite auf ein bundeseinheitliches BetrVG., das bei Akkordfestsetzungen weniger an Mitbestimmungsrecht als das Badische Betriebsrätegesetz bieten würde. Denn das würde bedeuten, daß die Tarifvertragsparteien damals bewußt eine dem Landesgesetz widersprechende tarifliche Regelung in der Frage der Mitbestimmung des Betriebsrats gewollt und erklärt hätten. Dann hätten die Tarifvertragsparteien einen dem Gesetz widersprechenden, es zum mindesten umgehenden und daher dann u. U. nichtigen (§ 134 BGB.) Tarifvertrag geschlossen. Im Gegenteil zeigen die schon erwähnten Ausführungsbestimmungen zu dem MTV., insbesondere zu § 13, daß die Tarifvertragsparteien das gesetzliche Mitbestimmungsrecht des Betriebsrats bei Akkordfestsetzungen auch tariflich festlegen und ausgestalten wollten. Sieht man die Bestimmung des § 13 Ziff. 11 MTV. auf diesem Hintergrund, dann kann über die Bedeutung der Worte „in Verbindung mit dem Betriebsrat" kein Zweifel bestehen. Es handelt sich hier nicht darum, daß der Betriebsrat vor einer Änderung der Akkordsätze unter den Voraussetzungen des § 13 Ziff. 11 MTV. durch den Arbeitgeber nur anzuhören ist, und daß die Nichtbeachtung des Rechts des Betriebsrats die Wirksamkeit der einseitig vorgenommenen Akkordänderung unberührt lasse. Vielmehr können Änderungen der Akkordsätze wirksam nur im Einverständnis, d. h. zusammen mit dem Betriebsrat, durchgeführt werden. Denn wenn jemand nur in Verbindung mit einem anderen etwas tun darf, dann darf er es allein ohne den anderen nicht tun. Der andere muß, damit die vorgesehene Rechtsfolge eintreten kann, gleichberechtigt mitwirken. Daraus folgt, daß die für die Spinnerinnen, Flyerinnen und Streckerinnen bei der Antragsgegnerin bestehenden Akkordsätze bei fehlerhafter Berechnung oder bei Änderung der Berechnungsgrundlage ab 1. 4. 1953 nur dann geändert und damit herabgesetzt werden konnten, wenn der Betriebsrat hiermit einverstanden war.

Der Hinweis der Antragsgegnerin, in dem Manteltarifvertrag wechsele die Ausdrucksweise über die Mitwirkung des Betriebsrats, aus der verschiedenen Verwendung der Ausdrücke „in Vereinbarung" oder „im Einvernehmen" ferner „eine Einigung zwischen Betriebsleitung und Betriebsrat ist erforderlich" folge, daß sehr wohl zwischen einem Anhörungsrecht des Betriebsrats und einem Mitbestimmungsrecht unterschieden werde, kann die Annahme des vollen Mitbestimmungsrechts nach § 13 Ziff. 11 MTV. nicht entkräften. Eine Durchsicht der tariflichen Bestimmungen zeigt, daß die Ausdrucksweise, sobald eine Mitwirkung des Betriebsrats in Frage steht, zwar wechselt. Es ist aber nicht ersichtlich, daß in der Ausdrucksweise jeweils bewußt gewechselt worden ist, um die Mitwirkungsrechte des Betriebsrats zu differenzieren. Wenn in einzelnen Bestimmungen des MTV. davon gesprochen wird, daß der Arbeitgeber oder Betriebsleiter nur „in Vereinbarung" oder „im Einvernehmen" mit dem Betriebsrat etwas tun könne, so folgt daraus nicht, daß dann, wenn sie etwas nur „in Verbindung mit dem Betriebsrat" tun können, diese Ausdrucksweise etwas schwächeres besagen will als die vorgenannten Ausdrücke. Im Gegenteil: Wenn einer etwas nur in Verbindung mit einem anderen tun kann, so kommt damit eigentlich erst recht deutlich zum Ausdruck, wie stark das Tun des anderen ins Gewicht fällt, damit das Tun des einen den gewünschten Rechtserfolg herbeiführen kann.

Soweit die Antragsgegnerin in ihrer Rechtsbeschwerdeschrift darzutun versucht, daß eine solche Auslegung des § 13 Ziff. 11 MTV. aus seiner Entstehungsgeschichte unrichtig sei, kann sie damit nicht gehört werden. Dieser Tatsachenvortrag ist für die Rechtsbeschwerdeinstanz bedeutungslos, weil hier nur über Rechtsfragen zu entscheiden ist. Er widerspricht auch der bindenden Feststellung in dem angefochtenen Beschluß, daß selbst schon für die Erstfestsetzung der Akkordsätze ausreichende Anhaltspunkte dafür fehlen, daß die Tarifvertragsparteien diese Frage unter Ausschluß des Mitbestimmungsrechts des Betriebsrats nur einzelvertraglicher Vereinbarung oder gar dem Direktionsrecht des Arbeitgebers überlassen wollten. Die Auffassung der Antragsgegnerin steht im übrigen auch in Widerspruch zu den bereits angeführten Ausführungsbestimmungen zum MTV., die das Mitbestimmungsrecht des Betriebsrats bei der Einführung von Akkordarbeiten und bei der Festsetzung von Akkordsätzen ausdrücklich betonen. Eine Auslegung der Worte „in Verbindung mit dem Betriebsrat" im Sinne eines echten Mitbestimmungsrechts des Betriebsrats steht also nicht nur nicht im Widerspruch zu dem erkennbaren Willen der Tarifvertragsparteien, sondern er entspricht ihm vielmehr.

Ergibt sich hiernach das Mitbestimmungsrecht des Antragsstellers bei der ab 1. 4. 1953 vorgenommenen Akkordherabsetzung klar und eindeutig schon aus § 13 Ziff. 11 MTV., so kann dahingestellt bleiben, ob und in welchem Umfang ein solches Mitbestimmungsrecht auch aus § 56 Abs. 1 g BetrVG. folgt. Erst recht ist es für die Entscheidung des Falles ohne Bedeutung, in welchem Verhältnis § 56 BetrVG. zu dem Grundsatz des § 59 BetrVG. steht.

Das Mitbestimmungsrecht des Betriebsrats nach § 13 Ziff. 11 MTV. ist entgegen der Ansicht der Rechtsbeschwerde auch keineswegs sinnwidrig. Sicher ist es richtig, daß diese Vorschrift dem Arbeitgeber ein Gestaltungsrecht hinsichtlich der einzelnen Akkordänderung gibt, nämlich auch ohne Einverständnis des einzelnen Arbeitsvertragspartners und ohne sogenannte Änderungskündigung den Inhalt des Arbeitsvertrags zu ändern. Aber dieses einseitige Gestaltungsrecht des Arbeitgebers ist eingeschränkt, da er es nur in Verbindung mit dem Betriebsrat ausüben kann. Inwiefern bei diesem Ergebnis § 13 Ziff. 11 MTV. überhaupt überflüssig sein soll, wie die Antragsgegnerin meint, ist nicht verständlich. Denn ohne diese Bestimmung könnte der Arbeitgeber die Akkordvereinbarung mit dem einzelnen Arbeitnehmer nur mit dessen Einverständnis oder im Wege der Kündigung ändern, insbesondere herabsetzen.

Die Antragsgegnerin rügt, das Landesarbeitsgericht habe es unterlassen zu prüfen, ob die Herabsetzung der Akkordsätze ab 1. 4. 1953 nicht als Änderungskündigung gegenüber jeder Arbeitnehmerin mit dem Ziele einer Neufestsetzung der Akkordsätze aufzufassen sei, und daß schon deswegen eine Mitbestimmung des Betriebsrats nach § 13 Ziff. 11 MTV. entfalle. Diese Rüge geht fehl. Denn nach dem gesamten Sachvortrag der Antragsgegnerin in beiden Tatsacheninstanzen bestand für das Landesarbeitsgericht nicht nur kein Anlaß, in eine Prüfung dieser Frage einzutreten, sondern der eigene Vortrag der Antragsgegnerin mußte so verstanden werden, daß sie nur von ihrem Gestaltungsrecht gem. § 13 Ziff. 11 MTV. Gebrauch machen wollte. Eine Kündigung muß klar und deutlich dem anderen Teil gegenüber ausgesprochen werden, so daß dieser eindeutig die auf Aufhebung des Arbeitsverhältnisses gerichtete Willenserklärung zur Kenntnis nehmen kann. Für eine Lösung der Arbeitsverhältnisse der betroffenen Arbeitnehmerinnen durch Kündigung seitens der Antragsgegnerin und gleichzeitiges Angebot der Fortsetzung des Arbeitsverhältnisses zu anderen Bedingungen fehlt es an jeglichem schlüssigen Sachvortrag und damit auch natürlich an den entsprechenden Feststellungen der Tatsacheninstanzen. Daher war auch nicht auf die in dem von der Antragsgegnerin überreichten Rechtsgutachten von Prof. Dietz eingehend erörterten Fragen einzugehen, ob dann, wenn der Arbeitgeber n i c h t von dem in § 13 Ziff. 11 MTV. vorgesehenen Gestaltungsrecht im Rahmen der bestehenden Arbeitsverhältnisse Gebrauch macht, sondern die Arbeitsverträge unter Einhaltung der Kündigungsfrist kündigt und die Fortsetzung der Arbeitsverhältnisse unter geänderten Bedingungen, d. h. herabgesetzten Akkordsätzen anbietet, ein Mitbestimmungsrecht des Betriebsrats bestehe.

Irrig ist schließlich die Ansicht der Rechtsbeschwerde, eine Mitbestimmung des Betriebsrats sei hier schon deswegen unmöglich, weil nur e i n e Entscheidung aus der Anwendung bindender tariflicher Regeln, hier der Akkordsatzbestimmung, richtig sein könne. Nur dort sei ein Mitbestimmungsrecht möglich, wo Ermessensfreiheit bestehe und daher verschiedene richtige Entscheidungen möglich seien. Zunächst ist nicht einzusehen, warum selbst dort, wo nur eine Entscheidung richtig sein kann, nicht auch ein Mitbestimmungsrecht möglich sein soll. Denn es braucht nicht notwendig nur eine Partei für die richtige Entscheidung verantwortlich zu sein, wie die Rechtsbeschwerde anzunehmen scheint. Sodann liegt der Fall hier anders. Es besteht gemäß § 13 Ziff. 11 MTV. für den Arbeitgeber keineswegs ein tariflicher Zwang, bestehende Akkordsätze durch Herabsetzung zu ändern. Unter Umständen mag er gezwungen sein, die Akkorde durch Heraufsetzung zu ändern, einer Maßnahme, der sich der Betriebsrat in der Regel nicht widersetzen wird so daß dahingestellt bleiben kann, wie es mit den Rechten des einzelnen Akkordarbeiters steht, wenn in einem solchen Fall der Betriebsrat einmal einer Heraufsetzung nicht zustimmen sollte. Wie oben schon ausgeführt, gibt § 13 Ziff. 11 MTV. dem Arbeitgeber vielmehr ein das Einzelarbeitsverhältnis unmittelbar ergreifendes Gestaltungsrecht. Der Arbeitgeber kann unter den dort genannten Voraussetzungen Akkordsätze herabsetzen, ohne Einhaltung der sonst für das Arbeitsverhältnis gegebenen Kündigungsfrist, mit der die Ankündigungsfrist der Tarifvorschrift nicht verwechselt werden darf. Durch das Gestaltungsrecht wird das Einzelarbeitsverhältnis unmittelbar und sofort in einem entscheidenden Punkt, nämlich der Vergütungspflicht, einseitig geändert. Um hier einen Mißbrauch oder irrigen Gebrauch durch den Arbeitgeber nach Möglichkeit zu verhindern, ist bestimmt, daß er das Gestaltungsrecht nur in Verbindung mit dem Betriebsrat, also nur mit dessen Zustimmung, ausüben kann. Im übrigen ist es auch sonst dem Recht im allgemeinen und dem Arbeitsrecht im besonderen nicht fremd, die wirksame Ausübung von Gestaltungsrechten an die Rechtsbedingung der Zustimmung Dritter zu knüpfen. Man denke z. B. an Kündigungen, die unter der Herrschaft der Arbeitsplatzwechselverordnung nur mit Zustimmung der Arbeitsämter wirksam werden konnten. Daß die Entscheidung des Arbeitgebers, durch die mit Zustimmung des Betriebsrats ein Akkordsatz herabgesetzt wird, gleichwohl tarifwidrig sein kann, ist eine andere Frage. Auch eine Kündigung mit Zustimmung zuständiger Dritter brauchte deshalb noch nicht wirksam zu sein, weil z. B. der wichtige Grund fehlte oder sie sozial ungerechtfertigt war. Vor allem ist die Ansicht irrig, es stünde in aller Regel eindeutig und klar fest, welche Entscheidung richtig ist, und daß nur eine richtig sein könne. Dies mag hier und dort, insbesondere im Sachenrecht, zutreffen. Im Schuldrecht und auch im Personenrecht, damit aber auch im Arbeitsrecht, ist das aber nicht der Fall. Denn welche Entscheidung hier richtig ist — und das ist ausschlaggebend — steht im konkreten Fall für die streitenden Parteien verbindlich erst durch r e c h t s k r ä f t i g e g e r i c h t l i c h e Entscheidung, aber sonst niemals fest, mag auch die Entscheidung der Kritik falsch erscheinen. Würde von vornherein feststehen, daß immer nur eine bestimmte Entscheidung erkennbar richtig sein kann, dann allerdings hätte für solche Entscheidungen ein Mitbestimmungsrecht wenig Sinn. Tarifnormen, insbesondere solche über Akkorde, sind aber nie von einer mathematischen Klarheit und Eindeutigkeit; die allein richtige Entscheidung, welcher Akkordsatz richtig ist — wenn eine solche Entscheidung möglich wäre —, ist niemals aus den Tarifvorschriften unmittelbar abzulesen. Tarifnormen sind generelle Normen, die sich auf die konkreten Fälle durchaus verschieden und keineswegs von vornherein eindeutig und klar anwenden lassen. Die Meinung, bei einem (tariflichen) Normenvollzug könne nur eine Entscheidung richtig sein, beachtet nicht, daß eine Entscheidung immer nur einen konkreten Fall betrifft, der erst unter die Tarifnorm subsumiert werden muß. Die Rechtsanwendung ist, je mehr es sich um Generalklauseln, unbestimmte Rechtsbegriffe oder gar Ermessensfragen handelt, nicht nur erkennend sondern eine bewertende, aktualisierende, integrierende und im konkreten Fall die Verwirklichung der Gerechtigkeit anstrebende Willensentscheidung. Daher bleibt trotz feststehender Regeln Spielraum für verschiedene ungleiche Entscheidungen der subsumierten Einzelfälle.

Nach allem mußte die Rechtsbeschwerde, wie geschehen, zurückgewiesen werden.

Die Entscheidung ergeht gebühren- und auslagenfrei (§ 12 Abs. 4 ArbGG.). Im übrigen war für eine Kostenentscheidung kein Raum (BAG. 1, 50).

37

1. Der Ausschluß eines Betriebsratsmitglieds wegen grober Verletzung seiner gesetzlichen Pflichten aus dem Betriebsrat ist auch dann zulässig, wenn das Betriebsratsmitglied die grobe Pflichtverletzung als Mitglied eines Betriebsrats begangen hat, dessen Amtsperiode inzwischen abgelaufen ist, vorausgesetzt, daß das betroffene Betriebsratsmitglied für die neue, sofort folgende Amtsperiode wiedergewählt worden ist.

2. Aus § 49 BetrVG. ergibt sich, daß sowohl der Arbeitgeber wie auch der Betriebsrat in ihrer Zusammenarbeit das Wohl des Betriebes und das Gemeinwohl als übergeordnete Gesichtspunkte zu beachten haben, daß aber innerhalb dieser Zusammenarbeit der Arbeitgeber seine Interessen, der Betriebsrat die Interessen der von ihm repräsentierten Belegschaft wahrnehmen dürfen und wahrzunehmen haben.

3. Der Begriff der groben Verletzung gesetzlicher Pflichten in § 23 BetrVG. ist ein Rechtsbegriff. Es ist in der Rechtsbeschwerdeinstanz nachprüfbar, ob das Beschwerdegericht diesen Rechtsbegriff verkannt hat.

4. Die Frage, ob im gegebenen Fall der vom Tatrichter festgestellte Tatbestand als grobe Pflichtverletzung anzusehen ist, ist keine Tatfrage, sondern gleichfalls eine Rechtsfrage. Allerdings handelt es sich um eine Rechtsfrage besonderer Art, da die Subsumtion eines Tatbestandes unter einen sogenannten unbestimmten Rechtsbegriff in Frage steht. In diesem Fall hat der Richter in freier pflichtgemäßer Bewertung zu prüfen, ob nach der Gesamtlage der Umstände die Pflichtverletzung als eine grobe erscheint. Eine Rechtsverletzung liegt nur dann vor, wenn bei der Subsumtion gegen Rechtsvorschriften, gegen allgemein anerkannte Bewertungsmaßstäbe, gegen Denkgesetze oder allgemeine Erfahrungssätze verstoßen worden ist, insbesondere wenn bei der Bewertung offensichtlich fehlerhaft verfahren, etwa die Notwendigkeit einer Abwägung der beiderseitigen Interessen nicht erkannt oder die einzelnen zu Gunsten oder zu Lasten der Parteien (Beteiligten) sprechenden Gesichtspunkte und die von ihnen geltend gemachten Umstände durchaus unzureichend berücksichtigt sind.

BetrVG. § 23, § 49; ArbGG. § 93.

I. Senat. Beschluß vom 2. November 1955 i. S. B. (Antragst.) w. BV. W. (Antragsg.) 1 ABR 30/54.

I. Arbeitsgericht Berlin. — II. Landesarbeitsgericht Berlin.

Aus den Gründen:

Der Antragsgegner ist bei der Antragstellerin seit 1936 als Eisengießer beschäftigt. Seit 1950 ist er Mitglied und Vorsitzender ihres Betriebsrats. Von der Arbeit war er nicht freigestellt.

Zum 1. April 1954 wurde der Betriebsrat neu gewählt. Der Antragsgeger wurde wieder in den Betriebsrat und zu seinem Vorsitzenden gewählt.

Die Antragsstellerin hatte am 10. März 1954 beim Arbeitsgericht beantragt, den Antragsgegner wegen grober Verletzung seiner gesetzlichen Pflichten aus dem Betriebsrat auszuschließen. Zur Begründung ihres Antrags hat sie vorgetragen, der Antragsgegner habe

1. im Januar 1954 einzelne Belegschaftsmitglieder wiederholt aufgefordert, langsam zu arbeiten,
2. der Geschäftsleitung der Antragsstellerin gegenüber die wahrheitswidrige Erklärung abgegeben, die Belegschaft wünsche eine

32stündige Kurzarbeit, entgegen dem Vorschlag der Antragsstellerin, eine 40stündige Kurzarbeit einzuführen,

3. der Antragsgegner habe entgegen der Wahrheit behauptet, die Betriebsleitung habe vollen Lohnausgleich für die Differenz zwischen 32 und 40 Stunden zugesagt, obwohl nur in besonderen, wirtschaftlich schwierigen Fällen eine Überbrückung versprochen worden sei,

4. der Antragsgegner habe ferner in einer Belegschaftsversammlung am 2. März 1954 und in einer Besprechung mit dem damaligen Betriebsleiter A. am 5. März 1954 den Geschäftsführer B. der Antragsstellerin des Wortbruchs beschuldigt, und schließlich

5. sich am 4. März 1954 grundlos geweigert, zu einer Besprechung über die Kurzarbeit zur Betriebsleitung zu kommen.

Durch Beschluß des Arbeitsgerichts wurde der Antrag abgewiesen. Die hiergegen eingelegte Beschwerde wurde unter Zulassung der Rechtsbeschwerde durch Beschluß des Landesarbeitsgerichts zurückgewiesen.

Hiergegen legte die Antragsstellerin Rechtsbeschwerde ein und rügte Verletzung der §§ 23, 49 BetrVG. Die Rechtsbeschwerde hatte keinen Erfolg aus folgenden

Gründen:

Der Antrag, den Antragsgegner aus dem Betriebsrat auszuschließen, ist nicht unzulässig. Zwar fallen die angeblichen Amtspflichtverletzungen, auf die der Ausschließungsantrag gestützt wird, in eine Amtsperiode des Antragsgegners, die im Zeitpunkt des arbeits- und landesarbeitsgerichtlichen Beschlusses abgelaufen war. Es ist aber aus dem Gesetz nicht zu entnehmen, daß ein Antrag auf Ausschluß aus dem Betriebsrat deshalb unzulässig ist, weil das auszuschließende Betriebsratsmitglied die Amtspflichtverletzungen nicht als Mitglied dieses, sondern des unmittelbar vorhergehenden Betriebsrats begangen hat. Ähnlich wie § 39 des Betriebsrätegesetzes vom 4. Februar 1920 (RGBl. I S. 147) schweigt auch § 23 BetrVG. darüber, wann die Amtspflichtverletzung, die durch Beschluß zu einem Ausschluß eines Betriebsratsmitglieds aus dem Betriebsrat führen kann, erfolgt sein muß. Nur so viel ist aus dem Gesetz zu entnehmen, daß Voraussetzung des Ausschlusses aus dem Betriebsrat die Tatsache der Mitgliedschaft im Betriebsrat ist. Wenn also der Antragsgegner nicht wieder in den neuen Betriebsrat gewählt worden wäre, dann allerdings wäre der Antrag auf Ausschluß gegenstandslos und damit unzulässig. Hingegen kann es nicht richtig sein, daß die Amtspflichtverletzung immer nur dann zu einem Ausschluß eines Betriebsratsmitglieds aus dem Betriebsrat führen kann, wenn die Amtsperiode des Betriebsratsmitglieds, in der die Pflichtverletzung begangen worden ist, noch andauert. Denn dann würde — insbesondere wenn man bedenkt, daß nach dem geltenden Recht grundsätzlich drei Rechtszüge möglich sind — u. U. ein Ausschluß aus einem Betriebsrat vielfach überhaupt unmöglich sein, weil bis zur rechtskräftigen Entscheidung über einen Antrag nach § 23 BetrVG. sehr oft die Amtsperiode eines Betriebsratsmitglieds bei Ausschöpfung der Rechtsmittelzüge abgelaufen sein wird. Gerade der vorliegende Fall zeigt, daß die Ansicht des Antragsgegners zu Ergebnissen führen würde, die der Gesetzgeber sicher nicht gewollt hat. Seine Amtsperiode lief Ende März 1954 ab. Die Vorkommnisse, auf die der Ausschlußantrag gestützt wird, liegen gegen Ende Dezember 1953 und vor allem in den ersten Monaten des Jahres 1954. Der Antrag wurde auch erst im März 1954 gestellt, so daß er nach Lage der Dinge rechtskräftig überhaupt erst nach Ablauf der damaligen Amtsperiode des Antragsgegners als Betriebsratsmitglied beschieden werden konnte. Es ist nicht einzusehen, warum nicht ein schwebendes Verfahren in der unmittelbar folgenden Amtsperiode, wenn das betroffene Betriebsratsmitglied wiedergewählt worden ist, fortgeführt werden und zum Verlust auch des neuerworbenen Amtes führen kann. Das hat nichts mit der Frage zu tun, ob ein aus dem Betriebsrat ausgeschlossenes Mitglied erneut in den Betriebsrat gewählt werden kann. Diese Frage steht hier nicht zur Erörterung und Entscheidung. Auch darf die Frage der Zulässigkeit des Antrags nicht verwechselt werden mit der, ob materiellrechtlich die in einer unmittelbar vorhergehenden Amtsperiode begangene grobe Pflichtverletzung für den Ausschluß aus dem Betriebsrat der folgenden Amtsperiode von Bedeutung ist oder sein kann. Das wird von den Umständen abhängen. Jedenfalls ist ein entsprechender Antrag nicht unzulässig, wenn er vor Ablauf der Amtsperiode, in der die Pflichtverletzung begangen worden ist, gestellt wird und das betroffene Betriebsratsmitglied für die neue, sofort folgende Amtsperiode wiedergewählt worden ist (vgl. hierzu Mansfeld, BetrRG., 1930, § 39 Anm. 2; Flatow-Kahn-Freund, BetrRG., 13. Aufl. § 39 Anm. 10 IV; Dietz, BetrVG., 2. Aufl. § 23 Anm. 10, RAG ArbRSlg. Bd. 6 S. 398 hat die Frage fälschlicherweise offengelassen, indem es dahingestellt sein ließ, ob der Antrag zulässig war oder nicht, und ihn als unbegründet angesehen hat).

Der Ausschlußantrag ist aber von den Vorinstanzen mit Recht als unbegründet abgewiesen worden. Gemäß § 49 Abs. 1, Abs. 2 Satz 1

BetrVG. ist der Antragsgegner gesetzlich verpflichtet, mit der Antragstellerin und ihren Repräsentanten zum Wohle des Betriebes vertrauensvoll zusammenzuarbeiten und insbesondere alles zu unterlassen, was geeignet ist, die Arbeit und den Frieden des Betriebes zu gefährden. Die Rechtsbeschwerde rügt, das Landesarbeitsgericht habe die Bedeutung dieser Vorschrift bei der Wertung des Verhaltens des Antragsgegners verkannt, indem es die Aufgaben des Betriebsrats und seiner Mitglieder zu sehr unter dem Gesichtspunkt der Vertretung der Arbeitnehmerinteressen gegenüber dem Arbeitgeber sehe. Das sei unrichtig. Der Betriebsrat habe heute grundsätzlich nicht mehr die Interessen der Arbeitnehmer gegenüber dem Arbeitgeber wahrzunehmen, sondern mit dem Arbeitgeber vertrauensvoll zum Wohle des Betriebes und seiner Arbeitnehmer zusammenzuarbeiten. Die Rechtsbeschwerde mißversteht jedoch den angefochtenen Beschluß. Das Landesarbeitsgericht hat ausgeführt, es sei Aufgabe des Betriebsrats, die Belange der Belegschaft unter Berücksichtigung des Betriebswohles in vertrauensvoller Zusammenarbeit mit dem Arbeitgeber wahrzunehmen. Damit ist nichts anderes gesagt, als was § 49 BetrVG. bestimmt: Daß sowohl der Arbeitgeber als auch der Betriebsrat in ihrer Zusammenarbeit das Wohl des Betriebes und das Gemeinwohl als übergeordnete Gesichtspunkte zu beachten haben, daß aber innerhalb dieser Zusammenarbeit der Arbeitgeber seine Interessen, der Betriebsrat hingegen die Interessen der von ihm repräsentierten Arbeitnehmerschaft wahrnehmen darf und evtl. wahrzunehmen hat.

Was die Frage des Vorliegens einer groben Verletzung gesetzlicher Pflichten (§ 49 BetrVG.) betrifft, so irrt die Rechtsbeschwerde über die Möglichkeiten und die Tragweite der rechtlichen Nachprüfung in der Rechtsbeschwerdeinstanz.

Es ist zu unterscheiden, ob der Begriff der groben Pflichtverletzung im Sinne des § 23 BetrVG. richtig erfaßt ist; ob die erforderlichen tatsächlichen Feststellungen und die Beweiswürdigung ohne Rechtsverletzung getroffen worden sind; und schließlich ob der festgestellte Tatbestand unter die Rechtsnorm des § 23 BetrVG. richtig subsumiert ist.

Der Begriff der groben Verletzung gesetzlicher Pflichten ist ein Rechtsbegriff. Es ist im Rechtsbeschwerdeverfahren nachzuprüfen, ob das Beschwerdegericht diesen Rechtsbegriff verkannt hat, ob also eine Rechtsverletzung vorliegt. Das Rechtsbeschwerdegericht hat daher nachzuprüfen, ob der Tatrichter den Begriff der Pflichtverletzung selbst richtig beurteilt hat, ob er sich des Unterschiedes der Begriffe der Pflichtverletzung und der groben Pflichtverletzung bewußt und sich darüber klar ist, daß im vorliegenden Falle gewöhnliche Pflichtverletzung nicht ausreicht, sondern grobe Pflichtverletzung vorliegen muß. Der angefochtene Beschluß läßt nun nicht unmittelbar und ausdrücklich erkennen, was das Landesarbeitsgericht unter einer groben Verletzung gesetzlicher Pflichten versteht. Doch ist den die tatsächlichen Feststellungen und die Beweiswürdigung enthaltenden Ausführungen zu entnehmen, daß der Begriff im Sinne der allgemein anerkannten Auffassung verstanden wird. Danach liegt eine g r o b e Verletzung gesetzlicher Pflichten dann vor, wenn die Pflichtverletzung handgreiflich und offensichtlich schwerwiegend ist, wenn sie insbesondere den Betriebsfrieden ernstlich gefährdet oder gar nachhaltig gestört hat (Beschluß des BAG. v. 4. Mai 1955 — 1 ABR. 4/53 — in AP. Nr. 1 zu § 44 BetrVG.; vgl. auch in anderem Zusammenhang BGHZ. 10, 16). Nach den Feststellungen des angefochtenen Beschlusses sind die Vorwüfe zu 2) und 3) von der Antragsstellerin gegenüber dem Antragsgegner zu Unrecht erhoben worden. Auch der Vorwurf zu 4) ist nach der Ansicht des Beschwerdegerichts unberechtigt, weil hier ein entschuldbares Mißverständnis auf Seiten des Antragsgegners hinsichtlich der Zusage einer allgemeinen und unbedingten Zahlung von Überbrückungsgeldern durch den Geschäftsführer der Antragsstellerin vorgelegen hat. Was die Äußerung des Antragsgegners zur Akkordarbeit (Punkt 1) angeht — „Haut nicht so rein, wenn der Akkord losgeht, liegt Ihr nachher auf der Schnauze!" —, die kurz vor Weihnachten 1953 gefallen ist, so hat das Landesarbeitsgericht in freier Beweiswürdigung aller Umstände des näheren ausgeführt, wie diese einmalige Äußerung aufzufassen ist. Der Antragsgegner, der seine Worte nicht auszuwählen verstehe und sie nicht „auf die Goldwaage" lege, habe damit nur seine Besorgnis um das körperliche Wohl seiner Kollegen einerseits, um die Güte der zu leistenden Arbeit andererseits zum Ausdruck bringen wollen. Das Beschwerdegericht kommt zu dem Schluß, daß es dem Antragsgegner mit dieser Äußerung nicht darum gegangen sei, eine seinen Arbeitgeber schädigende Minderleistung im Betrieb herbeizuführen. Der Antragsgegner und die übrigen Arbeiter, die die Äußerung nicht als Aufforderung zur pflichtwidrigen Langsamarbeit aufgefaßt hätten, hätten genau so wie sonst ohne Beanstandung weitergearbeitet. Im übrigen stellt das Landesarbeitsgericht fest, daß die weiteren zu Punkt 1) erhobenen Vorwürfe nicht bewiesen sind. Schließlich führt das Beschwerdegericht zu dem Vorwurf zu 5) im Anschluß an die arbeitsgerichtliche Entscheidung aus, daß der Antragsgegner bei der Ablehnung der Besprechung zwar tadelnswert gehandelt habe, daß aber zu Gunsten des nicht freigestellten Antragsgegners beachtet werden müsse, daß er überbeansprucht gewesen sei und daß der Arbeitgeber darauf habe Rücksicht nehmen müssen. Aus diesen Darlegungen des Beschwerdegerichts ergibt sich, daß der Vorderrichter den Begriff der groben Verletzung gesetzlicher Pflichten zutreffend erfaßt und von leichten Pflichtverletzungen richtig abgegrenzt hat.

Was die tatsächlichen Feststellungen des angefochtenen Beschlusses betrifft, so sind von der Rechtsbeschwerde Angriffe gegen die Art und Weise des Zustandekommens dieser Feststellung nicht erhoben worden. Zu Unrecht greift die Rechtsbeschwerde die Beweiswürdigung des angefochtenen Beschlusses an. Der Tatsacheninstanz obliegt die Beweiswürdigung aller einzelnen von ihr festgestellten Umstände nach ihrem freien pflichtmäßigen Ermessen. Dieses Ermessen ist dadurch begrenzt, daß eine Verfahrensverstöße enthaltende oder in sich widerspruchsvolle, mit den Denkgesetzen oder Erfahrungssätzen in Widerspruch stehende oder nicht den gesamten Inhalt der Verhandlung und des Beweisergebnisses gehörig berücksichtigende Würdigung für das Rechtsbeschwerdegericht unbeachtlich wäre. Davon kann hier jedoch keine Rede sein.

Schließlich liegt auch keine Rechtsverletzung darin, daß der Vorderrichter den von ihm festgestellten Tatbestand im konkreten Fall *nicht* als grobe Verletzung gesetzlicher Pflichten im Sinne des § 23 BetrVG. angesehen hat. Zwar handelt es sich bei dieser Frage, ob *im gegebenen Fall* grobe Pflichtverletzung vorliegt, nicht, wie häufig behauptet wird, um eine Tatfrage. Vielmehr ist die Frage der richtigen Subsumtion eine Rechtsfrage (vgl. § 565 Abs. 3 Ziff. 1 ZPO.), allerdings dann, wenn es sich um die Einordnung unter einen sogenannten unbestimmten Rechtsbegriff handelt, eine Rechtsfrage besonderer Art. Ihre Beantwortung kann nicht einheitlich für alle Fälle, sondern nur von Fall zu Fall erfolgen. Hierbei sind auch subjektive, in der Individualität der Handelnden begründete Umstände zu berücksichtigen. Der Richter hat hier in freier, pflichtgemäßer Bewertung zu prüfen, ob nach der Gesamtlage der Umstände die Pflichtverletzung als eine grobe erscheint. Es ist gerechtfertigt, dem Berufungsgericht, weil es den Tatbestand festgestellt hat und ihm deshalb näher steht, bei der bewertenden Subsumtion einen angemessenen Spielraum einzuräumen, der durch eine gewisse Labilität der unbestimmten Rechtsbegriffe in ihrer Anwendung auf den Einzelfall bedingt ist. Das Wesen und die Bedeutung der Rechtsbeschwerdeinstanz (Revisionsinstanz) liegt darin, daß sie vor allem der Rechteinheit und Rechtsfortbildung zu dienen hat und die

Richtigkeit der Entscheidungen gewährleisten soll, die Bedeutung über den einzelnen Fall hinaus haben. Die wertende Subsumtion ist daher nicht schon dann Rechtsverletzung, wenn die letzte Instanz zu einem anderen Ergebnis kommen würde. Vielmehr liegt nur dann eine Rechtsverletzung vor, wenn bei der Subsumtion gegen Rechtsvorschriften, gegen allgemein anerkannte Bewertungsmaßstäbe, gegen Denkgesetze oder allgemeine Erfahrungssätze verstoßen worden ist, insbesondere wenn bei der Bewertung offensichtlich fehlerhaft verfahren, etwa die Notwendigkeit einer Abwägung der beiderseitigen Interessen nicht erkannt oder die einzelnen zu Gunsten oder zu Lasten der Parteien (Beteiligten) sprechenden Gesichtspunkte und die von ihnen geltend gemachten Umstände unzureichend berücksichtigt sind, vgl. AP. Nr. 5 zu § 1 KSchG. mit zustimmender Anmerkung von Hueck. Davon kann jedoch im vorliegenden Fall nicht gesprochen werden.

Nach alledem war die Rechtsbeschwerde gebühren- und auslagenfrei (§ 12 Abs. 4 ArbGG.) zurückzuweisen.

38

1. Die innerhalb des Betriebsrats nach § 27 BetrVG. erfolgenden Wahlen können bei erheblichen Verstößen, insbesondere gegen § 27 BetrVG. in entsprechender Anwendung des § 18 BetrVG. angefochten werden, und zwar auch von jeder im Betrieb vertretenen Gewerkschaft.

2. Der Betriebsrat darf von der Vorschrift des § 27 Abs. 1 Satz 2 BetrVG. nur dann abweichen, wenn dafür vernünftige sachliche Gründe sprechen.

3. Die Vorschrift des § 27 Abs. 1 Satz 2 BetrVG. gilt auch dann, wenn der Betriebsrat durch Gemeinschaftswahl gewählt ist.

BetrVG. § 27, § 18.

I. Senat. Beschluß vom 2. November 1955 i. S. G. d. B. (Antragsst.) w. Betriebsrat d. Z. W. (Antragsg.) 1 ABR 6/55.

I. Arbeitsgericht Herne i. W. — II. Landesarbeitsgericht Hamm i. W.

Aus den Gründen:

Der durch Gemeinschaftsliste am 24. und 25. März 1955 gewählte Betriebsrat der Zeche W., bestehend aus 13 Arbeitern und 2 Angestellten, wählte in der Sitzung vom 31. März 1955 den Arbeiter B. zum 1. Vorsitzenden und entgegen den Forderungen der Angestellten, die den stellvertretenden Vorsitzenden zu stellen wünschten, den Arbeiter W. zum stellvertretenden Vorsitzenden.

Die Antragstellerin sieht in dieser Wahl einen Verstoß gegen § 27 Abs. 1 Satz 2 BetrVG., während der Betriebsrat an seiner im Protokoll vom 31. März 1955 niedergelegten Begründung, daß die beiden Angestellten im Betriebsrat nicht grubenbefahrungsfähig seien, festhält.

Ihren in den Vorinstanzen zurückgewiesenen Antrag,

> den Beschluß des Betriebsrat der Zeche W. vom 31. März 1955 aufzuheben und festzustellen, daß der Stellvertreter des Betriebsratsvorsitzenden von der Gruppe der Angestellten zu stellen ist,

verfolgt die Antragsstellerin mit der vom Landesarbeitsgericht zugelassenen Rechtsbeschwerde weiter.

Die Rechtsbeschwerde war zurückzuweisen.

Der auf Anfechtung der Wahl des stellvertretenden Betriebsratsvorsitzenden gerichtete Antrag ist von der Antragsstellerin als einer im Betrieb vertretenen Gewerkschaft befugtermaßen gestellt worden. Der Antrag ist in entsprechender Anwendung des § 18 BetrVG. zulässig. Er ist auch fristgemäß gestellt. Er ist aber nicht begründet.

I.

Die Antragsstellerin ist zur Anfechtung befugt. Wenn überhaupt die im Gesetz nicht ausdrücklich vorgesehene Anfechtung der innerhalb des Betriebsrats nach § 27 BetrVG. erfolgenden Wahlen möglich ist, so kann sich das nur aus einer entsprechenden Anwendung des § 18 BetrVG. ergeben. Dann aber ist, wie der Senat schon für die Anfechtung der Wahl von Arbeitnehmern zum Aufsichtsrat im Beschluß vom 3. Dezember 1954, AP. Nr. 3 zu § 76 BetrVG., entschieden hat, § 18 BetrVG. in seiner Gesamtheit entsprechend anzuwenden. Es hat daher auch jede im Betrieb vertretene Gewerkschaft das Recht zur Wahlanfechtung.

Die entsprechende Anwendung des § 18 BetrVG. auch auf die nach § 27 BetrVG. innerhalb des Betriebsrats vorzunehmenden Wahlen ergibt sich aus folgenden Erwägungen:

Auch innerhalb des Betriebsrats handelt es sich um eine Wahl. Auch bei dieser Wahl sind Verstöße gegen wesentliche Vorschriften über das Wahlrecht, die Wählbarkeit oder das Wahlverfahren denkbar, mögen auch nicht so eingehende Regeln bestehen, wie bei der Wahl des Betriebsrats. Solche Verstöße dürfen nicht unberücksichtigt bleiben. Wenn Dietz in Bem. 6 zu § 27 die Rechtsfolge einer sachlich nicht gebotenen Abweichung von der Vorschrift des § 27 Abs. 1 Satz 2 darin sieht, daß dann einer entsprechenden Auflage des Arbeitsgerichts im Beschlußverfahren gemäß eine Neuwahl stattfinden müsse, so meint er damit (§ 27 Bem. 12), daß die erste, unter Verletzung des § 27 Abs. 1 Satz 2 erfolgte Wahl nichtig sei. Denn bei Verneinung der Möglichkeit der Wahlanfechtung kann eine Neuwahl nur in Betracht kommen, wenn die erste Wahl nichtig war. Es ist aber nicht einleuchtend, daß ein Verstoß gegen die Sollvorschrift des § 27 Abs. 1 Satz 2 u. U. stärkere Rechtsfolgen haben könnte als der Verstoß gegen wesentliche Vorschriften im Sinne des § 18 BetrVG.

Keine Lösung des Problems ist es auch, wenn Galperin (§ 27 Bem. 3), Fitting-Kraegeloh (§ 27 Bem. 14), LAG Bremen (BB. 53, 622), LAG. Hamm (RdA. 54, 40), LAG. Hannover (BB. 54/441) bei absichtlicher willkürlicher Vergewaltigung der Minderheit, bei Verstößen gegen die demokratische Grundordnung oder gegen die guten Sitten, Nichtigkeit der Wahl des betreffenden Vorsitzenden des Betriebsrats annehmen. Unter s o l c h e n Voraussetzungen kann die Wahl wegen d i e s e r Verstöße nichtig sein. Es handelt sich dann aber nicht um eine Folge des Verstoßes gegen die Vorschrift des § 27 Abs. 1 Satz 2 als solche.

Für die Zulassung der Anfechtung spricht auch das praktische Bedürfnis. Wenn Fitting-Kraegeloh (§ 27 Bem. 7) und Dietz (§ 27 Bem. 12) ein solches praktisches Bedürfnis unter Hinweis auf § 23 BetrVG. verneinen, so wird dabei übersehen, daß der Ausschluß des unter Verletzung von § 27 Abs. 1 Satz 2 gewählten Betriebsratsvorsitzenden nach § 23 BetrVG meist gar nicht möglich sein wird. Denn die Pflichtverletzung und der Gesetzesverstoß mag die Wählenden, aber jedenfalls nicht den Gewählten allein treffen. Wenn man aber als einziges Hilfsmittel gegen eine Verletzung des § 27 Abs. 1 Satz 2 nur die Auflösung des ganzen Betriebsrats hätte, so wäre die hierdurch hervorgerufene Störung der innerbetrieblichen Ruhe keine adaequate Folge einer Verletzung der Sollvorschrift des § 27 Abs. 1 Satz 2. Auch würde eine erstmalige Verletzung des § 27 Abs. 1 Satz 2 BetrVG. u. U. noch keine g r o b e Verletzung gesetzlicher Pflichten bedeuten. Es kommt hinzu, daß die Auflösung des Betriebsrats auch die Betriebsratsmitglieder treffen würde, die entsprechend der Vorschrift des § 27 Abs. 1 Satz 2 gewählt haben.

Viel richtiger und zweckmäßiger ist die analoge Anwendung des § 18 auf die Wahl innerhalb des Betriebsrats, wie sie aus ähnlichen praktischen Erwägungen heraus bereits die Landesarbeitsgerichte München (Betrieb 54, 88), Stuttgart (BB. 53, 735) und Frankfurt/Main (Betrieb 54, 655) vorgenommen haben; die beiden letztgenannten Gerichte nur hinsichtlich der Anwendung der Frist von zwei Wochen. Da die Wahl des Betriebsratsvorsitzenden und des stellvertretenden Betriebsratsvorsitzenden der letzte Akt der Wahl und der Konstituierung des Betriebsrats ist, ist es auch systemgemäß, den die Wahlanfechtung regelnden § 18 noch für die Wahl der Betriebsratsvorsitzenden anzuwenden.

Die Zulassung der Anfechtung hat überdies den großen praktischen Vorzug, klare Verhältnisse und Rechtssicherheit zu schaffen. Die Anfechtung ist an eine verhältnismäßig kurze Frist gebunden und muß ausdrücklich rechtzeitig geltend gemacht werden. Nichtigkeit der Wahl kommt nur in ganz besonderen Ausnahmefällen in Frage, in denen gegen allgemeine Grundsätze jeder ordnungsmäßigen Wahl in so hohem Maße verstoßen ist, daß auch der Anschein einer Wahl nicht mehr vorliegt, vgl. den Beschluß des erkennenden Senats BAG. 1, 318.

Die Anfechtung ist, da die angefochtene Wahl am 31. März 1955 stattgefunden hat und der Antrag am 7. April 1955 beim Arbeitsgericht eingegangen ist, rechtzeitig erfolgt.

Für die Frage der Anfechtbarkeit der Wahl der Betriebsratsvorsitzenden kommt es somit darauf an, den Sinn und die Tragweite des § 27 Abs. 1 Satz 2 zu bestimmen. Es ist richtig, daß die Norm in bewußter Abweichung von der entsprechenden Mußvorschrift des Betriebsrätegesetzes von 1920 als Sollvorschrift gefaßt worden ist. Zwar ist die allgemeine Ansicht zutreffend, daß die Verletzung einer Sollvorschrift keine Nichtigkeit des Geschäfts bewirkt. Aber damit ist keineswegs gesagt, daß die Verletzung einer Sollvorschrift keinerlei negative rechtliche Folgen haben könne. So wird in steigendem Maße betont, daß die dispositiven (ergänzenden) Rechtsnormen, die noch schwächer sind als die Sollvorschriften, nicht schlechthin und beliebig abgedungen werden können. Auch die nachgiebigen, vom Gesetzgeber wohlerwogenen, aus der normalen Interessenlage der Parteien geschaffenen Rechtssätze haben eine bestimmte Ordnungsfunktion. Auch sie verlangen Respekt, allerdings nicht den gleichen wie das ius cogens. Die Parteien dürfen von nachgiebigen Rechtssätzen dann und insoweit abweichen, als dafür triftige sachliche Gründe, namentlich aus der besonderen, vom Gesetz nicht zugrunde gelegten Sach- und Interessenlage, vorliegen. Die Abweichung muß durch die rule of reason gerechtfertigt sein. Die Änderung der nachgiebigen Bestimmungen muß inhaltlich nach Maßgabe von Treu und Glauben und der Gerechtigkeitsgedanken der durch den Vertrag ausgeschalteten oder modifizierten gesetzlichen Regeln die Interessen beider Teile angemessen berücksichtigen. Das ist das im „freiheitlichen, sozialen Rechtsstaat" des Grundgesetzes, die die freie Entfaltung der Persönlichkeit in den Grenzen der verfassungsmäßigen Ordnung, der Achtung der Rechte anderer und des Sittengesetzes schützt, maßgebende Prinzip (vgl. Enneccerus-Nipperdey, Allgemeiner Teil, 14. Auflage, S. 187). Das gilt erst recht für „Sollvorschriften", die wie hier eine wichtige soziale Funktion haben, nämlich die eines gewissen Minderheitenschutzes bei der Wahl innerhalb des Betriebsrates. Der Gesetzgeber hat in § 27 Abs. 1 Satz 2 nicht nur einen Wunsch ohne jede Rechtsfolge ausgesprochen, sondern er hat eine Vorschrift gegeben, die im Regelfall zu beachten ist und deren Nichtbeachtung die Anfechtung der Wahl ermöglicht. Wohl aber ist die Wahl nicht schlechthin an die genannte Vorschrift gebunden. Sprechen für die Abweichung von § 27 Abs. 1 Satz 2 vernünftige und sachliche Gründe, die den Betriebsrat bestimmt haben, so kann von der Regel des § 27 Abs. 1 Satz 2 abgewichen werden. Es mag mitunter schwierig sein, eine solche Feststellung zu treffen, ob vernünftige Gründe zur Abweichung von § 27 Abs. 1 Satz 2 vorgelegen haben. Unmöglich ist aber eine solche Feststellung keineswegs, insbesondere dann nicht, wenn wie hier, die Gründe, die zur Abweichung von der Regel des § 27 Abs. 1 Satz 2 geführt haben, in der Niederschrift festgehalten worden sind. Die Frage ist also entgegen der Ansicht des LAG Frankfurt/Main (SAE. 54, Nr. 61, S. 148) durchaus justiziabel. Im Streitfall hat der Betriebsrat, wenn die Wahl angefochten ist, die Beweislast, daß vernünftige sachliche Gründe vorgelegen haben, den Vorsitzenden und seinen Stellvertreter aus der gleichen Gruppe zu wählen.

Die Stellung des Betriebsratsvorsitzenden und seines Stellvertreters ist auch keineswegs so belanglos, daß die unsachliche Verletzung des § 27 Abs. 1 Satz 2 ohne Rechtsfolge bleiben könnte. Zwar wiegt die Stimme des Betriebsratsvorsitzenden und seines Stellvertreters bei Abstimmungen nicht stärker als die jedes anderen Betriebsratsmitgliedes, aber der Betriebsratsvorsitzende und, in dem stets möglichen Fall seiner Verhinderung, sein Stellvertreter haben die Beschlüsse des Betriebsrats zu vollziehen, mit dem Arbeitgeber und mit außerbetrieblichen Stellen zu verhandeln. Er übt mithin ein innerhalb der Betriebsverfassung nicht unwichtiges Amt aus.

II.

Die Wahlanfechtung ist jedoch im vorliegenden Fall unbegründet.

Die Tatsache, daß hier keine Gruppenwahl, sondern eine Wahl nach Einheitsliste stattgefunden hatte, schließt allerdings eine Wahlanfechtung nicht aus. Die Bestimmung des § 27 Abs. 1 Satz 2 gilt auch dann, wenn — wie hier — keine Gruppenwahl, sondern eine Gemeinschaftswahl stattgefunden hatte. Der Ansicht von Frey, Die Nachprüfbarkeit von Wahlen im Betriebsrat, Arbeit und Recht 54, 90, daß § 27 Abs. 1 Satz 2 BetrVG. überhaupt nur bei der Gruppenwahl gelte, weil bei der Gemeinschaftswahl zwar Angehörige beider Gruppen im Betriebsrat vorhanden seien, aber nicht als gewählte „Vertreter" ihrer Gruppe, hat sich der Senat nicht angeschlossen. Denn das Betriebsverfassungsgesetz macht nirgends die den einzelnen Gruppen eingeräumten Rechte davon abhängig, daß eine bestimmte Form der Wahl durchgeführt worden ist (vgl. Dietz § 27 Bem. 6). Man kann die von Frey vertretene Ansicht auch nicht etwa aus § 12 Abs. 2 BetrVG. herleiten. Denn wie der Senat bereits in seiner Entscheidung vom 20. Oktober 1954 in 1 ABR. 17/54, AP. Nr. 1 zu § 76 BetrVG. entschieden hat, findet § 12 Abs. 2 auf die Gemeinschaftswahl keine Anwendung.

Das Landesarbeitsgericht hat festgestellt, daß der Betriebsrat von der Grubenbefahrunfähigkeit der beiden Angestelltenvertreter ausgegangen ist und aus diesem Grunde keinen der beiden Angestellten zum stellvertretenden Betriebsratsvorsitzenden gewählt hat. Damit stand also für das Revisionsgericht, ohne daß es in eine Nachprüfung der tatsächlichen Voraussetzungen dieser Feststellung hätte eintreten können, fest, daß der Betriebsrat, als er von der Regel des § 27 Abs. 1 Satz 2 abwich, von vernünftigen und sachlichen Gründen ausgegangen war. Denn es ist nach allgemeiner Erfahrung in der Tat notwendig, daß nicht nur der Vorsitzende, sondern auch der Stellvertreter des Betriebsratsvorsitzenden in Zechen grubenbefahrfähig sein muß.

39

1. Aus Art. IX des Kontrollratsgesetzes Nr. 22 ergibt sich, daß dem Betriebsratsmitglied notwendige Aufwendungen für die Durchführung seines Amtes vom Arbeitgeber zu ersetzen sind.

2. Eine Pauschalierung solcher Aufwendungen, wenn sie regelmäßig wiederkehren, ist zulässig, darf aber keine versteckte Lohnerhöhung enthalten.

3. Eine solche Aufwendungspauschale hat anzuknüpfen an die tatsächlichen Auslagen des Betriebsratsmitglieds. Die schematische Übertragung einer Auslagenpauschale, die für den erhöhten Aufwand an der Arbeitsstelle gezahlt wurde, als nunmehrige Aufwendung für das Betriebsratsmitglied ist unzulässig, gleichgültig, ob eine solche Übertragung auf Betriebsvereinbarung, betrieblicher Übung, Arbeitsvertrag oder anderem Rechtsgrund beruht.

Art. IX Kontrollratsgesetz Nr. 22; BetrVG. § 39; PersVG. § 42.

I. Senat. Urteil vom 9. November 1955 i. S. W. (Kl.) w. B. D. (Bekl.) 1 AZR 329/54.

I. Arbeitsgericht Minden i. W. — II. Landesarbeitsgericht Hamm i. W.

Der Kläger gehört zu einer Baggerbesatzung des von der Beklagten vertretenen Wasser- und Schiffahrtsamtes M. Die Baggerbesatzungen erhalten für die Betriebsdauer des Baggers eine Beköstigungszulage von 1,40 DM täglich. Die Zulage wird nicht gezahlt, wenn die Besatzungsmitglieder nicht auf dem Bagger arbeiten, insbesondere wenn sie krank oder beurlaubt sind, oder wenn der Bagger stilliegt. Die besondere Dienstordnung der TOB. innerhalb der Wasser- und Schiffahrtsverwaltung (DOW.) bestimmt, daß die Beköstigungszulage kein Lohnbestandteil ist.

Seit etwa drei Jahren ist der Kläger Betriebsratsvorsitzender und von der Arbeit freigestellt. Die vom Kläger zu betreuende Belegschaft verteilt sich auf etwa 98 km im Umkreis. Bis zum 31. März 1952 erhielt die Baggerbesatzung Monatslohn, mit dem Überstunden, Sonntagsstunden, Schmutzgeld usw. abgegolten waren. Bis zu diesem Zeitpunkt gewährte die Beklagte dem Kläger auch die Beköstigungszulage für diejenigen Tage, an denen er als Betriebsratsvorsitzender unter sechs Stunden auswärts tätig war. Für die Tage seiner auswärtigen Tätigkeit über sechs Stunden erhielt er Reisekosten nach den Bestimmungen über die Reisekostenvergütung für Beamte unter Zugrundelegung der Reisekostenstufe III. Seit dem 1. April 1952 erhält die Baggerbesatzung Stundenlohn und gesondert daneben Sonntags- und Überstundenvergütung sowie Schmutzgeld und Beköstigungszulage. Von diesem Zeitpunkt ab hat die Beklagte die Zahlung der Beköstigungszulage ganz eingestellt. Mit Wirkung vom 1. Dezember 1953 erhält der Kläger nach einem Erlaß des Bundesministers für Verkehr vom 5. Dezember 1953 für seine auswärtige Tätigkeit unter sechs Stunden Auslagenersatz nach den Bestimmungen des § 14 RKG. (Reisekostengesetz) i. V. m. Nr. 33/34 AB.

Der Kläger verlangt die Beköstigungszulage in der Zeit vom 1. April 1952 bis 31. Mai 1953 für diejenigen Tage, an denen sein Ersatzmann auf dem Bagger Anspruch auf Beköstigungszulage hatte, abzüglich der Tage, an denen er (der Kläger) krank oder beurlaubt war oder an denen er Reisekostenvergütung von der Beklagten erhalten hat. Diesen Betrag hat er auf 407,40 DM errechnet.

Die Beklagte hat die Höhe der Klageforderung nicht bestritten, wendet sich aber gegen den Klageanspruch dem Grunde nach und hat um Abweisung gebeten. Das Arbeitsgericht hat der Klage stattgegeben, das Landesarbeitsgericht sie abgewiesen und die Revision zugelassen. Zur Begründung seines abweisenden Urteils führt das Landesarbeitsgericht aus: Es handele sich bei der Beköstigungszulage nicht um Lohnbestandteile, sondern um pauschalen Auslagenersatz für erhöhten Aufwand bei der Arbeit auf dem Bagger, die der Kläger als von der Arbeit freigestellter Betriebsrat nicht verlangen könne, weil er nicht auf dem Bagger tätig war. Eine gesetzliche Verpflichtung der Beklagten zum Ersatz von Betriebsratsaufwendungen bestehe nicht. Auf einzelvertragliche Vereinbarung könne der Kläger einen solchen Anspruch nicht stützen, weil es sich um eine Frage betriebsverfassungsrechtlichen Charakters handele. Eine Betriebsvereinbarung, durch die eine Aufwandsentschädigung, allerdings in gewissen Grenzen, festgesetzt werden könne, liege nicht vor.

Hiergegen wendet sich die Revision des Klägers, die zur Zurückverweisung an das Landesarbeitsgericht führte.

Aus den Gründen:

Soweit der Kläger seinen Anspruch damit begründet, daß ihm in unzulässiger Weise ein Teil seines Lohnes vorenthalten werde, bestehen gegen die Zulässigkeit der Klage keine Bedenken, weil es sich um einen Anspruch aus dem Arbeitsvertrag handelt. Aber auch die vom Berufungsrichter erörterte Frage, ob der Kläger pauschalen Ersatz von Aufwendungen verlangen könne, die er als Betriebsrat gehabt habe, ist im Urteilsverfahren zu entscheiden. Es findet das Kontrollratsgesetz Nr. 22 Anwendung. Danach ist — in Ermangelung einer den § 82 Abs. 1 Buchstabe i BetrVG., §§ 2 Abs. 1 Nr. 4 Buchstabe i und 85 ArbGG. entsprechenden Bestimmung — der Anspruch auf Ersatz von Aufwendungen im Urteilsverfahren zu erheben (RAG. ARS. 2, 162).

Zutreffend geht das Landesarbeitsgericht von dem Grundsatz aus, daß Betriebsratsmitglieder hinsichtlich ihrer Vergütung (des Lohnes im weiten Sinne des Wortes) keine Einbuße erleiden dürfen, da sie sonst benachteiligt sein würden. Nach Art. IX darf kein Arbeitgeber die Errichtung von Betriebsräten in seinem Betrieb hindern, deren Tätigkeit stören oder Mitglieder des Betriebsrats benachteiligen. Aus dieser Bestimmung ergibt sich auch, daß das Betriebsratsmitglied für die im Interesse des Betriebsratsamtes versäumte Arbeitszeit den Lohn verlangen kann, und ob und in welchem Umfang die Kosten der Betriebsräte durch den Arbeitgeber getragen werden müssen. Eine Lohnminderung darf nicht eintreten, weil sonst der Betriebsrat seine Aufgaben nicht so wahrnehmen kann, wie es das Amt verlangt und dadurch die Tätigkeit des Betriebsrats einer Behinderung und Störung unterliegt. Die Anwendung des Art. IX Kontrollratsgesetz Nr. 22 führt somit zu dem gleichen Ergebnis, wie es im alten Betriebsrätegesetz (§ 35), im neuen Betriebsverfassungsgesetz (§ 37) und im neuen Personalvertretungsgesetz (§ 42) ausdrücklich festgelegt ist, daß nämlich die Mitglieder des Betriebsrats ihr Amt unentgeltlich als Ehrenamt führen, aber Versäumnis von Arbeitszeit die nach Umfang und Art des Betriebes zur ordnungsmäßigen Durchführung der Aufgaben des Betriebsrats erforderlich ist, den Arbeitgeber nicht zur Minderung des Arbeitsentgelts berechtigt, sondern zur Fortzahlung des Arbeitsentgelts verpflichtet.

Von dem Lohn ist aber eine regelmäßig und in gleicher Summe gewährte Zulage dann zu unterscheiden, wenn es sich dabei in Wahrheit um den Ersatz von Auslagen für Mehraufwendungen handelt, die nach bestimmten Erfahrungen pauschal erstattet werden. Ob es sich bei der hier streitigen Beköstigungszulage um einen Lohnbestandteil oder um Aufwendungen handelt, die nur aus Anlaß der Arbeit an einem bestimmten Orte gemacht und pauschal abgegolten werden, ist Tatfrage. Der Berufungsrichter hat festgestellt, daß es sich um Ersatz von Auslagen durch pauschale Abgeltung handelt. Er hat diese Feststellung u. a. daraus hergeleitet, daß die Zulage nicht bezahlt wurde, wenn der Arbeitnehmer krank oder beurlaubt ist oder wenn der Bagger stilliegt, und ferner daraus, daß in der Dienstordnung die Zulage ausdrücklich als pauschale Abgeltung einer Mehraufwendung gekennzeichnet ist. Diese keine Denkgesetze oder anerkannte Auslegungsregeln verletzende Feststellung ist der Nachprüfung durch die Revision entzogen. Sie ist darüber hinaus auch überzeugend. Soweit der Kläger daher seinen Anspruch auf eine nach Art. IX des Kontrollratsgesetzes Nr. 22 nicht berechtigte Einbehaltung von Lohn stützt, ist die Klage nicht begründet.

Aus Art. IX des Kontrollratsgesetzes Nr. 22 ergibt sich aber auch, daß der Arbeitgeber die durch die Tätigkeit des Betriebsrats entstehenden Kosten zu tragen hat. Der Vorderrichter meint allerdings, weil im Art. IX nur von dem Verbot einer Hinderung, Störung oder Benachteiligung die Rede ist, könne vom Arbeitgeber nur ein Unterlassen, aber kein positives Handeln, wie es die Bezahlung der Betriebsratskosten darstellt, verlangt werden. Diese Auffassung ist zu eng. Schon der Ausgangspunkt, daß ein Verbot der Störung, Behinderung oder Benachteiligung nur ein Unterlassen, aber kein positives Handeln gebieten könne, ist nicht zutreffend. Eine Störung, Hinderung usw. kann auch dadurch herbeigeführt werden, daß etwas unterlassen wird, was geschehen muß, um den natürlichen oder gesetzlich bestimmten oder vorausgesetzten Ablauf der Dinge zu gewährleisten. Damit wird aber die Unterlassung selbst eine Störung oder Behinderung und das Verbot der Unterlassung zum Gebot einer Handlung. So liegt es hier. Soll der Betriebsrat die Kosten seiner Tätigkeit, von denen der notwendige Aufwand ein Teil ist, selbst tragen, so würde die betriebsrätliche Tätigkeit ständig behindert und sich nicht so entfalten können, wie es die Tätigkeit des Betriebsrats auch im Interesse des Betriebes selbst verlangt. Der Betriebsrat würde von notwendigen Handlungen absehen müssen, wenn dadurch Kosten verursacht werden, die er selbst bezahlen muß. Sogar die Errichtung eines Betriebsrats würde behindert, denn die Bereitschaft, sich als Betriebsrat wählen zu lassen und zu betätigen, würde beeinträchtigt, wenn der Betriebsrat notwendige Handlungen seines Amtes, die mit Kosten verbunden sind, entweder auf eigene Kosten vornehmen oder von ihnen ganz absehen müßte. Es entspricht der Natur der Sache und der vom Gesetz vorgestellten Ausübung des Betriebsratsamtes, daß die Kosten nur den Betrieb belasten können. Den Betriebsrat nicht, weil er nicht eigene Interessen wahrnimmt und die Arbeitnehmerschaft nicht, weil sie nicht ein Beiträge erhebender Verein werden soll. Weil aber der Betrieb eine privatrechtliche Selbständigkeit nicht hat, sich vielmehr in der Hand des Arbeitgebers als Eigentümer, Unternehmer und Leiter des Betriebes befindet, so muß der Arbeitgeber auch Träger der Kosten des Betriebsrats in seiner Person sein. Es ist daher dem Art. IX als zwingend geltende Regel zu entnehmen, daß notwendige Kosten vom Arbeitgeber zu tragen sind. Das ist nach dem alten Betriebsrätegesetz (§ 36), dem Kontrollratsgesetz Nr. 22 (Art. IX), dem neuen Betriebsverfassungsgesetz (§ 39) und dem Personalvertretungsgesetz (§ 44) ein einheitlich geltender Rechtsgrundsatz. Zu den Kosten in diesem Sinne gehört begrifflich auch der Aufwand eines Betriebsratsmitglieds, den dieses bei pflichtgemäßer Beurteilung für erforderlich halten durfte (vgl. Dietz, BetrVG. 2. Aufl. § 39 Anm. 3).

Im Gegensatz zu einer im Schrifttum verbreiteten Auffassung (Dietz, BetrVG. § 37 Anm. 5, § 39 Anm. 2; Meisinger, BetrVG. § 39 Anm. 5) steht der Senat auf dem Standpunkt, daß die Vereinbarung einer Pauschalabgeltung von regelmäßig wiederkehrenden Aufwendungen eines Betriebsratsmitglieds möglich ist, auch auf die Gefahr hin, daß eine solche Pauschale das Betriebsratsmitglied einmal gegenüber dem Ersatz der wirklichen Aufwendungen etwas begünstigen sollte. Denn dafür muß es auf der anderen Seite auch eine gewisse Benachteiligung in Kauf nehmen, wenn die Pauschale die wirklichen Aufwendungen nicht in jedem Falle vollständig deckt. Selbstverständlich darf eine solche Pauschalierung niemals so vorgenommen werden, daß sie eine versteckte Lohnerhöhung ist. Das würde gegen den Grundsatz des Ehrenamtes verstoßen. Die Pauschale muß so bemessen sein, daß sie, im großen und ganzen gesehen, den tatsächlichen Aufwendungen entspricht.

Wenn nach den Feststellungen des Berufungsrichters die Beköstigungszulage auch als pauschalierter Ersatz von Aufwendungen anzusehen ist, so handelt es sich doch um Aufwendungen für eine bestimmte Arbeitsstelle. Es kann nun keineswegs anerkannt werden, daß ein von der Arbeit völlig freigestelltes Betriebsratsmitglied denjenigen Aufwendungspauschalsatz erhält, den es erhalten hätte, wenn es an seinem bisherigen Arbeitsplatz tatsächlich weitergearbeitet hätte, und daß diese Art eines pauschalen Aufwendungsersatzes nunmehr zum Ersatz von Aufwendungen des Betriebsratsmitglieds herangezogen, also die Begründung gewechselt wird. Denn die Pauschalierung von Aufwendungen für bestimmte Arbeitsstellen geht davon aus, daß gerade den Arbeitern an dieser Stelle tatsächlich auch entsprechende Aufwendungen entstanden sind. Eine Pauschalierung des Aufwendungsersatzes für die Betriebsratsmitglieder muß aber, wenn das Betriebsratsamt ein unentgeltliches Ehrenamt bleiben soll, an die ihnen wirklich in ihrer Tätigkeit als Betriebsratsmitglieder entstandenen Aufwendungen und hieran allein anknüpfen.

Wenn die Revision darauf hinweist, daß im vorliegenden Fall die Beköstigungszulage für Baggerarbeiter dem Kläger als freigestellten Betriebsrat etwa $1^1/_2$ Jahre lang stillschweigend bezahlt ist und daraus herleiten will, daß sich die Anwendbarkeit des Aufwendungspauschalsatzes für Baggerarbeiter auf den Kläger als Betriebsrat aus einem „Gewohnheitsrecht" (hierunter versteht die Revisionsbegründung offenbar eine betriebliche Übung) oder aus stillschweigender Betriebsvereinbarung oder aus Arbeitsvertrag ergebe, so braucht auf diese Frage schon deshalb nicht eingegangen zu werden, weil eine derartige Annahme wiederum gegen das Prinzip der ehrenamtlichen Tätigkeit des Betriebsratsmitglieds verstoßen würde. Eine solche Abmachung wäre nichtig. Denn jede schematische Übertragung — wie sie der Kläger hier vornehmen will — der Aufwendungspauschale der Baggerarbeiter, die auf den Besonderheiten der Arbeit auf den Baggern (nur beschränkte Möglichkeit in den normalen Zeitabständen nach Hause zurückzukehren) beruht, würde ganz ohne Bezug auf die wirklichen Aufwendungen als Betriebsrat und daher in jedem Falle unzulässig sein. Daraus, daß der Kläger früher einen pauschalen Aufwendungsersatz als Mitglied der Baggerbesatzung erhalten hat, kann er daher unter keinen Umständen herleiten, daß er Ersatz nun in dieser Höhe pauschal als Betriebsratsmitglied verlangen könne, weil er als solches Aufwendungen ähnlicher Art, nämlich dadurch habe, daß er auch als Betriebsrat nicht immer in den normalen Zeitabständen nach Hause zurückkehren könne.

Auch unter dem Gesichtspunkt einer etwaigen Reisekostenpauschale (Tagegelder) ist der klägerische Anspruch nicht begründet. Nach den Bestimmungen der TOB. in Verbindung mit der ADO. und DOW. richtet sich die Reisekostenvergütung für Angestellte und Arbeiter (einschließlich der pauschalierten Tagegelder) nach dem Reisekostengesetz für Beamte von 1933. Da die freigestellten Betriebsratsmitglieder nicht schlechter, aber auch nicht besser gestellt werden dürfen, wie wenn sie Dienstreisen als Arbeiter auszuführen haben, ist gemäß Art. IX des Kontrollratsgesetzes Nr. 22 das Reisekostengesetz auf sie auch insoweit anzuwenden, als sie Dienstreisen in ihrer Eigenschaft als Betriebsratsmitglieder machen. Davon gehen auch die Erlasse des Bundesfinanzministers, insbesondere der Erlaß betreffend Reisekostenvergütung für Betriebsratsmitglieder vom 19. Mai 1951 (BMdF. 1951 Seite 175) aus. Es braucht nicht geprüft zu werden, ob darüber hinausgehende Erlasse, die für Betriebsratsmitglieder eine günstigere Reisekostenstufe zugrunde legen, womit sie eine gewisse Vereinheitlichung für Arbeiter und Angestellte im Betriebsrat herbeiführen wollen, mit diesen Vorschriften vereinbar sind. Keine dieser Bestimmungen hat jedenfalls das geltende Recht der Reisekosten in der Richtung geändert, daß auch bei Dienstreisen unter sechs Stunden täglich irgendeine Reisekostenpauschale zu vergüten sei. Nach Nr. 33 AB. kann zwar eine ermäßigte Entschädigung für Dienstgeschäfte außerhalb der Dienststelle in Form von Pauschvergütung bewilligt werden. Eine solche Bewilligung, die der obersten

Dienstbehörde zusteht, lag zu dem hier in Betracht kommenden Zeitraum nicht vor. Der Erlaß des Bundesministers für Verkehr vom 5. Dezember 1953 ist nicht mit Rückwirkung auf diesen Zeitraum getroffen. Er sieht zunächst auch nur den Ersatz tatsächlich entstandener und nachgewiesener Auslagen vor, ohne bereits eine Pauschale festzusetzen.

Wenn hiernach der Kläger sich auch nicht auf den Pauschalsatz der Baggerbesatzung für seine Aufwendungen als Betriebsratsvorsitzender berufen und auch nach den Reisekostenbestimmungen über Entschädigung von Aufwendungen für dienstliche Tätigkeiten unter sechs Stunden keine Pauschale verlangen kann, so schließt das keineswegs aus, daß dem Betriebsratsmitglied die notwendigen tatsächlichen Aufwendungen, wie sie im einzelnen gemacht sind und nachgewiesen werden können, nach Art. IX des Kontrollratsgesetzes 22 zu ersetzen sind. Die Vorinstanzen haben in dieser Hinsicht keine Feststellungen getroffen und brauchten dieses auch von ihrem Rechtsstandpunkt aus nicht. Denn das Arbeitsgericht hatte (allerdings zu Unrecht) eine zulässige arbeitsvertragliche Vereinbarung angenommen und das Landesarbeitsgericht war (ebenfalls zu Unrecht) davon ausgegangen, daß sich ein Ersatz von Aufwendungen des Betriebsrats im Gegensatz zum früheren Recht aus Art. IX des Kontrollratsgesetzes Nr. 22 nicht ergebe. Das Berufungsgericht hat daher nicht geprüft, ob sich der Klageanspruch ganz oder teilweise aus der Notwendigkeit des Ersatzes tatsächlich erfolgter Einzelaufwendungen rechtfertigen läßt. Die Sache mußte infolgedessen zur weiteren Aufklärung und Feststellung zurückverwiesen werden. Dabei wird das Berufungsgericht gemäß § 139 ZPO. die Aufgabe haben, den Kläger zu veranlassen, für den streitigen Zeitraum darzulegen und gegebenenfalls unter Beweis zu stellen, welche Einzelbeträge als notwendige Auslagen seiner betriebsrätlichen Tätigkeit ihm entstanden sind. Das Berufungsgericht wird unter Umständen an Hand solcher Einzelangaben auf eine gewisse regelmäßige Wiederkehr dieser Ausgaben schließen können und demgemäß Anhaltspunkte für eine gemäß § 287 Abs. 2 ZPO zulässige Schätzung gewinnen können.

40

Verzögert ein Gericht die Abfassung des vollständigen Urteils über drei Monate nach der Verkündung, so rechtfertigt der nach § 320 Abs. 2 Satz 3 ZPO. bedingte Verlust einer im gegebenen Fall nur formalen Berichtigungsmöglichkeit nach § 320 Abs. 1 ZPO. noch nicht die Revi-

sion wegen Verletzung der Ordnungsvorschrift des § 60 Abs. 4 Satz 2 ArbGG. in Verbindung mit § 551 Nr. 7 ZPO.

Bei einer außerordentlichen Kündigung eines noch nicht länger als sechs Monate beschäftigten Arbeitnehmers braucht die in § 3 KSchG. vorgesehene Klagefrist von drei Wochen nicht gewahrt zu werden; an der Entscheidung vom 27. Januar 1955 (BAG. 1, 272) wird festgehalten.

ArbGG. § 64 Abs. 3, § 60 Abs. 4; ZPO. §§ 320 Abs. 2 Satz 3, 551 Nr. 7; KSchG. § 11 Abs. 1 Satz 2.

II. Senat. Urteil vom 15. September 1955 i. S. W. (Kl.) w. D. (Bekl.) 2 AZR 475/54.

I. Arbeitsgericht Düsseldorf. — II. Landesarbeitsgericht Düsseldorf.

Der Kläger ist bei der Beklagten vom 15. Juli bis 27. August 1953 beschäftigt gewesen. Es war eine Probezeit von drei Monaten vereinbart. Die Beklagte hat den Kläger nach der Feststellung des Landesarbeitsgerichts am 27. August 1953 fristlos entlassen.

Der Kläger fordert mit der am 18. September 1953 erhobenen Klage die Zahlung von Gehalt für die Zeit vom 28. August bis 15. Oktober 1953 mit 996,— DM zuzüglich 4 % Zinsen ab 1. Oktober 1953, ferner die Feststellung, daß das Arbeitsverhältnis durch die fristlose Entlassung nicht aufgelöst sei und der Vertrag fortbestehe.

Das Arbeitsgericht und Landesarbeitsgericht haben zu Ungunsten des Klägers entschieden.

Mit der vom Landesarbeitsgericht wegen grundsätzlicher Bedeutung des Rechtsstreits zugelassenen Revision verfolgt der Kläger weiterhin seine Rechte.

Die Revision führte zur Zurückverweisung an das Landesarbeitsgericht.

Aus den Gründen:

1. Der Kläger rügt Verletzung der Vorschriften der §§ 64 Abs. 3, 60 Abs. 4 Satz 2 ArbGG. Er konnte hiermit jedoch keinen Erfolg haben. Dies gilt auch dann, wenn man einmal unterstellen will, daß die Zustellung des mit Tatbestand und Entscheidungsgründen versehenen Urteils am 27. September 1954, das selbst bereits am 4. Juni 1954 durch Bekanntgabe der Urteilsformel verkündet worden war, deswegen so spät erfolgte, weil seine vollständige Abfassung erst nach mehr als drei Monaten nach der Verkündung zur Geschäftsstelle gelangt ist.

In einer hier in Rede stehenden Verspätung liegt zwar ein Verstoß gegen die Vorschrift des § 60 Abs. 4 Satz 2 in Verbindung mit § 64 Abs. 3 ArbGG. (entsprechend § 315 Abs. 2 ZPO.), wonach das Urteil binnen drei Tagen nach der Verkündung in vollständiger Abfassung der Geschäftsstelle übergeben werden soll. Die Verletzung dieser Ordnungsvorschrift, die besonders bei schwierigeren und umfangreicheren Urteilsbegründungen nicht immer eingehalten werden kann, hat aber regelmäßig keine Folgen und kann die Revision daher zum mindesten im allgemeinen auch nicht begründen (Dersch-Volkmar, ArbGG., 6. Aufl., § 60 Anm. 25; Dietz-Nikisch, ArbGG., § 60 Anm. 25; RAG. in Arb.-Rspr. 1932, 256; vgl. ferner Stein-Jonas, Kommentar zur ZPO., 18. Aufl., § 315 Anm. III, 1; BGHZ. 7, 155).

Im vorliegenden Falle hätte nun ein derartiger Umstand, also daß das Urteil drei Monate nach seiner Verkündung noch nicht in vollständiger Abfassung vorlag, wegen des Ablaufs der nach § 320 Abs. 2 Satz 3 ZPO. bestimmten Frist zur Folge gehabt, daß ein Antrag auf Berichtigung des Tatbestandes gemäß § 320 Abs. 1 ZPO. nicht mehr möglich war. Der Kläger wäre aber hierdurch nur dann beeinträchtigt, wenn er überhaupt einen Berichtigungsantrag nach § 320 Abs. 1 ZPO. stellen könnte und daran durch den Fristablauf gehindert wurde. Das ist jedoch nicht ersichtlich. In der Revisionsbegründung bringt der Kläger selbst nicht vor, daß er eine Berichtigung des Tatbestandes aus irgendeinem Grunde fordere und daß ihm das durch die von ihm nicht verschuldete Fristversäumnis unterbunden werde. Daß der Tatbestand des Urteils unrichtig sei, Auslassungen, Dunkelheiten oder Widersprüche enthalte, ist in keiner Weise vorgebracht. Der bloße formale Verlust der Berichtigungsmöglichkeit allein führt nicht zu einer Benachteiligung der Partei. Es ist deshalb nicht gerechtfertigt, in diesem Falle wegen der Verletzung der Ordnungsvorschrift des § 60 Abs. 4 Satz 2 ArbGG. die Revision nach § 551 Nr. 7 ZPO. als begründet anzusehen. Der Senat ist der Auffassung, daß die Ansicht des Bundesgerichtshofes, im allgemeinen Zivilverfahren sei im Hinblick auf den Verlust der Berichtigungsmöglichkeit die Verletzung der Ordnungsvorschrift des § 315 Abs. 2 ZPO. dann von rechtlicher Bedeutung, wenn das Urteil noch nicht nach Ablauf von 5 Monaten seit der Verkündung abgesetzt vorliegt, auf jeden Fall in der hier erfolgten Weise zu ergänzen ist.

2. In der Sache selbst hält das Berufungsgericht den jetzt allein noch streitigen Klageantrag auf Weiterzahlung des Lohnes in Höhe von 996,— DM und auf Feststellung der Unwirksamkeit der fristlosen Entlassung und auf Feststellung des Fortbestehens des Vertrages schon

deshalb für unbegründet, weil der Kläger die Klage entsprechend §§ 11 Abs. 1 Satz 2, 3 KSchG. nicht innerhalb von drei Wochen nach Zugang der Kündigung erhoben habe. Es ist der Meinung, daß diese Frist auch dann eingehalten werden müsse, wenn die Voraussetzungen des § 1 Abs. 1 KSchG., nämlich eine Beschäftigung des Arbeitnehmers über sechs Monate und die Vollendung des 20. Lebensjahres des Arbeitnehmers, nicht gegeben seien. Diese Ansicht kann aber nicht gebilligt werden, wie das Bundesarbeitsgericht bereits in dem Urteil vom 27. Januar 1955 ausgeführt hat (BAG. 1, 272). An dieser Entscheidung wird auch nach nochmaliger Überprüfung festgehalten. Der Senat steht auf dem Standpunkt, daß der persönliche Geltungsbereich für den ersten Abschnitt des Kündigungsschutzgesetzes, nämlich die Regelung des allgemeinen Kündigungsschutzes, in den §§ 1 Abs. 1 und 12 KSchG. dahin bestimmt ist, daß § 12 KSchG. eine bestimmte Personengruppe, nämlich die Angestellten in leitender Stellung, allgemein ausschließt und § 1 Abs. 1 KSchG. für den dann verbleibenden Kreis der Arbeitnehmer nochmals diejenigen ausscheidet, die noch nicht länger als sechs Monate beschäftigt sind oder das 20. Lebensjahr nicht vollendet haben. Da auch zusätzlich noch die Arbeitnehmer der sogenannten Kleinbetriebe nach § 21 Abs. 1 Satz 2 KSchG. den allgemeinen Kündigungsschutz des ersten Abschnitts des Kündigungsschutzgesetzes nicht genießen, mithin auf sie die Bestimmungen des § 11 KSchG. keine Anwendung finden (BAG. 1, 279), kann von einer allgemeinen Anwendbarkeit des § 11 KSchG. bei außerordentlichen Kündigungen nicht gesprochen werden (ebenso Herschel-Steinmann, KSchG., 3. Aufl., § 11 Anm. 2 a; a. M. Hueck in Anm. zu AP. Nr. 5 § 11 KSchG.). Der Kläger brauchte daher, weil er noch nicht sechs Monate bei der Beklagten beschäftigt war, nicht die Frist von drei Wochen für die Erhebung seiner Klage einzuhalten. Darauf, ob der Revisionsangriff des Klägers gegen die Art und Weise, wie das Landesarbeitsgericht den 27. August 1953 als Tag des Ausspruches der fristlosen Kündigung feststellte, begründet ist oder nicht, kommt es nicht mehr an. Das angefochtene Urteil mußte schon aus dem eben erwähnten Grunde insoweit aufgehoben werden, als der Kläger mit seinem Anspruch auf Zahlung von 996,— DM nebst Zinsen und auf Feststellung der Unwirksamkeit seiner fristlosen Entlassung und Feststellung des Fortbestehens des Vertrages abgewiesen ist. Der Rechtsstreit war in diesem Umfange an das Berufungsgericht zur anderweiten Verhandlung und Entscheidung zurückzuverweisen.

41

Kündigung eines Schwerbeschädigten durch eine Besatzungsmacht ist auch ohne Zustimmung der Hauptfürsorgestelle rechtswirksam.

§ 13 des SchwBeschG. vom 6. April 1920 i. d. F. der Bekanntmachung vom 12. Januar 1923 bzw. § 14 des SchwBeschG. vom 16. Juni 1953.

II. Senat. Urteil vom 20. Oktober 1955 i. S. W. (Kl.) w. L. N.-W. (Bekl.) 2 AZR 15/54.

I. Arbeitsgericht Detmold. — II. Landesarbeitsgericht Hamm i. W.

Der Kläger, ein Schwerbeschädigter, wurde von der britischen Besatzungsmacht, in deren Diensten er stand, am 12. Dezember 1952 zum 15. Januar 1953 gekündigt. Die Zustimmung der Hauptfürsorgestelle zu dieser Kündigung ist nicht eingeholt worden.

Der Kläger ist der Ansicht, daß mangels einer Zustimmung der Hauptfürsorgestelle zu seiner Kündigung sein Arbeitsverhältnis noch fortbestehe.

Das Arbeitsgericht hat die Klage abgewiesen.

Das Landesarbeitsgericht hat die Berufung des Klägers, mit der er hilfsweise noch beantragt hatte, das beklagte Land zur Zahlung eines Teilbetrages des Gehalts für Januar 1953 in Höhe von 100,— DM zu verurteilen, zurückgewiesen.

Die Revision des Klägers hatte keinen Erfolg.

Aus den Gründen:

I. Die nach Artikel 2 (b) des Gesetzes Nr. 13 der AHK. erforderliche Genehmigung für die Ausübung der Gerichtsbarkeit durch deutsche Gerichte ist für die britische Zone durch die allgemeine Ermächtigung vom 26. September 1950 (Amtsblatt der AHK. S. 619) erteilt.

Auch gegen die Zuständigkeit der Arbeitsgerichte und die Passivlegitimation des beklagten Landes bestehen keine rechtlichen Bedenken, wie der Senat in seinem Urteil vom 8. Juni 1955 (AP. Nr. 2 § 9 MuSchG.) und in dem zum Abdruck in der öffentlichen Sammlung bestimmten Urteil vom 29. September 1955 — 2 AZR. 43/54 — ausgeführt hat.

II. Die Vorinstanzen haben mit Recht die Anwendbarkeit des Schwerbeschädigten-Gesetzes, soweit es vorschreibt, daß einem Schwerbeschädigten nur mit Zustimmung der Hauptfürsorgestelle gekündigt werden kann (§ 13 des SchwBeschG. vom 6. April 1920 i. d. F. der

Bekanntmachung vom 12. Januar 1923 — RGBl. I S. 58; § 14 des SchwBeschG. vom 16. Juni 1953 — BGBl. I S. 389), verneint.

Für die hier fragliche Kündigung kommt es auf die jetzigen Regelungen des Bundestarifvertrages vom 28. Januar 1955 (MinBl. des Bundesministers der Finanzen S. 38) und der Bestimmungen des Artikel 44 des Vertrages über die Rechte und Pflichten ausländischer Streitkräfte und ihrer Mitglieder in der Bundesrepublik Deutschland (BGBl. 1955 II S. 367) mangels einer Bestimmung ihrer Rückwirkung nicht an. Es kann deshalb dahingestellt bleiben, ob nach diesen Regelungen die Anwendbarkeit des Schwerbeschädigten-Gesetzes zu bejahen wäre.

Wie der Senat in dem oben erwähnten Urteil vom 29. September 1955 — 2 AZR. 43/54 — schon entschieden hat, ist es nicht möglich, die Bestimmungen des Kündigungsschutzgesetzes auf die Arbeitsverhältnisse der deutschen Arbeitnehmer bei der Besatzungsmacht anzuwenden. Denn die Besatzungsmacht kann wegen ihrer autonomen Stellung nicht gezwungen werden, einen Arbeitnehmer weiter zu beschäftigen. Sie ist auch zur Rechtfertigung ihrer Kündigung nicht verpflichtet. Andererseits ist das allein zur Zahlung des Lohnes verpflichtete Land hierzu nicht in der Lage. Aus diesen Erwägungen ist es nicht möglich, die Gültigkeit einer Kündigung der Besatzungsmacht von der Zustimmung einer deutschen Behörde, nämlich der Hauptfürsorgestelle, abhängig zu machen. Die Kündigung eines Arbeitnehmers durch die Besatzungsmacht ist vielmehr ohne Zustimmung der Hauptfürsorgestelle rechtswirksam (ebenso die Kommentare zum Schwerbeschädigten-Gesetz vom 16. Juni 1953 von Wilrodt-Gotzen, § 3 Anm. 22, § 14 Anm. 23, § 15 Anm. 2; von Zigan, Vorbem. § 1 Nr. 8; von Becker, S. 57; ferner Beitzke in Anm. zu AP. 51 Nr. 162, BB. 1953 S. 684 und RdA. 1955 S. 87; Dietz in AR.-Blattei, Besatzungsmacht, B III c).

Eine Verpflichtung der Länder zur Zahlung des Lohnes an die bei der Besatzungsmacht beschäftigten Arbeitnehmer besteht nach der bisherigen Übung oder gewohnheitsrechtlich nur, soweit mit der Besatzungsmacht ein Arbeitsverhältnis bestand, aus dem sich Lohnzahlungspflichten ergeben konnten. Da aber die Besatzungsmacht allein darüber zu entscheiden hat, ob sie ein Arbeitsverhältnis begründen oder beenden will, besteht eine Lohnzahlungspflicht der Länder unabhängig von dem Bestehen des Arbeitsverhältnisses nicht. Das Ziel des Schwerbeschädigten-Gesetzes ist, dem Schwerbeschädigten seinen Arbeitsplatz zu erhalten oder ihn wieder in den Arbeitsprozeß einzugliedern. Wenn das Gesetz eine Kündigung nur mit Genehmigung der Hauptfürsorgestelle zuläßt, so sollte damit dieser die Entscheidung darüber gegeben werden, ob die Betriebsverhältnisse und die anderweitige Unterbringungsmöglichkeit des Schwerbeschädigten eine Lösung des bisherigen Arbeitsverhältnisses angebracht erscheinen lassen, d. h. es sollte die fürsorgerische Betreuung des Schwerbeschädigten durch die Hauptfürsorgestelle sichergestellt werden. Dagegen zielt das Schwerbeschädigten-Gesetz im Gegensatz zum Mutterschutzgesetz (vgl. Urteil vom 8. Juni 1955 — AP. Nr. 2 zu § 9 MuSchG.) nicht darauf ab, dem Schwerbeschädigten unabhängig von seiner Beschäftigung den bisherigen Lohn zu sichern. Es kann daher einem Schwerbeschädigten auch kein Lohnanspruch gegen die Länder unabhängig von dem Fortbestehen des Arbeitsverhältnisses zustehen. Hiernach sind sowohl der Feststellungsantrag auf Fortbestehen des Arbeitsverhältnisses wie auch der hilfsweise gestellte Antrag auf Weiterzahlung des Lohnes unbegründet.

42

1. Bei den unter die Vorschriften des Regelungsgesetzes fallenden, einem Beamten z. Wv. entsprechenden Angestellten und Arbeitern ist anzunehmen, daß zu ihren Pflichten gleichfalls das Bekenntnis zur freiheitlichen demokratischen Grundordnung und das Eintreten für ihr Bestehen gehört. Ein Verstoß gegen diese Pflicht kann daher wie bei einem Beamten z. Wv. zur Aberkennung der Rechte aus dem Regelungsgesetz führen.

Ein weiterer Grund für die Aberkennung der Rechte kann gegeben sein, wenn der Arbeitnehmer seine bei den Bindungen nach dem Regelungsgesetz bestehende Treuepflicht verletzt, in dem er sich schuldhaft aus dem Bereich, in dem das Dienstverhältnis von früher bestand und in dem seine hierauf zurückgehenden Bindungen liegen, löst.

2. Der Entzug der Rechte aus dem Regelungsgesetz ist nur gerechtfertigt, wenn Handlungen, die einen Grund für eine Aberkennung der Rechte bilden können, schon im Zeitpunkte ihrer Vornahme verwerflich waren.

3. Bestimmungen der Bundesdisziplinarordnung können in dem Klageverfahren, in dem die Berechtigung der Aberkennung der Rechte aus dem Regelungsgesetz geprüft werden, entsprechend angewendet werden, soweit sie eine sachlich-rechtliche Wirkung äußern. Die Bestimmung des § 64 Bundesdisziplinarordnung über die Gewährung eines Unterhaltsbeitrages ist somit anwendbar.

Regelungsgesetz §§ 63, 52, 9; § 2 Nr. 4 d. 3. DVO. des Regelungsgesetzes.

II. Senat. Urteil vom 27. Oktober 1955 i. S. K. (Kl.) w. Kr.Vers.A. (Bekl.) 2 AZR 47/54.

I. Arbeitsgericht Berlin. — II. Landesarbeitsgericht Berlin.

Der Kläger war bis zum Zusammenbruch Dienstordnungsangestellter in der Dienststellung eines Oberinspektors bei der Allgemeinen Ortskrankenkasse in B. (AOK. B). Nach seiner Rückkehr aus der Kriegsgefangenschaft wurde er ab 2. Mai 1946 von der Versicherungsanstalt Berlin (VAB.) als Leistungsprüfer in einer Verwaltungsstelle in B.-W. beschäftigt. Obwohl er auch in Westberlin wohnte, verließ er bei der Spaltung Berlins im Februar 1949 seinen Arbeitsplatz und stellte seine Dienste dem Versicherungsträger des Ostsektors zur Verfügung. Dort war er als Abteilungsleiter bis zum 31. Juli 1952 tätig.

Die Beklagte hat durch Bescheid vom 21. Juli 1953 dem Kläger nach § 9 des Gesetzes zur Regelung der Rechtsverhältnisse der unter Artikel 131 des Grundgesetzes fallenden Personen (Regelungsgesetz) die Rechte aus diesem Gesetz aberkannt, weil in seinem Übergang zu dem Versicherungsträger des Ostsektors eine Betätigung gegen die freiheitliche demokratische Grundordnung zu erblicken sei.

Mit der Klage hat der Kläger die Feststellung begehrt, daß der Aberkennungsbescheid der Beklagten vom 21. Juli 1953 rechtsunwirksam sei und daß ihm die Ansprüche aus dem Regelungsgesetz zuständen.

Das Arbeitsgericht hat festgestellt, daß der Aberkennungsbescheid der Beklagten vom 21. Juli 1953 rechtsunwirksam ist, aber im übrigen die Klage abgewiesen.

Das Landesarbeitsgericht hat die Berufung des Klägers zurückgewiesen.

Die Revision des Klägers hatte Erfolg.

Aus den Gründen:

1. Das Berufungsgericht ist mit Recht davon ausgegangen, daß der Kläger nach § 63 Abs. 1 Ziff. 1 a des Regelungsgesetzes zu dem Personenkreis gehört, deren Rechtsverhältnisse in diesem Gesetz geregelt sind. Der Kläger stand am 8. Mai 1945 als Dienstordnungsangestellter der AOK. B., einer Körperschaft des öffentlichen Rechts, selbst im öffentlichen Dienst (§ 4 RVO., Art. 87 Abs. 2 GG.; vgl. Weber, Die Rechtsstellung der Dienstordnungsangestellten der Sozialversicherungs-

träger, Sonderdruck in „Der Sozialversicherungsbeamte und -angestellte" 1955). Bei der nach dem Zusammenbruch erfolgten Auflösung der AOK. B. hat der Kläger jenen Arbeitsplatz aus anderen als tarifrechtlichen Gründen verloren. Nach § 2 der Fünften Durchführungsverordnung zum Regelungsgesetz steht auch dem Bundesgebiet im Sinne des Regelungsgesetzes das Gebiet von B. (West) gleich. Da der Sitz der AOK. B. in B. schlechthin war, ist das Gebiet des jetzigen Landes Berlin mit umfaßt.

Der Kläger ist durch seine Beschäftigung bei der VAB. nicht im Sinne des § 63 Abs. 1 Ziff. 1 a des Regelungsgesetzes entsprechend seiner früheren Rechtsstellung wiederverwendet worden. Er hatte früher als Dienstordnungsangestellter eine beamtenähnliche Stellung (§§ 351 bis 355 RVO.), der sein späteres, keine weiteren Bevorrechtigungen aufweisendes Dienstverhältnis als einfacher Angestellter nicht entsprach. Da der Kläger als Dienstordnungsangestellter, wie beide Parteien übereinstimmend vortragen, am 8. Mai 1945 einen vertraglichen Anspruch auf Versorgung nach beamtenrechtlichen Grundsätzen hatte und ihm außerdem zu diesem Zeitpunkte nur noch aus einem wichtigen Grund gekündigt werden konnte (§ 354 RVO.), steht nach §§ 63, 52 des Regelungsgesetzes, Art. III Nr. 2 der Dritten Durchführungsverordnung in der Fassung der Verordnung zur Änderung und Ergänzung der Ersten, Zweiten, Dritten, Vierten und Sechsten Durchführungsverordnung zum Regelungsgesetz vom 10. Juni 1955 (BGBl. I S. 274) seine Rechtsstellung statusmäßig der eines Beamten zur Wiederverwendung (Beamter z. Wv.) gleich (BAG. 1, 205 [210/211]).

2. Wie der Senat bereits entschieden hat, kann ein Verlust der einem Angestellten nach dem Regelungsgesetz zustehenden Rechte, von einem eindeutig erklärten Verzicht auf diese Rechte abgesehen, nur allein durch eine Aberkennung dieser Rechte auf dem Wege über § 2 Nr. 4 der Dritten Durchführungsverordnung in Verbindung mit § 9 Regelungsgesetz eintreten (BAG. 2, 81 [86]). An dieser Ansicht ist festzuhalten. Sie entspricht dem in § 9 Regelungsgesetz für Beamte vorgesehenen förmlichen Disziplinarverfahren als einziger Möglichkeit eines Wegfalles ihrer Rechte aus jenem Gesetz. Die nach § 52 Abs. 1 Satz 1 Regelungsgesetz vorgesehene entsprechende Anwendung jener Vorschrift bei Arbeitern und Angestellten würde anderenfalls nicht in ihrer vollen Tragweite zum Zuge kommen. Das Wesen des Arbeitsverhältnisses als solches steht dem nicht entgegen, daß ein Verlust der Rechte aus dem Regelungsgesetz eben nur in ganz bestimmten Fällen und auf Grund eines näher geregelten Verfahrens eintreten soll. Gerade

die Klarheit, die das Regelungsgesetz zugunsten der Berechtigten schaffen will, und sein sozialer Charakter tragen eine derartige Beschränkung.

Unter Zugrundelegung dieser rechtlichen Auffassung müssen die Ausführungen des Landesarbeitsgerichts, der Kläger habe mit der Lösung seines Dienstverhältnisses bei der VAB. (West) zugleich auch das Dienstverhältnis aufgegeben, das am 8. Mai 1945 bestanden hat und dessen Fortbestehen durch das Regelungsgesetz fingiert werde, und er könne deshalb auch ohne eine förmliche Aberkennung der Rechte keine Ansprüche aus dem Regelungsgesetz geltend machen, als rechtsirrig angesehen werden. Da im Zeitpunkte der Aufgabe des Arbeitsplatzes bei der VAB. das Regelungsgesetz noch nicht erlassen war, scheidet schon deshalb ein eindeutiger Verzicht des Klägers auf die Ansprüche aus ihm aus.

3. Da das Arbeitsgericht in seinem Urteil aussprach, der Aberkenungsbescheid der Beklagten vom 21. Juli 1953 sei rechtsunwirksam, es im übrigen aber die Klage abwies, und nun nur der Kläger gegen dieses Urteil Berufung einlegte, ging das Berufungsgericht davon aus, daß die Berufung gegen den die Klage abweisenden Teil des Urteils allein als solchen gerichtet sei, und folgert, über die Feststellung der Rechtsunwirksamkeit des Aberkennungsbescheides sei rechtskräftig entschieden. Dieser Auffassung kann nicht zugestimmt werden. Das Arbeitsgericht meint, der Kläger habe sein Dienstverhältnis durch sein Verhalten bei der Spaltung Berlins selbst gelöst und dadurch die Rechte aus dem Regelungsgesetz verloren. In diesem Falle hätte aber für das Arbeitsgericht keine Veranlassung mehr bestanden, überhaupt noch zur Rechtswirksamkeit des Aberkennungsbescheides Stellung zu nehmen. Rechte, die, wie das Arbeitsgericht annimmt, der Kläger bereits vorher durch sein Verhalten verloren hatte, konnten ihm auch nicht mehr aberkannt werden. Gegenstand des Rechtsstreites ist allein die Frage, ob dem Kläger die Rechte aus dem Regelungsgesetz zustehen. Die vom Arbeitsgericht vorgenommene Aufteilung — Aberkennung auf der einen und Selbstlösung des früheren, die Rechte nach dem Regelungsgesetz begründenden Dienstverhältnisses auf der anderen Seite — betrifft daher keine verschiedenen Rechtsgegebenheiten. Die fragliche Entscheidung gibt mithin für ein und dieselbe Rechtsfrage zwei sich widersprechende Antworten. Bei dieser Auslegung des Tenors des erstinstanzlichen Urteils, die sich bei der wegen seiner Unklarheit erforderlichen Berücksichtigung der gestellten Anträge aufdrängt und die nach dem oben Gesagten allein möglich ist, hätte das Berufungsgericht der

Feststellung der Rechtsunwirksamkeit des Aberkennungsbescheides durch das Arbeitsgericht keine Rechtskraftwirkung zuerkennen dürfen, sondern richtigerweise erneut prüfen müssen, ob die Aberkennung der Rechte aus dem Regelungsgesetz gegenüber dem Kläger zu Recht ausgesprochen wurde (vgl. Rosenberg, Deutsches Zivilprozeßrecht, 6. Aufl., S. 706; Stein-Jonas, ZPO., 18. Aufl., § 322 Anm. VII, 1).

4. Die rechtliche Grundlage für die Aberkennung der Rechte aus dem Regelungsgesetz bildet des näheren die in § 63 dieses Gesetzes bestimmte entsprechende Anwendung seines § 9 auf Angestellte und Arbeiter der Länder, Gemeinden, Gemeindeverbände und der sonstigen juristischen Personen des öffentlichen Rechts im Bundesgebiet einschließlich Westberlins (§ 2 der Fünften Durchführungsverordnung zum Regelungsgesetz). Nach § 2 Nr. 4 der Dritten Durchführungsverordnung zum Regelungsgesetz können den Angestellten und Arbeitern, wenn bei ihnen die Voraussetzungen vorliegen, unter denen nach § 9 Regelungsgesetz gegen einen Beamten z. Wv. das förmliche Disziplinarverfahren mit dem Ziele der Aberkennung der Rechte aus dem Gesetz eingeleitet werden kann, die Rechte aus dem Regelungsgesetz durch Erklärung der obersten Dienstbehörde entzogen werden. Gegen diese Entscheidung ist dann die Klage bei dem Arbeitsgericht zulässig.

Da der Kläger, wie schon ausgeführt, in seiner statusmäßigen Stellung einem Beamten z. Wv. gleich steht, kommen bei ihm solche Gründe, die bei einem Beamten z. Wv. ein Dienstvergehen oder eine als Dienstvergehen geltende Handlung darstellen und wegen der die Entfernung aus dem Dienst gerechtfertigt wäre, für eine Aberkennung der Rechte aus dem Regelungsgesetz entsprechend in Betracht. Der Pflichtenkreis der Beamten z. Wv. ist der gleiche wie bei den aktiven Bundesbeamten (Anders, Gesetz zu Artikel 131 GG., 3. Aufl., § 9 Anm. 2). Der Beamte muß sich insbesondere durch sein gesamtes Verhalten zu der freiheitlichen demokratischen Grundordnung im Sinne des Grundgesetzes bekennen und für deren Erhaltung eintreten (§ 52 Abs. 2 BBG.). Eine Verletzung dieser Pflicht stellt ein Dienstvergehen dar (§ 77 Abs. 1 BBG.). Demgemäß ist bei den unter die Vorschriften des Regelungsgesetzes fallenden, einem Beamten z. Wv. entsprechenden Angestellten und Arbeitern anzunehmen, daß zu ihren Pflichten gleichfalls das Bekenntnis zur freiheitlichen demokratischen Grundordnung und das Eintreten für ihr Bestehen gehört. Diese Personen stehen ebenfalls in einer Bindung zu dem öffentlichen Dienstherrn. Auch von ihnen muß bei der Bedeutung, die die entscheidenden Sätze einer freiheitlichen demokratischen Ordnung für das Gemeinwesen haben, verlangt werden, daß sie sich zu ihnen bekennen und für sie eintreten (vgl. Denecke, Der Dienstvertrag, Vorbem. V 1 § 611 BGB.). Das gilt um so mehr, wenn, wie bei den dienstordnungsmäßigen Angestellten der öffentlichen Krankenkassen, inhaltlich ihre Stellung der eines Beamten gleichkommt. Ein Verstoß gegen diese Pflicht kann daher wie bei einem Beamten z. Wv. zur Aberkennung der Rechte aus dem Regelungsgesetz führen. Ein weiterer Grund für die Aberkennung der Rechte kann gegeben sein, wenn der Arbeitnehmer seine bei den Bindungen nach dem Regelungsgesetz bestehende Treuepflicht verletzt, indem er sich schuldhaft aus dem Bereich, in dem das Dienstverhältnis von früher bestand und in dem seine hierauf zurückgehenden Bindungen liegen, löst. Auch hiermit begeht der Arbeitnehmer eine Pflichtverletzung, die dem Dienstvergehen des Beamten nach § 77 Abs. 1 BBG. entspricht; diese Bestimmung erfaßt die Verletzung aller Beamtenpflichten. Jener Verstoß gegen die Treuepflicht selbst ist auch sehr schwer. In beiden Fällen ist allerdings der Entzug der Rechte aus dem Regelungsgesetz nur gerechtfertigt, wenn die Handlungen schon im Zeitpunkte ihrer Vornahme vorwerflich waren. Es handelt sich darum, Personen aus dem Kreis der an sich nach dem Regelungsgesetz Berechtigten wegen einer persönlichen Unwürdigkeit auszuschließen. Das erfordert, daß die Handlungen bereits bei ihrer Verwirklichung die Merkmale der objektiven und subjektiven Vorwerfbarkeit tragen. Es müssen daher alle Umstände eines Verhaltens, das einen Grund für die Entziehung der Rechte aus dem Regelungsgesetz bilden kann, geprüft werden. Hierbei erfolgt aber keine Ermittlung der für die Entscheidung in Betracht kommenden Tatsachen von Amts wegen; maßgebend müssen vielmehr die Prozeßgrundsätze des Arbeitsgerichtsverfahrens sein. Nach § 2 Nr. 4 der Dritten Durchführungsverordnung zum Regelungsgesetz ist gegen den Entziehungsbescheid der obersten Dienstbehörde die Klage vor dem Arbeitsgericht als zulässiger Rechtsbehelf vorgesehen worden, ohne daß aber für dieses Klageverfahren eine besondere Regelung getroffen wäre. Wenn der Senat gesagt hat, daß auf das Klageverfahren die Bestimmungen der Bundesdisziplinarordnung für das beamtenrechtliche Disziplinarverfahren entsprechend anzuwenden sind (BAG. 2, 81 [86]), so ist damit nur gemeint, daß diejenigen Grundsätze des Disziplinarverfahrens entsprechende Berücksichtigung finden sollen, die unmittelbar eine sachlich-rechtliche Wirkung äußern.

Unter Zugrundelegung dieser Rechtserwägungen ist das Ergebnis des angefochtenen Urteils, daß dem Kläger die Rechte aus dem Regelungsgesetz nach seinem Verhalten bei der Spaltung Berlins nicht mehr zustehen, rechtsbedenkenfrei. Der Kläger hat seinen Arbeitsplatz in Westberlin, obwohl er dort wohnte, aufgegeben und sich dem Versicherungsträger in Ostberlin zur Verfügung gestellt. Mit Recht konnte hierin das Berufungsgericht ein mangelndes Bekenntnis zur freiheitlichen demokratischen Grundordnung erblicken; der Kläger gab ganz offensichtlich zu erkennen, daß er sich weltanschaulich den Grundsätzen eines vom Kommunismus getragenen totalitären Gemeinwesens verbunden fühlte, die mit den freiheitlichen Prinzipien selbst nicht vereinbart werden können. Dem Kläger kann nach der Lebenserfahrung auch nicht entgangen sein, daß sein Verhalten auf die Bevölkerung Berlins oder doch auf Teile derselben beispielhaft einwirken mußte; er verletzte also seine Pflicht, für die freiheitliche demokratische Grundordnung auch einzutreten. Das Verhalten des Klägers stellt ferner, wie das Berufungsgericht mit Recht ausführt, eine Verletzung der Treuepflicht gegenüber den Trägern der Verwaltung des Bereiches dar, in dem er sein früheres Arbeitsverhältnis hätte fortsetzen müssen. Daß schließlich das Handeln des Klägers auch im Zeitpunkte der Spaltung Berlins vorwerfbar war, kann nicht zweifelhaft sein. Es handelte sich damals um eine Teilerscheinung der Auseinandersetzung weltanschaulich-politisch völlig gegensätzlicher Systeme, der Demokratien, die auf dem Boden einer freiheitlichen demokratischen Grundordnung stehen, und des Kommunismus, dessen System der Gewalt und Unterdrückung anderer Meinungen mit dieser freiheitlichen demokratischen Grundordnung nicht zu vereinbaren ist. Bei diesem Ringen durfte der Kläger sich nicht ohne gewichtige Gründe, die er aber selbst gar nicht vorbringt, in den Bereich der Feinde der freiheitlichen demokratischen Grundordnung und auf deren Seite begeben. Die Grundsätze der freiheitlichen demokratischen Ordnung, die zu einem entscheidenden Teil auf der Bejahung der Personenwürde des Menschen beruhen, sind insoweit dem Rechtsgedanken selbst immanent. Das Bekenntnis zu ihnen und das Eintreten für sie muß daher von dem, der in einer Bindung zum öffentlichen Dienstherrn steht, auch ohne besondere positive Anordnung verlangt werden. Es ist sodann nichts vorgetragen, daß der Kläger in zu entschuldigender Weise keine Einsicht in diese Zusammenhänge gehabt habe, was im übrigen nach der Lebenserfahrung auch nicht ohne weiteres anzunehmen ist. Ebenso konnte dem Kläger nach der Sachlage nicht entgangen sein, daß sein Verhalten als eine treuewidrige Abwendung von dem Bereich gewertet werden mußte, in dem seine Bindungen aus seinem früheren Dienstverhältnis lagen. Die Rechte aus dem Regelungsgesetz sind danach dem Kläger zu Recht durch den Bescheid der Beklagten vom 21. Juli 1953 aberkannt worden.

5. In einem gegen einen Beamten gerichteten Disziplinarverfahren, das nach § 9 Regelungsgesetz zur Aberkennung der Rechte aus diesem Gesetz führt, ist nach § 64 Bundesdisziplinarordnung (BDO.) darüber zu entscheiden, ob dem Beamten ein Unterhaltsbeitrag zu bewilligen ist (vgl. Römer, BDO., S. 125). Diese Vorschrift ist auf das Klageverfahren nach § 2 Nr. 4 der Dritten Durchführungsverordnung zum Regelungsgesetz entsprechend anzuwenden (BAG. 2, 81 [86]). Entscheidend ist der Grundgedanke des Regelungsgesetzes, daß die für die Beamten geltenden Vorschriften hinsichtlich der Aberkennung der ihnen nach dem Regelungsgesetz zustehenden Rechte für das Verfahren gegen Angestellte und Arbeiter entsprechend gelten sollen. Diejenigen Arbeitnehmer des öffentlichen Dienstes, die einen Anspruch auf Ruhegehalt haben und nur noch in Ausnahmefällen kündbar sind, möglichst weitgehend den Beamten gleichzustellen, erscheint auch wegen der beamtenähnlichen Stellung jener Arbeitnehmer gerechtfertigt. Der gesetzliche Zweck des § 64 BDO., einem Beamten bei Vorliegen mildernder Umstände und bei Bejahung der Würdigkeit und Bedürftigkeit eine Beihilfe zu seinem Unterhalt zuzuerkennen, kann in gleicher Weise auch bei einem Arbeitnehmer des öffentlichen Dienstes vorliegen. Das Begehren des Klägers festzustellen, daß der ihm gegenüber ausgesprochene Aberkennungsbescheid unwirksam sei und daß ihm die Ansprüche aus dem Regelungsgesetz zustünden, schließt als das auf jeden Fall erstrebte Weniger das Verlangen nach einem gnadenweise zu gewährenden Unterhaltsbeitrag mit ein.

Darüber, ob dem Kläger in entsprechender Anwendung des § 64 BDO. ein Unterhaltsbeitrag zu bewilligen ist, kann jedoch das Revisionsgericht nicht selbst entscheiden, da es hierzu noch einer tatsächlichen Klärung der näheren Voraussetzungen bedarf.

Die Sache mußte danach unter Aufhebung des angefochtenen Urteils und unter Abänderung des erstinstanzlichen Urteils dahin, daß der Aberkennungsbescheid vom 21. Juli 1953 rechtswirksam ist, zur Verhandlung und Entscheidung über die Bewilligung eines in entsprechender Anwendung des § 64 BDO. zu gewährenden Unterhaltsbeitrages an die Vorinstanz zurückverwiesen werden.

43

1. Für die nach außen eintretende Wirksamkeit einer von einer juristischen Person erklärten Kündigung kommt es nur darauf an, ob

die Kündigungserklärung dem Gesetz und der Satzung entspricht, nicht aber auch darauf, ob die vorangegangene innere Willensbildung der juristischen Person frei von rechtlichen Mängeln ist.

2. Bei dem mehrköpfigen Vorstand einer juristischen Person unterliegt es keinem rechtlichen Bedenken, daß ein Vorstandsmitglied oder mehrere Vorstandsmitglieder vom Gesamtvorstand ermächtigt werden, die Vorstandsgeschäfte zu führen und die juristische Person zu vertreten.

3. Der Senat hält an seiner bisherigen Rechtsprechung fest, daß das Revisionsgericht die Rechtmäßigkeit einer fristlosen Entlassung aus wichtigem Grunde (§ 626 BGB.) nur daraufhin nachprüfen kann, ob das angefochtene Urteil den Rechtsbegriff des wichtigen Grundes richtig angewendet hat, d. h. ob ein bestimmter Vorgang an sich, ohne die tatsächlichen Besonderheiten des Einzelfalles als solche, einen wichtigen Grund abzugeben geeignet ist.

4. Richtig angewendet ist der Begriff des wichtigen Grundes nur dann, wenn unter Berücksichtigung aller vernünftigerweise in Betracht kommenden Umstände, insbesondere der Belange beider Teile, erwogen worden ist, ob die Weiterarbeit zugemutet werden kann. Nur dann kann das Revisionsgericht seiner Prüfungspflicht genügen. Andernfalls ist die Möglichkeit nicht ausgeschlossen, daß das angefochtene Urteil auf einer Verkennung des Begriffs des wichtigen Grundes beruht.

BGB. §§ 26, 28; BGB. § 626.

II. Senat. Urteil vom 3. November 1955 i. S. H. (Kl.) w. W. B. (Bekl.)
2 AZR 86/54.

I. Arbeitsgericht Bochum. — II. Landesarbeitsgericht Hamm i. W.

Der Kläger war seit 1946 als Wirtschaftsingenieur bei der Beklagten angestellt. Die Beklagte ist als B.-Hilfskasse nach dem Preußischen Gesetz vom 5. Juni 1863 (Ges.Slg. S. 365) eine juristische Person. Sie hat nach ihrer Satzung die Aufgabe, in ihrem Bezirk unter Aufsicht des Oberbergamtes zur Hebung des Bergbaues beizutragen, insbesondere durch Ausbildung von Bergbeamten und Bergleuten. Nach § 8 seines Dienstvertrages vom September 1946 hat der Kläger Anspruch auf Ruhegehalt und Hinterbliebenenversorgung nach den für Beamte geltenden gesetzlichen Bestimmungen. Nach § 9 dieses Vertrages soll dieser Anspruch auch im Falle der Entlassung des Klägers bestehen bleiben, soweit nicht die Entlassung aus einem wichtigen Grunde (§ 626 BGB.) gerechtfertigt ist.

Im Jahre 1948 wurde der Kläger von der Beklagten aus seiner Stellung in der Wirtschaftsabteilung abgelöst und von da an als Ausbilder von Bergleuten in Schießmeisterlehrgängen verwendet. Mit Schreiben vom 24. Juli 1951 kündigte die Beklagte dem Kläger zum 31. Juli 1952 und fügte hinzu, daß sie ihm vom 1. August 1952 an das vereinbarte Ruhegehalt zahlen werde. Mit Schreiben vom 2. April 1952 warf sie ihm Unregelmäßigkeiten im Dienst vor, insbesondere Anforderung von Reisekosten und Aufwandsentschädigungen für nicht durchgeführte Dienstreisen und Grubenfahrten, und löste deshalb das Dienstverhältnis mit sofortiger Wirkung.

Der Kläger hat auf Feststellung geklagt, daß sein Arbeitsverhältnis durch die fristlose Kündigung nicht gelöst worden sei, ferner auf Zahlung von Gehalt und Pension.

Das Arbeitsgericht hat die Klage abgewiesen.

Das Landesarbeitsgericht hat die Berufung des Klägers zurückgewiesen.

Beide Instanzen halten die fristlose Entlassung des Klägers für berechtigt.

Die Revision des Klägers führte zur Zurückverweisung an das Landesarbeitsgericht.

Aus den Gründen:

I. Die Revision hält die fristlose Entlassung des Klägers schon deshalb für unwirksam, weil sie nicht vom gesamten Vorstand der Beklagten, sondern nur von dem Vorsitzenden des Vorstandes beschlossen und erklärt worden ist. Dieser Angriff gegen das angefochtene Urteil geht fehl.

Die Kündigung ist ein einseitiges empfangsbedürftiges Rechtsgeschäft mit gestaltender Kraft. Für ihre Wirksamkeit gegenüber dem Kläger kommt es nur darauf an, daß die Kündigungs*erklärung* dem Gesetz und der Satzung entspricht. Ob dies auch bei der vorangegangenen inneren Willensbildung der Beklagten der Fall war, ist für die Wirksamkeit der Kündigung nach außen unerheblich. Das folgt aus dem Wesen des Vorstandes, der die Stellung eines gesetzlichen Vertreters der Beklagten hat.

Nach § 18 Abs. 1 Satz 2 der Satzung vertritt der Vorstand die Beklagte in allen Rechtsgeschäften. Nach § 18 Abs. 2 führt er die Geschäfte der Beklagten entweder in seiner Gesamtheit oder durch einzelne von ihm beauftragte Vorstandsmitglieder und durch die von ihm bestellten Beamten. Von der satzungsmäßigen Befugnis, einzelne Vorstandsmitglieder mit der Geschäftsführung zu beauftragen, hat der Vorstand Gebrauch gemacht, indem er in notarieller Verhandlung vom 20. Januar 1948 seinem damals neu gewählten Vorsitzenden Dr. H. sowie dessen Stellvertreter, und zwar jedem für sich, unbeschränkte Vollmacht zur Vornahme von Rechtsgeschäften für die Beklagte erteilt hat, soweit dies gesetzlich zulässig ist. Diese im angefochtenen Urteil tatsächlich festgestellte Vollmacht deckt auch die Kündigungserklärung gegenüber dem Kläger, wie sie übrigens auch eine allein durch den Vorsitzenden des Vorstandes erfolgte Entschließung zur Kündigung deckt. Eine derart weitgehende Ermächtigung eines einzelnen Vorstandsmitglieds ist im Rechtsverkehr gebräuchlich und vielfach sogar unentbehrlich, um die Geschäftsführung eines mehrköpfigen Vorstandes zu erleichtern und zu vereinfachen. Die im älteren Schrifttum im Falle eines eingetragenen Vereins dagegen erhobenen rechtlichen Bedenken sind durch die einheitliche neuere Rechtsprechung als überholt anzusehen (vgl. u. a. RGSt. 42, 216; LG. Bremen in NJW. 49, 345 mit weiteren Zitaten; RGR. Komm. 10. Aufl. Anm. 1 zu § 28). Hat aber der Vorsitzende des Vorstandes bei der Entlassung des Klägers mit Vollmacht des gesamten Vorstandes gehandelt, so bleibt für eine Anwendung der von der Revision herangezogenen Vorschriften des § 180 BGB. über die Folgen des Handelns ohne Vertretungsmacht kein Raum.

Dem angefochtenen Urteil ist auch darin beizutreten, daß die vom Kläger angeführte Vorschrift des § 20 der Satzung seine Ansicht von der Unwirksamkeit der Kündigung nicht stützen kann. Diese Vorschrift bestimmt lediglich, daß der Vorstand die sog. Beamten und die an den Schulanstalten tätigen Lehrer anzustellen und deren Gehaltssätze und Anstellungsbedingungen festzusetzen hat. Es ist nicht einzusehen, daß deshalb, weil die Satzung diese für die Tätigkeit der Beklagten besonders wichtige Aufgabe des Vorstandes ausdrücklich hervorhebt, die ganz allgemein gefaßte Übertragungsbefugnis aus § 18 Abs. 2 hinsichtlich der Anstellung und erst recht hinsichtlich der in § 20 gar nicht erwähnten Entlassung der Lehrer eingeschränkt sein soll. Die praktische Bedeutung des § 20 der Satzung könnte u. a. vielleicht darin liegen, daß die Befugnis zur Anstellung von Beamten nicht auf Beamte übertragen werden kann, sondern dem Vorstand oder einem dazu ermächtigten Vorstandsmitglied vorbehalten bleibt.

Daß das Schreiben vom 2. April 1952 seinem Inhalte nach bei objektiver Betrachtung eine fristlose Entlassung des Klägers darstellt, hat das angefochtene Urteil tatsächlich festgestellt. Diese Auslegung ist von der Revision nicht angegriffen worden. Wenn der Kläger das

Schreiben in einem anderen Sinne aufgefaßt haben sollte, so beeinträchtigt das, wie das Landesarbeitsgericht mit Recht annimmt, die Wirksamkeit der Kündigung nicht.

II. Zu der weiteren Frage, ob die Beklagte einen wichtigen Grund zur fristlosen Entlassung (§ 626 BGB.) des Klägers hatte, führt das angefochtene Urteil aus, die Beweisaufnahme habe ergeben, daß der Kläger der Beklagten Dienstreisen und Grubenfahrten in Rechnung stellte, ohne sie ausgeführt zu haben. Demgegenüber habe der Kläger nicht einmal behauptet, daß er die 41 unterbliebenen Grubenfahrten alle gemeldet und nachgeholt habe. Vielmehr habe er trotz Aufforderung nichts dazu beigetragen, den Sachverhalt aufzuklären. Insbesondere habe er sein Notizbuch nicht vorgelegt, auf dessen Aufzeichnungen er sich zum Aufschluß über seine Tätigkeit selbst berufen habe. Seine Einlassung sei widerspruchsvoll und unglaubwürdig, das von ihm eingeschlagene Verfahren höchst leichtfertig gewesen. Daher bestehe der Verdacht, daß er auch in weiteren nicht mehr aufklärbaren Fällen seine Dienstpflichten grob vernachlässigt habe. Zusammenfassend kommt das Landesarbeitsgericht zu dem Ergebnis, der Kläger habe das Vertauensverhältnis zur Beklagten schuldhaft so erschüttert, daß dieser eine Fortsetzung des Dienstverhältnisses nicht zugemutet werden könne.

Diese Begründung, mit der das Landesarbeitsgericht den unbestimmten Rechtsbegriff des wichtigen Grundes nach § 626 BGB. im vorliegenden Falle ausfüllt, ist der Nachprüfung im Revisionsverfahren nur im beschränkten Maße zugänglich. Sie ist ihr entzogen, soweit sie tatsächliche Feststellungen trifft und soweit sie besondere tatsächliche Einzelheiten des Falles als solche in den genannten Rechtsbegriff einordnet. Nachprüfbar bleibt, ob das Landesarbeitsgericht den Begriff des wichtigen Grundes an sich verkannt hat, und ob der Sachverhalt allgemein gesehen, also ohne die Besonderheiten des Einzelfalles als rein tatsächliche Umstände, geeignet ist, einen wichtigen Kündigungsgrund abzugeben (so die herrschende Meinung, auch das RG. und RAG., vgl. die Nachweisungen bei Nikisch, Arbeitsrecht 2. Aufl. S. 596, 597, ferner BAG. 2, 1 u. AP. Nr. 3 zu § 626 BGB.).

In diesem Rahmen ist dem Landesarbeitsgericht zunächst darin zuzustimmen, daß auch ein hinreichend begründeter Verdacht einer strafbaren Handlung, hier der vom angefochtenen Urteil festgestellte Verdacht des Betruges hinsichtlich der Reisekosten und Spesen für Grubeneinfahrten, einen wichtigen Kündigungsgrund bilden kann (BAG. a. a. O.)

In den beiden angeführten Entscheidungen hat der Senat des weiteren bereits erkannt, daß das Vorliegen eines wichtigen Grundes vom Tatsachenrichter erst dann bejaht oder verneint werden kann, nachdem alle dafür wesentlichen Umstände des Einzelfalles geprüft und erwogen sind. Ist das nicht ersichtlich geschehen, ist die Möglichkeit nicht auszuschließen, daß der Tatsachenrichter den gesetzlichen Begriff des wichtigen Grundes in seiner Tragweite verkannte, und das Revisionsgericht ist dann nicht in der Lage, zu erkennen, ob dieser Begriff frei von rechtlichen Bedenken angewandt worden ist. Zu diesem Begriff gehört nämlich, und darin erschöpft er sich zugleich, daß zufolge des wichtigen Grundes eine Weiterarbeit nicht mehr zugemutet werden kann. Eine Prüfung der Zumutbarkeitsfrage ist aber nur möglich, wenn der Tatsachenrichter Zumutbarkeitserwägungen angestellt und sie auf alle vernünftigerweise in Betracht kommenden tatsächlichen Umstände erstreckt hat. So betrachtet ist das Fehlen einer erschöpfenden Tatsachenwürdigung hinsichtlich des wichtigen Grundes nicht allein und vor allem auch nicht in erster Linie ein Verfahrensmangel, nämlich eine Verletzung des § 286 ZPO. (Beweiswürdigung), die nach § 554 Abs. 3 Nr. 2 b ZPO. in der Revisionsbegründung ausdrücklich gerügt werden müßte, um vom Revisionsgericht berücksichtigt werden zu können. Vielmehr handelt es sich dabei maßgeblich um eine Verletzung des materiellen Rechts, die auch ohne besondere Rüge vom Revisionsgericht beachtet werden muß und zur Aufhebung des angefochtenen Urteils führt, wenn es auf der Rechtsverletzung beruht.

Daß nicht jede Unvollständigkeit der Zumutbarkeitserwägungen, sondern nur eine wesentliche und möglicherweise ausschlaggebende Lücke in ihnen eine Aufhebung des Urteils rechtfertigt, braucht hier nicht näher ausgeführt zu werden.

Wendet man diese Grundsätze an, dann läßt sich das angefochtene Urteil nicht halten. Es würdigt zwar sorgsam und ohne erkennbaren Rechtsverstoß im Hinblick auf den Verdacht eines fortgesetzten Betruges das von der Beklagten beanstandete Verhalten des Klägers, das zu seiner fristlosen Entlassung geführt hat, und es sagt auch daran anknüpfend, daß der Beklagten die Fortsetzung des Dienstverhältnisses nun nicht mehr zuzumuten sei. Aber es läßt eine Würdigung aller anderen Umstände vermissen, die für die Zumutbarkeitsfrage von wesentlicher Bedeutung sein könnten, insbesondere das Interesse des Klägers am Fortbestehen des Arbeitsverhältnisses.

Mit Recht rügt die Revision insoweit, daß das Landesarbeitsgericht nicht darauf eingegangen ist, ob denn nicht der Beklagten die Weiterbeschäftigung des Klägers über den 2. April 1952 hinaus etwa deshalb doch zugemutet werden durfte, weil das Arbeitsverhältnis ohnehin zufolge befristeter Kündigung am 31. Juli 1952 enden sollte und es sich daher nur um eine Fortsetzung um knapp vier Monate handelte. Damit dieser Umstand richtig bewertet werden kann, ist auch die Möglichkeit einer kurzfristigen anderen Verwendung des Klägers als bei der Ausbildung von Bergleuten in Schießmeisterlehrgängen zu prüfen. Ferner muß die Dauer der Tätigkeit des Klägers im Dienst der Beklagten in Betracht gezogen werden. Dazu mag bemerkt sein, daß das angefochtene Urteil mit Bindung für die gegenwärtige Revisionsinstanz feststellt, der Kläger sei im Jahre 1946 bei der Beklagten angestellt worden, also bei seiner fristlosen Entlassung erst sechs Jahre im Dienst gewesen, während die Revisionsbegründung von einer fünfzehnjährigen Dienstzeit des Klägers spricht.

Ferner war es im Rahmen der Zumutbarkeitserwägungen unerläßlich, auch darauf einzugehen, daß der Kläger durch die fristlose Entlassung außer seinem Arbeitsplatz nach § 9 der Satzung der Beklagten auch seine Ansprüche auf Ruhegehalt und Hinterbliebenenversorgung verliert. Insoweit war zu prüfen, ob der Beklagten aus ihrer Fürsorgepflicht heraus nicht die nur noch knapp viermonatige Beschäftigung des Klägers angesonnen werden muß, um den Kläger vor dem sonst für ihn eintretenden unverhältnismäßig größeren Verlust der Alters- und Hinterbliebenenversorgung zu bewahren. In diesem Zusammenhang ist auch das vom Landesarbeitsgericht nicht festgestellte gegenwärtige Lebensalter des Klägers keineswegs ganz ohne Bedeutung, weil sich aus ihm ergibt, ob der Kläger bei Einsatz seiner Kräfte noch Aussicht darauf hat, eine neue Lebensstellung mit entsprechender Altersversorgung zu gewinnen.

Damit das Landesarbeitsgericht die bisher fehlenden Feststellungen treffen und demnächst erschöpfend erwägen kann, ob der Beklagten die Weiterbeschäftigung des Klägers zuzumuten ist, muß das angefochtene Urteil aufgehoben und die Sache an die Vorinstanz zurückverwiesen werden.

Bei der erneuten Verhandlung und Entscheidung müssen im übrigen alle den Kläger belastenden Umstände berücksichtigt werden. Dazu gehört wohl auch, was das Landesarbeitsgericht bisher nicht erkennbar in Betracht gezogen hat, daß der Kläger nach der Aussage des Zeugen O. bereits im Jahre 1948 anscheinend wegen gewisser Beanstandungen seiner Tätigkeit gemaßregelt und damit gewarnt worden ist. Dazu gehört ferner, daß der Kläger nach den bisherigen Feststellungen nicht nur unberechtigt Reisekosten und Spesen bezogen, sondern auch seine Pflichten bei den Schießmeisterlehrgängen vernachlässigt hat, indem er nicht die vorgeschriebene Zahl von Unterweisungen unter Tage vornahm. Auf diesen Punkt kann es wegen der damit verbundenen Gefährdung der Grubensicherheit erheblich ankommen.

44

1. Richtig angewandt ist der Begriff des wichtigen Grundes i. S. des § 626 BGB. nur dann, wenn die entsprechenden Tatsachen hinreichend erschöpfend und widerspruchslos gewürdigt werden.

2. Ein wichtiger Grund zur fristlosen Kündigung eines Arbeitsverhältnisses ist dann anzunehmen, wenn dem einen Vertragsteil nicht zugemutet werden kann, unter Berücksichtigung aller Umstände nach Treu und Glauben das Arbeitsverhältnis mit dem anderen Vertragsteil weiter fortzusetzen, und zwar auch nicht für die Dauer der vorgesehenen Kündigungsfrist. Der Grund muß nicht in einem schuldhaften Verhalten des Arbeitnehmers liegen.

3. Bei einem im öffentlichen Dienst stehenden, nach § 16 Abs. 4 Satz 1, 2 TO.A unkündbaren Angestellten ist bei der Prüfung, ob ein wichtiger Grund zur fristlosen Entlassung des Angestellten vorliegt, ein besonders strenger Maßstab anzulegen.

BGB. § 626; TO.A § 16 Abs. 4 Satz 1, 2.

II. Senat. Urteil vom 3. November 1955 i. S. E. (Kl.) w. N.-H. (Bekl.) 2 AZR 39/54.

I. Arbeitsgericht Regensburg. — II. Landesarbeitsgericht Bayern in München.

Der Kläger war als Angestellter der Vergütungsgruppe VI b TO.A bei der beklagten Gemeinde beschäftigt. Mit der Begründung, daß die Gemeinde durch die Errichtung eines Truppenübungsplatzes für Besatzungszwecke vor ihrer Auflösung stehe und das Gemeindegebiet an die Besatzungsmacht übergeben werden müsse, kündigte der Gemeinderat der Beklagten dem Kläger mit Schreiben vom 31. Oktober 1951 zum 15. November 1951. Hierbei erklärte er ausdrücklich, ihm sei bekannt, daß das Dienstverhältnis des Klägers gemäß § 16 Ziff. 4 TO.A wegen einer 25jährigen Dienstzeit im öffentlichen Dienst bei normalen Verhältnissen unkündbar sei. Eine formelle Auflösung der Gemeinde ist nicht erfolgt.

Das Arbeitsgericht hat auf Antrag des Klägers die Rechtsunwirksamkeit der Kündigung festgestellt. Auf die Berufung der Beklagten hat das Landesarbeitsgericht die Klage abgewiesen. Es hat das Vorliegen der Voraussetzungen des § 16 Abs. 4 TO.A zwar bejaht, die Berechtigung der außerordentlichen Kündigung aber damit begründet, daß infolge der Übergabe des Gemeindegebietes an die Besatzungsmacht und die Umsiedlung der Gemeindebewohner eine vollständige Stillegung der Tätigkeit der Gemeinde eingetreten sei, die zur Zeit auch nicht mehr über Einkünfte verfüge.

Auf die Revision des Klägers hat das Bundesarbeitsgericht das Urteil aufgehoben, und die Sache zur erneuten Verhandlung und Entscheidung an das Landesarbeitsgericht zurückverwiesen.

Aus den Gründen:

. . . Das Landesarbeitsgericht hat die Berechtigung einer solchen Kündigung aus wichtigem Grund gemäß § 16 Ziff. 4 TO.A bejaht, indem es ohne feststellbaren Rechtsverstoß davon ausgegangen ist, daß dem Kläger jene Bestimmung der TO.A zugute komme. Das Revisionsgericht kann nur nachprüfen, ob das Berufungsgericht den Begriff des wichtigen Grundes verkannt hat, d. h., ob ein bestimmter Sachverhalt ohne die tatsächlichen Besonderheiten des Einzelfalles als rein tatsächliche Umstände geeignet ist, einen wichtigen Grund zu bilden oder nicht, und ob die entsprechenden Tatsachen hinreichend erschöpfend und widerspruchslos gewürdigt worden sind. Insoweit handelt es sich nicht allein und vor allem auch nicht in erster Linie um einen Verfahrensmangel, nämlich um eine Verletzung des § 286 ZPO. (Beweiswürdigung), die nach § 554 Abs. 3 Nr. 2 b ZPO. in der Revisionsbegründung ausdrücklich gerügt werden müßte, um vom Revisionsgericht berücksichtigt werden zu können, sondern maßgeblich um eine Verletzung des materiellen Rechts. Dieses ist vom Revisionsgericht auch ohne besondere Rüge zu beachten und muß zur Aufhebung des angefochtenen Urteils führen, wenn es auf der Rechtsverletzung beruht. Die Feststellung dagegen, daß der Sachverhalt im gegebenen Falle nach den besonderen Umständen des Einzelfalles wirklich einen wichtigen Grund bildet, liegt auf dem Gebiet des Tatsächlichen und ist dem Revisionsgericht verschlossen (RAG. ARS. 21, 146 und die noch nicht veröffentlichte Entscheidung des erkennenden Senats in Sachen 2 AZR 88/54 vom 4. August 1955; vgl. auch das Urteil des Senats in Sachen 2 AZR 86/54 vom 3. November 1955).

Ein wichtiger Grund zur fristlosen Kündigung eines Arbeitsverhältnisses ist dann anzunehmen, wenn dem einen Vertragsteil nicht zugemutet werden kann, unter Berücksichtigung aller Umstände nach Treu und Glauben das Arbeitsverhältnis mit dem anderen Vertragsteil weiter fortzusetzen, und zwar auch nicht für die Dauer der vorgesehenen Kündigungsfrist. Der Grund muß nicht in einem schuldhaften Verhalten des Arbeitnehmers gelegen sein (RAG. ARS. 31, 342). Es müssen Umstände vorliegen, die nach verständigem Ermessen dem einen oder dem anderen Teil eine Fortsetzung des Vertragsverhältnisses auch bis zum Ende der vorgesehenen ordentlichen Kündigungsfrist nicht zumutbar erscheinen lassen, da durch sie das Interesse des einen Teils in unbilliger Weise geschädigt würde. Hierbei muß das Interesse des einen Partners an der Fortsetzung des Arbeitsverhältnisses und das Interesse des anderen Partners an seiner fristlosen Beendigung gegeneinander abgewogen werden. Es muß klargestellt werden, ob wirklich die fristlose Auflösung des Arbeitsverhältnisses erforderlich ist, oder ob dem Kündigenden nicht zugemutet werden kann, den Vertrag mit dem anderen Teil mindestens bis zum Ablauf der ordentlichen Kündigungsfrist fortzusetzen. Der wichtige Grund verlangt somit seinem Wesen nach und im Interesse einer gerechten Entscheidung eine umfassende Würdigung des gesamten Sachverhalts.

Bei einem nach § 16 Abs. 4 Satz 2 TO.A unkündbaren Angestellten ist ein besonders strenger Maßstab anzulegen. Es ist zu berücksichtigen, daß er gegen eine Kündigung in besonderem Maße gesichert sein soll. Der Grund muß deshalb so triftig sein, daß er selbst gegenüber der vertraglichen Zusage einer nur unter ganz besonderen Umständen kündbaren Dauerstellung durchdringt (Nikisch, Arbeitsrecht, 2. Aufl., I, 596). Als solche Gründe werden etwa angeführt unvorhergesehene grundlegende Veränderungen in den Verhältnissen der Verwaltung oder des Betriebes, wie deren völlige Auflösung oder der Wegfall eines wesentlichen Teils ihrer bisherigen Aufgaben.

Das Landesarbeitsgericht hat das Vorliegen eines wichtigen Grundes bejaht, da es sich bei der Einbeziehung der Gemeinde in den Truppenübungsplatz um eine durch die Umsiedlung der Gemeindebewohner bedingte vollständige Stillegung des Betriebes handele. Es hat ferner festgestellt, daß die Gemeinde zur Zeit über keine Geldeinnahmen verfüge, hat aber andererseits nicht geprüft, ob der Gemeinde nicht in Zukunft doch Einnahmen zufließen werden. Es hat auch nicht untersucht, welche Tätigkeit im einzelnen der Kläger bei der Gemeinde ausgeübt hat und ob dieses Arbeitsgebiet für die Dauer fortgefallen ist.

Es häte auch prüfen müssen, ob nicht die Inanspruchnahme des Gemeinderaumes nur vorübergehender Natur war. Das Landesarbeitsgericht hat somit nicht die gesamten einschlägigen Umstände in den Kreis seiner Betrachtungen einbezogen und damit den Begriff des wichtigen Grundes nicht zutreffend angewandt. Da die Revisionsinstanz diese Prüfung, die auf tatsächlichem Gebiet liegt, nicht von sich aus vornehmen kann, war das Urteil aufzuheben und das Verfahren an das Landesarbeitsgericht zur erneuten Verhandlung und Entscheidung zurückzuverweisen. . . .

45

Auch öffentlich-rechtliche Körperschaften haften trotz der für sie bestehenden Vertretungsvorschriften für Verschulden ihrer Vertreter bei Vertragsverhandlungen, selbst wenn diese keine Abschlußvollmacht haben. Verlangt werden kann aber immer nur der Ersatz des Vertrauensschadens, nicht der Ersatz des Erfüllungsinteresses.

BGB. §§ 611, 276.

II. Senat. Urteil vom 10. November 1955 i. S. B. (Bekl.) w. W. (Kl.) 2 AZR 282/54.

I. Arbeitsgericht Berlin. — II. Landesarbeitsgericht Berlin.

Der im Jahre 1881 geborene Kläger ist von 1911 bis Ende 1944 als leitender Arzt in dem Vincenz-Krankenhaus der Caritativen Vereinigung e. V. in K. tätig gewesen. Während des Krieges war dieses Krankenhaus als Reserve-Lazarett eingerichtet und zuletzt nach Westfalen verlegt worden. Hier wurde der Kläger bei Auflösung des Lazaretts entlassen und ging nach B., wo seine Kinder ansässig sind. Als er der Beklagten als Facharzt für innere Krankheiten bekannt wurde, bemühte sich der Amtsarzt Dr. K. sowie der spätere stellvertretende Bürgermeister Sch. des Bezirksamtes R., den Kläger als leitenden Arzt der inneren Abteilung für das Krankenhaus T. zu gewinnen. Der Kläger zögerte zunächst, weil er nach K. zurückgehen wollte, erklärte sich aber schließlich bereit, als er auf Grund der mehrfachen Unterredungen mit den genannten Vertretern wie auch mit dem damaligen, jetzt verstorbenen Personal-Referenten glaubte, damit rechnen zu können, daß ihm beim späteren Ausscheiden von der Beklagten Versorgungsbezüge unter Anrechnung seiner Militärdienstzeit und seinen Dienstzeiten in K. gewährt würden. Er ist vom 1. Juni 1945 bis zum 30. März 1951 im Krankenhaus T. als Chefarzt der inneren Abteilung tätig gewesen.

Zum 1. Juli 1951 ist er ausgeschieden auf Grund eines Schreibens des Bezirksamtes vom 13. Dezember 1950, worin ihm mitgeteilt wurde, daß nach Anordnung des Magistrats alle über 65jährigen Angestellten ausscheiden sollten und daß deshalb beabsichtigt sei, ihn ab 1. Juli 1951 in den Ruhestand zu versetzen und ihn für die letzten 3 Monate unter Fortzahlung der vollen Dienstbezüge zu beurlauben. Wegen seiner Altersversorgung möge er sich bei der hierfür zuständigen Versicherungsanstalt B. melden. Beim Ausscheiden wurde ihm auch noch von dem Bezirksbürgermeister der Dank für seine Leistungen ausgesprochen.

Indessen wurden von der Beklagten Versorgungsansprüche abgelehnt, auch das in der Ruhegeldordnung der Beklagten vorgesehene Schiedsgericht wies vertragliche Ansprüche dieser Art ab. Darauf hat der Kläger die vorliegende Klage erhoben, mit der er in 1. Instanz die Feststellung begehrte, daß er Ruhegeldansprüche gegen die Beklagte habe. Das Arbeitsgericht hat ihm etwa die Hälfte der geltend gemachten Beträge feststellungsweise zugesprochen, das Landesarbeitsgericht hat dagegen — unter Zurückweisung der Berufung der Beklagten — entsprechend dem geänderten Antrag die Beklagte zur Zahlung von 7124,40 DM-West für die Zeit vom 1. August 1951 bis 31. Juli 1952 verurteilt.

Die Revision der Beklagten hatte keinen Erfolg.

Aus den Gründen:

Die Revision ist nicht begründet. Das Landesarbeitsgericht hat ebenso wie das Arbeitsgericht einen vertraglichen Anspruch auf Ruhegehalt abgelehnt, weil die Vertreter der Beklagten bei den Einstellungsverhandlungen nicht die nach der Gemeindeordnung erforderliche Vertretungsmacht zu solchen bindenden Zusagen gehabt hätten, es hält aber die geltend gemachte Forderung als Schadensersatzanspruch wegen Verschuldens beim Vertragsschluß für gegeben.

Das ist rechtlich nicht zu beanstanden. Denn auch öffentlich-rechtliche Körperschaften haften trotz der für sie bestehenden Vertretungsvorschriften für Verschulden ihrer Vertreter bei Vertragsverhandlungen, selbst wenn diese keine Abschlußvollmacht haben (BGHZ. 6, 330). Das muß insbesondere auch für den Abschluß von Arbeitsverträgen gelten. Dem Arbeitgeber obliegt seinem Arbeitnehmer gegenüber eine erhöhte Treu- und Fürsorgepflicht und daraus folgt auch, daß er schon bei den Einstellungsverhandlungen auf dessen besondere Interessen Rücksicht nehmen und ihn insbesondere über die künftigen Verhältnisse aufklären muß, wenn er erkennt, daß der Arbeitnehmer besondere Wünsche oder

Erwartungen hat; anderenfalls ist ein vertrauensvolles Zusammenarbeiten nicht gewährleistet. Auch die öffentlich-rechtliche Körperschaft steht ihrem Arbeitnehmer nur als gleichberechtigter Vertragspartner gegenüber (BAG. 1, 208; 2, 83), sie hat hinsichtlich der aus dem allgemeinen Vertragsrecht sich ergebenden Pflichten keine Sonderstellung. Denn Vorschriften über die gesetzliche Vertretung von juristischen Personen sowie über die bei der Abgabe von Willenserklärungen zu beachtenden Förmlichkeiten gibt es sowohl im öffentlichen wie im privaten Recht. Der Zweck, die betreffende Körperschaft vor unbedachten oder eigenmächtigen Verpflichtungserklärungen zu schützen, ist hier wie dort derselbe, und er wird auch durch den Grundsatz, daß die juristische Person für Verschulden der mit der Führung der Verhandlung betrauten Personen nicht haftet, nicht ausgeschaltet. Beide Grundsätze stehen nebeneinander. Die Haftung bei Verschulden aus Vertragsschluß beruht nämlich auf einem von der Rechtsordnung vorgesehenen besonderen Schuldverhältnis, das aus der Aufnahme von Vertragsverhandlungen entspringt und zur verkehrsüblichen Sorgfalt im Verhalten gegenüber dem Geschäftsgegner verpflichtet (BGHZ. 6, 333; vgl. auch Hamel DVBl. 55, 800). Daraus folgt auch, daß die Ansprüche aus Verschulden bei Vertragsschluß nicht auf das Erfüllungsinteresse gehen können, sondern nur auf Ersatz des Schadens, der auf das Verhalten des anderen Vertragspartners zurückzuführen ist.

Diese Grundsätze tragen den Anspruch des Klägers. Die Beklagte ist ihrer Verpflichtung nicht nachgekommen, dem Kläger bei den Verhandlungen über seinen Eintritt in ihre Dienste eine einwandfreie Auskunft über seine versorgungsrechtliche Lage bei ihr zu geben. Mit Recht sieht das Landesarbeitsgericht eine Haftung der Beklagten aus Verschulden bei Vertragsabschluß deswegen für gegeben an, weil ihre zur Verhandlung mit dem Kläger bevollmächtigten Bediensteten bei diesem die Überzeugung hatten aufkommen lassen, er könne mit einer Altersversorgung rechnen. Die Zeugen K. und Sch. waren, wie die Beklagte nicht bestritten hat, im Sommer 1945 beauftragt, mit geeigneten früheren Ärzten Verhandlungen über den Eintritt in den Dienst der Beklagten zu führen, um die notwendigen Kräfte für die Krankenanstalten wieder zu gewinnen. Nach den Feststellungen des Landesarbeitsgerichts hatte der Kläger zunächst Bedenken, ob ihm bei seinem Alter von damals 63 Jahren bei der Beklagten eine Altersversorgung gewährt werden würde, insbesondere ob seine früheren Dienstzeiten angerechnet würden, und er wollte deshalb in seine alte Beschäftigung zurückkehren. Die Zeugen wirkten indessen in stärkster Weise auf ihn ein, daß er die

Leitung der inneren Abteilung der Krankenanstalt T. übernehme. Der Kläger sagte daraufhin zu, als er nach seinen Besprechungen mit den Zeugen wie auch mit dem verstorbenen Personal-Referenten des Bezirksamtes die Überzeugung gewonnen hatte, daß ihm eine Altersversorgung gewährt werde.

Frei von Rechtsirrtum sind daher die Ausführungen des Landesarbeitsgerichts, daß die Beauftragten der Beklagten dem Kläger nicht wiederholt zum Eintritt in den Dienst der Beklagten zureden durften, wenn die Altersversorgung des Klägers noch nicht geklärt war. Der Kläger hat hierauf nach den getroffenen Feststellungen immer wieder bestanden, weil er bei seinem Alter damit rechnen mußte, daß er in wenigen Jahren in den Ruhestand treten müßte, alsdann zwar, wie die spätere Auskunft des früheren Arbeitgebers ergibt, bei diesem eine Altersversorgung erhalten hätte, während das bei der Beklagten im Hinblick auf seine wenigen Dienstjahre nicht sicher war. Auch wenn damals noch in Schwebe war, wie künftig die Altersversorgung geregelt werden würde, so hätten doch die Beauftragten des Bezirksamtes, gerade wenn sie zur Abgabe bestimmter Erklärungen nicht befugt waren, mindestens bei dem zuständigen Personal-Referenten der Beklagten sich erkundigen müssen und sich die von ihnen vertetene Ansicht, daß dem Kläger eine solche Altersversorgung zu gewähren sei, weil ohne solche Zusage der Kläger zum Dienstantritt nicht veranlaßt werden könne, bestätigen lassen müssen. Mit Recht bezeichnet das Urteil es als einen Verstoß gegen die während der Vertragsverhandlungen bestehende Treuepflicht, daß sie gegenüber ihrem eigenen Interesse, möglichst bald die dringend erforderlichen Ärzte zu erhalten, die verständliche und berechtigte Sorge des Klägers, bei Erreichung des Pensionsalters kein festes Einkommen zu haben, nicht zurückstellen durften. Gerade der öffentliche Dienstherr hat nach der ständigen Rechtsprechung (vgl. RGZ. 146, 35; BGHZ. 7, 70) die Pflicht, seine Untergebenen zu beraten und aufzuklären, weil diese vielfach die bestehenden Vorschriften nicht übersehen und sich der Folgen ihrer Entschließung nicht bewußt werden. Das muß auch für die Einstellungsverhandlungen gelten, namentlich, wenn, wie hier, der Abschluß gerade von der Klärung einer bestimmten Frage abhängt.

Die Verfahrensrügen sind nicht begründet. (Wird näher dargelegt.)

Für die Frage des Schadensersatzes konnte die Höhe der Versorgung nach der Ruhegeldordnung der Beklagten keine Rolle spielen. Denn wie das Landesarbeitsgericht zutreffend ausführt, und wie es der Haftung einer öffentlich-rechtlichen Körperschaft bei Verschulden aus Vertragsschluß entspricht, war bei der Prüfung, ob und in welcher

Höhe ein Schaden entstanden ist, von den mutmaßlichen Einnahmen des Klägers in seiner alten Arbeitsstelle auszugehen. Folge der unterlassenen Aufklärung über die Zweifelhaftigkeit von Versorgungsansprüchen war nicht etwa der Fortfall des Versorgungsanspruchs gegenüber der Beklagten, sondern daß der Kläger in seine alte Dienststelle nicht zurückgekehrt ist und damit für die hier in Frage kommende Zeit die Einnahmen verloren hat, die er dort erhalten hätte. Weil er entsprechend dem Ablauf der Vertragsverhandlungen darauf vertraute, daß er bei der Beklagten eine Altersversorgung erhalten werde, ist jener Schaden eingetreten. Daß der Kläger im Hinblick auf seine 17jährige Dienstzeit als leitender Arzt bei dem K. Krankenhaus wieder eingestellt worden wäre, falls er im Jahre 1945 zurückgekehrt und bis zum 31. Juli 1952 sich dort betätigt hätte, hat das Landesarbeitsgericht aus der Auskunft des früheren Arbeitgebers wie aus der von der Beklagten überreichten Aufstellung seiner Einnahmen in dieser Zeit einwandfrei festgestellt. Diese Feststellung wie auch die Berechnung des Schadens auf Grund der weiteren Auskunft über die Verdienste des Nachfolgers und der eigenen Verdienste in dieser Zeit sind im Revisionsverfahren nicht nachprüfbar. Auch ist es im vorliegenden Falle nicht zu beanstanden, daß — wenn überhaupt ein mitwirkendes Verschulden des Klägers in Betracht kommen sollte — das Landesarbeitsgericht keine genauen Feststellungen hinsichtlich eines solchen Verschuldens getroffen hat, sondern sich mit der Feststellung begnügt hat, daß jedenfalls die Beklagte bei dem Verhalten ihrer Beauftragten in den Vertragsverhandlungen einen erheblichen Teil des Schadens zu tragen hat, der bei der Höhe des zu unterstellenden Verdienstes mindestens den eingeklagten Betrag erreicht.

46

1. Ist der Tätigkeitsbereich des Arbeitnehmers durch den Arbeitsvertrag sowohl seiner Art wie auch der Arbeitsstelle nach genau bestimmt, so bedeutet jede Zuweisung einer anderen Tätigkeit und eines anderen Arbeitsplatzes eine Änderung des Arbeitsvertrages, die grundsätzlich nicht einseitig von dem Arbeitgeber herbeigeführt werden kann. Das eben Gesagte gilt in jeder Hinsicht auch bezüglich des im öffentlichen Dienst stehenden Arbeitnehmers.

2. Grundsätzlich ist der Arbeitnehmer während des Bestehens des Arbeitsvertrages im Hinblick auf den Persönlichkeitsschutz der Art. 1, 2 GG. auch zu beschäftigen. Eine Freistellung von der Arbeit unter Fort-

zahlung des Entgelts ist ohne Zustimmung des Arbeitnehmers nur vorübergehend, etwa nach Kündigung bis zum Ablauf des Vertrages, oder bei besonderem, schutzwürdigem Interesse des Arbeitgebers, dessen Vorliegen sorgfältig zu prüfen ist, zulässig. Dies gilt auch hinsichtlich der im öffentlichen Dienst stehenden Arbeitnehmer.

3. Ist die Kündigung eines Arbeitnehmers rechtskräftig als sozial nicht gerechtfertigt für unwirksam erkannt, so kann der Arbeitgeber die Beschäftigung des Arbeitnehmers nicht aus den gleichen Gründen ablehnen, die er für die Kündigung anzog.

BGB. § 611.

II. Senat. Urteil vom 10. November 1955 i. S. St. B. (Bekl.) w. L.-R. (Kl.) 2 AZR 591/54.

I. Arbeitsgericht Berlin. — II. Landesarbeitsgericht Berlin.

Die Klägerin, die seit 1933 Fachärztin für innere Medizin und seit 1937 Fachärztin für Röntgen- und Strahlenheilkunde ist, war seit 1933 Assistentin, seit 1943 Oberärztin in der Röntgen-Abteilung des R.-V.-Krankenhauses und wurde, nachdem sie den fehlenden Chefarzt schon längere Zeit vertreten hatte, zum 1. November 1947 zur Chefärztin dieser Abteilung bestellt. Am 10. Dezember 1953 wurde ihr zum 30. Juni 1954 gekündigt, da sie den Anforderungen an den Leiter des neuausgebauten Röntgeninstitutes nicht genüge.

Die Klägerin hielt die Kündigung nicht für begründet und erhob Klage auf Feststellung, daß das Arbeitsverhältnis durch die Kündigung nicht aufgelöst sei, ferner auf Weiterbeschäftigung als Chefärztin der Röntgen- und Strahlen-Abteilung des R.-V.-Krankenhauses. Das Arbeitsgericht hat der Kündigungsklage stattgegeben, den Anspruch auf Weiterbeschäftigung aber abgelehnt. Gegen das Urteil hat nur die Klägerin Berufung eingelegt und in den Berufungsverfahren weiter den Antrag gestellt festzustellen, daß die Beklagte verpflichtet sei, ihr allen Schaden zu ersetzen, der ihr durch die Verweigerung der Beschäftigung als Chefärztin der Röntgen-Abteilung entstanden ist und noch entsteht. Das Landesarbeitsgericht hat dem Anspruch auf Weiterbeschäftigung durch Teilurteil stattgegeben und schließlich auch durch Endurteil dem Feststellungsanspruch auf Schadenersatz entsprochen.

Die Revisionen der Beklagten gegen diese Urteile wurden zurückgewiesen.

Aus den Gründen:

I. Die Ausführungen des Landesarbeitsgerichts in seinem ersten Urteil darüber, daß die Beklagte auf Grund ihres Weisungsrechtes nicht befugt sei, der Klägerin einen anderen Arbeitsplatz als den bisher inne gehabten zuzuweisen, sind frei von Rechtsirrtum. Zu Unrecht rügt die Revision, daß das Landesarbeitsgericht in der Absicht der Beklagten, die Klägerin anstatt als Chefärztin der Röntgen- und Strahlen-Abteilung des R.-V.-Krankenhauses sonstwie mit ähnlicher Tätigkeit zu beschäftigen, eine Versetzung erblicke. Denn es kommt nicht darauf an, wie die Maßnahme bezeichnet wird, sondern welche Bedeutung sie tatsächlich hat. Die Revision muß zugeben, daß die Zuweisung eines anderen Arbeitsplatzes im vorliegenden Falle die gleiche Wirkung wie eine Versetzung habe. Es ist anerkannten Rechtes, daß das Weisungsrecht des Arbeitgebers nur innerhalb der durch den Einzelvertrag gezogenen Grenzen ausgeübt werden darf (vgl. RAG. ARS. 11, 85; 14, 237; BGHZ. 8, 45; RGR.-Komm. § 611 Vorbem. 7 a. E.; Nikisch, Lehrbuch (2.) I S. 227; Hueck-Nipperdey, Lehrbuch (5.) I, 121). Ist der Tätigkeitsbereich durch den Arbeitsvertrag sowohl seiner Art wie auch der Arbeitsstelle nach genau bestimmt, so bedeutet jede Zuweisung einer anderen Tätigkeit und eines anderen Arbeitsplatzes eine Änderung des Arbeitsvertrages. Es wäre dies nicht mehr eine Bestimmung der konkreten Arbeitsleistung im Rahmen des Vertrages, sondern eine inhaltliche Umgestaltung des Vertrages selbst, die nicht einseitig von dem Arbeitgeber herbeigeführt werden kann, es sei denn, daß er in anzuerkennender Weise, etwa durch eine Ergänzung des Arbeitsvertrages oder durch Gesetz, dazu ermächtigt ist.

Vorliegend war nun aber die Klägerin, wie das angefochtene Urteil feststellt und wie es auch von der Beklagten nicht bestritten ist, ausdrücklich gerade zum Chefarzt der Röntgen- und Strahlen-Abteilung des R.-V.-Krankenhauses bestellt. Die Stellung als Chefarzt der Röntgen- und Strahlen-Abteilung des R.-V.-Krankenhauses und die daraus fließenden Rechte waren also zum Inhalt des Arbeitsvertrages der Klägerin geworden und konnten ihr nur mit Einverständnis oder durch eine Kündigung genommen werden. Denn mag vielleicht auch das Weisungsrecht des öffentlichen Dienstherrn bei den Arbeitnehmern, die nicht von vornherein zu bestimmten und ganz konkreten Dienstleistungen angestellt sind, weiter gehen als in der privaten Wirtschaft, so findet es doch ebenfalls seine Schranken an dem Vertrage. Auf diesen gründet sich in gleicher Weise das Arbeitsverhältnis der im öffentlichen Dienst stehenden Angestellten und Arbeiter, daraus fließen die Rechte und

Pflichten des öffentlichen Dienstherrn und nicht wie beim Beamten aus einem durch einseitigen Staatshoheitsakt begründeten Dienstverhältnisse (BAG. 1, 208, AP. § 2 ArbGG. Nr. 7). Eine gesetzliche Ermächtigung, unter Änderung des Arbeitsvertrages dem Arbeitnehmer einen anderen Arbeitsplatz zuzuweisen, besteht nicht. Art. 61 Abs. 2 BerlVerf. besagt nicht, daß eine Versetzung vorgenommen werden kann, sondern regelt nur, wer zu ihrem Ausspruch berufen ist und welche Stellen dabei mitwirken, ebenso wie auch Art. 61 Abs. 1 BerlVerf. nur eine Kompetenznorm darstellt. Ob eine Tarifbestimmung oder eine Betriebsvereinbarung den Arbeitgeber zur Zuweisung eines Arbeitsplatzes entgegen dem Arbeitsvertrag ermächtigen können, muß hier nicht untersucht werden. Derartige Vorschriften liegen nämlich nicht vor. Denn die Anlage 2 zu dem Berliner Tarifvertrag behandelt ebenso wie jetzt die §§ 61, 63 BetrVG. und § 70 PersVertrGes. nur die Mitwirkung der Betriebsvertretung bei Versetzungen als solchen, nicht aber die Frage, ob und wann eine Versetzung erfolgen kann. Auch der Hinweis auf § 22 TO. A geht fehl, da diese Bestimmung nur das Recht zur Versetzung an einen anderen Dienstort, nicht aber zu einer Änderung des Vertragsinhaltes gibt. Ob berechtigte betriebliche Gründe einen Wechsel in der Leitung der Röntgen- und Stahlen-Abteilung notwendig oder zweckmäßig erscheinen lassen, ist bei der vorliegenden Frage nicht mehr zu prüfen, da das Urteil des Arbeitsgerichts insoweit bereits rechtskräftig festgestellt hat, daß eine Kündigung des Arbeitsvertrages nicht gerechtfertigt ist.

II. Dem Landesarbeitsgericht ist auch darin beizutreten, daß nach der neueren Rechtsentwicklung eine Beschäftigungspflicht grundsätzlich zu bejahen ist. Denn das Arbeitsverhältnis ist ein personenrechtliches Gemeinschaftsverhältnis, das nicht nur wie beim Dienstvertrag der selbständig Tätigen oder sonstigen Schuldverhältnissen lediglich einzelne bestimmte Leistungen betrifft, sondern für seinen Geltungsbereich die ganze Person des Arbeitnehmers erfaßt, deshalb wesentlich sein Leben gestaltet und seine Persönlichkeit bestimmt. Die Achtung und Anerkennung des Arbeitnehmers als Mensch beruht auch nicht nur auf dem wirtschaftlichen Wert seiner Leistung (die Höhe des Gehaltes), sondern weitgehend darin, wie er die ihm obliegenden Aufgaben erfüllt. Gerade das gibt ihm im Bereich des Arbeitslebens maßgeblich seine Würde als Mensch. Deshalb muß der Arbeitgeber nicht bloß auf Grund seiner Treupflicht, sondern vor allem auch auf Grund der jedermann aus Art. 1 und 2 GG. obliegenden Verpflichtung (BGHZ. 13, 338; Nipperdey bei Neumann-Nipperdey-Scheuner, Grundrechte II,

15, 37) alles unterlassen, was die Würde des Arbeitnehmers und die freie Entfaltung der Persönlichkeit beeinträchtigen kann. Eine solche Beeinträchtigung beider Grundrechtspositionen bedeutet es aber, wenn einem Arbeitnehmer zugemutet wird, nicht nur vorübergehend, sondern womöglich jahrelang sein Gehalt in Empfang zu nehmen, ohne sich in seinem bisherigen Beruf betätigen zu können. Das würde, wie das angefochtene Urteil mit Recht sagt, auf einen Zwang zum Nichtstun hinauslaufen und den betreffenden Arbeitnehmer nicht mehr als vollwertiges Glied der Berufsgemeinschaft und der Gesellschaft überhaupt erscheinen lassen. Nicht bloß die Allgemeinheit, sondern auch der größte Teil der ihrer Fähigkeiten und Leistungen bewußten Arbeitnehmer halten es für verächtlich, Lohn in Empfang zu nehmen, der nicht durch entsprechende Leistungen verdient ist. Im übrigen würde aber auch der Arbeitnehmer, der doch während des bestehenden Arbeitsverhältnisses seine Arbeitskraft nicht einem anderen anbieten darf, gehindert werden, sich weiter beruflich zu betätigen, sich seine beruflichen Fähigkeiten zu erhalten und fortzubilden, d. h. er würde gehindert sein, seine Persönlichkeit zu entfalten. Alles dies gilt insbesondere bei leitenden Angestellten oder anderen Arbeitnehmern mit besonders bedeutsamen Aufgaben, da gerade bei einer langen Befreiung von der Arbeitsleistung der Eindruck hervorgerufen wird, daß die bisherigen Leistungen so minderwertig sind, daß der Arbeitgeber lieber Geld aufwendet als die Leistung in Empfang zu nehmen.

Deshalb kann dem Arbeitgeber, wenn kein Einverständnis des Arbeitnehmers vorliegt, ein Recht, den Arbeitnehmer während bestehenden Vertrages unter Fortzahlung seines Lohnes nicht zu beschäftigen, nur für vorübergehende Zeit, etwa während des Laufes einer Kündigungsfrist, zugebilligt werden. In allen anderen Fällen müssen besondere Gründe dafür vorhanden sein, die eine solche Regelung notwendig erscheinen lassen. Es wird dies in jedem Falle einer sorgfältigen Prüfung bedürfen.

Im vorliegenden Falle braucht indessen auf die Ausführungen des Landesarbeitsgerichts in dieser Hinsicht nicht näher eingegangen zu werden, da die Beklagte mit dem Vortrag, überwiegende Interessen rechtfertigten die Ablehnung der Beschäftigung, nicht mehr gehört werden kann. Denn damit wird im Grunde genommen nur das Vorbringen zur Kündigung wiederholt, daß die Klägerin infolge der Veränderungen bei Wiederaufbau der Röntgenabteilung für das Krankenhaus nicht tragbar sei. Steht aber einmal rechtskräftig das Weiterbestehen des Arbeitsverhältnisses fest und hat die Klägerin einen

Anspruch, weiter als Chefärztin der Röntgen-Abteilung des R.-V.-Krankenhauses tätig zu sein, so kann sich die Beklagte dieser Verpflichtung nicht entziehen; sie hat vielmehr alsdann ihren Betrieb so einzurichten, daß die Klägerin ihre Tätigkeit weiter ausüben kann. Nur wenn sich nachträglich herausstellen sollte, daß aus nicht vorhergesehenen und von der Beklagten nicht zu vertretenden Gründen dies tatsächlich unmöglich ist, kann dies in einem auf Grund einer neuen Kündigung anzubahnenden Rechtsstreit neu geprüft werden.

III. Auch die Revision gegen das Endurteil ist nicht begründet. (Wird näher ausgeführt.)

47

1. Das Revisionsgericht hat grundsätzlich auch jedes nach Erlaß des angefochtenen Urteils ergangene neue Gesetz zu berücksichtigen, sofern es nach seinem zeitlichen Geltungswillen das streitige Rechtsverhältnis erfaßt.

2. Die Dienstzeit im Sinne des § 2 Ziffer 1 der 3. DVO. zum Regelungsgesetz in der Fassung vom 10. Juni 1955 bemißt sich nicht nach einer Ruhelohnordnung der Dienststelle, sondern nach § 7 ATO.

3. Der Kriegs- und Wehrdienst ist bei der Berechnung der Dienstzeit im Sinne des § 7 ATO. stets anzurechnen.

ZPO. § 549; RegelungsG. § 52; 3. DVO z. RegelungsG. i. d. F. vom 10. Juni 1955 § 2.

II. Senat. Urteil vom 26. November 1955 i. S. Z. (Kl.) w. L. N. (Bekl.) 2 AZR 209/55.

I. Arbeitsgericht Hildesheim. — II. Landesarbeitsgericht Hannover.

Der Kläger, der vom 2. März 1917 bis zum 25. Januar 1919 Kriegsdienst geleistet hatte, war vom 1. Februar 1929 bis zur Kapitulation im Jahre 1945 bei der zur Zeit unter polnischer Verwaltung stehenden Stadt St. als Büroangestellter tätig und hatte auf Grund eines Gemeindebeschlusses gegen die Stadtgemeinde vom vollendeten 65. Lebensjahr ab oder bei Dienstunfähigkeit Anspruch auf die Versorgung nach beamtenrechtlichen Grundsätzen. Der Beklagte hat dem jetzt in seinem Gebiete wohnenden Kläger auf Grund des Regelungsgesetzes Ruhegeld bis zum 31. Oktober 1952 gezahlt, dann aber die Zahlungen eingestellt, weil er nicht unkündbar im Sinne der Beschränkung der Kündigung aus wichtigem Grunde gewesen sei (§ 2 Ziff. 1 der 3. DVO. zum Regelungsgesetz, alte Fassung). Das Arbeitsgericht hat der Klage auf Feststellung, daß der Kläger Anspruch auf Ruhegeld gegen den Beklagten nach dem Gesetz zu Art. 131 GG. hat, stattgegeben, das Landesarbeitsgericht hat die Klage abgewiesen. Die Revision des Klägers führte zur Wiederherstellung des arbeitsgerichtlichen Urteils.

Aus den Gründen:

I. . . .

II. § 2 Ziff. 1 der 3. DVO. zum RegelungsG. in der bei Verkündung des angefochtenen Urteils geltenden Fassung bestimmte, daß hinsichtlich der Regelung ihrer Rechtsstellung Angestellte den Beamten auf Lebenszeit gleichständen, wenn ihr Arbeitsverhältnis nach dem am 8. Mai 1945 geltenden Recht nur aus wichtigem Grunde gekündigt werden konnte. Es kam daher bei der Entscheidung des Landesarbeitsgerichts darauf an, ob diese Voraussetzung vorlag. Das Landesarbeitsgericht ist bei Würdigung der Beweisaufnahme zu dem Ergebnis gekommen, daß der Kläger diesen Beweis nicht geführt hat, und hat daher die Klage abgewiesen.

Inzwischen hat sich durch die Verordnung vom 10. Juni 1955 (BGBl. I S. 274) die Rechtslage insofern geändert, als es nunmehr auch genügt, daß der betreffende Angestellte am 31. März 1938 eine Dienstzeit von 10 Jahren abgeleistet hatte. Diese Gesetzesänderung hatte das Revisionsgericht bei seiner Entscheidung zu berücksichtigen. Zwar hat das Reichsgericht früher die Auffassung vertreten, daß im Falle einer Gesetzesänderung das Revisionsgericht bei der Nachprüfung des Berufungsurteils grundsätzlich das Recht anzuwenden habe, das zur Zeit des Erlasses des Berufungsurteils galt. In Übereinstimmung mit dem Bundesgerichtshof (BGHZ. 9, 101) und dem neueren Schrifttum (vgl. u. a. Stein-Jonas-Schönke, ZPO. 17. Aufl. Anm. III A 1 zu § 549; Nikisch, Zivilprozeßrecht, 2. Aufl. S. 496; Schönke, Zivilprozeßrecht, 7. Aufl. S. 370/71; Rosenberg, Lehrbuch, 5. Aufl. § 140 III 4; Meiß ZZP. 1952, 114 ff.) ist der Senat jedoch der Auffassung, daß das Revisionsgericht grundsätzlich auch jedes nach Erlaß des angefochtenen Urteils ergangene neue Gesetz zu berücksichtigen hat, sofern es nach seinem zeitlichen Geltungswillen das streitige Rechtsverhältnis erfaßt. Das ergibt sich für den vorliegenden Fall aus Sinn und Zweck der Änderungsverordnung, die den Kreis der unter das Regelungsgesetz fallenden Angestellten und Arbeiter bewußt erweitern wollte.

Geht man von der genannten Änderungsverordnung aus, so kommt es entscheidend darauf an, ob der Kläger am 31. März 1938 eine Dienstzeit von 10 Jahren abgeleistet hatte. An diesem Tage hatte der Kläger bei seiner Dienststelle in St. zwar nur eine Dienstzeit von weniger als 10 Jahren verbracht. Dieser Zeit muß aber die Zeit des Wehrdienstes, den der Kläger im 1. Weltkrieg abgeleistet hatte, zugerechnet werden. Das ergibt sich eindeutig aus § 7 ATO. — Abs. 1 bestimmt, daß als Dienstzeit die Zeit gilt, die das Belegschaftsmitglied nach dem 18. Lebensjahr im nichtmilitärischen Dienst bei öffentlichen Verwaltungen oder Betrieben im Sinne der ATO. innerhalb des Gebietes des Deutschen Reiches zugebracht hat, soweit in tariflichen Bestimmungen die Dienstzeit nicht besonders geregelt ist. Abs. 2 schreibt darüber hinaus vor, daß als Dienstzeit ferner u. a. die Zeit erfüllter Wehrdienstpflicht und die Kriegsdienstzeit gilt; die Anrechnung dieser Dienstzeit steht nicht im Ermessen der Beschäftigungsbehörde, sondern ist nach § 7 Abs. 2 Satz 2 und Abs. 3 Satz 1 ATO. Pflicht.

Zu Unrecht meint der Beklagte, daß im vorliegenden Falle die militärische Dienstzeit nicht mit heranzuziehen sei, da nicht § 7 ATO. maßgebend sei, sondern die jeweilige Ruhelohnordnung, im vorliegenden Falle also der Gemeindebeschluß vom Jahre 1907, der nichts über die Anrechnung von Wehrdienst enthalte. Für den Begriff „Dienstzeit" ist das maßgebend, was die 3. DVO. hierunter versteht. Der Begriff „Dienstzeit" ist nun zwar in § 2 Ziff. 1 der 3. DVO. in der Fassung vom 10. Juni 1955 nicht ausdrücklich definiert. Er ergibt sich aber aus dem Regelungsgesetz selbst. Dieses versteht, wie u. a. aus §§ 52 a und 52 b hervorgeht, darunter die Dienstzeit nach den für Angestellte und Arbeiter geltenden Bestimmungen. Das ist hier der obengenannte § 7 ATO. Danach ist die Wehrdienstzeit im Falle des Klägers voll anzurechnen, so daß sich eine Dienstzeit von mehr als 10 Jahren bis zum 31. März 1938 ergibt.

Da nach dem Urteil des Landesarbeitsgerichts, wie von dem Beklagten auch nicht bestritten worden ist, die übrigen Voraussetzungen des Regelungsgesetzes erfüllt sind, war das Urteil des Arbeitsgerichts wiederherzustellen, ohne daß auf die sonstigen von der Revision geltend gemachten Rügen eingegangen zu werden brauchte.

48

1. Ist ein Antrag auf Wiedereinsetzung in den vorigen Stand wegen Versäumung der Berufungsfrist unbegründet, so ist das Berufungsverfahren regelmäßig zur Endentscheidung reif, und das Landesarbeitsgericht hat die Berufung daher als unzulässig zu verwerfen.

2. Erläßt das Landesarbeitsgericht gleichwohl zunächst nur ein „Zwischenurteil", das den Antrag auf Wiedereinsetzung in den vorigen Stand zurückweist, ist dieses „Zwischenurteil" hinsichtlich seiner Anfechtbarkeit regelmäßig als Endurteil anzusehen. Die Revision gegen eine derartige dem Endurteil gleichstehende Entscheidung ist zulässig, sofern ihre sonstigen Voraussetzungen gegeben sind.

ZPO. § 300 Abs. 1, 303.

II. Senat. Urteil vom 9. Dezember 1955 i. S. H. (Kl.) w. St. B. H. (Bekl.) 2 AZR 439/54.

I. Arbeitsgericht Frankfurt a. M. — II. Landesarbeitsgericht Frankfurt a. M.

Der Kläger war seit 1946 bei der Beklagten beschäftigt. Nach seiner fristlosen Entlassung am 24. Juni 1953 hat er die Beklagte beim Arbeitsgericht auf Zahlung von 8846,38 DM verklagt. Außerdem hat er drei Feststellungsanträge gestellt. Das Arbeitsgericht hat seine Klage abgewiesen und den Wert des Streitgegenstandes im Urteil auf 10 550,— DM festgesetzt. Gegen das am 13. März 1954 zugestellte Urteil hat der Kläger am 12. April 1954 Berufung eingelegt und gleichzeitig wegen der Versäumung der Berufungsfrist Wiedereinsetzung in den vorigen Stand beantragt. In der Berufungsbegründung hat er seinen Zahlungsanspruch um 5635,— DM Lohn für Überstunden ermäßigt.

Das Landesarbeitsgericht hat die Verhandlung auf den Wiedereinsetzungsantrag beschränkt und diesen Antrag, ohne daß die Parteien ihre Berufungsanträge verlesen haben, durch eine als Zwischenurteil bezeichnete Entscheidung zurückgewiesen. Den Streitwert für dieses Urteil hat es auf 800,— DM festgesetzt.

Die Revision des Klägers wurde als unzulässig verworfen.

Aus den Gründen:

I. Nach § 72 ArbGG. ist die Revision gegen Endurteile der Landesarbeitsgerichte statthaft. Gegen Zwischenurteile ist sie wie allgemein im Zivilprozeß (§ 545 Abs. 1 ZPO.) nicht zulässig. Denn das Zwischenurteil ist ein vorweggenommener Teil der Endentscheidung und daher aus Gründen der Prozeßsparsamkeit in der Regel nur zusammen mit dem Endurteil anfechtbar (vgl. § 548 ZPO.). Das ist allgemein anerkannt. Dabei kommt es aber nicht darauf an, ob das Landesarbeitsgericht sein Urteil wie hier als Zwischenurteil bezeichnet hat, sondern darauf, ob das Urteil seinem Inhalte nach ein Zwischenurteil ist (vgl. BGH. 8, 383 = NJW. 53, 702 mit Anm. von Schönke). Maßgebend ist das prozessuale Wesen der Entscheidung.

Ein Zwischenurteil ergeht zur Entscheidung eines Zwischenstreits (§ 303 ZPO.) über Fragen, die den Fortgang des Prozesses betreffen. Ein solcher Fall liegt hier insofern vor, als das Landesarbeitsgericht über die für den Fortgang des Berufungsverfahrens wesentliche verfahrensrechtliche Frage entschieden hat, ob der Verfahrensmangel, daß der Kläger seine Berufung zu spät eingelegt hat, durch Wiedereinsetzung in den vorigen Stand gemäß §§ 233 ff. ZPO. geheilt werden kann. Nur dann kann das Berufungsverfahren sachlich durchgeführt werden. Die Wiedereinsetzung in den vorigen Stand kann deshalb durch Zwischenurteil gewährt werden.

Ist jedoch der Antrag auf Wiedereinsetzung in den vorigen Stand wegen Versäumung der Berufungsfrist unbegründet, ist für ein Zwischenurteil kein Raum. Denn dann steht, wenn man von dem kaum vorkommenden, hier jedenfalls nicht mehr möglichen Fall eines nochmaligen und begründeten Wiedereinsetzungsantrags absieht, schon fest, daß die Berufung wegen ihrer Verspätung unzulässig bleibt und verworfen werden muß. Der Rechtsstreit ist zur Endentscheidung reif, und dem Gericht ist aufgegeben, ein Endurteil zu erlassen (§ 300 Abs. 1 ZPO.). Selbst wenn das Landesarbeitsgericht in einem solchen Falle kein die Berufung als unzulässig verwerfendes Endurteil erläßt, sondern sich darauf beschränkt, nur den Wiedereinsetzungsantrag zurückzuweisen, so steht diese Entscheidung praktisch einem Endurteil gleich, auch wenn sie als Zwischenurteil bezeichnet ist. Aus einer solchen Entscheidung geht bereits hervor, daß die Berufung keinen Erfolg haben kann. Eine das Berufungsverfahren auch äußerlich und endgültig abschließende Entscheidung bleibt eine Formsache. Ihr Inhalt steht im voraus fest.

Aus diesen Gründen muß, immer abgesehen von dem seltenen und hier überhaupt ausscheidendem Fall eines nochmaligen und begründeten Wiedereinsetzungsantrages, ein Urteil, das die Wiedereinsetzung in den vorigen Stand wegen Versäumung der Berufungsfrist ablehnt, trotz seiner Bezeichnung als Zwischenurteil doch als Endurteil angesehen werden; gegen das Urteil ist demgemäß die Revision zulässig, wenn deren sonstige Voraussetzungen gegeben sind (so auch Stein-Jonas, ZPO., 18. Aufl., Anm. II 1 zu § 238; Sydow-Busch-Krantz, ZPO., 17. Aufl., Anm. 2 zu § 238; Rosenberg, Lehrbuch, 6. Aufl., S. 336; BAG. AP. 55 Nr. 5 zu § 232 ZPO.; ferner wohl auch Volkmar in RdA. 1951 S. 293). Dabei ist es unerheblich, weshalb das Landesarbeitsgericht anstatt eines die Berufung verwerfenden Endurteils nur ein den Wiedereinsetzungsantrag zurückweisendes „Zwischenurteil" erlassen hat. Im vorliegenden Fall ändert sich am Ergebnis auch dadurch nichts, daß abgesonderte Verhandlung über den Wiedereinsetzungsantrag angeordnet war und noch keine Sachanträge gestellt worden sind. Denn es bleibt trotzdem dabei, daß der Rechtsstreit zur Endentscheidung reif war. Der Vorsitzende der Berufungskammer hätte nach § 139 ZPO. darauf hinwirken können, daß die Sachanträge von den Parteien gestellt wurden. Wenn er das nicht getan hat, stellt das die materielle Entscheidungsreife der Sache im Sinne von § 300 ZPO. aber nicht in Frage.

II. Hiernach ist die Revision nicht aus dem Grunde unzulässig, weil sie sich gegen ein „Zwischenurteil" richtet. Sie ist es aber deshalb, weil keiner der drei Fälle gegeben ist, auf die § 72 Abs. 1 ArbGG. die Zulässigkeit der Revision beschränkt. . . . (Wird ausgeführt.)

49

Das angefochtene Urteil weicht von einer Entscheidung des Bundesarbeitsgerichts im Sinne des § 72 Abs. 1 Satz 2 ArbGG. nicht schon dann ab, wenn nur die Möglichkeit besteht, daß es der in der angezogenen Entscheidung vom Bundesarbeitsgericht geäußerten Rechtsansicht nicht gerecht wird; erforderlich ist vielmehr, daß es von der Rechtsansicht des Bundesarbeitsgerichts deutlich abweicht.

ArbGG. § 72 Abs. 1 Satz 2.

II. Senat. Beschluß vom 16. Dezember 1955 i. S. D. (Kl.) w. U.Rh.B.K. AG. (Bekl.) 2 AZR 471/55.

I. Arbeitsgericht Köln. — II. Landesarbeitsgericht Düsseldorf 2. Kammer in Köln.

Aus den Gründen:

Das Arbeitsgericht und das Landesarbeitsgericht haben die Kündigungsschutzklage des Klägers abgewiesen. Die Revision ist nicht zugelassen, die Revisionssumme nicht erreicht.

Der Kläger stützt daher die Statthaftigkeit seiner Revision auf § 72 Abs. 1 Satz 2 ArbGG. Er meint, das angefochtene Urteil weiche von dem Urteil des Bundesarbeitsgerichts vom 7. Oktober 1954 (BAG. 1, 99—102) ab. Hier verlangt das Bundesarbeitsgericht für eine Entscheidung über die Sozialwidrigkeit einer Kündigung im Sinne des Kündigungsschutzgesetzes, daß das Gericht die Interessen des Arbeitnehmers und des Arbeitgebers sowie die des Betriebes abwägt. Das angefochtene Urteil kommt auf Grund der Beweisaufnahme und dem

Eindruck, den der Kläger persönlich gemacht hat, zu dem Ergebnis, daß das unleidliche Verhalten des Klägers gegenüber seinem Vorgesetzten und auch in anderen Fällen „derartig war, daß die Beklagte einen berechtigten Grund hatte, ihm zu kündigen". Demgegenüber hat das Landesarbeitsgericht die zu Gunsten des Klägers sprechenden Umstände nicht ausdrücklich bezeichnet und abgewogen; die Revision vermißt insoweit insbesondere ein Eingehen darauf, daß der Kläger dem Betriebe 7 Jahre angehört, daß die Beklagte die dauernden Streitigkeiten des Klägers mit Kollegen und Vorgesetzten bis dahin als ausreichenden Kündigungsgrund nicht empfunden habe und daß die beleidigenden Äußerungen des Klägers die Folge von Vorkommnissen gewesen seien, die seine Mitarbeiter und seine Arbeitgeberin selbst belastet hätten.

In der Tat läßt das angefochtene Urteil nicht mit Sicherheit erkennen, ob es die den Kläger belastenden Umstände mit denen, die zu seinen Gunsten sprechen, allseitig abgewogen hat. Es schließt diese Möglichkeit aber auch nicht aus. Wenn es auch die Verfehlungen des Klägers in den Vordergrund seiner Erörterungen stellt, so gibt es damit doch nicht zu erkennen, daß es auf dem Standpunkt steht, die Interessen des Klägers an der Beibehaltung seines Arbeitsplatzes seien nicht zu berücksichtigen und nicht gegen die Interessen der Beklagten an der Entlassung des Klägers abzuwiegen. Für das Gegenteil spricht sogar, daß das angefochtene Urteil die vom Kläger zur Entschuldigung seines Verhaltens vorgebrachten Gründe an sich nicht für unerheblich, sondern nur für verspätet vorgebracht hält.

Für eine Abweichung im Sinne des § 72 Abs. 1 Satz 2 ArbGG. genügt es aber nicht, wenn die Möglichkeit besteht, daß das angefochtene Urteil der Rechtsansicht des Bundesarbeitsgerichts in der angezogenen Entscheidung nicht gerecht wird; erforderlich ist vielmehr, daß das angefochtene Urteil von der vom Bundesarbeitsgericht geäußerten Rechtsansicht deutlich abweicht. Dies ergibt sich aus dem Wortlaut des § 72 Abs. 1 Satz 2 ArbGG., der erfordert, daß die angefochtene Entscheidung von der angezogenen „abweicht", also lediglich die Möglichkeit einer Abweichung offenbar nicht genügen läßt. Es folgt auch aus dem Sinne dieser Bestimmung. Sie soll die Einheitlichkeit der Rechtsprechung sichern (BAG. 1, 226). Besteht jedoch lediglich die Möglichkeit, aber nicht die Gewißheit eines Abweichens von der Rechtsauffassung des Bundesarbeitsgerichts, so ist die Gefahr einer uneinheitlichen Rechtsprechung nicht so dringend, daß eine Nachprüfung durch das Bundesarbeitsgericht geboten ist. Mit der Fassung des § 72 Abs. 1 Satz 2 ArbGG., von der mangels eines anderen Anhaltspunktes bei der hier zu beurteilenden Frage auszugehen ist, hat der Gesetzgeber sich in diesem Sinne entschieden. Soweit der Senat in seinem Urteil vom 2. Dezember 1954 (BAG. 1, 232, **234, 235**) etwa eine andere Auffassung vertreten hat, wird diese ausdrücklich aufgegeben.

Die Frage, ob das angefochtene Urteil die Interessen des Klägers allseitig berücksichtigt und bei der Abwägung der beiderseitigen Interessen keine sonstigen Rechtsverstöße begangen hat, kann nicht bei der Prüfung der Statthaftigkeit der Revision, sondern könnte nur bei der Prüfung ihrer Begründetheit entschieden werden.

50

1. Der Senat verbleibt bei seiner bereits in der Entscheidung BAG. 2, 32 ff. ausgesprochenen Auffassung, daß einer werdenden Mutter, der von der Besatzungsmacht gekündigt wurde, während der Schutzfrist des § 9 MuSchG. die Vergütung von dem vergütungspflichtigen Land fortzuzahlen ist.

2. § 9 MuSchG. schließt weder eine Kündigung durch die schwangere Arbeitnehmerin noch eine vertragliche Aufhebung des Arbeitsverhältnisses aus.

3. Der Kündigungsschutz des § 9 MuSchG. bezieht sich nicht nur auf befristete ordentliche Kündigungen, sondern auch auf fristlose Entlassungen aus wichtigem Grund, wobei § 9 Abs. 2 MuSchG. jedoch die Möglichkeit gibt, daß die hiernach zuständige oberste Landesarbeitsbehörde oder die von ihr bestimmte Stelle in besonderen Fällen ausnahmsweise eine Kündigung für zulässig erklären kann.

4. Zur Frage der Anfechtbarkeit der Willenserklärung einer schwangeren Besatzungsangestellten, mit der sie sich bei wegen Diebstahls angedrohter fristloser Entlassung zu freiwilligem Ausscheiden bereiterklärt.

MuSchG. § 9 Abs. 1 Satz 1; BGB. § 123 Abs. 1, MuSchG. § 9 Abs. 1, 2.

II. Senat. Urteil vom 8. Dezember 1955 i. S. H. (Kl.) w. L. N.-W. (Bekl.) 2 AZR 13/54.

I. Arbeitsgericht Minden i. W. — II. Landesarbeitsgericht Hamm i. W.

Die Klägerin war seit 1950 im Büro einer Dienststelle der britischen Besatzungsmacht in Bad O. angestellt. Am 3. Dezember 1952 entwendete sie einer anderen Angestellten 10,— DM aus deren Handtasche. Von dem zuständigen Verwaltungsoffizier vor die Wahl gestellt, entweder auf eigenen Wunsch auszuscheiden oder entlassen zu werden, erklärte sie, daß sie schwanger sei. Da der Offizier gleichwohl aus grundsätzlichen Erwägungen auf ihrer fristlosen Entlassung bestand, ihr aber noch einmal anheimstellte, vorher freiwillig zu gehen, unterschrieb sie am 4. Dezember 1952 eine Erklärung, daß sie auf ihren eigenen Wunsch entlassen worden sei. Die Klägerin hat auf Feststellung geklagt, daß das beklagte Land verpflichtet sei, ihr bis zum Ablauf von vier Monaten nach ihrer Niederkunft Gehalt zu zahlen. Ihre Erklärung vom 4. Dezember 1952 hat sie im Laufe des Rechtsstreits, und zwar spätestens am 4. August 1953, angefochten. Das Arbeitsgericht hat der Klage stattgegeben. Das Landesarbeitsgericht hat sie abgewiesen. Es hält das deutsche Mutterschutzgesetz bei Besatzungsangesellten nicht für anwendbar und verneint aus diesem Grunde die Rechtswidrigkeit der Ankündigung des Offiziers, die Klägerin entlassen zu wollen, wenn sie nicht freiwillig gehe.

Die Revision der Klägerin hatte keinen Erfolg.

Aus den Gründen:

Mit Recht hat das Landesarbeitsgericht angenommen, daß für Gehaltsklagen von deutschen Angestellten der, bis zum Inkrafttreten der Pariser Verträge im Mai 1955, als Besatzungsmacht in Deutschland stehenden britischen Streitkräfte und ihrer Dienststellen der Rechtsweg bei den deutschen Arbeitsgerichten offensteht, und daß ferner die Bundesländer zur Gehaltszahlung verpflichtet sind. Dies ist, wie der Senat bereits in drei Urteilen gesagt hat (BAG. 2, 32 ff.; BAG. 2 134 ff. sowie die ebenfalls zur Veröffentlichung in der Amtlichen Sammlung bestimmte Entscheidung in Sachen 2 AZR 15/54 vom 20. Oktober 1955) in Rechtsprechung und Rechtslehre allgemein anerkannt.

Sachlich hat das Landesarbeitsgericht die auf § 9 des Mutterschutzgesetzes (MuSchG.) vom 24. Januar 1952 (BGBl. S. 69) gestützte Klage deshalb abgewiesen, weil dieses Gesetz auf die Arbeitsverhältnisse von deutschen Angestellten der Besatzungsmächte nicht anwendbar sei. Dieser Auffassung kann allerdings nicht zugestimmt werden. Der Senat hat sich in seiner Entscheidung BAG. 2, 32 hinsichtlich jener Regelung zu der gegenteiligen Auffassung bekannt, daß nämlich einer werdenden Mutter, der von der Besatzungsmacht gekündigt wurde, die Arbeitsvergütung während der Schutzfrist des § 9 MuSchG. von dem betreffenden Bundesland fortzuzahlen ist. Er hat diese Auffassung im wesentlich damit begründet, daß der Mutterschutz in Gestalt eines Kündigungsschutzes seit langem ein fester Bestandteil nicht nur des deutschen, sondern auch des internationalen Arbeitsrechts sei. Bei der Richtlinie der Sozialstaatlichkeit bewirke eine so allgemein anerkannte Regelung, daß das deutsche Land, das das Arbeitsentgelt zu zahlen habe, im Falle der bisher bei der Besatzungsmacht beschäftigten schwangeren Arbeitnehmerin entsprechend dem vom Mutterschutzgesetz vorgesehenen Ausmaß die Zahlung fortsetzen müsse. An dieser grundsätzlichen Auffassung wird festgehalten, wobei dahingestellt bleiben kann, ob die mutterschutzrechtliche Vorschrift unmittelbar oder nur entsprechend anzuwenden ist. Die Rechtslage hat sich für den vorliegenden Fall auch nicht dadurch geändert, daß inzwischen die Pariser Verträge in Kraft getreten sind. Diese müssen im Revisionsverfahren unberücksichtigt bleiben, weil die damit verbundene Aufhebung des Besatzungsrechts keine rückwirkende Kraft hat (BAG. 2, 134 ff. und Entscheidung in Sachen 2 AZR 15/54 vom 20. Oktober 1955; vgl. auch BGHZ 9, 101).

Damit ist aber noch nicht gesagt, daß die Klage durchdringen muß. Vielmehr ist davon auszugehen, daß die Parteien durch die von der Beklagten angenommene Erklärung der Klägerin vom 4. Dezember 1952 einen Vertrag geschlossen haben, demzufolge das Arbeitsverhältnis an diesem Tage sein Ende finden sollte. Ein anderer Sinn kann der Erklärung nicht beigelegt werden, und es wird dies auch von der Klägerin nicht behauptet. Ist aber der Vertrag gültig, dann entfallen damit jegliche Ansprüche der Klägerin aus § 9 MuSchG. Denn diese Vorschrift enthält nur einen Kündigungsschutz und gilt nur für den Fall der Kündigung durch den Arbeitgeber (Bulla, Mutterschutzgesetz und Frauenarbeitsrecht, § 9 MuSchG., Anm. 41 mit weiteren Nachweisungen). Sie schließt weder eine Kündigung durch den Arbeitnehmer noch die hier vorliegende vertragliche Aufhebung des Arbeitsverhältnisses aus. Für diese Fälle gewährt das Mutterschutzgesetz der schwangeren Arbeitnehmerin keinen Anspruch. Es schränkt insoweit ihre Vertragsfreiheit nicht ein.

Deshalb kommt es entscheidend darauf an, ob die von der Klägerin am 4. August 1953 und damit innerhalb der Jahresfrist des § 124 Abs. 1 BGB. wegen angeblicher Drohung erklärte Anfechtung durchgreift. Dies wiederum hängt davon ab, ob die Ankündigung des Besatzungsoffiziers, er werde die Klägerin fristlos entlassen, wenn sie nicht freiwillig ausscheide, eine widerrechtliche Drohung im Sinne des § 123 Abs. 1 BGB. war. Einer Erörterung dieser Frage, soweit sie für die Entscheidung über die Klage gegen das hier in Anspruch genommene Bundesland von Bedeutung ist, kann nicht etwa mit dem Hinweis darauf ausgewichen werden, daß Anordnungen der damaligen Besatzungsmacht einer Nachprüfung durch deutsche Gerichte entzogen waren. Denn hier handelt es sich nicht darum, daß die Kündigungsdrohung des Offiziers an sich als ein Akt der Besatzungsmacht auf ihre Gültigkeit hin geprüft wird. Sondern es stehen nur ihre Auswirkungen für das verklagte Land in Rede. In diesem Rahmen das Verhalten des Offiziers nach deutschem Arbeitsrecht zu würdigen erscheint unerläßlich, aber auch unbedenklich.

Als eine Drohung muß die Ankündigung des Offiziers allerdings aufgefaßt werden. Denn sie enthielt das in Aussichtstellen eines künftigen Übels, und zwar eines solchen, das von dem Drohenden selbst ausgehen sollte, für den Fall, daß die Klägerin sich nicht so verhielt, wie der Offizier es wünschte, nämlich daß sie seiner Anregung des freiwilligen Ausscheidens nicht nachgab. Das Androhen der fristlosen Entlassung wurde ferner nach dem festgestellten Sachverhalt von der Klägerin als ernstlich gemeint aufgefaßt und war es übrigens nach den Feststellungen des Landesarbeitsgerichts auch tatsächlich. Die Drohung war sodann geeignet, den Willen der Klägerin zu beeinflussen, und hat dies offensichtlich auch getan. Schließlich kann nicht daran gezweifelt werden, daß der Offizier darauf hinzielte, die Klägerin aus der von ihm geschaffenen Zwangslage heraus zu ihrem Einverständnis mit der Kündigung zu bestimmen.

Jedoch berechtigt nicht jede für die Abgabe einer Willenserklärung ursächliche Drohung den Erklärenden zur Anfechtung, sondern nur eine objektiv widerrechtliche Drohung. Widerrechtlich ist eine Drohung dann, wenn die Rechtsordnung die Benutzung dieses Mittels oder die Erreichung des gewollten Zwecks unter den gegebenen Umständen mißbilligt. Sowohl der erstrebte Erfolg, das ist hier das Ausscheiden der Klägerin, wie die Benutzung dieses Mittels, das ist hier die Androhung der fristlosen Entlassung, müssen erlaubt sein (RG. inJW. 1913, 638[1]; RGR.-Komm., 10. Aufl., § 123 Anm. 3; Staudinger Komm. zum BGB., 10. Aufl., § 123 Anm. 9). Hier fällt beides zusammen. Wenn der Offizier berechtigt war, die Klägerin wegen des von ihr begangenen Diebstahls zu entlassen, dann war er auch berechtigt, ihr diese fristlose Entlassung anzukündigen, um dadurch ihre Entschließung herbeizuführen, daß sie freiwillig ausscheide.

Die Regelung des § 9 MuSchG., die hinsichtlich der daraus folgenden Gehaltszahlungspflicht des beklagten Landes wie schon gesagt auch zu Gunsten von Besatzungsangestellten gilt, verbietet die Kündigung gegenüber einer Frau während der Schwangerschaft und bis zum

Ablauf von vier Monaten nach der Niederkunft. Dieser Kündigungsschutz bezieht sich nach allgemein anerkannter Ansicht nicht nur auf befristete ordentliche Kündigungen, sondern auch auf fristlose Entlassungen aus wichtigem Grund (Bulla, Mutterschutzgesetz und Frauenarbeitsrecht, § 9 MuSchG Anm. 26 mit weiteren Nachweisungen). Der gesetzliche Kündigungsschutz für die werdende Mutter geht also, anders als der für Betriebsratsmitglieder und Schwerbeschädigte (vgl. § 13 Abs. 1 KSchG. und § 19 Abs. 3 SchwBeschG.), so weit, daß er vom Arbeitgeber die Fortsetzung eines Arbeitsverhältnisses mit einer schwangeren Arbeitnehmerin sogar dann verlangt, wenn diese durch ihr Verhalten an sich einen wichtigen Grund zu ihrer sofortigen Entlassung gegeben hat.

§ 9 Abs. 2 MuSchG. gibt jedoch die Möglichkeit, daß die hiernach zuständige oberste Landesarbeitsbehörde oder die von ihr bestimmte Stelle in besonderen Fällen ausnahmsweise eine Kündigung für zulässig erklären kann. Ob und in welcher Weise von dieser Ausnahmevorschrift im Falle einer Besatzungsangestellten praktisch Gebrauch gemacht werden kann, insbesondere welche Behörde in einem solchen Falle zuständig wäre, ist allerdings zweifelhaft, kann jedoch im vorliegenden Falle unerörtert bleiben. Denn es ist zu beachten, daß eben sogar bei Arbeitsverhältnissen, die ausschließlich nach deutschem Recht zu beurteilen sind, unter Umständen die Entlassung einer schwangeren Arbeitnehmerin aus wichtigem Grunde durchgesetzt zu werden vermag. Erst recht muß dies dann auch bei Besatzungsangestellten möglich sein, bei denen der Mutterschutz nur in dem Anspruch besteht, daß das betreffende Bundesland die Arbeitsvergütung fortzuzahlen hat, die Dienste der Arbeitnehmerin der Besatzungsmacht aber gegen ihren Willen nicht aufgedrängt werden können (vgl. BAG. 2, 32 ff.).

Die Androhung der fristlosen Entlassung gegenüber der Klägerin könnte unter diesen Umständen nämlich nur dann als widerrechtlich angesehen werden, wenn mit mehr oder weniger großer Wahrscheinlichkeit anzunehmen wäre, daß eine nach verständigem Ermessen entscheidende oberste deutsche Arbeitsbehörde eine Ausnahmegenehmigung versagt haben würde. Anderenfalls ist die Drohung vor der Rechtsordnung vertretbar. Davon, daß mit einer Ausnahmegenehmigung nicht gerechnet werden durfte, kann aber hier nicht die Rede sein. Zwar rechtfertigt nicht jeder unter gewöhnlichen Umständen zur fristlosen Entlassung ausreichende wichtige Grund zugleich auch eine Ausnahmegenehmigung gemäß § 9 Abs. 2 MuSchG. Vielmehr wird die mutterschutzrechtliche Beurteilung eines Falles oft zu einem anderen Ergebnis führen als die Beurteilung nach allgemeinem Arbeitsvertragsrecht; dies erhellt allein schon daraus, daß die oberste Arbeitsbehörde eben nur in besonderen Fällen ausnahmsweise die Kündigung für zulässig erklären kann (so auch Bulla, a. a. O., § 9 MuSchG. Anm. 89). Gleichwohl darf gesagt werden, daß ein im Betrieb begangenes und nicht leicht wiegendes vorsätzliches Vergehen, wie hier das Bestehlen einer Arbeitskollegin, in aller Regel auch für eine Ausnahmegenehmigung gemäß § 9 Abs. 2 MuSchG. genügen wird (so auch Nikisch, Arbeitsrecht, 2. Aufl., S. 665, zu Unrecht einschränkend Bulla a. a. O. Anm. 94). Hier konnten auch die zu Gunsten der Klägerin sprechenden Umstände, insbesondere die Tatsache, daß sie das gestohlene Geld nach Entdeckung der Tat alsbald zurückgegeben hat, an dem Ergebnis nichts ändern, daß der Besatzungsmacht im Interesse der Aufrechterhaltung der Disziplin und des Friedens in ihrem mehr oder weniger militärisch organisierten Betrieb eine Weiterbeschäftigung der Klägerin schwerlich zugemutet werden konnte. Würde man anders urteilen, hieße das den sozialen Gedanken des Mutterschutzes überspannen und so in weiterer Sicht seine Wirksamkeit schwächen. Es muß auch berücksichtigt werden, daß das Bestehlen eines Arbeitskameraden im allgemeinen eine besonders schwere Gefährdung des Arbeitsfriedens darstellt (a. A. anscheinend Bulla, a. a. O., § 9 MuSchG. Anm. 94). Auf verminderte Geschäftsfähigkeit bei Abgabe ihrer Erklärung vom 4. Dezember 1952 hat sich die Klägerin nach der ausdrücklichen Feststellung im angefochtenen Urteil nicht mehr berufen. Nach alledem war nicht damit zu rechnen, daß eine oberste Landesarbeitsbehörde bei einem Falle wie hier die außerordentliche fristlose Kündigung für zulässig erklärt haben würde.

Bei dieser Sachlage konnte sich die Klägerin nicht dadurch beschwert fühlen und durfte es nicht als eine widerrechtliche Drohung empfinden, daß der Verwaltungsoffizier ihr das freiwillige Ausscheiden aus dem Dienst mit allem Nachdruck nahelegte, wenn sie ihre fristlose Entlassung vermeiden wollte. Vielmehr stellte es in gewissem Sinne sogar ein Entgegenkommen dar, daß der Offizier diesen weniger nachteiligen Ausweg eröffnete. Zuzugeben ist, daß es sich nicht mit völliger Sicherheit klären läßt, wie die oberste Arbeitsbehörde oder die sonst zuständige Stelle in Wirklichkeit entschieden haben würde, wenn sie um eine Entscheidung angegangen worden wäre. Gleichwohl kann man nicht ernstlich daran zweifeln, daß nach Lage des Falles das Vorgehen des Besatzungsoffiziers mindestens vertretbar und deshalb nicht widerrechtlich war.

Unter diesen Umständen kommt es auch nicht darauf an, daß die Ausnahmegenehmigung, deren Einholung eine gewisse Zeit in Anspruch genommen haben würde, nach herrschender Meinung immer nur den erst nach der Erteilung der Genehmigung erfolgenden Kündigungsausspruch wirksam werden läßt (Bulla, a. a. O., § 9 MuSchG. Anm. 84 mit weiteren Nachweisungen). Mit Rücksicht auf das der Klägerin gezeigte Entgegenkommen folgt hieraus weder, daß das Androhen der sofortigen Entlassung doch widerrechtlich war, noch daß der Klägerin ihr Gehalt bis zum vermutlichen Zeitpunkt des Eingangs der Ausnahmegenehmigung fortzuzahlen ist. Vielmehr bleibt es dabei, daß die schriftliche Erklärung der Klägerin vom 4. Dezember 1952, mit der sie zugleich auf weitere Lohnansprüche verzichtet hat, frei von rechtlichen Mängeln zustandegekommen ist.

Somit hat das Landesarbeitsgericht trotz rechtsirriger Auffassungen einerseits über die Anwendbarkeit des Mutterschutzgesetzes auf Besatzungsangestellte und andererseits über die Rechtswidrigkeit einer Kündigungsdrohung die Klage im Ergebnis mit Recht abgewiesen. Da der Sachverhalt in allen wesentlichen Punkten geklärt und im angefochtenen Urteil festgestellt ist, sieht sich der Senat in der Lage, von einer Zurückverweisung der Sache an die Vorinstanz abzusehen und im Rahmen des § 565 Abs. 3 Ziffer 1 ZPO. selbst zu entscheiden.

51

1. Die Aufwertung oder Ergänzung eines in Reichsmark vereinbarten und im Verhältnis 1 : 1 umgestellten Ruhegeldes mit Rücksicht auf die allgemeine Veränderung der wirtschaftlichen Verhältnisse und Erhöhung der Löhne ist heute nicht begründet.

2. Zum Vergleich können in solchem Falle nicht die wirtschaftlichen Verhältnisse vor der Währungsumstellung, sondern diejenigen seit der Währungsumstellung herangezogen werden.

BGB. § 242.

I. Senat. Urteil vom 30. November 1955 i. S. K. (Kl.) w. B. N. AG. (Bekl.) 1 AZR 230/54.

I. Arbeitsgericht Nürnberg. — II. Landesarbeitsgericht Bayern Sitz Nürnberg.

Der Kläger stand als kaufmännischer Angestellter seit 1905 in den Diensten der Beklagten und schied zum 1. April 1932 im gegenseitigen Einvernehmen aus. Mit Schreiben vom 13. Januar 1932 hatte die Beklagte sich verpflichtet, ihm nach seinem Ausscheiden bis auf weiteres, und zwar zunächst auf die Dauer von drei Jahren, eine monatliche Vergütung von 225,— RM zu zahlen. Nach drei Jahren stellte sie die Zahlungen ein. Durch rechtskräftiges Urteil vom 24. September 1935 wurde die Beklagte verurteilt, dem Kläger auf Lebenszeit ein monatliches Ruhegeld von 180,— RM zu zahlen.

Das Urteil selbst, seine Ausfertigungen und die Akten sind durch Kriegseinwirkung verloren gegangen. Die Urteilsformel wurde durch Beschluß des Arbeitsgerichts wiederhergestellt und die Zahlungsverpflichtung mit Wirkung vom 21. Juli 1948 auf 180,— DM umgestellt. Seitdem hat der Kläger monatlich 180,— DM von der Beklagten bezogen. Außerdem erhält er eine Angestelltenrente von 172,90 DM. Sonstiges Einkommen oder Vermögen hat er nicht.

Mit der gegenwärtigen Klage verlangt der Kläger Abänderung des rechtskräftigen Urteils vom 24. September 1935 dahin, daß die Beklagte ab 1. Juni 1951 ihm ein monatliches Ruhegeld von 240,— DM gewähre. In der Zwischenzeit sei eine wesentliche Veränderung derjenigen Verhältnisse eingetreten, die für die Verurteilung der Beklagten seinerzeit maßgebend gewesen seien. Die Lebenshaltungskosten hätten sich seit 1935 fast verdoppelt. Die Beklagte habe auch die Gehälter ihrer Angestellten seit 1945 um 45 % heraufgesetzt und damit der Teuerung angepaßt. Allgemein seien sowohl in der privaten Wirtschaft als auch im öffentlichen Dienst die Löhne und Gehälter gestiegen. Das rechtfertige die Erhöhung des Ruhegeldes.

Die Beklagte hält die Klage in erster Linie für unzulässig, im übrigen auch für unbegründet, weil die vom Kläger behauptete Voraussetzung einer entscheidenden Veränderung der für die damalige Verurteilung maßgebenden Verhältnisse nicht eingetreten sei. Der Kläger könne nicht die Gehälter der Angestellten zum Vergleich heranziehen, sondern höchstens eine Gleichstellung mit den übrigen Pensionären der Beklagten verlangen. Deren Ruhegelder seien aber, im Gegensatz zu dem des Klägers, um ein Drittel gekürzt.

Das Arbeitsgericht hat die Beklagte zur Zahlung von monatlich 216,— DM verurteilt und im übrigen die Klage abgewiesen. Das Landesarbeitsgericht hat die Klage ganz abgewiesen.

Die Revision des Klägers blieb erfolglos aus folgenden

Gründen:

Die Rechtskraft des Urteis vom 24. September 1935 steht der Zulässigkeit der Klage nicht entgegen. Es kann dahingestellt bleiben, ob es sich um eine Nachforderungsklage handelt, die von der Rechtskraft des damaligen Urteils überhaupt nicht berührt wird, also ohne weiteres zulässig ist (Brox, FamRZ. 1955, 320 ff.), oder ob die Rechtskraft jenes Urteils sich auf den jetzt geltend gemachten Anspruch erstreckt (Bereiter-Hahne, a. a. O. 1954, 94 ff.); denn für diesen Fall ist die Klage nach § 323 ZPO. zulässig, weil der Kläger sich u. a. auf eine Veränderung der Geschäftsgrundlage beruft. Dabei kann es weiter dahingestellt bleiben, inwieweit sich eine Einschränkung in der Anwendung des § 323 ZPO. bei einer vertraglichen Verpflichtung auf wiederkehrende Leistungen ergibt (Stein-Jonas-Schönke, § 323 ZPO. Bem. II, 5). Soweit der Gesichtspunkt der veränderten Geschäftsgrundlage in Frage steht, bleibt § 323 ZPO. jedenfalls anwendbar (OGHZ. 1, 67).

In der Sache selbst kommt die Vorschrift des § 323 ZPO. als Rechtsgrundlage der Klage nicht in Betracht. Diese Bestimmung ist keine materielle Vorschrift in dem Sinne, daß nach rechtskräftiger Verurteilung zu wiederkehrenden Leistungen eine Abänderung des Anspruchs immer verlangt werden könnte, sobald eine wesentliche Veränderung derjenigen Verhältnisse eigetreten ist, die der Verurteilung zugrunde lagen, wobei der Begriff „wesentlich" selbständig und ohne Rücksicht auf das zugrunde liegende Rechtsverhältnis zu bestimmen wäre. Eine solche Auffassung würde dazu führen, daß die Beurteilung des zugrunde liegenden Anspruchs eine andere wäre, je nachdem, ob eine urteilsmäßige Feststellung erfolgt ist oder nicht (Herschel, BB. 1954, 719). Dem § 323 ZPO. liegt der Gedanke zugrunde, daß eine Änderung wiederkehrender Leistungen gegenüber der Rechtskraft eines früheren Urteils dann durchgesetzt werden kann, wenn sich aus materiell-rechtlichen Gründen eine inhaltliche Änderung des zugrunde liegenden Anspruchs auf wiederkehrende Leistungen ergibt (OGHZ. a. a. O.).

Auch eine Auffassung, daß durch das Urteil im Vorprozeß eine Verpflichtung der Beklagten selbständig begründet sei, daß ferner die urteilsmäßige Festsetzung der Rentenhöhe damals alle wirtschaftlichen Verhältnisse vermutlich berücksichtigt habe und daß deshalb jede wesentliche Veränderung der wirtschaftlichen Verhältnisse seit damals auch die Leistungspflicht jeweils ändern müsse, ist nicht gerechtfertigt. Grundlage der Rechtsbeziehung der Parteien ist der durch den damaligen Richterspruch festgestellte Vertrag, wonach die Beklagte dem Kläger eine Unterstützung zu zahlen verpflichtet ist, deren Höhe das Gericht auf 180,-- DM bestimmt hat. Entscheidend ist daher allein, ob Treu und Glauben mit Rücksicht auf die Verkehrssitte (§ 242 BGB.) im Hinblick auf eine eingetretene Veränderung der allgemeinen wirtschaftlichen Verhältnisse eine Erhöhung des klägerischen Anspruchs über den als vereinbart anzusehenden Nominalbetrag von 180,– DM hinaus „unumgänglich" (OGHZ. 1, 68) verlangen, insbesondere ob der klägerische Anspruch aus dem Gesichtspunkt der „clausula rebus sic stantibus" (cl. r. s. st.) oder der veränderten „Geschäftsgrundlage" begründet ist.

Unter dem Druck der Inflationszeit nach dem ersten Weltkrieg hat das Reichsgericht mehrfach ausgesprochen, daß einem Unterhaltsvertrag der Gedanke annähernd gleichbleibender Verhältnisse (cl. r. s. st.) innewohne und daraus die Aufwertung einer vertraglichen Unterhaltsrente über den vereinbarten Markbetrag hinaus hergeleitet (RGZ. 106, 235). Es hat seine Auffassung später dahin eingeschränkt, daß nicht jeder Unterhaltsvertrag von dem Vorbehalt gleichbleibender Verhältnisse beherrscht werde (vgl. RG. in JW. 1934, 2619). Ob entgegen der Auffassung der Revision dieser Einschränkung des Reichsgerichts zu folgen ist, und weiter, ob der Vertrag auf Ruhegeld überhaupt dem Unterhaltsvertrag gleichbehandelt werden kann, oder ob sich wesentliche Unterschiede daraus ergeben müssen, daß in dem einen Falle in der Regel nur der Umfang einer gesetzlich bereits bestehenden Pflicht festgelegt, im anderen Falle aber eine Leistung ohne vorherige Verpflichtung versprochen wird, kann hier unentschieden bleiben; denn das Reichsgericht hat seine von der Revision in Bezug genommene Rechtsprechung zur cl. r. s. st. bei Unterhaltsverträgen später allgemein und nachdrücklich dahin eingeschränkt, daß auch bei Verträgen dieser Art der Gesichtspunkt veränderter Umstände nur mit größter Zurückhaltung angewendet werden könne. Nicht jede Veränderung in den besonderen Verhältnissen des Leistungsverpflichteten oder -Berechtigten oder Veränderung in den allgemeinen wirtschaftlichen Verhältnissen rechtfertige bereits eine vom Vertrag abweichende andere Festsetzung der Unterhaltsrente. Es müsse sich immer um so wesentliche Veränderungen handeln, „welche die Geschäftsgrundlage zu erschüttern und den Endzweck beider Parteien zu vereiteln geeignet sind" (RGZ. 164, 370; 145, 119).

Dieser schon unter dem Gesichtspunkt der cl. r. s. st. sich ergebende „exzeptionelle" Charakter des Einflusses einer Änderung der wirtschaftlichen Verhältnisse auf den Vertragsinhalt wird auch durch den Hinweis des Klägers auf die objektive Geschäftsgrundlage, insbesondere auf eine „Äquivalenz" von Ruhegeld und früher geleisteter Arbeit nicht abgeschwächt. Es ist zwar richtig, daß das Reichsgericht einen Ergänzungsanspruch dann gewährt hat, wenn die Äquivalenz im Austausch von

Leistung und Gegenleistung nicht mehr vorhanden ist (vgl. RGZ. 147, 290). Dabei handelte es sich um gegenseitige Leistungen, die in einem so unmittelbaren Austauschverhältnis zueinander standen, daß der wegen Veränderung der Geschäftsgrundlage (damals: dekretierte Abwertung des US-Dollars) angeblich gegen Treu und Glauben verstoßende Gewinn oder Verlust der einen oder anderen Partei nur durch das bestehende unmittelbare Austauschverhältnis überhaupt denkbar war. Es war nämlich nun eine Leistung zu erbringen, die nicht mehr entsprechend honoriert wurde. Inwieweit dieser Rechtsprechung gefolgt werden kann (dagegen weitgehend Larenz, Geschäftsgrundlage und Vertragserfüllung S. 111 ff.), mag hier dahingestellt bleiben, denn bei der Leistung von Ruhegeld mit Rücksicht auf früher geleistete Dienste kann nur in einem weiteren Sinne von Leistung und Gegenleistung als Geschäftsgrundlage überhaupt die Rede sein: Nur die Pensionierung zu einem bestimmten Ruhegeld als solche mag eine Gegenleistung mit Rücksicht auf frühere, insbesondere langjährige, Dienste sein. (Keine Gegenleistung nimmt RAG. ARS. 40, 321 an). Den einzelnen Pensionsleistungen aber steht eine jeweils zu honorierende Gegenleistung in einem unmittelbaren Austauschverhältnis nicht mehr gegenüber. Wenn daher der Kläger hier den Äquivalenzgedanken als Geschäftsgrundlage heranziehen will, so kann das nur in dem Sinne geschehen, ob eine Leistung von 180,— DM monatlich noch als eine in Betracht kommende Unterstützung überhaupt angesehen werden kann.

Hiervon ist auch der Berufungsrichter ohne Rechtsirrtum ausgegangen. Er hat nicht verkannt, daß der Grundsatz der Vertragstreue selbst ein entscheidender Ausdruck des allgemeinen Satzes von Treu und Glauben im Rechtsverkehr ist, der es selbst bei wiederkehrenden Leistungen grundsätzlich verbietet, eine fest vereinbarte Betragsschuld in eine wandelbare Wertschuld umzudeuten. Diesem Grundsatz der Vertragstreue gegenüber kann daher die Anwendung des § 242 BGB. — auch unter Berücksichtigung des Gedankens der Treue- und Fürsorgepflicht — nur folgendes bedeuten: So gut wie der Schuldner (auch gegenüber einem Vertrage) davor zu bewahren ist, daß von ihm Leistungen verlangt werden, die ihm ein Opfer auferlegen, das mit den Anforderungen von Treu und Glauben und mit der Verkehrssitte auch unter Berücksichtigung der Interessen des Gläubigers und des Grundsatzes, daß Verträge zu halten sind, nicht mehr vereinbar ist (ähnlich einschränkend Larenz a. a. O.), ebensogut soll auch der Gläubiger davor bewahrt werden, daß der Schuldner in die Lage versetzt wird, sich einer

Verbindlichkeit in einer Weise zu entledigen, die mit den Anforderungen von Treu und Glauben und mit der Verkehrssitte nicht mehr vereinbar ist.

Ob hiernach die — eine Abweichung vom Vertragsinhalt und Erhöhung des Nennbetrages gestattende — außerordentliche Veränderung der Verhältnisse auf seiten des Pensionsberechtigten erst und immer nur dann vorliegt, wenn der Ruheständler (eventuell unter Einbeziehung der Sozialrente) nicht mehr in der Lage ist, aus Ruhegeld und Sozialrente den bescheidensten Lebensunterhalt zu decken, wie der Berufungsrichter (unter Hinweis auf RAG. ARS. 15, 533 ff.) meint, braucht hier nicht entschieden zu werden; denn es ist überhaupt unzutreffend, wenn der Kläger zur Begründung der außerordentlichen Veränderung sich auf die allgemeinen wirtschaftlichen Verhältnisse des Jahres 1935 vergleichend bezieht. Es kann dahingestellt bleiben, inwieweit eine solche Auffassung in Fällen berechtigt ist, wo eine gesetzliche Unterhaltspflicht besteht und einer getroffenen Unterhaltsvereinbarung zugrunde liegt. Soweit es sich aber um eine von einer gesetzlichen Verpflichtung unabhängige „freiwillige" vertragliche Vereinbarung wiederkehrender Leistungen als Ruhegeld handelt, können unter dem Gesichtspunkt der cl. r. s. st. oder der veränderten Geschäftsgrundlage nur die Verhältnisse nach der Währungsreform mit den heutigen verglichen werden. Denn durch die Währungsgesetzgebung des Jahres 1948 ist eine gesetzliche Bewertung der früheren in RM ausgedrückten Verbindlichkeiten mit Rücksicht auf die neue Währung angeordnet worden. Bei Pensionen ist eine Umstellung im Verhältnis 1 : 1 erfolgt (§ 18 Abs. 1 UG.). Im Jahre 1948 war die Umstellung 1 : 1 eine so bevorzugte, daß von einer treuewidrigen Benachteiligung des Berechtigten nicht gesprochen werden kann. Darüber hinaus geht das Gesetz davon aus, daß diese Regelung nicht dem Pensionsberechtigten, sondern dem Pensionsverpflichteten Härten auferlegt. Denn die Umstellung der Pensionen im Verhältnis 1 : 1 ist nur zu Gunsten des Schuldners (hier also des Arbeitgebers) in das besondere Vertragshilfeverfahren des Umstellungsgesetzes (§ 21 Abs. 1 UG.) einbezogen. Durch die Bestimmung des § 18 Abs. 1 Ziff. 1 und § 21 Abs. 1 Umstellungsgesetz ist eine gesetzliche Wertung dahin erfolgt, daß durch die Umstellung im Verhältnis 1 : 1 der Schwund im Werte der RM und damit alle wirtschaftlichen Veränderungen, die vor der Währungsreform liegen, mit Rücksicht auf die neue Währung berücksichtigt und ausgeglichen sind. Die vergleichende Einbeziehung der wirtschaftlichen Verhältnisse von 1935 würde bedeuten, daß der Kläger zunächst eine Aufwertung seiner RM-Forderung und sodann noch deren

Umstellung im Verhältnis 1 : 1 verlangt. Das steht im Widerspruch zum Umstellungsgesetz und wäre u. U. geeignet, die Stabilität der Währung zu gefährden, auf der das wirtschaftliche und soziale Leben beruht.

Entscheidend kann daher nur sein, ob seit dem zweiten Halbjahr 1948 eine solche Veränderung der wirtschaftlichen Verhältnisse eingesetzt hat, daß die Leistung der damals im Verhältnis 1 : 1 umgewerteten DM-Verpflichtung ihrem Nominalbetrage nach heute nicht mehr eine mit dem Sinn des Vertrages noch zu vereinbarende Erfüllung bedeutet. Nach den bekannten amtlichen Indexzahlen für die Lebenshaltung (Statist. Jahrbuch 55 S. 461) ist das ersichtlich nicht der Fall. Der Kläger kann daher auch nur vortragen, daß sich eine wesentliche Erhöhung der Löhne vollzogen habe. Ob der Kläger hierbei ebenfalls nur von 1948 ausgehen, oder insoweit auch auf den Stand von 1945 vergleichend zurückgreifen kann, mag dahingestellt bleiben, denn er beachtet überhaupt nicht genügend, daß ein entscheidender rechtlicher Unterschied darin besteht, ob — wie bei der Lohnerhöhung — die Veränderung der Leistung durch eine Änderung der vertraglichen Vereinbarung herbeigeführt wird oder ob sich ohne jede Änderung der Vertragsvereinbarung eine Änderung der vereinbarten Leistung ipso iure vollziehen soll. Ein allgemeiner Satz, daß ohne Rücksicht auf Vereinbarung oder besondere Umstände Pensionen den Löhnen allgemein oder doch dem Lohn folgen müssen, den der derzeitige Inhaber des Arbeitsplatzes erhält, besteht auch im Hinblick auf die Fürsorgepflicht und den Grundsatz der Gleichbehandlung nicht (RAG. 15, 351). Inwieweit allgemein eine u. U. auch zum Nachteil des Berechtigten sich auswirkende Angleichung beider zu erstreben wäre, ist eine rechtspolitische, aber keine Rechts-Frage.

52

1. Ein befristetes Probearbeitsverhältnis eines Handlungsgehilfen kann nur aus wichtigem Grunde fristlos gekündigt werden.

2. Sofern die Revision nach ihrem Vorbringen geltend macht, das Berufungsgericht habe eine ordnungsgemäße Ermittlung des Sachverhaltes als solchen nicht vorgenommen, ist eine Verletzung des § 286 ZPO. gerügt.

3. Bei fristloser Entlassung ist das Nachschieben von Kündigungsgründen, die erst nach der Kündigung entstanden sind, nicht zulässig.

Allerdings können nachträglich entstandene Kündigungsgründe insofern von Bedeutung sein, als sie das frühere Verhalten des Gekündigten in einem neuen Licht erscheinen lassen.

BGB. §§ 620, 626; HGB. §§ 66, 67, 77 Abs. 2 Satz 1.

II. Senat. Urteil vom 15. Dezember 1955 i. S. O.-Ö. (Bekl.) w. W. (Kl.) 2 AZR 228/54.

I. Arbeitsgericht München. — II. Landesarbeitsgericht Bayern in München.

Durch schriftlichen Vertrag vom 5. September 1953 wurde der Kläger am 1. Oktober 1953 mit 650,— DM Monatsgehalt als Verkaufskorrespondent bei der Beklagten eingestellt. Der Vertrag enthielt eine Bestimmung, daß die ersten drei Monate als Probezeit gelten sollten. Am 29. Oktober 1953 hatte der Kläger während der Mittagspause in der Kantine der Beklagten eine streitige Auseinandersetzung mit dem für die Beklagte tätigen freien Vertreter G., die sich nicht auf Angelegenheiten des Unternehmens bezog, sondern einen politischen Hintergrund hatte. Diese Auseinandersetzung wurde durch den Angestellten Sch. derart beigelegt, daß der Kläger und G. nichts gegeneinander unternahmen. Sie hinterließ aber auf beiden Seiten eine starke Verstimmung. Am 17. November 1953 kam es zu neuem Streit, der diesmal dadurch entstand, daß G. sich in ein Telefongespräch des Klägers mit einem Kunden einschaltete. Der Kläger machte G. deswegen heftige, z. T. beleidigende Vorwürfe, die G. entsprechend erwiderte. G. beschwerte sich schriftlich bei der Betriebsleitung über den Kläger. Die Prokuristin M., die zugleich die Ehefrau des Geschäftsführers der Beklagten ist, bestellte deswegen den Kläger am 24. November 1953 zu sich und machte ihm Vorhaltungen, wobei sie darauf hinwies, daß der Kläger nur auf Probe angestellt sei, während der Vertreter G. für die Beklagte eine besonders wertvolle Kraft darstelle; unter diesen Umständen sei eine Zusammenarbeit mit dem Kläger nicht möglich. Der Kläger, der hieraus schloß, daß er mit einer festen Anstellung nicht rechnen könne, machte beim Verlassen des Zimmers eine Bemerkung etwa des Inhalts, es sei also doch richtig, was er erfahren habe, daß sich bei der beklagten Firma niemand halten könne. Auf diese Bemerkung forderte die Prokuristin ihn auf, das Werk sofort zu verlassen. Am 25. November 1953 teilte die Beklagte dem Kläger schriftlich mit, daß sein Arbeitsverhältnis wegen Störung des Betriebsfriedens mit sofortiger Wirkung gelöst sei.

Der Kläger hat auf Feststellung geklagt, daß das Dienstverhältnis durch die fristlose Entlassung nicht aufgelöst worden ist. Das Arbeitsgericht hat der Klage stattgegeben. In ihrer Berufung hat die Beklagte die fristlose Entlassung des Klägers auch darauf gestützt, daß der Kläger auf nochmalige Kündigung des Probedienstvertrages hin in einer Klageschrift vom 31. Dezember 1953 die unwahre und beleidigende Behauptung aufgestellt habe, die Beklagte arbeite in dem vorliegenden Prozeß mit einem unzutreffenden Arbeitsvertrag, indem sie das erste Blatt des Vertrages vom 5. September 1953 durch ein anderes Blatt mit anderen Bedingungen ersetzt haben solle.

Das Landesarbeitsgericht hat die Berufung der Beklagten zurückgewiesen und ausgeführt, das unstreitig befristete Probedienstverhältnis zwischen den Parteien habe nur aus wichtigem Grunde vorzeitig gekündigt werden können; ein solcher Grund könne jedoch nicht festgestellt werden. Der nachgeschobene Kündigungsgrund könne nur als neue Kündigung aufgefaßt werden und wirke nicht auf die ursprüngliche Kündigung zurück.

Die Revision der Beklagten blieb erfolglos aus folgenden

Gründen:

I. Dem Kläger ist während der Dauer seiner Probezeit fristlos gekündigt worden. Was die Frage der Kündbarkeit von Probearbeitsverhältnissen anlangt, so ist von der Feststellung des Landesarbeitsgerichts auszugehen, daß die Parteien ein auf drei Monate, d. h. bis zum 31. Dezember 1953 befristetes Probedienstverhältnis vereinbart haben. An diese tatsächliche Feststellung ist der Senat gebunden. Die Beklagte hat auch diese Feststellung nicht angegriffen, und sie wird durch sie im übrigen nicht beschwert.

Mit Recht hat das angefochtene Urteil erkannt, daß das Probedienstverhältnis des Klägers fristlos nur aus wichtigem Grunde gekündigt werden konnte. Der gegenteiligen Ansicht der Revision, daß ein solcher Arbeitsvertrag auf Probe seiner Natur nach auch ohne wichtigen Grund jederzeit fristlos kündbar sei, kann nicht zugestimmt werden.

§ 620 BGB. unterscheidet zwischen Dienstverhältnissen auf bestimmte Zeit (Abs. 1) und solchen auf unbestimmte Zeit (Abs. 2). Daraus, daß § 620 Abs. 2 nur bei der zuletzt genannten Art von der Möglichkeit einer ordentlichen Kündigung gemäß §§ 621 bis 623 BGB. spricht, ist zwar nicht zu folgern, daß bei einem befristeten Arbeitsvertrag eine ordentliche Kündigung, d. h. eine solche ohne wichtigen Grund, ausgeschlossen ist. Sie ist es weder begrifflich noch nach der

Verkehrsanschauung. Denn es ist denkbar und unter Umständen sinnvoll, daß sich die Parteien im Rahmen ihrer Vertragsfreiheit auch bei einem befristeten Dienstverhältnis die Möglichkeit der vorzeitigen Auflösung aus nicht wichtigem Grunde offenhalten wollen. Doch sind dies Ausnahmefälle. Sie setzen auf jeden Fall voraus, daß die Parteien eine vorzeitige Kündbarkeit ihres auf bestimmte Zeit abgeschlossenen Arbeitsvertrages entweder ausdrücklich vereinbart haben oder daß ein dahingehender beiderseitiger Wille aus den Umständen eindeutig erkennbar ist.

Für den hier vorliegenden Fall eines befristeten Probedienstvertrages gilt grundsätzlich dasselbe. Zuzugeben ist nur, daß ein Probedienstvertrag nach seinem Wesen eine weniger feste Bindung darstellt als ein gewöhnlicher Dienstvertrag. Er ist infolgedessen auch leichter zu lösen (vgl. BAG. 1, 137). Ob daraus folgt, daß ein Probedienstvertrag, auch wenn er für eine bestimmte Zeit geschlossen wurde, im Zweifel mit der gesetzlichen Kündigungsfrist oder gar mit der Mindestfrist, die die Parteien zulässigerweise hätten vereinbaren dürfen, lösbar ist, kann hier unerörtert bleiben. Denn nach § 66 HGB. ist einem Handlungsgehilfen wie dem Kläger mit sechs Wochen Frist zum Schluß des Kalendervierteljahres zu kündigen. Nach § 67 HGB. kann diese Frist durch Parteivereinbarung bis auf einen Monat abgekürzt werden, aber nur mit der Maßgabe, daß die Kündigung dann zum Schluß eines Kalendermonats wirkt. Der Kläger gehört nach der Höhe seines Gehalts von monatlich 650,– DM zweifellos zu dem Kreis der Handlungsgehilfen, auf die § 67 HGB. anwendbar ist (§ 68 HGB. i. V. mit § 2 der VO. vom 23. Oktober 1923, RGBl. I S. 990). Die Mindestkündigungsfrist von einem Monat soll verhüten, daß der Handlungsgehilfe mehr oder weniger unmittelbar vor einem Existenzverlust steht (vgl. Geßler-Hefermehl, HGB., 2. Aufl., § 67 Anm. 6; Staub, HGB., 12. bis 13. Aufl., § 67 Anm. 7; Würdinger, HGB., 2. Aufl., § 67 Anm. 7). Da das Gesetz diesen Gedanken ganz allgemein zum Ausdruck bringt, gilt er auch bei befristeten Probeverträgen (Staub, HGB., 12.–13. Aufl., § 66 Anm. 4; Würdinger, HGB., 2. Aufl., § 66 Anm. 3; Nikisch, Arbeitsrecht, 2. Aufl., S. 558). Die von der Beklagten am 25. November 1953 erklärte fristlose Entlassung des Klägers hätte infolgedessen als befristete Kündigung frühestens zum 31. Dezember 1953 wirken können. Das ist aber der Zeitpunkt, zu dem der Probedienstvertrag ohnehin geendet hätte. Auf die Möglichkeit seiner befristeten Kündigung kommt es daher in diesem Rechtsstreit nicht an.

Es bleibt somit nur die Frage, ob der befristete Probedienstvertrag eines Handlungsgehilfen seinem Wesen nach auch ohne wichtigen Grund jederzeit fristlos gekündigt werden kann. Sie ist mit dem angefochtenen Urteil zu verneinen. Die Parteien haben über die Möglichkeit einer vorzeitigen Auflösung des Vertrages keine ausdrückliche Vereinbarung getroffen. Insbesondere haben sie nicht vereinbart, daß der Vertrag jederzeit fristlos gelöst werden kann. Auch eine stillschweigende Vereinbarung kann entgegen der Ansicht der Revision aus den besonderen Umständen des Falles, insbesondere aus der Interessenlage, nicht hergeleitet werden. Mit Recht hat nämlich das Landesarbeitsgericht in diesem Zusammenhang darauf hingewiesen, daß überhaupt einer jeden solchen Vereinbarung bereits die erwähnten unabdingbaren Vorschriften des § 67 HGB. entgegenstehen würden, die eben auch für Probedienstverträge gelten. Auch bei einem Probedienstvertrag, jedenfalls bei einem befristeten, ist eine sofortige Entlassung des Arbeitnehmers eine so einschneidende, ja sogar ihn kränkende und u. U. sein berufliches Fortkommen hindernde Maßnahme, daß sie nur beim Vorliegen eines wichtigen Grundes angebracht erscheint. Ein auf unbestimmte Zeit zur Probe eingegangenes Dienstverhältnis kann, da dem Dienstverpflichteten Gelegenheit gegeben werden soll, sich in der vereinbarten Zeit zu bewähren, seinem Wesen nach gerade nicht jederzeit ohne weiteres vom Dienstherren aufgelöst werden. Die gegenteilige Auffassung ist als überholt anzusehen. Sie wird von der herrschenden Meinung mit Recht abgelehnt (so schon Hueck-Nipperdey, Lehrbuch, 3.—5. Aufl., 1. Band S. 319; neuerdings auch RGR.-Komm., Anm. 1 zu § 620 BGB., und Palandt, BGB., 14. Aufl., Anm. 4 zu § 620 im Gegensatz zu den früheren Auflagen; ferner Nikisch Arbeitsrecht, 2. Aufl., S. 558, 559; Walter, Arbeitsverhältnisse zur Probe und Aushilfe, 1955, S. 27—30). Daß § 77 Abs. 2 Satz 1 HGB. bei Handlungs*lehrlingen* während der Probezeit die Kündigung ohne Einhaltung einer Kündigungsfrist ausdrücklich zuläßt, ist ein auf das Lehrverhältnis abgestellte und beschränkte Sondervorschrift. Sie gilt nicht für Handlungsgehilfen.

II. Hiernach kommt es entscheidend darauf an, ob die Beklagte einen wichtigen Grund zur fristlosen Entlassung des Klägers hatte. Die Ausführungen, mit denen das angefochtene Urteil dies verneint, sind einer Nachprüfung im Revisionsverfahren nicht in jeder Hinsicht zugänglich. Der Senat kann im wesentlichen nur prüfen, ob etwaige Verfahrensrügen durchgreifen, ferner ob das Landesarbeitsgericht den Rechtsbegriff des wichtigen Grundes im gegebenen Falle ohne Rechtsfehler angewandt hat, und schließlich, ob es bei seiner Erwägung, daß der Beklagten die Weiterbeschäftigung des Klägers bis zum Ablauf der Probezeit zugemutet werden konnte, alle wesentlichen Umstände des festgestellten Sachverhalts berücksichtigte (vgl. die zum Abdruck in der Amtlichen Sammlung bestimmten Urteile des Senats vom 3. November 1955, 2 AZR. 39/54 und 2 AZR. 86/54).

In diesem Rahmen ist im einzelnen folgendes zu sagen:

Zu dem Streit des Klägers mit dem Zeugen G. am 29. Oktober 1953 während der Mittagspause meint das Landesarbeitsgericht, er könne in seinen Anfängen und in seinem ganzen Verlauf nicht mehr geklärt werden, da sich die in Betracht kommenden Zeugen nicht mehr erinnern könnten. Die Revision rügt, diese Feststellung sei nicht richtig, da das Landesarbeitsgericht dabei die den Kläger belastenden Aussagen der Zeugen Sch., St. und G. nicht berücksichtigt habe. Weil mit jenem Vorbringen geltend gemacht wird, das Landesarbeitsgericht habe eine ordnungsgemäße Ermittlung des Sachverhaltes als solchen nicht vorgenommen, handelt es sich hier um eine Verfahrensrüge, nämlich um eine solche der Verletzung des § 286 ZPO., der zwar eine freie Beweiswürdigung gestattet, aber auch vorschreibt, daß sie erschöpfend sein muß. Diese in der Revisionsbegründung enthaltene und auch sonst den Anforderungen des § 554 Abs. 3 Nr. 2 ZPO. entsprechende Verfahrensrüge ist der Beklagten nicht etwa deshalb verwehrt, weil es zu Beginn der Revisionsbegründung heißt: „Gerügt wird die Verletzung materiellen Rechts". Denn diesem Satz kann hier nach dem aus dem weiteren Inhalt der Revisionsbegründung erkennbaren Willen der Beklagten nicht die Bedeutung beigemessen werden, daß dadurch jegliche Verfahrensrügen, insbesondere auch solche der Verletzung des § 286 ZPO., ausgeschlossen werden sollen. Die Rüge ist aber sachlich nicht begründet. . . .

III. Schließlich beanstandet die Revision, daß das Landesarbeitsgericht den nachgeschobenen Kündigungsgrund nicht zugelassen hat. Es handelt sich dabei um einen Grund, der im Zeitpunkt der Erklärung der fristlosen Kündigung, d. h. am 25. November 1953, noch nicht gegeben war, sondern erst nachher, nämlich am 31. Dezember 1953, entstanden ist, also gerade in dem Zeitpunkt, in dem das befristete Probedienstverhältnis nach der Feststellung des angefochtenen Urteils ohnehin sein Ende gefunden hat. Denn die angebliche Beleidigung, auf die die Beklagte die Entlassung des Klägers nachträglich stützt, war erst in seiner Klageschrift vom 31. Dezember 1953 enthalten.

Würde man einen derart nachgeschobenen Kündigungsgrund zulassen, so würde das bedeuten, daß eine ursprünglich unbegründete fristlose Kündigung hinterher mit rückwirkender Kraft zu einer begründeten werden könnte. Gegen eine solche Auffassung erheben sich durchgreifende Bedenken. Sie ist nicht damit vereinbar, daß eine Kündigung unbedingt sein muß, insbesondere schafft sie Unklarheiten hinsichtlich der Wirkung der Kündigung und schließlich bringt sie den Kündigenden in Versuchung, zuerst leichtfertig ohne hinreichenden Grund fristlos zu kündigen und dann nachträgliche Kündigungsgründe zu provozieren. Deshalb wird das hier fragliche Nachschieben von Kündigungsgründen in Rechtsprechung und Schrifttum kaum noch für zulässig erachtet. In der neuen Rechtsprechung könnte, soweit ersichtlich, nur die Entscheidung des Landesarbeitsgerichts Bremen vom 26. Oktober 1949 (AP 50 Nr. 27 mit insoweit ablehnender Anm. von Hueck) eindeutig in diesem Sinne verstanden werden. Die herrschende Auffassung steht demgegenüber jetzt auf dem Standpunkt, daß Kündigungsgründe, die erst nach der Kündigung entstanden sind, nicht mit rückwirkender Kraft nachgeschoben werden dürfen, sondern nur eine neue Kündigung mit Wirkung „ex nunc" rechtfertigen können (so u. a. bereits Hueck-Nipperdey, Lehrbuch 3.—5. Aufl., S. 327; ferner Nikisch, Arbeitsrecht 2. Aufl., S. 569, 607; Schnorr von Carolsfeld, Arbeitsrecht S. 393, 394; RGR. Komm. 10. Aufl. Anm. 3 b zu § 626; Soergel, BGB. 8. Aufl. Anm. 2 zu § 626; Palandt BGB 11. Aufl. Anm. 2 e zu § 626; Galperin in BB. 48, 305 [308]; Molitor in SJZ. 1950 Sp. 399; Oehmann in BB. 53, 628; Hueck in Anm. zu AP. 50 Nr. 27). Dabei ist es für den vorliegenden Fall ohne Bedeutung, ob und inwieweit das unzulässige Nachschieben eines neu entstandenen Kündigungsgrundes im anhängigen Prozeß ohne weiteres als neue Kündigung aufzufassen ist. Denn hier ist, wie bereits hervorgehoben, der neue Grund erst in einem Zeitpunkt entstanden und nachgeschoben worden, in dem das Arbeitsverhältnis ohnehin bereits beendet war.

Die früheren Meinungsverschiedenheiten in der Literatur, insbesondere auch gewisse Unklarheiten in der Rechtsprechung des Reichsgerichts und Reichsarbeitsgerichts, sind als überholt anzusehen. Sie beruhten im wesentlichen darauf, daß nicht scharf genug unterschieden wurde zwischen solchen Fällen, in denen der nachgeschobene Grund im Zeitpunkt der Kündigung zwar bereits gegeben, aber vom Arbeitgeber nicht herangezogen und vielleicht auch noch gar nicht erkannt worden ist, und dem hier vorliegenden Fall, in dem der Grund im Zeitpunkt der Kündigung noch gar nicht vorhanden war. Zum Teil beruhten sie anscheinend auch auf einem Mißverstehen der Entscheidung des Reichsgerichts in RGZ. 32, 249, auf die in diesem Zusammenhang immer wieder hingewiesen worden ist (vgl. dazu Molitor, Die Kündigung, 2. Aufl., S. 258, insbesondere Anm. 29). Das angefochtene Urteil hat sich mit Recht im entscheidenden Punkte der überwiegenden Meinung angeschlossen, freilich ohne zu erkennen, daß sie bereits die herrschende geworden ist.

Mit dieser Auffassung steht es nicht in Widerspruch, daß nachträgliche Vorgänge insofern von Bedeutung sein können, als sie die früheren Vorgänge, die zu der Kündigung Anlaß gegeben haben, in einem neuen Licht erscheinen lassen, d. h. ihnen ein größeres Gewicht als Kündigungsgrund verleihen. Dabei handelt es sich aber in Wirklichkeit nicht um einen neuen Kündigungsgrund, sondern nur um eine neue Würdigung der alten Gründe mit neu gewonnenen Erkenntnissen. Ein solcher Fall ist z. B. dann gegeben, wenn der ursprüngliche Verdacht einer strafbaren Handlung des Arbeitnehmers sich nachträglich verstärkt oder gar zur Überführung verdichtet. Jedenfalls müssen zwischen den neuen Vorgängen, damit sie rückwirkend berücksichtigt werden können, und den alten Gründen so enge innere Beziehungen bestehen, daß an jenen nicht vorbeigegangen werden kann, ohne daß ein einheitlicher Lebensvorgang zerrissen wird. Davon kann aber hier nicht die Rede sein, weil der Kläger bei seiner von der Beklagten beanstandeten Klageschrift vom 31. Dezember 1953 aus einer völlig neuen Sachlage heraus und in einer Verteidigungsstellung gehandelt hat, in die er von der Beklagten durch eine neue formelle Kündigung gedrängt worden ist. Unter diesen Umständen brauchte das angefochtene Urteil auf diesen Punkt nicht einzugehen.

53

1. Ein angestellter Kraftfahrer verletzt die aus dem Arbeitsvertrag ihm obliegenden Verpflichtungen auch dann, wenn er einen Omnibus im Zustande der geminderten Fahrtüchtigkeit steuert, selbst wenn die Grenze der strafbaren Fahruntüchtigkeit nicht erreicht ist.

2. Beharrlichkeit im Sinne des § 123 Abs. 1 Nr. 3 GewO setzt nicht stets ein wiederholtes Verhalten oder eine wiederholte Aufforderung zum vertragsgemäßen Verhalten voraus. Es kann in bestimmten Fällen auch ein einmaliges Verhalten genügen, wenn aus ihm eine Beharrlichkeit der Willensrichtung im Sinne der Intensität des Willens hervorgeht.

GewO. § 123 Abs. 1 Nr. 3.

II. Senat. Urteil vom 12. Januar 1956 i. S. K. (Bekl.) w. L. (Kl.)
2 AZR 117/54.

I. Arbeitsgericht Dortmund. — II. Landesarbeitsgericht Hamm i. W.

Der Kläger war seit Dezember 1951 in dem Omnibusbetrieb der Beklagten in Lünen als Fahrer angestellt.

Am späten Abend des 20. Juli 1953 besuchte er das Schützenfest in Lünen und verblieb dort bis zum 21. Juli 1953 morgens 3 Uhr. Dann schlief er in seiner Schlafstelle und zwar angekleidet auf einem Sessel sitzend. Den Dienstbeginn verschlief er; er sollte den um 4.50 Uhr abfahrenden Omnibus fahren; diesen übernahm ein anderer Fahrer. Die ihm zugeteilte Schaffnerin holte den Kläger zum Dienst. Er übernahm nunmehr einen Einsatzwagen und fuhr ihn zur Zeche Gneisenau in Derne. Auf der Rückfahrt gelang es ihm nicht, den Omnibus vor einem nach einer Linkskurve auftretenden Bahnübergang, dessen Schranken heruntergelassen waren, zum Halten zu bringen, weil die Fußbremse versagte. Ob er die Handbremse rechtzeitig gezogen hat, ist nicht feststellbar. Der Omnibus durchstieß die Bahnschranken. Die Lokomotive eines Eisenbahnzuges erfaßte den Omnibus; wegen der langsamen Fahrt des Eisenbahnzuges entstand aber nur Sachschaden. Dies war gegen 6 Uhr. Dem Kläger wurde von der Polizei der Führerschein vorläufig abgenommen, aber am 30. Juli 1953 wieder ausgehändigt.

Die um 7.15 Uhr entnommene Probe des Blutes des Klägers ergab nach dem schriftlichen Befund des Chemischen Untersuchungsamts Dortmund vom 24. Juli 1953 einen Alkoholgehalt von 1,07 Promille für die Zeit des Unfalles.

Die Staatsanwaltschaft in Dortmund hat das Strafverfahren gegen den Kläger am 1. September 1953 eingestellt. In ihrer Einstellungsverfügung führt sie den Unfall auf das Versagen der Betriebsbremse und nicht auf die durch Alkohol und Übermüdung verursachte Fahruntüchtigkeit des Klägers zurück. Den festgestellten Blutalkoholgehalt des Klägers hält sie nicht für so hoch, daß die Voraussetzungen der §§ 2, 71 StVZO. gegeben seien.

Als die Beklagte den Alkoholgehalt des Blutes erfuhr, kündigte sie dem Kläger schriftlich am 29. Juli 1953 fristlos mit der Begründung: „Fahren unter Alkoholeinfluß".

Der Kläger will die Unwirksamkeit dieser fristlosen Entlassung festgestellt wissen.

Das Arbeitsgericht hat dementsprechend entschieden.

Das Landesarbeitsgericht hat die fristlose Entlassung gleichfalls nicht gebilligt, aber gemäß einem Hilfsantrag der Beklagten festgestellt, daß die Kündigung vom 29. Juli 1953 das Arbeitsverhältnis zum 12. August 1953 gelöst habe.

Die Revision der Beklagten führte zur Abweisung der Klage aus folgenden

Gründen:

1. . . .

2. Für die Revision steht lediglich noch die Frage zur Entscheidung, ob die fristlose Entlassung begründet ist oder nicht. Die fristlose Entlassung kann hier, worüber zwischen den Parteien auch kein Streit besteht, rechtlich nur auf § 123 Abs. 1 Nr. 3 GewO. gestützt werden. Ein Fall der Nr. 6, nämlich eine vorsätzliche Sachbeschädigung zum Nachteile des Arbeitgebers, ist nicht gegeben, da der Kläger den Omnibus der Beklagten nur fahrlässig und nicht vorsätzlich beschädigt hat. Diese Sachbeschädigung ist auch von der Beklagten nicht als Kündigungsgrund angeführt.

Die Vorschrift des § 123 Abs. 1 Nr. 3 GewO. hat durch das moderne Straßenverkehrsrecht keine Änderung erfahren; eine solche Änderung trägt auch die Revision nicht vor.

3. Ob der Kläger seine arbeitsvertraglichen Pflichten schon dadurch verletzt hat, daß er überhaupt zu einem Schützenfest gegangen ist und dort Alkohol getrunken hat, obgleich er am nächsten Morgen einen Omnibus fahren sollte, kann dahingestellt bleiben; denn hierauf hat die Beklagte ihre fristlose Entlassung nicht gestützt. Ebenso scheidet der Unfall, den der Kläger am Morgen des 21. Juli erlitten hat, für die fristlose Entlassung aus, da er möglicherweise nicht auf die Fahruntüchtigkeit des Klägers zurückzuführen, jedenfalls auch von der Beklagten nicht zum Anlaß ihrer fristlosen Entlassung genommen ist.

Als Entlassungsgrund steht also allein der Umstand in Frage, daß der Kläger trotz des Genusses von Alkohol und trotz Übermüdung den Omnibus gefahren hat. Das Landesarbeitsgericht stellt insoweit tatsächlich fest, daß der Kläger eine Nacht durchgefeiert, nicht unerheblichen Alkoholgehalt im Blut gehabt und auch nur 2 Stunden auf einem Stuhle geschlafen habe; er sei daher übermüdet und nicht voll reaktionsfähig gewesen; diesen seinen Zustand habe er auch gekannt; gleichwohl habe er sich an das Steuer des Omnibusses gesetzt. In diesem Verhalten des Klägers sieht das Landesarbeitsgericht daher an sich einen vorsätzlichen Verstoß gegen seine arbeitsvertraglichen Pflichten als Kraftfahrer im Sinne des § 123 Abs. 1 Nr. 3 GewO.

Zu Unrecht zieht der Kläger diese aus den bindenden tatsächlichen Feststellungen gezogene rechtliche Folgerung in Zweifel. Wenn der Kläger zwischen der Nichterfüllung und der Schlechterfüllung des Arbeitsvertrages unterscheiden will und nur bei der Nichterfüllung, nicht aber bei der Schlechterfüllung den Tatbestand des § 123 Abs. 1 Nr. 3 GewO. für erfüllt ansieht, so wird er dem Sinn dieser Vorschrift nicht gerecht. Denn der § 123 Abs. 1 Nr. 3 GewO. stellt auf jede wesentliche Verpflichtung, die dem Arbeitnehmer aus dem Arbeitsvertrag obliegt, ab und nimmt die Schlechterfüllung keineswegs aus (s. Nikisch, Arbeitsrecht, 2. Aufl., I S. 598; Boldt-Steffens, Gewerbeordnung, § 123 Anm. II; vgl. auch Landmann-Rohmer, Kommentar zur Gewerbeordnung, 10. Aufl., II, § 121 Anm. 3).

Der Kläger hatte nach dem Arbeitsvertrage die Verpflichtung, nur fahrtüchtig das Steuer eines Omnibusses zu übernehmen, und mußte, wenn seine Fahrtüchtigkeit infolge Übermüdung und nicht voller Reaktionsfähigkeit wesentlich herabgesetzt war, von der Steuerung des Omnibusses Abstand nehmen. Daß die herabgesetzte Fahrtüchtigkeit des Klägers noch nicht die Grenze der strafbaren Fahruntüchtigkeit erreicht hatte, ist belanglos. Denn abgesehen davon, daß die strafrechtliche Beurteilung des Sachverhaltes durch die Staatsanwaltschaft das Arbeitsgericht nicht binden kann, ist überhaupt der arbeitsvertragliche Maßstab für die Fahrtüchtigkeit des Kraftfahrers ein zivilrechtlicher und kein strafrechtlicher. Zivilrechtlich haftet der Kraftwagenhalter, also der Arbeitgeber, nach § 7 StVG. für den aus dem Betrieb seines Kraftfahrzeugs andern Verkehrsteilnehmern entstehenden Schaden bis zur Grenze des unabwendbaren Zufalls; gegenüber den eigenen Insassen seines Omnibusses haftet der Betriebsinhaber zwar nur für Verschulden, wohl aber trifft ihn die Beweislast für das fehlende Verschulden auch seines angestellten Kraftfahrers. Dieser von der strafrechtlichen Seite losgelösten gesteigerten Haftung des Inhabers eines Omnibusbetriebes entspricht eine erhöhte, aus dem Arbeitsvertrag entspringende Sorgfaltspflicht des angestellten Kraftfahrers, die von seiner strafrechtlichen Haftung unabhängig ist. Unabhängig von diesen Erwägungen verletzt ein angestellter Kraftfahrer, wenn er durch den Genuß von Alkohol und durch Übermüdung infolge mangelnden Schlafes seine Reaktionsfähigkeit und damit seine Fahrtüchtigkeit herabgesetzt hat und in diesem Zustande die Führung seines Omnibusses übernimmt, stets die ihm aus dem Arbeitsvertrag obliegende Verpflichtung, nur voll fahrtüchtig die Steuerung des Omnibusses zu übernehmen, und zwar auch dann, wenn seine Fahruntüchtigkeit die Grenze der Strafbarkeit nicht erreicht hat.

4. Diese Verletzung der dem Kläger nach seinem Arbeitsvertrag obliegenden Verpflichtung war auch eine beharrliche im Sinne des § 123 Abs. 1 Nr. 3 GewO. Das Landesarbeitsgericht verneint dies, indem es zum Begriff der Beharrlichkeit eine Wiederholung oder im Falle der Weigerung eine wiederholte Aufforderung verlangt. Mit Recht hält die Revision diese Rechtsansicht für zu eng. Eine Wiederholung des Verhaltens ist nicht stets die Voraussetzung der Beharrlichkeit, es genügt auch ein einmaliges Verhalten, wenn aus ihm eine Beharrlichkeit der Willensrichtung zu entnehmen ist (RAG. 1, 36; 3, 14). Eine solche Beharrlichkeit ergibt sich vor allem aus der besonderen Intensität des Willens, die in dem Grade und der Schwere des Verschuldens zum Ausdruck kommt. Die Beharrlichkeit liegt bei einer Nachhaltigkeit vor, den aus dem Arbeitsvertrag entspringenden Pflichten nicht nachzukommen (Boldt-Steffens, Gewerbeordnung, § 123 Anm. II; vgl. auch Landmann-Rohmer, Kommentar zur Gewerbeordnung, 10. Aufl., II § 123 Anm. 6, sowie Nikisch, Arbeitsrecht, 2. Aufl. I S. 599).

Daß nicht schon jede vorsätzliche Verletzung einer arbeitsvertraglichen Pflicht das Begriffsmerkmal der Beharrlichkeit enthält, liegt auf der Hand; denn dies würde gerade mit der Tendenz des § 123 Abs. 1 Nr. 3 GewO., der fristlosen Entlassung gewisse Grenzen zu setzen, nicht vereinbar sein. Beim Kraftfahrer, insbesondere dem Omnibusfahrer, liegen die Verhältnisse aber besonders. Bei den heutigen Verkehrsverhältnissen ist mit der Führung eines Kraftwagens, insbesondere eines mit Personen besetzten Omnibusses, ständig die ernste Gefahr eines schweren Unglücks der beförderten Personen und andrer Verkehrsteilnehmer und damit auch die besondere Haftpflicht des Betriebsinhabers für die Schäden der von dem Verkehrsunglück Betroffenen verbunden. Dieser erhöhten Gefahrenlage entspricht eine gesteigerte Verantwortung des Kraftwagenfahrers, die nur von wenigen anderen Berufen erreicht wird und die dem Kraftfahrer die Pflicht auferlegt, nur voll fahrtüchtig die Steuerung des Kraftwagens, insbesondere eines Omnibusses, zu übernehmen und von dem Führen des Kraftfahrzeugs Abstand zu nehmen, wenn seine Fahrtüchtigkeit erheblich herabgesetzt ist. Daß er in einem solchen Falle, wenn er durch eigenes Verschulden, z. B. durch Alkoholgenuß, seine Fahrtüchtigkeit herabgesetzt hat, sich unter Umständen Unannehmlichkeiten zuzieht, muß er auf Grund seiner besonderen Berufspflichten als das kleinere Übel in Kauf nehmen. Diese aus der besonderen Verantwortung des Kraftfahrers folgende Verpflichtung ist eine so unerläßliche und erstrangige, alle seine anderen Pflichten überdeckende und dazu eine so selbstverständliche, die auch durch die zahlreichen Unglücksfälle immer wieder vor Augen geführt wird, daß ihre bewußte auch nur einmalige Verletzung eine Willensrichtung von einem Intensitätsgrad erkennen läßt, die das Merkmal der Beharrlichkeit in sich schließt.

Da der Kläger bei der Übernahme der Steuerung des Omnibusses nach den tatsächlichen und damit bindenden Feststellungen des Landesarbeitsgerichts nicht voll reaktionsfähig und somit nicht voll fahrtüchtig war und diesen seinen Zustand auch kannte, hat er die ihm nach dem Arbeitsvertrag obliegenden Pflichten damit beharrlich verweigert.

Unter diesen Umständen braucht nicht geprüft zu werden, ob nicht auch vom Rechtsstandpunkt des Landesarbeitsgerichts aus die vom Kläger nicht bestrittene Behauptung der Beklagten, sie habe den Kläger immer wieder ermahnt, sich nicht übermüdet und unter Einwirkung von Alkohol an das Steuer des Personenomnibusses zu setzen, und die Ausführungen des Klägers, es müsse ihm doch gestattet sein, einmal an einem Schützenfest teilzunehmen und dann nach einigen Stunden Schlaf wieder zur Arbeit zu gehen, eine Beharrlichkeit in dem Verhalten des Klägers ergeben.

5. Nach § 123 Abs. 2 GewO. ausgeschlossen ist das Kündigungsrecht der Beklagten nicht. Denn sie stützt ihre am 29. Juli ausgesprochene fristlose Entlassung ja nicht auf den ihr bereits am 21. Juli zur Kenntnis gekommenen Unfall, sondern auf die geminderte Fahrtüchtigkeit des Klägers infolge des im Blut gefundenen Alkohols und des mangelnden Schlafes. Da diese beiden Umstände in ihrem Zusammenwirken die verminderte Fahrtüchtigkeit des Klägers ergeben, kann die Beklagte die Gesamtheit der Tatsachen, die ihr Recht zur fristlosen Entlassung begründen, nicht vor dem 24. Juli, dem Tage, an dem das Chemische Untersuchungsamt den Alkoholgehalt des Klägers bescheinigt hat, gewußt haben.

6. Hiernach muß das angefochtene Urteil aufgehoben werden. Die Sache ist aber auch zur Endentscheidung durch Klagabweisung reif, da nach dem zu 4. Ausgeführten die fristlose Entlassung des Klägers begründet ist. Selbst wenn man im Falle des § 123 Abs. 1 Nr. 3 GewO. noch die Zumutbarkeit der Weiterbeschäftigung besonders prüfen wollte, so würde dies an der Entscheidung nichts ändern. Denn die von dem Kläger zu seinen Gunsten angeführten Umstände, nämlich daß er 1½ Jahre ohne Beanstandungen den Omnibus geführt habe und zu Alkoholgenuß nicht neige, fallen bei der Schwere seiner Verfehlung nicht ins Gewicht.

54

1. Eine Vertragsklausel, daß ein Wettbewerbsverbot einseitig vom Prinzipal in Kraft gesetzt wird, verstößt gegen § 75 a HGB. und wird daher durch die Bestimmungen des § 75 a HGB. ersetzt.

2. Die schuldhafte Zuwiderhandlung gegen ein Wettbewerbsverbot schließt den Anspruch auf die Karenzentschädigung für die Dauer der Zuwiderhandlung aus.

3. Legt eine Partei eine in ihrer Bedeutung zweifelhafte Bestimmung des Arbeitsvertrags einseitig zu ihren Gunsten aus, so handelt sie schuldhaft, wenn sich ihre Auslegung als falsch herausstellt.

HGB. §§ 74, 75, 75 a.

II. Senat. Urteil vom 19. Januar 1956 i. S. D. (Kl.) w. B. (Bekl.) 2 AZR 123/54.

I. Arbeitsgericht Stuttgart. — II. Landesarbeitsgericht Stuttgart.

Der Kläger war auf Grund des schriftlichen Vertrages vom 5. März 1951 als Akquisitions-Ingenieur gegen ein festes Monatsgehalt und Provision bei der Beklagten als Angestellter tätig. „Für den Fall der Lösung des Vertrags durch ihn selbst oder der Lösung aus einem wichtigen in seiner Person liegenden Grunde" durch die Beklagte war ihm nach § 7 des Anstellungsvertrags für die Dauer eines Jahres seit der Lösung des Vertrages unter „räumlicher Beschränkung auf seinen Tätigkeitsbereich" bei der Beklagten untersagt, eine Stellung ähnlicher Art in einem Wettbewerbsunternehmen anzutreten. Die Beklagte sollte berechtigt sein, von einer Inkraftsetzung der Wettbewerbsklausel ganz oder teilweise abzusehen.

Nach dem ursprünglichen Vertrage (§ 7 Abs. 1) erstreckte sich der räumliche Tätigkeitsbereich des Klägers u. a. auch auf das Gebiet von K., H., W. und D. Seit dem 31. Dezember 1951 oder dem 31. März 1952 hatte sich sein räumliches Tätigkeitsgebiet jedoch geändert; das genannte Gebiet gehörte nicht mehr dazu.

Auf Anregung des Klägers lösten die Parteien den Vertrag zum 31. Oktober 1952.

Nach einer Zwischenstellung, die nicht unter das Wettbewerbsverbot fiel, war der Kläger seit dem 1. April 1953 als Akquisitionsagent für die St. GmbH., einem Konkurrenzunternehmen der Beklagten, tätig, und zwar auch in dem Gebiet von K., H., W. und D.

Der Kläger verlangt von der Beklagten die vereinbarte Karenzentschädigung für die Monate April bis Juni 1953 in der Höhe von insgesamt 1590,— DM.

Das Arbeitsgericht hat ihm diesen Betrag zugesprochen, das Landesarbeitsgericht dagegen die Klage abgewiesen. Die Revision des Klägers führte zur Zurückverweisung an das Landesarbeitsgericht aus folgenden

Gründen:

1. . . .

2. Der vom Kläger erhobene Anspruch stützt sich auf die Wettbewerbsklausel des § 7 des Anstellungsvertrags, aus der er die vereinbarte Karenzentschädigung verlangt. Daß diese Wettbewerbsklausel von selbst in Kraft getreten ist und nicht, wie die Beklagte meint, nur wirksam wurde, wenn die Beklagte sie — gewissermaßen durch Herbeiführung des Eintritts einer aufschiebenden Potestativbedingung — ausdrücklich in Kraft setzte, bejaht das Landesarbeitsgericht im Ergebnis zu Recht. Es hält offenbar eine Regelung, die von § 75 a HGB. im Sinne der von der Beklagten vertretenen Auslegung abweicht, für rechtlich zulässig, legt aber entgegen der Auffassung der Beklagten die Klausel des Vertrages, daß die Beklagte berechtigt sei, von einer Inkraftsetzung der Wettbewerbsklausel abzusehen, dahin aus, daß das Wettbewerbsverbot verbindlich vereinbart sei, die Beklagte aber das Recht erhalten solle, sie einseitig außer Kraft zu setzen.

Rechtsirrig ist allerdings der Ausgangspunkt des Landesarbeitsgerichts. Nach § 75 d Satz 1 HGB. kann sich der Prinzipal nicht auf eine Vereinbarung berufen, durch die von den Vorschriften der §§ 74 bis 75 c HGB. zum Nachteil des Handlungsgehilfen abgewichen wird. Dies gilt also auch für die in § 75 a HGB. für einen gültigen Verzicht auf das Wettbewerbsverbot und für die Folgen eines Wettbewerbsverbots getroffene Regelung. Danach bedarf der Widerruf aber der Schriftform, muß vor der Beendigung des Arbeitsverhältnisses erklärt werden und hat schließlich nicht den vollen Wegfall der Karenzentschädigung, sondern nur ihre Begrenzung auf ein Jahr zur Folge. Diesen vom Gesetz dem Handlungsgehilfen gewährten Schutz würde dem Kläger aber die von der Beklagten dem Vertrage gegebene Auslegung entziehen; auf jeden Fall würde die — im Falle einer aufschiebenden Potestativbedingung — beim Kläger darüber bestehende Ungewißheit, ob die Beklagte die Wettbewerbsklausel überhaupt in Kraft setzen werde, zu ihren Gunsten seine Beweglichkeit bei der Erlangung einer neuen Stellung erheblich einschränken, ohne daß er hierfür eine Gegenleistung erhielte. Selbst wenn die von der Beklagten dem Vertrage gegebene Auslegung richtig wäre, könnte die Beklagte sich daher nicht auf sie berufen; diese Vertragsbestimmung würde durch die gesetzliche Bestimmung des § 75 a HGB. ersetzt werden.

Ob entsprechend der Rechtsprechung des Reichsarbeitsgerichts (RAG. ARS. 14, 87) für hochbezahlte Handlungsgehilfen eine Ausnahme zu machen ist, bedarf hier keiner Entscheidung. Denn der Kläger hat das in § 75 b Satz 2 HGB. für die hochbezahlten Handlungsgehilfen verlangte Mindestgehalt nicht erreicht. Dieses beträgt nach der Verordnung vom 23. Oktober 1923 (RGBl. I Seite 990) zur Zeit etwa 16 800,— DM (Baumbach-Duden HGB., 11. Aufl. § 68 Erl. 2). Der Kläger bezog nach § 5 des Anstellungsvertrages monatlich nur mindestens 1000,— DM, nach seinen unwidersprochenen Angaben in der Klageschrift tatsächlich 1060,— DM monatlich.

3. Von den beiden in § 7 Abs. 1 Satz 1 des Anstellungsvertrags alternativ aufgestellten Bedingungen für das Wirksamwerden der Wettbewerbsklausel kommt hier nur die Lösung des Vertrags durch den Kläger selbst in Frage. Das Landesarbeitsgericht läßt es dahingestellt, ob diese Bedingung eingetreten oder ob der Anstellungsvertrag nicht vielmehr zum 31. Oktober 1953 durch einen Aufhebungsvertrag und daher nicht von dem Kläger allein gelöst ist. Dem Landesarbeitsgericht kommt es hierauf auch nicht an, weil es wegen der von ihm angenommenen Zuwiderhandlung gegen das Wettbewerbsverbot den Anspruch auf die Karenzentschädigung ausschließt. Falls aber, wie noch zu erörtern ist, dieser Einwand nicht durchgreifen sollte, kann an diesem dann für die Entscheidung wichtigen Teil des Klagegrundes nicht als unerheblich vorbeigegangen werden.

Die Lösung der Frage gibt nicht § 75 d Satz 1 HGB., wonach sich der Prinzipal auf eine Vereinbarung nicht berufen kann, durch die von den Vorschriften der §§ 74 bis 75 c HGB. zum Nachteil des Handlungsgehilfen abgewichen ist, in Verbindung mit den in § 75 HGB. bezeichneten Gründen für das Unwirksamwerden des Wettbewerbsverbots. Denn im vorliegenden Falle handelt es sich nicht darum, ob das an sich wirksame Wettbewerbsverbot nachträglich wegen der besonderen Handlungsweise einer der Parteien unwirksam geworden ist, sondern allein darum, unter welchen Voraussetzungen überhaupt das Wettbewerbsverbot bestehen sollte. In einer solchen Vereinbarung sind die Parteien an sich frei. Sie können also die Wirksamkeit des Wettbewerbsverbots auf ganz bestimmte Fälle beschränken und jedenfalls von dem Wettbewerbsverbot von vornherein den Fall ausnehmen, daß der Arbeitsvertrag nicht durch eine Kündigung, sondern durch einen Aufhebungsvertrag gelöst wird. Darin liegt auch keine in § 75 d Satz 2 verbotene Umgehung der gesetzlichen Vorschriften über das Mindestmaß der Entschädigung.

Bei der danach notwendigen Auslegung des § 7 Abs. 1 Satz 1 des Anstellungsvertrags, die im wesentlichen dem Tatrichter obliegt, wird das Landesarbeitsgericht folgendes zu berücksichtigen haben. Als Bedingungen, unter denen das Wettbewerbsverbot in Kraft tritt, zählt — an sich erschöpfend — § 7 Abs. 1 Satz 1 des Anstellungsvertrags alternativ auf: erstens die Lösung des Vertrags durch den Kläger — und zwar entgegen § 75 Abs. 1 HGB. in jedem Falle — und zweitens die Lösung aus einem in seiner Person liegenden wichtigen Grunde durch die Beklagte. Der Wortlaut des Anstellungsvertrages spricht nicht von „Kündigung" durch den Kläger, sondern von „Lösung". Bei einer Lösung des Vertrags durch Aufhebungsvertrag wirkt aber der Kläger an sich gleichfalls mit; der Wortlaut schließt es also nicht ohne weiteres aus, auch den Fall der Lösung durch einen Aufhebungsvertrag als von dem Wettbewerbsverbot erfaßt anzusehen. Abgesehen von dieser etwa aus dem Wortlaut zu entnehmenden Auslegung wird das Landesarbeitsgericht — gegebenenfalls im Rahmen einer ergänzenden Vertragsauslegung — zu erwägen haben, ob die Parteien etwa den Fall der vertraglichen Aufhebung überhaupt nicht ins Auge gefaßt haben und sich lediglich an § 75 Abs. 2 HGB. haben anlehnen und so überhaupt nur den Fall haben ausschließen wollen, daß die Beklagte einseitig den Vertrag löst.

4. Das Landesarbeitsgericht gelangt zur Abweisung der Klage, indem es annimmt, daß der Kläger während der Zeit, für die er hier die Karenzentschädigung verlangt, fahrlässig gegen das Wettbewerbsverbot verstoßen habe, wobei es rechtlich davon ausgeht, daß der Handlungsgehilfe, der schuldhaft gegen das Wettbewerbsverbot verstößt, nicht gleichzeitig die Karenzentschädigung in Anspruch nehmen kann.

Dieser Rechtsansicht des Landesarbeitsgerichts, die der herrschenden Lehre entspricht und von der Revision auch nicht in Zweifel gezogen wird, ist beizutreten. Solange der frühere Handlungsgehilfe dem Wettbewerbsverbot zuwiderhandelt, wird der frühere Prinzipal von der Zahlung der Karenzentschädigung nach § 323 Abs. 1, § 325 Abs. 1 Satz 3 BGB. frei. Denn die dem früheren Handlungsgehilfen obliegende Leistung, nämlich die Unterlassung des Wettbewerbs, ist für die Zeit, während deren er dem Wettbewerbsverbot zuwidergehandelt hat, unmöglich geworden.

5. Das Landesarbeitsgericht hält ein bewußtes Zuwiderhandeln gegen das Wettbewerbsverbot nicht für erforderlich, um den Anspruch auf die Karenzentschädigung zu Falle zu bringen; ob auch ein unverschuldeter Irrtum genügt, läßt das Landesarbeitsgericht offenbar dahingestellt; es hält die Handlungsweise des Klägers jedenfalls für fahrlässig. Zu Unrecht greift die Revision diese Ausführungen mit dem Hinweis an, daß die Zweifelhaftigkeit der Auslegung des Vertrags auch nur eine Fahrlässigkeit ausschließe.

Dahingestellt bleiben kann, ob der Handlungsgehilfe nicht schon durch eine schuldlose Zuwiderhandlung gegen das Wettbewerbsverbot nach § 323 Abs. 1 BGB. den Anspruch auf die Karenzentschädigung verliert. Denn jedenfalls hat der Kläger fahrlässig gehandelt. Daß er den Anstellungsvertrag etwa unrichtig ausgelegt und sich durch das Wettbewerbsverbot für nicht gehindert gehalten hat, in seiner neuen Stellung auch das Gebiet von K., H., W. und D. zu bearbeiten, schließt sein Verschulden nicht aus, sofern seine Auslegung falsch ist. Bei einer solchen einseitigen Auslegung eines in seinem Inhalt zweifelhaften Anstellungsvertrags handelt die Vertragspartei eben auf eigene Gefahr; die Folgen eines etwaigen Irrtums bei der Auslegung muß sie auf sich nehmen (RAG. 4, 92; 6, 16). Der von der Revision vertretene gegenteilige Standpunkt, nämlich daß die Verletzung einer zu Zweifeln Anlaß gebenden Vertragsklausel nicht fahrlässig sei, würde zu dem Ergebnis führen, daß die Vertragsverletzung praktisch häufig ohne Folgen bliebe; dieses Ergebnis wäre mit den Erfordernissen des Wirtschaftslebens nicht vereinbar.

6. Eine Zuwiderhandlung des Klägers gegen das Wettbewerbsverbot bejaht das Landesarbeitsgericht, indem es das Verbot dahin auslegt, jedes Gebiet sollte geschützt sein, in welchem der Kläger irgend einmal für die Beklagte tätig gewesen war, und nicht nur das, in welchem er zufällig gerade zuletzt gearbeitet hatte. Dabei erwägt es, daß der Kläger mit der Kundschaft auch eines früher von ihm bearbeiteten Gebietes bekannt geworden war, in seiner neuen Stellung also an seine früheren Besuche anknüpfen konnte und hierbei insbesondere auch noch durch seine Kenntnis von den „internen Dingen" der Beklagten, insbesondere von deren Produktion, von ihren Vor- und Nachteilen und den Einzelheiten der Preisgestaltung, der Beklagten eine nachhaltigere Konkurrenz machen konnte als in einem völlig fremden Gebiet.

Diese Erwägungen des Landesarbeitsgerichts, die die Revision bekämpft, erschöpfen indes nicht den Inhalt und den Sinn der von den Parteien getroffenen Wettbewerbsklausel. Richtig ist allerdings, daß die

Parteien den Fall, daß der Arbeitsbezirk des Klägers sich änderte, in dem vereinbarten Wettbewerbsverbot nicht erwähnen. Der allgemein gehaltene Wortlaut des Anstellungsvertrags, der die Wettbewerbsklausel auf „seinen Tätigkeitsbereich bei der Firma B.“ beschränkte, trifft für den Fall der Änderung des ursprünglich vereinbarten Arbeitsbezirks des Klägers keine Bestimmung und nimmt jedenfalls, was die Revision übersieht, von dem Wettbewerbsverbot auch nicht die Bezirke ausdrücklich aus, deren Bearbeitung dem Kläger später durch eine vertragliche Änderung seines Tätigkeitsbereichs entzogen wurden. Wenn dieser Wortlaut auch bei der Auslegung der Vereinbarung nicht unberücksichtigt bleiben kann, so ist aber doch nach § 133 BGB. der wirkliche Wille der Parteien zu erforschen und nicht an dem buchstäblichen Sinn des Ausdrucks zu haften. Die von der Revision aufgezeigte Gefahr, daß die Beklagte durch einen ständigen Wechsel des Arbeitsgebiets des Akquisiteurs allmählich das gesamte Bundesgebiet schützen könnte, scheidet für die Auslegung praktisch aus, da einer ständigen Änderung des Arbeitsgebiets des Akquisiteurs die dadurch herbeigeführte Minderung seiner Erfolgsaussichten entgegensteht. Bei der Erforschung des wirklichen Willens der Parteien kann aber an einem anderen, möglicherweise entscheidenden Gesichtspunkt nicht vorbeigegangen werden, der dem Landesarbeitsgericht offenbar entgangen ist. Nach § 74 a Abs. 1 Satz 3 HGB. beträgt die höchstzulässige Dauer eines Wettbewerbsverbots für einen Handlungsgehilfen zwei Jahre. Auf eine so lange Schutzfrist hat die Beklagte offenbar keinen Wert gelegt, sondern sich mit einer Schutzfrist von nur einem Jahre begnügt. Dies könnte einen Anhaltspunkt dafür bieten, daß die Parteien einen Bezirk, aus dem der Kläger als Akquisiteur seit einem Jahre ausgeschieden war, überhaupt nicht mehr für schutzbedürftig angesehen haben und auf ihn daher das Wettbewerbsverbot nicht haben erstrecken wollen. Mindestens seit dem 31. März 1952, also seit einem Jahr, hatte der Kläger aber den Bezirk, auf den sich nach der Ansicht des Landesarbeitsgerichts die Verletzung des Wettbewerbsverbots bezog, nicht bearbeitet, als er am 1. April 1953 seine Stellung bei der Firma St. GmbH. antrat.

Zudem konnte der Kläger die von dem Landesarbeitsgericht zur Stützung der von ihm vorgenommenen Auslegung angeführte Kenntnis der „internen Dinge“ der Beklagten in jedem anderen Arbeitsgebiet Deutschlands offenbar mit dem gleichen Erfolg im Konkurrenzkampf mit der Beklagten verwerten wie in einem früher von ihm bearbeiteten Gebiet; denn es liegt auf der Hand, daß der Wettbewerb der Beklagten und der neuen von dem Kläger vertretenen Firma sich auf das ganze Bundesgebiet gleichmäßig erstreckt.

7. Da hiernach die Erwägungen, die das Landesarbeitsgericht zur Auslegung des zeitlichen und räumlichen Umfangs des Wettbewerbsverbots angestellt hat, mangelhaft sind, kann das angefochtene Urteil, das im entscheidenden Punkte auf diesen Erwägungen beruht, keinen Bestand haben und muß aufgehoben werden. Andererseits ist die Sache auch noch nicht zur Endentscheidung reif. Die endgültige Auslegung des Vertrags sowohl hinsichtlich der Frage, ob die Wettbewerbsklausel auch für den Fall der Lösung des Arbeitsvertrags durch einen Aufhebungsvertrag vereinbart war (siehe oben 3.), als auch hinsichtlich der Frage, ob ein Bezirk, dessen Bearbeitung dem Kläger seit mehr als einem Jahr entzogen war, nicht mehr von dem Wettbewerbsverbot erfaßt wurde (siehe oben 6.), ist, wie zu dem ersteren Punkt schon gesagt, der Tatsacheninstanz vorbehalten.

55

Aus Zuwendungen zu Weihnachten 1945—1949 konnte kein Anspruch auf Gewährung von solchen Zuwendungen für die späteren Jahre entstehen, da aus Leistungen in diesen Notzeiten kein Verpflichtungswille für die Zukunft entnommen werden konnte.

BGB. § 611.

III. Senat. Urteil vom 24. Januar 1956 i. S. C. u. a. (Kl.) w. Gemeinde B. (Bekl.) 3 AZR 14/53.

I. Arbeitsgericht Mainz. — II. Landesarbeitsgericht Mainz.

Der Erblasser der Kläger war seit 1946 als Angestellter bei der Beklagten tätig. Sie gewährte ihm, wie ihren übrigen Bediensteten, vom Jahre 1947 an bis zum Jahre 1950 einschließlich eine Weihnachtszuwendung, die für ihn, seine Ehefrau und sein Kind 40,— RM bzw. DM betrug. Auf Grund von Verfügungen der Landesregierung von Rheinland-Pfalz, die den Gemeinden eine Zahlung von Weihnachtszuwendungen über den Rahmen der Verordnung über die Gewährung von Weihnachtszuwendungen im öffentlichen Dienst und an Soldaten der Wehrmacht vom 16. Dezember 1939 (RGBl. I S. 2425) untersagte, verweigerte die Beklagte für Weihnachten 1951 dem Verstorbenen eine Zahlung.

Die Kläger sind der Meinung, die Beklagte sei durch die vorbehaltslose Leistung der Weihnachtszuwendung in den Jahren von 1947 bis 1950 verpflichtet, auch für das Jahr 1951 einen Betrag von 40,– DM als Weihnachtszuwendung zu zahlen.

Das Arbeitsgericht hat der Klage stattgegeben, das Landesarbeitsgericht hat sie dagegen abgewiesen. Die Revision der Kläger blieb erfolglos.

Aus den Gründen:

Der Auffassung, daß die Beklagte durch die vorbehaltslose Leistung einer Weihnachtszuwendung in den Jahren von 1947–1950 verpflichtet sei, auch für das Jahr 1951 den gleichen Betrag zu zahlen, kann nicht gefolgt werden.

Der Anspruch auf eine Weihnachtszuwendung folgt nicht bereits aus der allgemeinen Fürsorgepflicht des Arbeitgebers, sondern bedarf jeweils eines besonderen Verpflichtungsgrundes, sei es einer Bestimmung eines Tarifvertrages oder einer Betriebsvereinbarung, sei es einer ausdrücklichen oder stillschweigenden Vereinbarung (vgl. Hueck, RdA. 1950, S. 471). Eine solche stillschweigende Vereinbarung kann aus einer wiederholten und vorbehaltlosen Gewährung einer Weihnachtsgratifikation an den einzelnen oder alle Arbeitnehmer eines Betriebes entnommen werden, wenn sich aus diesen Zuwendungen den Umständen nach ein entsprechender Verpflichtungswille des Arbeitgebers entnehmen läßt. Bei den freiwilligen Zuwendungen in den Jahren nach dem Kriege, besonders bis zur Währungsumstellung, aber auch noch in den ersten Jahren nach der Einführung der neuen Währung müssen jedoch die damaligen Lebensverhältnisse für die Feststellung eines Verpflichtungswillens berücksichtigt werden. In jenen Jahren herrschte eine allgemeine Not; selbst die notwendigsten Nahrungsmittel standen oft nicht zur Verfügung und an eine Beschaffung von Kleidung oder Hausrat war bis zur Währungsumstellung für die meisten Menschen nicht zu denken. Erst mit der neuen Geldwährung trat hierin eine allmähliche Besserung ein. Der allgemeine Nachholbedarf bedingte aber auch dann noch für sehr viele Menschen einen Verzicht auf zahlreiche Gegenstände des Lebensbedarfs. Gerade die Arbeitnehmer, denen regelmäßig allein ihr Arbeitsverdienst zur Bestreitung des Lebensunterhaltes zur Verfügung stand, lebten in jenen Jahren in großer Not. Um ihnen zu helfen, gewährten vor allem die privaten Arbeitgeber ihren Arbeitnehmern besonders vor den Festtagen vielfach Zuwendungen, häufig auch in Sachwerten. Auch von vielen Gemeinden ist dies an ihre Bediensteten in verschiedenem Umfange geschehen, wie sich aus einer Aufstellung ergibt, die die Kläger in der Revisionsinstanz überreicht haben, um zu ermitteln, ob nach Kriegsende ein Gewohnheitsrecht dahin entstanden sei, daß die Gemeinden an ihre Bediensteten Zuwendungen ohne Beachtung etwa entgegenstehender Anordnungen zu leisten berechtigt seien. Nach der Auffassung des Senats würde es jedoch eine Verkennung des damals vorherrschenden Willens bedeuten, mit diesen Zuwendungen eine allgemeine Not und eine besondere schlechte Lage der Arbeitnehmer zu lindern, wenn daraus ein Verpflichtungswille der Arbeitgeber, in Zukunft in gleicher Weise zu verfahren und sich für die Zukunft zu binden, gefolgert würde. Besondere Verhältnisse mögen in einzelnen Fällen dies rechtfertigen, im allgemeinen wird dies aber für jene Zeiten, mindestens bis zum Jahre 1949 einschließlich, nicht der Fall sein.

Besondere Umstände für eine andere Beurteilung gerade der Zuwendungen der Beklagten sind weder festgestellt noch in irgendeiner Weise ersichtlich. Offensichtlich ist sie nur dem vielfachen Verhalten anderer Gemeinden und Arbeitgeber, in einer solchen Notlage zu helfen, gefolgt. Bedenken könnten hier nur wegen der Weihnachtszuwendung für das Jahr 1950 bestehen. Aber selbst wenn für diese Leistung ein vorwiegender Unterstützungswille nicht mehr oder wenigstens nicht mehr allein anerkannt werden könnte, ist nach ständiger Rechtsprechung (vgl. Hueck a. a. O.) aus einer einmaligen Zahlung noch kein Wille, sich für die Zukunft in gleicher Weise zu verpflichten, zu entnehmen.

Der angefochtenen Entscheidung ist daher im Ergebnis zuzustimmen, ohne daß es noch einer Prüfung bedarf, ob die Verordnung über die Gewährung von Weihnachtszuwendungen im öffentlichen Dienst und an Soldaten der Wehrmacht vom 16. Dezember 1939 (RGBl. I S. 2425) oder andere Bestimmungen der allgemeinen Dienstordnung zur TO. A anzuwenden oder ob diese Bestimmungen durch ein Gewohnheitsrecht überholt sind.

56

1. Die Veranstaltung einer im Auftrag und im parteipolitischen Interesse der KPD. erfolgten sogenannten Volksabstimmung unter der Belegschaft im Bereich des Betriebes mit der Fragestellung „für einen Friedensvertrag und den Abzug der Besatzungstruppen" oder „für den EVG-Vertrag und den Bonner Generalvertrag" stellt einen so schweren Verstoß nicht nur gegen die Amtspflichten eines Betriebsratsmitglieds,

sondern auch gegen dessen Pflichten aus dem Arbeitsverhältnis dar, daß der Arbeitgeber berechtigt ist, den Arbeitnehmer fristlos zu entlassen.

2. Der Zusammenhang der pflichtwidrigen Handlung mit dem Arbeitsverhältnis und dem Betrieb ist auch dann gegeben, wenn die sog. Abstimmung nicht auf dem Betriebsgelände selbst, sondern auf der Zugangsstraße zum Werkeingang und in dessen unmittelbarer Nähe zur Zeit des Schichtwechsels durchgeführt wird.

3. Die von der KPD. geleitete sog. Volksbefragung im Sommer 1954 verstößt nicht nur der Art der Durchführung nach schwer gegen freiheitliche demokratische Grundsätze, sondern ist auch ihrem Inhalt und letzten Ziele nach darauf gerichtet, die freiheitliche demokratische Grundordnung der Bundesrepublik und die Grundrechte des Einzelnen zu beseitigen und an ihrer Stelle eine totalitäre Staatsgewalt aufzurichten.

4. Wer sich aktiv an der Durchführung derartiger Abstimmungen beteiligt, kann sich nicht auf das Recht der freien Entfaltung der Persönlichkeit oder der freien Meinungsäußerung berufen (Art. 2 Abs. 1, 5 Abs. 2 GG.).

5. Es spricht eine tatsächliche Vermutung dafür, daß durch eine provozierende parteipolitische Betätigung im Bereich des Betriebes der Betriebsfrieden gefährdet wird.

6. Die Gerichte für Arbeitssachen sind nicht gehindert im Rahmen ihrer Zuständigkeit als Vorfrage das verfassungsfeindliche Verhalten einzelner Arbeitnehmer zu erörtern und hieraus Schlußfolgerungen im Hinblick auf allgemeine Rechtsvorschriften zu ziehen. Dadurch wird das Entscheidungsmonopol des Bundesverfassungsgerichts nach Art. 18, 21 GG. nicht berührt.

GG. Art. 2 Abs. 1, 3 Abs. 3, 5 Abs. 1 u. 2, 18, 21 Abs. 2; BetrVG. §§ 23, 49, Abs. 2, 51, 53; KSchG. § 13; Preußisches Allgemeines Berggesetz §§ 82 Ziff. 7, 83 a.

I. Senat. Urteil vom 13. Januar 1956 i. S. B. B. AG. (Bekl.) w. St. (Kl.) 1 AZR 167/55.

I. Arbeitsgericht Bochum. — II. Landesarbeitsgericht Hamm i. W.

Der jetzt 35 Jahre alte Kläger war seit 1945 auf der Zeche Dannenbaum der Beklagten als Steiger beschäftigt. Dort arbeiteten auch zahlreiche Sowjetzonenflüchtlinge. Seit 1. April 1953 gehörte der Kläger dem Betriebsrat an. Er ist Mitglied der KPD. Zur Förderung der parteipolitischen Ziele der KPD. und auf deren Veranlassung führte der

Kläger am 22. Juni 1954 mit mehreren Helfern zur Zeit des Schichtwechsels auf der Zeche zwischen 20.00 und 21.00 Uhr abends eine sogenannte „Volksabstimmung" auf dem Bürgersteig der Zugangsstraße zur Zeche in deren unmittelbarer Nähe durch. Die Abstimmung fand in der Weise statt, daß den von und zur Arbeit eilenden Bergleuten zweiteilige Zettel mit folgendem Text überreicht wurden:

„In freier Entscheidung bekunde ich:	In freier Entscheidung bekunde ich:
Für einen Friedensvertrag und den Abzug der Besatzungstruppen.	Für den EVG.-Vertrag und den Bonner Generalvertrag."

Die Abstimmenden sollten die eine Hälfte des Zettels abtrennen und sie in die vom Kläger bereitgehaltene Tüte werfen. Etwa 570 Bergleute nahmen an der Abstimmung teil. Der Kläger wurde daraufhin am 25. Juni 1954 fristlos entlassen. Er begehrt die Feststellung, daß sein Arbeitsverhältnis durch diese Kündigung nicht aufgelöst worden ist.

Die Beklagte hat sich zur Begründung ihres Klagabweisungsantrages auf den Vorfall vom 22. Juni 1954 bezogen und weiter — teilweise unter Beweisantritt — vorgetragen:

1. am 31. Dezember 1953 habe der Kläger in einer Wirtschaft ohne jeden Grund einen Abteilungssteiger tätlich angegriffen und diesen sowie andere Zechenbeamten beleidigt. Der Kläger sei deshalb verwarnt und ihm bei künftigen Beanstandungen die fristlose Entlassung angedroht worden;
2. ratsuchenden Belegschaftsangehörigen, die aus der sowjetisch besetzten Zone geflüchtet waren, habe der Kläger die erbetenen Auskünfte mit der Begründung verweigert, sie sollten dahin gehen, wo sie hergekommen seien;
3. schon vor dem 22. Juni 1954 sei der Kläger auch als Mitglied eines sogenannten Aktionskomitees hervorgetreten, das sich aus Belegschaftsangehörigen der Zeche Dannenbaum und des Braunkohlenkombinats „Otto Grotewohl" in Böhlen bei Leipzig zusammensetzte und Flugblätter beleidigenden Inhalts verteilte;
4. nach seiner Entlassung habe der Kläger gegen diese Maßnahme durch eine Rede über den ostzonalen Deutschlandsender protestiert. Der enge Zusammenhang zwischen der vom Kläger unterstützten KPD. und der SED. ergebe sich auch aus den zahlreichen Protestresolutionen, die in der sowjetisch besetzten Zone nach der Entlassung des Klägers gefaßt worden seien.

Arbeitsgericht und Landesarbeitsgericht haben das Vorliegen eines wichtigen Grundes für die fristlose Entlassung des Klägers verneint.

Die Revision der Beklagten führte zur Abweisung der Klage aus den folgenden

Gründen:

Der Kläger war Betriebsratsmitglied. Er konnte daher gemäß § 13 KSchG. nur nach den Bestimmungen über die außerordentliche Kündigung entlassen werden. Dabei kommt nach der ständigen Rechtsprechung des Bundesarbeitsgerichts (vgl. BAG. 1, 185 und 2, 138 für das Verhältnis der entsprechenden Bestimmungen des § 123 zu § 124a GewO.) nicht nur einer der in § 82 Preußisches Allgemeines Berggesetz einzeln aufgeführten Tatbestände zur Rechtfertigung einer außerordentlichen Kündigung in Betracht, sondern nach § 83 a Preußisches Allgemeines Berggesetz jeder wichtige Grund. Das hat das Berufungsgericht auch nicht verkannt. Entgegen der Auffassung des Landesarbeitsgerichts steht der Senat aber auf dem Standpunkt, daß die maßgebende Beteiligung des Klägers an der Aktion vom 22. Juni 1954 allein einen wichtigen Grund zur fristlosen Entlassung im Sinne des § 83 a Preußisches Allgemeines Berggesetz in Verbindung mit dem gleichlautenden § 5 der Arbeitsordnung für die im Aachener, Niedersächsischen und Rheinisch-westfälischen Steinkohlenbergbau tätigen Arbeiter und Angestellten vom 1. September 1950 bildet. Es kommt daher nicht auf eine Erörterung der Frage an, ob der Beklagten auch ein Entlassungsrecht auf Grund des § 82 Ziffer 7 Preußisches Allgemeines Berggesetz zustand, weil der Kläger etwa seine Mitarbeiter zu gesetzes- oder sittenwidrigen Handlungen zu verleiten suchte. Insbesondere kann die Rechtsgültigkeit und Anwendbarkeit der Polizeiverordnung für das Land Nordrhein-Westfalen vom 28. April 1951 betreffend das Verbot der Volksbefragung über die Remilitarisierung Deutschlands (GVBl. 51 Nr. 16 S. 47) auf die Aktion des Klägers im Sommer 1954 ebenso dahingestellt bleiben wie die Frage, ob das Verhalten des Klägers etwa als Anstiftung zu staatsgefährdenden Handlungen im Sinne der §§ 88 ff. StGB. zu werten ist. Daher erübrigte sich auch eine Zurückverweisung des Rechtsstreits an das Berufungsgericht zur Aufklärung der zwischen den Parteien strittigen Vorfälle, über die das Landesarbeitsgericht, wie die Revision zutreffend rügt, von seinem Rechtsstandpunkt aus Beweis erheben mußte. Insbesondere hätte das Berufungsgericht auf Grund der von der Beklagten vorgelegten Urkunden Anlaß gehabt, den Kläger von Amts wegen als Partei über seine Mitgliedschaft in dem Aktionskomitee und seine Beteiligung an der Herausgabe des Flugblattes zu vernehmen, zumal es diesen Punkt für wesentlich ansah. Da jedoch der Rechtsstandpunkt des Berufungsgerichts hinsichtlich der Bewertung der Aktion vom 22. Juni 1954 rechtsirrtümlich ist, war der Rechtsstreit zur Entscheidung im Sinne der Klagabweisung reif.

Das Berufungsgericht hat festgestellt, daß der Kläger am 22. Juni 1954 mit einer Abstimmung vor dem Zecheneingang unter der Fragestellung „für einen Friedensvertrag und den Abzug der Besatzungstruppen" oder „für den EVG.-Vertrag und den Bonner Generalvertrag" eine Aktion auf Veranlassung der KPD. zur Förderung ihrer parteipolitischen Ziele veranstaltete. Ohne Rechtsirrtum hat das Landesarbeitsgericht auch angenommen, das Verhalten des Klägers stehe im Zusammenhang mit seinem Arbeitsverhältnis, weil er seine Arbeitskollegen ansprechen wollte und deshalb Zeit und Ort der Abstimmung so wählte, daß ein möglichst großer Teil der Belegschaft beim Schichtwechsel erfaßt wurde. Dem Berufungsgericht ist auch darin beizutreten, daß der Kläger bewußt den Zusammenhang mit dem Betrieb herstellte und es deshalb nicht darauf ankommt, ob die Aktion innerhalb des Betriebsgeländes selbst, oder wie hier in dessen unmittelbarer Nähe stattfand (vgl. auch Molitor BB. 54, 134 und BB. 55, 167; LAG. Düsseldorf RdA. 51, 396; LAG. Tübingen BB. 52, 58). Es spielt schließlich auch keine Rolle, daß der Kläger keine Arbeitszeit versäumte, weil er selbst dienstfrei hatte. Er ist nicht wegen unberechtigten Fernbleibens von der Arbeitsstelle entlassen worden.

Das Berufungsgericht hat aber das von ihm festgestellte Verhalten des Klägers bei der Abstimmung am 22. Juni 1954 zu Unrecht nicht als wichtigen Grund zur fristlosen Kündigung im Sinne des § 83 a Preußisches Allgemeines Berggesetz angesehen. Die angefochtene Entscheidung läßt zwar nicht erkennen, daß der Rechtsbegriff des wichtigen Grundes an sich verkannt worden sei. Das Landesarbeitsgericht sieht im Sinne der allgemein anerkannten Auffassung jeden Umstand als wichtigen Grund an, der dem Kündigenden die Fortsetzung des Arbeitsverhältnisses bei Abwägung der Interessen beider Parteien im Einzelfall nach Treu und Glauben nicht zumutbar macht (vgl. das zur Veröffentlichung vorgesehene Urteil des Zweiten Senats vom 3. November 1955 — 2 AZR 86/54 — und Nikisch, Lehrbuch, 2. Aufl. 1. Bd. S. 590). Das Betriebsratsmitglied steht bei der Beurteilung der Schwere seiner Pflichtverletzung aus dem Arbeitsvertrag jedem anderen Arbeitnehmer gleich, dem aus wichtigem Grunde fristlos gekündigt werden kann (BAG. 1, 185—190; 2, 138—142). Das Landesarbeitsgericht hat aber nicht nur verkannt, daß die festgestellten Tatsachen an sich geeignet sind, einen wichtigen Grund zur fristlosen Kündigung des Arbeitsverhältnisses zu bilden, sondern es hat auch im konkreten Fall rechtsirrtümlich das Verhalten des Klägers nicht unter die Norm des § 83 a Preußisches Allgemeines Berggesetz subsumiert. Es handelt sich hierbei nicht um eine Tatfrage, sondern um die Rechtsfrage der Anwendung eines unbestimmten Rechtsbegriffes auf einen gegebenen Sachverhalt. Hier ist dem Tatrichter allerdings ein angemessener Spielraum einzuräumen (vgl. die grundsätzlichen Ausführungen des Senats in dem zur Veröffentlichung vorgesehenen Beschluß vom 2. 11. 1955 — 1 ABR. 30/54 —). Das Berufungsgericht hat jedoch unter Überschreitung dieses Spielraumes bei seiner wertenden Subsumtion offensichtlich fehlerhafte Bewertungsmaßstäbe angewendet, weil es das Wesen der klägerischen Aktion verkannt, die zu Lasten des Klägers sprechenden Umstände durchaus unzureichend berücksichtigt und der Beklagten zu Unrecht die Fortsetzung des Arbeitsverhältnisses zugemutet hat.

Es steht hier nicht die Frage zur Entscheidung, ob etwa die einfache Mitgliedschaft in der KPD. als solche schon geeignet ist, einen wichtigen Grund zur außerordentlichen Kündigung zu geben, solange das Bundesverfassungsgericht noch nicht über die Verfassungswidrigkeit dieser Partei entschieden hat. Die Zugehörigkeit des Klägers zur KPD. ist lediglich im Zusammenhang mit der von ihm durchgeführten Abstimmung zu würdigen. Die vom Kläger im Auftrag der KPD. aktiv durchgeführte Propaganda-Abstimmung entgegen dem für den Betriebsrat und seine Mitglieder im Betriebsverfassungsgesetz ausdrücklich ausgesprochenen Verbot parteipolitischer Betätigung (§ 51 Satz 2 BetrVG.) rechtfertigt nicht nur den Ausschluß aus dem Betriebsrat nach § 23 BetrVG.; sie stellt vielmehr gleichzeitig eine so schwere Verletzung der Pflichten aus dem Arbeitsvertrag dar, daß sie auch bei Anlegung eines strengen Maßstabes an die Erfordernisse der fristlosen Entlassung von Betriebsratsmitgliedern (BAG. 1, 190) die fristlose Entlassung begründet. Darüber hinaus gilt das Verbot provozierender parteipolitischer Betätigung im Betrieb im Hinblick auf den maßgebenden Grundsatz der Erhaltung des Betriebsfriedens (§ 49 Abs. 2 BetrVG.) grundsätzlich für alle Arbeitnehmer wie auch für den Arbeitgeber (vgl. BAG. 1, 359 bis 363; Dietz BetrVG. § 51 Anm. 16 b; Erdmann BetrVG. § 51 Anm. 3; Molitor BB. 54, 135; LAG. Bayern, Amtsblatt des Bayer. Staatsministeriums für Arbeit und soziale Fürsorge 1952 C S. 129; a. M. Galperin § 51 Anm. 9, der ein ausdrückliches Verbot auf Grund einer Betriebsvereinbarung fordert).

Schon die Art der Durchführung der sogenannten Volksabstimmung gibt zu stärksten Bedenken Anlaß. Sie unterlag keiner Kontrolle hinsichtlich ihrer ordnungsgemäßen Durchführung und der Feststellung des Abstimmungsergebnisses. Von den Arbeitskollegen der beiden Schichten wurde, ohne daß sie darauf auch nur im geringsten vorbereitet waren, verlangt, daß sie sofort (570 Beschäftigte in einer Stunde) und in aller Öffentlichkeit Fang- und Suggestivfragen beantworten sollten, die einen scheinbaren, in Wirklichkeit aber gar nicht bestehenden Gegensatz zum Inhalt hatten. Dem Kläger kam es nicht darauf an, eine Art Meinungsbefragung der Bevölkerung in objektiver Weise durchzuführen, wie sie zum Beispiel von Instituten zur Erforschung der öffentlichen Meinung zu statistischen Zwecken vorgenommen wird. Das Verhalten des Klägers stellte in Wahrheit nur eine getarnte, aber leicht durchschaubare Aktion zur Förderung der Ziele der KPD. und der totalitären kommunistischen Oststaaten dar. Mit der sogenannten Volksabstimmung sollte einerseits eine Werbung für die Ziele der KPD. innerhalb der Bundesrepublik veranstaltet, andererseits mit ihrem Ergebnis aber gegen die Bundesrepublik und ihre freiheitliche Grundordnung gearbeitet werden. Diese Gesichtspunkte hat das Berufungsgericht übersehen. Derartige Volksbefragungen sind in totalitären Staaten, insbesondere auch heute noch in der sowjetisch besetzten Zone üblich. Sie führen zur Unterdrückung jeder wirklich freiheitlichen Abstimmung und freien Willensäußerung der Bevölkerung. Es sei in diesem Zusammenhang an Volksabstimmungen während der Zeit des nationalsozialistischen Regimes erinnert, die genau so nicht nur der Geheimhaltung entbehrten, sondern auch durch die suggestive und im Grund verlogene Fragestellung eine echte Entscheidungsfreiheit ausschlossen. Die Abhängigkeit jeder Antwort von der gestellten Frage ist solchen Falles unvermeidlich und besonders irreführend und unheilvoll bei sogenannten Koppelungsfragen, die auch die vom Kläger durchgeführte Abstimmung enthielt. Durch die Annahme der Fragestellung vollzieht sich bereits die geistige Unterwerfung. Die schlechten Erfahrungen, die Deutschland mit der sog. unmittelbaren Demokratie selbst in der Form staatlich geregelter Volksabstimmungen gemacht hat, — das gleiche gilt auch für die übrige demokratische Welt (vgl. Schneider „Volksabstimmungen in der rechtsstaatlichen Demokratie" in Forschungen und Berichte aus dem öffentlichen Recht, Gedächtnisschrift für Jellinek 1955, S. 155) — führten dazu, daß das Grundgesetz sich für die sogenannte repräsentative, d. h. mittelbare Demokratie entschied (Art. 20 II GG.). Volksabstimmungen sind nur im Zusammenhang mit der Neugliederung des Bundesgebietes vorgesehen und hinsichtlich der Länder des badisch-württembergischen Raumes durchgeführt worden (Art. 29, 118 GG.). Die unter aktiver Beteiligung des Klägers durchgeführte „wilde" Volksbefragung über Suggestivfragen ohne echte Alternative war darauf ausgerichtet, unter Berufung auf die angebliche Meinung des Volkes der nach dem Grundgesetz allein maßgeblichen Entscheidung der zuständigen Verfassungsorgane in durchaus undemokratischer Weise vorzugreifen oder sie unzulässig und irreführend zu beeinflussen. Mit der Durchführung einer derartigen Abstimmung stellte sich der Kläger entgegen der rechtsirrtümlichen Ansicht des Berufungsgerichts allein schon außerhalb der verfassungsmäßigen Ordnung der Bundesrepublik (vgl. auch OVG. Münster, Urteil vom 13.4.1954, VIII A 1581/51; vgl. weiter das Bundesverfassungsgericht in BVerfGE. 2, 1 ff. in dem Abschnitt über die Selbstauflösung der SRP.).

Die Volksbefragung wollte aber auch ihrem Inhalt und letzten Ziel, ebenso wie die zahlreichen gleichgerichteten Abstimmungen an anderen Orten und zu anderen Zeiten, die freiheitliche demokratische Grundordnung der Bundesrepublik (Art. 18, 21 GG.) unterhöhlen und schließlich beseitigen. Zu den maßgebenden Prinzipien der freiheitlichen demokratischen Grundordnung gehören die auch strafrechtlich geschützten und in § 88 II StGB. aufgezählten Verfassungsgrundsätze (Ausübung der Staatsgewalt durch das Volk im Wege freier, gleicher und geheimer Wahlen und durch besondere Organe der Gesetzgebung, vollziehenden Gewalt und Rechtsprechung; Bindung der Gesetzgebung an die verfassungsmäßige Ordnung und der vollziehenden Gewalt und der Rechtsprechung an Gesetz und Recht; Recht auf verfassungsmäßige Bildung und Ausübung einer parlamentarischen Opposition; parlamentarische Verantwortlichkeit der Regierung; Unabhängigkeit der Gerichte; Ausschluß jeder Gewalt- und Willkürherrschaft; vgl. BGHSt. 7, 227 und 279). Dem Kläger ist als aktivem Mitglied der KPD. bekannt, daß diese Partei und die hinter ihr stehenden und leitenden Kräfte der Sowjetzone und anderer kommunistischer Länder darauf ausgehen, entsprechend dem Aufbau, der Gliederung und der autoritären Führung der eigenen Partei und der dortigen Staatsgewalten auch die Verfassungsordnung der Bundesrepublik grundlegend umzustürzen und sie nach dem Schema der Sowjetzone zu gestalten. Dieses Ziel der Erhaltung und Übertragung der „volksdemokratischen Errungenschaften" auf ganz Deutschland schließt — selbst wenn die Ergreifung der Macht auf formallegalem Weg angestrebt werden sollte — notwendig außer der Umstürzung der Staats-, Gesellschafts- und Wirtschaftsordnung der Bundesrepublik als solcher auch die Beseitigung der Grundrechte des Einzelnen in sich, die nach Art. 19 II GG. in ihrem Wesensgehalt unantastbar sind. Hervorzuheben ist unter den Grundrechten insbesondere das Recht auf Achtung und den Schutz der Menschenwürde (Art. 1), das Recht auf freie Entfaltung der Persönlichkeit (Art. 2), die Gleichheit (Art. 3), das Recht der freien Meinungsäußerung (Art. 5), die Versammlungsfreiheit (Art. 8), die Vereinsfreiheit und die Koalitionsfreiheit (Art. 9) und die Garantie des Eigentums (Art. 14). Diese Grund- und Freiheitsrechte bestehen in den totalitären Staaten nicht. Man darf sich durch den scheinbar demokratischen Wortschatz und die zeitweilige formelle Einhaltung demokratischer Spielregeln nicht täuschen lassen. Gerade durch derartige, als harmlos und neutral getarnte Volksabstimmungen, wie sie der Kläger durchführte, wird die Gefahr der Infiltration dieser undemokratischen, freiheitsfeindlichen Systeme durch Täuschung der Arbeitnehmer in die Betriebe der Bundesrepublik heraufbeschworen. Angesichts der durch die Herrschaft der SED., der Schwesterpartei der KPD., in der sowjetisch besetzten Zone geschaffenen Zustände bedarf es keiner weiteren Erörterung, daß die genannten Grundrechte des Einzelnen und die freiheitliche demokratische Grundordnung der Bundesrepublik durch die Veranstalter und Helfer derartiger Volksbefragungen in ihrem Bestand gefährdet werden. Es sei hier nur auf die Vorenthaltung freier Wahlen in der Sowjetzone und ihren Ersatz durch die bekannten Volksabstimmungen und Einheitswahlen, die Beseitigung der persönlichen Freiheit des einzelnen Staatsbürgers und der richterlichen Unabhängigkeit, die in der Praxis bestehende Zusammenfassung der gesetzgebenden, vollziehenden und richterlichen Gewalt in einer Hand und die Niederwerfung des freien Volkswillens am 17. Juni 1953 hingewiesen. Daran wird nichts geändert durch die auf dem Papier stehende Verfassung der sowjetisch besetzten Zone, nach der einige Freiheitsrechte des Einzelnen gesichert sein müßten; sie sind es aber nicht. (Vgl. zu vorstehenden Ausführungen über die parteipolitische, insbesondere verfassungsfeindliche Betätigung BAG. 1, 185 u. 359; BVerfG. in dem SRP. Urteil in BVerfGE. 2, 1 ff.; BGHZ. 12, 197 im Hinblick auf die Werbung für die sogenannten „Weltfestspiele" in Berlin 1951; LAG. Berlin BB. 52, 172; LAG. Bremen RdA. 51, 280; LAG. Düsseldorf Betrieb 54, 108; LAG. München Amtsblatt 52 C, S. 123 und 129 und Betrieb 54, 475; OLG. Schleswig Schl. HA. 53, 56; LG. Bamberg NJW. 53, 675).

Der Kläger kann sich auch nicht darauf berufen, er habe von dem Recht der freien Meinungsäußerung des Art. 5 GG. Gebrauch gemacht. Einmal geht die Durchführung einer solchen wilden Volksbefragung über den Rahmen einer bloßen Meinungsäußerung hinaus. Im übrigen stehen alle Grundrechte, insbesondere auch die allgemeine Entfaltungsfreiheit unter dem allgemeinen Vorbehalt des Art. 2 I GG., daß ihre Ausübung nicht gegen die verfassungsmäßige Ordnung verstößt. In Art. 5 II GG. ist darüber hinaus besonders auf den Vorbehalt der allgemeinen Gesetze hingewiesen. Der freiheitliche demokratische Staat würde sich selbst aufgeben, wenn er seinen Gegnern, die im Falle ihres Erfolges Freiheit und Demokratie beseitigen würden, freie Hand ließe. Die Feinde der Freiheit können sich für ihre Betätigung und Propaganda nicht auf die allgemeinen Freiheitsrechte berufen. Der Schutz des Art. 5 GG. entfällt, wenn sich die Meinungsäußerung zu einer Aktion verdichtet, die die öffentliche Ordnung und Sicherheit und den Bestand der freiheitlichen demokratischen Grundordnung angreift (BGHZ. 12, 197). Abgesehen davon kann sich der Kläger auch um dessentwillen nicht auf das Recht der freien Meinungsäußerung nach Art. 5 GG. und das Diskriminierungsverbot des Art. 3 III GG. berufen, weil das Recht der freien Meinungsäußerung durch die allgemeinen Gesetze, zu denen auch die Grundregeln über das Arbeitsverhältnis zu zählen sind, beschränkt ist. Das hat der Senat in seinem Urteil vom 3. Dezember 1954 (BAG. 1, 185 ff.) eingehend ausgeführt. Zu den wesentlichen arbeitsvertraglichen Pflichten gehört es, eine provozierende parteipolitische, vor allem aber eine verfassungsfeindliche Betätigung in der Sphäre des Betriebes zu unterlassen. Sie ist erfahrungsgemäß in besonderem Maße geeignet, den Betriebsfrieden zu gefährden oder zu stören (BAG. 1, 359—363; vgl. § 49 II, 51 Satz 2 BetrVG.). Es kann keine Rede davon sein, daß das Verhalten des Klägers — wie das Berufungsgericht angenommen hat — eine politisch indifferente Handlung sei, die den Betriebsfrieden und die Arbeitsweise im Betrieb nicht berühre, zumal bei der Beklagten auch Sowjetzonenflüchtlinge beschäftigt sind. Vielmehr entspricht es einem allgemeinen Erfahrungssatz, daß durch derartige Abstimmungen im Bereich des Betriebes scharfe Spannungen hervorgerufen werden, die die Ordnung des Betriebes empfindlich stören oder zumindest stören können. Der Senat hat in der bereits erwähnten Entscheidung vom 3. Dezember 1954 (BAG. 1, 190) ausgesprochen, daß es bei der Frage der Gefährdung des Betriebsfriedens nicht nur auf die Einstellung der Arbeitnehmerschaft, sondern auch auf die des Arbeitgebers ankommt, der genau so zum Betrieb gehört wie die Arbeitnehmer. Im übrigen bedarf es bei dem Mißbrauch der Betriebsebene für parteipolitische Zwecke nicht eines Beweises seitens des Arbeitgebers für die Gefährdung des Betriebsfriedens, weil hierfür eine tatsächliche Vermutung spricht (Molitor BB. 54, 134; LAG. München, Amtsblatt 52 C, Seite 129—136).

In dem vorliegenden Rechtsstreit geht es nicht darum, ob der Kläger allgemein die Grundrechte auf Grund des Art. 18 GG. verwirkt hat, oder ob die KPD. eine verfassungswidrige Partei im Sinne des Art. 21 II GG. und daher aufzulösen ist. Derartige Feststellungen kann nur das Bundesverfassungsgericht treffen. Die übrigen Gerichte und insbesondere die Gerichte für Arbeitssachen sind aber nicht gehindert, im Rahmen ihrer Zuständigkeit das verfassungswidrige Verhalten des einzelnen Staatsbürgers als Vorfrage zu erörtern und daraus Schlußfolgerungen im Hinblick auf die allgemeinen Rechtsvorschriften zu ziehen (BGHZ. 12, 197; BGHSt. 6, 336; OAG. Neustadt, Entscheidung vom 11. 12. 1953 — OAG. 9/53 —; LAG. München Amtsblatt 52 C, Seite 132 und Betrieb 54, 475). Gegenstand dieses Rechtsstreits ist die Frage, ob das Verhalten eines Arbeitnehmers einen wichtigen Kündigungsgrund für den Arbeitgeber bildet, also die Beurteilung der arbeitsrechtlichen Beziehungen zwischen den Parteien des Arbeitsvertrages. In diesem Rahmen kann es den Gerichten für Arbeitssachen nicht verwehrt sein, das verfassungswidrige Verhalten eines Arbeitnehmers zu würdigen und danach festzustellen, daß der Arbeitnehmer fristlos entlassen werden konnte. Die Rechtsfolge eines Verfahrens vor dem Bundesverfassungsgericht besteht dagegen darin, daß jemand die Grundrechte verwirkt bzw. eine Partei aufgelöst wird (§ 46 III BVerfGG.).

Schon die parteipolitische Propagandaaktion vom 22. Juni 1954 allein stellt nach den vorstehenden Ausführungen eine so schwere Verletzung des Arbeitsvertrages dar, daß der Arbeitgeber nicht auf die Möglichkeit verwiesen werden kann, den Ausschluß des Klägers aus dem Betriebsrat zu beantragen. Auch unter Berücksichtigung der Belange des Klägers, insbesondere der Dauer seiner Betriebszugehörigkeit, ist bei Abwägung der beiderseitigen Interessen der Beklagten nicht zuzumuten, den Kläger weiter zu beschäftigen.

57

Die Vereinbarung einer Gesamtvergütung (Pauschalvergütung) für die gesetzliche Arbeitszeit und die Mehrarbeit ist grundsätzlich zulässig.

AZO § 15.

II. Senat. Urteil vom 26. Januar 1956 i. S. S. (Kl.) w. R. (Bekl.)
2 AZR 98/54.

I. Arbeitsgericht Bremerhaven. — II. Landesarbeitsgericht Bremen.

Der Kläger, der bis zum 30. Juni 1953 in den Diensten der Beklagten stand, infolge Krankheit aber bereits seit dem 28. Januar 1953 nicht mehr tätig gewesen war, verlangte erstmalig mit Schreiben vom 6. Mai 1953 von der Beklagten die Bezahlung von Überstunden, die er im Laufe der letzten vierzehn Monate vor seiner Erkrankung in Höhe von insgesamt 840 Stunden geleistet hätte. Da die Beklagte die Bezahlung mit dem Hinweis ablehnte, daß das mit ihm vereinbarte Gehalt auch die Entschädigung für Überstunden umfasse, erhob er Klage auf Zahlung von 2620,80 DM.

Die Klage war in allen Instanzen erfolglos.

Aus den Gründen:

I. . . .

II. Rechtlich geht die angefochtene Entscheidung davon aus, daß die Pauschalierung von eigentlichem Gehalt und Überstundenvergütung unzulässig sei. Unter Bezugnahme auf eine Entscheidung des Landesarbeitsgerichts München vom 28. Februar 1951 (AP. 52 Nr. 10) und des Landesarbeitsgerichts Hamm vom 7. Mai 1952 (WA. 1953 Nr. 70) führt das Landesarbeitsgericht aus, für die Anerkennung der Rechtswirksamkeit einer solchen Pauschalabrede müsse gefordert werden, daß von vornherein deutlich sichtbar gemacht werde, welcher Teil des vereinbarten Gehaltes als Überstundenzuschlag angesehen werden sollte. Andernfalls ließe sich überhaupt nicht beurteilen, ob die vereinbarte Pauschale eine angemessene Vergütung der verlangten Mehrarbeit darstelle, ja, ob überhaupt ein besonderer Mehrarbeitszuschlag berücksichtigt worden sei.

Dieser Auffassung kann jedoch nicht zugestimmt werden. § 15 AZO. stellt hinsichtlich der Mehrarbeitsvergütung nur den Grundsatz auf, daß für eine über die Grenzen der gesetzlichen Arbeitszeit hinausgehende Mehrarbeit ein Anspruch auf eine angemessene Vergütung besteht, überläßt aber die Bemessung der Vergütung grundsätzlich der

Regelung durch die Beteiligten selbst. Nur wenn eine solche Regelung nicht zustande kommt, ist gemäß § 15 Abs. 2 AZO. ein Zuschlag von 25 vom Hundert zu zahlen.

Es ist zwar richtig, daß aus dem Gehalt nicht ohne weiteres auf eine Abgeltung von Mehrarbeit oder Überstunden geschlossen werden darf, daß dafür vielmehr besondere Anhaltspunkte vorhanden sein müssen, die sich aber aus den Umständen ergeben können (RAG. ARS. 41, 118, 119; Nikisch, Arbeitsrecht, 2. Aufl., Bd. 1, S. 299). Ist aber bei der Einstellung eines Arbeitnehmers, der nicht unter einen diese Frage regelnden Tarifvertrag fällt, vom Arbeitgeber ausdrücklich darauf hingewiesen worden, daß etwaige Mehrarbeit nicht besonders bezahlt werde, sondern durch das zugesagte Gehalt mit abgegolten ist, so genügt dies, auch wenn nicht im einzelnen festgelegt wird, welcher Teil des Gehaltes Pauschalabgeltung für Mehrarbeit sein soll. § 15 AZO. will — unabdingbar — sicherstellen, daß der Arbeitnehmer unter den in § 15 AZO. aufgestellten Voraussetzungen für die die gesetzliche Arbeitszeit übersteigende Tätigkeit nicht nur eine Vergütung erhält, deren Höhe der für die gesetzliche Arbeitszeit vereinbarten entspricht, sondern darüber hinaus eine besondere angemessene Entlohnung; hierdurch soll dem Arbeitnehmer eine Entschädigung für den gesteigerten Kräfteverbrauch gewährt, aber auch durch die gegenüber der normalen Arbeitsvergütung erhöhte Belastung des Arbeitgebers die Mehrarbeit eingeschränkt werden (Denecke, AZO., 3. Aufl., § 15, Erl. 1; Schmidt, AZO., 2. Aufl., § 15 Bem. 1). Dabei geht das Gesetz von dem normalen Fall aus, daß sich der vereinbarte Lohn auf die regelmäßige Arbeitszeit, also auf eine 48stündige Arbeitszeit je Woche bezieht und sich hierauf die angemessene Mehrarbeitsvergütung aufbauen läßt. Mit dieser Berücksichtigung des Normalfalles verlangt das Gesetz aber noch nicht, daß in jedem Falle zunächst der Lohn für diese gesetzliche Arbeitszeit zahlenmäßig festgesetzt werden müsse, und schließt den ungewöhnlicheren, nach dem Grundsatz der Vertragsfreiheit aber durchaus zulässigen Fall, daß der Lohn für eine längere als die gesetzliche Arbeitszeit vereinbart wird, nicht als unzulässig aus. Wollte man mit dem Landesarbeitsgericht eine ausdrückliche rechnerische Unterscheidung für die gesetzliche Arbeitszeit und für die Mehrarbeit in jedem Falle fordern, so würde dies eine formelle Überspitzung bedeuten, die gerade im Arbeitsrecht keinen Platz hat und von dem wahren Sinn der Vorschrift auch gar nicht gefordert wird. Die Gesamtvergütung für die gesetzliche und die darüber hinausgehende Arbeitszeit schließt ihrem Wesen nach durchaus die vom Gesetz verlangte angemessene Mehrarbeitsvergütung in sich ein, auch wenn die Unterscheidung zwischen der Vergütung für die gesetzliche Arbeitszeit und der angemessenen Vergütung für die über diese hinausgehende Tätigkeit rechnerisch nicht möglich ist (Denecke, Anmerkung zu AP. 52 Nr. 10; derselbe, AZO., 3. Aufl., § 15 Anm. 13).

Rechtliche Schranken ergeben sich für eine solche Pauschalvergütung durch das sonst geltende Recht, so z. B. durch das Gesetz über die Festsetzung von Mindestarbeitsbedingungen, insbesondere aber durch eine — hier nicht vorliegende — tarifliche Regelung: die vereinbarte Pauschalvergütung darf nach § 4 TVG. nicht hinter der Vergütung zurückbleiben, die nach der tariflichen Regelung für die gesetzliche Arbeitszeit und die tatsächlich geleistete Mehrarbeit zu zahlen wäre. Letztlich findet die Pauschalvergütung ihre Grenzen in § 138 BGB. Sie darf also nicht so gering bemessen werden, daß sie eine unsittliche Ausbeutung der Arbeitskraft des Arbeitnehmers enthält; daß ein solcher Fall hier vorliegt, hat der Kläger nicht vorgetragen und ist auch nicht ersichtlich.

Dieses Ergebnis wird auch den praktischen Bedürfnissen des wirtschaftlichen Lebens am besten gerecht; die Pauschalvergütung vereinfacht die Lohn- und Gehaltsabrechnung und ist geeignet, Auseinandersetzungen über den Umfang der tatsächlich geleisteten Überstunden und ihre Notwendigkeit vorzubeugen.

III. . . .

58

1. Ein Arbeitgeber, der sich mit seinem Unternehmen einer achtbaren politischen, gewerkschaftlichen, konfessionellen, karitativen, wissenschaftlichen, künstlerischen oder ähnlichen Zweckbestimmung widmet, darf einem Arbeitnehmer fristgemäß kündigen, der sich zu dieser Zweckbestimmung nachhaltig in einer Weise in Widerspruch setzt, welche die betrieblichen Interessen berührt. Ein solcher Arbeitnehmer hat keinen Anspruch auf Kündigungsschutz.

2. Dies gilt auch im Falle eines geschiedenen katholischen Arbeiters und Handwerkers in einem einer katholischen Kirchengemeinde gehörigen und von ihr geleiteten Krankenhaus, der sich entgegen dem Verbot des kanonischen Rechts zu Lebzeiten seiner ersten Ehefrau wieder verheiratet und sich dadurch aus der aktiven kirchlichen Gemeinschaft ausschließt.

KSchG. § 1.

III. Senat. Urteil vom 31. Januar 1956 i. S. kath. Kirchengemeinde H.-J. (Bekl.) w. N. (Kl.) 3 AZR 67/54.

I. Arbeitsgericht Duisburg. — II. Landesarbeitsgericht Düsseldorf.

Der jetzt etwa 43jährige Kläger war seit 1933 als Anstreicher im St. B.-Hospital der Beklagten — einer katholischen Kirchengemeinde — beschäftigt. Er ist katholisch. Seine erste Ehe wurde im Jahre 1947 aus Alleinschuld der Frau geschieden. Im Jahre 1952 trat er zu der damals 18jährigen im gleichen Krankenhaus tätigen evangelischen Hausgehilfin H. E. in nähere Beziehungen und schwängerte sie. Am 15. Mai 1953 wurde er mit ihr standesamtlich getraut. Etwa zwei Wochen später sagte Pfarrer Sch. als Vorsteher des Kirchenvorstandes zum Kläger, dieser könne nicht mehr in seiner Stellung bleiben, weil er sich gegen die Gesetze der katholischen Kirche vergangen habe. Der Kläger widersprach. Daraufhin wurde ihm durch Schreiben der Beklagten vom 1. Juni 1953 wegen „sittenwidrigen Verhaltens" zum 1. August 1953 gekündigt.

Der Kläger hat auf Feststellung geklagt, daß sein Arbeitsverhältnis durch diese Kündigung nicht aufgelöst worden sei. Das Arbeitsgericht hat der Klage stattgegeben. Das Landesarbeitsgericht hat die Berufung der Beklagten zurückgewiesen mit der Maßgabe, daß es auf den Hilfsantrag der Beklagten das Arbeitsverhältnis zum 31. Juli 1953 aufgelöst und die Beklagte verurteilt hat, an den Kläger 2500,— DM Abfindung zu zahlen.

Die Revision der Beklagten führte zur Abweisung der Klage.

Entscheidungsgründe:

Das Landesarbeitsgericht ist der Auffassung, daß die Kündigung im Sinne von § 1 Abs. 2 KSchG. sozial ungerechtfertigt sei, weil insbesondere weder der voreheliche Geschlechtsverkehr des Klägers mit der minderjährigen Hausangestellten noch die spätere Eheschließung einer Weiterbeschäftigung des Klägers entgegenstünden. Diese Auffassung läßt sich rechtlich nicht halten.

1. Bereits der erste Grund, also der Geschlechtsverkehr des Klägers mit der minderjährigen Hausangestellten, hätte an sich für eine ordentliche befristete Kündigung ausgereicht. Denn zu einer befristeten Kündigung ist kein „wichtiger Grund" im Sine von § 626 BGB. erforderlich, sondern ein „triftiger Grund" zureichend, d. h. ein solcher, der einen verständig urteilenden Arbeitgeber bei Abwägung aller Umstände, ins-

besondere der Interessen der Vertragsparteien und des Betriebes, zur Kündigung bestimmen kann (BAG. 1, 99 [101]; 1, 117 [119/120]). Ein solcher Grund, demgegenüber der nach § 1 KSchG. gewährte Bestandsschutz des Arbeitsplatzes versagt, war hier gegeben. Ein außerehelicher Geschlechtsverkehr zwischen einer 18jährigen Hausangestellten und einem doppelt so alten Arbeiter des gleichen Betriebes kann, zumal wenn er nicht ohne Folgen geblieben und in der Öffentlichkeit bekannt geworden ist, von einem vernünftigen Arbeitgeber, der weder besonders strenge noch besonders laxe sittliche Auffassungen hat, als anstößig und die betrieblichen Interessen berührend empfunden werden, gleichgültig, ob der Verkehr selbst in den Räumen des Betriebes stattfand oder nicht. Ob außerehelicher Geschlechtsverkehr schlechthin unter Beachtung arbeitsrechtlicher Gesichtspunkte unsittlich ist, braucht nicht entschieden zu werden. Hier ist auf jeden Fall auch zu beachten, daß es sich um zwei Arbeitnehmer eines nach christlichen Grundsätzen geleiteten Krankenhauses einer katholischen Kirchengemeinde handelt, die ihrerseits in dieser Beziehung auf jeden Fall strengere Anforderungen als etwa ein rein wirtschaftliches Unternehmen stellen darf und auch stellen muß, wenn der religiös-kirchliche Charakter der Anstalt gewahrt bleiben soll. Selbst wenn aus dem Verkehr ein Kind erwächst und eine solche nachträgliche Eheschließung erfolgt, die die katholische Kirche anerkennt, so läßt das jenen für die Beklagte ihrem ganzen Wesen nach bedeutsamen Gesichtspunkt nicht ohne weiteres zurücktreten. Das Landesarbeitsgericht hat demgegenüber bei der Beurteilung des außerehelichen Geschlechtsverkehrs des Klägers den besonderen Charakter des Krankenhauses, auf den in anderem Zusammenhang noch einzugehen ist, nicht genügend gewürdigt.

Der Kläger hat nun allerdings behauptet, der Pfarrer habe von ihm verlangt, er solle für das Kind bezahlen, dürfe aber das Mädchen nicht heiraten. Darin könnte unter Umständen eine Verzeihung des außerehelichen Geschlechtsverkehrs und damit ein Verzicht auf diesen Kündigungsgrund oder auch eine Verwirkung des Kündigungsrechts erblickt werden. Indessen kann dies alles dahingestellt bleiben, da die Kündigung auf jeden Fall aus einem anderen Grunde gerechtfertigt ist.

2. Die Beklagte durfte unter den besonderen Umständen des Falles dem Kläger auch deswegen kündigen, weil er durch seine Wiederverheiratung seine Stellung als Mitglied der katholischen Kirche einschneidend berührt hat. Die neue Ehe des Klägers ist nämlich nach katholischer Auffassung ungültig. Sie ist es nicht etwa deshalb, weil die jetzige Ehefrau des Klägers evangelisch ist. Denn es werden von

der katholischen Kirche auch Ehen eingesegnet, bei denen der eine Teil einem anderen christlichen Bekenntnis angehört. Vielmehr sehen die Kirche und das in ihren Glaubenslehren wurzelnde kanonische Recht die neue Ehe des Klägers als ungültig an, weil sie die Scheidung seiner früheren Ehe nicht anerkennen. Nach ihrer Auffassung ist die Ehe ein Sakrament und kann, nachdem sie auch körperlich vollzogen ist, nur durch den Tod eines Ehegatten, aber nicht zu seinen Lebzeiten aufgelöst werden. Davon gestattet die katholische Lehre, vom Fall der Nichtigkeit der Ehe abgesehen, keine Ausnahme. Sie kennt nur die sogenannte Tennung von Tisch und Bett, die aber die Ehe dem Bande nach bis zum Tode eines Ehegatten bestehen läßt. Geht ein von einem weltlichen Gericht geschiedener Katholik wie der Kläger trotzdem eine neue Ehe ein, so schließt er sich nach der kirchlichen Lehre damit von selbst und ohne weiteres aus der aktiven kirchlichen Gemeinschaft aus, indem er u. a. die Befähigung zur Ausübung jeglicher kirchlichen Rechte und Dienste verliert.

Nach bürgerlichem Recht hingegen kann eine Ehe aus bestimmten Gründen geschieden werden, u. a. wenn ein Ehegatte sie gebrochen hat, und ein geschiedener Ehegatte ist dann grundsätzlich nicht gehindert, eine neue Ehe einzugehen. Schließt er wie der Kläger bürgerlichrechtlich eine neue Ehe, um ein erwartetes Kind ehelich werden zu lassen, dann wird dieses Verhalten von großen Teilen der Bevölkerung gebilligt. Dies meinte auch das erstinstanzliche Urteil im vorliegenden Fall, indem es sagte, der Kläger habe sich „als treu und anständig erwiesen".

Bei einem solchen Gegensatz der Auffassungen mag sich der Kläger in einem Gewissenskonflikt befunden haben, als er vor der Frage stand, ob er die werdende Mutter eines von ihm gezeugten Kindes heiraten solle. Mit Recht meint das angefochtene Urteil hierzu, daß es nicht die Aufgabe der Gerichte sein könne, über die beiden gegensätzlichen Auffassungen moralisch zu urteilen und einer von ihnen den Vorzug zu geben. Es muß aber auch in diesem Zusammenhang wieder, und gerade bei rein arbeitsrechtlicher Betrachtung, berücksichtigt werden, daß es sich bei dem St. B.-Hospital nicht um ein weltliches Krankenhaus handelt, in dem die Krankenpflege nach allgemein humanitären Grundsätzen betrieben wird, sondern um eine konfessionelle Anstalt von besonderer Prägung. Diese beruht darauf, und kommt u. a. darin zum Ausdruck, daß die Anstalt im Eigentum einer katholischen Kirchengemeinde steht und von ihr auch geleitet wird, und daß das eigentliche Pflegepersonal sich aus Ordensschwestern zusammensetzt. Diese Umstände bestimmen den Charakter der Anstalt: es ist der der Caritas im Sinne der katholischen Kirche. Das St. B.-Hospital ist eine Erscheinungsform der der katholischen Kirche eigentümlichen Betätigung im Dienste am Nächsten. Daran ändert sich dadurch nichts, daß die Anstalt nicht nur katholische, sondern auch andersgläubige und religiös indifferente Patienten aufnimmt, was durchaus im Sinne des Caritasgedankens liegt. Es ändert sich hieran ebenfalls nichts dadurch, daß das Krankenhaus nichtkatholische Arbeitnehmer beschäftigt, soweit es dies aus praktischen Gründen für notwendig und mit seiner Eigenart für vereinbar hält. An die Tendenz der Anstalt war der Kläger, obwohl er als Handwerker und nicht im Hause wohnender Arbeitnehmer an der eigentlichen Aufgabe der Krankenpflege nicht unmittelbar teilnahm, in doppelter Hinsicht gebunden. Er war es einmal dadurch, daß er sich zum katholischen Glauben bekennt, und zum anderen dadurch, daß er seit 20 Jahren in einem Arbeitsverhältnis zur Beklagten stand. Unter diesen Umständen hätte er das Arbeitsverhältnis von sich aus lösen sollen, als er sich, obwohl er Katholik ist, bei Lebzeiten seiner ersten Ehefrau zu einer neuen Ehe entschloß. Denn er hätte einsehen müssen, daß die Beklagte ihre ihm bekannte Auffassung über die Ehe, die zum Fundament ihrer Glaubenslehre gehört, nicht um seinetwillen aufgeben konnte, wenn sie sich selbst treu bleiben wollte. Sofern er sich nach dieser Auffassung nicht richten wollte, durfte er ihr doch nicht die Achtung versagen, die ihr als einer von sittlichen Grundsätzen ausgehenden und folgerichtig durch die Jahrhunderte bewahrten Anschauung zukommt. Nachdem er jedoch nicht von sich aus gekündigt hat, obwohl es ihm nahegelegt worden war, muß er sich damit abfinden, daß die Beklagte sich ihrerseits von ihm trennte. Denn es wäre von der Beklagten zuviel verlangt, wenn man sie dazu zwingen wollte, bei sich das Arbeitsverhältnis eines katholischen Arbeitnehmers zu bejahen, der aus der aktiven Gemeinschaft der katholischen Kirche ausgeschlossen ist. Mit der Kündigung wird dem Kläger nichts Besonderes zugemutet. Vielmehr darf jeder Arbeitgeber, der sich mit seinem Unternehmen einer achtbaren Tendenz widmet — es braucht nicht wie hier eine konfessionelle, sondern kann auch eine politische, gewerkschaftliche, wissenschaftliche, karitative, künstlerische oder andere sein — einem Arbeitnehmer fristgemäß kündigen, der dieser Tendenz nachhaltig zuwiderhandelt in einer Weise, die die betrieblichen Interessen berührt. Einer solchen berechtigten Kündigung hat sich aber der Kläger durch seine Wiederverheiratung ausgesetzt. Seine Entlassung war nicht sozial ungerechtfertigt, weil sie durch in seinem Verhalten und in seiner Person liegende Gründe (Wiederverheiratung, durch die er sich aus der aktiven kirchlichen Gemeinschaft ausschloß) sowie durch betriebliche Erfordernisse (Wahrung des Charakters der Anstalt) bedingt war (§ 1 Abs. 2 KSchG.).

Ist hiernach die befristete Entlassung des Klägers sozialrechtlich nicht zu beanstanden, so muß dem Kläger aus ähnlichen Erwägungen auch der besondere Schutz versagt werden, den Art. 6 Abs. 1 GG. der Ehe und Familie gewähren will. In ihrem Bestand wird die neue Ehe des Klägers durch seine Entlassung nicht berührt. Bezüglich ihres Wirkungsbereiches, insbesondere im Hauswesen, müßte der Kläger allerdings etwaige Einschränkungen hinnehmen. Denn jedenfalls bedürfen auch die Rechte anderer des Schutzes, hier das Recht der Beklagten auf ungestörte Krankenpflege in ihrem Sinne (vgl. Art. 4 Abs. 2 GG.).

Die Beklagte hat dem Kläger übrigens nicht nur die ihm zustehende 14tägige, sondern eine zweimonatige Kündigungsfrist eingeräumt und sich außerdem um seine anderweite Unterbringung bemüht. Dies trägt dazu bei, der Entlassung des Klägers auch nur den Anschein einer Sozial- oder gar Verfassungswidrigkeit zu nehmen. Darin ändert die Tatsache nichts, daß die Beklagte von ihrem kirchlichen Standpunkt aus im Kündigungsschreiben ein „sittenwidriges Verhalten" des Klägers als Kündigungsgrund angegeben hat, wenngleich eine solche den Kläger besonders kränkende Formel besser vermieden worden wäre.

Das angefochtene Urteil ist mit seinen Ausführungen darüber, daß es bei einem außerdienstlichen Verhalten des Klägers grundsätzlich nur auf das bürgerliche Recht, nicht aber auf die kirchlichen Anschauungen ankomme, der wirklichen Interessenlage nicht gerecht geworden. Es hat die schutzwürdigen Belange der Beklagten wiederum nicht richtig und nicht erschpöpfend gewürdigt und insbesondere verkannt, daß die Tendenz, die dem Krankenhaus der Beklagten zugrunde liegt, in erheblichem Umfang auch das Arbeitsverhältnis des Klägers erfaßt hat.

Deshalb muß das angefochtene Urteil aufgehoben werden. Da nach dem feststehenden Sachverhalt für eine andere Entscheidung als die Abweisung der Klage kein Raum bleibt, hatte der Senat gemäß § 565 Abs. 3 Ziff. 1 ZPO. selbst zu entscheiden.

59

Der absolute Revisionsgrund des § 551 Nr. 7 ZPO. allein macht die Revision nicht statthaft. Er vermag die Revision lediglich zu begründen, die aber selbst nur nach § 72 Abs. 1 ArbGG. statthaft sein kann.

ArbGG. § 72 Abs. 1; ZPO. § 551 Nr. 7.

II. Senat. Beschluß vom 14. Februar 1956 i. S. K. (Bekl.) w. V. (Kl.) 2 AZR 12/56.

I. Arbeitsgericht Hagen i. W. — II. Landesarbeitsgericht Hamm i. W.

Gründe:

Die Beklagte hat gegen die Entscheidung des Landesarbeitsgerichts Revision eingelegt, weil diese nicht mit Gründen versehen ist. Diese hatten infolge des plötzlichen Ablebens des Kammervorsitzenden nicht mehr erstellt werden können.

Gemäß § 72 Abs. 1 ArbGG. findet die Revision gegen ein Endurteil des Landesarbeitsgerichts nur statt, wenn das Landesarbeitsgericht die Revision im Urteil zugelassen hat oder wenn der Wert des Streitgegenstandes — und bei Zahlungsansprüchen der Wert des Beschwerdegegenstandes — den Betrag von 6000,— DM erreicht oder wenn ein Fall der sogenannten Divergenz vorliegt. Mit diesen Bestimmungen hat das Gesetz, wie der erkennende Senat in ständiger Rechtsprechung festgestellt hat (vgl. BAG. 1, 6; 1, 28; 1, 67), die Fälle der Statthaftigkeit der Revision für das Urteilsverfahren in arbeitsrechtlichen Streitigkeiten erschöpfend geregelt. Eine Verletzung der Vorschrift des § 551 Ziff. 7 ZPO., die einen Fall der Begründetheit der Revision näher normiert, kann daher mit Erfolg nur gerügt werden, wenn die Revision auf Grund einer der vorstehend genannten Voraussetzungen überhaupt statthaft ist. Da jedoch im vorliegenden Fall keine dieser Voraussetzungen vorliegt, mußte die Revision als unzulässig verworfen werden.

60

1. Der Beschluß des Bundesarbeitsgerichts vom 2. Juni 1954 (BAG. 1, 10) besagt nicht, die Angabe einer Fundstelle sei unbedingt erforderlich, sondern nur, daß die abweichenden Entscheidungen so zu bezeichnen sind, daß ihre Identität nicht zweifelhaft ist und sie ohne Schwierigkeiten herangezogen werden können.

2. Die Entscheidung des Bundesarbeitsgerichts vom 13. Januar 1955 (BAG. 1, 250), wonach die erfolgreiche Ablegung der Prüfung, die nach Nr. 4 a der Gemeinsamen Dienstordnungen des Reichs- und Preußischen Ministers des Innern für die Gemeinden vorgesehen wird, Voraus-

setzung für die Einreihung in die in diesen Bestimmungen genannten Vergütungsgruppen der TO. A ist, bleibt aufrechterhalten.

3. Überträgt der Dienstherr jedoch einem Angestellten, von dem er weiß oder wissen kann, daß er auch ohne die vorherige erfolgreiche Ablegung der Prüfung die erforderlichen Kenntnisse und die Eignung besitzt und im üblichen Rahmen allseits verwendbar ist, Aufgaben, die eine Vergütung nach einer höheren Vergütungsgruppe rechtfertigen, so muß er auch die Vergütung nach dieser höheren Gruppe gewähren.

ArbGG. § 72 Abs. 1 Satz 2, 3; TO.A § 3 Abs. 2 Satz 1, Halbsatz 2; BGB. § 242.

III. Senat. Urteil vom 16. Februar 1956 i. S. St. V. (Bekl.) w. M. (Kl.) 3 AZR 250/54.

I. Arbeitsgericht Wuppertal. — II. Landesarbeitsgericht Düsseldorf.

Der Kläger war vom 13. September 1950 bis 31. Oktober 1952 als Angestellter bei der Beklagten tätig. Ab 15. Januar 1951 wurde er, nachdem er vorher in verschiedenen anderen Abteilungen der Verwaltung beschäftigt worden war, in der Abteilung Soforthilfe eingesetzt. Er erhielt ein Gehalt nach Vergütungsgruppe VIII TO. A. Die Prüfung, die nach Nr. 4 a der Gemeinsamen Dienstordnungen des Reichs- und Preußischen Ministers des Innern für die Gemeinden zur Einreihung von Angestellten des Verwaltungs-, Kassen- und Sparkassendienstes in die Vergütungsgruppen VII—IV TO. A vorgesehen ist, hat der Kläger nicht abgelegt. Er war vor seiner Tätigkeit bei der Beklagten mehrere Jahre als Angestellter bei einem Arbeitsamt beschäftigt, wo er nach Gruppe VI b TO. A besoldet wurde.

Der Kläger verlangt für die Zeit vom 1. Juni 1951 bis zu seinem Ausscheiden die Gehaltsdifferenz zwischen den Gruppen VIII und VII TO. A.

Das Arbeitsgericht hat die Klage abgewiesen, das Landesarbeitsgericht ihr stattgegeben. Die Revision der Beklagten führte zur Zurückverweisung an das Landesarbeitsgericht.

Entscheidungsgründe:

1. Die Revision ist nach § 72 Abs. 1 Satz 2 und 3 ArbGG. wegen Divergenz statthaft. Das angefochtene Urteil beruht auf der Ansicht, daß die Ablegung der Verwaltungsprüfung nach Nr. 4 a der Gemeinsamen Dienstordnungen des Reichs- und Preußischen Ministers des Innern für die Gemeinden (GDO. Gemeinden) keine Voraussetzung für eine Einstufung in die Vergütungsgruppe VII TO. A sei. Die gegen-

sätzliche Meinung vertreten das in der Revisionsbegründung dieserhalb angeführte Urteil des Landesarbeitsgerichts Hannover vom 15. September 1952 — Sa 173/52 — und die ebenfalls angeführten Urteile des Landesarbeitsgerichts Hamm vom 24. Oktober 1950 — 1 Sa 451/50 — (AP. 51 Nr. 265), vom 17. September 1952 — 3 Sa 307/52 — und vom 9. Dezember 1952 — 2 Sa 424/52 —.

Für die Statthaftigkeit der Revision ist es ohne Bedeutung, daß das Bundesarbeitsgericht diese Rechtsfrage inzwischen durch das Urteil vom 13. Januar 1955 (BAG. 1, 250) grundsätzlich entschieden hat. Auf keinen Fall wird die bei Einlegung der Revision am 17. Juni 1954 wegen Divergenz mit Urteilen anderer Landesarbeitsgerichte bestehende Statthaftigkeit der Revision durch die später erfolgte Entscheidung des Bundesarbeitsgerichts wieder beseitigt (BAG. 1, 224).

Der Ansicht des Klägers, die Revision sei deshalb nicht statthaft, weil die Beklagte in der Revisionsbegründungsschrift für die abweichenden Urteile keine Fundstellen angegeben habe, kann nicht gefolgt werden. Es ist zwar in dem Beschluß des Bundesarbeitsgerichts vom 2. Juni 1954 (BAG. 1, 10) gesagt, daß die abweichenden Entscheidungen hinsichtlich des Gerichts, des Datums und der Fundstelle, erforderlichenfalls hinsichtlich der Parteien und des Aktenzeichens, eindeutig anzugeben sind. Hieraus kann aber nicht entnommen werden, die Angabe einer Fundstelle sei unbedingt erforderlich. Die abweichenden Entscheidungen müssen, wie dies auch der offenkundige Sinn jenes Beschlusses ist, nur so bezeichnet sein, daß ihre Identität nicht zweifelhaft ist und sie ohne Schwierigkeiten herangezogen werden können (vgl. auch BAG., AP. Nr. 32 zu § 72 ArbGG.). Das ist aber hier der Fall.

2. Das Berufungsgericht ist zutreffend davon ausgegangen, daß die nach § 3 Abs. 2 TO. A vorzunehmende Einstufung eines Angestellten im öffentlichen Dienst grundsätzlich durch die Gerichte nachprüfbar ist (so Bundesarbeitsgericht in ständiger Rechtsprechung, siehe u. a. BAG. 1, 85; 248; 251; 255).

Seiner Entscheidung jedoch, daß die in Nr. 4 GDO. Gemeinden bestimmte erfolgreiche Ablegung einer Prüfung keine notwendige Voraussetzung für die Einstufung der Angestellten im Gemeindedienst in die Vergütungsgruppen VII—IV TO. A sei, kann nicht gefolgt werden. An der gegensätzlichen Entscheidung des Zweiten Senats des Bundesarbeitsgerichts vom 13. Januar 1955 (BAG. 1, 250) wird festgehalten. Die GDO. Gemeinden ist eine in § 3 Abs. 2 Satz 1, zweiter Halbsatz TO. A ermöglichte Ergänzung zu den Tätigkeitsmerkmalen jener Tarifregelung und nimmt daher, solange sie nicht in der nach der geltenden

Rechtsordnung vorgesehenen Art und Weise aufgehoben ist, an deren Weitergeltung teil. Nr. 4a der GDO. Gemeinden ist auch nach dem Zusammenhang dieser Regelung entgegen anders lautenden Ansichten (Rewolle, RdA. 55, 210) als Mußvorschrift aufzufassen. Es genügt somit nicht allein, daß der Angestellte die Tätigkeitsmerkmale der von ihm geforderten Vergütungsgruppe erfüllt, sondern er muß auch die vorgeschriebene Prüfung bestanden haben.

Die Angestellten der Vergütungsgruppen VII bis IV TO. A haben insbesondere im Gemeindedienst schwierigere Aufgaben des mittleren bzw. gehobenen Dienstes zu erfüllen. Der Nachweis der hierfür erforderlichen Kenntnisse und Fähigkeiten wird regelmäßig nur durch die Ablegung einer entsprechenden Prüfung festgestellt werden können (vgl. Ambrosius, Das Tarifrecht der Angestellten im öffentlichen Dienst, 5. Aufl., S. 176). Im allgemeinen wird daher auch dann nicht von dem Erfordernis der Prüfung abgesehen werden dürfen, wenn dem Angestellten eine Tätigkeit übertragen worden ist, die an sich für eine Einstufung in die fraglichen Vergütungsgruppen ausreicht. Es ist denkbar, daß ein Angestellter auf einem beschränkten Arbeitsgebiet über die erforderlichen Kenntnisse der hierfür in Betracht kommenden Gesetze und sonstigen Bestimmungen verfügt, aber auf anderen Gebieten nicht einsatzfähig ist, weil ihm hierfür die allgemeinen Grundlagen fehlen. Gerade bei dem von der GDO. Gemeinden angesprochenen Bereich des öffentlichen Dienstes der Kommunalverwaltungen ist es sehr bedeutsam, daß ein Angestellter sich in allen Arbeitsbereichen betätigen kann. Der Nachweis hierfür muß daher nach der Regelung der GDO. Gemeinden durch eine bestandene Prüfung erbracht sein.

Der Dienstherr darf aber einem Angestellten, von dem er weiß oder wissen kann, daß er auch ohne die vorherige erfolgreiche Ablegung der Prüfung die erforderlichen Kenntnisse und Eignung besitzt und im üblichen Rahmen allseits verwendbar ist, etwa weil er sich diese Kenntnisse durch langjährige Arbeit in den verschiedenen Verwaltungszweigen angeeignet hat, nicht Aufgaben übertragen, die eine Vergütung nach einer höheren Vergütungsgruppe rechtfertigen, ohne auch die Vergütung nach dieser höheren Gruppe zu gewähren. In einem solchen Falle würde die Verweigerung der höheren Entlohnung Treu und Glauben widersprechen und mit der allgemeinen Fürsorgepflicht des Arbeitgebers nicht zu vereinbaren sein. Ein solches Verhalten widerspräche dem Leistungsprinzip der TO. A, das in ihrer Bestimmung des § 3 Abs. 1 seinen Ausdruck findet und wonach die Vergütungen in erster Linie nach dem Wert der Leistung zu bemessen sind (BAG. 1, 87).

Nach der Regelung der Tätigkeitsmerkmale in der Anlage 1 zur TO. A werden deshalb auch gegenüber dem Erfordernis einer gewissen Vorbildung andere gleichwertige Kräfte, die ebenfalls eine entsprechende Tätigkeit bewältigen können, den Bediensteten mit der Vorbildung gleichstellt.

Das angefochtene Urteil mußte bei dieser Rechtslage aufgehoben und die Sache zur anderweiten Verhandlung und Entscheidung in die Vorinstanz zurückverwiesen werden.

Es beruht auf der irrigen Rechtsansicht, daß die erfolgreiche Ablegung der Prüfung für eine Einstufung des Klägers in die Vergütungsgruppe VII TO. A in Verbindung mit der Bestimmung der GDO. Gemeinden Nr. 4a schlechterdings in keinem Falle erforderlich sei. Im vorliegenden Rechtsstreit ist es bei dem Fehlen näherer tatsächlichen Feststellungen andererseits nicht ausgeschlossen, daß der Kläger mit Rücksicht auf seine mehrjährige Tätigkeit als Angestellter bei einem Arbeitsamt, für die er nach der Vergütungsgruppe VI b TO. A besoldet wurde, und infolge seiner vorhergehenden Tätigkeit bei der Beklagten selbst doch über die erforderlichen allgemeinen Kenntnisse und Erfahrungen verfügte, die gegeben sein müssen, um die hier fragliche Verwaltungsprüfung zu bestehen. Die Möglichkeit, daß die Beklagte dies wußte oder bei der erforderlichen Aufmerksamkeit hätte erkennen müssen, ist nicht ohne weiteres auszuschließen; aus dem gegenwärtig vorliegenden Sachstand ist dieserhalb weder in der einen noch in der anderen Hinsicht etwas zu entnehmen. Sollte die erforderliche weitere Aufklärung ergeben, daß die Verweigerung der geltend gemachten Gehaltsdifferenz mit dem Grundsatz von Treu und Glauben und der Fürsorgepflicht der Beklagten nicht zu vereinbaren wäre, so müßte der Klage stattgegeben werden.

61

1. Eine Schwester, die Mitglied einer Schwesternschaft vom Roten Kreuz ist, steht zu dieser nicht in einem Arbeits- oder arbeitnehmerähnlichen Verhältnis im Sinne des § 5 ArbGG.; ihre Rechtsstellung richtet sich vielmehr nach den Bestimmungen der Satzung. Für die Geltendmachung von Ansprüchen, die sich aus der Mitgliedschaft ergeben, sind die Arbeitsgerichte nicht zuständig.

2. Eine Schwester, die zwar nicht Mitglied der Schwesternschaft ist, aber die Schwesternordnung als für sich verbindlich anerkennt und

sich dem Lebenskreis der Schwesternschaft anschließt, ist rechtlich wie ein Mitglied zu behandeln.

ArbGG. § 5.

II. Senat. Urteil vom 18. Februar 1956 i. S. Schwesternschaft ... vom Roten Kreuz e. V. (Bekl.) gegen R. (Kl.) 2 AZR 294/54.

I. Arbeitsgericht Weiden/Opf. — II. Landesarbeitsgericht Bayern, Sitz Nürnberg.

Die Klägerin war vom 1. Oktober 1952 ab als Schwester bei der Beklagten; zuletzt war sie als Krankenschwester in einem Krankenhaus Lyzeum in W. tätig. Am 15. Dezember 1953 wurde sie auf Grund eines Beschlusses des Vorstandes der Beklagten „wegen Beziehungen zu einem verheirateten Arzt im Stadtkrankenhaus H., Respektlosigkeit gegenüber Schwestern und Umganges mit Männern sowie verspäteten Einpassierens" aus der Schwesternschaft ausgeschlossen. Sie verlangt die Feststellung, daß die am 15. Dezember 1953 ausgesprochene „fristlose Entlassung" rechtsunwirksam sei, sowie Zahlung eines Betrages von 461,— DM.

Das Arbeitsgericht hat durch Zwischenurteil festgestellt, daß die sachliche Zuständigkeit der Arbeitsgerichte gegeben sei; das Landesarbeitsgericht hat die hiergegen eingelegte Berufung der Beklagten als unbegründet zurückgewiesen. Die Revision führte zur Abweisung der Klage wegen Unzuständigkeit der Gerichte für Arbeitssachen.

Gründe:

I. Das Landesarbeitsgericht geht in seiner Entscheidung davon aus, daß die Klägerin als Probeschwester außerordentliches Mitglied der Beklagten gewesen sei. Als solche sei sie zwar nicht Arbeitnehmerin der Beklagten gewesen, wie das Arbeitsgericht angenommen habe, sie habe aber doch dienstvertragsähnliche Arbeit geleistet. Zwar diene die Beklagte mit ihrer Organisation nur karitativen Zwecken und die einzelne Schwester übe ihre Tätigkeit vorwiegend aus ideellen und karitativen Beweggründen aus. Die Schwester erhalte aber ihr Arbeitsfeld von der Schwesternschaft zugewiesen und auf diesem Arbeitsplatz versehe sie ihre Dienste für die Schwesternschaft. Hinsichtlich ihrer Tätigkeit sei sie sodann der Weisungsbefugnis ihrer Vorgesetzten unterworfen. Die Oberin, welche die unmittelbare Vorgesetzte aller Schwestern sei, bestimme Ort und Art der Tätigkeit. Für ihre Tätigkeit selbst erhalte die Schwester monatliche Barbezüge, freie Station, freie Angestelltenversicherung und die vorgeschriebene Schwesterntracht. Sie sei ferner gegen Unfall und Haftpflicht versichert. Im Falle der Erkrankung erhalte sie Krankenfürsorge, und in gewissem Umfange würden auch die monatlichen Barbezüge weitergezahlt. Auch sei eine zusätzliche Ruhegehaltsversorgung vorgesehen. Das alles ergebe, daß die einzelne Schwester von der Beklagten wirtschaftlich abhängig sei, wobei es auf die Höhe der Bezüge nicht ankomme. Damit seien die Begriffsmerkmale einer arbeitnehmerähnlichen Person gegeben, d. h., die einzelne Schwester leiste in tatsächlicher Abhängigkeit in einem Dauerverhältnis nicht von vornherein bemessene weisungsgebundene Arbeit für die Schwesternschaft. Infolgedessen falle die einzelne Schwester unter § 5 Abs. 1 Satz 2 ArbGG., so daß für die Entscheidung des Rechtsstreits die sachliche Zuständigkeit der Arbeitsgerichte vorliege, und zwar auch dann, wenn die Schwester Mitglied eines in die Form eines eingetragenen Vereins gekleideten Mutterhauses sei. Dieser vom Landesarbeitsgericht vertretenen Auffassung kann jedoch nicht zugestimmt werden.

Zwar ist entsprechend dem Schutzgedanken des § 5 ArbGG. der Begriff der arbeitnehmerähnlichen Person weit auszulegen (vgl. RAG. ARS. 3, 207) und den Bedürfnissen des praktischen Lebens unter dem Gesichtspunkt der arbeitnehmerähnlichen Schutzbedürftigkeit nach Möglichkeit elastisch anzupassen (Dersch-Volkmar, ArbGG., 6. Aufl., § 5, Anm. 66). Voraussetzung ist aber immer, daß sich jemand wirtschaftlich in ähnlicher Abhängigkeit von dem Dienstberechtigten befindet wie ein Arbeitnehmer (Dersch-Volkmar, ArbGG., § 5, Anm. 67; Dietz-Nikisch, ArbGG., § 5, Anm. 57). Diese Voraussetzung trifft jedoch auf die Mitglieder der Beklagten nicht zu, die rein karitative Arbeit leisten und deren Rechte und Pflichten sich nur nach der Vereinssatzung und den sie ergänzenden Vorschriften richten.

Die Beklagte ist nach § 1 der in den Vorinstanzen überreichten Satzung vom 23. März 1949 ein eingetragener Verein, der, interkonfessionell und politisch neutral, auf religiös-sittlicher Grundlage beruht und seinem Zweck nach gemeinnützig und mildtätig ist. Die sich aus diesem Zweck ergebenden Aufgaben erfüllt die Beklagte gemäß § 2 der Satzung u. a. durch die Bereitstellung der Schwestern für den Dienst am Nächsten, insbesondere zur Pflege der Kranken, Wöchnerinnen und Säuglinge, in der Gemeindepflege, im amtlichen Sanitätsdienst, in der Gesundheitsfürsorge und zur Hilfeleistung bei außerordentlichen Notständen. Aufgabe der Schwesternschaft ist ferner der Arbeitseinsatz der Schwestern und die Regelung der Arbeits- und Lebensbedingungen der Schwestern während ihrer Berufstätigkeit sowie ihre Sicherstellung bei Krankheit, Alter und Berufsunfähigkeit nach den Richtlinien des Verbandes Deutscher Mutterhäuser vom Deutschen Roten Kreuz. Die Mitglieder der Schwesternschaft müssen, wie es in Ziff. 1 der ebenfalls in den Vorinstanzen überreichten Dienstordnung für die Schwestern des B.schen Roten Kreuzes heißt, bei ihrer Tätigkeit von wahrer Nächstenliebe gegenüber den hilfsbedürftigen Menschen erfüllt sein und ihre ganze Kraft selbstlos in den von ihnen übernommenen Dienst stellen unter Ausschaltung des Erwerbszwecks. Das Mutterhaus bietet, wie Ziff. I der gleichfalls schon in den früheren Rechtszügen vorgelegten Schwesternordnung für die Schwesternschaften vom Deutschen Roten Kreuz sagt, den Schwestern, die sich unter dem Zeichen des Roten Kreuzes in den selbstlosen Dienst an der leidenden Menschheit stellen, eine Heimat. Es gibt ihnen die Möglichkeit der Aus- und Fortbildung und des Schaffens, nimmt ihnen die Sorge um das tägliche Leben, um sie freizumachen zur vollen Hingabe an ihren Beruf, und sichert sie für die Zeiten der Krankheit, der Arbeitsunfähigkeit und des Alters.

Diese Zielsetzung stellt nicht, wie die Klägerin meint, eine Phrase dar, sondern kennzeichnet den hohen sittlichen Wert der Schwesternschaften. Sie bestimmt und trägt nach der ganzen ihnen gegebenen Ordnung diese Zusammenschlüsse. Daraus ergibt sich eindeutig, daß die Selbstlosigkeit der karitativen Arbeit nicht nur ein Motiv, sondern Wesensbestandteil der Tätigkeit der Schwestern ist (Philipsborn, Neue Zeitschrift für Arbeitsrecht, 1931, Sp. 26). Sie stellt eine Äußerung ihrer Lebensauffassung dar, die die Schwester mit dem Eintritt in die von jenen Grundsätzen getragenen Schwesternschaften bekundet und die mit einer Erwerbsarbeit im Sinne des Arbeitsrechts nicht auf eine Stufe gestellt werden kann. Zwar müssen auch die Mitglieder der Beklagten ihren Lebensunterhalt haben. Sie gehen aber nicht ihrem Beruf nach, um ihre Lebensbedürfnisse zu befriedigen und aus ihrem Beruf Einkünfte zu erzielen, die der Befriedigung solcher Bedürfnisse dienen sollen (so Trieschmann, RdA. 1955, S. 459), sondern sie bekommen das zur Erhaltung des Lebens Notwendige, um ihre karitative Arbeit verrichten zu können.

Es kann nun allerdings nicht zweifelhaft sein, daß auch karitative Arbeit zum Zwecke der Erwerbstätigkeit ausgeübt werden kann. Das trifft möglicherweise bei den freien Schwestern zu, die zwar ebenfalls einen solchen Dienst leisten, aber vielleicht doch in erster Linie um des Erwerbs willen. Bei den Schwestern des Roten Kreuzes, die sich in Mutterhäusern zusammenschließen und deren Gemeinschaften sich in der oben genannten Art kennzeichnen, ist aber das karitative Moment der ihren Lebensinhalt bestimmende Faktor.

Es ist natürlich denkbar, daß innerhalb einer Vereinigung einzelne Mitglieder mit der Durchführung von Aufgaben betraut werden, die neben der Mitgliedschaft noch ein Arbeitsverhältnis oder jedenfalls ein arbeitnehmerähnliches Verhältnis entstehen lassen. Das ist z. B. der Fall, wenn in einem Verein ein Mitglied gegen Entgelt mit besonderen Funktionen, z. B. der Verwaltung des dem Verein gehörenden Hauses, beauftragt wird. In einem solchen Falle bestehen neben der vereinsrechtlichen Bindung auch besonders arbeitsrechtliche Beziehungen. Hier können die arbeitsrechtlichen Beziehungen gelöst werden, ohne daß die Mitgliedschaft als solche hiervon betroffen wird. Bei der Beklagten besteht aber die Aufgabe der Schwestern-Mitglieder in der Erfüllung des Vereinszwecks als solchem; die Tätigkeit für den Verein ist der Mitgliedschaft immanent. Es ist nicht denkbar, daß eine Krankenschwester Mitglied der Beklagten ist, ohne an der Aufgabendurchführung teilzunehmen, es sei denn, daß sie nach Erfüllung ihrer Aufgaben in den Ruhestand tritt. Die Arbeitsleistung ist nur auf die Zugehörigkeit zur Beklagten zurückzuführen; dann muß aber die Arbeitnehmereigenschaft verneint werden, weil unter diesen Umständen neben der Mitgliedschaft nicht noch ein besonderes Arbeitsverhältnis bestehen kann (so mit Recht v. Maltzahn, RdA. 1955, S. 456). Der Auffassung des Reichsarbeitsgerichts (ARS. 12, 451), daß die Diakonisse dienstvertragsähnliche Arbeit leiste und daher die Begriffsmerkmale des § 5 Abs. 1 Satz 2 ArbGG. 1926 gegeben seien, kann bei der einer Schwesternschaft angehörenden Rotkreuzschwester nicht zugestimmt werden, wobei dahingestellt bleiben mag, ob die Ansicht des Reichsarbeitsgerichts in dem von ihm entschiedenen Fall zutreffend war (vgl. auch die Anmerkung von Hueck zu jenem Urteil).

Ein solcher, von hohem sittlichen Ernst getragener und in der ganzen Kulturwelt anerkannter Zusammenschluß, wie ihn die Schwesternschaften vom Roten Kreuz darstellen, kann auch nicht, wie die Beklagte meint, als eine Umgehung arbeitsrechtlicher Schutzvorschriften und als Tarnung eines Arbeitsverhältnisses angesehen werden. Das käme nur dann in Betracht, wenn in Wirklichkeit der Zweck des Vereins auf Erwerb gerichtet wäre, wovon aber nach allem keine Rede sein kann. Zwar mag, wie die Diskussionen über die Notlage der Schwestern zeigen, in der Organisation der Schwesternschaften im einzelnen manches reformbedürftig sein. Es wird jedoch in erster Linie Sache der Schwesternschaften selbst sein, soweit erforderlich, in der satzungsmäßig vorgeschriebenen Weise für Abhilfe zu sorgen, wenn sie nicht den Bestand ihrer Vereine gefährden wollen. Eine Umdeutung der rechtlichen Stellung der Schwester vom Vereinsmitglied in die eines Arbeitnehmers oder einer arbeitnehmerähnlichen Person läßt sich bei der gegebenen Zweckrichtung aber keinesfalls rechtfertigen.

Für die Richtigkeit der hier vertretenen Auffassung spricht auch die Tatsache, daß gemäß § 4 Abs. 1, Buchst. d BetrVG. Personen, deren Beschäftigung nicht in erster Linie ihrem Erwerb dient, sondern vorwiegend durch Beweggründe karitativer oder religiöser Art bestimmt ist, nicht als Arbeitnehmer im Sinne des Betriebsverfassungsgesetzes gelten. Daß hierunter auch die Schwestern vom Roten Kreuz fallen, ist seit jeher die weitüberwiegende Meinung im Schrifttum (so schon für das Betriebsrätegesetz Mansfeld, BRG., § 10, Anm. 3 d 4; s. auch Bescheid des Reichsarbeitsministeriums vom 12. Oktober 1920 [RABl. I Amtl. Teil, S. 250] und vom 26. Mai 1921 [RABl. I Amtl. Teil, S. 667]; für das Betriebsverfassungsgesetz Dietz, BetrVG., § 4, Anm. 67; Erdmann, BetrVG., 2. Aufl., § 4, Anm. 11; Fitting-Kraegeloh, BetrVG., 3. Aufl., § 4, Anm. 8; abweichend nur Galperin, BetrVG., § 4, Anm. 21 unter Bezugnahme auf ein Urteil des Landesarbeitsgerichts Frankfurt a. M. vom 29. April 1947 — WA. 1948 Nr. 15, sowie Landesarbeitsgericht Bremen AP. 53 Nr. 222; hiergegen mit Recht Molitor in seiner Anmerkung zu diesem Urteil). Wenn die Bestimmung des § 4 Abs. 1 Buchst. d BetrVG. auch nicht unmittelbar auf die Vorschrift des § 5 ArbGG. anzuwenden ist, die ihrerseits einen selbständigen Arbeitnehmerbegriff enthält, so gibt sie doch einen beachtlichen Hinweis auf einen Rechtsgedanken, der allgemeine Gültigkeit zu beanspruchen hat. Der karitative Beweggrund gibt der Tätigkeit der Rotkreuzschwester insgesamt das Gepräge.

Falls die Klägerin Mitglied der Beklagten war, konnte sie somit zu ihr nicht in einem Arbeits- oder arbeitnehmerähnlichen Verhältnis stehen. Ihre Rechtsstellung richtete sich vielmehr nach den Bestimmungen der Satzung. Für die Geltendmachung von Ansprüchen, die sich aus ihrer Mitgliedschaft ergeben, sind die Arbeitsgerichte nicht zuständig. Die Klägerin muß sich vielmehr gegen den Ausschluß aus der Schwesternschaft auf dem in der Satzung vorgesehenen Weg wenden.

II. Es steht nun allerdings nicht mit Sicherheit fest, ob die Klägerin wirklich Mitglied der Beklagten war. In der Klageschrift wird geltend gemacht, daß sie bei der Beklagten als Krankenschwester beschäftigt gewesen und daß kein Grund zu einer fristlosen Entlassung gegeben sei. An zwei Stellen der Klageschrift wird aber auch vom Ausschluß aus der Schwesternschaft gesprochen. Die Beklagte hat ihrerseits unwidersprochen vorgetragen, daß die Klägerin Probeschwester und als solche außerordentliches Mitglied der Beklagten gewesen sei. Diese Behauptung hat das Landesarbeitsgericht übernommen, indem es ausgeführt hat, die Klägerin sei Probeschwester und somit gemäß der Schwesternordnung außerordentliches Mitglied der Beklagten gewesen. Sie habe auch, was unbestritten ist, die Schwesternordnung am 6. Mai 1953 als für sich verbindlich durch ihre Unterschrift anerkannt. Die Tatsache, daß die Klägerin lediglich die Stellung eines außerordentlichen Mitgliedes der Beklagten gehabt habe, sei für die hier in Frage stehende Entscheidung ohne Belang.

In der von der Beklagten überreichten Satzung vom 23. März 1949 heißt es jedoch im § 3 wie folgt:

„Mitglied der Schwesternschaft sind:

1. Die Oberin und die ausgebildeten Schwestern. Für sie gilt die Dienstordnung des Verbandes Deutscher Mutterhäuser vom Roten Kreuz in Bayern.
2. Sämtliche Mitglieder des Vorstandes der Schwesternschaft, die nicht unter 1 schon genannt sind.
3. Freunde und Förderer der Schwesternschaft als Ehrenmitglieder.

Die Mitgliedschaft der Schwestern wird erworben nach Abschluß der Lern- und Probezeit."

Nach dieser eindeutigen Satzungsbestimmung sind also nur die ausgebildeten Schwestern Mitglied der Beklagten, nicht hingegen Lern- und Probeschwestern, die vielmehr erst nach Abschluß der Lern- und Probezeit die Mitgliedschaft erwerben können. Wenn also die Klägerin, wie die Beklagte unwidersprochen behauptet hat, Probeschwester war, so konnte sie noch nicht Mitglied der Beklagten sein. Dem kann auch nicht entgegengehalten werden, daß nach Ziff. I der am 1. Januar 1951 in Kraft getretenen Schwesternordnung für die Schwesternschaften vom Deutschen Roten Kreuz die Schwesternschaft einmal die Oberin, die Vorstandsmitglieder und die Schwestern als ordentliche Mitglieder und sodann die Schwestern im Ruhestand, die Hilfsschwestern, die Reserveschwestern und die Probeschwestern als außerordentliche Mitglieder umfaßt, während die Lernschwestern nur eine Anwartschaft auf die außerordentliche Mitgliedschaft haben. Die von einer dritten Stelle — wie aus ihrer Ziffer IX gefolgert werden kann, möglicherweise vom Verband Deutscher Mutterhäuser vom Roten Kreuz — erlassene Schwesternordnung kann nämlich nicht von selbst die Satzung der Beklagten ändern. Dies ist vielmehr Sache der Mitgliederversammlung, wie sich aus § 9 der Satzung ergibt.

Aber auch wenn die Klägerin nicht Mitglied der Beklagten war, so muß sie doch in ihrem besonderen Fall die Bestimmungen der Satzung der Beklagten gegen sich gelten lassen. Sie hat nämlich dadurch, daß sie die Schwesternordnung als für sich verbindlich anerkannte, und daß sie sich dem in einer bestimmten Art und Weise geprägten Lebenskreis der Beklagten anschloß und sich wie ein Mitglied behandeln ließ, u. a. auch die Vorteile, die sich aus der Mitgliedschaft ergaben, in Anspruch nahm, eine Stellung wie ein Mitglied eingenommen. Sie muß also, selbst wenn sie formell nicht Mitglied der Beklagten war, es sich gefallen lassen, daß sie wie ein Mitglied behandelt wird. Sollte sie nicht Mitglied der Beklagten gewesen sein, so war sie auf Grund ihrer mitgliedähnlichen Stellung bei dieser doch nicht als Arbeitnehmerin oder in arbeitnehmerähnlicher Stellung tätig, so daß sie auch nicht als Arbeitnehmerin oder arbeitnehmerähnliche Person im Sinne des § 5 ArbGG. angesehen werden kann.

Da somit eine Zuständigkeit der Arbeitsgerichte für den von der Klägerin geltend gemachten Anspruch nicht gegeben ist, mußte unter Aufhebung des Urteils des Landesarbeitsgerichts und unter Abänderung des Urteils des Arbeitsgerichts die Klage wegen Unzuständigkeit der Arbeitsgerichte abgewiesen werden.

62

Das Revisionsgericht kann die Statthaftigkeit der Revision ohne mündliche Verhandlung durch besonderen Beschluß feststellen.

ArbGG. §§ 72 Abs. 1 Satz 3, 74 Abs. 2 Satz 2; ZPO. § 554 a.

II. Senat. Beschluß vom 29. Februar 1956 i. S. P. S. (Bkl.) w. D. (Kl.) 2 AZR 504/55.

I. Arbeitsgericht Arnsberg i. W. — II. Landesarbeitsgericht Hamm i. W.

Die Beklagte hat gegen das Urteil des Landesarbeitsgerichts Revision eingelegt und diese auf Divergenz gestützt. Der Senat stellt zunächst fest, daß die gesetzlichen Voraussetzungen des § 72 Abs. 1 Satz 3 ArbGG. für die Statthaftigkeit der Revision gegeben sind und fährt in den

Gründen

fort:

Die Zulässigkeit dieses Beschlusses, dessen Zweckmäßigkeit in seiner Klarstellung der Statthaftigkeit der Revision liegt, ergibt sich aus § 74 Abs. 2 Satz 2 ArbGG verbunden mit § 554 a ZPO. Danach kann das Gericht bei der Prüfung der Frage, ob die Revision statthaft ist, zu drei verschiedenen Entscheidungen kommen. Es kann von einer Entscheidung ohne mündliche Verhandlung absehen, es kann die Revision durch Beschluß als unzulässig verwerfen oder es kann die Revision durch Beschluß für zulässig erklären (vgl. auch § 519 b ZPO.). Daß nur der zweite Fall in § 554 a Abs. 1 Satz 2 ZPO. ausdrücklich erwähnt ist, schließt die beiden anderen Möglichkeiten nicht aus, vor allem weil § 554 a ZPO. in einem besonderen zweiten Absatz ganz allgemein bestimmt, daß die Entscheidung über die Statthaftigkeit der Revision ohne mündliche Verhandlung durch Beschluß erfolgen kann (vgl. auch Stein-Jonas, ZPO., 18. Aufl., §§ 554 a, Anm. IV, 519 b, Anm. III B 1 c).

63

1. Die Effektivklausel gehört regelmäßig zum normativen Teil des Tarifvertrages; auf sie erstreckt sich daher regelmäßig eine Allgemeinverbindlicherklärung.

2. Es ist nicht unmöglich, daß die Allgemeinverbindlicherklärung der zu Ziff. 1 genannten Effektivklausel im öffentlichen Interesse geboten erscheint. Eine derartige Klausel braucht auch nicht gegen Art. 3 GG. zu verstoßen.

3. Die Allgemeinverbindlicherklärung eines Tarifvertrages darf sich — jedenfalls in gewissen Grenzen — auch rückwirkende Kraft beilegen.

TVG. § 5.

II. Senat. Urteil vom 1. März 1956 i. S. K. (Bekl.) w. Sch. (Kl.) 2 AZR 183/54.

I. Arbeitsgericht Göttingen. — II. Landesarbeitsgericht Hannover.

Die Klägerin war in der Fabrik der Beklagten vom 17. April 1950 bis zum 8. August 1953 als Montiererin im Stundenlohn beschäftigt.

Von Januar 1952 bis zu ihrem Ausscheiden bezog sie gleichmäßig einen Stundenlohn von 1,05 DM. Dieser überstieg den an sich für sie in Frage kommenden Tariflohn.

Zwischen dem Verband der Metallindustriellen Niedersachsens e. V., dem die Beklagte damals nicht angehörte, und der Industrie-Gewerkschaft Metall ist am 4. Oktober 1952 ein „Lohntarifvertrag" abgeschlossen worden, der nach seinem § 9 am 1. Oktober 1952 in Kraft trat. Ihn hat der Niedersächsische Sozialminister durch die Verfügung vom 9. Februar 1953 mit Wirkung vom 1. Februar 1953 für allgemein verbindlich erklärt; diese Verfügung ist im Bundesanzeiger Nr. 38 vom 25. Februar 1953 Seite 1, ausgegeben am gleichen Tage, bekanntgemacht. Seitdem galt der Lohntarifvertrag, worüber zwischen den Parteien kein Streit besteht, auch für den Betrieb der Beklagten.

§ 5 des Lohntarifvertrages gibt in besonderen Lohntafeln jeweils zunächst in den Spalten a—c die Grundlöhne und den Zeitlohndurchschnitt und in einer besonderen Spalte d die „Effektive Erhöhung in D-Pfg." an. § 7 besagt dann:

„Aus Anlaß dieses Tarifabschlusses erhält jeder im Betrieb beschäftigte Zeitlohnarbeiter den in Spalte d der Zeitlohntafeln ausgewiesenen Pfennigbetrag als effektive Verdienststeigerung."

Auf Grund dieser Bestimmung verlangt die Klägerin — für die Zeit vom 1. Februar 1953 bis zu ihrem Ausscheiden — die Nachzahlung eines Betrages in der rechnerisch unstreitigen Höhe von 59,03 DM.

Die Beklagte lehnt die Zahlung ab. Sie legt die bezeichnete Tarifbestimmung dahin aus, daß sie Arbeitnehmern, die erst durch die Allgemeinverbindlicherklärung dem Tarif unterfielen, nicht zugutekomme.

Die Klage hatte in allen drei Instanzen Erfolg.

Entscheidungsgründe:

1. Bei der Bejahung des Klagegrundes geht das Landesarbeitsgericht ohne nähere Erörterung davon aus, daß die Bestimmung des § 7 des Lohntarifvertrags zu dem normativen Teil des Tarifvertrags gehöre.

Zu Unrecht wendet sich die Revision gegen diese Rechtsansicht. Die bezeichnete Bestimmung ist, worüber zwischen den Parteien auch keine Meinungsverschiedenheit besteht, eine sogenannte „Effektivklausel" (Hueck-Nipperdey-Tophoven, TVG., 3. Auflage, § 4 Erl. 86). Durch sie soll die bei jeder Tariferhöhung auftretende Frage, ob eine bisherige übertarifliche Vergütung von der Tariferhöhung aufgesogen werden oder ob ein Abstand zu dem bisherigen Tariflohn auch für den neuen erhöhten Tariflohn aufrechterhalten bleiben soll, im vorliegenden Falle dahin gelöst werden, daß die Beibehaltung eines Abstandes sichergestellt wird.

Zu dem normativen Teil eines Tarifvertrags gehören nach § 1 Abs. 1 TVG. diejenigen Rechtsnormen, die den Inhalt von Arbeitsverhältnissen ordnen sollen. Auch die zuvor in ihrem Wesen klargestellte Effektivklausel der hier in Rede stehenden Art ist durchaus geeignet, den Inhalt von Arbeitsverhältnissen zu gestalten. Allerdings gibt sie, wie Vielhaber (BB. 50 Seite 940) richtig sieht, nicht jedem Arbeitnehmer den gleichen Lohn, sondern hält einen Lohnunterschied aufrecht. Damit wird die Regelung aber noch keine nur einzelvertragliche, sondern bleibt eine generelle und damit normative. Nur knüpft sie nicht, wie die übliche Regelung, an abstrakte Tatbestände, sondern an die Besonderheit des einzelnen Arbeitsverhältnisses an. Dieser verschiedene Anknüpfungspunkt berührt die Allgemeingültigkeit der Regelung nicht. Denn es werden bisher verschieden hohe Löhne gleichmäßig heraufgesetzt, die ungleichmäßigen Löhne also gleichmäßig, wenn auch — entsprechend der bisherigen Verschiedenheit — auf verschiedene Höhe, angehoben. Der verschiedene Ausgangspunkt und das Ergebnis verschieden hoher Löhne steht daher dem Begriff der normativen Regelung nicht entgegen (Hueck BB. 54, 778/779; Hueck-Nipperdey-Tophoven, TVG., 3. Aufl. § 4 Anm. 86). So hatte auch das Reichsarbeitsgericht (RAG. ARS. 5, 417—419; 7, 23—27; 8, 484—487) für den früheren Rechtszustand die normative Wirkung der Effektivklausel anerkannt.

Ist hiernach die Effektivklausel geeignet, zum normativen Teil eines Tarifvertrages zu gehören, so spricht im vorliegenden Falle — wie regelmäßig — auch der Sinn und Zweck der Effektivklausel dafür, daß sie unmittelbar die einzelnen Arbeitsverhältnisse gestalten und ihre Wirkung sich nicht — als eine nur obligatorische — auf die Tarifvertragsparteien beschränken sollte. Die gegenteilige, von der Revision dem Lohntarifvertrag gegebene Auslegung überzeugt nicht. Die den § 7 des Lohntarifvertrags einleitenden Worte „Aus Anlaß dieses Tarifabschlusses" ergeben nichts für die Auffassung der Revision, sondern sollen nur klarstellen, daß der Abschluß des Lohntarifvertrags die übertariflichen Bezüge der Arbeitnehmer nicht aufsaugen, sondern auch dem bisher übertariflich entlohnten Arbeitnehmer eine „effektive Verdienststeigerung" bringen sollte; diese Absicht genügt, um die bezeichneten einleitenden Worte zu rechtfertigen. Daß sie einen weiteren Sinn, etwa den Ausschluß aus dem normativen Teil, haben sollen, kann aus ihrer Fassung nicht entnommen werden.

2. Gehörte die Effektivklausel aber zum normativen Teil des Lohntarifvertrags, so hatte die Allgemeinverbindlicherklärung nach § 5 Abs. 4 TVG. die Folge, daß auch die Effektivklausel die bisher nicht tarifgebundenen Arbeitnehmer und Arbeitgeber erfaßte. Diese Schlußfolgerung entspricht auch der Rechtsprechung des Reichsarbeitsgerichts für die frühere Rechtslage (RAG. ARS. 8, 488—494).

3. Die gegen die Gültigkeit der Allgemeinverbindlicherklärung von der Revision erhobenen Angriffe, die sich auf angebliche Verstöße gegen im Zusammenhang mit der Erklärung zwingend zu beachtende Vorschriften stützen wollen, sind nicht begründet. Es kommt daher auf die Rechtsnatur der Allgemeinverbindlicherklärung für die Entscheidung des vorliegenden Rechtsstreits nicht an.

a) Daß das in § 5 Abs. 1 Nr. 2 TVG. erforderte „öffentliche Interesse", wie Vielhaber (BB. 50 Seite 940) meint, deshalb bei einer Effektivklausel fehle, weil die soziale Angemessenheit nicht feststellbar sei, ist nicht einzusehen. Ob die Allgemeinverbindlichkeit „im öffentlichen Interesse geboten erscheint", ist an sich eine Ermessensentscheidung der den Tarifvertrag für allgemein verbindlich erklärenden Stelle (Hueck-Nipperdey-Tophoven, TVG., 3. Auflage, § 5 Erl. 8 und 53) und als solche ihrem Wesen nach der gerichtlichen Nachprüfung entzogen.

Zu Unrecht hält die Revision dieses Ermessen für überschritten und für willkürlich ausgeübt. Sie führt dazu aus, daß in keinem Fall die Allgemeinverbindlicherklärung einer Effektivklausel durch das öffentliche Interesse geboten sein könne; denn die erzwungene übertarifliche Entlohnung belaste unter Umständen die betroffenen Betriebe zu stark. Indes haben sich die Tarifvertragsparteien der Effektivklausel unterworfen; dies ist ein genügender Anhalt dafür, daß sie auch für die Außenseiter tragbar ist. Die Beklagte hat auch nicht vorgetragen, letzteres sei doch nicht der Fall.

b) Auch die Beanstandung der Revision, daß der Niedersächsische Sozialminister vor der Allgemeinverbindlicherklärung nicht „das Lohngefüge in den nicht tarifgebundenen Betrieben genau überprüft" habe, womit wiederum ein Verstoß gegen § 5 Abs. 1 Nr. 2 TVG. gerügt wird, stellt die Gültigkeit der Allgemeinverbindlicherklärung nicht in Frage.

Denn wie die einen Tarifvertrag für allgemein verbindlich erklärende Stelle sich die Gewißheit von den gesetzlichen Voraussetzungen der Allgemeinverbindlicherklärung zu verschaffen, vor allem ob sie zu diesem Zweck besondere Ermittlungen anzustellen hat oder ob sie sich auf die Entgegennahme und die Auswertung der etwaigen nach §§ 4 und 5 der Verordnung zur Durchführung des Tarifvertragsgesetzes vom 7. Juni 1949 erhobenen Einwendungen beschränken darf, dafür gibt § 5 TVG. keine bindende Anweisung. Als unerläßlich erfordert das Gesetz nur neben einem gültigen Tarifvertrag den Antrag einer Tarifvertragspartei und das Einvernehmen mit dem Tarifausschuß; das Vorhandensein dieser Voraussetzungen hat auch die Revision nicht in Zweifel gezogen. Alles Weitere überläßt das Gesetz dem pflichtgemäßen Ermessen der die Allgemeinverbindlichkeit aussprechenden Stelle. Dies gilt somit gleichfalls für die Frage, ob und in welchem Umfange sie das Lohngefüge der nicht tarifgebundenen Betriebe vor der Allgemeinverbindlicherklärung insbesondere einer Effektivklausel überprüft.

c) Schließlich enthält auch entgegen den Ausführungen der Revision die Allgemeinverbindlicherklärung der Effektivklausel keinen Verstoß gegen Art. 3 GG. An sich bindet nach Art. 1 Abs. 3 GG. das in Art. 3 GG. aufgestellte Grundrecht der Gleichheit auch die einen Tarifvertrag für allgemeinverbindlich erklärende Stelle (siehe BAG. 1, 259 bis 262 ff.); die Verletzung dieses Grundrechts würde die Allgemeinverbindlicherklärung ungültig machen, mindestens soweit sie das Grundrecht der Gleichheit verletzt.

Die Revision sucht eine Verletzung des Gleichheitssatzes durch die Ausführung zu begründen, daß im Endergebnis die von Anfang an tarifgebundenen Arbeitnehmer schlechter gestellt würden als diejenigen Arbeitnehmer, die dem Tarifvertrag erst nachträglich durch die Allgemeinverbindlicherklärung unterworfen würden. Eine solche Schlechterstellung ist aber bei richtiger Auslegung des Lohntarifvertrages und der Allgemeinverbindlicherklärung nicht vorhanden. Denn wie das Landesarbeitsgericht richtig ausführt, führt der Umstand, daß die Wirkung der Allgemeinverbindlicherklärung des Lohntarifvertrags erst mit dem 1. Februar 1953 beginnt, nicht dazu, daß die übertariflichen Lohnerhöhungen, die in ursprünglich nicht tarifgebundenen Betrieben nach dem Inkrafttreten des Tarifvertrages, hier also seit dem 1. Oktober 1952, etwa eingeführt worden sind, auf Grund der Effektivklausel voll erhalten bleiben; vielmehr gehen solche Lohnerhöhungen in der Effektivklausel auf. Denn auch die Allgemeinverbindlicherklärung bestimmt als Stichtag für die übertariflichen Löhne, die effektiv gesteigert werden sollen, das Inkrafttreten des Tarifvertrages, also den 1. Oktober 1952, und nicht den Tag des Wirksamwerdens der Allgemeinverbindlichkeit; die Allgemeinverbindlicherklärung ist insoweit an den Inhalt des für allgemein verbindlich erklärten Tarifvertrags gebunden und kann von ihm gar nicht abgehen (Hueck-Nipperdey-Tophoven, TVG., 3. Auflage, § 5 Erl. 30).

Auf die weitere Frage, ob bei einer anderen Auslegung des Lohntarifvertrags und der Allgemeinverbindlicherklärung, wie sie die Beklagte offenbar vornimmt, eine nach Art. 3 GG. verbotene ungleiche Behandlung der Arbeitnehmer vorliegen würde, braucht daher nicht näher eingegangen zu werden.

4. Daß die Allgemeinverbindlicherklärung erst in dem am 25. Februar 1953 herausgegebenen Bundesanzeiger bekanntgemacht ist, steht, was auch die Revision nicht geltend macht, der Begründetheit des auf die Zeit vom 1.—24. Februar 1953 entfallenden Teils des Klageanspruchs nicht entgegen. Die in § 6 Satz 2 der Verordnung zur Durchführung des Tarifvertragsgesetzes vom 7. Juni 1949 enthaltene Bestimmung, daß der Zeitpunkt, mit dem die Allgemeinverbindlichkeit beginnt, „in der Regel nicht vor dem Tage der öffentlichen Bekanntmachung liegen soll", läßt ihrem Inhalt nach Ausnahmen zu. Die Rückwirkung belastet allerdings — wenigstens regelmäßig — den Arbeitgeber; sie kann daher, wenn sie unvorhergesehen eintritt, den Grundsätzen des Rechtsstaates widerstreiten. Auf den Zeitpunkt, von dem an die betroffenen, nicht tarifgebundenen Arbeitgeber und Arbeitnehmer mit der Allgemeinverbindlicherklärung rechnen müssen, ist aber eine Rückwirkung zulässig (Hueck-Nipperdey-Tophoven, TVG., 3. Aufl., § 5 Erl. 23; für Gesetze: BVerfGE. 1, 280; 2, 265). Mit der Allgemeinverbindlicherklärung müssen nun die Außenseiter mindestens ab der in § 4 der bezeichneten Durchführungsverordnung vorgesehenen Bekanntmachung des Antrags auf Allgemeinverbindlicherklärung rechnen. Daß dieser Zeitpunkt hier vor dem 1. Februar 1953 gelegen ist, liegt auf der Hand, da die Allgemeinverbindlicherklärung mit dem 9. Februar datiert ist. Ob der Rückwirkung lediglich der Zeitpunkt des Inkrafttretens des für allgemein verbindlich erklärten Tarifvertrags als zeitliche Grenze gesetzt ist, braucht daher hier nicht entschieden zu werden.

64

1. Der im Bereich der freien Wirtschaft entwickelte Grundsatz, daß aus dreimaliger vorbehaltsloser Zahlung einer freiwilligen Zuwendung ein Rechtsanspruch für die Zukunft entsteht, kann auf den Bereich des öffentlichen Dienstes nur mit Einschränkung übertragen werden.

2. Wenn eine allgemeine Regelung der Weihnachtszuwendungen im öffentlichen Dienst angestrebt wird, kann aus einer vor Abschluß dieser Bestrebungen von einer Behörde gewährten freiwilligen Weihnachtszuwendung kein Verpflichtungswille entnommen werden, sich für die Zukunft zu binden.

BGB. § 611.

III. Senat. Urteil vom 6. März 1956 i. S. Handwerkskammer A. (Bekl.) gegen Z. (Kl.) 3 AZR 175/55.

I. Arbeitsgericht Arnsberg/Westf. — II. Landesarbeitsgericht Hamm/Westf.

Der Kläger ist seit Dezember 1945 bei der Beklagten nach den Grundsätzen der TO. A angestellt und seit November 1950 Betriebsratsvorsitzender. Er erhielt ebenso wie die anderen Angestellten der Beklagten bis zum Jahre 1952 einschließlich jeweils zu Weihnachten eine besondere Vergütung in Höhe eines Monatsgehalts. Am 9. Dezember 1952 unterzeichnete er ebenso wie die anderen Angestellten einen von der Beklagten entworfenen einheitlichen neuen Arbeitsvertrag, der auf ATO, TO. A, und sämtliche Dienstordnungen Bezug nimmt, künftige Änderungen dieser Regelungen einbezieht und noch hinzufügt, daß auf das Vertragsverhältnis die tariflichen Bestimmungen Anwendung finden sollen, die für die Angestellten des Landes Nordrhein-Westfalen gelten. Unter dem 30. Dezember 1952 ließ die Beklagte bei ihrer Belegschaft folgendes Schreiben umlaufen:

> „Im Auftrage des Vorstandes der Kammer teile ich mit, daß dieser sich auf Grund der Finanzlage der Kammer genötigt gesehen hat, die bisherige Regelung der Weihnachtsgratifikation in Form des 13. Gehalts mit Wirkung für das Jahr 1953/54 zu kündigen. Ich bitte hiervon durch Unterschrift Kenntnis zu nehmen. Der Vorstand hat sich eine Neuregelung der Materie unter Anpassung an die zukünftige Landesregelung vorbehalten."

Von diesem Schreiben nahm auch der Kläger durch Unterschrift Kenntnis.

Als vor Weihnachten 1953 die Weihnachtsgratifikation ausblieb, hat er beim Arbeitsgericht auf Zahlung eines 13. Monatsgehalts geklagt. Das Arbeitsgericht hat die Klage abgewiesen. Das Landesarbeitsgericht hat der Berufung des Klägers stattgegeben und die Beklagte nach dem Klageantrag verurteilt. Es ist der Auffassung, daß der Kläger durch die vorbehaltslosen Zahlungen in den Jahren bis 1952 einen einzelvertraglichen Anspruch auf eine Weihnachtsgratifikation in Höhe eines Monatsgehalts erlangt und diesen Anspruch durch die Vorgänge im Dezember 1952 nicht verloren habe.

Die Revision der Beklagten führte zur Wiederherstellung des Urteils des Arbeitsgerichts aus folgenden

Gründen:

1. Da es an einer gesetzlichen, tarifvertraglichen oder anderen ausdrücklichen Grundlage für den Klageanspruch fehlt, hat das Landesarbeitsgericht angenommen, dem Kläger sei ein einzelvertraglicher Anspruch auf eine Weihnachtsgratifikation in Höhe eines 13. Monatsgehalts dadurch entstanden, daß die Beklagte ihm wie ihren anderen

Angestellten eine solche in den Jahren von 1945 bis 1952 vorbehaltlos gezahlt habe. Mit dieser Rechtsansicht befindet sich das Landesarbeitsgericht in grundsätzlicher Übereinstimmung mit der seit langem feststehenden Rechtsprechung, insbesondere des RAG. und des RG., daß ein solches Verhalten eines Arbeitgebers in der Regel keine Schenkung sei, sondern seinen Willen erkennen lasse und damit für ihn die Verpflichtung begründe, in Zukunft ebenso zu verfahren (vgl. RGZ. 75, 325; 94, 322; RAG. in ARS. 6, 203; 29, 3; 33, 223; 38, 50). Dies gilt auch für den öffentlichen Dienst, wenn auch mit gewissen Einschränkungen, die aus der besonderen Lage einer Körperschaft des öffentlichen Rechts als Arbeitgeber herzuleiten sind und von denen noch die Rede sein wird (RAGE. 20, 59). Das Bundesarbeitsgericht hat sich dieser allgemeinen Auffassung in mehreren Entscheidungen angeschlossen (BAG. 1, 36; ferner das zur Veröffentlichung in der amtlichen Sammlung bestimmte Urteil vom 24. Januar 1956, 3 AZR. 14/53). Mögliche Meinungsverschiedenheiten über die Rechtsgrundlage eines solchen Anspruchs, nämlich ob er auf betrieblichem Gewohnheitsrecht, betrieblicher Übung oder Einzelvertrag beruht, sind für den vorliegenden Fall ohne Bedeutung. Entscheidend bleibt, ob der Arbeitgeber durch schlüssiges Verhalten seinen Willen hat erkennen lassen, seinen Arbeitnehmern die Gratifikation nicht nur im Einzelfall, sondern auch künftig regelmäßig zu zahlen. Dazu genügt nach herrschender Ansicht weder eine einmalige, noch eine zweimalige, wohl aber in der Regel eine dreimalige Zahlung. Denn dann kann man sagen, daß die Zahlung einer Weihnachtsgratifikation üblich geworden ist. Auch die Verordnung über die Gewährung von Weihnachtszuwendungen im öffentlichen Dienst vom 16. Dezember 1939 (GVBl. I S. 2425) ging in Anerkennung dieser damals schon bestehenden Praxis davon aus, daß durch die Gewährung von Weihnachtsgratifikationen in den Jahren 1936, 1937 und 1938 ein Rechtsanspruch entstanden war.

2. Die Beklagte und ihre Rechtsvorgängerin haben dem Kläger von 1945 (oder 1946) bis 1952, also nicht nur dreimal, sondern sieben- oder achtmal vorbehaltlos ein dreizehntes Monatsgehalt als Weihnachtsgratifikation gezahlt. Das angefochtene Urteil hat hieraus im Anschluß an die dargelegte ständige Praxis die Entstehung eines Rechtsanspruchs entnommen. Es hat dabei jedoch nicht die näheren Umstände berücksichtigt, unter denen diese Zahlungen geleistet worden sind. Diese Prüfung ergibt aber, daß der Beklagten und ihrer Rechtsvorgängerin erkennbar der Wille gefehlt hat, sich auch für die Zukunft zu verpflichten. Dies geht im einzelnen aus folgendem hervor:

a) Mit ihren Zahlungen von Weihnachtsgratifikationen knüpfte die Beklagte an die Vergütungsordnung für Gefolgschaftsmitglieder der auf Grund der Gauwirtschaftskammerverordnung vom 20. April 1942 (RGBl. 42 S. 189) errichteten Gauwirtschaftskammer Westfalen-Süd an. Nach Ziffer 8 dieser Vergütungsordnung erhielten die Angestellten der Gauwirtschaftskammer Westfalen-Süd über ihr regelmäßiges Gehalt hinaus eine 13. Monatsvergütung, und zwar zur Hälfte als Urlaubsgeld zum 1. Mai und zur Hälfte zum 1. Dezember. Nachdem die Gauwirtschaftskammern mit dem Zusammenbruch im Mai 1945 zu bestehen aufgehört hatten, war auch die genannte Vergütungsordnung gegenstandslos geworden. Die damals neu gebildete Handwerkskammer in Arnsberg und die Beklagte als deren Rechtsnachfolgerin (vgl. § 120 der Handwerksordnung vom 17. 9. 1953, BGBl. 1953 S. 1411) hatten keinen Anlaß, jene Vergütungsordnung anzuwenden. Sie haben es auch insofern nicht getan, als sie, wie das angefochtene Urteil feststellt, ihre Angestellten stillschweigend nach der allgemein für den öffentlichen Dienst geltenden TO. A behandelt, insbesondere ihnen ihre Gehälter nach Maßgabe der TO. A bezahlt haben. Diese Gehälter waren unstreitig etwas höher als die nach der Vergütungsordnung für die Gauwirtschaftskammer. Wenn die Rechtsvorgängerin der Beklagten trotzdem die Zahlung des 13. Monatsgehalts beibehalten und es in einem Betrage vor Weihnachten ausgeschüttet hat, so kann diese über die TO. A hinausgehende Vergünstigung nur aus der damaligen allgemeinen Wirtschaftslage heraus verstanden werden. Infolge des allgemeinen Mangels an Waren, der Zwangsbewirtschaftung der meisten Güter des täglichen Bedarfs und der gesunkenen Kaufkraft des Geldes auf dem freien Markt und erst recht auf dem Schwarzen Markt war die Notlage der Lohn- und Gehaltsempfänger damals so groß, daß sich auch die Arbeitgeber des öffentlichen Dienstes, wie hier die Rechtsvorgängerin der Beklagten, vielfach zu Sonderzuwendungen an ihre Arbeitnehmer entschließen mußten. Dies ist aber erkennbar ohne den Willen geschehen, diese Sonderzuwendungen, zu denen auch die hier streitige Weihnachtsgratifikation gehört, auch nach Wiedereintritt normaler wirtschaftlicher Verhältnisse weiterzuzahlen. Hiernach hat es der Beklagten bis zur Währungsreform am 20. Juni 1948 zweifellos an einem Verpflichtungswillen gefehlt.

Nach der Währungsreform besserten sich zwar die wirtschaftlichen Verhältnisse der Festbesoldeten insofern, als das Geld wieder eine größere Kaufkraft hatte und die Zwangswirtschaft nach und nach abgebaut werden konnte. Trotzdem blieb zunächst noch erhebliche Not zurück. Um dem jahrelang angestauten Nachholbedarf etwas entgegenzukommen, ist es verständlich, daß die Beklagte die Zahlung der Weihnachtsgratifikation nicht nach der Währungsreform alsbald eingestellt, sondern zunächst noch fortgesetzt hat. Die besonderen Gründe hierfür waren für die Angestellten erkennbar. Sie konnten deshalb aus der Weitergewährung der Weihnachtsgratifikation noch nicht folgern, daß die Beklagte diese Zahlungen regelmäßig beibehalten wollte. Zum mindesten muß das für die Jahre 1948 und 1949 gelten, in denen die Besserung der wirtschaftlichen Verhältnisse noch nicht durchgreifend und nachhaltig war. Zu dem gleichen Ergebnis ist der Senat bereits in seinem schon erwähnten Urteil vom 24. Januar 1956 (3 AZR 14/53) gelangt.

b) Aber auch durch die dreimalige Zahlung von Weihnachtsgratifikation in den Jahren 1950, 1951 und 1952 hat der Kläger keinen Rechtsanspruch für die Zukunft erworben. Denn auch für diese Jahre ergeben die näheren Umstände, wenn auch aus andersartigen Gründen, den Ausschluß eines Verpflichtungswillens der Beklagten. Dabei ist davon auszugehen, daß der im Bereich der freien Wirtschaft entwickelte Grundsatz, daß aus wenigstens dreimaliger vorbehaltloser Zahlung ein Rechtsanspruch für die Zukunft entsteht, auf den Bereich des öffentlichen Dienstes nur mit Einschränkungen übertragen werden kann. Diese Einschränkungen ergeben sich daraus, daß ein Arbeitgeber des öffentlichen Dienstes nicht dieselbe Willensfreiheit besitzt wie ein wirtschaftlicher Unternehmer, weil er mehr als dieser durch Gesetze und Verwaltungsvorschriften gebunden ist. Dies gilt auch für die beklagte Handwerkskammer, die jetzt als Körperschaft des öffentlichen Rechts (§ 83 Abs. 1 Handwerksordnung) unter Aufsicht der obersten Landesbehörde steht (§ 9 a. a. O.). Deshalb ist auch in normalen Zeiten Zurückhaltung geboten, wenn es darum geht, ob aus einer mehrmaligen Zahlung ein Verpflichtungswille des öffentlich-rechtlichen Arbeitgebers für die Zukunft zu folgern ist (vgl. RAG., ARS. 33, 223). Im vorliegenden Fall hatten die Beklagte und ihre Rechtsvorgängerin besonderen Grund, eine solche Verpflichtung für die Zukunft zu vermeiden, von der sie, besonders bei ihren Dauerangestellten im Hinblick auf die Kündigungsbeschränkungen nur schwer wieder losgekommen wären. Das seit 1938 in ATO. und TO. A einheitlich zusammengefaßte Tarifrecht der Angestellten des öffentlichen Dienstes kennt Weihnachtsgratifikationen überhaupt nicht. Schon aus der Verordnung über die Gewährung von Weihnachtszuwendungen im öffentlichen Dienst vom 16. Dezember 1939 ergibt sich, daß derartige übertarifliche Zuwendungen zur Wahrung der Einheitlichkeit möglichst eingeschränkt bleiben sollten. Nachdem gleichwohl in den Notjahren nach 1945 solche Zuwendungen etwas großzügiger gewährt worden waren, wurde, wie dem Senat aus gleichliegenden Rechtsstreitigkeiten bekannt ist, nach der Rückkehr zu normaleren Verhältnissen von den einzelnen Länderregierungen ein Abbau und eine größere Einheitlichkeit bei der Gewährung von Weihnachtszuwendungen im öffentlichen Dienst angestrebt. Diese Bestrebungen führten zu dem Tarifvertrag vom 3. November 1952 zwischen der Tarifgemeinschaft deutscher Länder und der Gewerkschaft Öffentliche Dienste, Transport und Verkehr, der für das Jahr 1952 im öffentlichen Dienst nur noch geringe Weihnachtszuwendungen in Höhe von 30 bis 50 DM mit Zuschlägen von 15 DM für jedes Kind vorsah. Dieser Tarifvertrag gilt zwar nicht für die Beklagte, die keiner Tarifvertragspartei angehörte. Trotzdem war zu erwarten, daß die damals schon bevorstehende Handwerksordnung, die dann am 17. September 1953 ergangen ist, zu einer Anpassung auch der Besoldung der Kammerangestellten an die Besoldung der übrigen Angestellten des öffentlichen Dienstes und damit zu einer Neuregelung der Weihnachtszuwendungen auch für die Angestellten der Beklagten führen würde. Bei dieser Sachlage spricht gerade die vom Kläger aufgestellte und von der Beklagten nicht mehr bestrittene Behauptung, im Jahre 1952 habe die Beklagte die Weihnachtsgratifikation bereits Mitte November, also ausnahmsweise früh gezahlt, in gewissem Sinne dafür, daß diese Zahlung eine freiwillige und letztmalige, jedenfalls aber keine regelmäßige sein sollte. Deshalb kann ihr keine rechtsbegründende Kraft mehr beigemessen werden. Damit entfällt aber die letzte mögliche Grundlage für den Klageanspruch. Der Kläger konnte für das Jahr 1953 kein 13. Monatsgehalt mehr verlangen. Ein Anspruch darauf ist gar nicht zur Entstehung gelangt. Es braucht daher nicht darauf eingegangen zu werden, ob er durch den neuen Vertrag vom 9. Dezember 1952 und durch die Kündigung vom 30. Dezember 1952 beseitigt worden wäre, sofern er bestanden hätte.

65

Die TO. A will allein die Beschäftigungsverhältnisse derjenigen im öffentlichen Dienst stehenden Angestellten regeln, die in einem sie dauernd mehr oder weniger ausfüllenden, eine Lebensgrundlage abgrenzenden Dienstverhältnis stehen. Dies ist bei dem „mit der Verwal-

tung der Dienstgeschäfte eines wissenschaftlichen Assistenten" betrauten Assistenten nicht der Fall. Er ist ein „nicht planmäßiger Assistent" im Sinne des § 1 Abs. 3 Buchst. s TO. A.

TO. A § 1 Abs. 1 und Abs. 3 Buchst. s.

III. Senat. Urteil vom 16. Februar 1956 i. S. B. (Kl.) gegen Universität K. (Bekl.) 3 AZR 77/54.

I. Arbeitsgericht Köln. — II. Landesarbeitsgericht Düsseldorf.

Der Kläger war vom 1. Juni 1951 bis 31. Mai 1953 als Verwalter einer wissenschaftlichen Assistentenstelle im Anatomischen Institut der Beklagten -- einer Universität — beschäftigt.

Der Kläger ist der Ansicht, daß ihm ein Gehalt nach der Vergütungsgruppe III TO. A zustehe.

Seine Klage auf Zahlung der Gehaltsdifferenz war in allen Rechtszügen erfolglos.

Entscheidungsgründe:

Der Entscheidung des Landesarbeitsgerichts, daß der Kläger ein Gehalt nach der Vergütungsgruppe III TO. A nicht beanspruchen könne, ist im Ergebnis zuzustimmen.

Die TO. A findet nach ihrem § 1 Abs. 3 Buchst. s keine Anwendung „auf Personen, die für einen festumgrenzten Zeitraum ausschließlich oder überwiegend zum Zwecke ihrer Vor- oder Ausbildung beschäftigt werden, insbesondere Lehrlinge, Volontäre und Praktikanten, ferner nichtplanmäßige Assistenten, Lektoren und Lehrbeauftragte an den Hochschulen". Unter diese Bestimmung fallen also zwei Gruppen, nämlich einmal diejenigen Personen, die ausschließlich oder überwiegend zum Zwecke ihrer Vor- oder Ausbildung beschäftigt werden, und sodann die nichtplanmäßigen Assistenten, Lektoren und Lehrbeauftragten an den Hochschulen. Zwischen diesen beiden Gruppen besteht, worauf schon ihre Verbindung in einer Bestimmung hindeutet, ein innerer Zusammenhang. Kennzeichnend für die erste Gruppe ist, daß die von ihr erfaßten Personen in einem Verhältnis stehen, das nicht geeignet ist, Grundlage einer dauernden, das Arbeitsleben eines Menschen für ständig ausfüllenden Tätigkeit zu sein. Für die zweite Gruppe der nichtplanmäßigen Assistenten, Lektoren und Lehrbeauftragten an den Hochschulen muß entsprechendes angenommen werden; diese Personen befinden sich in einer Durchlaufstellung, insbesondere zur Vorbereitung auf einen späteren Lebensberuf (die Assistenten) oder sie sind, wenn auch vielleicht hauptberuflich, ganz allgemein nur für mehr oder weniger kurze Zeitabschnitte beschäftigt (die im Angestelltenverhältnis stehenden Lektoren, die im Zusammenhang der TO. A allein angesprochen sein können) oder sie üben ihre Tätigkeit regelmäßig zuzüglich zu einer sonstigen Tätigkeit aus (die Lehrbeauftragten). Die Bezeichnung „nichtplanmäßig" bringt den vorübergehenden Charakter der Beschäftigung zum Ausdruck. Anderenfalls bliebe diese Formulierung unklar, da die Bestimmung „planmäßig" oder „nichtplanmäßig" an sich nur für das Beamten- und Beamtenbesoldungsrecht bedeutsam ist (vgl. Fischbach, Deutsches Beamtengesetz und Bundespersonalgesetz 1951, S. 104). Wenn die in § 1 Abs. 3 Buchst. s TO. A Genannten von dieser Tarifordnung nicht erfaßt werden, so findet das also darin seinen Grund, daß allein die Beschäftigungsverhältnisse derjenigen im öffentlichen Dienst stehenden Angestellten geregelt werden sollen, die in einem sie dauernd mehr oder weniger voll ausfüllenden, eine Lebensgrundlage abgebenden Dienstverhältnis stehen. Die TO. A kommt nach ihrem § 1 Abs. 1 auch nur für diejenigen nach § 1 des Reichsangestelltenversicherungsgesetzes versicherungspflichtigen Beschäftigungen zur Anwendung, die die Arbeitskraft des Dienstnehmers überwiegend beanspruchen. Daß an dieser Stelle des Tarifwerkes zuzüglich noch die in der Anlage 1 zur TO. A aufgezählten Beschäftigungen genannt werden, hat, soll letzteres sinnvoll sein, Bedeutung nur insofern, als man bei den besonders hoch vergüteten Gruppen über den Kreis der versicherungspflichtigen Beschäftigungen hinausgehen will (siehe auch Böhm-Jund, die Dienstverhältnisse der Angestellten und Arbeiter bei öffentlichen Verwaltungen und Betrieben, Band II Recht für Angestellte, § 1 TO. A, Anm. 2).

Der „mit der Verwaltung der Dienstgeschäfte eines wissenschaftlichen Assistenten" betraute Assistent ist ein „nichtplanmäßiger Assistent" in dem Sinne, in dem § 1 Abs. 3 Buchst. s TO. A diesen Begriff gebraucht. Wie es mit einer Anwendung der Ordnung der Rechtsverhältnisse der wissenschaftlichen Assistenten und der wissenschaftlichen Hilfskräfte an den deutschen Hochschulen (Reichsassistentenordnung) vom 1. Januar 1940 (veröffentlicht in dem Amtsblatt des Reichsministeriums für Wissenschaft, Erziehung und Volksbildung und der Unterrichtsverwaltungen der Länder, 1940, S. 70) auf das Dienstverhältnis des Klägers steht und ob diese Reichsassistentenordnung eine Rechtsverordnung oder eine interne Verwaltungsanweisung ist, kann hier dahingestellt bleiben. Denn wenn „die Verwaltung der Dienstgeschäfte eines wissenschaftlichen Assistenten" die arbeitsvertraglich bestimmte

Aufgabe des Arbeitnehmers ist, so folgt hieraus, daß die betreffenden Angestellten zu ihrer Funktion an der Hochschule eine weniger enge Beziehung haben und die Hochschule ihnen gegenüber eine gewisse Reserve einnimmt. Es handelt sich um eine vorübergehende Beschäftigung; jene Assistenten stehen in einer ausgesprochenen Weise in einer Durchgangsstellung. Ihre Tätigkeit ist deren ganzem Sinn nach keine solche, die von Dauer sein soll, auch wenn sie nicht von vornherein zeitlich fest umgrenzt ist. Nach ihrem unwidersprochenen Vortrag hatte die Beklagte ferner einen vernünftigen Grund, den Kläger als „nichtplanmäßigen" Assistenten einzustellen.

Die Bestimmungen der TO. A können nur auf solche angestellten Assistenten Anwendung finden, die in einem für ständig gedachten Dienstverhältnis stehen und deren Arbeitskraft im übrigen durch ihre Tätigkeit vorwiegend beansprucht wird. Dementsprechend muß es sich bei den wissenschaftlichen Assistenten, die ohne abgeschlossene Hochschulbildung an Hochschulinstituten sowie an Versuchs-, Forschungs- und höheren Lehranstalten tätig sind, um in einem Lebensberuf stehende, vollbeschäftigte Arbeitnehmer handeln, wenn sie in die Vergütungsgruppe IV TO. A eingereiht werden sollen.

Es würde schließlich zu einem unbefriedigenden Ergebnis führen, wenn wissenschaftliche Assistenten, denen durch privatrechtlichen Anstellungsvertrag die Verwaltung einer Assistentenstelle übertragen wurde, unter Einreihung in die Vergütungsgruppe III TO. A eine höhere Bezahlung als die beamteten wissenschaftlichen Assistenten erhielten, deren festgesetztes Gehalt geringer ist und die in Anwendung des § 1 der Reichsassistentenordnung zu außerplanmäßigen Beamten auf Widerruf bestellt werden, also selbst auch keine besonderen Sicherungen haben.

Die TO. A ist somit auf das Beschäftigungsverhältnis des Klägers nicht anwendbar und deshalb auch seine Einstufung in die Vergütungsgruppe III TO. A nicht gerechtfertigt. Es muß bei dem mit ihm vereinbarten Gehalt, dessen Höhe nicht in sittenwidriger Weise zu gering angesetzt ist, verbleiben.

66

1. Die Zulassung der Revision wegen grundsätzlicher Bedeutung der Rechtssache kommt auch derjenigen Partei zugute, zu deren Gunsten die Rechtsfrage, derentwegen die Zulassung erfolgte, von dem

Landesarbeitsgericht entschieden wurde, die aber aus sonstigen Gründen in der Berufungsinstanz unterlegen ist.

2. Die nach der TO. A erfolgte Einstufung eines Angestellten des öffentlichen Dienstes können die Arbeitsgerichte nicht nur bei der ersten Einstufung, sondern auch bei dem Aufstieg in eine höhere Vergütungsgruppe nachprüfen.

Ein etwaiges Mitwirkungsrecht der Vertretung der Belegschaft bei der Eingruppierung und Beförderung der Angestellten ändert nichts an der Möglichkeit der gerichtlichen Nachprüfung der vorgenommenen Einstufung.

3. Eine der abgeschlossenen Hochschulbildung entsprechende Tätigkeit im Sinne der Anlage 1 zur TO. A Vergütungsgruppe III, erste Fallgruppe, verlangt eine Tätigkeit, die umfangreiches, systematisch geordnetes, souverän beherrschtes Wissen für den Bereich eines allgemeinen Wissensgebietes voraussetzt, und die des weiteren in ihrer Ausübung von wissenschaftlicher Methode getragen sein muß. Bei einem dem Angestellten mit abgeschlossener Hochschulbildung gleichwertigen Angestellten im Sinne jener Fallgruppe muß außerdem eine der abgeschlossenen Hochschulbildung entsprechende Ausbildung — die allerdings auf andere Weise, etwa durch autodidaktisches Studium, erworben wurde — vorhanden sein.

ArbGG §§ 69 Abs. 3 Satz 1; 72 Abs. 1 Satz 1; TO. A § 3 Abs. 2.

III. Senat. Urteil vom 31. Januar 1956 i. S. W. (Kl.) gegen B. (Bekl.)
3 AZR 185/54.

I. Arbeitsgericht Berlin. — II. Landesarbeitsgericht Berlin.

Der Kläger, der bei Kriegsende Amtsrat im Reichswirtschaftsministerium war, war vom 1. Juni 1949 bis 9. September 1952 im Angestelltenverhältnis beim Landgericht B. gegen Vergütung nach der Gruppe IV TO. A beschäftigt.

Er meint, daß ihm nach der Art seiner Tätigkeit ab 1. Januar 1950 die Vergütung nach der Gruppe III TO. A zustehe.

Das Arbeitsgericht und das Landesarbeitsgericht haben zu Ungunsten des Klägers entschieden. Das Landesarbeitsgericht hat nach der Begründung des Urteils die Revision zugelassen, weil hinsichtlich der Nachprüfbarkeit der Einstufung von Entscheidungen anderer Landesarbeitsgerichte abgewichen worden sei und das Urteil auf der Abweichung beruhe. Der Tenor des Urteils ist durch einen nachträglichen Beschluß gemäß § 319 ZPO. dahin berichtigt worden, daß die Revision wegen der grundsätzlichen Bedeutung der Rechtssache zugelassen wird.

Die Revision des Klägers blieb erfolglos aus den folgenden

Gründen:

1. Gegen die Zulassung der Revision bestehen keine Bedenken. Dabei muß hier nicht entschieden werden, ob die Zulassung der Revision nur in den Gründen genügt, oder ob sie im Urteilstenor auszusprechen ist (für das Beschlußverfahren im ersteren Sinne entschieden durch BAG. 1, 33). Aus der Begründung des angefochtenen Urteils ergibt sich nämlich, daß das Landesarbeitsgericht die Revision wegen der Abweichung von Entscheidungen anderer Landesarbeitsgerichte hinsichtlich der Nachprüfbarkeit der Einstufung zulassen wollte. Der nachträgliche Berichtigungsbeschluß zu dem Urteilstenor behob mithin eine offenbare Unrichtigkeit des Urteilstenors, da in ihm der Ausspruch einer Zulassung der Revision zunächst nicht enthalten war, obwohl dieser Ausspruch gewollt war.

Die Revision ist auch, wie der berichtigte Urteilstenor ausweist, wegen der grundsätzlichen Bedeutung der Rechtssache zugelassen worden (§ 69 Abs. 3 Satz 1 ArbGG.). Das Landesarbeitsgericht hat nach der Fassung zur Begründung der Zulassung dem Problem der Nachprüfbarkeit der Einstufung allgemein eine grundsätzliche Bedeutung zugemessen. An die derartige Gewährung des Rechtsmittels ist das Revisionsgericht gebunden, wobei es schon im Hinblick auf die Zulassung wegen grundsätzlicher Bedeutung ohne Belang ist, daß das Bundesarbeitsgericht die in Rede stehende Rechtsfrage selbst inzwischen entschieden hat. Die Revisionsmöglichkeit selbst wird im übrigen auch für diejenige Partei eröffnet, zu deren Gunsten das Landesarbeitsgericht die grundsätzliche Rechtsfrage entschieden hat. Das liegt im Interesse der Rechtseinheit und der Rechtsfortbildung, deren Wahrung und Pflege für seinen Rechtsbereich die vorzügliche Aufgabe des Bundesarbeitsgerichtes ist. Ferner bietet die Revision der Partei, zu deren Ungunsten das Landesarbeitsgericht die grundsätzliche Frage entschieden hat, keine sichere Gewähr dafür, daß das Bundesarbeitsgericht sich mit dieser Frage überhaupt befaßt. Es könnte den Sachverhalt anders als das Landesarbeitsgericht rechtlich würdigen und damit die Erheblichkeit der für die Zulassung als wesentlich angesehenen Frage verneinen (siehe auch BGH. in NJW. 54, 110, entgegen BGHZ. 7, 62).

2. Das Landesarbeitsgericht ist zutreffend davon ausgegangen, daß die nach § 3 Abs. 2 TO. A vorzunehmende Einstufung eines Ange-

stellten im öffentlichen Dienst durch die Gerichte nachprüfbar ist; für eine durch die Tätigkeitsmerkmale der Einstufungsgruppe näher umschriebene Leistung soll gleichzeitig mit den Tätigkeitsmerkmalen auch die Gegenleistung bestimmt werden (so das Bundesarbeitsgericht in ständiger Rechtsprechung, siehe u. a. BAG. 1, 85; 247; 250; 254).

Es kann dahingestellt bleiben, ob die für Berlin abgeschlossene tarifvertragliche Vereinbarung, durch die die Wortfassung des § 3 Abs. 2 TO. A durch die Streichung des zweiten Satzes: „Die Einreihung ist bei Arbeitsstreitigkeiten, wenn nicht eine Vertragsänderung vorgenommen wird, bis zur Beendigung des Dienstverhältnisses maßgebend" geändert worden ist, auf das Dienstverhältnis des Klägers Anwendung findet. Denn bejahendenfalls wäre die Nachprüfbarkeit der Einstufung erst recht anzunehmen, weil dies früher gerade wegen des dann hier fehlenden Satzes über die Bindung der Einstufung bestritten war.

Entsprechend dem Sinn der Einstufungsgruppen der TO. A muß die Nachprüfung auch für den Aufstieg eines Angestellten in eine höhere Vergütungsgruppe erfolgen können. Auch hier muß die Beförderungseinreihung der Leistung des Beschäftigten entsprechen. Ein Mitwirkungsrecht des Betriebsrats bei der Eingruppierung und Beförderung, das hier etwa tarifvertraglich eingeräumt wäre, würde an der Möglichkeit und Zulässigkeit der gerichtlichen Nachprüfung nichts ändern, denn jene Mitwirkung könnte die richtige Einstufung nicht verbürgen. Der Arbeitnehmer hat Anspruch auf eine zutreffende Eingruppierung und muß daher auch das Recht haben, im Streitfall ihre Richtigkeit durch die Gerichte nachprüfen zu lassen.

3. Mit dem angefochtenen Urteil ist ferner festzuhalten, daß die vom Kläger geforderte Einstufung in die Vergütungsgruppe III TO. A nicht gerechtfertigt ist. In diese Gruppe gehören wissenschaftliche und technische Angestellte mit abgeschlossener Hochschulbildung und entsprechender Tätigkeit sowie gleichwertige Angestellte mit entsprechender Tätigkeit. Ausgangspunkt für die Entscheidung des vorliegenden Falles ist mithin die Frage, ob eine der abgeschlossenen Hochschulbildung entsprechende Tätigkeit vorliegt. Es handelt sich hierbei um eine Tätigkeit, die umfangreiches, systematisch geordnetes, souverän beherrschtes Wissen für den Bereich eines allgemeinen Wissensgebietes voraussetzt (das in der Regel durch ein abgeschlossenes Hochschulstudium für diesen Wissenszweig erworben wird) und die in ihrer Ausübung von wissenschaftlicher Methode getragen sein muß. Bei einem dem Angestellten mit abgeschlossener Hochschulbildung gleichwertigen

Angestellten muß außerdem eine der abgeschlossenen Hochschulbildung entsprechende Ausbildung — die allerdings auf andere Weise, etwa durch autodidaktisches Studium, erworben wurde — vorhanden sein. Das Landesarbeitsgericht hat jedoch bereits mit Recht verneint, daß vom Kläger eine der wissenschaftlichen Hochschulbildung entsprechende Tätigkeit ausgeübt worden ist. Nach seiner Feststellung handelte es sich bei dem Arbeitsgebiet des Klägers um die üblichen Aufgaben eines Sachbearbeiters, zum Teil auch eines Hauptsachbearbeiters in der Verwaltung, im letzten Falle jedoch mit der Einschränkung, daß der Kläger keine selbständige Entscheidungsbefugnis hatte. In der Bewältigung dieser Aufgaben ist aber, mögen sie auch die Stellung dessen, der sie auszuüben hat, besonders verantwortungsvoll erscheinen lassen, mit dem Landesarbeitsgericht erfahrungsgemäß keine einer abgeschlossenen Hochschulbildung entsprechende Tätigkeit zu sehen. Auf den sogenannten Gruppenplan der Stadt Berlin vom 17. Juli 1948 (Dienstblattverfügung des Magistrats von Groß-Berlin, Teil I, Seite 105) kann sich der Kläger schon deswegen nicht berufen, weil dieser die Tätigkeitsmerkmale der Anlage 1 TO. A nicht außer Kraft setzen konnte und wollte. Er wollte sie lediglich übersichtlich machen und verdeutlichen, wie sich aus seiner Einleitung ergibt. Im übrigen ist dem Gruppenplan auch nichts zu Gunsten des Klägers zu entnehmen. Der Kläger war nach den Feststellungen des Landesarbeitsgerichts einem Hauptsachbearbeiter (Verwaltungsdirektor Kuhla) unterstellt; dessen Arbeitsgebiet hatte er unter seiner Leitung mit zu bearbeiten, und er besaß deshalb keine eigene Entscheidungsbefugnis. Die Stellung des Klägers entsprach daher noch nicht einmal der eines Justizamtmannes (im Gruppenplan unter Nr. 10 der Vergütungsgruppe III aufgeführt), sondern der eines Justizoberinspektors und Rechtspflegers (vgl. Nr. 13 der Vergütungsgruppe IV des Gruppenplanes).

4. . . .

5. Auf den Gleichbehandlungsgrundsatz kann der Kläger seinen Anspruch, wie wiederum im angefochtenen Urteil zu Recht angenommen wird, ebenfalls nicht stützen. Dieser Grundsatz verbietet nur eine unsachliche oder sachfremde Unterscheidung, erlaubt es jedoch, Ungleiches nach Maßgabe der vorhandenen Verschiedenheiten auch ungleich zu behandeln (BAG. in AP. Nr. 6 zu § 3 TO. A). Wenn die Beklagte daher ältere bewährte Kräfte höher eingestuft hat als es nach der TO. A gefordert werden kann, kann sich der Kläger, der erst im Jahre 1949 in die Dienste der Beklagten eingetreten ist, hierauf nicht berufen. Ebenso rechtfertigt der Umstand, daß einige Angestellte in

früherer Zeit günstiger eingestuft worden sind und dann aus sozialen Gründen davon Abstand genommen worden ist, eine Herabstufung vorzunehmen, keine Berufung auf den Gleichbehandlungsgrundsatz.

67

Ausschlußfristen in fortgeltenden Tarifordnungen gelten jedenfalls für solche Ansprüche weiter, die nicht durch Tarifvertrag gestaltet sind.

TVG §§ 9, 4 Abs. 4 Satz 3; TO für die Angestellten des Handels in Württemberg und Hohenzollern vom 10. 10. 1938 § 2 Ziff. 2 f.

I. Senat. Urteil vom 13. April 1956 i. S. H. (Kl.) gegen M. (Bekl.)
1 AZR 353/55.

I. Arbeitsgericht Stuttgart. — II. Landesarbeitsgericht Stuttgart.

Die Klägerin war vom 27. Juli 1953 bis 30. Juni 1954 gegen ein monatliches Gehalt von 265,— DM brutto bei der Beklagten als kaufmännische Angestellte tätig.

Mit Schreiben vom 11. August 1954 machte die Klägerin erstmalig einen Anspruch auf Vergütung für geleistete Mehrarbeit (Überstunden) geltend, den die Beklagte mit Schreiben vom 7. September 1954 ablehnte. Darauf erhob die Klägerin am 14. Dezember 1954 Klage auf Vergütung für angeblich in der Zeit von Oktober 1953 bis April 1954 geleistete 455 Mehrarbeitsstunden. Während des Bestehens des Arbeitsverhältnisses will sie die Forderung nicht haben geltend machen können, weil sie als Flüchtling nicht habe Gefahr laufen wollen, ihre Stellung zu verlieren.

Die Klage blieb in allen Instanzen erfolglos.

Aus den Gründen:

Der von der Klägerin behauptete Anspruch auf Vergütung von Überstunden ist erloschen. Gemäß § 2 Ziff. 2 f der auf das Arbeitsverhältnis der Parteien anzuwendenden Tarifordnung für die Angestellten des Handels in Württemberg und Hohenzollern vom 10. 10. 1938 (Tarifregister 272/2) sollen zwar Vergütungen für Mehr- und Sonntagsarbeiten spätestens am Schluß des folgenden Monats mit dem Gehalt ausgezahlt werden. Der Rechtsanspruch auf Vergütung von Mehrarbeit erlischt aber, falls er nicht spätestens 2 Monate nach diesem Zeitpunkt schriftlich bei der Geschäftsleitung oder dem hierfür zuständigen Vertreter geltend gemacht wird. Hiernach ist die Klägerin, wie von ihr auch nicht in Abrede gestellt wird, mit ihren angeblichen Überstundenansprüchen zu spät an die Beklagte herangetreten.

Irrig ist die Ansicht der Revision, die Bestimmung des § 2 Ziff. 2 f der TO. sei unwirksam, weil sie der Bestimmung des § 4 Abs. 4 Satz 3 TVG. widerspreche. Die TO. und damit auch die dort normierte Ausschlußfrist für die Geltendmachung von Überstundenansprüchen gilt nach § 9 TVG. weiter. Denn die TO. ist weder durch einen Tarifvertrag außer Kraft getreten, noch durch die zuständige Behörde aufgehoben worden. Dem widerspricht nicht § 4 Abs. 4 Satz 3 TVG., nach dem Ausschlußfristen für die Geltendmachung tariflicher Rechte nur im Tarifvertrag vereinbart werden können. Die Vorschrift setzt im Zusammenhang mit der übrigen Regelung des § 4 Abs. 1—Abs. 3 TVG. voraus, daß es sich um Ansprüche handelt, die auf einem Tarifvertrag beruhen oder doch durch einen solchen gestaltet sind. Der behauptete Überstundenanspruch der Klägerin beruht jedoch lediglich auf der Tarifordnung für die Angestellten des Handels in Württemberg und Hohenzollern vom 10. 10. 1938. Der Senat brauchte daher ebensowenig wie der Zweite Senat des Bundesarbeitsgerichts in seinem Urteil vom 1. März 1956, 2 AZR. 183/54 (BB. 56, 337 f) zu der Ansicht Stellung zu nehmen, die seit einiger Zeit in der Rechtsprechung der Landesarbeitsgerichte und der Literatur vertreten wird, daß selbst dann, wenn der Anspruch zwar durch einen Tarifvertrag gestaltet ist, das Arbeitsverhältnis aber gleichwohl auch noch unter eine Tarifordnung fällt, der § 4 Abs. 4 Satz 3 TVG. zu Gunsten der Geltung von Ausschlußfristen in Tarifordnungen auch für solche Ansprüche entsprechend anzuwenden sei (Hueck-Nipperdey-Tophoven, TVG. 3. Aufl. § 4 Anm. 57, 58 und die dort angeführte Rechtsprechung und Literatur).

Der Revision ist zuzugeben, daß unter Umständen die Berufung auf eine Tarifausschlußfrist gegen Treu und Glauben verstoßen kann (vgl. Hueck-Nipperdey-Tophoven a. a. O. Anm. 61 S. 183, 184). Doch hat das Landesarbeitsgericht ohne Rechtsirrtum festgestellt, daß ein solcher Verstoß gegen Treu und Glauben im vorliegenden Fall nicht gegeben ist. Die Ausschlußfrist des § 2 Ziff. 2 f. TO. ist weder ungewöhnlich kurz, noch hat die Klägerin unter besonderem Druck gestanden, so daß ihr die rechtzeitige Geltendmachung nach Treu und Glauben nicht hätte zugemutet werden können. Auch ist nicht dargelegt oder gar erwiesen, daß die Beklagte sich etwa bewußt oder grob fahrlässig über die tariflichen Vorschriften betr. Vergütung von Überstunden hinweggesetzt hätte und sich deshalb nicht auf die Ausschlußfrist berufen könnte (vgl. § 2 Ziff. 3 TO.). Gerade bei Mehrarbeit, insbesondere in einem Handelsbetrieb wie in dem der Beklagten, können sehr häufig Zweifel darüber bestehen, ob und in welchem Umfang wirklich Überstunden geleistet worden sind. Für Ansprüche wegen Mehrarbeit ist es daher erforderlich, daß sie in angemessener Frist geltend gemacht werden, weil die Nachprüfungen um so schwieriger sind, je später die Ansprüche geltend gemacht werden. Die Klägerin hat hier erheblich gesäumt. Sollte sie die Ausschlußfrist nicht gekannt oder für ungültig gehalten haben, so ginge diese Unkenntnis oder ihr Rechtsirrtum zu ihren Lasten. Die Bestimungen der TO. müssen grundsätzlich als bekannt vorausgesetzt werden. Damit erledigen sich die Revisionsrügen angeblicher Verletzung der §§ 138, 157, 242 BGB.

Neben der Sache liegt die Rüge einer Verletzung des § 196 Abs. 1 Ziff. 8 BGB., weil diese Vorschrift die Verjährung von Lohn- bzw. Gehaltsansprüchen betrifft, nicht jedoch tarifliche Ausschlußfristen. Über eine Verjährung der Klageforderung ist hier jedoch nicht zu entscheiden, ganz abgesehen davon, daß die Beklagte die Einrede der Verjährung gar nicht erhoben hat. Nicht anders ist die Rüge einer Verletzung des § 612 BGB. zu beurteilen. Abgesehen davon, daß die TO. Vorschriften über die Vergütung von Überstunden enthält, würde auch ein Vergütungsanspruch für Überstunden gemäß § 612 BGB. der Ausschlußfrist der Tarifordnung unterliegen.

68

1. Der natürliche Anknüpfungspunkt für den Zusatzurlaub des Schwerbeschädigten ist derjenige Urlaub, den ein nichtschwerbeschädigter Arbeitnehmer unter sonst gleichen Bedingungen und Voraussetzungen erhält.

2. Eine Begrenzung des Urlaubs für Schwerbeschädigte durch Tarifvertrag ist unwirksam, wenn dadurch entweder der Zusatzurlaub oder derjenige tarifliche Urlaub verkürzt wird, den der Schwerbeschädigte erhalten würde, wenn er nichtschwerbeschädigt wäre.

SchwBeschG. § 33

I. Senat. Urteil vom 10. Februar 1956 i. S. S. (Bekl.) gegen W (Kl.) 1 AZR 76/54.

I. Arbeitsgericht Kiel. — II. Landesarbeitsgericht Kiel.

Der 1896 geborene schwerbeschädigte Kläger ist seit über 5 Jahren bei der Beklagten als Bote beschäftigt.

Wegen des Urlaubs der Schwerbeschädigten bestimmt der maßgebende Tarifvertrag:

„Schwerbeschädigte im Sinne des Gesetzes über die Beschäftigung Schwerbeschädigter vom 12. 1. 1923 oder die ihnen Gleichgestellten erhalten den für Schwerbeschädigte vorgesehenen zusätzlichen Urlaub, soweit die Höchstgrenze von 21 Tagen nicht überschritten wird."

Während die Beklagte dem Kläger nur den Höchsturlaub von 21 Tagen gewährt hat, verlangt der Kläger, indem er sich auf § 33 des Schwerbeschädigtengesetzes vom 16. Juni 1953 stützt, über den einem vergleichbaren gesunden Arbeitnehmer gleichen Alters und gleicher Betriebszugehörigkeit zustehenden Urlaub von 17 Tagen hinaus noch weitere 6 Tage Urlaub als Zusatzurlaub des Schwerbeschädigten, insgesamt also 23 Urlaubstage.

Seine Klage hatte in allen Instanzen Erfolg.

Entscheidungsgründe:

I. Im Bundesschwerbeschädigtengesetz ist nicht ausdrücklich bestimmt, ob der Zusatzurlaub des Schwerbeschädigten (§ 33 SchwBeschG.) dem landesgesetzlichen bzw. einem gewohnheitsrechtlichen Mindesturlaub oder einem dem Tarifvertrag eventuell durch Auslegung zu entnehmenden Eingangsurlaub oder endlich demjenigen Urlaub hinzuzusetzen ist, der dem vergleichbaren nichtschwerbeschädigten Arbeitnehmer jeweils zusteht. Auch die Materialien des Schwerbeschädigtengesetzes geben keinen Aufschluß. Wenn es in der amtlichen Begründung zu § 32 des Regierungsentwurfes (jetzt § 33) heißt, daß die verschiedenen bereits bestehenden Länderregelungen vereinheitlicht werden sollten, und der Revisionsführer daraus herleiten will, daß der Zusatzurlaub des Schwerbeschädigten dem jeweiligen Mindesturlaub der Urlaubsgesetze der Länder hinzugerechnet werden müsse, so beschränkt sich nach der gleichen amtlichen Begründung die beabsichtigte Vereinheitlichung doch auf den „Zusatzurlaub" des Schwerbeschädigten. Auch steht die weitere amtliche Begründung entgegen, die von einem „vollen Jahresurlaub" spricht. Vor allem aber besteht eine gesetzliche Regelung des Mindesturlaubs im Lande Nordrhein-Westfalen überhaupt nicht. Hier will der Revisionsführer zwar den gesetzlichen Mindesturlaub der anderen Länder von 12 Tagen als Mindesturlaub gewohnheitsrechtlich eingeführt sehen, doch ergibt die amtliche Begründung, daß das Gesetz ein solches Gewohnheitsrecht nicht im Auge hat.

Die Beantwortung der Frage, welchem Urlaub der Zusatzurlaub des Schwerbeschädigten hinzuzurechnen ist, muß daher dem Grundgedanken des Schwerbeschädigtengesetzes entnommen werden. Dieses Gesetz soll dem wegen seiner körperlichen Behinderung einer Rücksichtnahme besonders bedürftigen Arbeitnehmer in seinem Berufs- und Erwerbsleben Schutz gewähren und dazu beitragen, Benachteiligungen auszugleichen, die er wegen seiner körperlichen Beschädigung in Zusammenarbeit, aber auch im Wettbewerb mit anderen Arbeitnehmern trägt. Der Schutz des Gesetzes — insgesamt gesehen — hat nicht nur eine Richtung gegen den Arbeitgeber, sondern auch gegen die anderen Arbeitnehmer. Er soll im Verhältnis zu diesen dazu dienen, einen Ausgleich der natürlichen Benachteiligung zu schaffen. Das kann oft nur durch eine ausdrückliche Bevorzugung, also durch eine ausgesprochene Besserstellung des Schwerbeschädigten gegenüber einem unter gleichen Bedingungen im gleichen Arbeitsplatz stehenden nichtschwerbeschädigten Arbeitnehmer geschehen. Es handelt sich insoweit, entgegen der Annahme von Bötticher (Rechtsgutachten, auszugsweise abgedruckt in BB. 54, 442), um eine besondere Wendung arbeitsrechtlicher Schutzbestimmungen, nämlich um das Gebot einer gegenüber der übrigen Arbeitnehmerschaft andersartigen Behandlung des Schwerbeschädigten, die aber nicht ein Gebot „ungleicher", sondern ausgleichender Behandlung ist. Auch der Zusatzurlaub soll eine vor anderen Arbeitnehmern gebotene Bevorzugung des Schwerbeschädigten verwirklichen aus dem Gedanken heraus, daß der Schwerbeschädigte wegen seiner körperlichen Behinderung und dem damit verbundenen erhöhten Aufwand an Energie zur Wiederauffrischung seiner Arbeitskraft eine längere Zeit der Erholung braucht als der Gesunde. Dabei kann naturgemäß das Gesetz diesem Gedanken nur generell zur Verwirklichung verhelfen. Es kann die gesundheitlichen Verhältnisse des Schwerbeschädigten weder im einzelnen noch in Gruppen berücksichtigen. Der natürliche Anknüpfungspunkt für den Zusatzurlaub des Schwerbeschädigten ist daher derjenige Urlaub, den ein nichtschwerbeschädigter Arbeitnehmer unter sonst gleichen Bedingungen und Voraussetzungen erhält. Jede andere Auffassung würde dem hier maßgebenden Grundgedanken des Schwerbeschädigtengesetzes nicht gerecht.

Danach würde der Kläger im vorliegenden Falle, wenn er Nichtschwerbeschädigter wäre, auf Grund des Tarifvertrages unter Berücksichtigung von Urlaubstagen für Alter und Betriebszugehörigkeit einen Urlaub von 17 Tagen erhalten, so daß, wenn diesem Urlaub der Zusatzurlaub des Schwerbeschädigtengesetzes hinzugerechnet wird, die in der Klagebegründung geltend gemachte Zahl von 23 Urlaubstagen erreicht wird.

II. Dem kann die Beklagte nicht entgegenhalten, daß der Urlaub für Schwerbeschädigte durch den Tarifvertrag auf 21 Tage höchstens begrenzt ist, denn diese Begrenzung bedeutet entweder, daß der Schwerbeschädigte gegenüber dem ihm vergleichbaren Arbeitnehmer in seinem tariflichen Urlaub herabgesetzt oder daß ihm von seinem gesetzlichen Zusatzurlaub gekürzt wird. Beides ist im Tarifvertrag unzulässig.

Daß der gesetzliche Zusatzurlaub dem Schwerbeschädigten auch durch einen Tarifvertrag nicht gekürzt werden kann, ergibt sich aus § 33 SchwBeschG., wonach der Zusatzurlaub des Schwerbeschädigten ein Mindestzusatzurlaub ist. Aber auch eine Beeinträchtigung des tariflichen Urlaubs eines Schwerbeschädigten gegenüber den anderen vergleichbaren Arbeitnehmern ist nicht möglich. Zwar kann der Grundsatz der Gleichbehandlung der Arbeitnehmer eines Betriebes, der aus der Fürsorgepflicht des Arbeitgebers abgeleitet wird und vor allem einer willkürlichen Benachteiligung einzelner Arbeitnehmer bei sozialen Leistungen entgegensteht, nicht herangezogen werden, denn es handelt sich hier um die Frage, ob und welche Schranken nicht dem Arbeitgeber, sondern den Tarifvertragsparteien bei der Regelung des Urlaubs gezogen sind. Da Bestimmungen des Tarifvertrages, die den Inhalt der Arbeitsverhältnisse gestalten, Rechtsnormen sind, so kommt der Grundsatz des Art. 3 Abs. 1 GG. der Gleichheit vor dem Gesetz in Betracht. Dieser bindet nach Art. 1 Abs. 3 GG. auch die Gesetzgebung. Zur Gesetzgebung gehört (BAG. 1, 258 ff.) auch die Normensetzung der Tarifvertragsparteien. Der Grundsatz der Gleichheit vor dem Gesetz bedeutet zwar nicht den Ausschluß jeder unterschiedlichen Behandlung, aber das Gebot, diese unterschiedliche Behandlung nur unter sachlich gerechtfertigten Gesichtspunkten vorzunehmen. Eine Kürzung des tariflichen Urlaubs kann daher nicht aus dem Grunde erfolgen, weil der Arbeitnehmer schwerbeschädigt ist.

In seinem Rechtsgutachten (auszugsweise abgedruckt in BB. 54, 443) will Nikisch einen rechtlichen Unterschied machen zwischen dem Teil des Urlaubs, der aus Gründen der Erholung gegeben werde und daher dem Schwerbeschädigten unverkürzt zugute kommen müsse und den Urlaubstagen, die aus urlaubsfremden, d. h. nicht aus dem Gedanken der Erholung erwachsenen Gründen tariflich vereinbart werden. Dazu gehöre ein Urlaubszuschlag wegen langjähriger Betriebszugehörigkeit, denn dieser Teil des Urlaubs werde als Belohnung, ähnlich einer Gratifikation, gewährt. Hierüber könnten die Tarifvertragsparteien ohne Verletzung des Gleichheitsgrundsatzes dahin Bestimmungen treffen, daß die Dauer der Betriebszugehörigkeit Schwerbeschädigter nur solange und soweit bei der Bemessung ihres gesamten Urlaubs berücksichtigt werde, wie dieser nicht bereits 21 Tage betrage. Hierbei verkennt Nikisch, daß nicht der Anlaß, sondern der Zweck des Urlaubs entscheidend ist. Dieser bleibt einheitlich darauf gerichtet, durch bezahlte Freizeit eine Erholung zu schaffen. Es geht nicht an, diesen durch den einheitlichen Gedanken der Erholung zu einem gemeinsamen Zweck verbundenen Urlaub je nach dem Anlaß seiner Bemessung in verschiedene Teile mit verschiedener rechtlicher Behandlung aufzuspalten. Der Auffassung von Nikisch steht weiter entgegen, daß eine Abgrenzung nicht durchführbar ist. So wird in Betrieben, in denen schwere Arbeit geleistet wird, die Dauer der Betriebszugehörigkeit nicht als Belohnung, sondern als Zuschlag aus echten Erholungsgründen für die mit diesem Betrieb eben verbundene schwere Arbeit angesehen werden müssen. Es gibt darüber hinaus Tarifverträge (z. B. der Manteltarifvertrag für die Betriebe der Ölmühlen vom 5. November 1952 § 11 Ziffer 2), worin die Dauer des Urlaubs überhaupt nur nach dem Zeitraum der Betriebszugehörigkeit bemessen wird. Hier wäre es nötig, entgegen dem Wortlaut des Tarifvertrages einen besonderen aus echten Erholungsgründen gewährten Grundurlaub etwa durch Bezugnahme auf den landesgesetzlichen Mindesturlaub oder auf Gewohnheitsrecht oder Üblichkeit erst zu ermitteln. Noch weniger durchführbar wird die Auffassung von Nikisch, wenn ein Zuschlag von Urlaubstagen (vgl. ähnlich Manteltarifvertrag für Arbeitnehmer bei den Konsumgenossenschaften vom 28. April 1953 i. F. v. 21. September 1955 § 18 Abs. 2) nur gewährt wird, wenn beides, nämlich höheres Lebensalter und längere Betriebszugehörigkeit, zusammentreffen sollten. Hier erscheint es nicht möglich, von diesem Urlaubszuschlag den einen Teil der Erholung und den anderen der Belohnung dienend anzusehen. Eine Auffassung, die eine rechtlich verschiedene Beurteilung des Urlaubs nach dem Maßstab und den Gründen der Bemessung vornehmen will, kann daher zur Entscheidung der hier vorliegenden Rechtsfrage nicht herangezogen werden.

Wie auch immer die im Tarifvertrag vom 4. August 1950 bestimmte Höchstgrenze ausgelegt wird, sie verstößt gegen das Gesetz entweder, weil sie dem Schwerbeschädigten den Mindesturlaub kürzt und damit § 33 des Schwerbeschädigtengesetzes nicht beachtet oder weil sie dem Schwerbeschädigten den ihm als gewöhnlichem Arbeitnehmer zustehenden Urlaub beschränkt und damit in Widerspruch zu Art. 3 GG. gerät. Soweit die hiernach vom Kläger mit Recht beanstandete tarifliche Begrenzung des Höchsturlaubs für Schwerbeschädigte auf 21 Tage als unwirksam anzusehen ist, handelt es sich um einen nachträglichen Eingriff des Schwerbeschädigtengesetzes in einen vorher abgeschlossenen Tarifvertrag. Wird aber ein Teil eines Vertrages infolge einer Gesetzesänderung unwirkam, so wird grundsätzlich die Wirksamkeit des ganzen Vertrages dadurch in der Regel nicht berührt (RGZ. 146, 366 ff.). Der vorliegende Tarifvertrag bleibt daher ohne die Höchstbegrenzung auch für Schwerbeschädigte von Bestand. Ob eine andere Beurteilung dann Platz greifen muß, wenn die übrigen vertraglichen Vereinbarungen mit der durch nachträgliche gesetzliche Änderung wegfallenden Vereinbarungen in einem unlöslichen und isoliert nicht denkbaren Zusammenhang stehen (so BGH. in NJW. 1952, 299), kann hier dahingestellt bleiben, weil ein solcher Fall nicht gegeben ist.

69

Die Klausel eines Tarifvertrages:

„Scheidet ein Arbeitnehmer auf eigenen Wunsch vor Ablauf des Kalenderjahres aus dem Betriebe aus, obwohl ihm der volle Jahresurlaub bereits gewährt ist, so ist die überzahlte Urlaubsvergütung, ein Lohnvorschuß"

ist unwirksam. Sie verstößt gegen § 394 BGB. in Verbindung mit den Lohnpfändungsvorschriften sowie gegen das Verbot, die Kündigungsfreiheit des Arbeitnehmers dadurch zu beeinträchtigen, daß die Kündigung einseitig mit wirtschaftlichen Nachteilen zu Lasten des Arbeitnehmers verkoppelt ist.

BGB. § 394; ZPO. §§ 850 ff.

I. Senat. Urteil vom 9. Februar 1956 i. S. K. (Bekl.) gegen K. (Kl.)
1 AZR 329/55.

I. Arbeitsgericht Minden. — II. Landesarbeitsgericht Düsseldorf.

Der Kläger, der von 1952 ab bei der Beklagten beschäftigt war, hat in der Zeit vom 2. bis 14. August 1954 seinen Jahresurlaub von 12 Tagen für das Jahr 1954 erhalten. Am 7. September 1954 ist er auf eigenen Wunsch ausgeschieden.

In der für die Parteien maßgebenden tariflichen Urlaubsregelung vom 28. April 1951 und 22. Mai 1951, abgeschlossen zwischen dem Wirtschafts- und Arbeitgeberverband Holzverarbeitende Industrie Nordrhein und der Industrie-Gewerkschaft „Holz", Bezirksleitung Nordrhein-Westfalen heißt es unter

Ziffer 3:

„Jeder Arbeitnehmer hat in jedem Kalenderjahr für jeden erdienten vollen Monat Anspruch auf ein Zwölftel des ihm nach den übrigen Bestimmungen dieses Paragraphen zustehenden Jahresurlaubs."

Ziffer 4:

„Der volle Urlaubsanspruch für das Kalenderjahr kann nach einer ununterbrochenen sechsmonatigen Zugehörigkeit im gleichen Betrieb und Kalenderjahr unter Beachtung der nachstehenden Bestimmungen geltend gemacht werden."

Ziffer 5:

„Scheidet der Arbeitnehmer auf eigenen Wunsch vor Ablauf des Kalenderjahres aus dem Betriebe aus, obwohl ihm der volle Jahresurlaub bereits gewährt wurde, ist die überzahlte Urlaubsvergütung ein Lohnvorschuß. Er kann als solcher vom Arbeitgeber beim Ausscheiden unter Anwendung der Zwölftelung geltend gemacht werden."

Beim Ausscheiden des Klägers hat die Beklagte einen Betrag von 47,— DM als „Vorschuß im Sinne der vorstehenden Urlaubsbestimmung" einbehalten.

Diesen Betrag hat der Kläger eingeklagt. Er ist ihm in allen Instanzen zugesprochen worden.

Aus den Gründen:

Die in Ziffer 3 der tariflichen Urlaubsregelung vereinbarte Zwölftelung bedeutet nicht, daß jeder Arbeitnehmer, gleich, wie lange er dem Betrieb angehört hat, gleich auch, wie lange er im Urlaubsjahr seiner Arbeit nachgekommen ist, immer nur für jeden Monat $^1/_{12}$ des Jahresurlaubs erdient hätte. Die Zwölftelung hat hier vielmehr den Sinn, daß im Gegensatz zu der früheren Regelung der Tarifordnung auch ein Arbeitnehmer, der schon vor Ablauf von sechs Monaten aus dem Betrieb ausscheidet, Urlaub erhält, und zwar so viel Zwölftel des Jahresurlaubs, als er Monate im Betriebe tätig war. Derjenige Arbeitnehmer aber, der bereits volle sechs Monate des Kalenderjahres im Betriebe tätig war, hat nach Ziffer 4 Anspruch auf den vollen Jahresurlaub. Die Bestimmung der Ziffer 4 geht der Ziffer 3 vor. Als der Kläger daher vom 2. bis 14. August 1954 einen Urlaub von 12 Tagen nahm, d. h. in dieser Zeit von seiner Arbeitspflicht entbunden war und seinen sonst üblichen Lohn als Urlaubsgeld bezog, erhielt er eine ihm gemäß Ziffer 4 der tariflichen Urlaubsbestimmung zustehende Leistung, weil er dem Betriebe der Beklagten im Kalenderjahr 1954 bereits volle sechs Monate ununterbrochen angehört hatte.

Wenn es in Ziffer 5 der Urlaubsregelung für den hier gegebenen Fall, daß ein Arbeitnehmer vor Beendigung des Kalenderjahres freiwillig ausscheidet, weiter heißt, daß die „überzahlte" Urlaubsvergütung ein Lohnvorschuß sei, so handelt es sich in Wahrheit nicht um einen realen Lohnvorschuß — denn dem Kläger stand gemäß Ziffer 4, als er seinen Urlaub antrat, der volle Jahresurlaub zu — sondern um die Fiktion, daß die „überzahlte" Vergütung wie ein Lohnvorschuß angesehen werden solle. Zwar bestehen gegen eine Fiktion im Tarifvertrag angesichts der Rechtsetzungsbefugnis der Tarifvertragsparteien keine Bedenken. Doch kann auch eine tarifliche Fiktion nur im Rahmen des Gesetzes als der höheren Rechtsnorm Gültigkeit haben. Im vorliegenden Falle wird nun eine Urlaubsvergütung, die besonderen Pfändungsschutz genießt (§ 850a Ziff. 2 ZPO. oder weitergehend § 851 ZPO., vgl. Dersch, Urlaubsgesetze Note 95) und schon in Erfüllung des Urlaubsanspruchs dem Urlaubsberechtigten ausgezahlt worden ist, nachträglich im Wege der Fiktion zu einem Lohnvorschuß gestempelt. Dadurch wird der Arbeitnehmer seines Pfändungsschutzes beraubt. Ein echter Lohnvorschuß könnte nämlich auf den unpfändbaren Teil des beim Ausscheiden fälligen Lohnes verrechnet werden (RAG. in ARS. 26, 217 und 38, 197). Das ist jedoch, wenn der Anspruch des Arbeitgebers nicht auf Verrechnung von Lohnvorschuß, sondern einfach auf Zahlung gerichtet ist, nicht möglich. Denn eine Aufrechnung mit einem einfachen Rückforderungsanspruch gegenüber fälligem Lohn ist nach § 394 BGB., § 850c ZPO. nur unter Beachtung der Lohnpfändungsgrenze möglich. Die Fiktion der Ziffer 5, daß gezahlte Urlaubsvergütung Lohnvorschuß sei, enthält somit eine Gesetzesumgehung zum Nachteil des durch die Lohnpfändungsvorschriften und § 394 BGB. geschützten Arbeitnehmers. Sie ist also gemäß § 134 BGB. unwirksam.

Der Senat hat erwogen, ob die somit nichtige Bestimmung der Ziffer 5 gemäß § 140 BGB. dahin umzudeuten sei, daß sie lediglich den Arbeitnehmer zur Rückzahlung gewisser Urlaubsbezüge verpflichtet, ohne daß gleichzeitig die dem Lohnvorschuß eigene Freiheit vom Pfändungs- und Aufrechnungsverbot vereinbart wäre. Aber auch in dieser — ungedeuteten — Form wäre die Klausel nichtig.

Zwar mögen Bedenken bestehen, die Unwirksamkeit einer solchermaßen umgedeuteten Klausel schon deshalb anzunehmen, weil sie mit dem Wesen des Urlaubs unvereinbar sei (so RAG. in ARS. 34, 21 und 38, 40). Sicherlich folgt aus dem Wesen des Urlaubs als eines Einheitsanspruchs, daß der Arbeitnehmer den erhaltenen Urlaub, d. h. die ihm gewährte entgeltliche Freizeit als solche nicht zurückgewähren kann (vgl. Dersch, Urlaubsgesetze Note 81 b und 637). Damit ist aber nicht gesagt, daß trotz dieses Einheitsanspruches die Parteien eines Arbeitsvertrages nicht vereinbaren und die Tarifpartner nicht normieren könnten, daß ein Arbeitnehmer bei seinem freiwilligen, vor Beendigung des Kalenderjahres erfolgten Ausscheiden einen Betrag an seinen Arbeitgeber zahlen muß, der demjenigen Teil des Urlaubsgeldes entspricht, den er bei Zugrundelegung einer vereinbarten Zwölftelung zu viel bekommen hat. Als mit dem Wesen des Urlaubs unvereinbar würde eine so umgedeutete Rückzahlungsklausel noch nicht ohne weiteres anzusehen sein.

Der Senat hat aber die Tarifklausel der Ziffer 5 deshalb für nichtig erachtet, weil sie die Kündigung seitens des Arbeitnehmers einseitig mit wirtschaftlichen Nachteilen für diesen verkoppelt (so auch Hueck-Nipperdey, Lehrbuch I, 3./5. Aufl., S. 273). Es kann dabei dahingestellt bleiben, ob die Klausel bereits gegen Art. 12 GG. verstößt, wie das Landesarbeitsgericht Stuttgart in seiner (in BB. 1954, 888 abgedruckten) Entscheidung für den Fall angenommen hat, daß eine Kündigung des Dienstverpflichteten den Verlust von Provisionen aus eingeleiteten, aber noch nicht abgewickelten Geschäften zur Folge haben sollte. Es genügt schon zur Annahme einer Nichtigkeit, wenn durch die Klausel die Kündigungsmöglichkeit einseitig für den Arbeitnehmer mit wirtschaftlichen Nachteilen verbunden ist. Für gewerbliche und kaufmännische Arbeitnehmer bestimmen die §§ 122 GewO. und 67 HGB., daß die vereinbarten Kündigungsfristen für beide Teile gleich sein müssen. Der Sinn dieser auf alle Arbeitnehmergruppen ausdehnbaren Vorschriften ist, daß der Arbeitnehmer nicht durch Abmachungen irgend welcher Art mit dem Arbeitgeber in seinem Kündigungsrecht schlechter gestellt und stärker in dem Gestaltungsrecht der Kündigung eingeschränkt wird als der Arbeitgeber selbst. Wenn dies bereits für Kündigungsfristen nach der zu Gunsten des Arbeitnehmers zwingenden Vorschrift gilt, so muß es erst recht gelten, wenn die Benachteiligung nicht in der Frist liegt, sondern wenn die Kündigung einseitig für den Arbeitnehmer mit einem Vermögensnachteil verbunden ist. Eine Klausel, die eine einseitige Kündigungsbeschränkung und damit zugleich eine Ungleichheit zu Ungunsten des Arbeitnehmers enthält, verstößt gegen den Sinn der Vorschriften, daß die Kündigungslage zu Gunsten des Arbeitnehmers für beide Teile gleich sein muß und ist daher als unwirksam anzusehen. Im vorliegenden Falle ist die Kündigung für den Kläger einseitig mit einem Vermögensnachteil verbunden. Denn nach Ziffer 4 des Tarifvertrages stand dem Kläger der Urlaub zu. Er hat nicht etwas erhalten, was ihm nicht geschuldet wäre. Der Tarifvertrag setzt vielmehr in Ziffer 5 im Falle der Kündigung des Arbeitnehmers zu seinen Lasten eine neue und selbständige Zahlungspflicht in Höhe von Arbeitsentgelt für bestimmte nach dieser Ziffer zu berechnende Tage fest. Aus diesem Grunde ist die fragliche Klausel ein Verstoß gegen die Freiheit der Kündigung des Arbeitnehmers und daher unwirksam (Hueck, a. a. O., S. 273 und 316; Staub, Kommentar zum HGB., 12. u. 13. Aufl., § 67, Anm. 9; Molitor, Kündigung, S. 170, Anm. 43; RAG. 5, 52 = ARS. 8, 163 und auch schon Berliner Kaufmannsgericht in DJZ. 07, 488). Dem kann nicht entgegengehalten werden, daß auch ein Arbeitnehmer, der einen Lohnvorschuß wirklich erhalten hat, diesen bei der Kündigung zurückzahlen muß, ohne daß deswegen die Kündigung als unerlaubt erschwert angesehen werden kann. Mit der Empfangnahme eines Vorschusses übernimmt der Arbeitnehmer eine Verbindlichkeit der Rückzahlung, die er dann bei dem Ausscheiden nur erfüllt. Anders verhält es sich dagegen bei dem erhaltenen Urlaub. Dieser begründet nicht eine Verbindlichkeit des Arbeitnehmers, vielmehr wird eine Verbindlichkeit des Arbeitgebers erfüllt. Der Beweggrund und die Berechnungsart des nach Ziffer 5 bei einer Kündigung des Arbeitnehmers zurückzuzahlenden Betrages können nicht darüber hinwegtäuschen, daß es sich dabei nicht um eine bereits sich ergebende Rückzahlungpflicht, sondern um die Begründung einer neuen und selbständigen Zahlungspflicht und damit um die einseitige Erschwerung der Kündigung zum Nachteil des Arbeitnehmers handelt.

70

Mißt in den Gründen das Landesarbeitsgericht seiner Entscheidung nur über die Anschlußberufung, nicht auch über die Berufung grundsätzliche Bedeutung bei, so wirkt die Zulassung der Revision, die das Landesarbeitsgericht im Urteilstenor ohne nähere Einschränkung ausspricht, nur hinsichtlich der Entscheidung über die Anschlußberufung, nicht auch über die Berufung.

ArbGG. § 69 Abs. 3 Satz 1; § 72 Abs. 1 Satz 1

II. Senat. Beschluß vom 28. März 1956 i. S. V.-W. Bekl. gegen F. (Kl.)
2 AZR 550/55

I. Arbeitsgericht Nürnberg. — II. Landesarbeitsgericht Bayern.

Gründe:

Dem bei ihr beschäftigten Kläger hat die Beklagte am 2. März 1955 fristlos gekündigt. Der Kläger meint, diese Kündigung sei unwirksam und könne auch nicht in eine wirksame fristgemäße Kündigung umgedeutet werden. Er hat daher vor dem Arbeitsgericht beantragt, festzustellen, daß „die am 2. März 1955 ausgesprochenen Kündigungen" unwirksam seien. Das Arbeitsgericht hat die Unwirksamkeit der fristlosen Kündigung festgestellt, im übrigen den Kläger mit der Klage abgewiesen. Mit der Berufung hat sich der Kläger gegen die vom Arbeitsgericht vorgenommene Umdeutung der Kündigung in eine fristgemäße gewandt und beantragt, festzustellen, daß die Kündigung auch als fristgemäße Kündigung unwirksam sei. Die Beklagte hat um Zurückweisung der Berufung gebeten und mit ihrer Anschlußberufung die volle Abweisung der Klage beantragt. Das Landesarbeitsgericht hat der Berufung des Klägers stattgegeben, die Anschlußberufung der Beklagten wegen mangelhafter Begründung als unzulässig verworfen und in der Urteilsformel bestimmt: „Gegen dieses Urteil ist die Revision zugelassen." Die Beklagte hat in vollem Umfang, also nicht nur, soweit ihre Anschlußberufung als unzulässig verworfen ist, Revision eingelegt.

I. Die Ansicht der Beklagten, das angefochtene Urteil sei wegen der in der Urteilsformel uneingeschränkt zugelassenen Revision in vollem Umfang, also auch hinsichtlich der Entscheidung über die Berufung des Klägers, nachprüfbar, geht fehl. Denn trotz der dem Wortlaut nach uneingeschränkten Zulassung der Revision ist nach der im letzten Absatz der Entscheidungsgründe gegebenen Begründung für diese Zulassung die Revision nur bezüglich der Anschlußberufung zulässig. Zwar schließt der Wortlaut der Urteilsformel die Revisionsmöglichkeit auch für die Berufung nicht aus. Die Urteilsformel ist jedoch nach Inhalt, Sinn und Zweck mit dem Urteil, insbesondere den Entscheidungsgründen, auszulegen und zu erläutern (Lindenmaier- Möhring, Nachschlagewerk Nr. 9 zu § 546 ZPO.). Im letzten Absatz der Entscheidungsgründe hat das Landesarbeitsgericht aber ausdrücklich ausgeführt, daß es seine „Entscheidung über die Anschlußberufung als von grundsätzlicher Bedeutung" halte und „daher" die Revision zugelassen habe. Daraus folgt zur Genüge, daß es die Zulassung der Revision auf die Entscheidung über die Anschlußberufung hat beschränken wollen.

Diese vom Landesarbeitsgericht gewollte Beschränkung der Zulassung ist auch zulässig. Denn sie ist nicht etwa auf eine einzelne Rechtsfrage oder auf bestimmte Teile einer einheitlichen Entscheidung begrenzt worden, was unzulässig wäre (RAG. 5, 193; BGHZ. 7, 357; siehe ferner Dersch-Volkmar, ArbGG., 6. Aufl., § 69 Anm. 22; Dietz-Nikisch, ArbGG., § 69 Anm. 26, § 72 Anm. 26).

Die Berufung und die Anschlußberufung sind auch nicht etwa so eng miteinander verflochten, daß die Entscheidung über das eine Rechtsmittel von der Entscheidung über das andere Rechtsmittel vernünftigerweise nicht getrennt werden kann. Denn die Anschlußberufung betrifft die fristlose Kündigung, die Berufung dagegen die etwaige vorsorgliche fristgemäße Kündigung. Beide Kündigungen entspringen zwar demselben Tatbestand; über ihre Wirksamkeit kann auch aus Zweckmäßigkeitsgründen gemäß § 260 ZPO. in einer Klage entschieden werden. Die von der Berufung zur Entscheidung gestellte Frage, ob in der unstreitigen fristlosen Kündigung auch eine vorsorgliche fristgemäße Kündigung liegt, ist völlig unabhängig davon zu beantworten, ob die fristlose Entlassung begründet ist oder nicht, was Gegenstand der Anschlußberufung ist. Die fristgemäße Kündigung wird zwar erst praktisch, wenn die fristlose Entlassung unbegründet ist, sie ist aber, wenn sie überhaupt ausgesprochen ist, als vorsorgliche auch im Falle der Begründetheit der fristlosen Entlassung an sich in der Welt. Insbesondere ist die hier vom Landesarbeitsgericht mit seiner Entscheidung über die Berufung verneinte Frage, ob die fristlose Entlassung vorsorglich eine fristgemäße enthält, also die Auslegung der die fristlose Kündigung enthaltenden Willenserklärung völlig unabhängig von der Entscheidung über die Begründetheit der fristlosen Entlassung.

Allerdings wäre, wenn die fristlose Entlassung begründet wäre, für die fristgemäße Entlassung rechtlich überhaupt kein Raum; sie würde auch nicht sozialwidrig sein. Die vom Landesarbeitsgericht durch seine Entscheidung über die Berufung getroffene Feststellung, daß die vorliegende fristlose Entlassung eine fristgemäße Kündigung nicht in sich schließt, hat aber mit der von der Anschlußberufung zur Entscheidung gestellten Frage, ob die fristlose Entlassung begründet ist oder nicht, überhaupt nichts zu tun.

II. Die Zulassung der Revision nur wegen eines Begehrens ersetzt auch nicht den die Revisionssumme nicht erreichenden Streitwert und hat also nicht etwa zur Folge, daß das Urteil in seinem ganzen Umfange, also hinsichtlich sämtlicher Begehren, über die es entschieden hat, revisibel wird. Die entgegengesetzte, vom Reichsarbeitsgericht (RAG. ARS. 8, 444—447) vornehmlich für das Berufungsverfahren vertretene — für das Revisionsverfahren nach dem ArbGG. 1953 von Dersch-Volkmar (6. Aufl. § 69 Anm. 22) und Dietz-Nikisch (ArbGG. § 69 Anm. 26) und für das Verfahren vor den ordentlichen Gerichten auch von Stein-Jonas (ZPO. § 546 Erl. VI 2a) gebilligte — Ansicht mag im ArbGG. 1926 eine gewisse Stütze gehabt haben, das in § 72 Abs. 1 der Streitwertrevision den ersten Rang zuwies und die Zulassungsrevision als zweitrangig behandelte, kann aber jedenfalls für das Revisionsverfahren nach dem ArbGG. 1953 nicht aufrechterhalten werden. Denn das ArbGG. 1953 weist in seinem § 72 Abs. 1 der Zulassungsrevision den ersten Rang und der Streitwertrevision nur den dritten Rang zu und gibt damit zu erkennen, daß die Zulassungsrevision kein Ersatz für die eigentlich ihrer Natur nach aus dem Streitwert folgende Revisibilität ist. Es ist auch kein innerer Grund ersichtlich, daß ein der grundsätzlichen Bedeutung entbehrender Anspruch, nur weil er zufällig in einem Rechtsstreit zusammen mit einem andern Anspruch geltend gemacht ist, dem eine grundsätzliche Bedeutung innewohnt, durch das Revisionsgericht soll nachgeprüft werden dürfen (so schon für das ArbGG. 1926: Depène, ArbGG., 2. Aufl., § 69 Erl. IV). Das Arbeitsgerichtsgesetz gibt mit seinem § 69 Abs. 3 zu erkennen, daß es gerade auf die Zulassung wegen der grundsätzlichen Bedeutung ankommen soll. Der dabei verwandte Begriff der Rechtssache muß nicht in dem Sinne ausgelegt werden, daß damit der Rechtsstreit mit allen in ihm erhobenen Ansprüchen gemeint sei. Auch im Verfahren vor den ordentlichen Gerichten macht die nur aus einem bevorrechtigten Klagegrunde hervorgehende Zulässigkeit der Berufung oder Revision nicht auch die Entscheidung über andere, nicht bevorrechtigte Klagegründe nachprüfbar (RGZ. 164, 326, BGHZ. 1, 380).

III. Falls aber entgegen den vorhergehenden Ausführungen die Urteilsformel dahin auszulegen wäre, daß das Landesarbeitsgericht die Revision in vollem Umfange, also auch hinsichtlich seiner Entscheidung über die Berufung, hat zulassen wollen, so würde eine so weitgehende Zulassung offenbar gegen das Gesetz verstoßen und daher unbeachtlich sein (BAG. 2, 26). Denn die grundsätzliche Bedeutung, derentwegen das Landesarbeitsgericht die Revision zugelassen hat, kommt nach der unzweideutigen Begründung des Landesarbeitsgerichts eben nur seinen Ausführungen zur Verwerfung der Anschlußberufung zu und ermangelt dagegen seinen die Berufung betreffenden Ausführungen. Ihnen wurde eine grundsätztliche Bedeutung gerade nicht zugesprochen, sondern dem ganzen Zusammenhang nach vielmehr abgesprochen, so daß eine Zulassung der Revision auch wegen der Berufung nicht mehr durch die dem Landesarbeitsgericht nach § 69 Abs. 3 ArbGG. eingeräumte Befugnis gedeckt wäre (Dersch-Volkmar, ArbGG., 6. Aufl., § 69 Anm. 19; Dietz-Nikisch, ArbGG., § 72 Anm. 24). Die von der Berufung allein entschiedene Frage, ob die fristlose Entlassung als fristgemäße wirksam ist, hat hier auch ersichtlich nur für den entschiedenen Einzelfall Bedeutung; eine darüber hinausgehende Bedeutung kommt der Entscheidung insoweit nicht zu.

71

Hat das Berufungsgericht die Revision wegen der grundsätzlichen Bedeutung der Rechtssache nicht zugelassen, so unterliegt dies nicht der Nachprüfung durch das Revisionsgericht.

ArbGG. § 69 Abs. 3 Satz 1.

III. Senat. Beschluß vom 29. März 1956 i. S. Bund.R. (Bekl.) gegen L. (Kl.) 3 AZR 79/56.

I. Arbeitsgericht Berlin. — II. Landesarbeitsgericht Berlin.

Aus den Gründen:

Das Berufungsgericht hat die Zulässigkeit der Revision mit der Begründung abgelehnt, daß es sich in vollem Umfang den Entscheidungen des Bundesarbeitsgerichts hinsichtlich der Frage von Kettenverträgen angeschlossen und die Entscheidung auch keine allgemeine Bedeutung habe, weil die zu Gunsten des Klägers gezogenen Folgerungen im wesentlichen auf seiner besonderen persönlichen Situation als unterbringungsberechtigter qualifizierter Verwaltungsangestellter beruhten. Es verneint also mit letzterer Begründung die grundsätzliche Bedeutung der Entscheidung. Zu Unrecht sucht die Revision die Zulässigkeit damit zu begründen, es liege ein Ermessensmißbrauch vor und das Landesarbeitsgericht habe nicht beachtet, daß die grundsätzliche Bedeutung auf wirtschaftlichem Gebiete liegen könne. Denn das Gesetz hat die Zulassung wegen grundsätzlicher Bedeutung allein dem Ermessen des Berufungsgerichts überlassen und, obwohl bei solchen Ermessensfragen immer Zweifel auftauchen können, eine Nachprüfung durch das Revisionsgericht bewußt nicht vorgesehen. Daraus folgt, daß gegen die Ablehnung der Zulassung wegen grundsätzlicher Bedeutung kein Rechtsbehelf gegeben ist (Dersch-Volkmar, ArbGG., 6. Aufl., § 69 Anm. 17, § 72 Anm. 19; Dietz-Nikisch, ArbGG., § 69 Anm. 20, § 72 Anm. 25; vgl. BAG. 1, 33). Auch eine Abweichung von der angeführten Entscheidung des Bundesarbeitsgerichts vom 26. Mai 1955 (BAG. 2, 26) kommt nicht in Frage, da das Urteil eindeutig auf den besonderen Fall des Klägers abgestellt hat. Die Frage, wie es sich mit der Nichtzulassung der Revision durch das Landesarbeitsgericht verhält, obwohl es bewußt oder unbewußt von einer ihm bekannten Entscheidung des Bundesarbeitsgerichts abweicht, stellt sich deswegen überhaupt nicht.

72

Mißt das Landesarbeitsgericht seinen Ausführungen nur hinsichtlich der Rechtssache des einen freiwilligen Streitgenossen grundsätzliche Bedeutung zu, so bindet die in der Urteilsformel auf diese Streitsache nicht beschränkte Zulassung der Revision das Revisionsgericht nicht hinsichtlich der Rechtssache eines anderen freiwilligen Streitgenossen.

ArbGG. § 72 Abs. 1 Satz 1.

II. Senat. Beschluß vom 28. März 1956 i. S. O. u. M. (Bekl.) gegen K. (Kl.) 2 AZR 32/56.

I. Arbeitsgericht Stuttgart. — II. Landesarbeitsgericht Stuttgart.

Gründe:

Die Klägerin K. und die Maschinennäherin E. waren bei der Beklagten tätig und wurden von ihr am 2. August 1955 fristlos entlassen. Beide erstreben mit ihren Klagen die Feststellung der Unwirksamkeit ihrer fristlosen Entlassungen. Das Arbeitsgericht hat nach Verbindung beider Klagen in einem einheitlichen Urteil dem Antrag beider Klägerinnen stattgegeben. Die Berufung der Beklagten blieb hinsichtlich der Klägerin K. erfolglos, da das Landesarbeitsgericht ihr „kein Verhalten zum Vorwurf macht, das eine fristlose Kündigung von Seiten der Beklagten hinreichend rechtfertigt"; dagegen hat es im gleichen Urteil der Berufung der Beklagten hinsichtlich der Maschinennäherin E. stattgegeben. In der Urteilsformel hat es „die Revision gegen dieses Urteil ohne Rücksicht auf den Streitwert" zugelassen und in den Entscheidungsgründen ausgeführt: „Das Urteil ist hinsichtlich der Entscheidung, die die Klägerin E. betrifft, nicht ohne grundsätzliche Bedeutung. Es erscheint als nachprüfenswert, daß das Berufungsgericht gesagt hat, Streitigkeiten von Arbeitnehmern untereinander, die an sich nicht zur fristlosen Kündigung berechtigen, könnten jedoch einen Grund dazu geben, wenn sie auf Grund des Verschuldens dessen, dem gekündigt worden sei, dazu geführt hätten, daß eine größere Gruppe von Arbeitnehmern mit Kündigung gedroht und daß dadurch berechtigte Arbeitgeberinteressen berührt würden, und der Arbeitnehmer dafür eintreten müsse, wenn seine Handlungen Folgen haben, die er zwar nicht beabsichtigt habe, die aber nicht völlig außerhalb jeder Erwartung gestanden hätten."

Die Beklagte hat Revision eingelegt mit dem Ziele, daß auch die Klage der Klägerin K. abgewiesen wird. Letztere Revision ist jedoch unstatthaft.

Der Wert des Streitgegenstandes erreicht nicht die Revisionssumme. Eine Divergenz im Sinne des § 72 Abs. 1 Satz 2 und 3 ArbGG. hat die Beklagte in ihrer Revisionsbegründung nicht vorgetragen. Die Statthaftigkeit der Revision könnte also allein aus ihrer Zulassung (§ 72 Abs. 1 Satz 1 ArbGG.) hergeleitet werden. Diese Zulassung bindet das Revisionsgericht aber hinsichtlich der Klägerin K. gerade nicht.

Die Verbindung der Klagen faßt die Begehren der Klägerinnen nicht zu einer einheitlichen Rechtssache zusammen, die nur einheitlich entschieden werden könnte (§ 62 ZPO.). Vielmehr hatten beide Klägerinnen lediglich die Stellung von freiwilligen Streitgenossen im Sinne des § 60 ZPO.; sie waren in prozeßrechtlicher und in sachlich-rechtlicher Hinsicht durchaus selbständig und voneinander unabhängig. Dementsprechend hat das Landesarbeitsgericht auch die fristlose Entlassung nur der Maschinennäherin E. gebilligt, die fristlose Entlassung der Klägerin K. aber für unbegründet erklärt.

Ist hiernach die Entscheidung über das Klagebegehren der einen Streitgenossin von der Entscheidung über das Klagebegehren der anderen Streitgenossin unabhängig, so kann sich auch die Begründung, die das Landesarbeitsgericht für die Zulassung der Revision gibt und die sich auf die Entscheidung über die Rechtssache der Klägerin E. beschränkt, nicht gleichzeitig auch auf das Klagebegehren der Klägerin K. erstrecken. Vielmehr hat das Landesarbeitsgericht seinen Erwägungen, mit denen es die fristlose Entlassung der Klägerin K. mißbilligt, offensichtlich und eindeutig keine grundsätzliche Bedeutung beigemessen; bei ihr lag der Sachverhalt anders und machte daher eine andere rechtliche Bewertung erforderlich als bei der Klägerin E.

Fehlte den Erwägungen des Landesarbeitsgerichts, soweit sie sich auf die Rechtssache der Klägerin K. bezogen, die grundsätzliche Bedeutung, so mußte das Landesarbeitsgericht die Zulassung auf die Klage der Maschinennäherin E. beschränken. Eine solche Beschränkung der Revision auf die Rechtssache eines — nicht notwendigen — Streitgenossen ist zulässig (Lindenmaier-Möhring, Nachschlagewerk, Nr. 9 zu § 546 ZPO.). Denn jeder Streitgenosse steht dem anderen wie in einer selbständigen Rechtssache völlig unabhängig gegenüber; er kann seine Rechtssache verfolgen auch gegen den Willen des anderen; der Gegner kann seine Rechte gegen den einen nicht notwendigen Streitgenossen weiterverfolgen, gegenüber dem anderen dagegen aufgeben. Das Gericht kann — wie auch im vorliegenden Falle — dem einen Streitgenossen Recht, dem anderen Unrecht geben. Durch eine solche Beschränkung der Zulassung der Revision auf einen Streitgenossen wird die Revision daher auch nicht auf eine einzelne Rechtsfrage oder auf bestimmte Teile einer einheitlichen Entscheidung beschränkt, was unzulässig wäre (RAG. 5, 193).

Weil der Rechtssache der Klägerin K. die grundsätzliche Bedeutung ermangelt, so verstößt die gleichwohl erfolgte Zulassung offenbar gegen das Gesetz, nämlich gegen § 69 Abs. 3 Satz 1 ArbGG., wonach die grundsätzliche Bedeutung der Rechtssache Voraussetzung für die Zulassung ist. Die Zulassung bindet daher das Revisionsgericht nicht (BAG. 2, 26; Lindenmaier-Möhring, Nachschlagewerk, ebenda).

Die Frage, ob die Urteilsformel etwa vernünftigerweise dahin auszulegen sei, daß die Revision überhaupt nur wegen der Rechtssache der Klägerin E. zugelassen ist, dagegen nicht wegen der Rechtssache K., braucht hier nicht mehr geprüft zu werden, da bei einer solchen Auslegung die Revision der Beklagten gleichfalls unzulässig wäre.

73

1. Der Verdacht der Untreue kann die fristlose Entlassung eines Arbeitnehmers begründen, insbesondere wenn er eine Vertrauensstellung, wie die eines Filialleiters, innehat.

2. Wird ein solcher Verdacht auf Fehlbeträge gestützt, so ist sämtlichen Fehlerquellen für die Fehlbeträge nachzugehen.

3. Die Beweislastregelung des § 282 BGB. gilt nicht hinsichtlich des wichtigen Grundes für eine fristlose Entlassung.

4. Bei der Prüfung, ob die Weiterbeschäftigung eines auf mehrere Jahre fest angestellten fristlos entlassenen Arbeitnehmers dem Arbeitgeber zugemutet werden könne, ist im Rahmen der Abwägung der beiderseitigen Interessen dem Umstand besonderer Wert beizumessen, daß der Arbeitnehmer für die Dauer seiner unkündbaren Anstellung vor einer Kündigung geschützt sein sollte.

5. Die Gründe für die fristlose Entlassung eines Handlungsgehilfen können über das gesetzliche Maß hinaus nicht erweitert werden; die Vereinbarung, daß ein bestimmter Umstand einen Grund zur fristlosen

Entlassung bilden solle, gibt aber immerhin einen Anhalt dafür, daß dieser Umstand eine maßgebende Bedeutung hat.

6. Die Vereinbarung, daß in einer Filiale entstandene Fehlbeträge zur fristlosen Entlassung ihres Leiters ausreichen, hat nur dann rechtliche Bedeutung, wenn die Höhe der Vergütung einen vernünftigen Ausgleich für das übernommene Risiko bildet.

BGB. § 626; HGB. § 70.

II. Senat. Urteil vom 17. April 1956 i. S. D. (Kl.) gegen H. (Bekl.)
2 AZR 340/55.

I. Arbeitsgericht Gelsenkirchen. — II. Landesarbeitsgericht Hamm/Westfalen.

Die beiden Kläger — im folgenden als Frau und Mann bezeichnet — sind Eheleute und wurden je in einem besonderen schriftlichen Vertrage von dem Beklagten, der ein Filialunternehmen des Süßwaren- und Lebensmitteleinzelhandels betreibt, für die Dauer von 10 Jahren als „Verkaufsstellenverwalter" gegen ein monatliches Gehalt von je 375,—DM, das gleichzeitig die etwaigen Überstunden abgelten sollte, vom 1. Mai 1952 ab angestellt.

Gleichzeitig übergaben die Kläger das von ihnen bis dahin in einem von der Bundesbahn gemieteten Laden betriebene Einzelhandelsgeschäft mit Inventar an den Beklagten, der auch in den Mietsvertrag mit der Bundesbahn eintrat.

In dem schriftlichen Ergänzungsvertrag vom 1. April 1953 sagte der Beklagte noch eine Umsatzprovision zu. Die Pflichten der Verkaufsstellenverwalter wurden in diesem Zusatzvertrag und in einer besonderen Dienstanweisung näher dargelegt.

Wegen mehrfacher Fehlbeträge, Untergewicht von abgewogenen Süßwaren und einer Gewichtsverstellung der Normalwaage entließ der Beklagte die Frau am 9. November 1953 fristlos.

Den Mann beschäftigte er zunächst weiter. Aber auch ihn entließ er wegen eines neuen Fehlbetrages, eines bei einer unvermuteten Bestandsaufnahme festgestellten Überschusses sowie anderer Gründe am 20. März 1954 fristlos.

Die Frau hat mit der am 25. November 1953 eingegangenen Klage die Feststellung verlangt, daß ihr Arbeitsverhältnis durch die fristlose Entlassung nicht aufgelöst sei und fortbestehe.

Der Mann hat am 6. April 1954 seine Klage vor dem Arbeitsgericht eingereicht und die Zahlung seines Gehalts, und zwar endgültig des bis zum 31. Mai 1954 fälligen Gehalts von 850,—DM und des künftigen von monatlich 375,– DM, sowie die Feststellung verlangt, daß sein Arbeitsverhältnis durch die fristlose Entlassung nicht aufgelöst sei.

Die Vorinstanzen haben beide Klagen abgewiesen.

Die Revision der Kläger führte zur Zurückverweisung an das Landesarbeitsgericht aus folgenden

Gründen:

Das Landesarbeitsgericht hält den auf 10 Jahre mit den Klägern geschlossenen Dienstvertrag an sich aus einem wichtigen Grunde nach § 70 HGB. für lösbar. Dieser Rechtsansicht, die auch von der Revision nicht bezweifelt wird, ist beizutreten.

I. Fristlose Entlassung der Frau.

Die Unzumutbarkeit der Weiterbeschäftigung der Frau bejaht das Landesarbeitsgericht nicht auf Grund einer festgestellten Untreue der Frau, sondern auf Grund eines „schwerwiegenden und dringenden Verdachts der Untreue", der es dem Beklagten unzumutbar mache, länger an dem mit der Frau auf 10 Jahre abgeschlossenen Vertrage festzuhalten.

Diesen Verdacht der Untreue sieht das Landesarbeitsgericht in den „ständigen Mankos in Verbindung mit den festgestellten Untergewichten und dem Vorstellen der Waage", und zwar in folgenden Einzelheiten — werden näher ausgeführt —.

Das Landesarbeitsgericht vermißt die Aufklärung dieser Mankos durch die Klägerin. Einen Schwund hält es entgegen der Ansicht der Kläger für ausgeschlossen, da die anderen Filialen kein Manko aufgewiesen hätten. Die kaufmännischen Inventuren seien nicht zu beanstanden. Die Beweislast für das Nichtverschulden der Fehlbeträge bürdet das Landesarbeitsgericht nach § 282 BGB der Frau auf.

Mit Recht greift die Revision diese Erwägungen des Landesarbeitsgerichts als unzulänglich an.

1. Richtig ist der Ausgangspunkt des Landesarbeitsgerichts, daß auch ein schwerwiegender Verdacht einer strafbaren Handlung die fristlose Entlassung eines Arbeitnehmers rechtfertigen kann (BAG. 2, 1—**4**; BAG. 2, 207—**211**), insbesondere, wenn er eine besondere Vertrauensstellung wie die eines Filialleiters innehat. Daher ist auch die Aufdeckung eines Fehlbetrages bei der Verwaltung eines Warenlagers an sich geeignet, einen Grund für die fristlose Entlassung des das Warenlager verwaltenden Arbeitnehmers, insbesondere des Leiters einer Filiale, abzugeben, wenn sie den dringenden Verdacht eines unredlichen

Verhaltens begründet, damit das notwendige Vertrauen des Arbeitgebers zu dem Arbeitnehmer zerstört hat und daher die Weiterbeschäftigung dem Arbeitgeber nicht zugemutet werden kann (vgl. RAG. 6, 233—**235**). Ob dies der Fall ist, können nur die besonderen Umstände des einzelnen Falles ergeben (Hueck in Anm. zu LAG. ARS. 28, 177 bis **181**; Bulla, Der Betrieb, 1952, Seite 82).

Ist es hiernach rechtlich nicht zu beanstanden, daß das Landesarbeitsgericht die Fehlbeträge zusammen mit sonstigen Umständen an sich für geeignet angesehen hat, die Unzumutbarkeit der Weiterbeschäftigung zu rechtfertigen, so durfte es die Unzumutbarkeit aber nur bejahen, nachdem es alle hierfür wesentlichen Umstände des Einzelfalles geprüft und abgewogen hatte. Ist das ersichtlich nicht geschehen, so ist die Möglichkeit nicht auszuschließen, daß der Tatsachenrichter den rechtlichen Begriff des wichtigen Grundes in seiner Tragweite verkannt hat (BAG. 2, 1—**4**, **6**; BAG. 2 207—**212**; AP. Nr. 3 zu § 626 BGB). Eine solche allseitige und erschöpfende Erfassung des Sachverhalts läßt aber das angefochtene Urteil vermissen.

2. Das Landesarbeitsgericht übersieht, wie die Revision mit Recht rügt, zunächst, daß der Beklagte die Frau auf 10 Jahre fest angestellt hat. Bei der Frage der Zumutbarkeit müssen die beiderseitigen Interessen, also das des Kündigenden an der fristlosen Beendigung und das des andern Teiles an der Fortsetzung des Arbeitsverhältnisses gegeneinander abgewogen werden (BAG. 2, 214— **216**). Diese Interessenabwägung zwingt, ähnlich wie es der Senat in dem eben erwähnten Urteil für den unkündbaren Behördenangestellten getan hat, bei einem auf mehrere Jahre abgeschlossenen Arbeitsvertrag zu der Berücksichtigung des Umstandes, daß der Arbeitnehmer während der Dauer des Vertrages in besonderem Maße gegen eine Kündigung geschützt sein soll. Für die Zeitdauer von 10 Jahren war hier eine ordnungsmäßige Kündigung vertraglich ausgeschlossen und der Arbeitsvertrag nur aus einem wichtigen Grunde kündbar. Die Frau hatte ja auch ihre eigene wirtschaftliche Selbständigkeit gegen die Anstellung für die Dauer von 10 Jahren eingetauscht. Der Grund für die fristlose Entlassung muß also so schwerwiegend sein, daß er selbst gegenüber der vertraglichen Zusage einer Dauerstellung von 10 Jahren noch durchschlägt.

Diesen Gesichtspunkt hat das Landesarbeitsgericht möglicherweise nicht in den Bereich seiner Erwägungen eingeschlossen. Allerdings zieht das Landesarbeitsgericht bei der Frage der Zumutbarkeit in Betracht, daß die Frau „ihr Geschäft im Vertrauen darauf aufgegeben hatte, eine gesicherte Existenz zu erhalten". Diese Ausdrucksweise läßt die Möglichkeit offen, daß das Landesarbeitsgericht das Gewicht der Dauerstellung verkannt hat. Der Beklagte hatte nicht nur eine Hoffnung bei der Frau erweckt, sondern eine rechtliche Verpflichtung zur Beschäftigung auf die Dauer von 10 Jahren übernommen.

3. Welche Bedeutung die Fehlbeträge als Verdachtsmomente für eine etwaige Untreue der Frau haben konnten, insbesondere ob sie eine solche Untreue besonders wahrscheinlich machten, darüber stellt das Landesarbeitsgericht keine erschöpfenden Erwägungen an. Daraus, daß nach der Auffassung des Landesarbeitsgerichts ein Warenschwund ausgeschlossen, daß die Verpackung in dem verkauften Gewicht enthalten war, daß die Frau die Bestandsaufnahmen anerkannt und die Aufstellung über die angelieferte Ware nicht beanstandet hat, scheiden doch lediglich diese Fehlerquellen als mögliche Erklärung für die Mankos aus; andere Fehlerquellen bleiben dafür aber bestehen.

a) Ob die Fehlbeträge überhaupt so hoch waren, daß sie nicht aus natürlichen, normalerweise immer eintretenden Unstimmigkeiten und Unvollkommenheiten der Abrechnungen erklärt werden konnten, läßt sich ohne die Kenntnis der Größe des Lagerbestandes und des Umsatzes überhaupt nicht erkennen. Insoweit fehlen jede Feststellungen.

b) Welche Vorbildung die Frau hatte und ob sie nach dieser ihrer Vorbildung überhaupt in der Lage war, eine Filiale ordnungsgemäß zu leiten, ist nicht festgestellt. Fehlte der Frau diese Eignung, so sind Fehler z. B. schon beim Einkassieren, in Abrechnungen, in der Aufsicht möglich, die zwar auf ihre Nichteignung, aber nicht auf Unehrlichkeit zurückzuführen sind.

c) Nicht nur die Frau, sondern auch der Mann und mindestens zwei Lehrmädchen hatten Zugang zu den Waren, mindestens der Mann auch Zugang zur Kasse; wieweit auch die Lehrmädchen Zugang zur Kasse hatten, ist nicht geklärt. Auch auf diese Weise können Fehlbestände an Waren und Fehlbeträge in der Kasse entstanden sein, die der Frau vernünftigerweise gar nicht zugerechnet werden können.

Solange nicht auch alle diese Fehlermöglichkeiten, die dem Landesarbeitsgericht offenbar entgangen sind, ausgeräumt sind, ist nicht recht einzusehen, daß der wegen der Fehlbeträge auf die Frau fallende Verdacht einer Untreue so schwerwiegend ist, daß er für die Frau zu dem Verlust ihrer Rechte aus dem noch etwa $8^1/_2$ Jahre unkündbaren Vertrage führen müßte.

Unter diesen Umständen braucht auf die formelle Rüge der Revision, daß das Landesarbeitsgericht den von den Klägern angebotenen Beweis eines möglichen Schwundes des Warenbestandes nicht erhoben habe, nicht eingegangen zu werden, da das Landesarbeitsgericht ohnehin den gesamten Sachverhalt erneut wird durchdenken und erörtern müssen.

4. Das Untergewicht der 38 Tüten ist für den einzelnen Kunden nur wenig bedeutend, in dem für den Beklagten überhaupt nur in Frage kommenden Gesamtgewicht unbedeutend. Es handelt sich dabei — das Landesarbeitsgericht stellt das gesamte Untergewicht nicht ausdrücklich fest — insgesamt um ein Untergewicht von vielleicht 250 Gramm Süßwaren. Dieses Untergewicht benachteiligte unmittelbar den Beklagten überhaupt nicht, sondern möglicherweise nur die einzelnen Kunden (tatsächlich war die Ware noch nicht verkauft). Daß die Kunden in anderen Fällen das Untergewicht der Süßwaren beanstandet hätten, ist nicht festgestellt.

Daß ein Untergewicht von so geringem Ausmaß, und zwar auch im Zusammenhang mit den übrigen Umständen, für die Lösung eines noch 8½ Jahre andauernden Arbeitsvertrages eine maßgebliche Rolle spielt, ohne daß der Beklagte die Klägerin zuvor ernstlich ermahnt hätte, ist schlechterdings ohne nähere, auf bestimmte Tatsachen abstellende Erläuterung nicht einzusehen.

5. Das Landesarbeitsgericht stellt lediglich fest, daß der Mann, nicht auch die Frau die Normalwaage um 3 Gramm vorgestellt hat. Solange das Landesarbeitsgericht nicht auch noch feststellt, daß die Frau davon gewußt und die falsche Einstellung der Waage beim Wiegen ausgenutzt hat sowie daß dadurch vernünftigerweise Nachteile, sei es dem Kunden, sei es dem Beklagten, entstanden sind, liegt ein Verdacht der Untreue der Frau so fern, daß er vom Landesarbeitsgericht näher hätte begründet werden müssen, zumal da der Beklagte gerade den Mann, der die Waage vorgestellt hatte, weiter beschäftigt hat.

6. Daß das Landesarbeitsgericht die Beweislast bei der Feststellung des Untreueverdachtes grundsätzlich rechtsirrig beurteilt hat, liegt von vornherein nahe. Es geht nämlich für die Frage des Verschuldens der Frau von der grundsätzlichen Erwägung aus, daß nach § 282 BGB. die Frau ihr Nichtverschulden für die Fehlbeträge und nicht etwa der Beklagte das Verschulden der Frau zu beweisen habe. Das Landesarbeitsgericht will also die Beweisregel des § 282 BGB. auch auf die Frage anwenden, ob ein Vertragsteil einen Grund zu seiner fristlosen Entlassung gegeben hat. Dies ist aber rechtsirrig. § 282 BGB. regelt lediglich die Beweislast für Schadensersatzansprüche aus verschuldeter Unmöglichkeit, die aber hier — etwa vom Beklagten im Wege einer Widerklage auf Zahlung der Mankobeträge — gar nicht erhoben sind.

Für alle die Umstände, auf die ein Vertragsteil die fristlose Entlassung stützt, trifft ihn die volle Beweislast, insbesondere auch dafür, daß die andere Partei schuldhaft ihre Vertragspflichten verletzt habe.

II. Fristlose Entlassung des Mannes.

Die fristlose Entlasung des Mannes hält das Landesarbeitsgericht gleichfalls unter anderem wegen des Verdachts der Untreue für begründet. Auch hier sind die Erwägungen des Landesarbeitsgerichts jedoch so ungenügend, daß es nicht ausgeschlossen ist, daß es den Rechtsbegriff des wichtigen Grundes verkannt hat. Es trifft folgende Feststellungen:

1. Die „Vorfälle bis zum 9. 11. 1953", die das Landesarbeitsgericht nicht näher bezeichnet, womit es aber wohl hauptsächlich die Fehlbeträge meint, hält es zwar für verziehen, aber doch für geeignet, die neuen nicht verziehenen Gründe zu unterstützen. Außer den früheren Fehlbeträgen wurde bei einer Inventur am 4. Januar 1954 ein neues Manko von 187,03 DM und bei einer unvermuteten Bestandsaufnahme am 19. März 1954 ein Überschuß von 165,51 DM festgestellt. Das Landesarbeitsgericht glaubt gerade, der Überschuß lege den Verdacht der Untreue nahe.

Für die Schlüsse, die das Landesarbeitsgericht aus den festgestellten Fehlbeträgen und dem einmaligen Überschuß zieht, fehlt hier in der gleichen Weise wie bei der Frau jedes Eingehen auf weitere möglichen Fehlerquellen, aus denen diese Unstimmigkeiten erklärt werden können; zumal da die Frau seit ihrer fristlosen Entlassung nicht mehr in dem Ladengeschäft tätig war, bleibt hier ganz besonders zu erörtern, welche Arbeitskräfte sonst während der notwendigen und selbstverständlichen täglichen zeitweisen Abwesenheit des Mannes in dem Geschäft tätig waren und für die Entstehung der Fehlbestände im Warenlager oder von Fehlbeträgen in der Kasse verantwortlich gemacht werden können.

Im übrigen ist das Landesarbeitsgericht auch zu Gunsten des Mannes auf die Bedeutung seiner Dauerstellung (oben I 2) nicht eingegangen, und es hat die Beweislast verkannt (oben I 6).

2. u. 3. . . .

4. Der Kläger hatte „schon früher die Waage vorgestellt". Offenbar meint das Landesarbeitsgericht damit die von dem Zeugen W. bekundete Tatsache, daß er Anfang des Jahres 1953 zweimal festgestellt habe, in der Filale der Kläger sei die Waage vorgestellt worden, und zwar um 3 bis 4 Gramm. Diesen Grund hält das Landesarbeitsgericht zwar für verziehen, aber zur Unterstützung für heranziehbar.

Daß der Kläger einige Male die Waage um wenige Gramm vorgestellt hat, liegt bei seiner fristlosen Entlassung einige Monate, ja teilweise über ein Jahr zurück und ist also von dem Beklagten selbst, der es wußte, nicht als besonders schwerwiegend angesehen worden. Freilich kann diese Unstimmigkeit zur Unterstützung nicht verziehener Verfehlungen herangezogen werden. Das Landesarbeitsgericht stellt aber dieserhalb nichts Näheres fest, z. B. etwa, daß der Beklagte den Kläger ermahnt und der Kläger trotz Abmahnung sein Verhalten fortgesetzt habe.

5. . . .

III. Zurückverweisung.

Bei dieser mangelhaften Begründung, die das Landesarbeitsgericht für die Berechtigung der fristlosen Entlassung beider Kläger gibt, kann das angefochtene Urteil keinen Bestand haben. Es muß aufgehoben und die Sache vom Landesarbeitsgericht erneut in ihren Grundlagen und ihren Einzelheiten erörtert werden.

1. Bei dieser erneuten Klärung wird sich das Landesarbeitsgericht aber unter Umständen nicht nur auf die im Vorstehenden als mangelhaft bezeichnete Begründung des Verdachts der Untreue beschränken dürfen. Darüber hinaus könnte auch die Frage auftreten, ob nicht — abgesehen von dem Verdacht der Untreue — die mehrfachen Fehlbeträge an sich schon die fristlose Entlassung rechtfertigen können. Denn sie könnten die völlige Ungeeignetheit der Kläger als Filialleiter ergeben; einen völlig ungeeigneten Arbeitnehmer weiter zu beschäftigen, kann dem Arbeitgeber aber unter Umständen nicht gut zugemutet werden, selbst bei einem mehrere Jahre unkündbaren Arbeitsvertrag.

Ob hier der Unzumutbarkeit etwa schon der Umstand entgegensteht, daß der Beklagte die Kläger, insbesondere möglicherweise die Frau, ohne jede Prüfung ihrer Geeignetheit auf die lange Dauer von 10 Jahren angestellt, also den etwaigen Mangel der Geeignetheit in Kauf genommen hat, wird dabei selbstverständlich eine ausschlaggebend Rolle spielen.

2. Daneben wird aber unter Umständen nicht an der Frage vorbeigegangen werden können, ob und inwieweit auf Grund der besonderen Vereinbarung der Parteien den Fehlbeträgen an sich die Bedeutung eines Grundes zur fristlosen Entlassung etwa beigelegt werden muß. Das Landesarbeitsgericht geht hierauf nur andeutungsweise ein, indem es die besonderen in der Dienstanweisung und dem Nachtragsvertrag enthaltenen Bestimmungen und die Folgen ihrer Verletzung zwar nicht

als besonders vereinbarten Kündigungsgrund, wohl aber für „beachtlich" erklärt, ohne allerdings in seinen späteren Erörterungen hierauf noch abzustellen. Dabei wird das Landesarbeitsgericht gegebenenfalls natürlich in erster Linie die bisher möglicherweise unterbliebene Prüfung nachholen müssen, inwiefern der Nachtragsvertrag und die Dienstanweisung, was das Landesarbeitsgericht für das vorliegende Revisionsverfahren bindend feststellt, auch für die Frau Geltung hatten, obgleich sie sie nicht unterzeichnet hat, und ob nicht vielmehr grundsätzlich die in § 4 ihres besonderen Anstellungsvertrages vom 24. April 1952 für die fristlose Entlassung aufgezählten Gründe für sie maßgebend sein sollten. Ebenso wird das Landesarbeitsgericht noch feststellen müssen, ob der Mann in dem ursprünglich abgeschlossenen Vertrage die gleichen Gründe für die fristlose Entlassung vereinbart hatte und ob diese etwaige Vereinbarung durch den Nachtragsvertrag vom 1. April 1953 außer Kraft gesetzt ist.

Eine rechtliche Bedeutung einer solchen Vereinbarung ist anzuerkennen. Grundsätzlich können die Parteien das Recht zur außerordentlichen Kündigung auch über das gesetzliche Maß hinaus erweitern (Nikisch, Lehrbuch 2. Auflage, Seite 590), aber nur im Rahmen ihrer Vertragsfreiheit, daher nicht für Handlungsgehilfen, also für die Kläger, da für Handlungsgehilfen nach § 66 HGB. Mindestkündigungsfristen gesetzlich zwingend festgelegt sind. Wenn hiernach die vom Gesetz für die fristlose Entlassung eines Handlungsgehilfen aufgestellten Gründe auch durch Vertrag an sich nicht erweitert werden können, so ist eine solche Vereinbarung doch rechtlich nicht ganz unbeachtlich, sondern ein Anhalt dafür, daß der als Grund für die fristlose Entlassung vereinbarte Umstand nach dem Willen der Vertragsparteien und daher auch tatsächlich eine maßgebende Bedeutung hat. Denn die Parteien dürfen, ohne die gesetzlichen Kündigungsgründe zu ändern, sie näher bestimmen oder die nähere Bestimmung erleichtern (RAG. ARS. 28, 24—26; Nipperdey bei Staudinger § 626 BGB. Erl. 56; Molitor, Die Kündigung 2. Aufl. Seite 273).

3. Allerdings wird dem Umstande, daß die Parteien — ohne Rücksicht auf ein Verschulden — dem äußeren Umstande der Errechnung eines Fehlbetrages bei der Verwaltung des Warenlagers die Bedeutung eines Grundes für die fristlose Entlassung beigemessen haben, nur dann die eben erörterte Bedeutung zukommen, wenn diese Vereinbarung mit Treu und Glauben vereinbar ist und nicht etwa gegen die guten Sitten verstößt. Die Haftung eines Angestellten für unverschuldete Mankos des von ihm verwalteten Warenlagers kann grundsätzlich vom Recht

nur dann anerkannt werden, wenn diesem erhöhten Risiko auch ein wirtschaftlicher Ausgleich etwa durch ein angemessen erhöhtes Gehalt gegenübersteht (RAG. ARS. 24, 261—264). Andernfalls ist die Haftungsklausel sittenwidrig. Nichts anderes muß aber gelten, wenn auf ein unverschuldetes Manko etwa die fristlose Entlassung gestützt werden soll. Das Landesarbeitsgericht wird also, falls es den Verdacht der Untreue nicht für dringend genug ansehen sollte, den Fehlbeträgen allein überhaupt nur dann die bezeichnete erhöhte Bedeutung beimessen dürfen, wenn die Vergütung der Kläger so weit über dem Tarifgehalt oder über dem üblichen Gehalt (einschließlich der von ihnen geleisteten Überstunden) lag, daß darin ein vernünftiger Ausgleich für das übernommene Risiko gesehen werden kann.

74

Der Erste Senat des Bundesarbeitsgerichts hält das Hamburger Urlaubsgesetz für grundgesetzwidrig, weil dem Lande Hamburg die Gesetzgebungskompetenz zum Erlaß dieses Gesetzes fehlte. Daher wurden die Verfahren ausgesetzt und die Frage der Gültigkeit des Hamburger Urlaubsgesetzes dem Bundesverfassungsgericht zur Entscheidung vorgelegt.

Hamburger Urlaubsgesetz § 1; Art. 3, 55 EGBGB.; Art. 31, 72, 74, 100, 123, 125, 142 GG.

I. Senat. Beschluß vom 26. Oktober 1955 i. S. E. (Bekl.) w. S. (Kl.) B. (Bekl.) w. B. (Kl.) G. (Bekl.) w. S. (Kl.) 1 AZR 23/53, 1 AZR 295/55, 1 AZR 376/55.

I. Arbeitsgericht Hamburg. — II. Landesarbeitsgericht Hamburg.

Gründe:

In den drei vorgelegten Sachen machen die Kläger Urlaubsabgeltungsansprüche nach dem Hamburger Urlaubsgesetz (HUG.) geltend. Die Entscheidung über diese Ansprüche hängt davon ab, ob das HUG. gültig ist oder nicht. Denn nach den Feststellungen und nach den von dem Senat für zutreffend gehaltenen Rechtsausführungen der angefochtenen Urteile sind die Ansprüche — die Gültigkeit des HUG. unterstellt — nicht unbegründet.

Der Senat hält das HUG. für verfassungswidrig, weil es nach dem Grundgesetz von dem Land Hamburg nicht erlassen werden konnte. Daher sind nach Art. 100 Abs. 1 GG. die Verfahren auszusetzen und es ist die Entscheidung des Bundesverfassungsgerichts einzuholen.

I. Das HUG. ist als Landesgesetz im formellen Sinne am 27. Januar 1951 ergangen mit Geltung vom 1. Januar 1951. Es ist somit nach dem Inkrafttreten des Grundgesetzes und auch nach dem ersten Zusammentritt des Bundestages erlassen. Die Rechtslage in der Übergangszeit vom 8. Mai 1945 bis zum Ablauf des 23. Mai 1949 oder bis zum 7. September 1949, in der andere Urlaubsgesetze der Länder ergangen sind, hat daher auszuscheiden.

Ein Gesetz über den Urlaub der Arbeitnehmer gehört zum Arbeitsrecht und innerhalb des Arbeitsrechts zu dem Arbeitsvertragsrecht. Irgendeine Strafbestimmung oder eine Norm, die eine Überwachung durch die Verwaltung gestattet oder einen Verwaltungszwang vorsieht, ist in dem Gesetz nicht enthalten. Es ist zweifelsfrei ein rein privatrechtliches Gesetz, das bestimmte Beziehungen zwischen Arbeitgeber und Arbeitnehmer auf der Basis der Gleichordnung regelt, ohne daß ein Hoheitsträger am Rechtsverhältnis beteiligt ist.

Nach Art. 74 Ziff. 12 GG. fällt das Arbeitsrecht unter die konkurrierende Gesetzgebungskompetenz. Im Bereich der konkurrierenden Gesetzgebung haben die Länder nach § 72 Abs. 1 GG. die Befugnis zur Gesetzgebung. Das gilt aber nur, solange und soweit der Bund von seinem Gesetzgebungsrecht keinen Gebrauch gemacht hat. Hat der Bund von seinem Gesetzgebungsrecht Gebrauch gemacht, so entfällt insoweit die Kompetenz des Landes zur Gesetzgebung. Diesem Fall steht es gleich, wenn das Deutsche Reich von seiner Gesetzgebungskompetenz Gebrauch gemacht hatte und dieses so geschaffene Reichsrecht Bundesrecht geworden ist. Nach Art. 125 Ziff. 1 wird Recht, das Gegenstände der konkurrierenden Gesetzgebung des Bundes betrifft, innerhalb seines Geltungsbereichs Bundesrecht, soweit es beim Inkrafttreten des GG. innerhalb einer oder mehrerer Besatzungszonen einheitlich gilt. Das trifft zu für das Bürgerliche Gesetzbuch und das zu ihm ergangene Einführungsgesetz, da diese Gesetze am 24. 5. 1949 im Gebiete der Bundesrepublik einheitlich galten. Das BGB. und das EGBGB. sind somit Bundesrecht geworden. Die Frage, ob zur Fortgeltung als Bundesrecht nach Art. 125 GG. auch die Voraussetzungen des Art. 72 Abs. 2 GG. vorliegen müssen, ob also ein Bedürfnis nach bundesgesetzlicher Regelung bestehen muß, ist mit dem Bundesverfassungsgericht und der durchaus herrschenden Meinung zu verneinen (BVerfGE. 1, 293 mit weiteren Angaben). Selbst wenn man aber die Frage anders entscheiden würde, so würde im Jahre 1900 und zu jedem anderen Zeitpunkt, heute und in Zukunft bei der Kodifikation des BGB. das Bedürfnis im Sinne des Art. 72 Abs. 2 Ziff. 1 und 2 und 3 zu bejahen sein.

Das Bürgerliche Gesetzbuch hat nach jahrhundertelanger Rechtszersplitterung dem deutschen Volk die Rechtseinheit auf dem Gebiet der Rechtsbeziehungen der Bürger untereinander gebracht. Es ist zum Ende des vorigen Jahrhunderts und dann wieder 1950 bei seinem 50jährigen Bestehen als eine nationale Tat: Ein Volk, ein Recht gefeiert worden. Seiner klaren Entstehungsgeschichte, seinem Grundgedanken nach und nach seinen ausdrücklichen gesetzlichen Vorschriften ist das BGB. allen partikularen Rechtsbildungen, inbes. der Länder gegenüber eine Kodifikation des gesamten Privatrechts, die mit Ausschluß anderer Rechtsquellen gilt. Aus Art. 55 EGBGB. ergibt sich, daß sämtliche bei Inkrafttreten des BGB. bestehenden privatrechtlichen Vorschriften der Landesgesetze außer Kraft traten, soweit nicht im BGB. oder im EGBGB. etwas anderes bestimmt ist. Und aus Art. 3 EGBGB. folgt zwingend, daß die zukünftige Bildung von Landesprivatrecht ausgeschlossen ist, soweit nicht ausdrückliche Vorbehalte im BGB. oder im EGBGB. gemacht sind. Das Letztere ist für das Gebiet des Arbeitsvertragsrechts unstreitig nicht geschehen. Damit hatte das Deutsche Reich, das auch nach der Bismarck'schen Verfassung auf dem Gebiet des Privatrechts nur ein konkurrierendes Gesetzgebungsrecht neben den Bundesstaaten hatte, von seiner Gesetzgebungskompetenz Gebrauch gemacht und die künftige Bildung von Landesprivatrecht ausgeschlossen. Vgl. ebenso Art. 15 EGHGB.

Man bezeichnet diese Rechtssätze als das Kodifikationsprinzip. Dieses in Art. 55 und 3 EGBGB. festgelegte Prinzip schließt privatrechtliche Vorschriften der Länder schlechthin aus, also nicht nur, soweit sie dem BGB. widersprechen, sondern auch, wenn sie Rechtsverhältnisse betreffen, die im BGB. in gleicher Weise oder nur im Grundsatz, nicht in Einzelheiten geregelt sind, weiter auch dann, wenn die betreffenden privatrechtlichen Rechtsbeziehungen im BGB. überhaupt nicht durch besondere Bestimmungen berührt sind. Nach dem Kodifikationsprinzip dürfen außerhalb der Vorbehalte des EGBGB. keine die privatrechtlichen Beziehungen betreffenden Landesgesetze bestehen, gleichgültig, ob sie dem BGB. widersprechen, es wiederholen, interpretieren, ergänzen oder ein Gebiet regeln, das im BGB. nicht behandelt zu sein scheint. Dieses weitgehende, die privatrechtliche Rechtseinheit in Deutschland garantierende Prinzip besteht nicht darin, den Ländern ihr Gesetzgebungsrecht auf privatrechtlichen Gebieten zu nehmen, ohne selbst eine sachliche Regelung zu treffen. Das wäre unzulässig (vgl. Gebhard, Verf. d. Dt. Reiches, 1932 S. 132). Es ist vielmehr deshalb gerechtfertigt und verfassungsmäßig, weil das BGB. im Gegensatz etwa zum preußischen Allgemeinen Landrecht durch seine die Fülle des Lebens erfassende abstrakte Normengestaltung, durch seine Generalklauseln, durch das Prinzip der Vertragsfreiheit, durch die anerkannten Rechtsgrundsätze der Gesetzes- und Rechtsanalogie und der Rechtsfindung bei Lücken in jedem privatrechtlichen Fall eine gerechte Entscheidung ermöglicht. Die Entwicklung der letzten 55 Jahre hat die Richtigkeit dieses so verstandenen Kodifikationsprinzips erwiesen.

Sinn und Tragweite dieses Kodifikationsprinzips sind in Deutschland bisher weder in der Zeit der Bismarck'schen Verfassung noch auch der Weimarer Reichsverfassung bestritten worden.

So heißt es in den Motiven zum BGB. I S. 146:

„Gegenüber dem Landesrechte hat das BGB. den Charakter einer Kodifikation, welche den ihr angehörigen Rechtsstoff ausschließlich, d. h. dergestalt regelt, daß neben ihr keine anderweiten Rechtsnormen Geltung haben oder künftig Geltung erlangen. Das Landesprivatrecht wird in seiner Gesamtheit aufgehoben und ausgeschlossen, mag es mit dem im BGB. enthaltenen Rechte inhaltlich übereinstimmen, diesem Rechte widerstreiten oder Lücken seiner Satzungen ergänzen. Jede privatrechtliche Bestimmung des Landesrechtes muß, wenn sie ausnahmsweise in Geltung bleiben soll, durch einen Vorbehalt geschützt, jedes Institut, welches ausnahmsweise partikularrechtlicher Regelung überlassen bleiben soll, als solches bezeichnet sein."

Da das HUG. privatrechtliche Bestimmungen enthält — und zwar ausschließlich solche — und da das Gesamtgebiet der privatrechtlichen Beziehungen bundesrechtlich kodifikatorisch geregelt ist, bestand gemäß Art. 72 Abs. 1 Halbsatz 2 GG. keine Kompetenz des Landes Hamburg, ein Urlaubsgesetz zu erlassen. Wenn BVerfGE. 1, 293 mit Recht betont, daß die Entscheidung (im Sinne des Art. 72 Abs. 1 Halbs. 2), ob eine reichsrechtliche Regelung erschöpfend war oder nicht, nur aus einer Gesamtwürdigung des betreffenden Normenkomplexes entnommen werden kann, so bestehen in dieser Hinsicht im vorliegenden Falle angesichts der eindeutigen Bestimmungen der Art. 55 und 3 EGBGB. und des anerkannten Kodifikationsprinzips keinerlei Zweifel.

Die Richtigkeit und Notwendigkeit des privatrechtlichen Kodifikationsprinzips ergibt sich besonders deutlich, wenn man sich vergegenwärtigt, zu welchen verhängnisvollen Folgen für die Rechtseinheit eine Abschwächung des Grundsatzes führen könnte. Jedes der neun deutschen Länder könnte verschiedene privatrechtliche Gesetze erlassen z. B. über den Trödelvertrag, den Elektrizitätslieferungsvertrag, über positive Vertragsverletzung, vorbeugende Unterlassungsklage, über Ausgestaltung der Fürsorgepflicht nach § 618 BGB., über Auskunftspflichten der Arbeitgeber über ihre Arbeitnehmer, über Treuepflichten und Wettbewerbsverbote, über Urlaub, über Kündigungsschutz außerhalb des Bundeskündigungsschutzgesetzes, über den sog. obligatorischen Teil des Tarifvertrages (Friedenspflicht) usw., alles mit der Begründung, diese Dinge seien im BGB. und anderen Reichsgesetzen entweder überhaupt nicht oder jedenfalls nicht erschöpfend geregelt. Eine Rechtszersplitterung stärksten Ausmaßes könnte eintreten. Die Rechtseinheit auf dem Gebiete der privatrechtlichen Beziehungen, für die unsere Väter und Großväter als ein hohes nationales Gut gekämpft haben, wäre schwer gefährdet. Wie verhängnisvoll und schädlich sich gerade auf dem Gebiet des Arbeitsrechts, vor allem des Arbeitsvertragsrechts eine Rechtszersplitterung auswirkt, hat, A. Hueck in Die Rechtseinheit im deutschen Arbeitsrecht, 1951 (Kölner Universitätsverlag) S. 9 ff. so eindrucksvoll dargelegt, daß hier Wiederholungen unnötig sind. Der Senat verweist in vollem Umfang auf diese Ausführungen. Auch die Landesregierung Nordrhein-Westfalen, die neuerdings — nicht sehr konsequent — ein Urlaubsgesetz bei dem Landtag eingebracht hat, betont: „Eine Zersplitterung durch voneinander abweichende landesrechtliche Bestimmungen wirkt sich gerade auf dem Gebiet des sozialen Rechts besonders unheilvoll aus. Rechtszersplitterung bedeutet Rechtsunsicherheit und manchmal sogar Beschränkung der Freizügigkeit im Arbeitsleben." Sie spricht auch von der „unbeschränkten Gesetzesautonomie der Länder in den ersten Jahren nach 1945" (vgl. Landtag NRW Sten. Ber. 3. W. P. 28. Sitzung S. 820 D).

II. Das Ergebnis — Unwirksamkeit des HUG. — ist aber auch kein anderes, wenn man im Gegensatz zu der Ansicht des Senats und der bisher einmütigen Meinung in den Art. 55 und 3 EGBGB. nur ein abgeschwächtes Kodifikationsprinzip normiert sieht.

1. So führt Nikisch, Arbeitsrecht, 2. Aufl. 1955 S. 50 ff. aus, es scheine ihm zu weit zu gehen, wenn man jede Neuschöpfung von Landesprivatrecht außer auf den in Art. 55 ff. EGBGB. vorbehaltenen Gebieten schlechthin ausschließen wolle. Vielmehr werde man das Kodifikationsprinzip auf die im BGB. geregelten Sachgebiete beschränken müssen. Zu diesen gehöre zwar nicht das Arbeitsrecht im ganzen, wohl aber der als „Dienstvertrag" geregelte Arbeitsvertrag und damit die Gesamtheit der rechtlichen Beziehungen des einzelnen Arbeitnehmers zu seinem Arbeitgeber. Die vor dem Inkrafttreten des Grundgesetzes erlassenen Gesetze der Länder auf dem Gebiete des

Arbeitsvertragsrechts seien hiernach, weil sie vom Kodifikationsprinzip des BGB. abwichen und damit früheres Reichsrecht abgeändert hätten (Art. 125 Nr. 2 GG.), Bundesrecht geworden, die später erlassenen müßten als ungültig angesehen werden. Hierzu gehöre der Urlaub, der Hausarbeitstag der Frauen und der Kündigungsschutz. Es sei verständlich, daß in den ersten Jahren nach 1945, als an eine Reichs- oder Bundesgesetzgebung noch nicht wieder zu denken war, die meisten Länder geglaubt hätten, sich dieser Fragen annehmen zu müssen. Aber das sei doch nur ein Notbehelf gewesen. Jetzt müsse die Regelung dieser Fragen dem Bundesgesetzgeber überlassen bleiben.

Da die Pflicht, bezahlten Urlaub zu gewähren, eine Pflicht aus dem Arbeitsvertrag ist, der seinerseits durch das BGB. und andere Reichs- und Bundesgesetze einheitlich für das Bundesgebiet geregelt ist, konnten die Länder keine Urlaubsgesetze erlassen, da ihnen die Kompetenz gemäß Art. 72 Abs. 1 Halbs. 2 fehlte. Die Auffassung, die Länder könnten trotz der erschöpfend gewollten und erklärten Regelung des Arbeitsvertragsrechts alle denkbaren Lücken durch Landesgesetze ausfüllen, würde nicht nur gegen Art. 72 Abs. 1 Halbsatz 2 GG., sondern auch gegen Art. 31 GG. verstoßen (s. unten IV) und zu einem Rechtswirrwarr führen. Daher scheidet auch die Möglichkeit, das HUG. etwa teilweise als gültig anzusehen, aus, zumal da sich dieses Gesetz wie auch andere Urlaubsgesetze der Länder mehr oder weniger darauf beschränkt hat, allgemeine Grundsätze zu geben und von der Regelung von Einzelheiten fast durchweg abzusehen, vgl. Dersch, Die Urlaubsgesetze, 1954 S. 46.

2. Aber auch bei der denkbar engsten (nach der Ansicht des Senats unrichtigen) Auffassung des Kodifikationsprinzips, daß nämlich die Länder Urlaubsgesetze deshalb erlassen könnten, weil das bundesrechtliche Arbeitsvertragsrecht kein Recht auf Urlaub kenne, kann das Ergebnis kein anderes sein.

Mag in der nationalsozialistischen Zeit mangels ausdrücklicher gesetzlicher Gewährung die Frage eines Urlaubsanspruchs noch zweifelhaft gewesen sein, so hat sich seit 1945 die Auslegung durchgesetzt, daß ein Recht auf Urlaub besteht. Es wurzelt bundesrechtlich in den §§ 242, 618 BGB., in der arbeitsvertraglichen Fürsorgepflicht des Arbeitgebers in Verbindung mit den Prinzipien des sozialen Rechtsstaates der Art. 20, 28 GG. (vgl. BVerfGE. 4, 102). Der Arbeitgeber, der die Dienstleistung so zu regeln hat, daß der Arbeitnehmer gegen Gefahr für Leben und Gesundheit geschützt ist (§ 618 BGB.), muß jeden Arbeitnehmer wenigstens einmal im Jahr eine bestimmte Zeit von der Arbeit unter Fortzahlung der Vergütung ausspannen lassen. Das entspricht der durchaus herrschenden Lehre und Praxis.

Besteht aber bundesrechtlich ein Urlaubsanspruch, dessen Regelung sich im einzelnen nach Tarifvertrag, Betriebsvereinbarung, Arbeitsvertrag und den von Wissenschaft und der Gerichtspraxis herausgearbeiteten Grundsätzen bestimmt (vgl. die obigen Angaben), so besteht selbst bei einem so denaturierten Kodifikationsprinzip nach Art. 72 Abs. 1 Halbsatz 2 GG. keine Kompetenz zu landesrechtlichen Urlaubsgesetzen. Denn die bundesrechtliche Regelung ist als Kodifikation (wenn auch nur in dem engeren Sinne zu II 2) als solche erschöpfend (Art. 3, 55 EGBGB.).

Der Ausspruch der Verfassungswidrigkeit der nachkonstitutionellen landesrechtlichen Urlaubsgesetze braucht nach dem Gesagten auch nicht im geringsten zu einer Lücke oder zu einer Verschlechterung der Rechtsstellung der Arbeitnehmer zu führen.

III. Die Einwendungen gegen die Rechtsauffassung des Senats über das Kodifikationsprinzip und die Verfassungswidrigkeit des HUG. schlagen nicht durch.

1. Das gilt für die Ansicht, das Urlaubsrecht werde von der Sperrklausel der Art. 55, 3 EGBGB. tatbestandsmäßig nicht erfaßt. Diese Sperrklausel beziehe sich nur auf diejenigen Rechtsgebiete, die vom BGB. als der umfassenden, dem Begriff nach lückenlosen Kodifikation des Privatrechts geregelt oder wenigstens im Grundsatz angesprochen worden seien. Die Urlaubsdauer, insbesondere die Festlegung eines gesetzlichen Mindesturlaubs, seien aber im BGB. nicht geregelt. Bei Erlaß des BGB. habe für derartige Regelungen der Sache nach offenbar ein Bedürfnis nicht bestanden. Ein solches Bedürfnis habe sich erst in jüngerer Zeit gezeigt, nachdem das Arbeitsrecht infolge der fortschreitenden Industrialisierung vervollkommnet und zu einer weitgehend eigenständigen Rechtsmaterie entwickelt worden sei.

Dieser Gedankengang ist vorstehend bereits widerlegt. Er widerspricht dem Wortlaut und Sinn der Art. 55 und 3 EGBGB., also dem Kodifikationsprinzip. Das Rechtsgebiet ist nicht das Urlaubsrecht, sondern das Arbeitsvertragsrecht, das bundesrechtlich geregelt ist. Es ist widersinnig, den Begriff des Rechtsgebietes, der Rechtsmaterie zu eng und den anerkannten systematischen Ordnungsgrundsätzen zuwider aufzufassen. Urlaubsrecht ist ebensowenig ein Rechtsgebiet (Rechtsmaterie), wie das Recht der Treuepflichten, der Fürsorgepflicht, der Zeugnispflicht, der Lohnzahlungspflicht. Vielmehr handelt es sich um das Gebiet des Arbeitsvertragsrechts. Aber sogar der Urlaub ist durchaus im Grundsatz und in der entscheidenden Gestaltung in den §§ 618 und 242 angesprochen. Es ist auch irrtümlich, daß dem Gesetzgeber des BGB. nicht die maßgebenden Gesichtspunkte der arbeitsvertraglichen Regelung des Rechts der Industriearbeitnehmer vor Augen gestanden hätten. (Vgl. z. B. die Reichstagsverhandlungen bei Mugdan Materialien Bd. 1 S. 898 ff., 907 ff., 930 ff., 946 ff. usw.). Vor allem ist es unrichtig und angesichts der allgemein bekannten Rechtsgeschichte seit 1900 unverständlich, das BGB. statisch und nicht dynamisch, es nicht im Hinblick auf seine übrigens vorausgesehenen Entwicklungsmöglichkeiten und tatsächlichen Entwicklungen zu betrachten, die zur Bejahung des Urlaubsanspruchs, seiner Dauer und Ausgestaltung nach den §§ 242, 618, 612, 305 und namentlich nach den Tarifverträgen führen konnten und geführt haben.

2. Weiter ist geltend gemacht worden, das Grundgesetz habe der Entwicklung — wie schon die Weimarer Reichsverfassung in Art. 7 — Rechnung getragen, als es im Kompetenzkatalog des Art. 74 in Nr. 12 das Gebiet des Arbeitsrechts, und zwar des privaten wie des öffentlichen Arbeitsrechts, gesondert von dem in Nr. 1 genannten Gebiet des bürgerlichen Rechts aufgeführt und damit als aus dem Bereich des bürgerlichen Rechts im engeren Sinne herausgelöstes, besonderes Rechtsgebiet anerkannt habe. Diese Erweiterung des Bereiches staatlicher Gesetzgebung und seine Absonderung vom hergebrachten Bereich des bürgerlichen Rechts hätte bei Erlaß des Einführungsgesetzes zum BGB. nicht vorhergesehen werden können; sie werde daher von den Sperrklauseln des Einführungsgesetzes auch nicht erfaßt. Die „Materie des Urlaubsrechts" gehöre daher zum Bereich der vom Bund bisher nicht in Anspruch genommenen konkurrierenden Gesetzgebung.

Es trifft zu, daß das Arbeitsrecht ein eigenes vom bürgerlichen Recht (im engeren Sinne) zu trennendes Rechtsgebiet ist. Das gilt in der Tat schon für die Zeit der Weimarer Verfassung wie auch jetzt für das Grundgesetz. Damit ist aber nichts für die Gültigkeit der nachkonstitutionellen Länderurlaubsgesetze gewonnen. Das Arbeitsrecht hat unbestritten privatrechtliche und öffentlich-rechtliche Bestandteile. Ein geschlossener Block des Arbeitsrechts ist das privatrechtliche Arbeitsvertragsrecht, das im BGB. und anderen Reichs(Bundes)gesetzen geregelt ist. Eine auf Art. 74 Nr. 12 gestützte Landeskompetenz zum Erlaß privatrechtlicher Normen auf dem Gebiet des Arbeitsrechts scheidet aus, weil der Bund (das Reich) die privatrechtlichen Beziehungen kodifikatorisch geregelt hat, und zwar auch, soweit sie das Arbeitsrecht betreffen. Jedenfalls aber ist das Arbeitsvertragsrecht einschließlich des Urlaubs durch die §§ 611 ff., 618, 242 geregelt. Die Gegenansicht verkennt auch, daß das Kodifikationsprinzip des BGB. sich nicht auf das bürgerliche Recht im engeren Sinne des Wortes, sondern auf alle privatrechtlichen Normen erstreckt. (Vgl. Gebhard, Handkommentar zur Verfassung v. 11. 8. 1919, 1932 S. 97 Bem. 2 a). Genau so wenig wie es möglich ist, daß die Länder, gestützt auf Art. 74 Ziff. 11, auf dem Gebiet des nicht den Ländern vorbehaltenen Rechts der Wirtschaft (Industrie, Energiewirtschaft, Handwerk, Gewerbe, Handel, Bank- und Börsenwesen, privatrechtliches Versicherungswesen) privatrechtliche Bestimmungen treffen, obwohl Ziff. 11 auch das privatrechtliche Wirtschaftsrecht umfaßt und im Kompetenzkatalog vom bürgerlichen Recht im engeren Sinne scheidet (vgl. Jahrb. d. öff. Rechts N. F. Bd. 1 S. 516 ff.), so ist dies auf dem Gebiet des Arbeitsrechts zulässig.

3. Der Einwand, daß bei der herrschenden Auffassung des Kodifikationsprinzips die Verweisung des bürgerlichen Rechts, Wirtschaftsrechts und Arbeitsrechts unter die konkurrierende Gesetzgebungskompetenz nicht verständlich sei, verkennt die Bedeutung des Art. 74 GG. für die nach dem EGBGB. noch dem Landesrecht vorbehaltenen Gebiete sowie die Tatsache, daß die landesrechtliche Gesetzgebungskompetenz nach der Verfassung kein Dauerzustand ist, sondern nach Art. 72 Abs. 1 ihr Ende erreicht, wenn der Bund (oder das Reich im Hinblick auf Art. 125 GG.) eine gesetzgeberische kodifikatorische Regelung getroffen hat.

4. Schließlich hat man geltend gemacht (so Galperin in Rechtseinheit auf dem Gebiet des Arbeitsrechts S. 30, namentlich Anm. 6), die Art. 3 und 55 EGBGB. seien Kompetenznormen, die mit den neuen Kompetenznormen des GG. über die konkurrierende Zuständigkeit in Widerspruch stünden und daher rechtsungültig seien, und zwar im Hinblick auf Art. 123 Abs. 1 GG.

Der Widerspruch zum GG. würde bestehen und damit die Fortgeltung des Kodifikationsprinzips zu verneinen sein, wenn es sich bei den Bestimmungen des Art. 3 und 55 EGBGB. wirklich um Kompetenznormen handeln würde. Das ist aber nicht der Fall. Vielmehr ist das Kodifikationsprinzip eine materiellrechtliche Vorschrift. Sie bestimmt den Geltungsbereich des BGB. und besagt, daß die gesamten privatrechtlichen Beziehungen der Bürger zueinander durch das BGB. bestimmt werden, soweit nicht ausdrückliche Vorschriften den Geltungsbereich einschränken. Ist somit das Kodifikationsprinzip keine Kompetenzregelung, so kann es den Artikeln 72, 74 GG. nicht widersprechen. Seiner

Fortgeltung steht nichts im Wege. Den zutreffenden Ausführungen von Nipperdey, NJW. 1951 S. 899; Nikisch, Arbeitsrecht 2. Aufl. 1955 S. 51; Dahs, RdA. 1949 S. 324 tritt der Senat bei. Keines der Lehrbücher und keiner der Kommentare, die nach 1949 neu erschienen sind und das EGBGB. behandeln, hat an der Weitergeltung der Art. 55 und 3 im bisher anerkannten Umfang auch unter der Herrschaft des Grundgesetzes gezweifelt. Art. 74 GG. enthält als reine Kompetenznorm nur eine Aussage darüber, auf welchen Rechtsgebieten der Landesgesetzgeber und der Bundesgesetzgeber potentiell Gesetze erlassen können. Davon ist aber die ganz andere Frage zu unterscheiden, in welchem Umfang der Bundesgesetzgeber aktuell die in Art. 74 GG. genannten Materien geregelt hat, in welchem Umfange also aktuell die Landesgesetzgebung gesperrt ist. Das ist keine Frage des Art. 74, sondern eine solche der Art. 72, 31 GG., Art. 55 und 3 EGBGB.

Daran ändert sich — wie dargelegt — nichts dadurch, daß in Art. 74 GG. das Arbeitsrecht und das Recht der Wirtschaft neben dem bürgerlichen Recht (Ziff. 12, 11 einerseits, Ziff. 1 andererseits) genannt ist. Es ist dem Bundesgesetzgeber ebensowenig wie früher dem Reichsgesetzgeber verboten, mehrere der in Art. 74 GG. genannten Materien in einem Gesetz zu regeln; denn Art. 74 ist keine Vorschrift in dem Sinne, daß für jeden der dort genannten Rechtsgegenstände ein spezielles Gesetz oder mehrere Gesetze ergehen müßten. Eine solche einheitliche Regelung für das bürgerliche Recht im engeren Sinne und das Arbeitsprivatrecht als Teil des Arbeitsrechts ist im BGB. erfolgt, wie die §§ 611 ff. zeigen. Infolgedessen umfaßt das Kodifikationsprinzip des BGB. so, wie es das EGBGB. bestimmt, auch das Arbeitsprivatrecht.

An dieser Rechtslage ändert die sogenannte föderalistische Grundstruktur des Grundgesetzes (Art. 70, 72 u. a.) nichts. Die Verfassung erkennt die Erfordernisse der Rechtseinheit für die Gesetzgebung ausdrücklich an (Art. 72 Abs. 2), damit aber auch die Möglichkeit und Notwendigkeit einer erschöpfenden, die Landesgesetzgebung ausschließenden Regelung (vgl. auch BVGE. 1, 293).

IV. Liegt eine kodifikatorische Reichs-(Bundes)regelung vor, so muß im übrigen der Verfassungssatz: Bundesrecht bricht Landesrecht (Art. 31 GG.) gleichfalls zur Unwirksamkeit des HUG. führen. In dieser Richtung ist die historische Entwicklung und die maßgebende Literatur von besonderer Bedeutung.

Zur Zeit der Reichsverfassung von 1871 geht die h. M. dahin, daß die Frage, in welchem Umfange eine reichsgesetzliche Regelung Landesrecht „bricht", d. h. für die Vergangenheit derogiert, für die Zukunft „sperrt" durch Auslegung der reichsgesetzlichen Regelung selbst zu ermitteln sei. Diese Auslegung kann nur von den Gerichten, nicht aber im Wege „interpretativer" Landesgesetze vorgenommen werden, da ja die Landesgesetzgebung für den betreffenden Gegenstand schlechthin gesperrt sei. Für diese Auslegung ist nach herrschender Meinung maßgebend, ob das Reichsgesetz eine Materie vollständig regeln wollte, nicht ob es sie auch tatsächlich vollständig geregelt hat. Vgl. Laband, Staatsrecht des deutschen Reichs, 4. Aufl. 1901 Bd. 2 S. 108:

„Landesgesetze zur Ergänzung der Reichsgesetze sind unzulässig, wenn das Reichsgesetz eine Materie vollständig regeln wollte gleichviel ob es dieses Ziel tatsächlich in befriedigender Weise erreicht hat oder nicht ... Ist eine Ergänzung der reichsgesetzlichen Bestimmungen erforderlich, so ist dieselbe den höheren allgemeinen Rechtsprinzipien zu entnehmen, denen die in dem Reichsgesetz sanktionierten Sätze sich logisch unterordnen ... die authentische und allgemein maßgebende Entscheidung eines solchen Zweifels kann nur durch ein Reichsgesetz erfolgen, welches den Sinn und die Tragweite des früheren Reichsgesetzes deklariert."

Die von Laband begründete Ansicht wird von Anschütz für die Zeit der WeimRV. geteilt. In seinem Kommentar (14. Aufl. 1932) schreibt er in Bem. 3 b, c und d zu Art. 13:

„Die Aufhebung erstreckt sich auf alle den Gegenstand (den sachlichen Geltungsbereich) des Reichsgesetzes betreffenden Normen des Landesrechts ohne Unterschied der Form und des Inhalts. Landesgesetze, welche mit dem Reichsgesetz inhaltlich übereinstimmen, verfallen der Aufhebung nicht minder als solche, welche dem Reichsgesetz widersprechen. Der sachliche Umfang der Aufhebung des bestehenden Landesrechts entscheidet sich allein nach dem Reichsgesetz. Letzteres bricht die Herrschaft des Landesrechts, soweit es sie brechen will. Dasein und Tragweite dieses Willens sind durch Auslegung zu erforschen. Für die zur Anwendung der Reichs- und Landesgesetze berufenen Gerichte gilt hier kraft Reichsrechts volle Freiheit der Auslegung, oder anders ausgedrückt: Das Recht der Gerichte, die Landesgesetze auf ihre Reichsgesetzmäßigkeit zu prüfen und Landesgesetzen, die sie für „gebrochen" erachten, die Anwendung zu versagen, kann durch Landesgesetz nicht beschränkt werden, insbesondere nicht durch ein Landesgesetz, welches das Reichsgesetz in Bezug auf den Umfang seiner derogatorischen Wirkung interpretieren will. Denn: die „sperrende" Kraft des Reichsgesetzes besteht nicht nur darin, daß kein Landesgesetz erlassen werden darf, welches dem Reichsgesetz widerspricht, sondern darin, daß überhaupt keine den Gegenstand betreffenden Landesgesetze mehr ergehen können, auch nicht solche, die das Reichsgesetz wiederholen, bestätigen oder interpretieren."

Was das GG. betrifft, so ist die Entstehungsgeschichte des dem Art. 13 WeimRV. wörtlich entsprechenden Art. 31 GG. zwar nicht ganz frei von Widersprüchen, steht aber der vom Senat vertretenen Ansicht nicht entgegen. In der 1. Lesung zu Art. 31 (6. Sitzung des Hauptausschusses des Parl. Rates vom 19. 11. 1948) beantragte Abg. Dr. Laforet, unterstützt vom Vorsitzenden Dr. Schmid, dem Art. 31 eine Fassung zu geben, aus der hervorgehe, daß durch Bundesrecht nur widersprechendes, nicht aber gleichlautendes Landesrecht aufgehoben sein solle. Dazu wurden die Formulierungen „Bundesrecht geht vor Landesrecht" und „Bundesrecht bricht entgegenstehendes Landesrecht" vorgeschlagen. Es ist jedoch zu beachten, daß in der diesbezüglichen Diskussion (vgl. stenogr. Prot. S. 75 ff.) niemals die ganze Tragweite des Problems erörtert wurde, sondern daß man die erwähnte vorsichtigere Formulierung des Art. 31 nur zu dem Zweck ins Auge faßte, um zu verhindern, daß die weitergehenden Grundrechte in einzelnen Länderverfassungen, namentlich die sog. sozialen Grundrechte, mit dem Augenblick des Inkrafttretens des Grundgesetzes aufgehoben wären. Abg. Dr. Laforet zog seinen Antrag zurück, nachdem protokollarisch festgelegt worden war, daß es sich bei der Klausel „Bundesrecht bricht Landesrecht" nur um „entgegengesetztes" Landesrecht handle (vgl. stenogr. Prot. S. 76). Ein gleichlautender Antrag des Abg. Renner wurde abgelehnt.

In der 3. Lesung zu Art. 31 (48. Sitzung vom 9. 2. 1949) wiederholte der Abg. Dr. Laforet seinen in der 6. Sitzung gestellten Antrag, und zwar ebenfalls wieder mit dem Ziele auszuschließen, daß weitergehende Landesgrundrechte durch engere Bundesgrundrechte aufgehoben würden. Es bestand jedoch Einigkeit darüber, daß mit der von Dr. Laforet vorgeschlagenen Formulierung keine Entscheidung über die Frage des Kodifikationsprinzips als solchen getroffen sei. Dr. Laforet erklärte ausdrücklich:

„Dagegen ist bei allen anderen Regelungen des Bundes (scil. außerhalb der ausschließlichen Kompetenz des Bundes), sei es im Grundgesetz, sei es in einem Gesetz, das der Bund im Vorrang erlassen hat, zu fragen, ob das Bundesrecht den Gegenstand abschließend geregelt hat. In den Grundrechten zum Beispiel trifft der Bund eine

Regelung, die eine weitere Einschränkung der Rechte des Staatsbürgers oder sonstiger Rechtspersönlichkeiten, zum Beispiel der Gemeinden, ausschließt. Dagegen kann die Landesverfassung zugunsten des Staatsbürgers oder anderer Rechtspersönlichkeiten weitergehen. Auch das gleichlautende Landesrecht wird durch das Grundgesetz nicht gehindert; denn es ist mit dem Grundgesetz vereinbar. Es sind deshalb alle Bestimmungen in den Verfassungen der Länder rechtswirksam, die eine weitergehende oder sachlich gleiche Gewährleistung geben, wie sie im Grundgesetz oder einem sonstigen Bundesgesetz erfolgt ist."

Der Antrag Dr. Laforets wurde dem Fünferausschuß überwiesen (vgl. stenogr. Prot. S. 626 f.). Auf der 51. Sitzung vom 10. 2. 1949 teilte dann Abg. Dr. v. Brentano die Ergebnisse der Beratungen im Fünferausschuß dem Hauptausschuß mit und sagte:

„Über den Grundsatz, daß Bundesrecht Landesrecht bricht, besteht weder im Hauptausschuß noch im Fünferausschuß Meinungsverschiedenheit. Wir wollten von diesem Wortlaut, der uns von der Weimarer Verfassung überkommen ist und einen fest umrissenen Inhalt hat, weder abgehen noch ihn einschränken."

Die von Dr. Laforet vorgeschlagene Fassung wurde daraufhin vom Hauptausschuß abgelehnt. Dafür wurde aber in das Grundgesetz die auf die Grundrechte der Länderverfassungen bezogene lex specialis des Art. 142 aufgenommen (vgl. stenogr. Ber. S. 673).

Es ist sonach festzustellen, daß die Frage des Umfanges des Vorranges von Bundesrecht vor Landesrecht, so wie sie während der Verfassung von 1871 und der WeimRV. gesehen wurde, vom Parl. Rat zwar nicht erschöpfend erörtert wurde. Die oben zitierte Äußerung des Abg. Dr. von Brentano und die Tatsache, daß in Art. 142 GG. eine von Art. 31 GG. abweichende Spezialvorschrift für das Verhältnis von Landesgrundrechten zu Bundesgrundrechten geschaffen wurde, lassen aber darauf schließen, daß im übrigen Art. 31 genau so auszulegen ist, wie das bei Art. 13 der WeimRV. und nach der Reichsverfassung von 1871 geschah.

Der Auffassung von Dennewitz (Bonner Komm. Art. 31 Anm. II 2 b), Bundesrecht breche Landesrecht nur insoweit, als dieses mit jenem „im Widerspruch" stehe, dagegen nicht, wenn Landesrecht mit Bundesrecht vereinbar sei, ist abzulehnen. Dennewitz stützt sich zur Begründung seiner Ansicht unter Ablehnung der Auffassung von Anschütz auf eine Analogie zu Art. 142 GG. Die obigen Ausführungen über die Entstehungsgeschichte der Art. 31 und 142 GG. haben aber gerade gezeigt, daß eine Analogie nicht möglich ist, weil

Art. 142 GG. gegenüber Art. 31 GG. lex specialis ist und daher auf den allgemeinen Tatbestand (Art. 31) weder wort- noch sinngemäß übertragen werden kann.

Aber selbst wenn man annimmt, Bundesrecht breche Landesrecht nur insoweit, als es mit diesem „im Widerspruch" stehe, so muß in jedem einzelnen Falle gefragt werden, wann ein solcher Widerspruch anzunehmen ist. Er liegt auch dann vor, wenn ein Land gesetzliche Regeln erläßt, obwohl die Materie bereits vom Reich (Bund) gewollt kodifikatorisch, also erschöpfend, wenn auch z. T. durch Generalklauseln geregelt ist. Denn dann widerspricht auch eine wiederholende, ergänzende, Lücken ausfüllende landesrechtliche Regelung dem übergeordneten Bundesrecht.

75

1. Wird der Inhalt einer empfangsbedürftigen Erklärung nach dem Zugang vom Empfänger falsch oder überhaupt nicht verstanden (Mißverständnis), so wird die Wirksamkeit der Erklärung durch das Mißverständnis nicht beeinträchtigt. Daher verschafft die Überreichung einer ärztlichen Arbeitsunfähigkeitsbescheinigung mit der Krankheitsbezeichnung „Hyperemesis gravid." (d. i. Erbrechen während der Schwangerschaft) dem Arbeitgeber die Kenntnis von der Schwangerschaft.

2. Das Revisionsgericht darf auch nicht Tatsachen, die sich erst nach Schluß der Berufungsverhandlung ereignet haben, berücksichtigen.

MuSchG. § 9; ZPO. § 561 Abs. 1.

I. Senat. Urteil vom 13. April 1956 i. S. St. (Kl.) w. Sch. (Bekl.) 1 AZR 390/55.

I. Arbeitsgericht Mannheim. — II. Landesarbeitsgericht Mannheim.

Tatbestand:

Die Klägerin war seit 1951 bei der Beklagten als Vorformerin gegen einen Stundenlohn von 0,97 DM brutto beschäftigt. Im Januar 1955 erkrankte sie für kurze Zeit. Anfang Februar blieb sie erneut der Arbeit fern. Daraufhin wurde ihr von der Beklagten gekündigt.

Die Klägerin nimmt für sich den Kündigungsschutz des § 9 MuSchG. in Anspruch und behauptet, der Beklagten sei bereits vor Ausspruch der Kündigung anläßlich der Krankmeldung im Januar 1955 bekannt geworden, daß die Klägerin schwanger sei. Darüber hinaus habe die

Beklagte aber auch innerhalb einer Woche nach Zugang der Kündigung von einer Arbeitskollegin Mitteilung von der Schwangerschaft erhalten. Die Klägerin hat dementsprechend beantragt, festzustellen, daß die mit Schreiben vom 9. Februar 1955 zum 23. Februar 1955 erklärte Kündigung unzulässig und rechtsunwirksam sei.

Das Arbeitsgericht hat dem Klageantrag stattgegeben, das Landesarbeitsgericht dagegen die Klage abgewiesen. Die Revision der Klägerin hatte Erfolg.

Das Landesarbeitsgericht hat festgestellt, die Klägerin habe zwar eine ärztliche Arbeitsunfähigkeitsbescheinigung vom 5. Januar 1955 der bei der Beklagten beschäftigten Zeugin N. zwecks Weiterleitung an die Krankenkasse übermittelt. Als Krankheitsgrund sei angegeben „Hyperemesis gravid". Die Zeugin N. als zuständige Sachbearbeiterin bei der Beklagten habe diese Arbeitsunfähigkeitsbescheinigung zur Kenntnis genommen und an die Krankenkasse weitergegeben. Sie habe aus der Bescheinigung die Krankheit nicht als Schwangerschaft erkannt. Hieraus hat das Landesarbeitsgericht gefolgert, daß die Beklagte im Zeitpunkt der Kündigung keine Kenntnis von der Schwangerschaft gehabt habe.

Aus den Gründen:

Die Auffassung des Landesarbeitsgerichts daß § 9 MuSchG. deshalb keine Anwendung finde, weil der Beklagten die Schwangerschaft der Klägerin zur Zeit der Kündigung nicht bekannt gewesen sei, ist nicht zutreffend. Zwar hat nach der Feststellung des Landesarbeitsgerichts die bei der Beklagten für Krankmeldungen zuständige Sachbearbeiterin den Inhalt der der Beklagten zugegangenen ärztlichen Arbeitsunfähigkeitsbescheinigung wegen der darin verwendeten lateinisch-medizinischen Ausdrücke „hyperemesis gravid" nicht als Schwangerschaft verstanden. Darauf kommt es indessen nicht an. Bei einer Krankmeldung, die durch Einreichung einer ärztlichen Arbeitsunfähigkeitsbescheinigung erfolgt, handelt es sich um eine empfangsbedürftige Erklärung. Nach allgemeinen Rechtsgrundsätzen wird das Wirksamwerden einer derartigen Erklärung nicht dadurch beeinträchtigt, daß ihr Inhalt von dem Empfänger falsch oder überhaupt nicht verstanden wird, wenn sie nur ordnungsgemäß zugegangen ist. Diese Grundsätze über das Mißverständnis sind zunächst für empfangsbedürftige Willenserklärungen aufgestellt worden (vgl. Enneccerus-Nipperdey, Allg. Teil, 14. Aufl., § 205 IV). Bei den Krankmeldungen des Arbeitslebens handelt es sich zwar nicht um Willenserklärungen, sondern um geschäftsähnliche Handlungen, weil hier Rechtswirkungen (so das Wegfallen des Kündigungsrechts) ex lege und nicht ex voluntate eintreten. Diese geschäftsähnlichen Handlungen sind jedoch, soweit es die Interessenlage bedingt, weitgehend nach Analogie der Willenserklärungen zu behandeln (vgl. Enneccerus-Nipperdey, a. a. O., § 137 IV). Die Interessenlage bei der Übergabe von ärztlichen Arbeitsunfähigkeitsbescheinigungen rechtfertigt die entsprechende Anwendung der Grundsätze über das Mißverständnis bei empfangsbedürftigen Willenserklärungen. Diese Grundsätze sind notwendig, weil andernfalls die Empfänger von Willenserklärungen leicht behaupten könnten, sie hätten die Erklärung nicht oder nicht richtig verstanden, und weil dann der Nachweis des Gegenteils kaum zu führen wäre. Der Absender einer schriftlichen Willenserklärung muß sich darauf verlassen können, daß der Empfänger von ihrem Inhalt tatsächlich auch Kenntnis nimmt. Die gleiche Interessenlage ist bei der Abgabe von Arbeitsunfähigkeitsbescheinigungen gegeben. Ein Arbeitgeber, dem von einer Arbeitnehmerin eine ärztliche Bescheinigung eingereicht wird, in der als Krankheitsursache Schwangerschaft angegeben ist, ist so zu behandeln, wie wenn er von der Schwangerschaft Kenntnis erlangt hätte. Hierbei spielt es keine Rolle, ob in der Bescheinigung lateinisch-medizinische Fachausdrücke verwendet sind. Fehlen dem Arbeitgeber oder seinem Vertreter die nötigen Kenntnisse, dann hat er die Pflicht, sich die fremden Ausdrücke verdeutschen zu lassen. Diese Pflicht besteht deshalb, weil sich die Ärzte in ihren Bescheinigungen vielfach medizinischer Fachausdrücke bedienen. Ob bei einer ungewöhnlichen Verwendung komplizierter Fachausdrücke die Regeln über das Mißverständnis nicht heranzuziehen wären, kann hier dahingestellt bleiben. Das hier in dem Terminus mitverwendete Wort: gravid ist gebräuchlich und sollte dem Personalsachbearbeiter eines Betriebes verständlich sein. Schließlich bleibt es dem Arbeitgeber vorbehalten, eine ihm unverständliche Mitteilung zurückzuweisen.

Bei der Entscheidung des vorliegenden Falles ist daher davon auszugehen, daß die Beklagte über ihre Sachbearbeiterin (§ 166 BGB.) im Zeitpunkt der Kündigung Kenntnis von der Schwangerschaft der Klägerin gehabt hat, so daß § 9 Abs. 1 Satz 1 MuSchG. Anwendung findet.

Die Tatsache, daß das Gewerbeaufsichtsamt die Kündigung der Klägerin gemäß § 9 Abs. 2 MuSchG. für zulässig erklärt hat, konnte im Revisionsverfahren keine andere Entscheidung herbeiführen. Es ist fraglich, ob diese Zulässigerklärung die hier zur Entscheidung stehende oder eine noch vorzunehmende Kündigung betrifft. Darauf kommt es jedoch nicht an. Die Entscheidung des Gewerbeaufsichtsamts wurde erst in der Revisionsinstanz in den Prozeß eingeführt und darf deshalb nicht berücksichtigt werden (§ 561 Abs. 1 ZPO.). Dies gilt trotz der Tatsache, daß die Entscheidung des Gewerbeaufsichtsamts erst nach Erlaß des Berufungsurteils erging und die Beklagte daher überhaupt nicht in der Lage sein konnte, diese Entscheidung noch vor Abschluß der Berufungsverhandlung in den Prozeß einzuführen. Der Senat schließt sich insoweit der allgemeinen Ansicht an, daß das Revisionsgericht auch Tatsachen, die sich erst nach Schluß der Berufungsverhandlung ereignet haben, nicht berücksichtigen darf (RGZ. 88, 375; 128, 66; Rosenberg, Zivilprozeßrecht, 7. Aufl., § 142 II 2).

76

1. Enthält die Sitzungsniederschrift keinen Vermerk über die im arbeitsgerichtlichen Verfahren des ersten und zweiten Rechtszuges gemäß § 60 Abs. 2, 64 Abs. 3 ArbGG. erforderliche mündliche Eröffnung der Entscheidungsgründe, so gelten diese nach der negativen Beweiskraft des Protokolls (§§ 164, 160 Abs. 2 Ziff. 6 ZPO.) als nicht verkündet, so daß eine Richtigstellung der Urteilsformel, die jederzeit während der ein einheitliches Ganzes bildenden Verkündung von Formel und Gründen der Entscheidung noch möglich ist, außer Betracht bleibt.

2. Die Zulassung der Revision in einem besonderen Beschluß ist nur wirksam, wenn die Voraussetzungen für eine Berichtigung des Urteils gemäß § 319 ZPO. gegeben sind (Bestätigung von BAG. in AP. Nr. 1 zu § 319 ZPO.).

3. Die Zulassung der Revision in den Entscheidungsgründen genügt allenfalls dann, wenn diese mit verkündet werden.

ZPO. §§ 160 Abs. 2 Ziff. 6, 164, 319, 321; ArbGG. §§ 60 Abs. 2, 64 Abs. 3.

I. Senat. Urteil vom 13. April 1955 i. S. S. (Bekl.) w. G. H. (Kl.) 1 AZR 192/55.

I. Arbeitsgericht Herford. — II. Landesarbeitsgericht Hamm/Westf.

Ein Teil der Belegschaft der Beklagten ist in der Gewerkschaft Holz des Deutschen Gewerkschaftsbundes organisiert. Das Publikationsorgan dieses Verbandes, „Die Holzarbeiterzeitung", wurde regelmäßig in dem Betrieb der Beklagten verteilt. Deren Inhaber nahmen im Sommer 1954 Anstoß an mehreren Artikeln dieser Zeitung, die in scharfer Form gegen die Arbeitgeber Stellung nahmen, und erließen daher auf einer Betriebsversammlung am 2. September 1954 ein allgemeines Verteilungsverbot der Gewerkschaftszeitung für den Betrieb. Hiergegen richtete sich die Klage der Gewerkschaft Holz mit dem Antrag, die Beklagte unter Androhung von Geldstrafen für jeden Fall der Zuwiderhandlung zur Aufhebung des Verbots zu verurteilen. Das Arbeitsgericht hat der Klage unter Festsetzung des Streitwertes auf 300-— DM. insoweit stattgegeben, als sich das Verbot auch auf die Verteilung der Zeitung in den Betriebsräumen außerhalb der Arbeitszeit erstreckte. Die von der Beklagten eingelegte Berufung blieb ohne Erfolg. Mit der Revision begehrt die Beklagte weiterhin die Abweisung der Klage.

Hinsichtlich der Urteilsverkündung lautet die Sitzungsniederschrift des Landesarbeitsgerichts vom 1. März 1955 wie folgt:

„Die Berufung der Beklagten gegen das am 21. September 1954 verkündete Urteil des Arbeitsgerichts Herford wird kostenpflichtig zurückgewiesen.

Der Wert des Streitgegenstandes bleibt in der festgesetzten Höhe von 300,— DM. bestehen.

Nach Beratung erging ferner folgender B e s c h l u ß :

Das vorstehend verkündete Urteil wird dahin ergänzt:

Die Revision wird zugelassen."

Das Protokoll schließt mit der Unterschrift des Vorsitzenden und des Urkundsbeamten der Geschäftsstelle ab. Die der Sitzungsniederschrift in den Akten unmittelbar nachgeheftete beglaubigte Abschrift des angefochtenen Urteils enthält folgende Urteilsformel:

„Die Berufung der Beklagten gegen das am 21. September 1954 verkündete Urteil des Arbeitsgerichts Herford wird kostenpflichtig zurückgewiesen.

Der Wert des Streitgegenstandes bleibt in der festgesetzten Höhe von 300,— DM. bestehen.

Die Revision wird zugelassen."

In den Entscheidungsgründen wird hierzu bemerkt, die Revision sei im Hinblick auf die grundsätzliche Bedeutung der Rechtssache von amtswegen „gemäß der b e r i c h t i g t e n Urteilsformel" zugelassen worden. Der erkennende Senat hat eine dienstliche Äußerung des Vorsitzenden der Kammer des Landesarbeitsgerichts eingeholt. Danach ist bei der Beratung, die der Verkündung des Urteils vorausging, zunächst irrtümlich nicht über die Zulassung der Revision beraten worden. Dieses Versehen bemerkte der Vorsitzende unmittelbar nach Verkündung der Urteilsformel, worauf sich die Kammer nochmals zur Beratung zurückzog und im Anschluß daran einen besonderen Beschluß über die Zulassung der Revision verkündet. Wie der Vorsitzende sich erinnern zu können glaubt, sind erst danach dem anwesenden Prozeßbevollmächtigten der Beklagten die Urteilsgründe mündlich eröffnet worden.

Die Revision der Beklagten wurde als unzulässig verworfen aus folgenden

Gründen:

Die Revision muß gemäß § 72 Abs. 3 ArbGG. in Verbindung mit § 554a Abs. 1 ZPO. als unzulässig verworfen werden, weil keine der Voraussetzungen des § 72 Abs. 1 ArbGG. gegeben ist, der die Revisionsmöglichkeiten erschöpfend regelt (BAG. 1, 6, 28, 67). Der Streitwert erreicht nicht die Revisionssumme von 6000,— DM. Das Bestehen einer Divergenz des angefochtenen Urteils zu anderen Entscheidungen im Sinne des § 72 Abs. 1 Satz 2 u. 3 ArbGG. wird nicht geltend gemacht. Es liegt schließlich auch keine wirksame Zulassung der Revision seitens des Landesarbeitsgerichts vor.

Die bei den Akten befindliche beglaubigte Abschrift des Urteils enthält zwar in der Urteilsformel selbst den Ausspruch über die Zulassung der Revision. Die Urteilsformel steht aber insoweit im Widerspruch mit der Sitzungsniederschrift, die im Zweifelsfalle allein entscheidend für die Frage der ordnungsgemäßen Zulassung der Revision ist (vgl. den ähnlich gelagerten Fall RAG. in ARS. 29, 106). Die Beobachtung der für die mündliche Verhandlung vorgeschriebenen Förmlichkeiten kann nur durch das Sitzungsprotokoll bewiesen werden, vorbehaltlich des Nachweises einer Fälschung (§ 164 ZPO.). Zu den „Förmlichkeiten" gehört auch die Verkündung des Urteils, die stets im Protokoll festzuhalten ist (§ 160 Abs. 2 Ziff. 6 ZPO.; Stein-Jonas, ZPO., 18. Aufl., § 164, Anm. I; Baumbach-Lauterbach, ZPO., 23. Aufl., § 164, Anm. 1 A; Rosenberg, Lehrbuch, 6. Aufl., S. 293). Die Sitzungsniederschrift hat positive und negative Beweiskraft, d. h., sie beweist das Geschehen und das Nichtgeschehen. Auch der Nachweis, daß die Verkündung einer Entscheidung in einer anderen Form erfolgt oder einen anderen Inhalt gehabt habe, ist — abgesehen von dem Fall der Protokollfälschung — unzulässig (RGZ., Bd. 107, 142; Bd. 146, 133 [143]; Stein-Jonas, a. a. O., Anm. II 1; Baumbach-Lauterbach und Rosenberg, a. a. O.). Wegen dieser Beweiskraft des Sitzungsprotokolls und des nur unter der Voraussetzung der Fälschung zugelassenen Gegenbeweises ist davon auszugehen, daß das Landesarbeitsgericht zunächst die Urteilsformel allein und nach weiterer Beratung einen besonderen Beschluß über die Zulassung der Revision verkündet hat, während die Eröffnung der Urteilsgründe überhaupt unterblieben ist, weil die Sitzungsniederschrift hierüber schweigt und deshalb insoweit den negativen Beweis erbringt.

Im Gegensatz zum ordentlichen Zivilprozeß (§ 311 Abs. 3 ZPO.), aber in Übereinstimmung mit dem Strafverfahren (§ 268 Abs. 2 StPO.), gehört im Verfahren vor den Arbeitsgerichten erster und zweiter Instanz zur Verkündung des Urteils auch die Mitteilung des wesentlichen Inhalts der Entscheidungsgründe, sofern nicht beide Parteien abwesend sind (§§ 64 Abs. 3, 60 Abs. 2 ArbGG.). Schweigt die Sitzungsniederschrift zu dieser Frage und gelten deshalb die Entscheidungsgründe des Urteils als nicht mitgeteilt, so hat dieser Umstand zwar auf die rechtliche Wirksamkeit der Entscheidung als solcher trotz der zwingenden Fassung des § 60 Abs. 2 ArbGG. keinen Einfluß (Dietz-Nikisch, § 60, Anm. 23; Dersch-Volkmar, 6. Aufl., § 60, Anm. 14; Stein-Jonas, § 311, Anm. IV), gewinnt aber hier für die Zulässigkeit der Revision entscheidende Bedeutung. Allerdings ist ein Urteil noch nicht existent, solange die ein e i n h e i t l i c h e s G a n z e s bildende Eröffnung von Urteilsformel und Urteilsgründen noch nicht beendet ist. Bis zu diesem Zeitpunkt kann die Formel jederzeit noch in der Weise geändert werden, daß die geänderte neue Fassung die von vornherein maßgebliche ist und eine Berichtigung bzw. Ergänzung des Urteils im Sinne der §§ 319, 321 ZPO. gar nicht vorliegt (RAG. in ARS. 29, 106; RGZ. 47, 323; 61, 390; 71, 379; RGSt. 57, 142; 61, 390; BGH. in LM. Nr. 6 zu § 268 StPO. mit Anm. Kohlhaas; Löwe-Rosenberg, StPO., 20. Aufl., § 268, Anm. 7; Kleinknecht-Müller-Reitberger, StPO., 3. Aufl., § 268, Anm. 1). Aber abgesehen davon, daß nach der negativen Beweiskraft der Sitzungsniederschrift die Entscheidungsgründe überhaupt nicht verkündet worden sind, beweist auch deren positiver Wortlaut, daß der Beschluß über die Zulassung der Revision erst n a c h Abschluß der Urteilsverkündung gefaßt und verkündet wurde. Wäre dem nicht so, so hätte in dem Protokoll nach den vorstehenden Ausführungen von vornherein n u r die Urteilsformel ohne den besonderen Beschluß, aber zugleich mit dem Satz über die Zulassung der Revision aufgenommen werden können und müssen (vgl. den ähnlich gelagerten Fall BGH. in LM. Nr. 6 zu § 268 StPO.).

Ist demnach davon auszugehen, daß die Zulassung der Revision n a c h der Urteilsverkündung in einem besonderen Beschluß erfolgte, so ist dieser weder als Urteilsberichtigung (§ 319 ZPO.) noch als Urteilsergänzung (§ 321 ZPO.) wirksam.

Der Beschluß wird in den Entscheidungsgründen im Gegensatz zur Sitzungsniederschrift zwar als Berichtigung des Urteils gekennzeichnet. Das Protokoll beweist aber in Verbindung mit der dienstlichen Äußerung des Kammervorsitzenden, daß von einem Widerspruch zwischen Willen und Erklärung oder auch nur von einer Unvollständigkeit des Erklärten gegenüber dem Gewollten zur Zeit der Verkündung des Urteils keine Rede sein kann, vielmehr die Frage der Zulassung der Revision gar nicht Gegenstand der der Urteilsverkündung vorausgehenden, sondern erst einer späteren Beratung war. Angesichts dieser Sachlage ist der Fall einer „offenbaren Unrichtigkeit" des Urteils im Sinne des § 319 ZPO. auch bei weitester Auslegung dieses Begriffs nicht mehr gegeben (BAG. in AP. Nr. 1 zu § 319 ZPO.; Rosenberg, a. a. O., § 57, Anm. I 3a; Stein-Jonas, § 319, I 1; RAG. in ARS. 9, 413; 29, 104 [108]; Dersch-Volkmar, § 61, Anm. 68; § 69, Anm. 15; Dietz-Nikisch, § 61, Anm. 27; § 69, Anm. 27).

Das Fehlen der Voraussetzungen für eine Urteilsberichtigung hat offenbar auch das Landesarbeitsgericht nicht verkannt und daher in der Sitzungsniederschrift den Zulassungsbeschluß als eine Ergänzung des Urteils bezeichnet, was dem Wesen der Sache nach zutrifft. Die formellen und materiellen Voraussetzungen einer Entscheidung nach § 321 ZPO. liegen aber gleichfalls nicht vor. Es ermangelt in formeller Hinsicht sowohl der erforderlichen Parteianträge (§ 321 Abs. 2 ZPO.), als auch der vorgeschriebenen mündlichen Verhandlung (§ 321 Abs. 3 ZPO.) und der Entscheidung in der Form eines Urteils. Im übrigen ist eine Urteilsergänzung sachlich nur möglich, soweit über Sachanträge der Parteien, über die Kosten oder die vorläufige Vollstreckbarkeit (§ 716 ZPO.) nicht entschieden oder (im arbeitsgerichtlichen Verfahren) die notwendige Streitwertfestsetzung unterblieben ist. Der Antrag auf Zulassung der Revision, der hier jedenfalls in der mündlichen Verhandlung nicht einmal gestellt ist, ist aber ein Prozeßantrag, der nicht unter die Vorschrift des § 321 ZPO. fällt und inhaltlich nur eine Anregung für das Gericht sein kann. Im Wege einer Urteilsergänzung kann die Revision auch deshalb nicht zugelassen werden, weil sonst die formelle Rechtskraft des Urteils ohne gesetzliche Grundlage wieder beseitigt würde (so die h. M.; insbesondere BAG. in AP. Nr. 1 zu § 319 ZPO. und das RAG. in ständiger Rechtsprechung, z. B. RAG. 26, 197; 29, 104 [108]; Stein-Jonas, § 321, Anm. VI; Dersch-Volkmar und Dietz-Nikisch, a. a. O.; a. M. Schneider, ZZP., 65, 472; Rosenberg, § 140 II 2 a und Pohle, Anm. zu BAG., AP. Nr. 1 zu § 319 ZPO.). Es ist zwar richtig, daß im Hinblick auf die Divergenz-Revision gemäß

§ 72 Abs. 1 Satz 2 u. 3 ArbGG. die Zulässigkeit einer Revision und damit die Rechtskraft des Urteils eines Landesarbeitsgerichts zunächst in der Schwebe bleibt. Insoweit liegt aber ausnahmsweise eine gesetzliche Grundlage in den genannten Bestimmungen des ArbGG. vor.

Schließlich würde — abgesehen davon, daß das Landesarbeitsgericht die Zulassung der Revision in der Urteilsformel und nicht in den Urteilsgründen aussprechen wollte — die Zulassung in den Gründen allenfalls dann genügen, wenn diese mitverkündet werden (BAG. 1, 33; RAG. in ARS. 29, 104 und 37, 285; Stein-Jonas, § 511 a, Anm. V 2; Dersch-Volkmar, § 61, Anm. 66, 67; Dietz-Nikisch, § 61, Anm. 25; a. M. Schneider und Rosenberg, a. a. O.). Wird dagegen, wie in dem hier zu entscheidenden Fall, bei der Verkündung, sei es der Urteilsformel oder der Gründe, nichts über die Zulassung der Revision gesagt, so wird das Urteil des Landesarbeitsgerichts vorbehaltlich einer Divergenz- oder Streitwertrevision sofort rechtskräftig. Der Hinweis, daß auch die Verkündung des sonstigen Inhalts der Gründe nicht zwingend erforderlich sei, geht daher fehl.

Sachregister

A

Abschlußnormen in Tarifordnung . 58
Äquivalenz, Bedeutung für Aufwertung von Ruhegeld 239
Akkordsätze, Mitbestimmung des Betriebsrats 165
Allgemeinverbindlicherklärung einer Effektivklausel 297
—, Ermessensentscheidung 297
—, formelle Voraussetzungen 297
—, Rückwirkung 297
Anfechtung wegen Drohung 233
— der Wahl des stellvertr. Betriebsratsvorsitzenden 182
Angestellte, Kündigung eines unkündbaren —n aus wichtigem Grund 214
—, leitender —r als Dritter i. S. § 127 GenGes. 101
—, Rechte der dienstordnungsmäßigen —n nach dem Regelungsges. 200
Anschlußberufung, Zulassung der Revision 326
Anstellungsvertrag, langfristiger; Bedeutung für wichtigen Grund 333
Antragsrecht im Beschlußverfahren 97
Arbeitsgerichte siehe unter Gerichte für Arbeitssachen
Arbeitsunfähigkeitsbescheinigung, medizinische Fachausdrücke in — 355
Arbeitsverhältnis, dauerndes — als Voraussetzung für Ruhegehalt 109
Arbeitsverträge, Schriftformzwang bei —n 58
Arbeitsverweigerung, beharrliche —, Begriff 252
Arglist bei Berufung auf Formvorschrift 58
Armenrechtsgesuch, Wiedereinsetzung in den vorigen Stand .. 17
Assistenten an Hochschulen 307
Aufwendungsersatz der Betriebsratsmitglieder 187
Auslegung einer Tarifnorm 58
Ausschlußfristen in Tarifordnungen; Fortgeltung 315
—, Tarifliche — bei Mehrarbeit . 315
—, Tarifliche — u. Treu u. Glauben 315

B

Befristung, Kündigungsschutz 6
— und tariflicher Kündigungsschutz 6
Besatzungsmachtbeschäftigte 134
—, Mutterschutz bei Besatzungsangestellten 233
—, Schwerbeschädigte 198
Beschäftigungspflicht 221
Beschluß des Revisionsgerichts über Bejahung der Statthaftigkeit der Revision 296
Beschlußverfahren, Antragsrecht im — 97
—, Beteiligter im — 97
Beteiligter im Beschlußverfahren .. 97
Betriebsfrieden, Störung des —s . 266
Betriebsrat, Anhörung des —s vor Kündigung 87
—, Mitbestimmung des —s bei Akkordsätzen 165
—, Mitwirkung des —s bei Eingruppierung 159
—, Mitwirkung des —s bei Umgruppierung 147
Betriebsratsmitglied als Beteiligter im Beschlußverfahren 97
—, Ausschluß eines —s 175
—, Fristlose Kündigung eines —s 138
—, Fristlose Kündigung nach GewO. u. Preuß. Allgem. Bergges. .. 266
—, Fristlose Kündigung wegen kommunistischer Betätigung 266
—, Schwere der Pflichtverletzung . 266
Betriebsübernahme, Haftung für alle Lohnschulden 127
Betriebsvereinbarung u. Ruhegeldkürzung 23

C

clausula bei Ruhegeld 239
Coburg-Gotha, Ansprüche der Hofbediensteten von — 36

D

Dienstleistungen, Höhere —, Stenotypistinnen 119
Dienstzeit, Anrechnung von Kriegs- u. Wehrdienst im Falle des § 7 ATO. 226
— i. S. des § 2 Ziff. 1 der 3. DVO. zum Regelungsges. 226
Divergenz, Möglichkeit genügt nicht 231
Divergenzrevision 285
Drohung, Anfechtung wegen — .. 233
Druckerei als Tendenzbetrieb 91

E

Effektivklausel, Allgemeinverbindlicherklärung 297
—, Inhalt des normativen Teils des Tarifvertrags 297
—, Wesen der — 297
Eingruppierung in die Vergütungsgruppe III TO.A 310
—, Mitwirkung des Betriebsrats bei — 159
—, Nachprüfbarkeit der — durch die Gerichte 285
Enteignung, sowjetzonale — u. Pensionskürzung 36
Entlassung, siehe unter Kündigung
Entscheidungsgründe, Mitteilung des wesentlichen Inhalts der — u. Sitzungsniederschrift 358

F

Fehlbeträge als wichtiger Grund für Kündigung 333
—, Fristlose Kündigung wegen —n 333
Feststellungsklage, Rechtsschutzinteresse 142
Filialleiter, Fristlose Kündigung eines —s 333
—, Mankohaftung bei einem — .. 333
Filmschaffende 58
Firmenfortführung, Haftung für alte Lohnschulden 127
Formmangel hinsichtlich tariflicher Formvorschriften 58
Fürsorgepflicht bei Unterhaltung von Wohnheim 32
Fundstelle der abweichenden Entscheidung 285

G

Gerichte für Arbeitssachen, Zuständigkeit der — für Streitigkeiten aus dem Regelungsgesetz 131
—, Zuständigkeit der — für Streitigkeiten der dienstordnungsmäßigen Angestellten in der Sozialversicherung 81
—, Keine Zuständigkeit der — für Streitigkeiten zwischen Rote-Kreuz-Schwester u. ihrer Schwesternschaft 289
Gesamtvergütung für ges. Arbeitszeit u. Mehrarbeit 277
Geschäftsgrundlage bei Ruhegeld 239
Geschlechtsverkehr, Außerehelicher — als Kündigungsgrund 279
Gesellschafter, stiller, Verpflichtung zur Gehaltszahlung 71
Gesetzesänderung, Berücksichtigung einer — in der Revisionsinstanz 214, 226
Gewerbebetrieb durch Streik verletzt 75
Gewerkschaft, Im Betrieb vertretene — u. Recht auf Anfechtung der Wahl des Betriebsratsvorsitzenden 182
Gewohnheitsrecht, Feststellung .. 58
Gleichbehandlung 310
— bei Pensionskürzung 36
— u. Kürzung von Ruhegeld ... 23
Gleichheitssatz bei Effektivklausel 297
Grobe Pflichtverletzung, Nachprüfung durch das Revisionsgericht 175

H

Haftung für Verschulden bei Vertragsschluß gegenüber öffentl. Bediensteten 217
Handelskammer, Weihnachtsgratifikation bei — 302
Handlungsgehilfen, Hochbezahlte . 258
Hausarbeitstag, Voraussetzungen . 40

J

Jugendvertreter, Kündigungsschutz für — 50

K

Karenzentschädigung, verwirkt bei schuldhafter Zuwiderhandlung gegen Wettbewerbsverbot 258

Klagefrist nach § 3 KSchG. 194
Klagenhäufung, Zulassung der Revision 326
Kodifikationszwang 342
Kraftfahrer, siehe unter Omnibusfahrer
Krankenhaus, Kath. — als Tendenzbetrieb 279
Krankenschwester, Rechtsstellung der Rote-Kreuz-Schwester ... 289
—, Unfall im Wohnheim 32
Kriegs- u. Wehrdienst, Anrechnung von — im Falle des § 7 ATO. 226
Kündigung, Außerordentl. — eines noch nicht 6 Monate beschäftigten Arbeitnehmers 194
—, Befristete — wegen Wiederverheiratung 279
— bei langfristigem Anstellungsvertrag 333
—, Einseitige Erschwerung 322
—, Fristlose — aus wichtigem Grund 207, 214
—, Fristlose — eines Betriebsratsmitglieds 266
—, Fristlose — eines Filialleiters 333
—, Fristlose — eines gewerblichen Arbeiters mit längerer Kündigungsfrist 138
—, Fristlose — eines Omnibusfahrers wegen geminderter Fahrtüchtigkeit 252
—, Fristlose — erst nach Hauptverhandlung im Strafverfahren 1
—, Fristlose — nach GewO. 266
—, Fristlose — nach Preuß. Allgem. Bergges. 266
—, Fristlose; Nachprüfung der Revision wegen Verletzung des Betriebsfriedens 266
—, Fristlose —; Nachschieben von Kündigungsgründen 245
—, Umdeutung einer einfachen Benachrichtigung 6
—, Fristlose —; Verdacht einer strafbaren Handlung 1
—, Fristlose —, Verwirkung 252
—, Fristlose — wegen beharrlicher Arbeitsverweigerung 252
—, Fristlose — wegen Fehlbeträgen 333
—, Fristlose — wegen Handlungen außerhalb des Betriebs 266
—, Fristlose — wegen Untreue .. 333
—, Fristlose — wegen Verstoßes gegen arbeitsvertragliche Pflichten (Schlechterfüllung) 252
—, Vereinbarung erweiterter Gründe 333
Kündigungsschutz, Betriebliche Bedürfnisse 50
— für Jugendvertreter 50
— in konfessionellen Krankenhäusern 279
—, Kein — bei Befristung 6
—, Soziale Gesichtspunkte 50
—, Streitwert 66
Kündigungsschutzgesetz, Anwendbarkeit auf Arbeitnehmer bei der Besatzungsmacht 134

M

Mitbestimmung bei Eingruppierung 159
— bei Umgruppierung 147
— des Betriebsrats bei Akkordsätzen 165
Mutterschutz bei Besatzungsangestellten 233

N

Nachprüfung der Revisionszulassung 331
Nachschieben von Kündigungsgründen 245
Nachtbriefkasten beim Rechtsmittelgericht 116
Nichtzulassung der Revision; Nachprüfung 330

O

Öffentlicher Dienst, Weihnachtsgratifikation im — 302
Omnibusfahrer, Geminderte Fahrtüchtigkeit eines —s 252

P

Pauschalvergütung für ges. Arbeitszeit u. Mehrarbeit 277
Pensionskürzung, Gleichbehandlung 36
— u. sowjetzonale Enteignung .. 36
Privatrecht, Interzonales — bei Ruhegehaltsansprüchen 18
Probearbeitsverhältnis, Kündbarkeit 245
Protokoll, siehe unter Sitzungsniederschrift
Prüfungserfordernis für den öffentlichen Dienst der Gemeinden . 285

R

Rechtsbegriff, siehe unter Unbestimmter Rechtsbegriff
Rechtsschutzinteresse für Feststellungsklage 142
Rechtsverordnung, Tarifordnung als — 58
Regelungsgesetz, Aberkennung der Rechte aus dem — 81
—, keine Anwendung auf Rechtsverhältnisse des privaten Dienstes 36
—, Rechte der dienstordnungsmäßigen Angestellten nach dem — 200
—, Zuständigkeit der Gerichte für Arbeitssachen 131
Revision bei Divergenz 285
—, Bejahung der Statthaftigkeit durch besonderen Beschluß ... 296
— gegen Zwischenurteil 228
—, Keine Statthaftigkeit der — unter Berufung auf § 551 Nr. 7 ZPO. 284
—, Nachprüfung der Revisionszulassung 26, 40, 331
—, Nichtzulassung der —; Nachprüfung 330
—, Unwirksame —szulassung nach Urteilsverkündigung 358
—, Zulässigkeit der — bei gemischten Ansprüchen 114
—, Zulässigkeit der — wegen grundsätzlicher Bedeutung der Rechtssache 310
—, Zulassung der — 326
—, Zulassung wegen grundsätzlicher Bedeutung 26, 331
Revisionsbegründung bei mehreren Ansprüchen 58
Revisionsbegründungsfrist, Nachträgliche Verlängerung der — 1
—, Verlängerung nach Ablauf der Frist 81
Rote-Kreuz-Schwester, Rechtsstellung der — 289
Rückzahlung von Urlaubsvergütung 322
Ruhegehalt, siehe unter Ruhegeld
Ruhegeld, Aufwertung von — .. 239
—, betriebliches, Anrechnung der Sozialrenten 23
—, Dauerndes Arbeitsverhältnis als Voraussetzung für — 109
—, Kürzung des —s bei wirtschaftl. Schwierigkeiten 18
— kürzung u. Betriebsvereinbarung 23
— kürzung u. Gleichbehandlung 23
— und Interzonenrecht 18
—, Verjährung 23
—, Verzicht auf — 101
—, Währungsumstellung 239
Ruhegeldansprüche, keine Verwirkung von —n durch Annahme sowjetzonaler Sozialversicherungsrente 36

S

Schadensersatz bei Unfall im Wohnheim 32
Schriftformzwang bei Arbeitsverträgen 58
Schuldübernahme bei Betriebsübernahme 127
—, Keine — des sowjetzonalen Staates für Pensionsverpflichtungen 36
Schwangerschaft, Kenntnis des Arbeitgebers von — z. Zt. der Kündigung 355
Schwerbeschädigtengesetz, Anwendbarkeit des —es auf Arbeitnehmer bei der Besatzungsmacht 198
Schwerbeschädigte, Beendigung des Arbeitsvertrages infolge Arbeitsunfähigkeit 121
—, Urlaub für — 317
Schwesternschaft vom Roten Kreuz, Rechtsstellung der Schwestern 289
Sitzungsniederschrift, Fälschung der — 358
—, Positive und negative Beweiskraft 358
— und Mitteilung des wesentlichen Inhalts der Entscheidungsgründe 358
—, Widerspruch mit Urteilsformel 358
Sozialrente, Anrechnung auf betriebl. Ruhegeld 23
Sparkassenangestellte 1
Statthaftigkeit der Revision durch besonderen Beschluß 296
—, Keine — der Revision unter Berufung auf § 551 Nr. 7 ZPO. 284
Streik für tarifwidrige Ziele 75
Streitgenossen, Zulassung der Revision 331

Streitwertfestsetzung, Bindung für nächste Instanz 13
— für Kündigungsschutzklage .. 66
—, Nachprüfung der — 66

T

Tarifordnung als Rechtsverordnung 58
Tarifnorm, Auslegung einer — .. 58
Tarifvertrag, Begrenzung des Schwerbeschädigtenurlaubs ... 317
—, Effektivklausel 297
Tendenzbetrieb, Druckerei als — 91
—, Kath. Krankenhaus als — 279

U

Umgruppierung, Mitwirkung des Betriebsrats bei — 147
Unbestimmter Recktsbegriff, Nachprüfung seiner Anwendung .. 266
Untreue, Fristlose Kündigung wegen — 333
Urlaub, Abgeltung des —s für Jugendliche 124
— für Schwerbeschädigte 317
— Jugendlicher nach dem nieders. Arbeitsschutzgesetz f. Jugendl. u. nach dem nieders. Urlaubsgesetz 124
—, Wartezeit für Jugendliche 124
—, Zusatz— für Schwerbeschädigte 317
Urlaubsgesetz, Hamburger — 342
Urlaubsvergütung, Rückzahlung von — 322
—, Überzahlte — 322
Urteil, Absetzung des —s nach 3 Monaten 194
Urteilsberichtigung, Keine —, wenn durch Beschluß nach Urteilsverkündung Revision zugelassen wird 358
Urteilsergänzung, Keine —, wenn durch Beschluß nach Urteilsverkündung Revision zugelassen wird 358
Urteilsergänzung, Keine—, wenn durch Beschluß nach Urteilsverkündung Revision zugelassen wird 358
Urteilsformel, Änderung der — . 358
—, Ausspruch über die Zulassung der Revision in — 358
—, Widerspruch der — mit Sitzungsniederschrift 358
Urteilsverkündung u. nachträgliche Revisionszulassung durch Beschluß 358

V

Verjährung, Ruhegeld 23
Versetzungsbefugnis 221
Vertragsverletzung, Schuldhafte — durch irrige Vertragsauslegung 258
Verwirkung, keine — von Ruhegeldansprüchen durch Annahme sowjetzonaler Sozialversicherungsrente 36
Vorstand, Mehrköpfiger — einer juristischen Person 207

W

Wahl, Anfechtung der — des Betriebsratsvorsitzenden 182
—, Anfechtung der — innerhalb des Betriebsrats 182
—, Gruppen—, keine Voraussetzung f. Anfechtung der — des stellvertretenden Betriebsratsvorsitzenden 182
Wartezeit bei Urlaub für Jugendliche 124
Weihnachtsgratifikation bei Handelskammer 302
—, Einmalige Leistung einer — .. 264
— im öffentlichen Dienst 302
—, Notzeit in den Jahren von 1945—49 264
—, Stillschweigende Vereinbarung einer — 264
Wettbewerbsverbot bei hochbezahlten Handlungsgehilfen 258
—, Inkraftsetzen durch Prinzipal . 258
—, Zeitlicher und räumlicher Umfang 258
—, Zuwiderhandlungen gegen — 258
Wichtiger Grund, Begriff — 214
—, Fehlbeträge — für Kündigung 333
—, Nachprüfung durch das Revisionsgericht 1, 138, 207, 214
Wiedereinsetzung in den vorigen Stand 116
—, Armenrechtsgesuch 17
—, Irrige Rechtsansicht eines Rechtsanwalts als Wiedereinsetzungsgrund 67
—, Verschulden des Anwalts 45

Wiedergutmachung, Einfluß auf Dienstzeit nach TO.A 6
Wiederverheiratung als Kündigungsgrund 279
Willenserklärungen, Empfangsbedürftige u. geschäftsähnliche Handlungen 355
—, Wirksamwerden der — bei Mißverständnis des Inhalts durch Empfänger 355
Witwengeld, Anrechnung von Sozialrente 23
— der 2. Ehefrau 101
Wohnheim, Fürsorgepflicht bei Unterhaltung von — 32

Z

Zulässigkeit der Revision bei gemischten Ansprüchen 114
— wegen grundsätzlicher Bedeutung der Rechtssache 310
Zulassung der Revision siehe auch unter Nichtzulassung
Zulassung der Revision 326
—, Nachprüfung der — .. 26, 40, 331
—, Unwirksame — nach Urteilsverkündung 358
— wegen grundsätzlicher Bedeutung 26, 331
Zurückverweisungsverbot 147
Zusatzurlaub für Schwerbeschädigte 317
Zuständigkeit der Gerichte für Arbeitssachen für Streitigkeiten aus dem Regelungsgesetz 131
— der Gerichte für Arbeitssachen für Streitigkeiten der Dienstordnungsmäßigen Angestellten in der Sozialversicherung 81
—, Keine — der Gerichte für Arbeitssachen für Streitigkeiten zwischen Rote-Kreuz-Schwestern und ihrer Schwesternschaft 289
Zwischenurteil, Revision gegen — 228

Leistungen, Berücksichtigung rückständiger — 13

Mankohaftung bei einem Filialleiter 333
Mehrarbeit, Pauschalvergütung für — 277

Gesetzesregister

Arbeitsgerichtsgesetz § 2 Abs. 1 Ziff. 2 81
—, § 2 Abs. 1 Ziff. 4 97
—, § 2 Ziff. 2 Abs. 4 131
—, § 2 Ziff. 2 131
—, § 5 289
—, § 12 Abs. 5
—, § 12 Abs. 6 66
—, § 60 Abs. 2 358
—, § 60 Abs. 4 194
—, § 64 Abs. 3 .... 194, 358
—, § 69 40
—, § 69 Abs. 2 13
—, § 69 Abs. 3 26
—, § 69 Abs. 3 S. 1 .... 310, 326, 330
—, § 72 Abs. 1 284
—, § 72 Abs. 1 S. 1 .... 26, 114, 310, 326, 331
—, § 72 Abs. 1 S. 2 .... 231, 285
—, § 72 Abs. 1 S. 3 .... 285, 296
—, § 72 Abs. 1 S. 4 u. 5 114
—, § 73 109
—, § 74 Abs. 1 S. 2 81
—, § 74 Abs. 2 S. 2 296
—, § 77 45
—, § 81 97
—, § 83 Abs. 1 97
—, § 93 175
—, § 96 147
—, § 118 Abs. 1 u. 2 67
—, § 121 97

Arbeitszeitordnung § 15 277

Betriebsverfassungsgesetz § 18 182
—, § 23 .... 175, 266
—, § 27 182
—, § 39 188
—, § 49 .... 175, 266
—, § 49 Abs. 2 .... 75, 266
—, § 51 266
—, § 53 266
—, § 53 Abs. 1 50
—, § 53 Abs. 2 50
—, § 56 165
—, § 61 Abs. 2 S. 1 u. 3 159
—, § 63 Abs. 1 147
—, § 66 Abs. 1 87
—, § 67 91
—, § 81 97
—, § 81 Abs. 1 91
—, § 82 97

Bürgerliches Gesetzbuch § 26 207
—, § 28 207
—, § 123 Abs. 1 233
—, § 157 109
—, § 196 Nr. 8 23
—, § 242 .... 23, 87, 239, 285
—, § 276 217
—, § 328 101
—, § 387, § 394 322
—, § 415 .... 36, 127
—, § 611 .... 23, 36, 217
—, § 611 .... 221, 264, 302
—, § 613 127
—, § 620 .... 6, 245
—, § 622 119
—, § 626 .... 207, 214, 245, 333
—, § 823 Abs. 1 75

Bürgerliches Gesetzbuch Einführungsgesetz Art. 3 342
—, Art. 55 342

Bundesbeamtengesetz § 172 81

Bundesentschädigungsgesetz § 80 ff. 6

Genossenschaftsgesetz § 127 Abs. 2 101

Gerichtskostengesetz § 10 Abs. 3 13
—, § 17 13
—, § 18 13

Gesetz über Erstreckung des Tarifvertragsgesetzes § 1 165
—, § 2 d 165

Gesetz zur Ordnung der nationalen Arbeit § 32 Abs. 2 58

Gesetz zur Regelung der Wiedergutmachung nationalsozialistischen Unrechts für Angehörige des öffentlichen Dienstes § 24 6

Gewerbeordnung § 12 Abs. 1 Nr. 3 252
—, § 123 138
—, § 124 a 138

Grundgesetz Art. 2 Abs. 1 266
—, Art. 3 40
—, Art. 3 Abs. 3 266
—, Art. 5 Abs. 1 u. 2 266

—, Art. 18 266
—, Art. 21 Abs. 2 266
—, Art. 31 342
—, Art. 33 Abs. 4 81
—, Art. 72 342
—, Art. 74 342
—, Art. 100 342
—, Art. 123 342
—, Art. 125 342
—, Art. 142 342
Hamburger Urlaubsgesetz § 1 342
Handelsgesetzbuch § 25 127
—, § 66 245
—, § 67 245
—, § 70 333
—, § 74 258
—, § 75 258
—, § 75 a 258
—, § 77 Abs. 2 S. 1 245
—, § 335 Abs. 2 71
Hausarbeitsgesetz Nordrhein-Westfalen 40
Kontrollratsgesetz Nr. 22 Art. IX . 188
Kündigungsschutzgesetz § 1 .... 6, 87, 135, 279
—, § 1 Abs. 3 50
—, § 7 135
—, § 11 Abs. 1 S. 2 194
—, § 13 .... 138, 266
—, § 13 Abs. 1 50
Mutterschutzgesetz § 9 ...... 32, 355
—, § 9 Abs. 1 233
—, § 9 Abs. 1 S. 1 233
—, § 9 Abs. 2 233
Niedersächsisches Arbeitsschutzgesetz für Jugendliche § 23 Abs. 1 .. 124
—, § 23 Abs. 2 S. 1 124
—, § 23 Abs. 3 S. 1 124
—, § 23 Abs. 6 124
Niedersächsisches Urlaubsgesetz § 3 Abs. 2 S. 1 124
Personalvertretungsgesetz § 42 ... 188
Preußisches Allgemeines Berggesetz
§ 82 Ziff. 7 266
§ 83 a 266
Preußische Verordnung vom 20. 7. 32 § 9 Abs. 1 u. 3 1
Regelungsgesetz § 4 36
—, § 9 .... 81, 200
—, § 52 .... 81, 200, 226
—, § 59 a 131
—, § 63 200
Regelungsgesetz, 3. Durchführungsverordnung § 2 226
—, § 2 Ziff. 4 81
—, § 2 Ziff. 4 200
Ruhelohnordnung der Stadt Hannover 109
Schwerbeschädigtengesetz § 14 121, 198
—, § 33 317
Schwerbeschädigtengesetz vom 6. 4. 1920 i. d. F. der Bekanntmachg. vom 12. 1. 1923 § 13 198
Sozialgerichtsgesetz § 51 Abs. 1 .. 81
Tarifordnung A § 1 Abs. 1 u. 3 Buchst. S 307
—, § 3 Abs. 2 310
—, § 3 Abs. 2 S. 1 285
—, § 3 Abs. 2 S. 1 Halbs. 2 285
—, § 16 Abs. 4 S. 1 214
—, § 16 Abs. 4 S. 1 u. 2 6
—, § 16 Abs. 4 S. 2 214
Tarifordnung für die Angestellten des Handels in Württemberg u. Hohenzollern § 2 Ziff. 2 f 315
Tarifordnung für die Filmschaffenden § 2 Abs. 1 58
Tarifvertragsgesetz § 1 165
—, § 3 Abs. 3 75
—, § 4 75
—, § 4 Abs. 4 S. 3 315
—, § 5 297
—, § 9 315
Zivilprozeßordnung
§ 160 Abs. 2 Ziff. 6 358
—, § 164 358
—, § 232 45
—, § 233 .... 17, 45, 67
—, § 233 Abs. 1 116
—, § 256 142
—, § 300 Abs. 1 228
—, § 303 228
—, § 319 358
—, § 320 Abs. 2 S. 3 194
—, § 321 358
—, § 518 Abs. 1 116
—, § 549 .... 58, 226
—, § 551 Nr. 7 .... 194, 284
—, § 554 .... 58, 81
—, § 554 a 296
—, § 561 Abs. 1 355
—, § 561 Abs. 2 109

Zusammenstellung der Entscheidungen nach der Zeitfolge

1955

März

16. Urteil 2 AZR 28/54 71

April

13. Urteil 1 AZR 192/55 358

Mai

4. Urteil 1 AZR 493/54 75
5. Urteil 2 AZR 55/53 18
10. Urteil 2 AZR 7/54 23
12. Urteil 2 AZR 77/53 1
12. Urteil 2 AZR 23/54 6
16. Urteil 2 AZR 22/53 81
17. Beschluß 2 AZR 130/55 . 17
24. Beschluß 2 AZR 174/54 . 13
26. Urteil 2 AZR 66/53 26
26. Urteil 2 AZR 38/54 127

Juni

8. Urteil 2 AZR 14/54 32
16. Urteil 2 AZR 97/54 36
27. Urteil 1 AZR 429/54 87

Juli

6. Urteil 1 AZR 71/54 45
6. Urteil 1 AZR 510/54 50
7. Urteil 2 AZR 27/53 58
13. Beschluß 1 ABR 20/54 ... 91
13. Beschluß 1 ABR 31/54 ... 97
16. Beschluß 2 AZR 218/55 . 66
24. Urteil 1 AZR 97/55 60

August

3. Beschluß 2 AZR 65/54 .. 67
4. Urteil 2 AZR 212/54 ... 101
4. Urteil 2 AZR 588/54 ... 109
23. Beschluß 2 AZR 166/55 .. 114
25. Urteil 2 AZR 57/53 119
25. Urteil 2 AZR 29/54 121

September

10. Urteil 2 AZR 223/55 ... 116
15. Urteil 2 AZR 475/54 194
15. Urteil 2 AZR 170/55 131
24. Urteil 2 AZR 269/55 124
29. Urteil 2 AZR 43/54 134

Oktober

6. Urteil 2 AZR 3/54 142
12. Beschluß 1 AZR 1/54 147
12. Beschluß 1 ABR 13/54 ... 165
12. Beschluß 1 ABR 29/54 ... 159
13. Urteil 2 AZR 106/54 139
20. Urteil 2 AZR 15/54 198
26. Beschluß 1 AZR 376/55 .. 342

November

2. Beschluß 1 ABR 30/54 .. 175
2. Beschluß 1 ABR 6/55 182
3. Urteil 2 AZR 39/54 214
3. Urteil 2 AZR 86/54 207
9. Urteil 1 AZR 329/54 187
10. Urteil 2 AZR 282/54 217
10. Urteil 2 AZR 591/54 221
26. Urteil 2 AZR 209/54 226
27. Urteil 2 AZR 47/54 200
30. Urteil 1 AZR 230/54 239

Dezember

8. Urteil 2 AZR 13/54 233
9. Urteil 2 AZR 439/54 228
15. Urteil 2 AZR 228/54 245
16. Beschluß 2 AZR 471/55 .. 231

1956

Januar

12. Urteil 2 AZR 117/54 252
13. Urteil 1 AZR 167/55 266
19. Urteil 2 AZR 123/54 258
24. Urteil 3 AZR 14/53 264
26. Urteil 2 AZR 98/54 277
31. Urteil 3 AZR 67/54 279
31. Urteil 3 AZR 185/54 310

Februar

9. Urteil 1 AZR 329/55 322
10. Urteil 1 AZR 76/54 317
14. Beschluß 2 AZR 12/56 ... 284
16. Urteil 3 AZR 77/54 307
16. Urteil 3 AZR 250/54 285
18. Urteil 2 AZR 294/54 289
29. Beschluß 2 AZR 504/55 .. 296

März

1. Urteil 2 AZR 183/54 297
6. Urteil 3 AZR 175/55 302
28. Beschluß 2 AZR 550/55 .. 326
28. Beschluß 2 AZR 32/56 ... 331
29. Beschluß 3 AZR 79/56 ... 330

April

13. Urteil 1 AZR 353/55 315
13. Urteil 1 AZR 390/55 355
17. Urteil 2 AZR 340/55 333

FSC
www.fsc.org
MIX
Papier | Fördert
gute Waldnutzung
FSC® C083411

Kolibri 360 GmbH
Ferdinand-Jühlke-Straße 7
99095 Erfurt, Deutschland
produktsicherheit@kolibri360.de